DIE KIRCHE IN IHRER GESCHICHTE

Gerd Tellenbach, Die westliche Kirche vom
10. bis zum frühen 12. Jahrhundert

DIE KIRCHE IN IHRER GESCHICHTE

Ein Handbuch

begründet von Kurt Dietrich Schmidt und Ernst Wolf
herausgegeben von Bernd Moeller

Band 2, Lieferung F 1

Gerd Tellenbach

Die westliche Kirche vom 10. bis zum frühen 12. Jahrhundert

VANDENHOECK & RUPRECHT IN GÖTTINGEN

DIE WESTLICHE KIRCHE VOM 10. BIS ZUM FRÜHEN 12. JAHRHUNDERT

von

Gerd Tellenbach

V&R

VANDENHOECK & RUPRECHT IN GÖTTINGEN

BR
255
.T41
1988
c.2

FÜR MARIE ELISABETH

CIP-Kurztitelaufnahme der Deutschen Bibliothek

Die Kirche in ihrer Geschichte : e. Handbuch /
begr. von Kurt Dietrich Schmidt u. Ernst Wolf.
Hrsg. von Bernd Moeller. –
Göttingen : Vandenhoeck u. Ruprecht.
NE: Schmidt, Kurt Dietrich [Begr.] ; Moeller, Bernd [Hrsg.]
Lfg. F, 1 : Bd. 2. Tellenbach, Gerd: Die westliche Kirche
vom 10. bis zum frühen 12. Jahrhundert. – 1988.

Tellenbach, Gerd:
Die westliche Kirche vom 10. bis
zum frühen 12. Jahrhundert / Gerd Tellenbach. –
Göttingen : Vandenhoeck u. Ruprecht, 1988
(Die Kirche in ihrer Geschichte ; Lfg. F, 1 : Bd. 2)
ISBN 3-525-52324-6

© 1988 Vandenhoeck & Ruprecht, Göttingen
Printed in Germany. – Das Werk einschließlich aller seiner Teile ist ur-
heberrechtlich geschützt. Jede Verwertung außerhalb der engen Grenzen des Urheberrechtsgesetzes ist ohne Zustimmung des Verlages unzulässig und strafbar. Das gilt insbesondere für Vervielfältigungen, Übersetzungen, Mikroverfilmungen und die Einspeicherung und Verarbeitung
in elektronischen Systemen.
Gesamtherstellung: Hubert & Co., Göttingen

INHALT

1. Innere und äußere Sicherheit des christlichen Westens: von außen in seiner Existenz nicht ernstlich gefährdet 17; dogmatische Kontroversen zunächst zurückgetreten (Abendmahlslehren) 17; Ketzereien und Ketzerei-
vorwürfe vereinzelt 17; Abfall selten 17; Fluktuationen in den Randzonen 17; Einbrüche von außen: Süditalien und Sizilien 18, Spanien 18,
Nordeuropa 18; Gefahr der Missionierung nur durch Islam und griechische Orthodoxie 19; Bündnisse zwischen Christen und Heiden 20;
christlich-heidnische Heiraten 20; Emigranten bei Heiden 20.

2. Zu Bedeutung und Wesen christlicher Mission im Europa des 10. und
11. Jahrhunderts: „thousand years of uncertainty"? 21; eher missionsgeschichtliche Periode vom 9. bis 13. Jahrhundert 21; Selbstbewußtsein
des Christentums und christliche Beurteilung des Heidentums 21; Widerstand des Heidentums und seine Motivation 22; um den mächtigeren
Gott 22; religiöse und machtpolitische Gegensätze 23; größere oder geringere Härte der Bekehrungsmethoden 23; Möglichkeit der Koexistenz
von Christen, Mohammedanern und Heiden 24; Kontakte zwischen
Christen und Heiden vor der Mission: durch Kriegsgefangene und Sklaven 25, durch politische und wirtschaftliche Beziehungen 25; normannische Niederlassungen in christlichen Ländern 25; Missionsmethoden
nicht einheitlich: Dänemark, Norwegen, Schweden 26, Ostsee- und Elb-
slaven 27; Bedeutung des Christentums für Stammeseinigungen 27; de-
fensive Grundhaltung der Christen 28; kirchliche Organisation 28; Mis-
sionswille ungleich 29; konkurrierende Missionen 29; Missionare 29;
erst allmähliche Wirkung 30, „Nacharbeit" 31; Bedeutung der Taufe 31.

1. Die Universalität der Kirche: 31; Einmütigkeit über das Wesen der Kirche 31; die Kirche himmlisch und irdisch zugleich 32; das liturgische Geschehen 32; das „Wir der Christen" 32; Versammlung der Christen in jeder Kirche 33; Verfassung und äußere Gestalt 33.

2. Pfarrei und Diözese, Kirchenprovinzen und Synoden: Pfarrgemeinden
„Christenheiten im Kleinen" 34; Beziehung von Pfarrei und Diözese 34;
Bestand der Bistümer in Kriegsstürmen 35; Wiederherstellung alter und
Gründung neuer Kirchen 35; Motive der Kirchengründungen 35; Gehil-
fen der Bischöfe 36; der Pfarrer und seine Aufgaben 36; Weihe und

Die westliche Kirche vom 10. bis zum frühen 12. Jahrhundert

Von Gerd Tellenbach

Einleitung

Schon 1983 veröffentlichte ich in der Festschrift für P. Friedrich Kempf den Entwurf einer Einleitung zu diesem Buch[1]. Entgegen der damaligen Absicht soll er hier nicht wiederholt, sondern auf ihn verwiesen werden. Nur einige Gesichtspunkte, die zum Verständnis dieses Teiles der Kirchengeschichte notwendig sind, seien hier, kurz zusammengefaßt, vorangestellt.

Wer sich auf Kirchengeschichte einläßt, muß sich stets bewußt sein, daß sie ein Ganzes ist, auf das sich alles Einzelgeschehen bezieht. Denn sie ist bestimmt von göttlicher Vorsehung. So rätselhaft die Verbundenheit ihres überirdischen Ursprungs und Ziels einerseits und ihres menschlichen, ja allzu menschlichen Verlaufs andererseits auch ist, diese wird jetzt von den Kirchenhistorikern aller Konfessionen, was immer sie unter Kirchengeschichte verstehen, als entscheidende Gegebenheit betrachtet. Auch ein Autor wie Joseph Lortz empfand es als unnütz, sich „gegen die Anerkennung gewisser heikler Tatbestände der Kirchen- und Dogmengeschichte" zu sträuben. Es heiße die Herrschaft Gottes über die Geschichte verkürzen, wenn man kleingläubig die vielen Schwächen, Belastungen und Spannungen aus ihr wegzuerklären versuche. Gott regiere die Welt und mache das Irren der Menschen seinem heiligen Willen dienstbar. Auch menschliche Schuld werde seinem Heilswillen dienstbar und somit zur „felix culpa"[2].

Eine solche Auffassung gibt der wissenschaftlichen Erforschung der Kirchengeschichte volle Freiheit. Nichts braucht apologetisch beschönigt oder verschwiegen zu werden. Die Kirchengeschichte bedarf keiner menschlichen Fürsprecher. Ebenso verliert der berühmte Streit, ob im Verlauf der Kirchengeschichte ein Fortschritt und eine Entfaltung von der Urkirche her oder ein Abfall zu sehen sei, seinen Sinn. Denn alles Auf und Ab vollzieht sich ja doch letztlich nach göttlichem Heilsplan.

Was Menschen über Kirchen- und Heilsgeschichte denken, ist historisch bedingt und unterliegt dem geschichtlichen Wandel. Das Mittelalter war geneigt, im irdischen Geschehen überall Gottes Hand zu entdecken. Prophetischer Geist war gewohnt, aus dem Alten und Neuen Testament die Geschichte zu deuten, nicht nur im Ganzen, sondern auch im Einzelgeschehen. Die heiligen Texte wurden erfindungsreich und unbefangen symbolisch, allegorisch, historisch ausgelegt und für das religiöse Leben, aber auch für handfeste irdische Interessen ausgespielt. Man glaubte, das Jenseits und Gottes Absichten erkennen zu können. Hin-

---

[1] Aus Kirche und Reich, Studien zu Theologie, Politik und Recht im Mittelalter, hrsg. v. H. Mordek, 1983, S. 125–130.
[2] J. Lortz, Geschichte der Kirche in ideengeschichtlicher Betrachtung 1[21], 1962, S. VII u. S. 7.

sichtlich der Deutbarkeit des heilsgeschichtlichen Sinnes von einzelnen kirchengeschichtlichen Begebenheiten und Veränderungen ist man jetzt meist bescheidener
und vorsichtiger. Manche hochstehende Theologen und Historiker wagen sich
freilich noch immer gelegentlich über die Grenzen. Zu denen, die konsequent auf
jegliche Parallelisierung von erkennbarem kirchengeschichtlichem Geschehen mit
dem Mysterium göttlicher Absichten verzichten, stellt sich der Verfasser dieses
Buches.

Historiographische Einteilungen, soweit sie nicht rein chronologisch sind, können durch ihre Grenzziehung zum Verstehen geschichtlicher Zusammenhänge
hilfreich sein, andererseits bringen sie die Gefahr von Willkürlichkeiten oder mindestens von einseitigen Deutungen mit sich. Da wir trotzdem in jeder Darstellung
einen Anfang und ein Ende setzen müssen, ergibt sich für unser Thema die Frage,
was die Kirchengeschichte des 10. und 11. Jahrhunderts wohl als sinnvollen Abschnitt der gesamten Kirchengeschichte konstituieren könnte. Berechtigt wäre es
etwa, sie zum kirchengeschichtlichen Sonderthema zu machen, wenn entweder
beide Jahrhunderte so viele Übereinstimmungen aufwiesen, daß sie gegenüber
dem Vorher und Nachher eine gewisse Einheit zu bilden scheinen, oder wenn im
Gegenteil so eingreifende Veränderungen zu beobachten wären, daß sich die Vorstellungen vom Wesen der Kirche vor und nach der Epoche stark voneinander
unterscheiden.

Man hat für diese Zeit Schlagworte bereit wie „Cluny", „Kirchenreform",
„Gregorianismus", „Reformpapsttum", „Befreiung der Kirche von der Herrschaft
der Laien". Aber ob sie, wenn nicht überhaupt zu Clichés erstarrt, unzureichend
definiert, gewisse Seiten des geschichtlichen Geschehens überbetonend, nicht
doch mehr verdecken als erklären?

Wenn er recht verstanden wurde, war schon mit dem Untertitel meines Buches
von 1936 „Kirche und Weltordnung im Zeitalter des Investiturstreites" die ekklesiologische Wendung vorzugsweise gemeint. In P. Yves M. Congars Lehre von der
Kirche hat das fünfte Kapitel „Die Reform der Kirche im 11. Jahrhundert" den
Untertitel „Die ekklesiologische Wende". Dort führt er u. a. aus: „Die lateinische
Ekklesiologie ihrerseits folgte dem Weg, den wir aufzeigen werden: die Entfaltung der päpstlichen Autorität, Verrechtlichung, Klerikalisierung, Herausforderung der weltlichen Macht, was die Kirche dahin brachte, sich selbst als Macht
zu verstehen."[3] Und P. Gilles Gérard Meersseman erläuterte von neuen Ansätzen
her das damals sich ändernde Verhältnis von Klerus und Laien im Leben der Kirche[4].

Diese wenigen Zitate mögen andeuten, daß in der zweiten Hälfte des 11. Jahrhunderts eine kirchengeschichtliche Epoche liegt, deren Bedeutung nur in Verbindung mit ihren Voraussetzungen und ihren Folgen herauszuarbeiten ist. Deshalb
wurde ein kirchengeschichtlicher Abschnitt gebildet, für dessen Konstituierung
weniger seine Grenzen, die Zeiten um 900 und um 1100 maßgebend sind, sondern vor allem eben jene Epoche in der zweiten Hälfte des 11. Jahrhunderts bis
zum Beginn des 12.

---

[3] Y. Congar, Die Lehre von der Kirche. Von Augustinus bis zum abendländischen
Schisma, Hdb. der Dogmengeschichte, hrsg. von M. Schmaus, A. Grillmeier, L. Scheffzyk
3, Fasz. 3 c 1971, S. 60 f.
[4] Meersseman, Ordo Fraternitatis, 1977, S. 241.

Literatur

Vorbemerkung

Es mußte darauf verzichtet werden, dem Band eine systematische Bibliographie als Einführung in das gesamte Schrifttum beizugeben. Sie hätte zu viel Raum in Anspruch genommen. Es kann verwiesen werden auf das bibliographisch vorzüglich ausgestattete Handbuch der Kirchengeschichte, hrsg. von H. JEDIN III 1, 1966, und mehrere neuere zusammenfassende Darstellungen, die sehr ausführliche Bibliographien nach jüngstem Stand enthalten, so Uta-Renate BLUMENTHAL, Der Investiturstreit, Urban Taschenbücher 335, 1982, S. 33–38, 70–73, 112–117, 139–146, 181–186, H. JAKOBS, Kirchenreform und Hochmittelalter 1046–1215, Oldenbourgs Grundriß der Geschichte, 1984, S. 165–226, B. SCHIMMELPFENNIG, Das Papsttum, Grundzüge seiner Geschichte von der Antike zur Renaissance, Grundzüge 56, 1984, S. 289–333, E. HLAWITSCHKA, Vom Frankenreich zur Formierung der europäischen Staaten- und Völkergemeinschaft 840–1046, 1986, S. 239–287.

Das hier gebotene Verzeichnis beschränkt sich auf die in den Anmerkungen abgekürzt zitierten Titel, die ausschließlich Belege für den Text bieten, Stellung nehmende Erläuterungen bringen oder auf Detailprobleme verweisen. Dabei sind Titel nur aufgenommen, wenn sie mehrfach, und dann gekürzt, zitiert werden. Nur einmal zitierte Werke und Schriften werden in den Anmerkungen bibliographisch vollständig aufgeführt.

G. W. ADDLESHAW: The Beginnings of the Parochial System, 1953. – AIMÉ (AMATUS): Ystoire de li Normant, ed. O. Delare, 1892. – G. ALBERIGO: Le origini della dottrina sullo ius divinum del cardinalato, F. f. H. Jedin I, 1965. – DERS.: Cardinalato e Collegialità. Studi sull' ecclesiologia tra 1' XI^mo ed il XIV^mo secolo, 1969. – M. AMARI: Storia dei Musulmani in Sicilia, 2. ed. a Cura di C. Nellino, 1933–39. – I. ANDERSSON: Schwedische Geschichte (Sverige historia), deutsch von A. Brandt, 1950. – C. ANDRESEN: Die Legitimierung des römischen Primatsanspruchs in der alten Kirche, in G. Denzler: Das Papsttum in der Diskussion, 1974. – M. ANDRIEU, ed.: Le Pontifical Romain au Moyen Age, StT 86 ff., 1938 ff. – A. ANGENENDT: Religiosität und Theologie. Ein spannungsreiches Verhältnis im Mittelalter, ALW 20/21, 1978/79. – DERS.: Die Liturgie und die Organisation des kirchlichen Lebens auf dem Lande, SettStCIt 28, 1982. – S. ANSELMI: Opera omnia IV, V, ed. F. S. Schmitt, 1949. – H. H. ANTON: Der sogenannte Traktat De Ordinando Pontifice, Bonner hist. Forschungen 48, 1982. – G. ARNALDI: Papato, arcivescovi e vescovi nell'età postcarolingia, in: Vescovi e diocesi in Italia nel Medio Evo (sec. IX–XIII), 1964. – H. X. ARQUILLIÈRE: Saint Grégoire VII. Essai sur la conception du pouvoir pontifical, 1934. – J. AUTHENRIETH: Die Domschule in Konstanz zur Zeit des Investiturstreites, 1956. – DIES.: Bernold von Konstanz und die erweiterte 74 Titel-Sammlung, DA 14, 1958. – J. BARDACH: L'État Polonais aux Xme et XIme Siècles, in: L'Europe aux IXme–XIme siècles aux origines des Etats nationaux. Actes du Colloque international à Varsovie e Pozna, 1968. – H. BARION: Das fränkisch-deutsche Synodalrecht des Frühmittelalters, Kanonistische Studien und Texte 5, 6, 1931. – F. BARLOW: Edward the Confessor's Early Life, Character and Attitudes, EHR 80, 1965. – DERS.: The English Church 1000–1066. A Constitutional History², 1966. – DERS.: Edward the Confessor, 1970. – DERS.: The English Church 1066–1154, 1979. – H. G. BECK: Geschichte der orthodoxen Kirche im byzantinischen Reich, KiG, D, 1980. – A. BECKER: Studien zum Investiturproblem in Frankreich, Schriften der Universität des Saarlandes, 1955. – DERS.: Papst Urban II. (1088–1099), 1964. – DERS.: Urban II. und die deutsche Kirche, VuF 17, 1973. – R. L. BENSON: Plenitudo potestatis: Evolution of a formula from Gregory IV to Gratian, StGrat 14, 1967. – DERS.: The Bishop Elect. A Study in Medieval Ecclesiastical Office, 1968. – W. BERGES: Zur Geschichte des Werla-Goslarer Reichsbezirks vom neunten bis elften Jahrhundert, Veröffentlichungen des Max Planck-Instituts für Geschichte 11, 1, 1963. – S. DE BERTHELIER:

L'expansion de l'ordre de Cluny, Rev. archéologique, 6me Série 11, 1938. – H. BEUMANN: Zur Entwicklung transpersonaler Staatsvorstellungen, VuF 3, 1963. – DERS.: Tribur, Rom und Canossa, VuF 17, 1973. – H. J. BEUMANN: Sigebert von Gembloux und der Traktat de investitura episcoporum, VuF, Sonderband 26, 1976 (vgl. auch J. Krimm-Beumann). – O. BLAUL: Studien zum Register Gregors VII., AUF 4, 1912. – M. BLOCH: Les rois thauma-turges. Étude sur le charactère attribut à la puissance royale, 1924. – U. R. BLUMENTHAL: Patrimonia and Regalia in 1111, in: Law, Church and Society, F f. S. Kuttner, 1977. – DIES.: Paschal II. and the Roman Primacy, AHP 16, 1978. – DIES.: Some Notes in Papal Politics at Guastalla, StGrat 19, 1976. – L. BÖHM: Rechtsformen und Rechtstitel der bur-gundischen Königserhebungen im neunten Jahrhundert, HJG 80, 1961. – H. BÖHMER: Das Eigenkirchentum in England, F. für F. Liebermann, 1921. – DERS.: Kirche und Staat in England und der Normandie im elften und zwölften Jahrhundert, 1899. – La culture populaire au moyen âge, Études ... publiées sous la direction de P. BOGLIONI, 1979. – K. BOGUMIL: Das Bistum Halberstadt im zwölften Jahrhundert, Mitteldeutsche Forschungen 69, 1972. – C. BORGOLTE: Studien zur Klosterreform in Sachsen im Hochmittelalter, Phil. Diss. Braunschweig, 1975. – G. B. BORINO: L'elezione e la deposizione di Gregorio VI, AS-Rom 39, 1916. – DERS.: Note Gregoriane 7, Storicità delle ultime parole di Gregorio VII., SG 5, 1956. – DERS.: Odelrico vescovo die Padova (1064–1086) legato di Gregorio VII in Germania 1079, Misc. in onore die Roberto Cessi I, 1958. – E. BOSHOF: Das Reich in der Krise. Überlegungen zum Regierungsstil Kaiser Heinrichs III., HZ 228, 1979. – DERS.: Bi-schof Altmann, St. Nikola und die Kanonikerreform, Gedenkschr. f. J. Riederer, 1981. – C. E. BOYD: Tithes and Parishes in Medieval Italy. The Historical Roots of an Modern Problem, 1952. – M. BOYE: Quellenkatalog der Synoden Deutschlands und Reichsitaliens von 922–1059, NA 48, 1929. – DERS.: Die Synoden Deutschlands und Reichsitaliens von 922–1059, ZSavRG Kan 18, 1929. – M. BRETT: The English Church under Henry I., Ox-ford Historical Monographs, 1975. – P. BROMMER: Die bischöfliche Gesetzgebung Theo-dulfs von Orléans, ZSavRG Kan 60, 1974. – DERS.: Benedictus Levita und die »Capitula episcoporum«, Mainzer Z. 70, 1975. – DERS.: Die Rezeption der bischöflichen Kapitula-rien Theodulfs von Orléans, ZSavRG Kan. 61, 1975. – DERS.: Die Quellen der »Capitula« Radulfs von Bourges, Francia 5, 1977. – CH. N. L. BROOKE: Gregorian Reform in Action. Clerical Marriage in England 1056–1206, Cambridge Hist. Journ. 12, 1956. – Z. N. BROOKE: Lay Investiture and its Relation to the Conflict of Empire and Papacy, Proc. BA, 1938 repr. 1977. – P. BROWE: Die eucharistischen Wunder des Mittelalters, Breslauer Stu-dien zur historischen Theologie, NF 4, 1938. – C. BRÜHL: Fodrum, Gistum, Servitium Re-gis, Kölner Historische Forschungen 14 I und II, 1968. – W. BRÜSKE: Untersuchungen zur Geschichte des Liutizenbundes, 1955. – H. BRUNS: Das Gegenkönigtum Rudolfs von Rheinfelden und seine zeitpolitischen Voraussetzungen, Phil. Diss. Berlin, 1940. – H. BÜTTNER: Das Erzstift Mainz und die Klosterreform des elften Jahrhunderts, AmrhKG 1, 1949. – DERS.: St. Blasien und das Bistum Basel im 11. u. 12. Jahrhundert, ZSKG 44, 1950. – DERS.: Wilhelm von Hirsau und die Entwicklung der Rechtsstellung der Reform-klöster im elften Jahrhundert, ZWLG 25, 1966. – DERS.: Friedrich Barbarossa und Bur-gund, VuF 12, 1968. – DERS.: Die Mainzer Erzbischöfe Friedrich und Wilhelm und das Papsttum im zehnten Jahrhundert, F für J. Bärmann, Gesch.liche Landeskunde 3, 1966/ 67. – DERS.: Erzbischof Adalbert von Mainz, die Kurie und das Reich in den Jahren 1118–1122, VuF 17, 1973. – N. BULST: Untersuchungen z. d. Klosterreform Wilhelms von Dijon (962–1031), PHS 11, 1973. – R. BULTOT: Mépris du monde au XIme siècle, AESC 22, 1967. – N. F. CANTOR: Church, Kingship and Lay Investiture in England 1089–1135, 1958. – O. CAPITANI: Studi per Berengario di Tours, BISI 69, 1957. – DERS.: Per la storia dei rapporti tra Gregorio VII e Berengario di Tours, SG 6, 1959/61. – DERS.: Mo-tivi di spiritualità cluniacense e realismo eucaristico in Odone di Cluny, BISI 71, 1960. – DERS.: La figura del vescovo in alcune collezioni canoniche della seconda metà del secolo XI., in: Vescovi e diocesi in Italia nel Medioevo (sec. IX–XII). 1964. – DERS.: Immunità vescovili ed ecclesiologia in età pregregoriana e Gregoriana, StM III serie II 2 e VI 1, 1962 und 1965. – DERS.: Canossa: una lezione da meditare, RSCI 32, 1978. – C. CAROZZI: La géographie de l'audelà et sa signification pendant le Haut Moyen-âge, SettStCIt 29, 1980. – DERS.: D'Adalberon de Laon à Humbert de Moyenmoutier, MCSM 10, 1983. – E. CASPAR: Die Legatengewalt der normannisch-sizilischen Herrscher im zwölften Jahrhundert, QFIAB 8, 1904. – DERS.: Gregor VII. in seinen Briefen, HZ 130, 1924. – F. CHALANDON: Histoire de la domination Normande en Italie et en Sicile, 1907. – M.-D. CHENU: Moines, clercs, laics au carrefour de la vie évangelique e le Reveil évangelique, in: La théologie au douzième siècle, 1957. – S. CHODOROW: Christian Political Theory and Church Politics in the Mid-Twelfth Century. The Ecclesiology of Gratian's Decretum, 1972. – DERS.: Ecclesiastical Politics and the Ending of the Investiture Contest. The Papal Election of 1119 and the Negotiation of Mouzon, Spec. 46, 1971. – P. CLASSEN: Das Wormser Konkordat in der deutschen Verfassungsgeschichte, VuF 17, 1973. – D. CLAUDE: Geschichte des Erzbistums Magdeburg bis in das zwölfte Jahrhundert, I, 1972. – Y. M. J. CONGAR: Der Laie. Entwurf einer Theologie des Laientums, 1957. – DERS.: Der Platz des Papsttums in der Kirchenfrömmigkeit der Reformer des elften Jahrhunderts, in: Sentire ecclesiam, F. f. K. Rahner, hg. v. J. Daniélou u. H. Vorgrimler, 1961. – DERS.: L'ecclesiologie du haut moyen âge, 1968. – DERS.: Les laiques et l'ecclesiologie des »ordines« chez les théologiens du XIme et XIIme siècles, in: »I laici nella Societas Cristiana« dei secoli XI^mo et XII^mo, MCSM V, 1968. – H. E. J. COWDRY: The Cluniacs and the Gregorian Reform, 1970. – DERS.: Two Studies on Cluniac History 1049–1126, SG 11, 1978. – DERS.: The Age of Abbot Desiderius: Monte Cassino, the Papacy and the Normans in the Eleventh and early Twelfth Centuries, 1983. – R. R. DARLINGTON: Ecclesiastical Reform in the Late Olde English Period, EHR 51, 1936. – M. DEANESLY: Early English and Gallic Minsters, TRHS 4th ser. 23, 1941. – DIES.: Sidelights on the Anglo-Saxon Church, 1962. – DIES.: The Preconquest Church in England, in: An Ecclesiastical History of England, hg. v. J. C. Dickinson, 2. Aufl., 1963. – C. DE CLERCQ: La législation religieuse franque. Études sur les actes de conciles et les capitulaires, les statuts diocésains et les regles monastiques 1, 1936, 2, De Louis le Pieux à la fin du IXme siècle, 1958. – J. DEÉR: Der Anspruch der Herrscher des zwölften Jahrhunderts auf die apostolische Legation, AHP 2, 1968.. – DERS.: Papsttum und Normannen, 1972. – H. DELEHAYE: Sanctus. Essai sur le culte des Saints dans l'Antiquité, Subsidia hagiographica 17, 1927. – DERS.: Les origines du culte des martyrs, 2. éd., Subsidia hagiographica 20, 1933. – E. DEMM: Die Rolle des Wunders in Heiligkeitskonzeptionen des Mittelalters, AKultG 57, 1975. – CH. DEREINE: Vie Commune, règle de St. Augustin et chanoins réguliers au XIme siècle, RHE 41, 1946. – DERS.: Art. Chanoines, DHGE 12, 1953. – J. DHONDT: Etudes sur la naissance des principautés territoriales en France (IXme et Xme siècles), 1946. – H. DIENER: Das Itinerar des Abtes Hugo von Cluny, in: Tellenbach, NF, 1959. – DERS.: Das Verhältnis Clunys zu den Bischöfen vor allem in der Zeit seines Abtes Hugo, in: Tellenbach, NF, 1959. – J. C. DICKINSON. The Later Middle Age. From the Norman Conquest to the Eve of the Reformation, in: An Ecclesiastical History of England, 1979. – H. DORMEIER: Monte Cassino und die Laien im 11. und 12. Jahrhundert, MG Schrr. 27, 1979. – D. G. DOUGLAS: Rollo of Normandie, EHR 57, 1942. – DERS.: The Rise of Normandy, Proc. BA 33, 1947. – G. DUBY: La société aux XI et XII siècles dans la région mâconnaise, 1953. – DERS.: Frühzeit des abendländischen Christentums 900–1140, dt. v. K. G. Hemmerich, 1967. – DERS.: Gérard de Cambrai, la paix et les trois fonctions sociales (1024), Comptes Rendus des séances de l'académie des Inscriptions et Belles Lettres, 1976. – DERS.: Aux origines d'un système de classification Sociale, Mélanges en l'honneur de F. Braudel, 1973. – DERS.: Les trois ordres ou l'imaginaire du féodalisme, 1978. – L. DUCHESNE: Les premiers temps de l'État Pontifical, 1911. – K. DÜWEL: Die Bekehrung auf Island, Kirchengeschichte als Missionsgeschichte 2/1, 1978. – CH. E. DUFOURCQ: La coexistence des Chrétiens et des musulmans dans Al-Andalus et dans le Maghrib au Xe siècle. Actes du IXe Congrès de la Soc. des historiens médiévistes de l'Enseignement Supérieur Public, 1979. – F. DUINE: La Métropole de Bretagne. Chronique de Dol composée au XIme siècle. La Bretagne et les pays Celtiques, ser. in 8° XII, 1916. – E. DUPRÉ-THÉSEIDER: Ottone I e l'Italie, in: Renovatio Imperii, Atti della Giornata Internazionale di Studio per il Millenario, 1961. – DERS.: La grande rapina dei corpi Santi dell'Italia al tempo di Ottone I, F. f. P. E. Schramm I, 1964. – [EADMER] Eadmeri historia novorum, ed. M. Rule, Rerum Britannicarum medii aevi 81, 1884. – E. EICHMANN: Die sogenannte Römische Königskrönungsformel, HJG 45, 1925. – R. ELZE: D. „Sacrum Palatium Lateranense" im zehnten und elften Jahrhundert, SG 4, 1952. – DERS.: Pontificale Romano Germanicum, vgl. Vogel. – C. ERDMANN: Mauritius Burdinus (Gregor VIII.), QFIAB 19, 1927. – DERS.: Kaiserfahne und Blutfahne, SAB, 1932. – DERS.: Die Anfänge der staatlichen Propaganda im Investiturstreit, HZ 154, 1935. – DERS.: Die Entstehung des Kreuzzuggedankens, 1935. – DERS., ed.: Die Briefe Heinrichs IV., MG Deutsches MA 1, 1937. – DERS.: Der ungesalbte König, DA 2, 1938. – DERS.: Die Bamberger Domschule im Investiturstreit, ZBLG 9, 1936. – DERS.: Studien zur Briefliteratur Deutschlands im elften Jahrhundert, MG Schr. 1, 1938. – DERS.: Gregor VII. und Berengar von Tours, QFIAB 28, 1938. – DERS./D. v. GLADISS: Gottschalk von Aachen im Dienst Heinrichs IV., DA 3, 1939. – G. FASOLI: I re d'Italia, 1949. – M. FAUROUX: Recueil des Actes des ducs de Normandie de 911 à 1066, Mémoires de la Société des Antiquaires de Normandie 36, 4me ser., 6me vol., 1961. – R. FAWTIER: Hist. des Institutions françaises au moyen-âge II, 1958. – J. FECHTER: Cluny, Adel und Volk (910–1154), Phil. Diss. Tübingen, 1966. – H. E. FEINE: Die genossenschaftliche Gemeindekirche im germanischen Recht, MIÖG 58, 1960. – L. FENSKE: Adelsopposition und kirchliche Reformbewegung im östlichen Sachsen. Entstehung und Wirkung des sächsischen Widerstandes gegen das sächsische Königtum, 1977. – H. FICHTENAU: Z. Reliquienwesen im frühen Mittelalter, MIÖG 60, 1952. – R. C. FINUCANE: The Use and Abuse of Medieval Miracles, History 60, 1975. – F. M. FISCHER: Politiker um Otto d. Gr., 1938. – J. FLECKENSTEIN: Die Hofkapelle der deutschen Könige I u. II, 1959 u. 1966. – DERS.: Rex Canonicus. Über Entstehung und Bedeutung des mittelalterlichen Königskanonikates, F. f. P. E. Schramm I, 1964. – DERS.: Heinrich IV. und der deutsche Episkopat in den Anfängen des Investitursstreits. Ein Beitrag zur Problematik von Worms, Tribur und Canossa, F. G. Tellenbach, 1968. – DERS.: Zum Begriff der ottonisch-salischen Reichskirche F. f. C. Bauer, 1974. – DERS.: Hofkapelle und Reichsepiskopat unter Heinrich IV., VuF 17, 1973. – DERS.: Zum Problem der Abschließung des Ritterstandes, F. f. W. Schlesinger II, 1974. – R. FOREVILLE: L'Église et la Royauté en Angleterre sous le règne de Henri II Plantagenet (1154–1189), 1943. – DERS.: Royaumes, métropolitains et conciles provinciaux, MCSM, 1974. – DERS.: Les statuts synodaux et le renouveau pastoral du treizième siècle, Cahiers de Fanjeaux VI, 1971. – DERS.: The Synode of the Province of Rouen in the eleventh and twelfth Century, in: F. f. Ch. Cheney, 1976. – P. FOURNIER und G. LE BRAS: Hist. des collections canoniques en Occident I, 1931. – G. FRANSEN: Papes, conciles généraux et oecuméniques, MCSM, 1974. – J. FRIED: Die römische Kurie und die Anfänge der Prozeßliteratur, ZSavRG Kan 59, 1973. – DERS.: Der Regalienbegriff im elften und zwölften Jahrhundert, DA 29, 1973. – DERS.: Laienadel und Papst in der Frühzeit der französischen und deutschen Geschichte. Aspekte und Nationalbildungen im Mittelalter, 1978. – C. G. FÜRST: Cardinalis, Prolegomena zu einer Rechtsgeschichte des römischen Kardinalskollegiums, 1967. – H. FUHRMANN: Die pseudoisidorischen Fälschungen und die Synode von Hohenaltheim, ZBLG 76, 1957. – DERS.: Pseudoisidor in Rom, ZKG 78, 1967. – DERS.: Provincia constat duodecim episcopatibus. Zum Patriarchatsplan Erzbischof Adalberts von Hamburg, StGrat XI, 1967. – DERS.: Studien zur Geschichte der mittelalterlichen Patriarchate, ZSavRG Kan 39 ff., 1953 ff. – DERS.: Einfluß und Verbreitung der pseudoisidorischen Fälschungen, MG Schr. 24, 1–3, 1972–1974. – DERS.: Reformpapsttum und Rechtswissenschaft, VuF 17, 1973. – DERS.: Pseudoisidor, Otto v. Ostia (Urban II.) und der Zitatenkampf von Gerstungen, ZSavRG Kan 68, 1982. – DERS.: Deutsche Geschichte im hohen Mittelalter. Von der Mitte des 11. bis zum Ende des 12. Jahrhunderts[2], 1983. – DERS.: Gregor VII., „Gregorianische Reform" und Investiturstreit, in: M. Greschat, Das Papsttum 1, 1985. – B. GAFFREY: Hugo d. Weisse und die Opposition im Kardinalkolleg gegen Gregor VII., Diss. Greifswald, 1914. – B. DE GAIFFIER: L'hagiographie et son public au XIme siècle, Miscellanea Historica in honorem Leonis van Essen, 1947. – DERS.: Études critiques d'hagiographie et d'Iconologie, Subsidia hagiographica 43, 1967. – K. GANZER: Die Entwicklung des auswärtigen Kardinalats im hohen Mittelalter, BHIRom 26, 1963. – Ders.: Das Kirchenverständnis Gregors VII., Trierer Theol. Z. 78, 1969. – J.Gay: L'Italie méridionale et l'Empire Byzantin, Bibl. des Ec. francaises d'Athène et de Rome 90, 1904. – P.G.Geary: L'humiliation des Saints, AESC 34, 1979. – Ders.: La coercition des Saints dans la pratique réligieux médiéval, in: La culture populaire (Boglioni), 1979. – J.Geiselmann: Die Eucharistielehre der Vorscholastik, FLDG 15, 1926. – M.Gerhardt: Norwegische Geschichte, 1963. – J. de Ghellinck: Dialectique et dogma au Xme–XIIme siècles, in: Studien zur Geschichte der Philosophie, F. f. C.Baeumker, 1913. – W.Giese: Der Stamm der Sachsen in ottonischer und salischer Zeit, 1979. – W. Giesebrecht: Geschichte der deutschen Kaiserzeit III, 1890. – J.Gilchrist: Simoniaca Haeresis and the Problem of Orders from Leo IX to Gratian, Proceedings of the second International Congress of Medieval Canon Law, Boston College 1963, Vatikanstadt 1965. – Ders.: The Church and Economic Activity in the Middle Ages, 1969. – Ders.: The Reception of Pope Gregory into the Canon Law, ZSavRG Kan 59, 1973 – Forts. ZSavRG Kan 66, 1980. – C. J.Godfrey: The Church in Anglo-Saxon England, 1962. – W.Goez: Zur Erhebung und ersten Absetzung Gregors VII., RQ 63, 1968. – Ders.: Papa qui et episcopus, AHP 8, 1970. – Ders.: Reformpapsttum, Adel und monastische Erneuerung in der Toscana, VuF 17, 1973. – Ders.: Rainald von Como (1061–1084). Ein Bischof des elften Jahrhunderts zwischen Kurie und Krone, F. f. W.Schlesinger, hg. v. H.Beumann, 1974. – R. M.Grant: Miracle and Natural Law in Graeco-Roman and Early Christian Thought, 1956. – F.Graus: Volk, Herrscher und Heiliger im Reich der Merowinger, 1965. – R. Grégoire: Pomposa et la réforme de l'Eglise auch XIme siècle, Analecta Pomposiana I, 1965. – M.Groten: Von der Gebetsverbrüderung zum Königskanonikat, HJG 163, 1983. – H.Grundmann: Ketzergeschichte des Mittelalters, KiG II G 1, 2. Aufl. 1967. – B.Guillemain: Les Origines des évêques en France aux XIme et XIIme siècles, MCSM 1, 1974. – B.Guttmann: Die Germanisierung der Slaven in der Mark, Forsch. z. Brandenburg.- Preuss. Gesch. 9, 1897. – G.Haendler: Geschichte des Frühmittelalters und der Germanenmission, KiG II E, 1961. – A. A.Häussling: Mönchskonvent und Eucharistiefeier. Eine Studie über die Messe in der abendländischen Klosterliturgie des frühen Mittelalters und zur Geschichte der Meßhäufigkeit, LQF 58, 1973. – S.Haider: Zu den Anfängen der päpstlichen Kapelle, MIÖG 87, 1979. – K.Hallinger: Gorze und Cluny, 2 Bde., 1950/ 51. – Ders.: Zur geistigen Welt der Anfänge Clunys, DA 10, 1953/54. – L.Halphen: Etudes sur l'administration de Rome au Moyen-âge, 1907. – A. v. Harnack: Christus praesens – vicarius Christi, SAB, phil. hist. Kl., 1927. – L. M.Hartmann: Geschichte Italiens im Mittelalter, III–IV 1, 1908–1915. – Ders.: Grundherrschaft und Bürokratie im Kirchenstaat vom 8. bis 10. Jahrhundert, VSWG 7, 1909. – W.Hartmann: Der rechtliche Zustand der Kirchen auf dem Lande: Die Eigenkirche in der fränkischen Gesetzgebung des 7.–9. Jahrhunderts, SettStCIt 28, 1982. – F.Hausmann: Reichskanzlei und Hofkaunter Heinrich V. und Konrad III., MG Schr. 14, 1956. – M.Hellmann: Die Synode von Hohenaltheim, HJG 73, 1954. – A.Hessel: Cluny und Mâcon, ZKG 22, 1901. – R.Hiestand: Byzanz und das Regnum Italicum im 10. Jahrhundert, Diss. Zürich I, 1964. – Ch. Higounet: Histoire de l'Aquitaine I, 1971. – H.Hirsch: Untersuchungen zur Geschichte des päpstlichen Schutzes, MIÖG 54, 1942. – E.Hlawitschka: Zwischen Worms u. Canossa, HJG 94, 1974. – L.Hödl: Die lex continentiae. Eine problemgeschichtl. Studie über d. Zölibat, ZkTh 83, 1961. – H.Hoesch: Die kanonischen Quellen im Werk Humberts von Moyenmoutier. Ein Beitrag zur Geschichte der vorgregorianischen Reform, 1970. – H.Hoffmann: Französische Fürstenweihen des Hochmittelalters, DA 18, 1962. – Ders.: Von Cluny zum Investiturstreit, AKultG 45, 1963. – Ders.: Gottesfriede. Treuga Dei, MG Schrr. 20, 1964. – Ders.: Petrus Diaconus, die Herren von Tusculum und der Sturz Oderisius' II. von Monte Cassino, DA 27, 1971. – Ders.: Der Kirchenstaat im hohen Mittelalter, QFIAB 57, 1977. – Ders.: Langobarden, Normannen, Päpste, QFIAB 58, 1978. – K.Hofmann: Der Dictatus papae Gregors VII., 1933. – Ders.: Der „Dictatus Papae" Gregors VII. als Index einer Kanonessammlung, SG 1, 1947. – Ph. Hofmeister: Mönchtum und Seelsorge bis zum 13. Jahrhundert, Studien u. Mitt. z. Gesch. d. Benediktinerordens 65, 1953/54. – W.Holtzmann: Papsttum, Normannen und griechische Kirche, Misc. Bibl. Hertizianae, 1961. – DERS.: Laurentius von Amalfi, SG 1, 1947. – B. HÓ-MAN: Geschichte des ungarischen Mittelalters, 1940. – P. E. HÜBINGER: Die letzten Worte Papst Gregors VII., Rhein. Westf. Akademie d. Wissensch., Geisteswissensch. Vorträge 185, 1973. – R. HÜLS: Kardinäle. Klerus, Kirchen Roms 1049–1130, BHI Rom 48, 1977. – W. HUNT: The English Church from the Foundation to the Norman Conquest, 1931. – L. JACOB: Le Royaume de Bourgogne sous les empereurs Franconiens, 1966. – H. JAKOBS: Die Hirsauer, 1961. – DERS.: Der Adel und die Klosterreform in St. Blasien, 1968. – DERS.: Rudolf von Rheinfelden und die Kirchenreform, VuF 17, 1973. – DERS.: Die Clu-niacenser und das Papsttum im 10. und 11. Jahrhundert, Francia 2, 1974. – DERS.: Kir-chenreform und Hochmittelalter 1045–1215, Grundriß der Geschichte 7, 1984. – D. JAS-PER: Das Papstwahldekret von 1059. Überlieferung und Textgestalt, Beiträge z. Gesch. u. Quellenkunde d. MAs 12, 1986. – G. JENAL: Erzbischof Anno von Köln, 1975. – P. IM-BART DE LA TOUR: Les paroisses rurales du IVme au XIme siècles, 1900. – E. JOHN: The King and the Monks in the Tenth-Century Reform, Bull. of the John Rylands Library 48, 1959/60. – G. JONES: A History of the Vikings, 1969. – K. JORDAN: Zur päpstlichen Fi-nanzgeschichte, QFIAB 25, 1933/34. – DERS.: Der Kaisergedanke in Ravenna zur Zeit Heinrichs IV., DA 2, 1938. – DERS.: Ravennater Fälschungen aus den Anfängen des Inves-titurstreits, AUF 15, 1938. – DERS.: Die Entstehung der römischen Kurie, ZSavRG Kan 59, 1939. – DERS.: Die päpstliche Verwaltung im Zeitalter Gregors VII., SG 1, 1947. – H. D. KAHL: Compellere intrare. Die Wendenpolitik Bruns von Querfurt im Lichte hochmit-telalterlichen Missions- und Völkerrechts, ZfO 4, 1955. – DERS.: Das altschonische Recht als Quelle der Missionsgeschichte des dänisch-schwedischen Raumes, WaG 17, 1957. – DERS.: Bausteine einer missionsgeschichtlichen Phänomenologie des Hochmittelalters, Misc. Hist. Ecclesiasticae, 1961. – DERS.: Heidnisches Wendentum und christliche Stam-mesfürsten. Ein Blick in die Auseinandersetzungen zwischen Gentil- und Universalreligion im abendländischen Hochmittelalter, AKultG 44, 1962. – R. KAISER: Bischofsherrschaft zwischen Königtum und Königsmacht, PHS 17, 1981. – E. H. KANTOROWICZ: Laudes re-giae. A Study in Liturgical acclamations and Mediaeval Ruler Workship, 1946. – DERS.: The King's two Bodies. A Study in Mediaeval Political Theology, 1957. – DERS.: Selected Studies, 1964. – P. F. KEHR: Das Papsttum und der katalanische Prinzipat bis zur Vereini-gung mit Aragon, ABA, phil. hist. Kl. 1, 1926. – DERS.: Das Papsttum und die Königreiche Navarra und Aragon bis zur Mitte des zwölften Jahrhunderts, ABA, phil. hist. Kl. Nr. 4, 1928. – DERS.: Wie und wann wurde das Reich Aragon ein Lehen der römischen Kirche?, SAB, phil. hist. Kl., 1928. – DERS.: Vier Kapitel aus der Geschichte Kaiser Heinrichs III., ABA Nr. 3, 1936. – DERS.: Die Belehnungen der süditalienischen Normannenfürsten durch die Päpste 1059–1192, ABA, phil. hist. Kl. 1, 1934. – H. KELLER: Pataria und Stadt-verfassung, Stadtgemeinde und Reform. Mailand im Investiturstreit, VuF 17, 1973. – E. W. KEMP: Aspects of the Government of the Church exemplified in the History of the English Provincial Synods, 1961. – F. KEMPF: Das Problem der „Christianitas" im zwölften und dreizehnten Jahrhundert, HJG 79, 1960. – DERS.: Pier Damiani und das Papstwahl-dekret 1059, AHP 2, 1964. – DERS.: Kanonistik und kuriale Politik im zwölften Jahrhun-dert, AHP 1, 1963. – DERS.: Primatiale und episkopal-synodale Struktur der Kirche vor der Gregorianischen Reform, AHP 16, 1978. – DERS.: Die Eingliederung der überdiözesa-nen Hierarchie in das Papalsystem des kanonischen Rechts von der Gregorianischen Re-form bis zu Innozenz III., AHP 18, 1980. – F. KERN: Gottesgnadentum und Widerstands-recht im frühen Mittelalter, 1914. – W. KIENAST: Die Herzogstitel in Frankreich und Deutschland (9.–12. Jh.), 1968. – DERS.: Der Wirkungsbereich des französischen König-tums von Odo bis Ludwig VI (888–1137) in Südfrankreich, HZ 209, 1969. – DERS.: Stu-dien über die französischen Volksstämme des Frühmittelalters, PHS 7, 1968. – DERS.: Deutschland und Frankreich in der Kaiserzeit (900–1270) I, 1974. – R. KLAUSER: Zur Ent-wicklung des Heiligsprechungsverfahrens bis zum dreizehnten Jahrhundert, ZSavRG Kan 71, 1954. – TH. KLAUSER: Die Liturgie der Heiligsprechung, in: Heilige Überlieferung, F. f. J. Herwegen, 1938. – DERS.: Kleine abendländische Liturgiegeschichte, 1965. – E. KLEBEL: Eigenklosterrecht und Vogteien in Bayern und Österreich, MIÖG, Erg.bd. 14, 1939. – H.

W. KLEWITZ: Cancellaria. Ein Beitrag zur Geschichte des geistlichen Hofdienstes, DA 1, 1937. – DERS.: Die Entstehung des Kardinalskollegiums, ZSavRG Kan 25, 1936. – DERS.: Königtum, Hofkapelle und Domkapitel im zehnten Jahrhundert, AUF 16, 1939. – J. KLOCZOWSKI: Les structures ecclesiastiques en Europe du IXme au XI^m siècles, in: Europe aux IXme–XIme siècles, 1968. – DERS.: La province ecclésiastique de la Pologne et ses evêques, MSCM VII 1, 1971. – D. KNOWLES: The Monastie Order in England 940–1216, 2. Aufl. N., 1963. – O. KÖHLER, Das Bild der geistlichen Fürsten in den Viten des zehnten, elften und zwölften Jahrhunderts, Abh. z. mittl. u. neueren Gesch. 77, 1935. – DERS.: Die ottonische Reichskirche. Ein Forschungsbericht, in: F. f. G. Tellenbach, 1968. – W. KÖLMEL: Rom und der Kirchenstaat im zehnten und elften Jahrhundert, Abh. z. mittl. u. neueren Gesch. 78, 1935. – O. H. KOST: Das östliche Niedersachsen im Investiturstreit usw., Stud. z. Kirchengesch. Niedersachsens 13, 1962. – H. G. KRAUSE: Das Papstwahldekret von 1059 und seine Rolle im Investiturstreit, SG 7, 1960. – J. KRIMM-BEUMANN: Das Traktat „De investitura episcoporum" von 1109, DA 33, 1977; vgl. auch J. Beumann. – H. KUHN: König und Volk in der germanischen Bekehrungsgeschichte, ZDADL 77, 1940. – DERS.: Das Fortleben des germanischen Heidentums nach der Christianisierung, SettStCIt 15, 1971. – D. KURZE: Pfarrerwahlen im Mittelalter, F. z. Rechtsgesch. u. z. Kirchenrecht 6, 1966. – S. KUTTNER: Cardinalis. The History of a Canonical Concept, Trad. 3, 1945. – J. VAN LAARHOVEN: „Christianitas" et Reforme Grégorienne, SG 6, 1959/61. – G. B. LADNER: Theologie und Politik vor dem Investiturstreit, 1936. – DERS.: Aspects of Medieval Thought on Church and State, Rev. of Politics 9, 1947. – DERS.: The Concepts of „Ecclesia" and „Christianitas" and their Relation to the Idea of Papal „Plenitudo potestatis" from Gregory VII to Boniface VIII. Sacerdozio e Regno da Gregorio VII a Bonifacio VIII, 1954. – DERS.: Two Gregorian Letters. On the Sources and Nature of Gregory VII' Reform Ideology, SG 5, 1956. – Die mittelalterliche Reformidee und ihr Verhältnis zur Idee der Renaissance, MIÖG 60, 1952. – DERS.: The Idea of Reform. Its Impact on Christian Thought and Action in the Age of the Fathers, 1959. – DERS.: Gregory the Great and Gregory VII. A Comparison of their Concepts of Renewal, Viator 4, 1973. – W. LAMMERS: Formen der Mission bei Sachsen, Schweden und Abodriten, BDL 106, 1970. – W. LANGE: Studien zur christlichen Dichtung der Nordgermanen 1000–1200, Palaestra 222, 1958. – L. M. LARSON: Canute the Great, 1912. – J. LAUDAGE: Priesterbild und Reformpapsttum im elften Jahrhundert, 1984. – G. LE BRAS: Les confréries chrétiennes, in: Études de Soziologie religieuse 2, 1956. – T. LECCISOTTI: L'incontro di Desiderio di Monte Cassino col re Enrico IV ad Albano, SG 1, 1947. – J. LECLERCQ, ed.: Ives de Chartres, Correspondance, CHF 22, 1949. – DERS.: Le monachisme du haut moyen âge, VIIIme–Xme siècles, Théologie de la vie monastique 49, 1961. – DERS.: Lidéal monastique de Saint Odon, in: A Cluny. Congrès Scientifique de la société des amis de Cluny, 1950. – DERS.: Cluny fut elle ennemie de la culture?, RMab 47, 1957. – DERS., F. Vandenbrucke, Louis Bouyer, Histoire de la spiritualité II, 1961. – DERS.: La spiritualité des chanoines réguliers, MCSM III, 1959. – DERS.: L'amour des lettres et le désir de Dieu, 1957; dt. Wissenschaft und Gottverlangen. Zur Mönchstheologie des Mittelalters, 1963. – CH. LEITMAIER: Die Kirche und die Gottesurteile. Eine rechtshistorische Studie, Wiener rechtsgeschichtliche Arbeiten 2, 1953. – J. F. LEMARIGNIER: Études sur les privilèges d'exemption et de jurisdiction ecclésiastiques des Abbayes normandes jusqu'au 1146, Archives de la France monastique 44, 1937. – DERS.: Les institutions ecclesiastiques en France de la fin du Xme au milieu du XIIme siècle, in: Hist. des Institutions françaises au moyen âge, publ. sous la direction de Ferdinand Lot et Robert Fawtier 13, 1962. – DERS.: Aspects politiques des fondations de collegiales dans le royaume de France au XIme siècle, in: La vita comune del clero nei secoli XIme e XIIme, MCSM 3, 1962. – DERS.: Le gouvernement royal aux premiers temps Capétiens (987–1108), 1965. – DERS.: La France Mediévale. Institution et Société, Coll. U., Série Hist. médiévale, 1978. – F. LERNER: Kardinal Hugo Candidus, HZ Beih. 22, 1931. – E. LESNE: La hiérarchie épiscopale. Provinces, Métropolitains, Primats en Gaule et Germanie 742–882, Mém. et Travaux des facultés catholiques de Lille 1, 1965. – DERS.: Histoire de la propriété ecclésiastique en France I, 1910. – G. LETONNELIER: L'abbaye exempte de Cluny et le Saint-Siège, Archives de la France monastique 22, 1923. – E. Levi-Provençal: Hist. de l'Espagne Musulmane II, 1950. – K. J. Leyser: Rule and Conflict in an Early Medieval Society in Ottoniean Saxony, 1979. – Ders.: The German Aristocracy from the Ninth to the Early Twelfth Century, Past and Present 41, 1968. – Ders.: The crisis of Medieval Germany, Proc. BA 69, 1983. – A. L'Huillier: Vie de saint Hugues, abbé de Cluny, 1888. – F. Liebermann: The National Assembly in the Anglo Saxon Periode, 1913. – M. Lintzel: Die Beschlüsse der deutschen Hoftage 900–1125, 1924. – H. Lippelt: Thietmar v. Merseburg. Reichsbischof und Chronist, Mitteldt. Forsch. 72, 1973. – L. K. Little: Formules Monastiques de Malediction aux IXme et Xme siècles, RMab 58, 1970–75. – Ders.: La morphologie des maledictions monastiques, AESC 34, 1979. – Ders.: The Personal Development of Peter Damiani, in: Order and Innovation in the Middle Ages. Essays in honour of J. R. Stroyer, hg. v. W. C. Jordan, B. M. Nab, T. F. Ruiz, 1976. – H. Löwe: Pirmin, Willibrord und Bonifatius. Ihre Bedeutung für die Missionsgeschichte ihrer Zeit, in: Kirchengesch. als Missionsgesch. 2: Die Kirche des frühen Mittelalters, 1. Halbb., hg. v. K. Schäferdiek, 1978. – J. Lortz: Die Geschichte der Kirche in ideengeschichtlicher Betrachtung I, 1962. – F. Lot: Les invasions des Barbares et le peuplement de l'Europe I, 1942. – F. Lotter: Ein kanonistisches Handbuch über die Amtspflichten des Pfarrklerus als gemeinsame Vorlage für den Sermo synodalis „Fratres prebyteri" und Reginos Werk „De synodalibus causis", ZSavRG Kan 93, 1976. – Ders.: Bemerkungen zur Christianisierung der Abodriten, F. f. W. Schlesinger II, 1974. – Ders.: Der Brief des Priesters Gerhard an Erzbischof Friedrich von Mainz. Ein kanonistisches Gutachten aus frühottonischer Zeit, VuF Sonderband 17, 1975. – G. A. Loud: Abbot Desiderius of Monte Cassino and the Gregorian Papacy, JEH 90, 1979. – H. R. Loyn: The King and the Structures of Society in Late Anglo-Saxon England, History 42, 1937. – Ders.: Anglo-Saxon England and the Norman Conquest, 1962. – Ders.: The Vikings in Britain, 1972. – H. de Lubac: Corpus Mysticum. L'Eucharistie et l'Eglise au Moyen âge, 1944. – Ders.: Le pouvoir de l'Eglise en matière temporelle, RSrel 12, 1933. – M. Maccarone: La teologia del primato Romano del secolo XI^{mo}, MCSM VII, 1974. – A. J. Macdonald: Authority and Reason in the early Middle Ages, 1933. – L. C. Mackinney: The People and Public Opinion in the Eleventh Century Peace Movement, Spec. 5, 1930. – C. Manaresi: I Placiti del regnum Italiae II 1, Fonti per la storia d'Italia 96, 1957. – R. Manselli: La Christianitas medioevale di fronte all'eresia, in: Concetto ... a cura di V. Branca, 1973. – Ders.: La religion populaire au moyen âge. Problèmes de méthodes et de l'histoire, 1975. – N. H. Mascard: Les reliques des Saints. Formation coutumière d'un droit, 1975. – K. Maurer: Die Bekehrung des norwegischen Stammes zum Christentum, 2 Bde., 1855/56. – Th. Mayer: Fürsten und Staat, 1950. – G. G. Meersseman: Die Klerikervereine von Karl d. Gr. bis Innozenz III., ZKG 46, 1952. – Ders.: L'eremitismo e predicazione itinerante dei secoli XI e XII, MSCM IV, 1965. – Ders.: I penitenti nei secoli XI e XII, MSCM V, 1968. – Ders.: Per la storiografia delle confraternite laicali nell' alto Medioevo, in: Storiografia e Storia, Studi in onore di Eugenio Dupré Theseider, 1. Bd., 1974. – Ders.: Ordo Fraternitatis. Confraternite e pietà dei laici nel medioevo in collaborazione con Gian Piero Pacini, 3 volumi, Italia Sacra 24, 25, 26, 1977. – J. Mehne: Cluniacenserbischöfe, FMSt 11, 1977. – Menendez–Pidal: Das Spanien des Cid, 1. Bd., dt. v. G. v. Henking u. M. Mara, 1936. – L. F. Meulenberg: Der Primat der römischen Kirche im Denken und Handeln Gregors VII., 1965. – O. Meyer: Überlieferung und Verbreitung des Dekrets des Bischofs Burchard von Worms, ZSavRG Kan 24, 1935. – G. Miccoli: Chiesa Gregoriana, 1966. – M. Minninger: Von Clermont zum Wormser Konkordat, Forschungen zur Kaiser- und Papstgeschichte des Mittelalters, Beihefte zu Böhmer Regesta Imperii 2, 1978. – C. Mirbt: Die Publizistik im Zeitalter Gregors VII., 1894. – J. J. Miscoll-Reckert: Kloster Petershausen als bischöflich konstanzisches Eigenkloster, 1973. – H. Mitteis: Der Staat des hohen Mittelalters, 2. Aufl., N 1968. – M. Mollat: La restitution des églises privées au patrimoine ecclésiastique en France au IXme auch XIme siècles, Rev. hist. du droit français et étranger, 4me Serie 28, 1949. – J. R. H. Moorman: A History of the Church in England, 1953. – C. G. Mor: L'età feudale I, II, in: Storia Politica d'Italia, 1952. – H. Mordek: Papst Urban

II., St. Blasien und die Anfänge des Basler Klosters St. Alban, ZfGORh 131, 1983. – DERS.: Kanonistik und Gregorianische Reform, in: Reich und Kirche vor dem Investiturstreit, 1985. – K. F. MORRISON: Canossa. A Revision, Trad. 18, 1962. – DERS.: Tradition and Authority in the Western Church 300–1140, 1969. – L. MOULIN: La vie quotidienne des religieux au moyen âge X–XVme siècle, 1978. – A. MUNDÓ: Moissac, Cluny et les mouvements monastiques de l'Est de Pyrénées du Xme auch XIIme siècles, Annales du midi 75, 1963. – CH. MUNIER: L'„Ordo romanus qualiter concilium agatur" d'après le cod. Colon. 138, RThAM 29, 1962. – L. MUSSET: Relations et échanges d'influences dans l'Europe du Nord-Ouest Xme et XIme siècles, CCM 1, 1958. – DERS.: La naissance de la Normandie, in: M. de Bouard, Hist. de la Normandie, 1970. – B. NEUNHÄUSER: Der Gestaltwandel liturgischer Frömmigkeit, in: Perennitas, F. f. Th. Michels, 1963. – B. M. NICOL: Byzanziom and the Papacy in the Eleventh Century, JEH 13/14, 1962/63. – A. NITSCHKE: Die Wirksamkeit Gottes in der Welt Gregors VII. Eine Untersuchung über die religiösen Äußerungen und die politischen Handlungen des Papstes, SG 5, 1956. – DERS.: Die Ziele Heinrichs IV. Beobachtungen zum Wandel einer Staatsform, F. f. W. Treue, 1969. – DERS.: Gregor VII., in: D. Großen d. Weltgeschichte III, 1973. – W. NORDEN: Erzbischof Friedrich von Mainz und Otto d. Gr., 1912. – H. NOTTARP: Gottesurteile. Eine Phase im Rechtsleben der Völker, 1949. – DERS.: Gottesurteilstudien, 1956. – O. NUSSBAUM: Kloster, Priestermönche und Privatmessen, 1961. – DERS.: Der Standort des Liturgen am christlichen Altar vor dem Jahre 1000, Theophaneia 18, 1965. – I. NYLANDER: Das kirchliche Benefizialwesen Schwedens während des Mittelalters, 1953. – F. W. OEDIGER: Das Bistum Köln von seinen Anfängen bis zum Ende des zwölften Jahrhunderts, Gesch. d. Erzbistums Köln I, 2. Aufl., 1972. – O. G. OEXLE: Memoria und Memorialüberlieferung im frühen Mittelalter, FMSt 10, 1976. – DERS.: Die funktionale Dreiteilung der ,Gesellschaft' bei Adalbero von Laon, FMSt 12, 1978. – DERS.: Die mittelalterlichen Gilden. Ihre Selbstdeutung und ihr Beitrag zur Sozialordnung usw., Misc. medievalia XII 1, 1979. – DERS.: Liturgische Memoria und historische Erinnerung. Zur Frage nach dem Gruppenbewußtsein und dem Wissen der eigenen Geschichte in den mittelalterlichen Gilden, F. f. K. Hauck, 1982. – T. T. OLESON: The Witenagemot in the Reign of Edvard the Confessor, 1955. – K. ONASCH: Russische Kirchengeschichte, KiG, M 1, 1967. – I. OTT: Der Regalienbegriff im zwölften Jahrhundert, ZSavRG Kan 35, 1948. – A. OVERMANN: Gräfin Mathilde von Tuszien, 1895. – J. PASCHER: Die Liturgie der Sakramente, 3. Aufl. 1961. – E. PASZTÓR: La curia Romana, MSCM 7, 1974. – DIES.: San Pier Damiani. Il cardinalato e la formazione della curia Romana, SG 10, 1975. – K. PELLENS: Die Texte des normannischen Anonymus, 1966. – J. V. PFLUGK-HARTTUNG: Acta pontificum Romanorum inedita I–III, 1881 ff. – W. M. PLÖCHL: Geschichte des Kirchenrechts, I² 1960, II² 1961. – F. POGGIASPALLA: La chiesa e la participazione dei chierici alla guerra nella legislazione fino alle decretali di Gregorio IX, RSCI 32, 1959. – DERS.: La vita comune del Clero dalle origini alla riforma Gregoriana, Uomini e Dottrine 14, 1968. – O. PONTAL: Les statuts synodaux. Typologie des sources du moyen âge occidental, fasc. 11, 1975. – B. POSCHMANN: Die abendländische Kirchenbuße in spätrömischer und frühmittelalterlicher Zeit, 1930. – DERS.: Buße und letzte Ölung, HDG IV 3, 1951. – R. POUPARDIN: Le royaume de Provence sous les Carolingiens 855–933, BEH 131, 1901. – DERS.: Le royaume de Bourgogne 888–1038, BEH 163, 1907. – H. PRENTOUT: Essai sur les origines et la fondation du duché de Normandie, 1911. – L. PROSDOCIMI: Chierici e laici nella Società occidentale del secolo XII^mo. Proc. of the Second International Congress of Medieval Canon Law, Boston College 1963, hg. v. S. Kuttner u. J. J. Ryan, 1965. – B. REHFELDT: Todesstrafen und Bekehrungsgeschichte, 1942. – DERS.: König, Volk und Gefolgschaft im nordischen Altertum, 1942. – RADULFUS GLABER: Historiarum ll 5, ed. M. Prou, Les cinq livres de ses histoires, Coll. de textes 1, 1886. – K. REINDEL: Die bayerischen Liutpoldinger 893–989, Quellen und Erörterungen zur bayerischen LG 11, 1953. – T. REUTER: The Imperial Church System of the Ottonian and Salian Rulers. A Reconsideration, JEH 33, 1982. – P. RICHÉ: Les écoles et l'enseignement dans l'occident chrétien de la fin du Vme au milieu du XIme siècles, 1975. – J. RIVIÈRE: In partem Sollicitudinis. Evolution d'une formule pontifical, RSrel 5, 1925. –

I. S. Robinson: Authority and Resistance in the Investiture Contest, 1978. – Ders.: Zur Arbeitsweise Bernolds von Konstanz und seines Kreises, DA 34, 1978. – Ders.: Pope Gregory VII and Episcopal Authority, Viator 9, 1979. – Ders.: Pope Gregory VII, the princes and the Pactum 1077–1080, EHR 94, 1979. – Ders.: The Bible in the Investiture Contest. The South German Gregorian Circle, in: The Bible in the Medieval World. Essays in Memory of Beryl Smalley, 1985. – G. Rossetti: Il matrimonio del clero nella società altomedioevale, SettStCIt 94, 1977. – E. Rothe: Goslar als salische Residenz, Phil. Diss. Berlin, 1940. – M. Rouche: De l'orient à l'Occident. Les origines de la tripartition fonctionelle et les causes de son adoption par l'Europe chrétienne à la fin du Xme siècle. Occident et Orient au Xme siècle, 1979. – E. Sackur: Die Cluniacenser in ihrer kirchlichen und allgemeingeschichtlichen Wirksamkeit bis zur Mitte des elften Jahrhunderts, 1. Bd. 1892, 2. Bd. 1894, N. 1965. – G. Saebekow: Die päpstlichen Legationen nach Spanien und Portugal bis zum Ausgang des zwölften Jahrhunderts, Phil. Diss. Berlin, 1940. – L. Santifaller: Zur Geschichte des ottonisch-salischen Reichskirchensystems, 2. Aufl. 1964. – H. Sauer: Theodulfi Capitula in England. Die altengl. Übersetzungen zusammen mit dem lateinischen Text, Texte und Untersuchungen zur englischen Philologie 8, 1978. – Ders.: Zur Überlieferung und Anlage v. Erzbischof Wulfstans Handbuch, DA 46, 1980. – P. H. Sawyer: The Age of the Vikings, 1962. – Ders.: Kings and Vikings. Scandinavia and Europe, AD 700–1100, 1982. – A. Scharnagl: Der Begriff der Investitur in der Literatur des Investiturstreits, KRA 56, 1908. – A. Schebler: Die Reordinationen in der „altkatholischen" Kirche, 1936. – P. Scheffer-Boichorst: Die Neuordnung der Papstwahl durch Nikolaus II., 1879. – R. Schieffer: Die Entstehung des päpstlichen Investiturverbots für den deutschen König, MGSchrr. 28, 1981. – Ders.: Von Mailand nach Canossa, DA 28, 1972. – Ders.: Heinrich III., in: H. Beumann, Kaisergestalten d. MAs, 1984. – Th. Schieffer: Die päpstlichen Legaten in Frankreich vom Vertrag von Meersen (870) bis zum Schisma (1130), Hist. Studien 262, 1935. – Ders.: Heinrich II. und Konrad II. Die Umprägung des Geschichtsbildes durch die Kirchenreform des elften Jahrhunderts, DA 8, 1951. – Ders.: Nochmals die Verhandlungen von Mouzon, F. f. E. Stengel, 1952. – Ders.: Cluny et la querelle des Investitures, RH 225, 1961. – Ders.: Kaiser Heinrich III. 1017–1056, in: Die großen Deutschen I², 1956. – B. Schimmelpfennig: Der Zölibat und die Lage der Priestersöhne, HZ 127, 1978. – W. Schlesinger: Kirchengeschichte Sachsens im Mittelalter, Mitteldeutsche Forsch. 27, 2 Bde., DA 22, 1962. – F. J. Schmale: Die Absetzung Gregors VI. in Sutri und die synodale Tradition, AHC 11, 1979. – H. F. Schmid: Gemeinschaftskirchen in Italien und Dalmatien, ZSavRG Kan 7, 1960. – K. Schmid: Kloster Hirsau und seine Stifter, 1959. – Ders.: Neue Quellen zum Verständnis des Adels im zehnten Jahrhundert, ZfGOrh 108, 1960. – Ders.: Die Thronfolge Ottos d. Gr., ZSavRG Germ. 81, 1964. – Ders./J. Wollasch: Die Gemeinschaft der Lebenden und Verstorbenen in Zeugnissen des Mittelalters, FMSt 1, 1967. – Ders./O. G. Oexle: Voraussetzungen und Wirkung des Gebetsbundes von Attigny, Francia 2, 1974. – Ders.: Gedenk- und Totenbücher als Quellen, Beiträge der MGh z. 31. dt. Historikertag Mannheim 1976. – Ders.: Adel und Reform in Schwaben, VuF 17, 1973. – Ders.: Bemerkungen zum Konstanzer Klerus der Karolingerzeit, FDA 100, 1983. – P. Schmid: Der Begriff der kanonischen Wahl in den Anfängen des Investiturstreits, 1926. – T. Schmidt: Alexander II. (1061–1073) und die römische Reformgruppe seiner Zeit, 1977. – G. Schmitz: Das Konzil von Trosly, DA 33, 1977. – Ch. Schneider: Prophetisches Sacerdotium und heilgeschichtliches Regnum im Dialog 1073–1077. Zur Geschichte Gregors VII. und Heinrichs IV., Münstersche MA-Schriften 9, 1972. – G. Schneider: Erzbischof Fulco von Reims (883–906) u. d. Frankenreich, Münchener Beiträge zur Mediävistik und Renaissance-Forschung 14, 1973. – P. E. Schramm: Geschichte des englischen Königtums im Lichte der Krönung, 1937. – Ders.: Der König von Frankreich. Das Wesen der Monarchie vom neunten zum sechzehnten Jahrhundert I, 1939. – Ders.: Herrschaftszeichen und Staatssymbolik. Beiträge zu ihrer Geschichte vom dritten bis sechzehnten Jahrhundert, 3 Bde., Schrr. d. MG 14, I–III, 1954–56. – G. Schreiber: Kurie und Kloster im zwölften Jahrhundert, KRA 65–68, 1910. – Ders.: Kirchliches Abgabenwesen an franz. Eigenkirchen aus Anlaß von Ordalien, ZSav-

RG Kan 5, 1915. – DERS.: Kluny und die Eigenkirchen, AUF 17, 1942. – DERS.: Mittelalterliche Segnungen und Abgaben, ZSavRG Kan 32, 1943. – DERS.: Mönchtum und Wallfahrt, HJG 55, 1935. – DERS.: Gregor VII., Cluny, Citeaux, Prémontré zu Eigenkirche, Parochie, Seelsorge, ZSavRG Kan 34, 1947. – I. SCHRÖDER: Die westfränkischen Synoden von 888–987 und ihre Überlieferung, MG Hilfsm. 3, 1980. – G. SCHWARTZ: Die Besetzung der Bistümer Reichsitaliens unter den sächsischen und salischen Kaisern, 1913. – W. SCHWARZ: Der Investiturstreit in Frankreich, ZKG 42, 43, 1923/24. – WILHELM SCHWARZ: Jurisdictio und Conditio, ZSavRG Kan 45, 1959. – B. SCHWINEKÖPER: Christus-Reliquien-Verehrung und Politik. Studien über die Mentalität der Menschen des frühen Mittelalters, insbesondere über die religiöse Haltung und sakrale Stellung der frühmittelalterlichen deutschen Kaiser und Könige, BDL 117, 1987. – W. SEEGRÜN: Das Papsttum und Skandinavien bis zur Vollendung der nordischen Kirchenorganisation (1164), QuF z. Gesch. Schleswig-Holsteins 51, 1967. – P. SEGL: Königtum und Klosterreform in Spanien, 1974. – J. SEMMLER: Traditio und Königsschutz, ZSavRG Kan 45, 1959. – DERS.: Die Klosterreformen von Siegburg, ihre Ausbreitung und ihr Reformprogramm im elften und zwölften Jahrhundert, Rhein. Archiv 56, 1959. – DERS.: Klosterreform und gregorianische Reform, SG 6, 1959/61. – DERS.: Mönche und Kanoniker im Frankreich Pippins und Karls d. Gr., Veröff. d. M. Planck-Inst. f. Gesch. 68, 1980. – C. SERVATIUS: Kirche und Staat im Mittelalter. Auf dem Weg nach Canossa, G. Denzler (Hg.), Kirche und Staat auf Distanz, Hist. u. aktuelle Perspektiven, 1977. – DERS.: Paschalis II. (1099–1118), 1979. – H. J. SIEBEN: Konzilien in der Sicht des Gregorianers Bernold von St. Gallen, AHC 11, 1979. – TH. W. SOUTHERN: Kirche und Gesellschaft im Abendland des Mittelalters, 1971. – R. SPRANDEL: Ivo von Chartres und seine Stellung in der Kirchengeschichte, PHS 1, 1962. – A. STICKLER: Il potere coattivo materiale della Chiesa nella Riforma Gregoriana secondo Anselmo di Lucca, SG 2, 1947. – DERS.: Historia Juris canonici Latini I, 1950. – DERS.: Sacerdozio e Regno nelle nuove Ricerche attorno ai secoli XII e XIII nei Decretisti e Decretalisti fino alle decretali di Gregori IX, in: Misc. hist. Pontif. 18, 1954. – G. STÖCKL: Geschichte der Slavenmission, KG E 1, 1961. – M. STROBL: New Perspectives of the Struggle between Guy of Vienne and Henry V, AHP 18, 1980. – W. STÜRNER: Salvo debito honore et reverentia. Der Königsparagraph im Papstwahldekret von 1059, ZSavRG Kan 54, 1968. – DERS.: Der Königsparagraph im Papstwahldekret von 1059, SG 9, 1972. – DERS.: Das Papstwahldekret von 1059 und die Wahl Nikolaus II., ZSavRG Kan 59, 1973. – U. STUTZ: Geschichte des kirchlichen Benefizialwesens bis auf Alexander III., I, 1895. – DERS.: Die Eigenkirche als Element des mittelalterlich germanischen Kirchenrechts, 1895. – DERS.: Lehen und Pfründe, ZSavRG G 20, 1899. – DERS.: Das karolingische Zehntgebot, ZSavRG Germ 29, 1908. – DERS.: Gratian und die Eigenkirchen, ZSavRG Kan 1, 1911. – DERS.: Art. Eigenkirche, Eigenkloster, PRE 22, 1913. – DERS.: Kirchenrecht, in: F. Holtzendorff u. J. Kohler, Enzyklopädie der Rechtswissenschaft V, 7. Aufl. 1914. – DERS.: Alexander III. gegen das Eigenkirchenrecht, ABA, phil. hist. Kl., 1936. – J. SYDOW: Untersuchungen zur kurialen Verwaltungsgeschichte im Zeitalter des Reformpapsttums, DA 11, 1954/55. – B. SZABÓ-BECHSTEIN: Libertas Ecclesiae, SG 12, 1985. – W. SZAIVERT: Die Entstehung und Entwicklung der Klosterexemtion, MIÖG 59, 1951. – G. TELLENBACH: Die Bischöflich-Passauischen Eigenklöster und ihre Vogteien, 1928. – DERS.: Römischer und christlicher Reichsgedanke in der Liturgie des frühen Mittelalters, SAH 1934/35, 1. – DERS.: Libertas. Kirche und Weltordnung im Zeitalter des Investiturstreits, 1936 (engl. 1940 u. ö.). – DERS.: Zwischen Worms und Canossa, HZ 162, 1940. – DERS.: Über Herzogskronen und Herzogshüte im Mittelalter, DA 5, 1941. – DERS.: Vom karolingischen Reichsadel zum deutschen Reichsfürstenstand, in: Th. Mayer, Adel und Bauern i. dt. Staat d. Mittelalters, 1943. – DERS.: Vom Zusammenleben der abendländischen Völker im Mittelalter, F. f. G. Ritter, 1950. – DERS.: Zum Wesen der Cluniacenser. Skizzen und Versuche, S, 1958. – DERS.: Neue Forschungen über Cluny und die Cluniacenser, 1959. – DERS.: Der Sturz des Abtes Pontius von Cluny und seine geschichtliche Bedeutung, QFIAB 42/43, 1963; französ.: Annales du midi 76, 1964. – DERS.: Zur Erforschung des hochmittelalterlichen Adels (IX.–XII. Jh.), in: XIIme Congrès intern. des Sciences historiques. Rapports I, 1965.

– Ders.: Der Liber Memorialis von Remiremont. Zur kritischen Erforschung und zum Quellenwert liturgischer Gedenkbücher, DA 25, 1969. – Ders.: Servitus und libertas nach den Traditionen der Abtei Remiremont, Saeculum 21, 1970. – Ders.: Irdischer Stand und Heilserwartung im Mittelalter, F. f. H. Heimpel, 1972. – Ders.: Zur Translation einer Reliquie des heiligen Laurentius von Rom nach Lüttich im 11. Jahrhundert, F. f. E. Dupré-Theseider, 1974. – Ders.: Die geistigen und politischen Grundlagen der karolingischen Thronfolge, FMSt 13, 1979. – Ders.: Kaiser, Rom und Renovatio, F. f. K. Hauck, 1982. – Ders.: Die abendländische Kirche im 10. und 11. Jahrhundert im Ganzen der Kirchengeschichte, F. f. F. Kempf, 1983. – Ders.: Die historische Dimension der liturgischen Commemoratio, Memoria, Münstersche MA-Schriften 48, 1984. – Ders.: Zur Geschichte der Päpste im 10. und 11. Jahrhundert, F. f. J. Fleckenstein, 1984. – Ders.: Gregorianische Reform. Kritische Besinnungen. Reich und Kirche vor dem Investiturstreit, 1985. – A. Thiel: Epistolae Romanorum pontificum genuinae et quae ad eos scriptae sunt a Hilario usque ad Pelagium II, I 1868. – H. Tillmann: Die päpstlichen Legaten in England bis 1218, 1926. – B. Töpfer: Volk und Kirche zur Zeit der beginnenden Gottesfriedensbewegung in Frankreich, 1957. – P. Toubert: Les structures du Latium méridional et la Sabine du IXme siècle à la fin du XIIme siècle, 2 voll., 1973. – Ders.: La vie commune des clercs aux XIme–XIIme siècle. Un questionnaire, RH 231, 1964. – W. Ullmann: The Growth of Papal Government in the Middle Ages. A Study in the Ideological Revolution of Clerical to Lay Powers, 1955, 3. Aufl. 1970. – L. G. de Valdeavellano: Historia de España, 1952. – G. de Valous: Le monachisme Clunisien des Origines au XVme siècle, 1935. – Ders.: Art. Cluny, DHGE XIII, 1956. – E. Vesper: Der Machtgedanke in den Bekehrungsberichten der isländischen Sagas, ZRG 7, 1955. – M. H. Vicaire: La pastorale des mœurs dans les conciles languedociens, fin du XIme – debut du XIIIme siècle, in: Le Credo, la Morale et L'Inquisition, Cahiers de Fanjeaux 6, 1971. – Z. G. Villada: Historia Ecclesiastica de España, II 2, 1933. – J. Vincke: Staat und Kirche in Katalanien und Aragon während des Mittelalters I, 1931. – C. Violante: La società Milanese nell' età precomunale, 1953, sec. ed. 1974. – Ders.: La Pataria Milanese e la riforma ecclesiastica I, 1955. – Ders.: Il monachesimo Cluniacense di fronte al mondo politico ed ecclesiastico / sec. X^{mo} e XI ^{mo}, in: Spiritualità Cluniacense, Convegno del Centro di Studi sulla spiritualtà medioevale 2, Todi 1960 = Studi nella Cristianità medioevale. Società, istituzioni, spiritualità, 1972. – K. Völker: Kirchengeschichte Polens, Grdr. d. slavischen Philologie und Kulturgeschichte, 1930. – C. Vogel/R. Elze: Le pontificale Romano-Germanique 3, StT 269, 1972. – J. Vogel: Zur Kirchenpolitik Heinrichs IV. nach seiner Kaiserkrönung und zur Wirksamkeit der Legaten Gregors VII. und Clemens (III.) im deutschen Reich 1084/85, FMSt 16, 1982. – Ders.: Gregor VII. und Heinrich IV. nach Canossa, Arbeiten zur Frühmittelalterforschung 9, 1983. – Ders.: Rudolf von Rheinfelden, die Fürstenopposition gegen Heinrich IV. im Jahre 1072 und die Reform des Klosters St. Blasien, ZfGOrh 132, 1984. – Ders.: Gottschalk von Aachen (Adalbero C) und Heinrichs IV. Brief an die Römer 1081/82, Z. d. Aachener Geschichtsvereins 90/91, 1983/84. – W. Vogel: Die Normannen und das Fränkische Reich 1906. – H. Vollrath: Kaisertum und Patriziat in den Anfängen des Investiturstreits, ZKG 85, 1974. – S. F. Wample: Atto of Vercelli. Church, State and Christian Society in Tenth Century Italy, Temi e Testi 27, 1979. – W. Wattenbach/R. Holtzmann/F. J. Schmale: Deutschlands Geschichtsquellen im Mittelalter II, 1978. – Dies.: Deutschlands Geschichtsquellen im Mittelalter. Die Zeit der Sachsen und Salier, Neuausg. v. F. J. Schmale, 3 Teile, 1967–71. – J. M. Watterich: Pontificum Romanorum ... Vitae, 2 Bde., 1862. – H. Weisweiler: Die päpstliche Gewalt in den Schriften Bernolds von St. Blasien und der Investiturstreit, SG 4, 1952. – R. Wenskus: Studien zur historisch politischen Gedankenwelt Bruns von Querfurt, 1956. – K. F. Werner: Untersuchungen zur Frühzeit des französischen Fürstentums, WaG 18, 1958. – J. R. Williams: Archbishop Manasses of Reims and Pope Gregory VII., AHR 54, 1949. – Schafer-Williams: Concilium Claromontanum 1095, Collectanea St. Kuttner 13, 1967. – H. Wirtz: Donum, investitura, conductus ecclesiae, ZSavRG Kan 35, 1914. – A. Wolf: Olav Trygvason und die Christianisierung des Nordens, Innsbrucker Beiträge zur Kulturwissenschaft 6, 1959. – J.

Wollasch: Muri und St. Blasien. Perspektiven schwäbischen Mönchtums in der Reform, DA 17, 1961. – Ders.: Mönchtum des Mittelalters zwischen Kirche und Welt, Münstersche Mittelalterschriften 7, 1973. – Ders.: Reform und Adel in Burgund, VuF 17, 1973. – Ders. mit W. D. Heim/J. Mehne/F. Neiske/D. Poeck: Die Synopse der cluniacensischen Nekrologien, 2 Bde., 1982. – Z. Zaffarana: Sul „conventus" del Clero Romano nel maggio 1082, StM, ser. 3, 7, 1966. – D. B. Zema: Reform Legislation in the eleventh Century and its Economic import, CHR 27, 1942. – Ders.: Economic Reorganisation of the Roman See during the Gregorian Reform, SG 1, 1947. – R. Zerfass: Der Streit um die Laienpredigt, 1974. – J. Ziese: Wibert von Ravenna. Der Gegenpapst Clemens III. (1084–1100), 1982. – H. Zimmermann: Papstabsetzungen des Mittelalters, 1968. – Ders.: Der Canossagang von 1077. Wirkungen und Wirklichkeit, AAMz, 1975.

Zusätzliche Abkürzungen

Zur Auflösung der Abkürzungen bedarf der Leser

1. des lose eingelegten Abkürzungsverzeichnisses zum Gesamtwerk,
2. der im folgenden zusätzlich aufgeführten Abkürzungen.

AfD = Archiv für Diplomatik; Ann. NR = Annalen des historischen Vereins für den Niederrhein; AUF = Archiv für Urkundenforschung; B = Bischof, Bistum; Ben. = Benedictina; BHI = Bibliothek des (preußischen) deutschen Historischen Instituts in Rom; BISI = Bulletino dell' Istituto Storico Italiano per il Medio Evo; BZ = J. F. Böhmer, Regesta Imperii II 5: Papstregister 911–1024, bearb. v. H. Zimmermann, 1969; Bouquet = M. Bouquet, Recueil des historiens des Gaules et de la France. Rerum Gallicarum et Francicarum Scriptores, 1738–1864; Bresslau, Jbb. = H. Bresslau, Jahrbücher unter Konrad II, 2 Bde., 1879, N 1967; CCM = Cahiers de Civilisations Médiévales (X–XII siècles) 1, 1958; 2, 1959; CHCL = A. Bernard et A. Bruel, Recueil des Chartes de l'abbaye de Cluny I, 1876; CHF = Les classiques de l'histoire de France au Moyen âge; CHR = Cambridge Historical Review; CTH = Collection de textes pour servir à l'étude et l'enseignement de l'histoire; Dümmler, Jbb. = E. Dümmler, Jahrbuch unter Otto dem Großen, 1876, N 1962; Eb. = Erzbischof, Erzbistum; F. = Festschrift, Festgabe; Feine, KR = H. E. Feine, Kirchliche Rechtsgeschichte. Die katholische Kirche⁵, 1972; Francia = Francia. Forschungen zur Westeuropäischen Geschichte; G. = Graf; Gr.sch. = Grafschaft; Hinschius = P. Hinschius, Das Kirchenrecht der Katholiken und Protestanten I–VI, 1869 ff.; Hirsch-Pabst-Bresslau, Jbb. = S. Hirsch, H. Pabst, H. Bresslau, Jahrbücher unter Heinrich II., 3 Bde. 1862–75, N 1975; Jaffé B = Ph. Jaffé, Bibliotheca rerum Germanicarum I–V, 1864–69; JGMOD = Jahrbuch für Geschichte Mittel- und Ostdeutschlands; Jb. WLG = Jahrbuch für westdeutsche Landesgeschichte; It. Pont. = P. F. Kehr, Regesta Pontificum Romanorum, Italia Pontificia I–X, 1906–1975; Kempf, Hdb. = Handbuch der Kirchengeschichte, hsg. von H. Jedin III, Die mittelalterliche Kirche, 1. Halbbd. bearb. von F. Kempf, H. G. Beck, E. Ewig, J. A. Jungmann, 1966; LG = Landesgeschichte; Meyer v. Knonau, Jbb. = G. Meyer v. Knonau, Jahrbücher unter Heinrich IV. und Heinrich V., 7 Bde., 1890–1909, N 1964/65; Misc. = Miscellanea; MCSM = Miscellanea del Centro di Studi Medievali (Mendola); MG = Monumenta Germaniae Historica, zusätzlich: Brr. Kz. = Briefe der deutschen Kaiserzeit; Dt. MA = Deutsches Mittelalter; Ep sel. = Epistolae selectae; Hilfsm. = Hilfsmittel; Necr. = Necrologia; Schrr. = Schriften; Urk. Burg. = Urkunden der Burgundischen Rudolfiner; MThSt = Münchener

Theologische Studien; N = Neudruck, Nachdruck; NZMW = Neue Zeitschrift für Missionswissenschaft; ÖAKR = Österreichisches Archiv für Kirchenrecht; P., p.lich = Papst, päpstlich; PHS = Pariser Historische Studien; Proc. BA = Proceedings of the British Academy; RMab = Revue Mabillon; Rhein. Vjbll. = Rheinische Vierteljahrsblätter; S = Saeculum. Jahrbuch für Universalgeschichte; Steindorff, Jbb. = E. Steindorff, Jahrbücher unter Heinrich III., 2 Bde., 1874–81; SAC = Studi di Antichità Christiana; SG = Studi Gregoriani per la storia di Gregorio VII e della Riforma Gregoriana I–VII, hsg. von G. B. Borini, 1947–1960; VII–XI, hsg. von A. M. Stickler, O. Bertolini, O. Capitani, H. Fuhrmann, M. Maccarone, J. J. Ryan, 1970–1978; XII. hsg. von denselben ohne Bertolini und Ryan, 1985; StM = Studi medioevali; StGrat = Studia Gratiana; SODA = Südostdeutsches Archiv; Trad. = Traditio; Uhlirz Jbb. = K. und M. Uhlirz, Jahrbücher unter Otto II. und Otto III., I 1902, N 1962, II 1952; WaG = Welt als Geschichte; Z = Zeitschrift; ZA = Zeitalter; ZBLG = Zeitschrift für bayrische Landesgeschichte; ZDADL = Zeitschrift für deutsches Altertum und deutsche Literatur; ZfGOrh = Zeitschrift für die Geschichte des Oberrheins; ZWLG = Zeitschrift für württembergische Landesgeschichte.

I. Die Lage der westlichen Christenheit in ihrer Umwelt während des 10. und 11. Jahrhunderts

1. Innere und äußere Sicherheit des christlichen Westens

Dem historisch-vergleichenden Blick scheint die Christenheit als Glaubensgemeinschaft wenigstens im Westen in diesen beiden Jahrhunderten verhältnismäßig einig und einheitlich und in ihrer äußeren Existenz trotz vieler verlustreicher Kämpfe in den Randzonen nicht ernstlich gefährdet gewesen zu sein.

Innere *Streitigkeiten dogmatischer Art* ruhen im ganzen seit den Kontroversen über die Eucharistie zwischen Paschasius Radbertus von Corbie und seinen Anhängern einerseits und Theologen wie Hrabanus Maurus, Ratramnus oder Gottschalk andererseits[1]. Sie flammen erst in der Mitte des 11. Jh.s mit den Auseinandersetzungen über die Abendmahlslehre des Berengar von Tours wieder auf, und von da an entfaltet sich in dogmatischen Kontroversen weiterhin die frühscholastische Theologie[2]. Heidnische Relikte uralter Herkunft, fortlebende Elemente der ehemaligen Religionen, noch mehr des alten Kults Neubekehrter halten sich zäh, aber dies alles hat die christlichen Völker nicht radikal gefährdet. Von der „Annahme" des Christentums bis zu seiner „Aufnahme"[3], nämlich dem wirklichen Hineinwachsen in christliche Gläubigkeit und Sittlichkeit, wie sie damals empfunden und begriffen wurden, war es freilich oft ein langer und gewundener Weg. Ketzereien sind zwar seit dem 11. Jh. hie und da aufgetreten, aber sie sind in dem hier behandelten Zeitraum noch zu keiner ernsten Gefahr geworden[4]. Als Floskel politischer und kirchenpolitischer Propaganda kommen Vorwürfe der Ketzerei öfters vor, aber längst nicht so häufig und haßerfüllt wie seit dem späteren 11. Jh. Man pflegt sie mit der Beteuerung eigener Rechtgläubigkeit und mit Bezichtigungen des Gegners zu erwidern.

Abfall von der christlichen Kirche ist überaus selten. Wenn ein Christ zum Judentum übertritt, erregt er größtes Aufsehen[5]. Es ist eine seltene Nachricht, wenn Erzbischof Fulco von Reims schreibt, in den von Normannen heimgesuchten Gebieten könnten nur diejenigen ihre Heimstätten sichern, von denen die heidnische Religion und der Schutz der Barbaren angenommen würde[6]. Neubekehrte sind dagegen sehr häufig zu ihrem alten Glauben zurückgefallen, wenn es in ihrer vor kurzem christianisierten Heimat zu heidnischen Reaktionen kam. Die Geschichte der Ausbreitung des Christentums in England, Skandinavien, Ungarn und den weiten Slawenländern ist voll von solchen Rückschlägen. Dabei mag es gelegentlich zu schwer kontrollierbaren Fluktuationen gekommen sein, umso mehr als

---

1 Haendler, Frühmittelalter S. 59. – 2 Vgl. u. S. 119 und 248. – 3 W. Baetke, Die Aufnahme d. Christentums durch d. Germanen, WaG 9 (1943) S. 143; Kahl, Heidnisches Wendentum S. 73; Lammers, Formen S. 23–46. – 4 Grundmann, Ketzergeschichte S. 8 ff. – 5 Alperti Mettensis Libri duo de diversitate temporum MG SS IV, S. 721 – 6 Historia Remensis IV 3, MG SS XIII, S. 563; dazu Tellenbach, Thronfolge S. 295, Anm. 286. –

politische Machtkämpfe bald der einen, bald der anderen Seite die Oberhand zu geben schienen, so daß es für viele auf rechtzeitige Anpassung ankam. Die islamischen Herrscher Spaniens und Siziliens tolerierten bekanntlich andere Buchreligionen, so daß die christliche Kirche dort in ihrem Glaubensleben und in ihrer Organisation erhalten blieb[7]. Aber wie in allen islamisch beherrschten Ländern waren dort die Christen minderprivilegiert und im Lauf der Jahrhunderte wechselndem Druck ausgesetzt. Es kam auch zu Spannungen mit Verfolgungen, Kirchenzerstörungen und Tributerhöhungen, zumal nach christlichen Provokationen[8]. Auf der Pyrenäenhalbinsel ist es vielfach zu Islamisierung oder Rechristianisierung gekommen.

Von außen wurde das christliche Europa durch *Einbrüche verschiedener heidnischer Völker,* Sarazenen, Normannen, Ungarn und Slawen schwer heimgesucht und gequält. Aber seitdem Karl Martell den Islamsturm abgeschlagen hatte, ist das westliche Christentum in seinem Kern lange nicht mehr, nämlich bis zum Mongolensturm des 13. Jh.s, in seiner Existenz dauernd und ernstlich bedroht gewesen. Sogar in Nordspanien hielten die kleinen christlichen Herrschaften dem Druck des kulturell und politisch übermächtigen Islam trotz aller Gefährdungen stand.

Der schwerste Verlust war im 9. Jh. die Eroberung Siziliens durch die von Nordafrika her vordringenden Aghlabiten gewesen, die 903 mit dem Fall der letzten byzantinischen Bastion in Taormina beendet war. Unter der neuen Dynastie der Fatimiden (909) setzten die Araber mehrfach ihren Versuch fort, auch in Süditalien Fuß zu fassen. Sie hielten ihre Stützpunkte zuweilen Jahre hindurch, konnten sich aber nicht dauernd behaupten. Es waren also im 10. und 11. Jh. die politischen und kirchlichen Verhältnisse in Süditalien durch die Konkurrenz vieler Machthaber, der byzantinischen Kaiser, der langobardischen Fürsten, der arabischen Eindringlinge, der unkontinuierlich eingreifenden römischen Päpste und Kaiser recht kompliziert[9]. Erst die Normannen haben den italienischen Süden endgültig von islamischen und den seit 1054 als schismatisch geltenden Einflüssen der griechisch-katholischen Kirche gelöst und ihn fest an das abendländische Christentum und die römisch-katholische Kirche angeschlossen. In Spanien soll es nach neueren Forschungen seit Abd ar-Rahman III. (912–961) zu einer explosiven Periode der Konversion von Christen zum Islam gekommen sein. Bis Anfang des 10. Jh.s sei nur ein Viertel der christlichen Bevölkerung konvertiert gewesen, bis 1100 80%[10].

Man hat erwogen, ob England, Schottland und Irland in der Wikingerzeit in Gefahr geschwebt hätten, sich von der karolingisch-mittelmeerischen Kultur zu lösen und in eine nordische hineinzuwachsen, ob die Nordsee möglicherweise ein skandinavisches Meer, England dänisch und heidnisch hätte werden können[11].

---

7 Art. Mozarabe, DACL 12,1, Sp. 390 f. (F. Cabrol); De Valdeavellano, Historia de España S. 369 ff.; allerdings gab es islamische Gruppen, die weniger tolerant waren wie etwa die Almoraviden in Spanien (De Valdeavellano S. 843); Villada, Historia Ecclesiastica S. 29 ff.; Dufourcque, Coexistence S. 211 ff.; Amari, Storia 1933 ff., S. 619 ff.; vgl. bes. S. 627: Die Lage der unteren Schichten war bei den Muselmanen auf Sizilien oft so viel günstiger, daß viele aus christlich gebliebenen Städten flüchteten oder sogar konvertierten. – 8 De Valdeavellano S. 439 f., wo von einem delirio colectivo gesprochen wird. – 9 Diese Konstellation muß beachtet werden, um Einseitigkeiten zu entgehen. Vgl. Hiestand, Byzanz. – 10 Th. F. Glick, Islamic and Christian Spain in the Early Middle Age, 1979, S. 33 f., S. 42 ff. u. Figur auf S. 35. – 11 Deanesly, Pre-Conquest S. 283 ff. –

Das Verhalten der Wikinger in den von ihnen heimgesuchten christlichen Reichen und die Art, wie das Christentum in ihre Heimatländer eindrang und schließlich dort die Oberhand gewann, hindert aber wohl daran, an die Möglichkeit einer so epochalen Wendung zu glauben. Als gar mit Wilhelm dem Eroberer das französisierte Normannentum in England das unter Knut dem Großen mächtig gewordene dänische Element zurückdrängte, war sein enger Anschluß an West- und Mitteleuropa endgültig, während der skandinavische Norden mehr an die Peripherie Europas geriet[12].

Zwischen Heiden und Christen flammen zwar immer wieder für alle Teile opferreiche, für die Betroffenen oft sogar vernichtende Angriffs- und Verteidigungskriege auf. Dabei waren aber nur christliche und islamische Mächte entsprechend der Reife ihrer sozialen Ordnungen fähig zu dauernder Ausbreitung ihrer Herrschaft, nur sie waren imstande, als universale Hochreligionen Angehörige von stammgebundenen Völkern zu missionieren. Von skandinavischem, slawischem oder ungarischem Heidentum ist also christlicher Glaube nicht angefochten worden, wenn man von den erwähnten Reaktionen in neubekehrten Gebieten absieht. Diese heidnischen Religionen vermochten sich zwar mitunter zäh zu behaupten, aber ihre prinzipielle Bindung an eigenes Volkstum hinderte sie an missionierender Ausbreitung[13]. In den normannischen Herrschaften in christlichen Kernlanden wie Nordfrankreich und England war das Heidentum nicht von Dauer, weil Heiden, die sich in christlicher Umgebung niederließen, regelmäßig bald Christen wurden[14].

Sarazenen, Normannen und Ungarn dringen in die christlichen Länder ein, nicht um sie zu erobern oder gar zu ihrer Religion zu bekehren, sondern um Beute zu machen. Bei den Slawen ist ein Hauptantrieb, Angriffe zu vergelten, von denen sie selbst heimgesucht worden waren. Die Christen vermochten sich oft genug nur durch Verhandlungen und wirtschaftliche oder politische Zugeständnisse der Heiden zu erwehren. Tributzahlungen dürften häufiger gewesen sein, als wir es erfahren. Wie Papst Johannes VIII. von den Sarazenen erkauften schon Karl der Kahle und dann Karl III. von den Normannen und Heinrich I. von den Ungarn zeitweilig Frieden[15]. Auch der Vertrag, den Herzog Arnulf von Bayern 926 mit den Ungarn schloß, dürfte mit Zahlungen verbunden gewesen sein[16]. Solche Tribute waren umso bedenklicher, als sie die grausamen heidnischen Beutezüge auf andere Christen ablenkten. Dabei blieb es aber nicht. Oft genug verbündeten sich christliche Fürsten mit Heiden gegen Christen. Der berühmteste, von Zeitgenossen beweglich beklagte Fall ist Heinrichs II. Bündnis mit den heidnischen Liutizen gegen den christlichen Polenherzog[17]. Und schon längst vorher, im 10. Jh.,

12 Musset, Relations S. 82 – 13 Kahl, Heidnisches Wendentum S. 88 und 98: Universal- und Gentilreligion, auch Lammers, Formen S. 180 f. – 14 Prentout, Essai S. 111; Sawyer, The age S. 3 f.; Ders., Kings and Vikings S. 137 – 15 Tellenbach, Thronfolge S. 295, Anm. 286; die Beispiele lassen sich leicht vermehren. Vgl. etwa H. Büttner, Die Ungarn, das Reich usw., ZBLG (1956) S. 449; G. Fasoli, Points de vue sur les incursions hongroises en Europe au Xe siècle, CCM 2 (1959) S. 29 und 31; Sawyer, Kings and Vikings S. 196 – 16 Reindel, Liutpoldinger S. 106 ff. – 17 Hirsch-Pabst-Bresslau, Jbb. I S. 256 ff.; Brüske, Untersuchungen S. 47; H. Fritze, Beobachtungen zu Entstehung und Wesen des Liutizenbundes, JGMOD 7 (1958) S. 1–38. Berühmt ist auch das Bündnis der Byzantiner mit den Sizilianern. Schon Muselmanen gegen Otto II. Vgl. Amari, Storia S. 376. –

hatte man es nicht verschmäht, mit heidnischen Rügenslawen als Bundesgenossen die gleichfalls heidnischen Abodriten zu bekämpfen[18].

Zu schnell wechselnden Verbindungen von Christen mit Nichtchristen gegen Feinde eigenen oder fremden Glaubens kam es besonders in Italien und Spanien. In Süditalien waren Langobarden, Byzantiner, Sarazenen und Machthaber in nördlich angrenzenden Gebieten Partner in schnell veränderlichen Koalitionen[19]. Für eine weitgreifende Allianz gegen die Abbasiden versuchte 949 Konstantin VII. nicht nur Otto den Großen, sondern auch den omayadischen Kalifen Abd ar-Rahman an-Nasir in Cordoba zu gewinnen[20]. Ähnliche, religiöse Gegensätze außer acht lassende Projekte verfolgte auch eine Markgräfin von Tuscien, die sich „Königin Berta von Rom" nannte[21].

In Spanien hatte beispielsweise Sancho I. el Treso von Leon (956–958) mit Hilfe einer muselmanischen Truppe seine Hauptstadt wiedererobert und seinen Konkurrenten Ordoño IV. vertrieben[22]. Er hatte dem Kalifen dafür 10 feste Grenzplätze versprechen müssen, hielt aber seine Zusage beim Tod seines Verbündeten nicht. Auch im 11. Jh. machten Christen und Muselmanen noch oft gemeinsame Sache gegen Glaubensgenossen, wie etwa bei dem Versuch den Almoravidensturm abzuwehren[23].

Der Schwedenkönig Olaf Schoßkönig war 1008 von dem englischen Missionsbischof Siegfried getauft worden, aber er war König über die christlichen Goten und die heidnischen Svear. Von den Kriegern, die er seinem Schwiegersohn Olaf dem Heiligen zur Eroberung Norwegens sandte, sollen die meisten Heiden gewesen sein. Der heilige Olaf soll sie aber als Mitkämpfer nicht angenommen haben. Dagegen soll die Armee, mit der Knut der Große England eroberte, großenteils heidnisch gewesen sein. Noch Robert Guiscards Truppen vor Salerno sollen 1076 teilweise aus Sarazenen bestanden haben. Auch die Kerntruppe al-Mansurs vereinigte berberische Kontingente mit arabisierten christlichen Söldnern[24].

Es ist bekannt, wieviele christliche Prinzessinnen im früheren Mittelalter heidnische oder islamische Fürsten geheiratet haben. Und immer wieder ist es zu Flucht oder Emigration christlicher Adliger zu heidnischen Völkern gekommen. So ist Arnulf von Bayern mit seiner Familie vor seinem Stiefvater Konrad I. zu den Ungarn geflohen, vielleicht ebenso sein Sohn Eberhard vor Otto dem Großen[25]. Der berühmteste Fall ist wohl Wichmann, der Neffe Hermann Billungs, der Heiden sogar zum Kampf gegen die christlichen Glaubensgenossen und Landsleute anführte und dabei schließlich den Tod fand[26].

Bei aller Härte von Glaubenskämpfen, bei allen verächtlichen Urteilen christlicher Autoren über die Minderwertigkeit, ja Abscheulichkeit der Heiden, dürfen

---

18 WENSKUS, Studien S. 194. – 19 CHALANDON, Histoire S. 12 f.; GAY, L'Italie méridionale S. 136 f. – 20 HIESTAND, Byzanz S. 207. – 21 G. LEVI DELLA VIDA, La corrispondenza di Berta di Toscana col Califfo Mustafi, Riv. stor. It. 67 (1954) S. 21 ff.; HIESTAND, Byzanz S. 110 ff. – 22 LÉVI-PROVENÇAL, Histoire S. 174 ff. – 23 DE VALDEAVELLANO, Historia de España S. 840; MENÉNDEZ PIDAL, Spanien d. Cid S. 30 ff. und 78. Der Cid kämpft mit Christen und Mauren gegen seine christlichen Gegner. – 24 SEEGRÜN, Papsttum S. 53: auch der Dänenkönig Knut soll ein teilweise heidnisches Heer gehabt haben, als er England eroberte. Vgl. LARSON, Canute S. 163; berberische Kontingente und arabisierte christliche Söldner bildeten die Kerntruppen Al-Mansurs. Vgl. LÉVI-PROVENÇAL, Histoire S. 224, und noch die Armee, mit der Robert Guiscard 1076 Salerno belagerte, bestand teilweise aus Griechen, Romanen und Sarazenen. Vgl. CHALANDON, Histoire S. 244 – 25 REINDEL, Liutpoldinger S. 107 ff. und 187; HÓMAN, Ungarisches MA S. 126 – 26 Über

die vielartigen Kontaktmöglichkeiten nicht außer acht gelassen werden, auch wenn sie das Außergewöhnliche waren. Jedenfalls galten im Mittelalter Heiden, welchem Volkstum und welcher Kulturstufe sie angehören mochten, nicht nur als würdig, sondern eigentlich auch als verpflichtet, Kinder des Christengottes zu werden.

2. Zu Bedeutung und Wesen christlicher Mission im Europa des 10. und 11. Jahrhunderts

Kenneth Scott Latourette hat im zweiten Band seiner „History of Expansion of Christianity" die Periode von 500 bis 1500 „the thousand years of uncertainty" genannt. Diese Einschätzung ist von Ernst Benz mit dem Blick auf „Weltgeschichte, Kirchengeschichte und Missionsgeschichte" anregend besprochen worden[27]. Ein solches Urteil kann jedoch nur profangeschichtlich gelten, da es statistisch begründet ist, nämlich quantitativ die Zu- und Abnahme der Christen und der von ihnen bewohnten oder beherrschten Länder zählt. Wie sollte man denn ein Urteil über religiöses Wachstum oder religiöse Minderung der christlichen Kirche und des christlichen Glaubens fällen, die sich menschlicher Einsicht entziehen? Solche Erwägungen mögen im Blick auf die herkömmlichen Vorstellungen von der Mission in dem von uns behandelten Zeitraum überraschen. Hat damals doch in der gewohnten historischen Perspektive die *„Christianisierung"* in unserem Weltteil wesentliche Fortschritte gemacht, durch die er bis heute mitgeprägt worden ist. Vom Beginn des 10. Jh.s an sind das östliche Mitteleuropa, Osteuropa und Skandinavien christlich geworden, wobei mehrfach frühere Ansätze vorhanden waren. Im Hinblick auf die Gesamtheit dieser Länder wäre eine missionsgeschichtliche Periode jedoch eher von der Mitte des 9. bis zum Beginn des 13. Jh.s zu setzen, weil erst damals die Reste des Heidentums im Norden wie unter den Elb- und Ostseeslawen wirklich erloschen. Für die Gesamtheit des westlichen Christentums ist ferner zu berücksichtigen, daß der entscheidende Erfolg der spanischen Reconquista gleichfalls erst in den Anfang des 13. Jh.s fällt.

Die *Aufnahme des Christentums* erfolgte in so vielen Ländern und Landschaften, bei zahlreichen und ethnisch verschiedenen Völkern und Stämmen, selten leicht und in kurzen Zeiträumen, sondern meist langsam und ungleichmäßig gegen starken und zähen Widerstand und mit häufigen Rückschlägen. *Mission* ist in dieser Zeit *etwas anderes* als in den ersten christlichen Jahrhunderten und als das, was man in neuerer Zeit allgemein darunter versteht. Es handelt sich nirgends um eine spontane Bewegung, die von einer Familie oder Gemeinde zur anderen die Seelen ergreift, sie umstimmt (metanoia, μετάνοια) und in von selbst überspringenden Enthusiasmus versetzt. Mission ist selten unabsichtlich und unorganisiert. Sie wird getragen und geplant von christlichen Fürsten und Adligen im Bewußtsein ihrer Berufung zur Ausdehnung der Herrschaft Christi, von Bischöfen und ihren geistlichen Helfern oder von Klöstern und Mönchen zur Erfüllung des Auftrags „Gehet hin und lehret alle Völker". Das Christentum war erfüllt von dem Anspruch, die einzige

Wichmanns Fluchten vgl. Dümmler, Jbb. S. 250, 266 f., 292, 387, 433. – 27 E. Benz, Weltgeschichte, Kirchengeschichte und Missionsgeschichte, HZ 173 (1952) S. 1–22. Unter Perspektiven nicht globaler, sondern europäischer Kirchengeschichtsforschung konnte K. D. Schmidt, Grundriß der Kirchengeschichte, 1949, S. 49 ff. in üblicher Weise von zwei missionarischen „Großsiegen" sprechen, nämlich der Missionierung der Germanen und derjenigen der Slawen. – 28 Dazu E. Fascher, Zur Problematik v. Lc. 14,23,

wahre Religion für alle Menschen zu sein. Jesus Christus war als Retter zum Seelenheil, zum ewigen Leben erschienen. Diese Botschaft war denen zu bringen, die sie noch nicht kannten. Und der Christengott war der einzige Gott; was sonst Gott oder Götter genannt wurde, wurde zwar als existent anerkannt, aber es waren Abgötter, Dämonen und Götzen, und es war nicht nur Irrtum, ihnen zu dienen, sondern sogar Schuld. Ihr mit Zwang, ja mit Gewalt zu begegnen, schien nach späterem Verständnis schon Augustin gelehrt zu haben mit seiner sinnwidrigen Umdeutung von Lc 14,23 „coge intrare", obwohl er den Zwang auf Ketzer und Schismatiker begrenzt hatte[28]. Darüber ist, wie häufig beachtet wurde, schon Gregor der Große hinausgegangen. Er nannte sardinische Bauern, die Steine anbeteten, hostes Dei, ihr Verhalten culpa, peccatum, perfidia, obstinatio. Sie sollten durch Erhöhung der Abgaben bestraft und auf den rechten Weg gezwungen werden[29]. Und Gregor konnte sogar den „indirekten" Missionskrieg loben[30].

Man hat für die Religion heidnischer Zeiten zwischen einer niederen Mythologie und eigentlichem Gottesglauben unterschieden. Der urtümliche Kult mit Naturwesen wie Gewässern, Bäumen, Felsen, Himmelserscheinungen sinkt beim Sieg höherer Religionen zu niederen Volksschichten und die Sphäre sich zäh erhaltenden Aberglaubens (Nebenglaubens) ab, wie es sich bei der Anbetung von Steinen durch jene Sarden zeigte. Solche untergründigen religiösen Empfindungen, ja eher Angstvorstellungen, halten sich durch die Jahrtausende und zwar keineswegs nur beim ungebildeten „Volk".

Der zähe *Widerstand gegen die Christianisierung,* den wir in unserem Zeitraum, besonders bei Skandinaviern und Ostsee- oder Elbslawen immer wieder treffen, ist anders begründet. Sie hatten noch lange keinen Sinn für die totale Andersartigkeit des Christengottes. Die Götter waren bei ihnen Stammes- oder Volksgötter mit begrenzten Herrschaftsbereichen. Sie konnten nicht leicht verstehen, daß es nur einen einzigen Gott gebe, der überall herrschte, dies umso weniger als dieser ihnen von Missionaren und siegreichen Heeren, die selbst noch die Existenz von Abgöttern annahmen, mehr als der mächtigere denn als der einzige Gott verkündet wurde. Nicht nur mit der realen Macht dieses neuen Gottes war zu rechnen, sondern immer noch auch mit derjenigen der alten Götter[31]. So kam es mehrfach zur Rückkehr christenfreundlicher oder gar schon getaufter Könige zum Heidentum. Von dem ersten christlichen König in Schweden, Erich Segersäll (um 1000), berichtet Adam von Bremen, er sei wieder zum Heidentum abgefallen[32]. Sein Sohn Olaf Schoßkönig (995–1021/22) war im Jahre 1008, wie erwähnt, von dem englischen Missionsbischof Siegfried getauft worden, und die Göthen hatten das Christentum großenteils angenommen, während die Svear an ihrer Religion festhielten. Als er ihr Hauptheiligtum Uppsala zerstören wollte, hinderten ihn die Schweden daran. Sie hatten Angst (metuentes), dieses Mal noch vor ihren alten Göttern. Es kam zu einem Vertrag, nach dem Olaf, wenn er Christ sein wolle, den besten Teil des Landes für sich nehmen und dort das Christentum einführen solle; aber niemanden dürfe er mit Gewalt zwingen, sich vom Kult der angestammten Götter abzukehren[33]. Offenbar schwankte man lange, welcher Gott der mächtigere sei. Noch zu Anfang des 12. Jh.s schrieb der englisch-dänische Mönch Aelnoth in seiner Knutslegende: „Es scheint, daß Svear und Göthen, solange alles nach Wunsch geht und glücklich abläuft, dem Namen nach den Christenglauben in Ehren halten. Aber wenn die Stürme des Unheils über sie kommen, Mißwuchs, Dürre, Unwetter, Feindesgewalt oder Feuer, dann verfolgen sie den Glauben, den sie dem Schein nach noch verehrten."[34]

Solche angstvolle Unschlüssigkeit ist wohl der Hauptgrund, weshalb die Ausbreitung des Christentums im hohen Mittelalter so schwer zu endgültigem Erfolg kommen konnte.

EvDia 27 (1956) S. 12 ff.; Kahl, Compellere S. 273, Anm. 339. – 29 Gregorii Reg. I 23 und 26, Epp. I S. 257 f. und 261; Kahl, Bausteine S. 57 ff.; Ders., Altschonisches Recht S. 37. – 30 Gregorii Reg. I 73, S. 93; Erdmann, Entstehung S. 8 mit Anm. 12. – 31 Kahl, Heidnisches Wendentum S. 88 f.; Rehfeldt, Todesstrafen S. 22. – 32 Adam v. Bremen, MG SrG S. 99; Seegrün, Papsttum S. 53. – 33 Adam II 58, S. 118 f. – 34 Andersson, Schwedische Gesch. S. 53. – 35 Ein bekanntes Beispiel ist Sven Gabelbart, der 985 mit

Außerdem haben kriegerische Angriffe der christlichen Nachbarn, ihre Tributforderungen und ihre harte Herrschaft, wenn sie gesiegt hatten, dem Heidentum häufig starke Auftriebe gegeben. Oft ist ferner zu beobachten, daß in dynastischen Zwistigkeiten die Prätendenten sich auf eine heidnische oder eine christliche Partei stützten[35]. Religiöse Gegensätze verbinden sich leicht mit machtpolitischen, in inneren Kriegen wie in äußeren.

Man weiß nicht viel davon, wie *die Heiden* über die christliche Religion dachten. Doch waren sie wohl von ihrer polytheistischen Grundhaltung her nicht so geneigt, den Gott eines anderen Volkes für ein teuflisches Wesen zu halten[36]. In der Bekehrungsgeschichte erscheinen daher die heidnischen Germanen als ziemlich tolerant, und es gibt in ihr verhältnismäßig wenige christliche Märtyrer. Germanen erwarten, wie manche Beispiele zeigen, daß ihre Götter die Beleidiger selbst bestrafen. Tun sie es nicht, wird Zweifel an ihrer Macht rege, was den christlichen Missionaren zugute kommen kann. Gefährlich sind ungnädige Götter vielmehr immer. Man muß den eigenen Gott gnädig zu stimmen versuchen, um Hilfe und Schutz zu finden. In den Augen der Christen ist es dagegen stets eine Schuld, andere Götter zu verehren als den einzigen Christengott. Heiden sind gentiles, infideles, pagani, ruchlos, Häretiker, Schismatiker, Apostaten.

Die Unterscheidung zwischen leichter und schwerer Schuldigen läßt sich zwar im mittelalterlichen Denken finden, so etwa, daß Häretiker und Apostaten schlimmer sind und härter zu bekämpfen und zu bestrafen seien als Heiden. Mitleid und Wohlwollen gebührt am ehesten denen, die sich schnell und leicht bekehren lassen. Aber man muß bedenken, daß dieses ganze Vokabular polemisch ist, apologetisch oder aggressiv. Man hat nach dem Sieg des Christentums westskandinavisches oder ungarisches Heidentum grausamer bestraft als in anderen Ländern, nicht weil es theologisch oder ethisch gesehen verwerflicher war, sondern weil dort ein anderer Missionsstil üblich war als etwa in Ostskandinavien oder in manchen westslawischen Ländern[37]. Die Liutizen wurden nicht nur als Heiden, sondern im Gedenken an ihren Abfall im Jahre 983 als Apostaten denunziert, weil sie Jahrhunderte hindurch die christliche Mission mit ihrer Zähigkeit hemmten. Durch diese Qualifikation wurden Kriege und Grausamkeiten gerechtfertigt, bis schließlich Bernhard von Clairvaux das, wie immer man es deuten mag, Wort von Taufe oder Tod prägte[38]. Terror gegen Heiden läßt sich in der Praxis nicht säuberlich nach verschiedenen Absichten, also bloße Beseitigung des Heidentums und nachfolgende Bekehrung zum Christentum trennen (Entpaginisierung – Christianisierung). Weder die ihn übten, noch die ihn erlitten, konnten in der Wirklichkeit solche Grenzen beachten und einhalten. Den Heiden ihre Religion, ihren Kult zu nehmen, war doch nur möglich, wenn man ihnen gleichzeitig etwas anderes gab oder aufzwang. Oder sollten sie etwa „entpaganisiert" als Atheisten weiterleben, bis sie sich zur Bekehrung bequemten? Solche Scheidungen sind theoretische Konstruktionen, die zur Erkenntnis der Wirklichkeit wenig brauchbar sind[39].

Hilfe einer heidnischen Partei seinen Vater Harald Blauzahn besiegte. Wahrscheinlich ist Harald in der Entscheidungsschlacht gefallen. Vgl. MAURER, Bekehrung S. 246 f. oder man denke an die entsetzlichen Thronkämpfe in Ungarn in den Jahrzehnten nach Stephan I. Vgl. HÓMAN, Ungarisches MA S. 256. – 36 Einleuchtend LANGE, Studien S. 164 ff. über den Charakter des nordgermanischen Polytheismus, bei dem die Wahl eines Spezialgottes möglich ist. Wenn sich daher auch ein Zweikampf zwischen Christ und Thor, nicht unter vielen Göttern ereigne, so sei aber doch der Gedanke des Monotheismus noch fremd. – 37 Zum Unterschied des west- und des ostskandinavischen Missionsstils KAHL, Altschonisches Recht S. 26 ff. – 38 KAHL, Compellere S. 227; WENSKUS, Studien S. 157; LOTTER, Bemerkungen S. 400 ff.; DERS., Die Konzeption d. Wendenkreuzzugs, Vorträge und Forschungen, Sonderbd. 23, 1977, S. 10. – 39 Diese Überlegungen richten sich nicht gegen die durchaus begründeten Unterscheidungen von KAHL, bes. in seiner Studie Compellere, aber sie wollen daran erinnern, daß diese je nach den verfolgten Tendenzen angewandt werden. Mit religiöser oder rechtlicher Aufrichtigkeit hat es nichts zu tun, wenn man behauptet, das Recht zu haben, gegen die Liutizen härter vorzugehen, weil ihre Vorväter vor 50 oder 100 Jahren schon einmal, gezwungen, die Taufe genommen haben. Man erfand eine solche Abfallstheorie, um den gefährlichen Gegnern die Schuld an rücksichtsloserem

Es hat sich bereits gezeigt, daß in diesen Jahrhunderten nicht durchgehend harte Fronten zwischen Christentum und Heidentum bestanden, wenn es auch vielfach zu blutigen Kämpfen und gewaltsamer Unterdrückung kam. Wie ein christlicher Schwedenkönig das heidnische Uppsala-Heiligtum unangetastet lassen und seinen Sitz nach Sigtuna verlegen mußte[40], so lebten in wikingischen Herrschaften in England und Irland zeitweise Heiden und Christen nebeneinander, wikingische Heere konnten aus heidnischen und christlichen Kriegern gemischt sein wie in Spanien aus islamischen Berbern und christlichen Mozarabern. Selbst in westslawischen Gebieten, wo man sich die Auseinandersetzung von Christen und Heiden am erbittertsten vorstellen muß, gab es christliche Fürsten bei heidnischen Majoritäten. Der Abodritenfürst Heinrich mußte die Versuche aufgeben, sein Volk zu christianisieren, und sich in seiner Stadt Alt-Lübeck mit einer kleinen christlichen Kirche und einem einzigen Priester begnügen. Und Fürst Pribislaw-Heinrich hatte auf der Brandenburg eine kleine Burgkapelle, während sich in geringer Entfernung das Heiligtum des dreihäuptigen Gottes Triglaw befand[41].

Es ist also damit zu rechnen, daß in einer mehr oder weniger langen Übergangszeit eine Koexistenz *zwischen Christentum, Islam oder Heidentum* möglich war[42]. Am bezeichnendsten ist vielleicht die Geschichte des Norwegerkönigs Hakons des Guten (Adalsteinsfostri), der in England getauft und aufgewachsen war, das Christentum aber in Norwegen nicht durchsetzen konnte, von den Bauern vielmehr gezwungen wurde, an den heidnischen Opfern teilzunehmen, was er sterbend bitter bereute[43]. In wikingischen Scharen konnten Christen und Heiden kämpfen, und wenn es zu normannischen oder islamischen Eroberungen kam, konnte die überlebende Bevölkerung christlich bleiben. Auch in Ungarn sollen unter Geisa Heiden und Christen im besten Einvernehmen miteinander gelebt haben[44]. Das Ringen zwischen deutsch-christlichen und slawisch-heidnischen Konstellationen war noch in der Zeit Adams von Bremen vielfach unentschieden. Mit Recht hat man von *heidnisch-christlichem Synkretismus* neben ungebrochenem Heidentum gesprochen oder von einem Schwebezustand[45]. Der Heidenkult in Uppsala währte bis zur Wende vom 11. zum 12. Jh.[46]. Darüber hinaus hielt sich Heidnisches vielfach untergründig bei christianisierten Bevölkerungen. So stellte schon Johannes Canaparius in seiner Vita Adalberti fest, daß in Slawenlanden viele nur dem Namen nach als Christen, aber mit dem Kult der Heiden lebten (ritu gentilium)[47]. Isländer treten schließlich zum Christentum über, aber unter der Bedingung, daß heimliche heidnische Opfer sowie der Brauch, Pferdefleisch zu essen und Kinder auszusetzen, erlaubt blieben[48]. Wie sollte es auch heidnischer Mentalität leicht eingehen, daß es wirklich nur einen Gott gäbe? Die Götter sind mächtig und können Rettung und Verderben bringen. Zwischen zwei Religionen stehend,

Krieg zuzuschieben, wie das so oft in der Geschichte vorkommt. – **40** Vgl. o. S. 22 f. – **41** GUTTMANN, Germanisierung S. 419; BRÜSKE, Untersuchungen S. 17 f.; KAHL, Heidnisches Wendentum S. 102 ff.; LAMMERS, Formen S. 196; LOTTER, Bemerkungen S. 417; R. SCHMIDT, Rethra. Das Heiligtum d. Liutizen als Heiden-Metropole, F. f. Schlesinger II, bes. S. 393. – **42** DUFOURCQ, Coexistence. – **43** GERHARDT, Norwegische Gesch. S. 53 ff.; MAURER, Bekehrung S. 154 ff. – **44** HÓMAN, Ungarisches MA S. 156 f. – **45** KUHN, Fortleben S. 752; KAHL, Bausteine S. 57; f. viel frühere Zeit LÖWE, Pirmin S. 241: heidnisch christlicher Synkretismus in Hessen und Thüringen im 8. Jh. neben ungebrochenem Heidentum; wichtig zum Synkretismus die prinzipiellen Bemerkungen von LANGE, Studien S. 17 f.: „Das Ergebnis jeder Bekehrung oder andersartigen Religionsübertragung ist notwendig Synkretismus, weil in jedem Fall die Denknormen und seelisch religiösen Bedürfnisse des Aufnehmenden Organ der Aneignung sind." – **46** SEEGRÜN, Papsttum S. 54; ANDERSSON, Schwedische Gesch. S. 54. – **47** Johannes Canaparius, Vita Adalberti, MG SS IV S. 596; über „Scheinmohammedaner" im islamischen Spanien DUFOURCQ, Coexistence S. 219. – **48** GERHARDT, Norwegische Gesch. S. 63 f.; E. KRENN, Christianisierungsgrund und katholische Mission in Island, NZM 4 (1948) S. 244; H. KUHN, Das älteste Christentum Islands, ZDADL 100 (1971) S. 4–40; zur Frage des Fortlebens alter religiöser Vorstellungen vgl. auch W. GÖBELL, Die Christianisierung d. Nordens und d. Werden d. ma.lichen Kirche bis z. Errichtung d. Eb.s Lund (1103), ÖAKR 15, 1904, S. 98 f. – **49** F. DVORNIK, The

liegt es nahe, ängstlich darauf bedacht zu sein, den neuen und außerdem die alten Götter für sich zu gewinnen und zu begütigen.

Die Durchdringung angrenzenden Heidentums erfolgte in einem meist langwierigen, vielfältigen und ungleichartigen Prozeß. Christen und Heiden kamen gewiß von altersher durch Handelsbeziehungen miteinander in Berührung. Auf sie mag es zurückgehen, wenn sich christliche Spuren hie und da schon zeigen, bevor etwas von Missionierung oder politischen und kriegerischen Begegnungen faßbar wird[49]. Außer Händlern mögen Flüchtlinge Kunde von fremden Völkern und Ländern vermittelt haben. Wieviel man hier bei Angriffs- und Abwehrkriegen von den Fremden erfuhr, ist sicherlich fraglich. Obwohl Christen und Mohammedaner in Spanien jahrhundertelang miteinander lebten, blieb es bei gegenseitigem Mißverstehen[50], und von Ungarn, Normannen und sogar den benachbarten Slawen herrschten vielfach verzerrte Vorstellungen, Die Ungarn waren schon in ihren Wanderungszeiten in vielfache Berührungen mit dem Christentum gekommen. Und als sich christliche Missionare zuweilen in Lager von ungarischen Eindringlingen wagten, war ihre Verkündigung dort nicht ganz unbekannt[51]. Wikinger raubten auf ihren Plünderungszügen sogar Kirchen und Klöster aus. Die Kriege von Christen untereinander waren brutal, aber Kirchen wurden eher geschont, wozu die Heiden keinen Grund hatten[52].

Große Mengen von Christen wurden als Kriegsgefangene und Sklaven verschleppt. Von den Normannen ist bemerkt worden, daß sie auf ihre Fahrten nur sehr wenige Frauen mitnahmen, und da sie höchst vital waren und zu Hause viele Frauen hatten, konnten sie auch in der Fremde nicht ohne sie auskommen[53]. Die Kenntnisse über das Christentum, die man von solchen oder von den heimgebrachten Sklaven gewann, werden gewiß oberflächlich gewesen sein, ebenso umgekehrt das, was zuweilen losgekaufte Sklaven von heidnischen Religionen verstanden und berichteten.

Schon bei der Lösung von Gefangenen muß es zu Verhandlungen gekommen sein. Die Wikinger sollen auch in den heimgesuchten Ländern noch Handel getrieben, sogar Lebensmittel, Pferde und Viehfutter nicht nur geraubt, sondern auch gekauft haben[54]. Schon früh und in vielen Fällen ließen sie sich durch Geldzahlungen oder auch wiederholte Tribute zur Schonung einzelner Orte und Gegenden bewegen. Dazu mußte wiederum verhandelt werden. Also kamen schon seit dem 9. Jh. mächtige christliche Fürsten in echte politische Beziehungen zu Führern von heidnischen Scharen. Daraus konnte mehr werden. Der berühmteste und folgenreichste Vertrag war der Karls des Einfältigen mit dem Normannenhäuptling Rollo in St. Claire-sur-Epte, wobei dem Normannen gegen das Versprechen, die Taufe zu empfangen und die Küste gegen seine heidnischen Landsleute zu verteidigen, Gebiete zu dauernder Ansiedlung an der Seinemündung gewährt wurden[55]. In diese Gebiete strömte noch lange Zuzug aus dem heidnischen Skandinavien nach. Erst allmählich wurde die *Normandie* vollkommen christianisiert, romanisiert und feudalisiert, ein französischer Lehensstaat, der im 11. Jh. über das skandinavische, nunmehr gleichfalls christliche Element in England die Oberhand gewann und die Stellung des Inselreiches in Westeuropa entscheidend bestimmte[56].

Verträge wie der mit Rollo sind auch mit anderen Normannenführern geschlossen worden, so schon seit Ludwig dem Frommen und Lothar I. mit Verwandten des 826 getauften dänischen Teilkönigs Heriold. Sie hatten friesische Gebiete inne und scheinen zwischen ihrer Kolonie im Frankenreich und ihrer Heimat, zwischen Christentum und Heidentum sich hin- und herbewegt zu haben[57]. Dem Seekönig Gottfried gab Karl III. in dem

Slavs. Their Early History and Civilization, 2d. ed. 1959, S. 174. – 50 Lot, Invasions S. 44. – 51 Hóman, Ungarisches MA I, S. 147: der hl. Wikbert im Lager des Ungarn Bulcsu bei Gembloux. – 52 Sawyer, The age S. 143; Ders., Kings and Vikings S. 96 f. – 53 Prentout, Essai S. 249, Jones, History S. 230 Anm. 1. – 54 W. Vogel, Normannen S. 231 ff. – 55 Prentout, Essai S., 124 f., 183 f., 249 f.; Douglas, Rollo S. 417 ff.; Ders., The Rise S. 101 ff.; H. W. Goetze, Zur Landnahmepolitik d. Normannen im fränk. Reich, Ann. NR 183 (1980) S. 9 ff. – 56 Douglas, Rollo S. 429 ff. – 57 W. Vogel, Normannen S. 85, 224 f.; Lot, Invasions S. 143. – 58 W. Vogel, Normannen S. 290 ff.; Musset, Relations

berühmten Vertrag zu Elsloo 882 entsprechende friesische Gebiete unter der Verpflichtung, die Taufe zu nehmen und gegen Eindringlinge zu kämpfen[58]. Er erhielt sogar Lothars II. Tochter Gisela zur Frau. Kurz danach ließ ihn aber der Kaiser mitsamt seiner normannischen Umgebung meuchlings umbringen ohne Rücksicht darauf, ob sie Christen oder Heiden waren[59]. So hatte diese dänische Ansiedlung in Friesland kaum dauernde Folgen. Anders war es mit dem Vertrag des angelsächsischen Königs Alfreds des Großen mit dem Normannenfürsten Guthrum in Wedmore (878), nachdem es ihm gelungen war, die Normannen im erfolgreichen Kampf bei Edington zurückzuschlagen. Guthrum zog sich aus Wessex zurück, nahm die Taufe und legte sich den Namen Aethelstan bei[60]. Die dänisch beherrschten und dänisch besiedelten *Gebiete Ost-Englands* von der Themse nordwärts sind nicht nur in der englischen Geschichte von großer Bedeutung, sondern auch in der Geschichte der Bekehrung der Skandinavier. So mußte Erich Blutaxt, als er von seinem Bruder Hakon dem Guten aus Norwegen vertrieben war, mit seinem Haus gleichfalls die Taufe nehmen, als er um 935 von König Aethelstan (925–940) Northumberland erhielt und seinen Sitz in York nahm[61].

So gab es in Frankreich, an der Schelde- und Rheinmündung, in England, Schottland, Irland, den Hebriden, den Orkney- und den Shetlandinseln zahlreiche normannische Niederlassungen von kürzerer oder längerer Dauer, wo das Heidentum auf das Christentum traf. Dabei waren die Kontakte politisch, wirtschaftlich, militärisch und religiös zugleich. Die Vermittlungsfunktion dieser Niederlassungen ist umso höher einzuschätzen, als die Verbindung mit den Heimatländern durch Generationen hindurch erhalten blieb. Heidnische Nachwanderer und christianisierte Rückwanderer gaben immer neue Anstöße, bis schließlich Sven Gabelbart (956–1014) und sein Sohn Knut der Große (1018–1035) sowohl das christliche Dänemark wie das christliche England regieren konnten[62].

Alle die erwähnten Kontakte schufen zwar Gelegenheiten zu einer Einwirkung christlichen Glaubens und christlicher Lebensformen auf Heiden und heidnische Völker. Was sich dabei jedoch im einzelnen abspielte, entzieht sich meist unseren Vorstellungen. Neben unwillkürlichen Impulsen auf das Heidentum, die bei den erwähnten vielartigen Begegnungen erfolgten, stehen *gewollte und geplante Aktionen zur Bekehrung*. Doch von einheitlichen und in sich übereinstimmenden Methoden der Missionierung ist nur wenig festzustellen. Ja, man hat bezweifelt, daß es ein Modell sogar der ottonischen „Missionskirche" gäbe. Man kann indessen oft unterscheiden, ob die Missionierung heidnischer Völker und Stämme von außen in Bewegung gesetzt wird oder die Initiative aus ihrer Mitte hervorgeht und von einer einheimischen Instanz betrieben und durchgeführt wird. Die Christianisierung eines Volkes kann, wenigstens äußerlich, schnell durchgeführt werden, wo ein Fürst schon eine starke, auch politisch einigende Gewalt besitzt wie im Böhmen Wenzels, Boleslaws I. und II., im Polen Mieszkos I.; auch im Norden hängt viel vom Willen und der Macht des Königs ab. Das Auf und Ab des Streites zwischen alter und neuer Religion dauerte in Dänemark so lange, bis Gorm der Alte (gestorben 950) ein einheitliches Reich begründete, so daß sein Sohn Harald Blauzahn (950–986), der sich auf Otto den Großen stützen konnte und Hilfe aus der Kirchenprovinz Hamburg–Bremen gewann, die Christianisierung seines Landes im wesentlichen durchzuführen vermochte[63].

S. 66 ff.; DERS., La naissance S. 75–130. – 59 TELLENBACH, Thronfolge S. 287. – 60 W. VOGEL, Normannen S. 261 und 411; MUSSET, Relations S. 64 ff.; JONES, History S. 223 f.; LOYN, Vikings S. 59; DERS., Anglo-Saxon England S. 51 bemerkt, daß im 10. Jh. die normannischen Gebiete dem angelsächsischen König unterworfen und christianisiert worden seien. F. M. STENTON, The Scandiniavian Colonies in England and Normandie, THS 4th ser. 27 (1945) S. 1 ff. betont den Unterschied zwischen der Normandie und den Niederlassungen in England, während DOUGLAS, Rollo S. 428 auf die Parallelität der Fälle Guthrums und Rollos hinweist. – 61 GERHARDT, Norwegische Gesch. S. 51; SEEGRÜN, Papsttum S. 45. – 62 LARSON, Canute S. 52 ff. und 104 ff. – 63 MAURER, Bekehrung S. 189; GERHARDT, Norwegische Gesch. S. 56. – 64 MAURER, Bekehrung I S. 185 ff. und II 509;

Wieviel auf den König ankam, zeigt in einem Gegenbeispiel die Geschichte des *Norwe-gerkönigs* Hakon Sigurdson (961–995). Als Prätendent hatte er Zuflucht und Hilfe in Dä-nemark gewonnen. Harald Blauzahn hatte ihn zur Taufe gezwungen und für seinen Zug nach Norwegen christliche Priester mitgegeben. Aber schon auf der Reise trennte er sich von ihnen und stellte in Norwegen die Heiligtümer Thors wieder her[64]. Vielleicht glaubte er, daß er in Norwegen damals als Christ noch keinen Erfolg haben könnte. War doch, wie dargelegt, vor ihm Hakon der Gute bei seinem Christianisierungsversuch am Wider-stand freier Bauernschaften gescheitert[65]. Erst Olav Tryggvason (995–1000) und Olav Haraldson, der Heilige (1015–1030) haben dem Heidentum ein Ende gemacht. Die Be-gründung einer starken und einheitlichen Königsgewalt und die Christianisierung gingen Hand in Hand und wurden beide mit oft bemerkter Grausamkeit vollzogen. In *Schweden* erfolgten die Stabilisierung eines gesamtschwedischen Königtums und die Bekehrung zum Christentum langsamer und später und weniger gewaltsam. Olav Schoßkönig (995–1021/22) wurde zwar selbst Christ, und die Göten sind ihm gefolgt. Doch die schwedi-schen Großbauern leisteten Widerstand und vermochten sogar, den König unter Druck zu setzen. Noch Olavs Erben und Nachfolger konnten ihre Königsmacht und die Verbrei-tung ihres Glaubens nicht vollkommen durchsetzen, so daß Schweden erst um 1100 ein rein christliches Land war[66].

Die zähe Widerstandskraft der *Ostsee- und Elbslawen* ist gleichfalls mit der Parallelität archaischer, kultischer und sozialer Verhältnisse erklärt worden. Die Liutizen blieben ein Bund von Kleinstämmen; bei ihnen und den Abodriten kommen zwar Fürsten vor, aber keinem scheint eine dauerhaftere politische Konzentration gelungen zu sein[67].

Schon aus der Zeit Ottos des Großen hört man von einem Hevellerfürsten Tugumir, der in deutscher Gefangenschaft Christ geworden war, den Deutschen den Hauptort sei-nes Landes Brandenburg in die Hände spielte und dort unter deutscher Oberhoheit ge-bot[68]. Das Land, das wohl nur oberflächlich christianisiert war, ging jedoch bei dem gro-ßen Aufstand von 983 wiederum an das Heidentum verloren. Um die Mitte des 11. Jh.s schien auch dem christlichen Abodritenfürsten Gottschalk die Begründung einer Allein-herrschaft über seinen Stamm und dessen Christianisierung zu gelingen. Doch 1066 wurde er mit vielen Christen, Priestern und Laien getötet; sein Werk zersplitterte, die ihm unterworfenen Slawen fielen größtenteils zum Heidentum zurück[69]. Von seinem Sohn Heinrich (gestorben 1127), der in seiner Stadt Alt-Lübeck eine bescheidene Rolle spielte und als Christ gerade noch geduldet wurde, und von dem überall beengten christlichen Fürsten Pribislaw-Heinrich in Brandenburg war schon die Rede[70]. Erst in der Zeit Hein-richs des Löwen und Albrechts des Bären gelang die Überwindung des Heidentums in die-sen Gebieten.

Es scheint also die einheitlichere Königsmacht der Christianisierung im ganzen günsti-ger gewesen zu sein als die Zersplitterung in zahlreiche freie Bauerngemeinden oder kleine Adelsherrschaften. Dies mag damit zu erklären sein, daß der länderübergreifende, überall im Prinzip gleiche christliche Glaube und der im wesentlichen auf Gleichförmigkeit ten-dierende christliche Kult wie in jeder Hochreligion eine einigende Kraft für menschliche und politische Gemeinschaften entfaltet, während heidnische Götter und Kulte in ihrer Vielartigkeit eben oft landschafts- oder gar lokalgebunden sind. Der Gott, der hier oder

WOLF, Olav Tryggvason S. 19 ff.; GERHARDT, Norwegische Gesch. S. 83 ff.; SEEGRÜN, Papsttum S. 49 ff.; KUHN, König und Volk S. 6 f. – 65 Vgl. o. S. 24 f. mit Anm. 43. – 66 ANDERSSON, Schwedische Gesch. S. 52. Zu parallelen Vorgängen in Ungarn vgl. HÓ-MAN, Ungarisches MA S. 164 ff. – 67 BRÜSKE, Untersuchungen S. 70; H. FRITZE, Beobach-tungen (I, 17) S. 30 f.; H. LUDAT, Elbslawen und Elbmarken als Problem d. europäischen Gesch., F. f. Friedrich v. Zahn I, 1968, S. 42 ff.; KAHL, Heidnisches Wendentum S. 85 f. mit Anm. 46. – 68 Ebd. S. 86; DÜMMLER, Jbb. S. 103. – 69 GUTTMANN, Germanisierung S. 419; BRÜSKE, Untersuchungen S. 77; KAHL, Heidnisches Wendentum S. 81 ff. Zur Na-konidensippe auch LAMMERS, Formen S. 45. – 70 KAHL, Heidnisches Wendentum S. 102 ff. – 71 Ein bezeichnendes Beispiel ebd. S. 97 f. – 72 TELLENBACH, Römischer und

da verehrt wird, begnügt sich mit den Grenzen seiner Geltung, deren Verletzung er freilich nicht duldet[71].

Wenn man das Verhalten und die Gefühle der christlichen Völker gegenüber der heidnischen Umwelt prüft, so überwiegt mindestens seit der 2. Hälfte des 9. Jh.s die Furcht vor Gefährdung und Heimsuchung die Tendenz jeglicher Offensive, sowohl materiell mit dem Gedanken der Unterwerfung der Heiden wie auch der Ausbreitung des christlichen Glaubens. Sarazenen, Normannen und Ungarn liegen im Angriff zwischen den slawischen Heiden und ihren christlichen Nachbarn und es herrscht mehr ein Hin und Her von Angriffs-, Verteidigungs- und Rachekriegen. Die christliche Kirche als Gemeinschaft aller Christen bedarf vordringlich des Schutzes, des Friedens, der Sicherheit, der Erhaltung ihrer Freiheit, der Hingabe an ihren Gott. Das ist es, worum es in den liturgischen Gebeten, die im 9. und 10. Jh. reichlich vermehrt wurden, geht: defensio, protectio gegen die Wildheit der barbarischen Nationen, pax ecclesiarum, securitas, libertas, devotio Christiana[72]. Die christlichen Fürsten und Heere sind vor allem zur protectio oder defensio der Kirchen und des Friedens der christlichen Völker berufen. Dafür wird um göttliche Hilfe gefleht. Natürlich geschieht eine wirksame Verteidigung oft durch *offensive Unternehmen*, die zu brutaler Vernichtung normannischer Gruppen in Frankreich, zu blutigen Kriegen in England und Irland führten bis zu so schrecklichen Vorgängen wie der „dänischen Vesper" von 1002, in der Ethelred II. alle Dänen, Christen wie Heiden, erschlagen ließ, den wechselvollen Kämpfen gegen Sarazenen und Ungarn in Italien und den nordalpinen Ländern[73]. Zahllose Feldzüge ins feindliche Land führten deutsche Heere an der langen Ostgrenze, einige auch in dänische Nachbargebiete. In angrenzenden Ländern konnte man auch die damals bekannten und üblichen Mittel zu einer losen, doch stabilisierenden Oberhoheit verwenden: Verträge, die mit heiligen Eiden und Geiselstellung gesichert zu werden pflegten, Tributzahlungen, Garnisonen auf beiden Seiten der Grenzen. Sicherung des eigenen Landes und Machtausbreitung in fremdes gehen dabei leicht ineinander über[74]. Das „ottonische Markensystem", das trotz vieler Rückschläge in breiten Abschnitten schließlich zu dauernder Ausdehnung des deutschen Reiches führt, läßt dies wohl am eindrucksvollsten erkennen. Dabei ist die Entschlossenheit, die Heiden für das Christentum zu gewinnen, keineswegs immer und überall gleichmäßig und selbstverständlich. Bei Otto I. und Otto III. etwa ist sie gewiß stärker als bei Heinrich II. und seinen Nachfolgern. Für die meisten Bischöfe des hohen Mittelalters war Mission keine dringliche Aufgabe, ja sie besaßen dazu kaum die Möglichkeit. Und viele weltliche Adlige an der deutschen Ostgrenze haben erst recht kein Interesse an Missionierung gehabt, zumal man Heiden besser ausbeuten konnte als Christen.

Man kann wohl fragen, ob es im 10. und 11. Jh. reine Missionskriege überhaupt gegeben habe, also solche, deren ausschließliches oder wenigstens primäres Ziel gewesen ist, Menschen für das Christentum, für ihr ewiges Heil zu gewinnen und vor der ewigen Verderbnis zu retten. Aber Ansätze dafür wird man schwerlich vor der Kreuzzugszeit finden, und dann noch vermischt mit der Neigung, das Heidentum als Schuld an sich zu bezeichnen, seine Reaktionen gegenüber dem Christen als strafwürdige Verbrechen[75]. Dem steht christlicherseits allerdings eine andere Auffassung gegenüber, nach der die grausamen Heimsuchungen durch die Heiden göttliche Strafen für die Sünden der Christenheit selber seien[76].

Die *kirchliche Organisation* noch halb heidnischer oder heidnischer Gebiete, für gegenwärtige Bedürfnisse und für in die Zukunft zielende Absichten zeigt eine Mischung von Politik, Kirchenpolitik und echt missionarischer Gesinnung. Die ottonischen Bistums- und Erzbistumsgründungen in dänischen und slawischen Grenzgebieten ergänzen die genannten politischen und militärischen Sicherungsmaßnahmen, sollen aber auch wirklich der

christlicher Reichsgedanke S. 52 ff. – 73 Larson, Canute S. 39; Gerhardt, Norwegische Gesch. S. 69; Loyn, Vikings S. 87 f. – 74 Tellenbach, Zusammenleben S. 2 ff. – 75 Vgl. o. S. 23. – 76 So etwa Thietmar, Wipo, Burchard v. Worms, Adam v. Bremen; vgl. Kahl, Compellere S. 257 ff.; Lippelt, Thietmar S. 170 und 193 ff. – 77 Stökl, Slawenmission S.

Missionierung dienen. Trotz der Vielfalt seiner Motive darf auch bei Heinrichs II. Gründung von Bamberg die Absicht der Missionierung und der Hebung der Seelsorge nicht unterschätzt werden.

„Missionspolitische" Pläne und Maßnahmen auswärtiger Machthaber spielten im 10. und 11. Jh. selten die entscheidende Rolle bei dem Gelingen der Missionierung heidnischer Völker, so sehr ihre Verdienste von hagiographischer und propagandistischer Literatur gerühmt wurden. Was Karls des Großen entschlossene Frömmigkeit und Brutalität bewirkt hatte, wiederholte sich zunächst nicht. Entsprechendes kommt im kleineren Umfang erst im 12. Jh. wieder vor (Heinrich der Löwe, Albrecht der Bär, Bernhard von Clairvaux usw.).

Konkurrierende Ansprüche ehrgeiziger Fürsten, Metropoliten und Bischöfe haben eher zu fruchtlosen kirchenpolitischen Streitigkeiten als zu echten missionarischen Fortschritten geführt. Berühmte Kontroversen des 9. Jh.s wie die zwischen Nikolaus I. und Byzanz in der Bulgarenfrage und in Kroatien oder zwischen byzantinischen, römischen und ostfränkischen Missionsversuchen im Mährerreich setzten sich in der Folgezeit fort. Die deutsche und die byzantinische Mission trafen in Rußland aufeinander, aber auch in Ungarn, Norwegen und Island[77]. Zuweilen wird auch eine Kollision zwischen Papst Johannes XIII. und Otto dem Großen hinsichtlich Magdeburgs als Missionszentrale für die Slawenländer oder gar ein Anspruch des Papstes auf eine eigene Missionspolitik im Osten angenommen. Auf diese Hypothese wird noch einzugehen sein[78]. Man weiß, welche Schwierigkeiten Otto der Große bei der Gründung der Kirchenprovinz Magdeburg zu überwinden hatte. Dabei war den Beteiligten die Integrität des Bistums Halberstadt und des Mainzer Metropolitansprengels wichtiger als das Gelingen der Mission. Weitere Konkurrenzen ergaben sich später zwischen Magdeburg und Posen einerseits und dem neugegründeten Erzbistum Gnesen andererseits, dann zwischen Würzburg und Bamberg in der Zeit Heinrichs II., schließlich zwischen Bremen–Hamburg und Magdeburg bezüglich der Kirchenorganisation in Slawenländern an der Elbe und an der Ostsee. Höchst bewegt und vielfältig war ferner etwa die Konkurrenz englischer und deutscher Missionare im skandinavischen Raum, der aber nach dem Scheitern des Patriarchatsplanes Adalberts von Bremen sich schließlich nach und nach völlig verselbständigte.

Neubegründung von Bistümern und Kirchen im heidnischen oder halb heidnischen Land gehören erst zu den Voraussetzungen der eigentlichen Bekehrung. Es kommt am meisten auf die Gewinnung von fähigen, opferbereiten Geistlichen, Bischöfen und Priestern an. Immer hören wir von den Bitten bekehrter oder bekehrungswilliger Fürsten um Entsendung von Geistlichen. Oft kommt es zum persönlichen Einsatz des Fürsten selbst. So sollen die Norwegerkönige Olav Tryggvason und Olav der Heilige persönlich Heiligtümer zerstört und hartnäckige Heiden mit Hinrichtung, Verstümmelung oder Verbannung bestraft haben[79]. Es ist mit Recht festgestellt worden, daß es auch heidnische Märtyrer gegeben hat[80]. Der 1066 getötete Abodritenfürst Gottschalk predigte selbst in slawischer

82 ff.; Beck, Orthodoxe Kirche S. 103 ff.; K. Onasch, Denkwürdigkeit und Problematik d. byz. Slawenmission, ThLZ 88, 1963, S. 641 und 656; Ders., Russische Kirchengeschichte S. 3 ff.; L. Musset, Les peuples Scandinaves au Moyen-âge, 1951, S. 124; F. Dvornik, Byzantine Missions among the Slavs, 1970, S. 24 ff. Kroatien, S. 37 ff. Serbien, S. 130 ff. Rom und die mährische Mission; G. Moravsik, Die byz. Kultur und d. ma.liche Ungarn, SAB, phil.hist. Kl. 1955, Nr. 4. – 78 Vgl. u. S. 69 f. Joh. XIII. – 79 Wolf, Olav Tryggvason S. 24 ff., wo bemerkt ist, daß schon von Harald Schönhaar mit großer Brutalität gegen die Freiheit der Bauern vorgegangen wurde. Bei Olav trat das Religiöse zum Politischen hinzu. Zum Zusammenhang der Herausbildung der Großstämme mit dem Obsiegen eines Hauptgottes schon in heidnischer Zeit vgl. K. D. Schmidt, Germanischer Glaube und Christentum, 1948, S. 69; Rehfeldt, Todesstrafen S. 98; vgl. auch Gerhardt, Norwegische Gesch. S. 59; Seegrün, Papsttum S. 50. – 80 Wolf, Olav Tryggvason S. 26; Gerhardt, Norwegische Gesch. S. 59; spezielle Fälle bei Vesper, Machtgedanke S. 138; d. Ansicht v. Lortz, Geschichte d. Kirche S. 201, die Germanenmission wisse von christlichen Märtyrern, nicht von heidnischen, ist danach z. korrigieren. –

Sprache[81]. Für robuste Missionsmethoden ist der Isländer Stefnir ein bezeichnendes Beispiel. Auf Drängen Olav Tryggvasons reiste er in seine Heimat. Aber gerade seine Verwandten wiesen ihn feindlich zurück. „Da wurde Stefnir zornig und fing an, mit Hilfe seiner Begleiter die Tempel und Altäre zu brechen und die Götzenbilder zu verbrennen." Doch die Isländer hinderten ihn daran. Sie erschlugen ihn aber nicht etwa, sondern erließen bezeichnenderweise auf dem folgenden Allding ein Gesetz gegen Gotteslästerung. Stefnir kehrte unverrichteter Dinge nach Norwegen zurück[82].

Doch es gab eine große Anzahl von *Missionaren*, die in ihrem Wirken das Vorbild der Apostel zu befolgen versuchten. Sie gingen mit Unterstützung und der Empfehlung heimischer Fürsten und Bischöfe in die heidnischen Länder, suchten dort die Kontakte mit den Mächtigen, gaben ihnen Kenntnis von der christlichen Religion und versuchten, sie zu überreden. Wenn es möglich war, predigten sie von Gott, dem Schöpfer Himmels und der Erde, der mächtiger sei als irgendeiner der Götter, an die jene glaubten. Wie die Apostel sollen sie auch Wunder gewirkt haben. Als Wunder konnte es schon erscheinen, wenn sie, wie Bonifatius die Donareiche in Fritzlar, ein Heiligtum zerstörten, ohne von der dort verehrten Gottheit zerschmettert zu werden. Der Dänenkönig Harald Blauzahn soll, nachdem er schon vorher christenfreundlich gewesen war, durch Feuerwunder des Missionars Poppo zur Taufe bewegt worden sein. Nach diesen Legenden, die auch von anderen Umgebungen berichtet werden, soll der heilige Mann einen glühenden eisernen Handschuh unversehrt ertragen oder unbeschädigt ein mit Wachs bestrichenes Gewand an seinem Körper haben abbrennen lassen[83]. Wenn die Missionare genügend Anhänger gewonnen hatten, erbauten sie Kirchen und feierten dort mit schönen Gewändern und Geräten in feierlichem Kerzenglanz die Liturgie mit allen verehrenden Kniebeugen, Verneigungen und Gesängen. Das alles konnte auf Bekehrte oder Unbekehrte einen tiefen Eindruck machen. Meistens sind die Namen der Missionare nicht überliefert, aber ihre Reihe im 9. Jh. mit Ebo von Reims, Gauzbert von Osnabrück, Halitgar von Cambrai, Ansgar und Rimbert von Hamburg–Bremen, den Slawenaposteln Cyrill und Methodius setzt sich im folgenden mit Adalward von Verden, Unni von Bremen, Adalbert, dem ersten Erzbischof von Magdeburg, Wolfgang von Regensburg, Boso von Merseburg, Dankbrand und Stefnir auf Island und im 11. Jh. mit Gaudentius von Gnesen, Anastasius-Ascharicus von Gran, Brun von Querfurth und Günter dem Einsiedler fort. Mehrere von ihnen erlitten das Martyrium.

Es ist vielfach darauf hingewiesen worden, daß die ersten *Ergebnisse der Mission* meist noch recht bescheiden gewesen sein dürften[84]. Der neue Glaube konnte ja aus opportunistischen Erwägungen angenommen, indessen auch bei wirklicher religiöser Ergriffenheit noch recht äußerlich, primitiv und ohne tieferes Verstehen sein. Oft konnten sich die Missionare schon sprachlich kaum verständlich machen und deshalb den neuen Christen schwerlich die Grundlage ihres Glaubens vermitteln. So kam es zunächst auf die Taufe an. Von dem northumbrischen Seekönig Guthrum konnte man sagen: „Im tieferen Grund ließ

81 Vgl. o. S. 27; KAHL, Heidnisches Wendentum S. 82, der auch auf die Predigten von Olav Tryggvason und Heinrich III. verweist. – **82** MAURER, Bekehrung S. 373 ff. (Stefnir); zu Stefnir und Dankbrand auch LANGE, Studien S. 191, KUHN, König und Volk S. 1–11, DERS., Fortleben S. 172; DÜWEL, Bekehrung auf Island S. 288. – **83** Zu dieser Legende und ihrer Überlieferung C. FRH. v. SCHWERIN, Das Gottesurteil d. Poppo, Z Sav RG, Germ. 58, 1938, S. 69 ff.; LAMMERS, Formen S. 32, Anm. 29; VESPER, Machtgedanke S. 128 ff.; S. 141 kommt Vesper aber zu dem Schluß, „daß die beherrschende Stellung des Machtgedankens in den Bekehrungsberichten der isländischen Sagas der christlichen Interpretation ursprünglich andersartiger Bekehrungsvorgänge zuzuschreiben ist oder rein litarischen Charakter hat"; REHFELDT, Todesstrafen S. 99 über geringe religiöse Reizbarkeit als Grund für Toleranz. – **84** CLAUDE, Geschichte d. Eb.s Magdeburg S. 155 f.: nicht mehr als Beobachtung wichtigster Riten; REHFELDT, Todesstrafen S. 99 f.: nicht so sehr ein eigentlich religiöses Erlebnis wie ein politisches Geschehen und ein Wechsel der Kultform; KAHL, Bausteine S. 70 f.: das einstige Katechumenat verkümmert; LOTTER, Bemerkungen S. 441, auch CLAUDE S. 13 f.: Klerus kann nicht slawisch. – **85** JONES, History S.

er einen Gott mehr in sein Pantheon ein und gewährte der Christenheit in seinem Herr-schaftsbereich die vollkommensten Privilegien."[85] Mit der Taufe war daher wohl oft erst die Vorarbeit geleistet. „Nacharbeit" war dringend geboten[86]. Aber auch sie drang nicht leicht tiefer ein, besonders wenn die wenigen Priester, die zur Verfügung standen, die Lan-dessprache nicht verstanden, ihre Bildung mangelhaft war und die Geräte und Bücher zum Gottesdienst nicht ausreichten. Noch schlimmer war es, wenn ihr Lebensunterhalt karg war oder sie gar von heidnischen Rächern bedroht blieben.

Dennoch war die *Taufe* nicht bloß ein formeller, äußerlicher Akt. Der Getaufte war vielmehr nun in die Kirche eingepflanzt. Und sie war es, die eigentlich die „Nacharbeit" leistete. Nicht die Lehre war dabei die Hauptsache, sondern das Mitleben mit der Kirche in langen Fristen, im Empfang der Eucharistie und der anderen Sakramente, im Mitfeiern der Feste, in der Bußdisziplin, der Heiligenverehrung, dem Beten für Lebende und Tote ließ die Getauften im Laufe der Jahre, vielleicht der Generationen, zu Christen werden wie alle anderen. Und dies vorbereitet und begonnen zu haben, verleiht auch dem oft recht ir-dischen und unvollkommenen Wirken der Könige, des Episkopats, des Klerus seinen histo-rischen und religiösen Sinn.

II. Die Kirche und ihre Erscheinungsformen auf Erden

1. Die Universalität der Kirche

Vom Ausgang des 9. bis zu den eingreifenden Geschehnissen des 11. Jh.s kam es in der Christenheit kaum zu ernsten, sie tiefer spaltenden *Konflikten*. Die trini-tarischen Streitigkeiten der Spätantike und des frühen Mittelalters waren längst vergangen; der Nachhall des Adoptianismus beschäftigte nur vorübergehend Theologen und Synoden. Das alte Ringen zwischen Rom und den östlichen Pa-triarchaten, namentlich Konstantinopel, das von Zeit zu Zeit wiederauflebte, be-rührte die meisten Christen kaum, im Westen so wenig wie im Osten. Die Kon-troversen des 9. Jh.s über die Eucharistie und ihre Nachwirkungen blieben in engem Rahmen und beunruhigten die Christenheit im allgemeinen nicht[1]. Über das Wesen der Kirche herrschte Einmütigkeit, ihr alltägliches Leben in der Litur-gie vollzog sich, trotz mancher Varianten in peripheren Gebräuchen, trotz vieler Unzulänglichkeiten, in der Praxis in ihren Kernstücken übereinstimmend und tief wirkungsvoll. Nicht ohne gewisse Veränderungen, aber prinzipiell unumstritten waren dabei die Funktionen des Klerus und der Laien.

Überall waren *Bistümer und Pfarreien* der gleiche und inhaltlich am meisten erfüllte Rahmen für das kirchliche Leben, obwohl ihre innere Ausgestaltung in verschiedenen Zeiten, Gegenden und Gliederungen erfolgten und ihre Kontinuität hie und da infolge der Kriegsstürme unterbrochen waren. Die Einheiten über den

---

223. Der Ungar Geisa habe sich für reich genug gehalten, um zwei Götter anzubeten. HÓMAN, Ungarisches MA S. 157. – 86 KAHL, Bausteine S. 75; KUHN, Fortleben S. 380: Taufe konstituierendes Faktum. Wer getauft ist, ist Christ.

1 Vgl. o. S. 17. – 2 Das vierte Constantinopolitanum von 869, das letzte für Ost und

Diözesen, also Kirchenprovinzen oder Metropolitansprengel, wurden zwar nach und nach überall eingeführt, doch ihre Geltung und ihr Zusammenhang waren zeitlich und regional vielfach ungleich, Primatialgewalten und apostolische Vikariate blieben meist Entwürfe oder wenig dauerhaft, wenn man vom römischen Primat in Italien absieht. Ökumenische oder ihnen entsprechende allgemeine Konzilien gab es vom Ende des 8. bis zum frühen 12. Jh. nicht[2]. Das sakrale Königtum war in dieser Zeit in seiner kirchlichen Funktion und Würde kaum umstritten. Königreiche konnten gewisse kirchliche Einheiten bilden. Völlig unbezweifelt waren die Stellung der römischen Kirche als der Mutterkirche der Christenheit, die Stellung des Papstes als des obersten Patriarchen und Bischofs, war auch die religiöse Idee seines Ranges. Und sogar Gelasius' I. Bestimmung des Verhältnisses von Sacerdotium und Regnum war unangefochten, zumal da die Überordnung der Priester eindeutig und entschlossen rein eschatologisch begründet war: Quanto etiam pro ipsis regibus hominum in divino reddituri sunt examine rationem[3]. Konflikte hatten sich am ehesten seit der Mitte des 9. Jh.s, seit den „pseudoisidorischen Fälschungen", hinsichtlich der Vollmachten von Bischöfen, Metropoliten und Päpsten angekündigt. Doch blieben sie etwa zwei Jahrhunderte lang verdeckt, schwebend, selten deutlicher hervortretend. So hoch der Papst spirituell stand, so wenig stabil und kontinuierlich war seine jurisdiktionelle oder kirchenpolitische Wirksamkeit im ganzen. Von einer planvollen, auch in fernen Ländern eingreifenden Kirchenregierung durch ihn kann, von Episoden abgesehen, vor der Mitte des 11. Jh.s kaum gesprochen werden.

Wie für ihre Vorfahren war für die Christen des 10. und 11. Jh.s die *Kirche das Gottesreich,* das mit der Erscheinung Jesu Christi auf Erden angebrochen ist und sich mit seiner Wiederkunft am Jüngsten Tag vollendet. Sie ist also grundsätzlich eine eschatologische Größe, das Diesseits ist vom Jenseits umfangen. Sie ist himmlisch und irdisch zugleich. Ihre Existenz ist somit ursprünglich und bleibend pneumatisch und wird wesenhaft intuitiv erfaßt. Obwohl die Glaubenslehre längst tradiert ist, wird sie angemessener noch immer in Bildern wie Reich, Körper, Braut Christi oder Mutter der Christenheit als mit Begriffen benannt, wie sie erst im 12. Jahrhundert systematisch geordnet wurden[4]. Das Kirchenrecht hatte schon eine lange Geschichte, in der produktive und weniger produktive Perioden vorkommen, in denen überwiegend immer wieder alte Sätze zitiert und variiert werden, auch wenn sie oft unausgeglichen und widerspruchsvoll erscheinen. Die äußere Ordnung des kirchlichen Lebens ist noch nicht allumfassend, von keiner Instanz einheitlich kontrolliert.

Am meisten vergegenwärtigt sich die Kirche in der *Liturgie,* da das Mittragen und Mitergriffensein vom liturgischen Geschehen die stete Anwesenheit und Fortdauer der Heilstat Jesu Christi bewirkt. Im Gottesdienst ist die Kirche die Versammlung der Christen, „sie ist das Wir der Christen" (elle est le „nous" des Chrétiens, Yves M. J. Congar)[5]. Dabei umfaßt nach altchristlichem Bewußtsein

West gültige, danach das erste Lateranense von 1123, nach dem Schisma von 1054 nur vom Westen als ökumenisch angesehen. – 3 Epp. Romanorum pontif. genuinae et quae ad eos scriptae sunt a Hilario usque ad Pelagium II, ed. A. THIEL I, 1868, S. 349, c. 2. – 4 H. LIETZMANN, Geschichte d. alten Kirche II, 3. Aufl. 1969, S. 42: „Die Ekklesia ist nicht die Summe der irdischen Einzelgemeinden, sondern eine überirdische Größe, die alles umspannt, was Christus angehört und Glied an seinem Leib ist ...“; CONGAR, Ecclésiologie S. 98. – 5 Ebd. S. 64; ähnlich R. SCHULTE, Die Messe als Opfer, LQF 35 (1959) S. 113 –

das Ganze der Kirche alle Einzelkirchen, in jeder realen Einzelkirche existiert sie ideell ganz, ist nämlich Christus bei ihr: Denn wo zwei oder drei versammelt sind in meinem Namen, da bin ich mitten unter ihnen. In der Kathedralkirche oder in der königlichen Kapelle versammelt sich die Christenheit, aber ebenso in der Dorfkirche oder in einer bescheidenen Kapelle, sei es zum feierlichen Meßgottesdienst oder auch nur zum schlichten Gebet[6].

Von der *Einheit der Kirche* im ganzen und einzelnen, als unsichtbare oder sichtbare, kann nur aufgrund ihrer eschatologischen Orientierung gesprochen werden, d. h. im Blick auf das Reich, das nicht von dieser Welt ist. Dabei dachte man nirgends daran, daß nicht alle Christen dazu gehörten, etwa solche in fernen Ländern, in Asien oder Afrika. Niemand in Italien, England oder anderen westlichen Ländern hätte die Christen in Konstantinopel oder Ägypten aus der Gemeinschaft ausgeschlossen[7]. Bis zur Mitte des 11. Jh.s vollzieht sich die Kirchengeschichte des Westens und des Ostens einheitlich, so locker und unkontinuierlich der faktische Zusammenhang sein mochte[8]. Die Beziehungen der Kirchen in Italien und Griechenland untereinander sind zunächst freilich noch relativ enger als die mit spanischen oder zeitweise auch englischen, vor allem mit den in Skandinavien entstehenden. Doch auch nach dem Schisma von 1054 haben die Christenheit und die christliche Kirche in aller Welt eine gemeinsame Geschichte. Dem steht allerdings die strenge These entgegen, nach der nur Christen, die dem Papst gehorchen, der Kirche angehören. Indem der jurisdiktionelle Anspruch Gregors VII. schon bei ihm selbst zugleich Glaubensinhalt wird, ist die dogmatische Identifizierung der Papstkirche mit der allgemeinen Kirche prinzipiell vollendet. Was übrigbleibt, ist eine rein spirituelle Einheit.

Im 10. und 11. Jh. sollte im Westen Latein die gemeinsame liturgische *Sprache* sein, aber auch Angelsächsisch und Slawisch wurden, wenn auch zuweilen unter Widerspruch, angewandt. Die ehrwürdigen Texte waren maßgebend und gültig; auch wenn sie falsch gesprochen oder von manchen Gemeindemitgliedern nicht vollkommen verstanden wurden, war Kirche. Aus der Jugend des großen angelsächsischen Lehrers Aelfrik wird berichtet, daß er die Anfangsgründe theologischen Wissens von einem alten Priester empfangen habe, der die Unterscheidung von Altem und Neuem Testament nicht kannte[9]. Die Taufe war gültig, auch

---

6 RAC IV Sp. 913 (O. Linton); RGG III³, Sp. 1296–1326 (K. Stendhal); LThK², Sp. 167–183; H. Dombois, Der Kampf um d. Kirchenrecht, in: Die Katholizität d. Kirche, hg. v. H. Asmussen u. W. Stählin, 1957, S. 291 f.; H. de Lubac, Méditation sur l'Église, 1953, S. 114: „Jamais elle ne mérite mieux son nom, que lorsque, dans un lieu donné, le peuple de Dieu se presse autour son Pasteur pour la célébration eucharistique. Ce n'est qu'une cellule du grand corps, mais virtuellement, le corps entier est là. L'Église est en divers lieux, mais il n'y a pas plusieurs Églises"; Congar, Ecclésiologie S. 63. – 7 Dieses noch im 10. und frühen 11. Jh. fortdauernde, wenn auch mehr oder weniger vage Einheitsbewußtsein wird oft verkannt, wenn vor 1054 von der abendländischen Kirche gesprochen wird. Dazu E. H. Kantorowicz, The Problem of Medieval World Unity, in desselben Selected Studies S. 76–81, bes. S. 81: „Medieval World Unity, as conceived in East and West, is primarily eschatologic and its reality is identical with the Lord's real presence in the sacraments"; über die Terminologie Westkirche-Ostkirche, abendländische-morgenländische Kirche usw. W. Aymans, Das synodale Element in d. Kirchenverfassung MThS III 30 (1970) S. 20. – 8 Über das Verhältnis der griechischen und der römischen Kirche beachte man Beck, Orthodoxe Kirche S. 116; in dem Zusammenhang bemerkenswert die von Einhard vita Karoli Magni c. 27, MG SrG, S. 31 erwähnten Almosen Karls trans maria. – 9 Deanesly, Sidelights S. 41. – 10 Vitae Bonifatii auctore Otloh, MG SrG, S.

wenn sie fehlerhaft, etwa in nomine patria et filia et spiritus sancti gesprochen wurde[10], und das Gedenkgebet des Bischofs verlor nicht an Wert, wenn dieser pro mulis et mulabus statt pro famulis et famulabus flehte[11]. Erst recht war es ohne Einfluß auf das Innerste des Lebens der Gemeinde, ihrer Zugehörigkeit zur allgemeinen Kirche, wenn das Gebäude, in dem sie sich versammelte, und das Kirchenvermögen samt allem Zubehör einem auswärtigen Bischof, einem Kloster oder einem Kapitel, einem Kleriker oder Laien gehörte oder gar unter verschiedene Eigentümer aufgeteilt waren[12]. Die geschichtlich bedingte, sich wandelnde Verfassung konnte die Kirche in ihrem eigentlichen Kern nicht treffen.

2. Pfarrei und Diözese, Kirchenprovinzen und Synoden

Die lebenskräftigsten und am klarsten in Erscheinung tretenden kirchlichen Einheiten waren das Bistum und die Pfarrei. Überall waren sie seit Jahrhunderten die Mittelpunkte des religiösen, sozialen, rechtlichen und wirtschaftlichen Lebens in der Christenheit. Man hat die Pfarrei die kirchliche Grundeinheit, das Bistum die vitalste Einheit dieser Epoche genannt[1]. Die eine war es gewiß für das gemeinschaftliche religiöse Leben, das andere außerdem in der hierarchischen und disziplinären Ordnung. Der Bischof stand als Inhaber der Weihe – und der Jurisdiktionsgewalt an der Spitze des Klerus seines Sprengels, in der Pfarrgemeinde vollzog sich am dichtesten das Leben des Christen. In ihr empfing er die Taufe, feierte den Gottesdienst, nahm an der Eucharistie teil, unterzog sich der Kirchenbuße, leistete Oblationen und Abgaben, betete mit für das irdische und ewige Heil, hoffte auf die Fürbitte seiner Mitchristen vor und nach dem Tod und erhielt seine letzte Ruhestätte. So hat man diese Pfarrgemeinden „Christenheiten im kleinen" genannt („de petites chrétientés" Imbart de la Tour)[2].

Überall waren sie aus den bischöflichen Kirchen und Gemeinden hervorgegangen. Ihre kirchen- und vermögensrechtliche Abschichtung aus der Diözese war in jahrhundertelangen, in den verschiedenen christlichen Ländern unterschiedlichen Prozessen erfolgt. Der Bestand der *Bistümer,* das Verhältnis des Bischofs zu den Einzelkirchen in Stadt und Land, die Art seines Einflusses und die Einführung von Zwischeninstanzen, ebenso auch die Beziehungen der Inhaber alter Pfarreien zu den neuen, ferner auch zu kleineren Kirchen in den Pfarrsprengeln steigerte sich im 10. und 11. Jh. in den Ländern oder gar Landesteilen der westlichen Christenheit noch zu einer Vielgestaltigkeit, die vor Verallgemeinerungen warnt[3]. Immerhin hält eine sehr bezeichnende Eigenschaft in dem genannten Zeitraum durch: niemand soll Bischof in zwei Diözesen sein, und nirgends gibt es zwei Bischöfe ordnungsgemäß in einer Diözese. Wenn zwei Bischöfe Ansprüche erhoben, waren sie Gegenbischöfe, von denen prinzipiell nur einem das Amt wirklich gebührte.

169. – **11** Vita Meinwerci ep. Patherbrunnensis, MG SrG S. 107. – **12** Häussling, Mönchskonvent S. 79.

1 Barlow, English Church 1000–1066 S. 242: „In all the western Kingdoms of Christendom the most vital unit in the church was the bishop's parish or diocese"; Addleshaw, Beginnings S. 3: „But the parish does not function on its own. It is a subdivision of a wider unit, the diocese, ruled by its bishop, the ordinary". – **2** Imbart de la Tour, Paroisses rurales S. 6 ff. – **3** Kloczowski, Structures S. 446; – **4** Villada, Historia Ecclesiastica

In den Kriegen mit Normannen, Sarazenen und Ungarn im 9. und 10. Jh. sind in vielen Ländern *Bistümer* vorübergehend oder für immer *zugrunde gegangen*. Wo die arabische Herrschaft andauerte, sind viele nicht wieder errichtet worden, obwohl in Spanien und auf Sizilien das Netz der Diözesansprengel unter den fremdgläubigen Herren teilweise fortbestand[4]. In West- und Nordfrankreich sowie in England kommt es zu Unterbrechungen von Bischofsreihen, im Laufe des 10. Jahrhunderts sind sie dort jedoch fast überall wiederhergestellt worden, wenn die Bistümer zuweilen auch verlegt wurden. In den Missionsgebieten im Norden und Osten sind zahlreiche Bistümer neu gegründet worden; manche von ihnen wurden infolge heidnischer Reaktionen von ihren Bischöfen häufig zwar nicht aufgegeben, aber verlassen. Auch dabei kommt es zuweilen früher oder später zu Verlegungen. Als Skandal wurde es empfunden, wenn ein Bistum wie Merseburg aufgegeben wurde, als sein Bischof Giselher unter Otto II. Erzbischof von Magdeburg wurde. Doch wurde Merseburg unter Heinrich II. wiederhergestellt. Um Diözesengrenzen gab es zuweilen Zweifel und Auseinandersetzungen[5]. Doch den Bestand alter Bistümer zu ändern, war sehr schwierig. Jahrelange geduldige Mühen kostete es Otto den Großen, von Halberstadt die Abtretung derjenigen Teile seines Sprengels zu erreichen, die für die Gründung des Magdeburger Erzbistums gebraucht wurden. Ebenso mußte Heinrich II. viel Energie aufwenden und hohe Entschädigungen an den Bischof von Würzburg gewähren, um seine Neugründung Bamberg zu ermöglichen. Missionsbischöfe hatten meist zunächst ein vage umschriebenes Wirkungsgebiet. Wie und wann daraus fest begrenzte Diözesen wurden, läßt sich oft erst aus späteren Quellen annähernd feststellen. Die Diözesen sind in der Regel in den dicht besiedelten altchristlichen Ländern Italien, Südgallien, Spanien verhältnismäßig klein, in Nordgallien, England, Deutschland, den Ländern im Osten und Norden groß, woran sich auch wenig änderte, als die Bevölkerungsdichte zunahm.

In den Diözesen setzt sich im 10. und 11. Jh. die Wiederherstellung alter und die *Gründung neuer Kirchen* überall in Stadt und Land nach Abflauen der Kriegsstürme und dem langsamen Wachstum der Bevölkerung im Zusammenhang mit der inneren Kolonisation fort[6]. Ursprünglich ist die Pfarrei räumlich verhältnismäßig ausgedehnt. Sie kann für kleinere Kirchen, Oratorien und Kapellen zuständig sein und viele Orte, kleinere und größere, mitunter Einzelhöfe oder Gruppen von Höfen in sich schließen. Wenn dort Kirchen gebaut wurden, konnten sie vom Pfarrer oder dem ihm zur Seite stehenden Pfarrklerus mitversorgt werden, bis sie einen eigenen Kleriker oder gar eine kleine Klerikergenossenschaft erhielten.

Die Motive der Kirchgründung sind verschieden und lassen sich im Einzelfall oft nicht erkennen. Grundherren konnten an ihrem Sitz oder an Mittelpunkten ihrer Ländereien Kirchen oder Kapellen gründen entweder einfach aus religiösen Bedürfnissen, zur Repräsentation ihrer Macht, aus Fürsorge für ihre Hintersassen oder in der Absicht, Anteil an kirchlichen Abgaben zu erhalten[7]. Die weite Ent-

S. 47 ff.; De Valdeavellano, Historia de España S. 816; Amari, Storia S. 629. – 5 Kehr, Navarra u. Aragon S. 30: „Aber es war wohl leichter, sie den Mauren zu entreißen als die Gegensätze unter den um die Diözesangrenzen hadernden Bischöfen und Äbten auszugleichen." – 6 Imbart de la Tour, Paroisses rurales S. 88; Toubert, Structures S. 716: essor démographique; Godfrey, Church S. 309 f. – 7 Lemarignier, Gouvernement S. 86; Duby, Société S. 215 und 230 ff.; bei der Erklärung der Motive bleibt Imbarts für ältere Jh.e ausgesprochene Mahnung noch immer wichtig: „N'oublions pas enfin le peuple, ce grand ouvrier anonyme, cette foule immense des croyants, dont l'histoire nous parle à peine";

fernung zur Pfarrkirche hat gewiß häufig Bewohner entlegener Siedlungen oder Kolonisatoren, die neues Land urbar machten, zum Kirchen- oder Kapellenbau veranlaßt. Die Verehrung eines Heiligen, das Geschehen eines Wunders, der Fund oder Erwerb einer Reliquie, das alles konnte Kirchengründungen veranlassen. Die Entstehung neuer Kirchen ist ferner die Folge der Bevölkerungszunahme in vielen Teilen des Abendlandes. Vielfach ist versucht worden, Pfarrrechte für solche Kirchen zu gewinnen, wobei die alten Großpfarreien, die pievi in Italien, die minsters in England, viel oder allmählich sogar alles von ihrer einzigartigen Stellung verloren. In Teilen Frankreichs und Italiens dürften daran Änderungen in den Strukturen der politischen Herrschaft beteiligt gewesen sein. Häufig emanzipierten sich nämlich in Frankreich die Châtelains von den Grafen, in Italien große Vassallen vom Markgrafen. Der Burgenbau, der incastellamento, führte oft zur Gründung von Kapellen in oder bei der Burg, die sich zu Pfarrkirchen emporentwickeln konnten. Die Burgen konnten zu neuen Siedlungsformen führen. Sie wie auch ältere Siedlungen konnten zu Pfarrgemeinden werden und in eins damit zu genossenschaftlichen Verbänden zu gegenseitigem Schutz und zur Ordnung des Zusammenlebens[8]. Aus der Vielzahl konkurrierender Pfarrkirchen konnte sich eine zentrifugale Tendenz ergeben, der im Interesse der Einheit der Diözese nach Möglichkeiten entgegengewirkt werden mußte[9].

Zu diesem Zweck wurden *neue Ämter* geschaffen, schließlich auch Amtsbezirke, die der Bischof zur Wahrnehmung seiner Aufgaben in der dichter bevölkerten und reicher gegliederten und mitunter auseinanderstrebenden Diözese brauchte. Der Archidiakon war zunächst ein Funktionär, der dem Bischof unmittelbar in seiner Stadt zur Seite stand. Später wurden es mehrere Archidiakone, die jeweils eigene Bezirke in der Diözese zu versorgen hatten. Die Archipresbyter, die Erzpriester, hatten die Kontrolle über mehrere Pfarreien und den ihnen untergebenen Klerus. Ähnlich war die Aufgabe der Landdekane, die es im Westfrankenreich schon im 9. Jh., in Deutschland und in anderen Ländern, abgesehen von Einzelfällen, erst seit dem 11. Jh. oder noch später gab. Erzpriester und Landdekane waren meist zugleich Inhaber einer Pfarrei[10].

Das *Amt des Pfarrers* schloß erhabene Aufgaben und Verpflichtungen in sich. Er und seine priesterlichen Gehilfen hatten vor allem die Sakramente zu spenden, die Taufe, die Eucharistie, die Buße aufzuerlegen und den Büßer zur Rekonziliation dem Bischof vorzustellen und die Krankensalbung vorzunehmen; der Pfarrer hört die Beichte, gewährt die vielfachen Segnungen, leitet den Gottesdienst, er soll predigen und Schule halten. Er nimmt die Oblationen im Meßgottesdienst entgegen, empfängt die Stolgebühren, zieht den Zehnten ein, von dem er einen

obwohl Kurze, Pfarrerwahlen S. 448 ff. die wechselseitige Beeinflussung von Kirchspiel und weltlicher Lebens- und Ordnungsgemeinschaft betont, kommt er zu dem Ergebnis, daß weder in den Städten noch auf dem Lande Pfarrerwahlen im mitteleuropäischem Raum die Regel waren. – 8 Lemarignier, France Médiévale S. 109 ff.; Duby, Société S. 101 ff. u. 141 ff.; Violante, Società Milanese I. Aufl. S. 136; Ders., Monachesimo S. 173 ff.; Toubert, Structures S. 855 ff.: De la plebs publique à l'église centrale. – 9 Imbart de la Tour, Paroisses rurales S. 52 ff.; Musset, Peuples Scandinaves S. 141 ff.; G. Forchielli, La Pieve rurale. Ricerche sulla storia della costituzione della chiesa in Italia e particolarmente nel Veronese, 1931, S. 83. –10 Feine Kr S. 204: Literatur f. Deutschland seit 1914; Lemarignier, Institutions S. 19 f.; Ders., France Médiévale S. 75; Duby, Société S. 84; Deanesly, Sidelights S. 145 ff.; Godfrey, Church S. 391 ff.; Brett, English Church S. 211 ff.; Barlow, English Church 1000–1066 S. 184 ff.; Ders., English Church 1066–1154 S. 48 ff. und 136. – 11 A. Werminghoff, Capitula episcoporum s. VIII et IX, NA 26

Anteil erhalten soll, ferner sonstige Leistungen der Gemeindemitglieder wie (wohl im Auftrag des Bischofs) den Peterspfennig, wo er üblich ist. Er hat für die Ausgestaltung der Kirche mit Geräten für die Liturgie zu sorgen und das ihm als Amtsausstattung zugewiesene Land zu bebauen und zu nutzen. Er ist für seine Gemeinde dem Bischof verantwortlich, hat von ihm das heilige Öl zu empfangen und die Diözesansynode zu besuchen. Für das Chrisma hat er seinem Oberhirten eine Gebühr zu entrichten, ebenso das Synodaticum, die dem Bischof als Leiter der Synode zustehende Abgabe, ferner für die Beherbergung des Bischofs und seines Gefolges aufzukommen, wenn er auf der Visitationsreise in seinen Ort kommt.

Der Bischof ist Inhaber der höchsten Weihegewalt. Er allein kann Kirchen, Altäre, Friedhöfe, das Chrysam, Äbte, Priester und Kleriker weihen, sogar gemeinsam mit den Bischöfen der Kirchenprovinz andere Bischöfe und den Erzbischof. Er ist das geistliche Haupt der Kleriker und Laien seines Sprengels. Er vermittelt ihnen die Glaubenslehren, die Bestimmungen über die christlichen Ordnungen, Pflichten sowie über die moralische Lebensführung. In der Karolingerzeit hatten mehrere Bischöfe „capitula episcoporum" aufgezeichnet oder aufzeichnen lassen[11]. Am bekanntesten sind die des Bischofs Theodulf von Orléans[12], die sog. Collatio Anselmo dedicata (um 885), die libri duo de synodalibus causis et disciplinis des Regino von Prüm (gestorben 915)[13]. Reginos zweites Buch bezieht sich, ältere Aufzeichnungen, namentlich die des poenitentiale eines Pseudo-Beda kompilierend, überwiegend auf die Bußpraxis, die auch sonst in engem Zusammenhang mit königlichen und bischöflichen Kapitularien steht[14]. Die schon alte Tradition der Bußbücher hat auf diese *Kapitularien* eingewirkt, diese wiederum werden in jüngere Vorschriften über Moral und Buße übernommen. Großenteils wiederholen Einzelsätze und Sammlungen ausführlich, meist unsystematisch, doppelt und dreifach ältere Vorschriften. Was als Ausdruck von „Reformen" der Karolingerzeit gilt, enthält schon weitgehend die Forderungen der „Reform" des 11. Jh.s, etwa gegen Simonie verschiedener Art, gegen Verletzung uralter, nie befolgter Cölibatsvorschriften, gegen Übergriffe von Geistlichen und Laien auf ihnen nicht zustehende Bereiche.

Die Kontinuität der bischöflichen und konziliaren Sätze läßt sich vom 9. bis zum 11. Jh. beobachten. Man hat öfters angenommen, daß capitula episcoporum und ihnen verwandte Schriften im 10. Jh. eine geringere Verbreitung gehabt hätten als vorher und nachher. Tatsächlich kennen wir in dieser Zeit nicht so umfassende Sammlungen wie diejenige des Regino von Prüm einerseits und das weitverbreitete Decretum des Bischofs Burchard von Worms (c. 965–1025) andererseits[15]. Doch manche Beobachtungen und neuere überlieferungsgeschichtliche Forschungen lassen uns vorsichtig werden. So ist die bisher bekannte Überlieferung der bischöflichen Gesetzgebung Theodulfs von Orléans im 10. und 11. Jh. bemerkenswert[16]. Das 10. Jh. hat immerhin Werke wie das Capitulare des Bi-

---

(1901) S. 665 ff.; Fournier/Le Bras, Histoire des collections S. 112 ff.; De Clercq, Législation réligieuse I S. 259 ff. – 12 Brommer, Bischöfliche Gesetzgebung S. 1–120. – 13 Fournier/Le Bras, Histoire des collections S. 35 ff. 364 ff., 414 ff. – 14 Poschmann, Abendländische Kirchenbuße S. 89. – 15 Fournier/Le Bras, Histoire des collections S. 88. – 16 Brommer, Bischöfliche Gesetzgebung; Ders., Rezeption d. bischöflichen Kapitularien S. 113–160; Ders., Benedictus Levita S. 145 ff.; Ders., Quellen d. „Capitula" Rodulfs v. Bourges S. 27–43; Sauer, Theodulfi Capitula; Ders., Wulfstans Handbuch S. 341–384; R. Pokorny, Zwei unerkannte Bischofskapitularien d. 10. Jh.s, DA 35 (1979) S. 487–513;

schofs Atto von Vercelli (gestorben 961)[17], die Schriften de contemptu canonum und die Synodica des Bischofs Rather von Verona – Lüttich sowie die collectio canonum des Abtes Abbo von Fleury hervorgebracht[18]. Und den Sermo synodalis „Fratres presbyteri et sacerdotes", den man „ein kanonisches Handbuch über die Amtspflichten des Pfarrklerus" genannt hat, ist sogar aufgenommen in das Pontificale Romano-Germanicum aus der Zeit Ottos I.[19]. Daß schließlich die erste große Sammlung, das Decretum Burchards von Worms weithin auf ungebrochener Tradition beruhte, bestätigt die erwähnte Kontinuität[20]. Es ist freilich unwahrscheinlich, daß sich solche Capitula oder Bücher damals in den Tausenden von Pfarreien in den Händen der Geistlichkeit befanden. Und ob sie auch nur einigermaßen regelmäßig befolgt wurden, ist erst recht zweifelhaft.

Um Klerus und Volk zu belehren, zu kontrollieren und, wenn nötig, über sie zu richten, sollten die Bischöfe in ihren Diözesen regelmäßig *Synoden* abhalten[21]. Die Diözesansynoden beschäftigen sich im wesentlichen wohl mit lokalen oder regionalen Angelegenheiten[22]. Zwar sind sie echte Kirchenversammlungen. Doch liegt die Entscheidung allein bei dem Bischof. Die Zustimmung der Teilnehmer hat nicht das gleiche, die Gesamtkirche repräsentierende Gewicht wie die großen Konzilien, sondern eher das des allgemein üblichen consensus[23]. Wie regelmäßig Diözesansynoden abgehalten wurden, läßt sich schwer bestimmen. Die Unterschiede nach Ländern und Zeiten dürften erheblich sein. Nicht selten wird darüber geklagt, daß das Synodalwesen vernachlässigt werde[24]. Kürzlich wurden für Frankreich in der Zeit von 888–987 Nachrichten über insgesamt 27 Diözesansynoden ermittelt, wobei beobachtet worden ist, daß aus den Kirchenprovinzen Auch, Dol, Embrun, Rouen und Tarentaise für diese Zeit keine Synoden überliefert seien[25]. Ein älterer Katalog von Diözesansynoden in Deutschland nennt für die Zeit von 922–1059 nur 16 Diözesansynoden[26]. Gewiß darf man annehmen, daß die Nachrichten sehr lückenhaft sind. Aber das Verhältnis von faßbarem normierten Recht und Rechtswirklichkeit bleibt doch fraglich, also wieweit man

G. PICASSO, Campagne e contadini nella legislazione dell chiesa fino a Graziano, in: Medioevo rurale. Sulle traccie della civiltà contadina, a cura di V. FUMAGALLI e G. ROSSETTI, 1980, S. 381–397. – 17 MPL 134 c. 27–52. Zu seinen Quellen WAMPLE, Atto of Vercelli S. 38 ff. Mit Recht wird dort S. 175 hervorgehoben: „A comparison of Atto's, the Frankish bishops and the Gregorian reformers programs demonstrate moreover, that there was a continuous canonical tradition running from the ninth to the eleventh century". Für diese Kontinuität sprechen u. a. auch die weiteren hier genannten Schriften des 10. Jh.s, wenn auch FUHRMANN, Pseudisidorische Fälschungen II. S. 442 mit seinen einschränkenden Bemerkungen zu beachten ist. – 18 Rathers Synodica, MPL 136, c. 551– 568 – F. WEIGLE, Die Briefe d. Bischofs Rather v. Verona, MG, BrKz 1, 1949, S. 124 ff. Nr. 25; Abbo v. Fleury, collectio canonum, MPL 139, c. 473–508. – 19 Pontificale Romano-Germanicum, ed. VOGEL/ELZE, Le pontificale Romano-Germanique 3 S. 256 ff. Nr. 80, c. 51. Dazu vgl. LOTTER, Kanonistisches Handbuch S. 1–57. – 20 Über den Sermo synodalis unter den Extravaganten zu Burchards Dekret MEYER, Überlieferung S. 141– 183. – 21 BARION, Synodalrecht; DE CLERCQ, Législation réligieuse. – 22 PONTAL, Statuts synodaux S. 33. – 23 Zur Bedeutung des Konsenses BARION, Synodalrecht S. 91 ff.; Barion unterscheidet klar Diözesan-, Provinzial-, National-, Reichs- und päpstliche Synoden, obwohl er S. 172 feststellt, das MA habe nicht zwischen Arten von Synoden unterschieden. Ähnlich gliedert BOYE, Synoden Deutschlands S. 131–284; PONTAL, Statuts synodaux S. 20 warnt dagegen mit Recht: „tous les classements sont assez artificiels". Dazu vgl. FRANSEN, Papes S. 204. – 24 BARION, Synodalrecht S. 38. – 25 SCHRÖDER, Westfränkische Synoden S. 45 ff.; zu den genannten Kirchenprovinzen S. 39. – 26 BOYE, Quellenkatalog S. 45–96. Als einzige Diözesansynode in Italien wird dort S. 53 die in Padua von 955 genannt. – 27 FEINE KR S. 216 ff. und die dort genannte Literatur, bes. G. FLADE, Die Erzie-

aus jenen Statuten und ihren Einzelangaben ein regelmäßiges Synodalwesen erschließen kann und wieweit ihnen die Wirklichkeit des kirchlichen Lebens und der Gesittung entspricht. Allzu oft werden in der neueren Forschung aus den überlieferten Aufzeichnungen tatsächlich geltende Zustände, im Guten wie im Schlechten, erschlossen.

Das christliche Volk, Geistliche und Weltliche, kommen nicht nur zum Bischof, sondern auch dieser zu ihnen. Zur *Visitation* reist er durch seine Diözese, wobei er Anspruch auf Beherbergung und Unterhalt für sich, seine Begleiter und die Pferde hat. Aufgrund der bischöflichen Banngewalt übt er die kirchliche Gerichtsbarkeit und kann Strafen, wie Bußgebete, Fasten, Wallfahrten bis zur großen Exkommunikation verhängen[27]. In zeitlich verschiedenen Phasen wird es üblich, daß er sich durch Archidiakone vertreten läßt, die für gewisse Sprengel zuständig sind[28]. In Deutschland wird dies vom 10. bis zum 12. Jh. allmählich die Regel. Das Sendgericht hat ein eigenes Verfahren entwickelt mit vereidigten Schöffen, die zunächst Kleriker, aber schon seit dem 9. Jh. angesehene Laien waren, von denen strafwürdige Vergehen in ihrem Bezirk „gerügt" wurden[29]. Immer wieder werden seit der Karolingerzeit gleiche Mängel getadelt, die gleichen Normen des christlichen Verhaltens eingeschärft. Daraus erkennt man, mit wieviel menschlichem Versagen das kirchliche Leben durchgehalten werden mußte. Daß sich Priester weigern, die Sakramente zu spenden, ist wohl ebenso eine seltene Ausnahme wie die Unwissenheit von Dorfbewohnern, zu welcher Pfarrei sie überhaupt gehören[30]. Angesichts von Auswüchsen des kirchlichen Benefizialwesens, von dem noch ausführlicher die Rede sein muß, gibt es arme Pfarrer, die mehr Kraft auf die Bewirtschaftung ihres Pfarrgutes als auf ihre geistlichen Obliegenheiten verwenden müssen, zumal sie von vielfältigen Abgaben bedrängt werden und sehen müssen, selbst von ihren Pfarrkindern die nötigsten Einnahmen zu erhalten. Neben frommen, verantwortungsbewußten und gelehrten Bischöfen gab es auch solche, die sich dem Gewinn und Genuß von Reichtümern oder politischen Aufgaben oder auch nur recht gewöhnlichen Händeln mehr widmeten als ihrem hohen geistlichen Amt[31]. Man hört, daß zuweilen jahrelang keine Diözesansynoden stattfanden, und die Pfarrer nur einmal im Jahr zum Hof des Bischofs reisten, um das Chrysam zu holen und schuldige Abgaben zu entrichten. Nicht einmal dabei kam es immer zu einem persönlichen Zusammentreffen mit dem Bischof selbst. Viel geklagt wird, mit oder ohne Grund, über harte Forderungen anläßlich der Herbergspflicht bei den bischöflichen Visitationsreisen. Da Bischöfe Besitzungen und abhängige Leute, auch Eigenkirchen oder -klöster, in anderen Diözesen haben können, kommt es gelegentlich zu Auseinandersetzungen zwischen benachbarten Bischöfen. Noch Erzbischof Lanfranc von Canterbury beklagt sich vor 1087 bei Bischof Stigand von Chichester darüber,

hung d. Klerus durch d. Visitationen bis zum 10. Jh., 1933. – **28** A. Amanieu, Art. Archidiacre, DDC I (1935) S. 948–1004; A. Fransen, Art. Archidiakon, LThK 1 (1957) Sp. 524 ff.; Feine KR S. 203 f. und die dort zitierte Literatur über Frankreich, England, Ungarn, Polen, Italien. – **29** A. M. Koeniger, Die Sendgerichte in Deutschland I, 1907; Ders., Quellen zur Gesch. der Sendgerichte in Deutschland, 1910; Poschmann, Abendländische Kirchenbuße S. 127. – **30** Godfrey, Church S. 307; Lemarignier, Études S. 68, Anm. 19 nach Ordericus Vitalis, Historia ecclesiastica III 2, ed. A. le Prévost, 1855, II S. 26 f., in der Ausgabe von M. Chibnall II, 1969, S. 26. – **31** Böhmer, Eigenkirchentum S. 351; Godfrey, Church S. 324; Barlow, English Church 1000–1066 S. 186; Ders., English Church 1066–1154 S. 24. – **32** Böhmer, Eigenkirchentum S. 301. – **33** Grundlegend,

daß dessen Archidiakone von Klerikern auf seinen Besitzungen in der Diözese Chichester Geld erpreßt hätten. Er habe bisher entgegen dem Brauch diese Kleriker angewiesen, die Synode von Chichester zu besuchen und sich selbst nur die Gerichtsfälle vorbehalten. Nunmehr aber ersuche er, jene Gelder zurückzuerstatten. Er habe seinen Priestern außerhalb von Kent befohlen, weder die Synode des Bischofs von Chichester zu besuchen noch die eines anderen Bischofs. Nur das Chrysam beim Diözesanbischof zu holen, gestatte er[32]. Hier mag Lanfranc seine Autorität als Metropolitan ausspielen, der Konflikt aber besteht nur unter zwei Bischöfen als Diözesanoberen.

Pfarrei und Diözese hatten trotz vieler zeitlicher und örtlicher Unterschiede, die hinsichtlich ihrer Größe, der Zahl ihrer Angehörigen, ihrer inneren Gliederung und der sozialen Zusammensetzung ihres Klerus, doch in der Würde ihrer religiösen Funktionen und ihrer hierarchischen Ordnung wesentlich übereinstimmende Züge. Von den ihnen übergeordneten Metropolitansprengeln, den Kirchenprovinzen, gilt dies nicht in gleichem Maß[33]. Der *Metropolit*, dem seit dem 10. Jh. in der Regel der Titel *Erzbischof* zukam, hatte keine höhere Weihe als jeder Bischof. Doch hatte er ein besonderes Verhältnis zu dem anerkannten irdischen Haupt der Kirche, dem Papst, das durch die Verleihung des Palliums gekennzeichnet war, das allerdings noch nach der Karolingerzeit auch anderen bedeutenden Bischöfen gewährt werden konnte[34]. Seines Amtes war es, eine Oberaufsicht über die anderen Bischöfe der Kirchenprovinz zu führen und etwaige Streitfälle zwischen ihnen zu schlichten oder zu entscheiden. Meist wurde er dabei nur tätig, wenn er von einer der Parteien angerufen wurde. In den Diözesen selbst konnte er nur mit Willen der Bischöfe eingreifen. Seine Wirkungsmöglichkeiten waren nicht unumstritten. Schon Hinkmar von Reims hatte es mit Widersachern im Episkopat zu tun, und die pseudoisidorischen Fälschungen konnten ab und an zu speziellen Schranken werden, namentlich zugunsten von Bischöfen. Außerdem konnten die Metropoliten auf Konkurrenz von Königen treffen, und zwar gerade wo deren theokratisches Pflichtgefühl besonders ernstgenommen wurde. So hing es weitgehend von der Überzeugungskraft, Tüchtigkeit und Geschicklichkeit eines Metropoliten ab, ob er die ihm zugedachten Funktionen auszuüben vermochte. Auch im 10. und 11. Jh. haben einige von ihnen versucht, den päpstlichen Vikariat oder den Primat in einem größeren Gebiet zu erlangen. Aber solche Prätentionen sind fast überall nur episodisch und schließlich, wenn man von der Annahme oder Duldung mehr oder weniger unverbindlicher Titel absieht, gescheitert[35]. Sollten die Erzbischöfe Friedrich und Wilhelm von Mainz wirklich den Primat in Deutschland erstrebt haben, obwohl es doch in jedem Augenblick undenkbar war, daß sich ihnen oder ihren Nachfolgern die anderen Erzbischöfe untergeordnet hätten[36]? Adalberts von Bremen Plan, ein Patriarchat des Nordens zu begründen, war künstlich und undurchführbar[37]. Canterbury hatte in angelsächsischer und frühnormannischer Zeit den Primat für ganz England, den es freilich im 12. Jh. nicht behaupten konnte[38]. Ferner läßt sich von einem

aber mit dem 9. Jh. abschließend Lesne, Hiérarchie épiscopale; Kemp, Aspects S. 27 ff.; Kempf, Primatiale und episkopal-synodale Struktur S. 27–66. – 34 Lesne, Hiérarchie épiscopale S. 94; Feine KR S. 119 und 231 ff.; Th. Zotz, Pallium et alia quaedam archiepiscopatus insignia, F. f. B. Schwineköper, 1982, S. 155–175. – 35 Foreville, Royaumes S. 272. Ob Erchanbald v. Sens versucht hat, noch Ende des 10. Jh.s, das 876 v. Johannes VIII. verliehene, aber nicht durchgesetzte Vikariat für Gallien und Germanien zu erneuern, ist zweifelhaft. Vgl. Kempf, Hdb. S. 173 und 331; zum geplanten Vikariat des Ansegis v. Sens vgl. auch Arnaldi, Papato, arcivescovi e vescovi S. 41 ff. – 36 Büttner, Mainzer Eb.e S. 1–26, wo aber S. 26 bemerkt wird, daß sich schon bei Hatto keine Spur von einem Vikariat findet; Lotter, Brief S. 89 f. – 37 Fuhrmann, Mittelalterliche Patriarchate III S. 120 ff.; Ders., Provincia constat S. 389 ff. – 38 De Foreville, L'Église et la Royauté en Angleterre S. 40 und 48. – 39 Dabei sind Tours und Dol doppelt gerechnet. Die Zusam-

römischen Primat für Italien reden, obgleich Reibungen besonders mit Mailand und Ravenna, erst wesenlos wurden durch den allgemeinen Aufstieg der Päpste seit der Mitte des 11. Jh.s. Die Widerstände gegen eine den Metropoliten noch übergeordnete Stellung kamen vom Episkopat oder vom theokratischen Königtum und schließlich vom erstarkenden Papsttum, das kein Interesse an einer kräftigen Zwischeninstanz mehr haben konnte.

Die räumliche Größe der *Kirchenprovinzen* und die Zahl ihrer Suffraganbistümer waren in den Ländern des Westens ganz verschieden. Abgesehen von der weiten römischen Kirchenprovinz standen in Italien einige bedeutende wie Mailand, Ravenna, Aquileia, Grado, Benevent, wozu im Süden später einige weitere kamen. Frankreich hatte 9[39], das ostfränkisch-deutsche Reich 6 Metropolitansprengel, das burgundische Königreich 7, während England nur 2 Metropoliten hatte, die Erzbischöfe von Canterbury und von York. Dem von Canterbury unterstanden alle Suffraganbischöfe, auch der Erzbischof von York, der zunächst keine Suffragane hatte. Schottland stellte, trotz wiederholter Ausdehnungsbestrebungen von York eine „hierarchie acéphale" dar. In Irland herrschten wechselnde Verhältnisse mit einer nominellen Überordnung von Armagh. Ungarn besaß zwei Kirchenprovinzen, Polen nur die einzige riesige Kirchenprovinz von Gnesen[40]; in den skandinavischen Reichen gab es später nur je eine Kirchenprovinz. Wie ihr Gebiet war auch die Anzahl ihrer Suffraganbistümer verschieden groß. Die weitaus meisten, nämlich zwischen 50 und 60 in der Regel freilich kleinen Diözesen umfaßte die römische Kirchenprovinz[41]. Canterbury hatte 18 Suffraganbistümer. In Deutschland hatte Mainz mit 15 die größte Anzahl von Suffraganbistümern, darunter die weite Diözese Konstanz, Trier mit nur 3 die wenigsten. In Frankreich hatten Tours, Reims, Auch, zeitweise Narbonne viele Suffraganbistümer, Narbonne wurde allerdings nach der Wiederherstellung von Tarragona unter Urban II. wesentlich verkleinert[42]. Tours hatte nach der Begründung der bretonischen Provinz Dol nur noch wenige Suffragane, bis Innozenz III. seinen alten Sprengel im wesentlichen wiederherstellte[43].

Ob es möglich war, das Metropolitenamt mit eigenem Inhalt zu erfüllen, hing abgesehen von der Persönlichkeit des Kirchenfürsten von mancherlei historischen Gegebenheiten ab. Wo ein König oder Fürst sich als Schützer der Kirchen seines Landes fühlte, konnte ein Metropolit in der Auseinandersetzung mit ihm Profil gewinnen oder im Einvernehmen mit ihm starken Einfluß ausüben. In Mittel- und Oberitalien konnte die Aktivität des Metropoliten durch die Nähe des Papstes eingeschränkt werden, wenn dieser nicht gerade selbst durch regionale Widersacher gelähmt wurde. Da in weiten Teilen Frankreichs, besonders im Süden und Westen die Erzbischöfe ebenso wie die Bischöfe Söhne, Brüder, Vettern der regional herrschenden Herzogs-, Grafen- oder Vizegrafenfamilien waren[44], konnten sie von Amts wegen schwer Einfluß auf ihre Suffragane gewinnen; ihr Einfluß hing vielmehr von dem freundlichen oder feindlichen Verhältnis der beiderseitigen Verwandtschaften ab.

Es gibt kanonische Normen, nach denen periodisch *Konzilien* der Kirchenprovinzen stattfinden sollten. Es fehlt nicht ganz an Versuchen, solche Forderungen zu erfüllen. Aber Provinzialkonzilien sind meist doch nur hie und da als Einzelveranstaltungen nachzuweisen. Im ganzen unterscheiden sich die Gegenstände ihrer Verhandlungen und Beschlüsse wenig von denen der Diözesansynoden. Vielfach sind sie durch kirchenpolitische Anlässe verursacht, vor der Mitte des 11. Jh.s weniger durch die Absicht, die Zustände des

menstellung von SCHRÖDER, Westfränkische Synoden S. 4 schließt auch die burgundischen Provinzen mit ein. – 40 FOREVILLE, Royaumes S. 285 und 290; KLOCZOWSKI, Province ecclésiastique S. 437 ff. – 41 Den zuverlässigsten Überblick gewinnt man durch die fünf ersten Bde. der Italia Pontificia, wo verzeichnet ist, bei welchen Bistümern die Kontinuität unterbrochen war, und welche zeitweise zu Rom, Mailand, Ravenna gehörten. – 42 FOREVILLE, Royaumes S. 297 f.; VINCKE, Staat und Kirche S. 358 f.; GUILLEMAIN, Origines S. 374–407. – 43 FOREVILLE, Royaumes S. 284 f.; KAISER, Bischofsherrschaft S. 114 ff. – 44 Die Zersplitterung großer Teile der west- und südfrz.en Kirche illustriert eindrucksvoll das Werk v. KAISER. – 45 MPL 132, c. 673. Über die ermordeten Erzbischöfe vgl. SCHNEI-

kirchlichen Lebens zu untersuchen und zu beurteilen oder gar Sätze zu Glaubensfragen aufzustellen. In eine systematische Gliederung des gesamten Synodalwesens sind sie schwer einzuordnen. An Provinzialkonzilien konnten Nachbarmetropoliten oder -bischöfe teilnehmen, auch Äbte, Kleriker und Laien aus nicht zugehörigen Provinzen. So war der Erzbischof von Rouen bei der Reimser Synode von 900 anwesend, wo die Mörder Erzbischof Fulcos verurteilt wurden[45], auch bei der Reimser Synode in Trosly (909), über die wir verhältnismäßig gut unterrichtet sind[46]. Oft sind die Grenzen zwischen erweiterten Provinzialsynoden und solchen, an denen der König mit geistlich-weltlichem Gefolge teilnahm, schwer zu bestimmen. Außerdem gibt es kaum viele von Metropoliten geleitete Konzilien, bei denen nicht mindestens einige Suffraganbischöfe fehlten, weil sie entweder wirklich verhindert waren oder weil sie nicht kommen wollten[47]. Die oft übernommene Klassifizierung in Diözesan-, Provinzial-, National-, Reichssynoden und schließlich päpstliche Synoden wird neuerdings mit Recht bezweifelt. Wenn man für die Zeit von 922–1059, also in 137 Jahren, 19 Provinzialsynoden in Deutschland und 9 in Italien gezählt hat, so ergibt sich, selbst wenn man mit großen Überlieferungslücken rechnet, einmal die Seltenheit solcher Synoden, zum anderen die Fragwürdigkeit ihrer Zusammenzählung, namentlich wenn man die jeweiligen Teilnehmerkreise genauer beobachtet[48]. Recht problematisch erscheint ferner die Bezeichnung großer Synoden in Deutschland als National-, in Italien als Reichssynoden. Was alle so oder so unterschiedene Synoden zusammenfügt, ist ihr Streben und ihr Anspruch, von Gott und dem Heiligen Geist geleitet zu sein, was sich in zahlreichen Präambeln und in den zu ihrem Wesen gehörigen liturgischen Begehungen widerspiegelt. Synoden und Konzilien sind nach Form und Inhalt vor allem Gottesdienst und nur ihren Agenden nach auch Gremien zur Beschlußfassung über Verwaltungs- und Rechtsfragen. Wie aus jedem ausführlichen Bericht erhält man eine lebendige Anschauung davon bei der Lektüre des „Ordo Romanus qualiter consilium generale agatur" im Pontificale Romano-Germanicum. Als besonders bezeichnend sei nur eines seiner Gebete angeführt: „Allmächtiger ewiger Gott, der du mit dem heiligen Spruch deines Wortes versprochen hast, wo zwei oder drei in deinem Namen versammelt seien, werdest du in ihrer Mitte sein, sei gnädig bei unserer Zusammenkunft und erleuchte barmherzig unser Herz, daß wir vom Gut deines Erbarmens ja nicht abweichen, sondern den rechten Weg deiner Gerechtigkeit in allem halten"[49]. Immer wieder macht sich also das Postulat göttlicher Inspiriertheit des echten und gültigen Konzils bemerkbar[50].

DER, Erzbischof Fulco v. Reims. – 46 SCHMITZ, Konzil v. Trosly S. 332–434. – 47 SCHRÖDER, Westfränkische Synoden S. 6. – 48 BOYE, Quellenkatalog; auffallend häufig finden sich anscheinend Provinzialsynoden in der Provinz Rouen. Dies ist wohl auf die Geschlossenheit der Normandie zurückzuführen, wo nur selten auswärtige Bischöfe zu einem Konzil erschienen. Vgl. FOREVILLE, Synode of the Province of Rouen S. 19–40; DIES., Royaumes S. 303 ff.; VICAIRE, Pastorale S. 79 hebt die Veränderung des Synodalwesens in seinem Beobachtungsgebiet um die Mitte des 11. Jh.s hervor: „les conciles méridionaux étaient purement locaux ou tout au moins provinciaux". Seit Gregor VII. seien sie von römischen Ereignissen bestimmt gewesen. – 49 Ordo romanus qualiter concilium agatur generale, Pontificale Romano-Germanicum saeculi decimi VOGEL/ELZE, Le pontificale Romano-Germanique 3 S. 272, Nr. 79, c. 16. Über das hohe Alter dieser Texte MUNIER, Ordo romanus S. 288 f. – 50 BARION, Synodalrecht S. 175 trotz seines Widerspruchs zu den berühmten Thesen Rudolf Sohms.

3. Die Bedeutung von Königreichen und Fürstentümern für die Bildung von kirchlichen Sondereinheiten

a) Die Fragestellung

Die ganze Kirche ist die spirituelle Einheit aller Getauften, die sich in hierarchischer Ordnung, in allen Bischöfen samt dem Obersten von ihnen, dem Bischof von Rom, darstellt. Sie ist aber auch präsent in den Partikularkirchen, der Pfarrei, der Diözese, der Kirchenprovinz, die aber außerdem rechtlich, sozial und geographisch abgrenzbare Einheiten sind, trotz ihrer Teilhabe an der Universalität der Kirche. Nun ergibt sich die Frage, ob es im 10. und 11. Jh. in irgendeiner Weise organisierte Einheiten gibt, die noch umfassender sind als Kirchenprovinzen. Die alten Patriarchate sowie die historisch bedingten Primate oder Vikariate mit ihrem im Westen meist vorübergehenden Auftreten wurden schon erwähnt. Wenn man von deutscher, französischer, englischer, sächsischer Kirche spricht, so ist auf den ersten Blick erkennbar, daß es sich nicht um eigentlich kirchliche oder hierarchische Gliederungen handelt, sondern um geographische, historische und politische Benennungen. Es gab, streng genommen, beispielsweise keine „Kirche" und infolgedessen keine „Kirchengeschichte" Italiens, sondern nur christliche Kirchen – im Plural – und ihre Geschichte in Italien. Die Gesamtheit der Kirchen in Italien bildete weder religiös noch kirchenrechtlich eine Einheit für sich. Ihr Leben vollzog sich wie das nichtitalienischer Kirchen in Pfarreien, Bistümern, Metropolen und natürlich wie überall als Repräsentation der allgemeinen Kirche. Dies muß deutlich in Erinnerung gebracht werden, gerade weil gar nicht daran zu denken ist, an diesem seit langem eingeschliffenen, unentbehrlich gewordenen, aber eigentlich oberflächlichen Sprachgebrauch etwas zu ändern.

Dagegen bedarf es sorgfältiger Überlegungen darüber, ob und in welcher Weise selbständige Herrschaften, Königreiche oder Fürstentümer, kirchliche Einheiten schaffen oder sein können. Darüber nachzudenken, ist umso dringlicher, als solche Herrschaften nicht etwa als nur weltliche die Pfarreien, Bistümer und Provinzen lediglich äußerlich zusammenfassen oder gar zusammenzwingen. Denn auch sie existieren mit einem hohen religiös-kirchlichen Endzweck, nach theokratisch-kirchlichen Normen. Der Monarch ist selbst in besonderer Weise Glied und Funktionsträger der Kirche, nicht bloß wie alle christlichen Laien, sondern als mediator cleri et plebis[1]. Der Gegensatz Kirche und Staat ist für das frühere Mittelalter längst als, allerdings zählebiger, Anachronismus erkannt. Die „Kirche" ist in dieser Zeit noch nicht so weit institutionalisiert, daß sie zu einheitlicher Willensbildung und politischem Handeln gegenüber anderen Instanzen oder Personen fähig gewesen wäre. Und einen Staat im modernen Sinn als Widerpart gab es gleichfalls noch nicht. In anderer Weise noch als alle Laien waren die Herrscher von Gottes Gnaden Personen und Funktionsträger innerhalb der Kirche.

Der *Einfluß von Herrschern in der Kirche* im 10. und 11. Jh. beruht auf alten und neueren Elementen. Manche Züge scheinen noch durch von der Stellung der christlichen römischen Kaiser seit Konstantin. Die Könige, die ihre Herrschaft auf dem Boden des Imperium Romanum begründeten, übernahmen kaiserliche Funktionen in Sorge für die Kirchen ihres Landes, nicht nur durch Schutz ihrer mate-

1 Pontificale Romano-Germanicum VOGEL/ELZE, Le pontificale Romano-Germanique S. 257 Nr. 25. – 2 VILLADA, Historia Ecclesiastica S. 79; DE VALDEAVELLANO, Histo-

riellen Existenzgrundlagen, sondern bei der Schlichtung von innerkirchlichen Streitigkeiten, der Besetzung von Bistümern, der Berufung von großen Kirchenversammlungen und der Teilnahme daran, ferner bei kirchenrechtlichen Fixierungen. Es war nicht nur so, daß die Könige kaiserliche Machtpositionen in ihrem eigenen Interesse übernommen hätten, sondern es zeigt sich, daß die Kirchen ihrerseits auf die Mitwirkung irgendeiner übergeordneten Instanz geradezu angewiesen waren. Sogar arianische Könige wie Theoderich der Große wurden von katholischen Kirchen in Anspruch genommen. Aber noch im 10. Jh. scheinen in Spanien selbst muslimische Emire und Kalifen in Rechtsnachfolge westgotischer Könige hie und da am kirchlichen Leben beteiligt worden zu sein[2].

Ob germanisches Königs- und Adelsheil, also gewisse urtümliche magische Kräfte bei der idealen und realen Ausstattung mittelalterlichen Königtums wirksam waren, wie man lange geglaubt hat, ist neuerdings in Zweifel gezogen worden[3]. Was nicht bestritten werden kann, ist das hohe, ja geradezu charismatisch wirkende *Ansehen von Königtum und Adel* im früheren Mittelalter, das sich in das 10. und 11. Jh. fortsetzt. Nur läßt es sich als eigenes Element schwer vom Ganzen königlicher und fürstlicher Herrschaft unterscheiden, die in ihren ideellen Begründungen und der Art ihres praktischen Vollzuges in entscheidendem Maß geistlich geprägt ist. Der König ist von Gott bestellt zum Schutz der Kirchen, des christlichen Volkes. Die Auffassung königlicher Herrschaft als Amt von Gottes Gnaden herrscht wie im früheren Mittelalter überhaupt, so noch im 10. und in der ersten Hälfte des 11. Jh.s problemlos und unumstritten, und ihre „übernatürliche Aureole" (auréole surnaturelle) hat die Phantasie der Völker beschäftigt, solange die Monarchie existierte[4]. Der Erforschung der christlichen Monarchie waren hervorragende Werke des 20. Jh.s gewidmet. Unter ihnen seien nur genannt Fritz Kerns unüberholtes Werk „Gottesgnadentum und Widerstandsrecht"[5], Marc Blochs „Rois thaumaturges", Bücher und Abhandlungen von Ernst H. Kantorowicz[6], die grundlegenden Ordinesforschungen, namentlich von Michel Andrieu[7], und die umfassenden Werke von Percy Ernst Schramm und seines großen Mitarbeiterkreises über Herrschaftszeichen und Staatssymbole[8].

Danach ist immer klarer geworden, daß königliche Regierung in der von uns dargestellten Zeit nicht bloß Gewinnung, Vermehrung und Behauptung von Macht ist, nicht bloß mehr oder weniger geplante und mehr oder weniger sittlich bestimmte Politik, sondern Schaffung von Ordnung in letztlich ungeteilter geistlicher und profaner Sphäre. Der König ist legitimiert durch den Willen Gottes, sein Handeln geschieht in göttlichem Auftrag, vor allem seine Sorge für den Frieden, die nach außen gegen Heiden und vermeintliche Widersacher des göttlichen Willens gerichtet ist, nach innen der Aufrechterhaltung der christlichen Ordnungen gilt. Das Leben des Herrschers mit der Kirche, der Kirche mit ihm stehen in der Mitte der Regierung[9]. Er als Person hat, wo immer er sich befindet, bei jedem

ria de España S. 376; MENÉNDEZ PIDAL, Spanien d. Cid S. 26; LÉVI-PROVENÇAL, Histoire S. 223 und 286. – 3 TELLENBACH, Thronfolge S. 239 ff. – 4 BLOCH, Rois thaumaturges S. 20. – 5 KERN, Gottesgnadentum. – 6 KANTOROWICZ, Laudes regiae; DERS., The King's two Bodies; DERS., Selected Studies. – 7 Pontifical Romain, ed. ANDRIEU. – 8 Herrschaftszeichen und zahlreiche weitere Publikationen. – 9 HÄUSSLING, Mönchskonvent meint dazu aber S. 357: „Wenn es wahr ist, daß der Gottesdienst der karolingischen Hofkapelle staatspolitischen Rang hat, weil er politische Herrschaft demonstriert und immer neu begründet." Man sieht wieder, wie unendlich schwer es dem konventionellen Denken fällt zu begreifen, daß die gesamten herrscherlichen Funktionen Gottesdienst sein sollen. –

kirchlichen Fest, das er mitbegeht, an der ganzen Kirche Anteil; wenn in den Kirchen seines Landes für ihn und das irdische und ewige Heil seines Reiches, seiner Familie, seines Heeres, seines Volkes gebetet wird, so sind dies Leistungen, die nicht bloß Dienste für ihn sind, sondern er ist auf sie angewiesen, und wir würden sie heute „Staatsakte" nennen müssen[10]. Regierung besteht in der Liturgie von Königswahlen, -salbungen, -krönungen, in der Begehung hoher Feste, wie Weihnachten, Ostern, Pfingsten an bestimmten kirchlich hervorragenden Orten, im kirchlichen Zeremoniell bei Einzügen in Städten, Pfalzen, Domen oder Klöstern[11], in den Herrscherlaudes bei vielen Gelegenheiten[12]. Die rechtlichen Verordnungen in den Urkunden geschehen im Namen der Gottheit, datiert werden die Urkunden nach den Jahren der Inkarnation des Herrn. Das Leben des reisenden Königshofes vollzieht sich weitgehend nach dem Kirchenjahr. Die Herrschaftsinsignien haben einen religiösen Sinn, Krone, Thron, Heilige Lanze. Sie gab es mehrfach, aber immer war man bestrebt, sie mit Reliquien zu versehen, sie also zu heiligen. So waren sie, wie alle liturgischen und zeremoniellen Akte Symbole im hochmittelalterlichen Sinn, also Realität und Zeichen in einem, für den König Spender von Kraft und Machtmittel[13].

Es ist indessen zu beobachten, daß die christlichen Herrschaften des frühen Mittelalters nicht alle und zu jeder Zeit gleich waren in der Erfülltheit von religiös-kirchlichem Sinn, ebensowenig die gegenseitige Durchdrungenheit aller Glieder der Kirche und der Einfluß des Königs im kirchlichen Leben oder derjenige der höchsten geistlichen Schicht auf den König. Dies deutet sich vielleicht am eindrucksvollsten in Art und Maß des königlichen Anteils an der Besetzung des höchsten geistlichen Amtes an, des bischöflichen. Wo ein gesalbter *König an der Bestimmung, Wahl oder Bestätigung des Bischofs beteiligt* ist, sind die Bistümer nie von der Feudalisierung der Kirchen vollständig absorbiert worden. Thietmar von Merseburg wies es als ungebührlich zurück, daß Herzog Arnulf von Bayern die Bischöfe seines Landes bestellt habe, und begründet dies damit, daß Christus die Bischöfe allein dem Regiment derer unterstellt habe, die durch die Herrlichkeit der Weihe und der Krone über allen Sterblichen stehen[14]. Zwar kommt es seit der Wende vom 9. zum 10. Jh. vor, daß gewisse Formen des nichtvassallitischen Benefiziums in die Sphäre der hohen Kirchen eindringen. So wird die Verleihung eines Bistums symbolisch durch die Überreichung des Hirtenstabes seit dieser Zeit allmählich üblich. Investitur wird der Akt der Amtsübergabe aber nicht vor dem Ende des 10. Jh.s genannt, regelmäßig noch später[15]. – Dennoch gehen die hohen geistlichen Ämter im Eigenkirchenwesen nur dort auf, wo der Verfügungsberech-

---

10 TELLENBACH, Historische Dimension S. 208. – 11 H.W. KLEWITZ, Die Festkrönungen d. dt.en Kg.e, ZSavRG. K 28 (1939) S. 48–96; KANTOROWICZ, Laudes regiae S. 97 ff.: Festival Itinerary; C. BRÜHL, Fränkischer Krönungsbrauch u. d. Problem d. „Festkrönungen", HZ 194 (1962) S. 265–326; DERS., Fodrum, Gistum (vgl. bes. im Register unter „Festkrönungen" und „Festtagsorte"); H. M. SCHALLER, Der heilige Tag als Termin ma.licher Staatsakte, Da 30 (1974) S. 1–24; TELLENBACH, Kaiser, Rom S. 233 f. – 12 KANTOROWICZ, Laudes regiae S. 13. – 13 SCHRAMM, Herrschaftszeichen II S. 492 ff.; f. Ungarn S. 519 f.; DERS., Die Gesch. Polens im Lichte d. Herrschaftszeichen, in: L'Europe aux IXe â XIe siècle, 1968, S. 363. – 14 Chron. I 26, MG SrG nova series 9, S. 34; dazu vgl. TELLENBACH, Libertas S. 74, dort auch S. 107 f. mit Anm. 27, wo eine Anekdote bei Rodulfus Glaber besprochen ist, in der Heinrich III. die Vorstellung zugeschrieben wird, daß Christus selbst bei der Investitur durch den König hindurchwirke; auf diese Anekdote geht auch MAYER, Fürsten und Staat S. 75 ein. – 15 HINSCHIUS S. 529, Anm. 2; STUTZ, Lehen und Pfründe S. 220 Anm. 2; FEINE KR S. 250 f. mit Anm. 15. – 16 SCHRAMM, König v. Frank-

tigte kein gesalbter König ist wie in großen Teilen Frankreichs. Deshalb war auch die Fähigkeit von Königreichen zu einer irgendwie gearteten Formung von kirchlichen Einheiten verschieden intensiv. Begriffe wie „Reichskirche", National- oder Landeskirche haben im 10. und 11. Jh. recht ungleiche Merkmale. Dies zeigt sich aufdringlich bei einem Vergleich etwa der „Reichskirche" oder der „englischen" Kirche einerseits mit den Kirchen in Frankreich, Burgund oder Italien andererseits, wo man von Nationalkirchen überhaupt nur mit großen Vorbehalten reden kann.

b) Frankreich und Spanien

Der sakrale Charakter des Königtums hat im karolingischen Westfrankenreich, dem werdenden *Frankreich*, seine früheste, weithin und dauernd wirkende Ausprägung gefunden. Hochkarolingische geistliche Elemente fortbildend formten sich in Orléans 848 und Metz 869 Salbung und Krönung des Königs in ihrer liturgischen Gestalt[16]. Für die französische Geschichte bemerkenswert ist es, daß diese frühesten Akte noch beschränkt gelten für die königliche Würde in Aquitanien und Lothringen, also nicht auf Karls des Kahlen gesamtes Königreich bezogen waren, sondern nur auf von ihm beanspruchte Teile. Erst in Compiègne wurde Ludwig der Stammler 877 für seine ganze Herrschaft gekrönt und gesalbt[17]. Um diese Zeit entstand auch der sog. „westfränkische Ordo" der Königsweihe, der die vollständige Liturgisierung der Herrschererhebung anzeigt. Wie ein Bischof wurde der König mit dem Chrysam gesalbt, erhielt er Insignien wie Ring und Stab mit begleitenden Formeln und Gebeten. Man hat geradezu von einer Episkopalisation des Königs gesprochen[18]. Doch blieb der König mediator cleri et plebis. Er war geweiht, erhielt aber selbst keine Weihegewalt, und auch in Zukunft ist eine solche nie von einem Monarchen beansprucht worden oder hat er sie zu üben versucht. Daran ist gegenüber allen viel späteren tendenziösen Klagen über wirkliche oder angebliche Übergriffe des „Königtums" gegen das „Priestertum" festzuhalten. Außerdem ist ja die Königserhebung verkirchlicht, aber nicht klerikalisiert worden. Denn alle Glieder der Kirche, nicht bloß der Klerus, sondern auch Laien bleiben dabei in verschiedenen Rollen mitwirkend.

Der *König von Frankreich* beherrschte nicht die Kirche, sondern gehörte ihr selbst an. Er thronte umgeben von Bischöfen, Grafen oder anderen laikalen Herren, mit ihnen faßte er Beschlüsse aller Art und feierte die Kirchenfeste, er berief Synoden und wohnte ihnen bei wie Robert der Heilige 1008 in Chelles mit den Erzbischöfen von Sens und Tours sowie 11 Bischöfen, die er episcopi nostri nannte, und wo von synodus nostra die Rede war[19]. Die Gebete für den König, seine Familie und sein Reich wurden gesprochen, Urkunden nach seinen Regierungsjahren datiert, vielfach auch in ihm fernen Gegenden, wohin er nie kam. Die

reich S. 16 ff. und 25 ff. – **17** Ebd. S. 54 ff. – **18** LEMARIGNIER, Gouvernement S. 26; DERS., Institutions S. 42. – **19** DUBY, Frühzeit S. 4: „Der Herrscher gehörte der Kirche an"; LEMARIGNIER, France Médiévale S. 66: „La royauté est un pouvoir institutionel parce qu'elle est un pouvoir dans l'Église"; DERS., Institutions S. 45 zu den Synoden Roberts des Heiligen; KIENAST, Deutschland u. Frankreich S. 125 ff. zu den Synoden von St. Basle, Mouzon und Chelles. S. 127 Anm. 302a wird hervorgehoben, daß im Gegensatz zu Deutschland im Westreich die Leitung der Synode durch den König nicht üblich gewesen sei. Von der Zurückhaltung auch des deutschen Königs wird noch zu sprechen sein. –

Könige, die karolingischen wie die kapetingischen, übten entscheidenden Einfluß auf Bischofswahlen und gewährten die Investitur, jedoch nicht in ganz Frankreich, sondern nur in dem engeren Bereich, in dem sie ihre Herrschaft realisieren konnten[20]. Im 10. Jh. ist Frankreich gespalten durch die Konkurrenz von Karolingern und Kapetingern. Die Könige können gegen die großen Lehnsträger kaum noch mehr als die Anerkennung ihrer Oberhoheit durchsetzen[21]. Der König regiert mit seiner Präsenz nur noch Teile des alten Westreiches, die Zahl der königlichen Urkunden geht zurück, von 987–1108 gingen nach Lemarigniers Aufstellungen keine mehr in die Bereiche der Langue d'oc, ja man konnte geradezu von einer région d'absence sprechen[22]. Man erinnert sich an den vielzitierten Ausspruch Abbos von Fleury, als er kurz vor seinem Tode nach der Abtei von Réole kam, er sei hier mächtiger als der König von Frankreich, wo nämlich niemand dessen Herrschaft fürchte[23].

So hat im 10. und 11. Jh. das Königtum in Frankreich die Kirchenprovinzen nicht zu einer räumlich umfassenderen Einheit zusammengefaßt, und man kann kaum von einer französischen National- oder Landeskirche in dieser Zeit sprechen. Wenn Karl der Kahle den gescheiterten Versuch gemacht hatte, mit dem Primat von Sens etwas von der karolingischen Reichskirche festzuhalten, wenn sich in frühottonischer Zeit mehrfach Nachwirkungen gesamtfränkischer Zusammengehörigkeit zeigen, besonders bei der Ingelheimer Synode, die mit Hilfe Ottos I. unter Mitwirkung einiger französischer Bischöfe zugunsten Ludwigs IV. und seines Aspiranten auf das Reimser Erzbistum eingreift, so bildet sich solches Überschreiten der Grenzen mehr und mehr zurück. Immerhin hat man sich zu erinnern an den starken Einfluß, den Erzbischof Bruno von Köln von Lothringen aus in Teilen der Kirche Frankreichs übte und umgekehrt an König Lothars mißglückten Vormarsch gegen Aachen. Es blieben schließlich wenige Überschneidungen übrig wie die Zugehörigkeit des Bischofs von Cambrai zum deutschen Reich, obwohl er Suffragan des Erzbischofs von Reims blieb[24].

Sogar *Metropolitansprengel* in Frankreich wurden durch die Schwäche des Königtums mehrfach betroffen. So verlor der Erzbischof von Tours die meisten seiner Suffragane an die Kirchenprovinz von Dol, die das bretonische Selbständigkeitsstreben geschaffen hatte[25]. Seit Hadrian II. haben die Päpste Dol als Kirchenprovinz anerkannt. Bezeichnend ist auch die Forderung des Herzogs von Aquitanien, die Diözese Limoges von der Kirchenprovinz Bourges zu lösen und sie der von Bordeaux unterzuordnen[26]. Für die Kirchenprovinzen in Frankreich hat man geradezu von einer atrophie au niveau du diocèse gesprochen[27]. Dies gilt allerdings nicht für alle Teile Frankreichs in gleicher Weise. Wo das schwache

20 DHONDT, Études S. 48:„l'autorité royale sur l'église, l'intervention royale dans les nominations episcopales et abbatiales décrôit rapidement et finit par disparaître"; KIENAST, Deutschland und Frankreich I S. 35 rechnet, daß von den 77 französischen Diözesen Hugo Capet Bischöfe in 14 eingesetzt und bestätigt habe, Ludwig VII. schon 25. – 21 Ebd. Anh. III S. 658 ff., wo in der berühmten Kontroverse zwischen Jacques Flach und Ferdinand Lot der Meinung des letzteren beigepflichtet wird, nach der die Territorialfürsten vom 10.–12. Jh. doch Vasallen der Krone gewesen seien. – 22 LEMARIGNIER, Institutions S. 50; DERS., Gouvernement S. 30 und 41; KIENAST, Wirkungsbereich S. 529–565, bes. die eindrucksvolle Zusammenstellung S. 552. – 23 Aimoini vita Abbonis, MPL 139 c. 387–414. – 24 KIENAST, Deutschland und Frankreich S. 152. – 25 DUINE, Métropole de Bretagne S. 13 ff.; FOREVILLE, Royaumes S. 283 ff.; KAISER, Bischofsherrschaft S. 114 ff. – 26 LEMARIGNIER, Institutions S. 10. – 27 DERS., France Médiévale S. 56. – 28 TELLEN-

Königtum noch eine gewisse Geltung hatte, fanden die Metropoliten an ihm einen Halt. In den königsfernen Gebieten im Westen und Süden, ebenso wie in Nordspanien konnten auch die Kirchenprovinzen in den Konkurrenzkämpfen der geistlich-weltlichen Adelsherrschaften leicht zersplittern, die Metropoliten sich außer durch ihren erzbischöflichen Titel wenig von ihren Suffraganen unterscheiden.

Es gibt einige Anzeichen für *kirchliche Einsetzungsakte* bei den bedeutendsten und größten französischen Fürsten, auch von Insignien, die dabei angelegt wurden wie Ring, Schwert, Krone oder goldenem Zirkel[28]. Die Salbung mit heiligem Öl hat aber anscheinend keiner empfangen[29]. Spät überliefert sind ein normannisches officium ad ducem constituendum[30], ein aquitanischer Herzogsordo[31], die beide auf älteren Vorstufen beruhen können. Sie haben die Gestalt der Liturgie von ordines bei Kaiser- und Königskrönungen und zeigen dieselbe Begleitung von Gebetstexten. Auch von königsgleichen Erhebungsakten bretonischer Fürsten gibt es einige Nachrichten[32].

Fürsten und sogar Grafen haben, wie in anderen Ländern in ihren Urkunden manchmal Devotionsformeln wie Könige (dei gratia, divina favente clementia o. ä.) und Datierungen im theokratischen Stil[33]. Auch ihr Herrschen kann durchwirkt sein von theokratischen Stilelementen. Nicht selten wurden ihnen Prädikate wie sanctus beigelegt[34], oder sie werden bei Einzügen und hohen Festen wie Könige mit Laudes begrüßt[35].

Es fällt auf, daß die *Normandie* sich mit der Kirchenprovinz von Rouen deckt[36], die *Bretagne* mit der von Dol[37]. Das Herzogtum *Aquitanien* umfaßt im wesentlichen die Kirchenprovinzen von Bordeaux und Auch[38]. Wenn man es wagen will, von einer normannischen, einer bretonischen oder einer aquitanischen Landeskirche zu sprechen, so wird umso deutlicher, daß sogar das unbestritten sakrale Königtum trotz seiner Lehnsoberhoheit, die Kirchen Frankreichs nicht zu einer Einheit zusammenzufassen vermochte. Das konnte erst viel später gelingen, als das erstarkende Königtum die Fürstentümer, die „ohne politisches Konzept", ohne legitimierende Funktion waren, sich als geheiligte Spitze fester ein- und unterordnete[39].

BACH, Herzogskronen S. 68 ff.; HOFFMANN, Fürstenweihen S. 92–119. – 29 BLOCH, Rois thaumaturges S. 497; FAWTIER, Histoire S. 32; Hoffmann präzisiert S. 88 des Königs Vorrang bestehe darin, daß er allein mit dem Öl der heiligen Ampulle benetzt werde; aus der Übersendung oder Verleihung von Insignien durch den König darf man keineswegs mit KIENAST, Studien S. 120 einen weltlichen Charakter der Einweisung folgern. – 30 Benedictional of Archbishop Robert, ed. W. H. WILSON, Henry Bradshaw Soc. 24 (1902) S. 157 ff.; dazu BLOCH, Rois thaumaturges S. 497 ff. – 31 BOUQUET XII S. 451; dazu SCHRAMM, König v. Frankreich S. 129 ff. – 32 Ebd. S. 25. – 33 KIENAST, Herzogstitel S. 409 ff., wo die zahlreichen Varianten zu beachten sind; FOREVILLE, Synode of the Province of Rouen S. 19–40; ferner FAUROUX, Recueil S. 85, 95, 103 ff., 137, 151. – 34 KIENAST, Deutschland und Frankreich, Anh., bes. S. 682. – 35 KIENAST, Studien S. 99; SCHRAMM, Geschichte d. engl. Königtums S. 31 und Anh. 8; KANTOROWICZ, Laudes regiae S. 166; zu beachten sind aber die Einschränkungen von HOFFMANN, Langobarden S. 152 ff. – 36 KAISER, Bischofsherrschaft S. 160 ff., wo S. 171 sogar von einer normannischen Herzogskirche die Rede ist; FAUROUX, Recueil S. 103: die Unterschrift des Grafen-Herzogs vor der des Erzbischofs von Rouen; KIENAST, Studien S. 98 ff. – 37 HOFFMANN, Fürstenweihen S. 110. – 38 Wilhelm V. von Aquitanien wurde von Adhemar von Chabannes totius Aquitaniae monarchus genannt. Vgl. HIGOUNET, Histoire de l'Aquitaine S. 173 ff. – 39 WERNER, Untersuchungen S. 269. – 40 MENÉNDEZ PIDAL, Spanien d. Cid S. 52; D. GU-

Im allgemeinen gleicht der Einfluß *spanischer* Fürsten auf die Kirchen ihrer Gebiete demjenigen französischer. Man hat auch ihnen gelegentlich theokratischen Rang beigemessen[40]. Der Graf Ramon Borell urkundet mit hochtönendem Titel: Raimundus gratia Dei comes et marchisus et inspector episcopis dante Deo nostre ditione pertinentibus[41]. Es ist die Regel, daß auch sie Bistümer übertragen[42]. Graf Bernard Tallaferro von Besalù reiste mit seinem Sohn nach Rom, um von Papst Benedikt VIII. die Errichtung eines eigenen Bistums für sein Land zu erbitten[43]. So hat man bei spanischen Fürstentümern von Landesbistümern gesprochen, das Wort Landeskirche allerdings in Anführungsstriche gesetzt[44]. Doch sogar um länderübergreifende Metropolitansprengel konnten sich Fürsten kümmern. Markgraf Borell I. von Barcelona hatte bei Papst Johannes XIII. die Wiederherstellung der Provinz Tarragona betrieben[45]. Anderseits griffen französische Erzbischöfe nach Spanien über. Erzbischof Wilfred von Narbonne, der seine eigene Kirche teuer gekauft hatte, erwarb für viel Geld für seine Brüder die Bistümer Urgel, Gerona und Elna[46].

c) Burgund

Die Begründung und die Art der Regierung in den beiden burgundischen Königreichen, von denen nach dem Tode Ludwigs des Blinden und dem Verzicht Hugos von Vienne im Jahre 933 nur das welfische in wesentlich größerem Umfang weiterbestand, geschahen in den prinzipiell gleichen theokratischen Formen wie in anderen karolingischen Nachfolgereichen. Schon die Wahl Bosos in Manteille (879) durch einen Synodus unter Beteiligung von Laien erfolgt in liturgischen Formen, von Gott inspiriert, nutu Dei[47]. Und zweifellos folgten Krönung und Salbung. In ähnlicher Weise wurde sein Sohn Ludwig 890 in Valence gewählt, gekrönt und gesalbt[48]. Ein nur aus später Überlieferung bekannter burgundischer Königsweiheritus ist einleuchtend für die Zeit um die Wende des 9. und 10. Jh.s datiert und mit den Vorgängen in Manteille in Verbindung gebracht worden[49].

Die Nachrichten über die Erhebung des ersten hochburgundischen Königs Rudolfs I. sind karg, aber es wird erwähnt, daß er sich in Saint-Maurice-d'Agaune habe krönen lassen[50]. Während nichts darüber überliefert ist, in welchen Formen sein Sohn Rudolf II. erhoben wurde, erwähnte Rudolf III. in einer Urkunde, er sei wie sein Vater Konrad im Dom von Lausanne gewählt und gekrönt worden[51]. Kaiser Konrad II. wurde 1033 in Peterlingen-Payerne gewählt und gekrönt, 1038 übertrug er Heinrich III. die Regierung des Königreichs in Solothurn, wobei von Wahl und Krönung nicht die Rede ist, aber wenigstens von einem Gottesdienst in der Stephanskirche, quae pro capella regis Soloduri habetur[52].

DIOL, La Iglesia en Aragon durante el siglo XI, Publicaciones de la seccion de Zaragoza 4, 1951, S. 17 ff. – 41 MUNDÓ, Moissac S. 555. – 42 KEHR, Navarra und Aragon S. 10. – 43 VINCKE, Staat und Kirche S. 254 ff.; KEHR, Katalanischer Prinzipat S. 19. – 44 VINCKE, Staat und Kirche S. 257. – 45 Ebd. S. 346 ff. – 46 MUNDÓ, Moissac S. 560; VINCKE, Staat und Kirche S. 254 ff. – 47 MG Cap. II S. 305 ff. Nr. 284; POUPARDIN, Provence S. 97; BÖHM, Rechtsformen S. 11 ff. – 48 MG Cap. II S. 376 Nr. 289; dazu POUPARDIN, Provence S. 156 Anm. 4 – 49 EICHMANN, Königskrönungsformel S. 516; BÖHM, Rechtsformen S. 27. – 50 POUPARDIN, Bourgogne S. 11 Anm. 3. – 51 Ebd. S. 66 Anm. 2. – 52 BRESSLAU, Jbb. II S. 70 und 324; STEINDORFF, Jbb. I S. 43 f.; JACOB, Bourgogne S. 33. –

Obwohl die religiös-politischen Grundlagen des *burgundischen Königtums* ursprünglich eindeutig waren, ist nie ein in sich geschlossener, ausgeglichener oder auch nur klar begrenzter Machtbereich daraus geworden. Mit Recht hat man es verwunderlich gefunden, daß es in den großen Lehensherrschaften „unbestritten anerkannt blieb und sich, nicht zum wenigsten dank der Loyalität der Erzbischöfe von Lyon und Vienne doch noch gelegentlich, sozusagen stoßweise zur Geltung bringen konnte"[53]. Für die Salierzeit konnte man dagegen sagen, daß der Raum von Lyon bis zum Mittelmeer sich kaum mehr daran erinnerte, daß er unter einem Königreich stand[54]. Wie in Frankreich hatten die Könige ein, wenn auch viel bescheideneres Kerngebiet, am Genfer See und am Alpenrand, ferner Bereiche, in denen sie wenigstens gelegentlich Einfluß üben konnten neben solchen, die sich ihnen ganz entzogen.

Von den sieben *Kirchenprovinzen* des Landes sind die königlichen Einwirkungen einigermaßen beständig nur in der von Besançon mit den Suffraganbistümern Lausanne und Basel. Alle Suffragane des Erzbischofs von Lyon befanden sich außerhalb des burgundischen Reichs[55]. Bezeichnend ist, daß bei der Wahl Bosos der Erzbischof von Tarantaise anwesend war, aber seine Suffragane von Sitten und Aosta fehlten, ebenso Erzbischof und Bischöfe der Provinz Embrun[56]. Auf Benennung und Einsetzung der Bischöfe hat der König nur bei wenigen einen ständigen Einfluß, und wie in Frankreich, muß man in Burgund zwischen évêchés rojaux und seigneuriaux unterscheiden. Wie dort sind die Bischöfe großenteils Mitglieder der herrschenden Familien. In Burgund sind große Synoden unter Beteiligung mehrerer Kirchenprovinzen vorgekommen, im Zusammenhang mit der Friedensbewegung vereinigten sich mehrfach burgundische mit französischen Bischöfen[57]. Der König von Gottes Gnaden hatte einen geringen Anteil daran, und daß er in seinem großen selbst uneinheitlichen Reich die Kirchen nicht zu einer größeren Einheit zusammenzufügen vermochte, folgt aus der Begrenztheit seiner religiösen, politischen und wirtschaftlichen Kraft.

d) Italien

Die Apenninenhalbinsel ist in ihrem Herrschaftsgefüge nicht bloß noch zersplitterter als Frankreich oder Burgund, sondern in ihrer Zersplittertheit außerdem in höchstem Maße unstabil. Sie ist offen für *Eingriffe auswärtiger Mächte* wie damals kaum ein anderes Land, der Aghlabiten und Fatimiden in Nordafrika und Sizilien, der burgundischen Fürsten, deutscher Stammesherzöge und Könige, ungarischer Eindringlinge und normannischer Eroberer und Nachzügler. Nicht bloß Könige, Päpste und Langobardenfürsten, sondern auch kleinere Machthaber müssen außerdem stets an Byzanz denken, das bis zum Fall von Bari (1071) im Lande präsent und immer Asyl vieler italienischer Emigranten blieb[58]. Sein Druck nimmt in vielen Teilen Italiens unberechenbar zu und ab. In Italien selbst fehlten aber starke und kontinuierliche Potenzen, an denen man sich orientieren konnte. Unter den Päpsten fehlen nicht einige bedeutende Persönlichkeiten, die sich in der

53 MG Urk. Burg. S. 4. – 54 BÜTTNER, Friedrich Barbarossa S. 81. – 55 POUPARDIN, Bourgogne S. 311 ff., 301 Anm. 2 und 4, auch 376. – 56 POUPARDIN, Provence S. 109 f. – 57 POUPARDIN, Bourgogne S. 301 ff. – 58 GAY, L'Italie méridionale bes. S. 437 ff. (Paldolf v. Capua), S. 469 ff. (Argyros); MOR, L'età feudale I, bes. S. 238 ff. und 545 ff. – 59 An-

Nähe Respekt, in der Ferne Ansehen erwarben, aber auch sie konnten von kleineren regionalen Zwischenfällen von heute auf morgen ausgeschaltet werden. Einen gewissen stabilisierenden Kern hätte das regnum Italiae mit dem alten Sitz Pavia bilden können. Aber wie Liudprand von Cremona schreibt, wollten die Italiener im Sinn der Angehörigen des alten Langobardenreiches sich immer zweier Herren bedienen, um den einen durch die Furcht vor dem anderen zu hemmen[59]. So hatte Berengar I. in 26 Jahren seiner Regierung während 17 Jahren fünf Gegenkönige, Arnulf, Wido, Lambert, Ludwig III. und Rudolf II. von Burgund, deren Macht meist größer war als die seinige. Neben Hugo von Vienne und seinem Sohn Lothar blieb der burgundische Prätendent noch sechs Jahre bedrohlich. In ihre Zeit fällt auch der Einmarsch Herzog Arnulfs von Bayern (934/935)[60]. Vom ersten Eingreifen Ottos I. in Italien bis zu seinem Tod sind es 22 Jahre, 18 davon konnten Berengar II. von Ivrea und sein Sohn Adalbert nicht ganz ausgeschaltet werden und blieben, besonders durch ihre Beziehungen zu Byzanz, eine nicht zu übersehende Gefährdung. In den 22 Regierungsjahren Heinrichs II. konnte sich Arduin von Ivrea 12 Jahre halten[61]. Die drei Ottonen waren während 51 Jahren etwas mehr als 16, also fast ein Drittel ihrer Zeit in Italien. Heinrich II. und die beiden ersten Salier weilten in 54 Jahren 6 Jahre, also nur ein Neuntel ihrer Regierungszeit, jenseits der Alpen. Wenn man sich erinnert, daß die praesentia regis oder wenigstens die Notwendigkeit, mit ihr zu rechnen, der wesentliche Ordnungsfaktor ist, kann man die Bedeutung dieser Zahlen einschätzen[62]. Institutionen, von denen die Regierung eines abwesenden Königs besorgt werden könnte, sind noch wenig entwickelt, Parteien oder Persönlichkeiten, auf die er sich stützen könnte, sind vielfach unzuverlässig. Rascher Parteiwechsel und Treubruch sind an der Tagesordnung, Treue Anhänger sind unter Markgrafen und Grafen die Ausnahme, unter Bischöfen und Äbten nicht die Regel.

Die Würde des *Königtums* beruht auch in Italien auf dem theokratischen Amtsgedanken. Der König ist eine geweihte, gottbegnadete Person und hat als solche seinen Platz in der geistlich-weltlichen Ordnung. Wahrscheinlich sind von den Königen in Italien im 10. Jh. nur diejenigen gesalbt und gekrönt worden, die nicht schon vorher geweihte Könige waren, also Berengar I., Wido und Lambert, Hugo und Lothar, Berengar II. von Ivrea und Adalbert[63]. Später wurden dagegen Heinrich II. und Konrad II. in Pavia und Mailand gekrönt, vermutlich um dem gekrönten Gegenkönig Arduin gewachsen zu sein[64]. Bei Otto III. und Heinrich III. ist überliefert, daß auf die Italiener Rücksicht genommen wurde, indem an der Krönung beider italienische Bischöfe beteiligt waren[65]. Die Repräsentation der königlichen Herrschaft vollzog sich in ähnlichen Formen wie in den anderen

tapodosis c.37, MG SrG S.27. – 60 Hartmann, Geschichte Italiens III 2 S.198; MOR, L'età feudale I S.139 f. – 61 Ebd. S.525 und 549. Allerdings war sein Anhang begrenzt. Nur der Bischof Petrus von Como, Ottos III. Erzkanzler für Italien, war zu ihm abgefallen. Fleckenstein, Hofkapelle II S.160. – 62 Tellenbach, Kaiser, Rom S.231–253, bes. die Tafeln S.250 f. – 63 A. Kroener, Wahl und Krönung d. dt.en K. u. Kg.e in Italien (Lombardei), Phil.Diss. Freiburg i.Br. 1901; K. Haase, Die Königskrönungen in Oberitalien u. d. „eiserne" Krone, Theol.Diss. Straßburg 1901; E. Eichmann, zur Gesch. d. lombard. Krönungsritus, HJG 46 (1926) S.517–531. – 64 Hirsch-Pabst-Bresslau, Jbb. I S.306; Bresslau, Jbb. II S.122; A. Kroener, Wahl und Krönung S.46 ff.; K. Haase, Königskrönungen S.30. – 65 Uhlirz, Jbb. I S.197, II S.9; Steindorff, Jbb. I S.15 spricht von einer großen, auch Italien und Rom repräsentierenden Reichsversammlung. – 66 Schwartz, Besetzung S.5. – 67 BZ Nr.415 f., 420; Manaresi, Placiti del

Königreichen. An der Besetzung von Bistümern nahmen auch in Italien Könige einen gewissen Anteil. Bekanntlich haben Ottonen und Salier öfters italienische Bistümer mit Deutschen besetzt, doch darf man sich keine übertriebenen Vorstellungen von einer dadurch bewirkten Festigung ihrer Herrschaft machen. Unter Heinrich III. hat man den Anteil der nichtitalienischen Bischöfe auf ein Viertel, unter seinen beiden Vorgängern auf je ein Sechstel geschätzt[66].

Man wird schwerlich behaupten können, daß es den Königen gelungen sei, aus Italien, auch nur aus „Reichsitalien", eine *kirchliche Einheit,* eine „italienische Kirche" zu machen. Zwischen den Kirchenprovinzen gab es vielfältige Reibungen und Rangstreitigkeiten. Und immer wieder kam es auch zu Konflikten, oder doch zu Distanzierungen, zwischen Königen und Bischöfen. Die größte Zahl von italienischen Erzbischöfen und Bischöfen fand sich bei einigen Synoden ein, an denen sowohl der Papst wie der Kaiser teilnahmen. Diese seltenen Versammlungen waren wirklich große Ereignisse für die italienischen Kirchen, wobei deutsche oder burgundische Bischöfe aber auffallend schwach vertreten waren. In einigen Fällen sind auch Teilnehmerlisten überliefert. So haben an einer Synode in Ravenna im April 967 außer Papst Johannes XIII., Kaiser Otto I., dem Patriarchen von Aquileia, den Erzbischöfen von Ravenna und Mailand, den Bischöfen von Minden und Speyer nicht weniger als 51 italienische Bischöfe teilgenommen[67]. Von der Synode in St. Peter am 6. November 963, auf der Johannes XII. im Beisein Ottos I. abgesetzt wurde, nennt Liudprand von Cremona als Teilnehmer außer den Erzbischöfen von Mailand und Ravenna 2 a Saxonia, 1 a Francia, 3 ab Italia, 8 a Tuscia, 25 a Romanis und schließlich 50 hohe Kleriker aus der Stadt Rom[68]. Es handelt sich wohl um eine Synode der Diözese und der Kirchenprovinz Rom, die ergänzt wird durch Bischöfe aus dem übrigen Italien und aus Deutschland, wie auch in anderen Ländern auswärtige Bischöfe an Provinzialsynoden beteiligt sein können. Als dann der zurückgekehrte Johannes XII. nach wenigen Monaten im Februar 968, an der gleichen Stelle eine Synode abhielt, von der jene vorhergehende als unkanonisch verurteilt wurde, finden wir aus der römischen Kirchenprovinz überwiegend dieselben Namen, während die auswärtigen Teilnehmer natürlich fehlen[69]. Unter den beiden ersten Saliern kamen reich besuchte Konzilien vor, an denen auffällt, daß mehr deutsche oder burgundische Prälaten erschienen als unter den vorherigen Herrschern[70]. Doch gerade bei hohen Festen ist es zu Rangstreitigkeiten zwischen den oberitalienischen Metropoliten gekommen, so bei der Kaiserkrönung Konrads II. 1027 und bei der ersten großen Synode Clemens' II. 1047[71]. Sogar Papst und Kaiser gemeinsam konnten auf den Widerstand des Episkopats stoßen, wie 1014 im Fall des von Heinrich II. bestellten und von Johann XVIII. geweihten Bischof Alderich von Asti. Erzbischof Arnulf II. von Mailand zwang Alderich durch einen Kriegszug zur Unterwerfung[72]. Und Kon-

---

regnum Italiae S. 50 ff. Nr. 155. – **68** BZ Nr. 31; Liudprand v. Cremona, Hist. Ottonis c. 9, MG SrG S. 164 ff. – **69** BZ Nr. 347; MG Const. I S. 352 Nr. 380. – **70** Ob bei der ersten Synode Clemens' II. zu Anfang 1047 Heinrich III. anwesend war, ist ungewiß. Jedenfalls stand ein Sessel für ihn zur Rechten des Papstes bereit. STEINDORFF, Jbb. I S. 319. Von einer Synode, die auf Anordnung des Königs am 25. Oktober 1046 in Pavia zusammentrat, kennen wir die Teilnehmer. MG Const. I S. 24 Nr. 48. Es sind 29 italienische, 2 burgundische und 8 deutsche Erzbischöfe und Bischöfe; STEINDORFF, S. 307 f. – **71** BRESSLAU, Jbb. I S. 149: zwischen den Erzbischöfen von Ravenna und Mailand. – STEINDORFF, Jbb. I S. 120: zwischen den gleichen und außerdem dem Patriarchen von Aquileja. – **72** BZ Nr. 1031; Arnulf v. Mailand, Gesta archiepiscoporum Mediolanensium I 18, MG

rad II. ist zeit seines Lebens des Erzbischofs Aribert von Mailand nicht Herr geworden, dem eine Verschwörung mit dem Grafen Odo von der Champagne vorgeworfen wurde[73]. Da auch die Päpste trotz ihrer prinzipiellen Anerkennung als Häupter der Kirche keine übergeordnete Stellung über die nichtrömischen italienischen Kirchenprovinzen gewannen, kann von einer Einheit speziell der italienischen Kirchen, einer italienischen Landeskirche, nicht gesprochen werden.

e) Das ostfränkisch-deutsche Reich

Nach dem Tod Ludwig des Kindes und dem Scheitern der Versuche Konrads I., Lothringen zurückzugewinnen, ist der Zusammenhang der Kirchen des Ostreichs schwer gestört, ja sogar seine Kirchenprovinzen sind als feste, das kirchliche Leben des Landes mittragende Einheiten weitgehend beeinträchtigt. Das *Konzil von Tribur* hatte 895 noch einmal eindrucksvoll die Mehrzahl der Bischöfe des Reiches *Arnulfs von Kärnten* versammelt, die Erzbischöfe von Mainz, Köln, Trier mit allen Suffraganen außer dem von Toul, von Salzburg wenigstens die Suffraganbischöfe von Regensburg und Freising, von Besançon den Bischof von Basel, ferner den Bischof von Bremen, dessen Zugehörigkeit zu Köln damals noch umstritten war[74]. Seit 911 gehört Köln dann aber mit seinen linksrheinischen Suffraganen Lüttich und Utrecht zum nunmehr westfränkischen Lothringen, die Grenze des Ostreiches trennt ihn dagegen von den sächsischen, nämlich denen von Minden, Osnabrück, Münster und Bremen. Wer von den Bischöfen des Ostreiches an der berühmten, viel diskutierten Synode von Hohenaltheim (916) wirklich teilgenommen hat, ist ungewiß. Wir wissen nur, wer sicher fehlte: die sächsischen Suffragane von Köln und Mainz, der Bischof von Straßburg, der von Karl dem Einfältigen begünstigt war. Schwerlich wird der des Augenlichts beraubte Bischof von Speyer anwesend gewesen sein. Sicherlich war Erzbischof Heriger von Mainz zur Stelle, dem es wohl auch zuzuschreiben ist, daß Bischof Petrus von Orte als päpstlicher Legat gekommen war. Wahrscheinlich war der Bischof von Worms da, weil ihm aufgetragen wurde, die Attentäter am Bischof von Speyer zur Rechenschaft zu ziehen[75]. Der Ort Hohenaltheim spricht dafür, daß man bei der Ladung mit der Teilnahme bayrischer Bischöfe rechnete. Wer wirklich gekommen ist, ist völlig unbekannt[76].

Von den 22 Bischöfen des ostfränkischen Reiches, die 916 im Amt waren, kommen 12 in den *Urkunden Konrads I.* vor, und zwar zwei viermal, einer dreimal, fünf zweimal, vier einmal; 10 werden nie erwähnt, darunter 7 sächsische[77]. Daß Adalwart von Verden 916 in Konrads Umgebung nachzuweisen ist, läßt es

SS VIII S. 11. – 73 BRESSLAU, Jbb. II S. 232 f. und 236 f.; da der gefangene Aribert, der dem Patriarchen Poppo von Aquileja zur Bewachung anvertraut war, entfliehen konnte, entstand auch ein Konflikt mit diesem. – 74 MG Cap. II S. 196 ff. Nr. 252, bes. d. Liste auf S. 210 f. u. d. Unterschriften auf S. 246. – 75 MG Const. I S. 618 Nr. 433. Das Fehlen der sächsischen Bischöfe ergibt sich aus c. 30, des Bischofs von Straßburg aus c. 29; zu Richwin von Straßburg vgl. E. DÜMMLER, Geschichte d. ostfränk. Reiches III², 1888, S. 593. – 76 C. 31; LINTZEL, Hoftage S. 61 hält für wahrscheinlich, daß „der Befehl zur Abhaltung der Hohenaltheimer Synode von Konrad I. erlassen" sei, „der ihr fernblieb". Aber auch darüber kann man nur Vermutungen äußern. – 77 Die folgenden Zusammenstellungen nach den Bischofslisten bei HAUCK, Kirchengeschichte Deutschlands III S. 981 ff. und den Urkunden Konrads I. in MG DO I. – 78 BZ Nr. 43 und die dort genannte Literatur,

als möglich erscheinen, daß er in Hohenaltheim war, ob mit dem Willen Herzog Heinrichs oder gegen ihn, muß offenbleiben. Es ergibt sich jedoch, daß mindestens 9 von den 22 ostfränkischen Bischöfen mit Sicherheit in Hohenaltheim nicht waren. Ob es überhaupt eine größere Synode war, bleibt unbekannt. Und wiewohl die überlieferten Texte mit Recht viel beachtet und zitiert werden, stehen die herrschenden Thesen von einem Bündnis Konrads I. mit den Bischöfen gegen die werdenden Herzöge auf ganz schwachem Boden[78]. Seine Regierung zeigt vielmehr ausgesprochen wenig Zusammenhalt der Kirchenprovinzen und Diözesen.

Das wird auch unter *Heinrich I.* zunächst nicht anders. Die von Widukind überlieferte Zurückweisung der ihm von Erzbischof Heriger von Mainz angebotenen Königssalbung als Distanzierung von der „kirchenfreundlichen" Politik seines Vorgängers aufzufassen, ist anachronistisch[79]. Heinrich I. fühlte sich wie jeder König und Herzog als Sohn der Kirche. Dagegen spricht nichts. Es ist kaum denkbar, daß er nicht Haus- oder Hofgeistliche um sich hatte. Sein Verhältnis zum Mainzer Erzbischof scheint ungetrübt geblieben zu sein. Daß er nur einen einzigen der Notare Konrads I. übernahm, besagt wenig, wenn man bedenkt, daß aus Heinrichs ersten drei Jahren nur ganze zwei Urkunden überliefert sind, aus den ersten sechs nur neun. Es gehört zu der Beobachtung, daß anfänglich überhaupt keine größere, königliche Hofhaltung bei ihm bemerkbar wird[80].

Schon bei den Begegnungen mit dem westfränkischen König in Bonn und Koblenz (921 und 922) ist er immerhin von Bischöfen, darunter Heriger von Mainz, wie von Grafen umgeben[81]. Nach dem Pakt mit Herzog Arnulf von Bayern bleibt jedoch die ganze Kirchenprovinz Salzburg dem König fern, während die von Köln nach der Unterwerfung Lothringens wieder geeint ist. Zur Erfurter Synode von 932 erschienen die Erzbischöfe von Mainz, Trier und Hamburg sowie 6 Mainzer und 2 Kölner Suffraganbischöfe[82].

Trotz seiner glanzvollen Weihe und Krönung in Aachen hatte es Otto I. bis zur Mitte der 50er Jahre schwer, seine Herrschaft zu behaupten und zu befestigen. Die Überwindung der empörerischen Söhne Herzog Arnulfs und die Einsetzung seines Bruders Berthold führte 938 zum Ende der Abseitsstellung der Salzburger Kirchenprovinz. Damit haben die ottonisch-frühsalischen Könige die Verantwortung und Mitverfügung im gesamten Bereich ihrer Herrschaft endgültig gewonnen, was von den Königen der bisher behandelten Länder nicht gilt[83]. An den

bes. d. Studien v. M. Hellmann u. H. Fuhrmann. – 79 Die Lehre von einem Bruch Heinrichs I. mit der traditionellen Verbindung von König und „Kirche", auf die sich Konrad I. am entschiedensten gestützt habe, von einem anfänglichen Versuch, ohne „die Kirche" zu herrschen, ist von Erdmann, Ungesalbter König neu begründet und entschieden vertreten worden. Nachdem ich schon gegen das Manuskript dieser Arbeit brieflich Einwände erhoben hatte, äußerte ich 1979 nach jahrzehntelangem Nachdenken die Vermutung, Heinrichs Ablehnung sei darauf zurückzuführen, daß er nach Konrads Fiasko an der Realisierbarkeit des ihm von einem Teil der Bischöfe und der Stämme zugedachten Königtums überhaupt zuerst gezweifelt habe. Vgl. Tellenbach, Thronfolge S. 244, Anm. 22. – 80 Fleckenstein, Hofkapelle II S. 6 und 12. – 81 MG Const. I S. 1 Nr. 1 und S. 627 ff. Nr. 434. – 82 Ebd. S. 2 Nr. 2; Fischer, Politiker S. 20 ff. – 83 Dümmler, Jbb. S. 79; Reindel, Liutpoldinger S. 183 ff. Nr. 93; man hat zuweilen angenommen, auch die folgenden Herzöge hätten noch Anteil an Bistumsbesetzungen gehabt. Davon ist aber als Recht oder Gewohnheit nichts bekannt. Vgl. Fleckenstein, Hofkapelle II S. 113. Daß der von der Geistlichkeit in Regensburg gewollte, aber von Otto III. zurückgewiesene Tagino auch Herzog Heinrichs II. von Bayern Kandidat war, wie Fleckenstein annimmt, dürfte

trotzdem noch folgenden, teilweise schweren Widerständen, sind nicht nur Herzöge, sondern in einigen Fällen auch Bischöfe beteiligt, so 939 bei Breisach Erzbischof Friedrich von Mainz selbst, außerdem die Bischöfe Ruthard von Straßburg und Adalbero von Metz[84]. Obwohl Friedrich wie Ruthard schon im Sommer 940 aus der Haft, in die sie genommen worden waren, befreit und in ihre Ämter wieder eingesetzt wurden[85], machte sich der Mainzer Metropolit auch bei dem Aufstand des Prinzen Heinrich im Jahre 941 abermals verdächtig, und mehr noch 951, als er sich mit dem unzufriedenen Königssohn Liudolf vom Königshof in Pavia entfernte und mit ihm das Weihnachtsfest in Saalfeld beging, fatalerweise also dort, von wo die Empörung von 939 ausgegangen war[86]. Bei der Erhebung Liudolfs und Konrads von Lothringen wurden auch bayrische Bischöfe, sogar der Salzburger Metropolit Herold der Unzuverlässigkeit bezichtigt[87]. Ein bayrischer Bischof, Abraham von Freising, ergriff neben Bischof Heinrich von Augsburg für den aufständischen Herzog Heinrich den Zänker, gegen Otto II. Partei[88]. Und noch am Ende der Regierung Heinrichs III. war Bischof Gebehard III. von Regensburg, der Stiefbruder des Kaisers, mit dem abgesetzten Herzog Konrad von Bayern und Herzog Welf III. Anführer der gefährlichen bayrischen Verschwörung von 1055[89].

Abgesehen von solchen seltenen schweren Krisen ergaben sich einige weitere *Konflikte zwischen Königen und Bischöfen.* Doch handelt es sich dabei meistens um Fragen bischöflicher oder metropolitaner Rechte, so vor allem bei der Begründung des Erzbistums Magdeburg, durch die Otto I. auf den Widerstand seines Sohnes Wilhelm von Mainz und des Bischofs Bernhard von Halberstadt traf. Der Streit um die bischöflichen Rechte am Stift Gandersheim zwischen Willigis von Mainz und Bernward von Hildesheim führte zu schweren Unstimmigkeiten des Erzbischofs mit Otto III.[90]. Eine vieljährige Belastung brachte in das kirchli-

---

richtig sein, zumal da Regensburg herzogliche Residenz war und Tagino nachher des Herzogs Kaplan wurde. Daß aber in Bayern der Herzog generell ein Vorschlagsrecht behalten habe, ist daraus nicht zu beweisen. Doch werden Fürsten öfter einen persönlichen Einfluß auf die Bestellung von Bischöfen gehabt haben, wie etwa der Markgraf von Meißen für das dortige Bistum. Vgl. Schlesinger, Kirchengeschichte Sachsens I S. 89 f.; zur Beteiligung Heinrichs II. und Konrads II. an Bischofswahlen Th. Schieffer, Heinrich II. und Konrad II. S. 395 f. und 405 f. – 84 Dümmler, Jbb. I S. 88 ff. – 85 Ebd. S. 105; Norden, Eb. Friedrich v. Mainz und Otto d. Gr.; Fischer, Politiker S. 116 ff.; wie die neuere Literatur Friedrichs oppositionelle Haltung verschieden begründet, so taten es schon die Zeitgenossen. Der Continuator Reginonis, der Friedrich nicht abfällig beurteilt, meint ad a. 954, MG SrG S. 168: „sicubi vel unus regis inimicus emersit, ipse se statim secundum apposuit". Ruotger schließt seine eingehende Erörterung der damaligen Parteimeinungen in seiner Vita Brunonis c. 20, MG SrG S. 15 mit den Worten: „Nos interim haec Dei iuditio relinquimus". – 86 Dümmler, Jbb. S. 116 und 215 ff. Es ist bemerkenswert, daß Friedrich beide Male die Gnade des Königs wiedererlangte, indem er einmal zum Beweis seiner Unschuld das Abendmahl nahm, das zweite Mal anbot, sich selbst auf die gleiche Weise zu reinigen. – 87 Ebd. S. 229 und 248. – 88 Uhlirz, Jbb. I S. 53 ff zu hochverräterischen Aktionen der Erzbischöfe Aribert von Mailand und Burchard III. von Lyon vgl. u. S. 122 Heinrichs III. Verdruß erregten die Bischöfe Theoderich von Verdun und Wazo von Lüttich durch ihr Entgegenkommen gegenüber Herzog Gottfried von Lothringen. Vgl. Steindorff, Jbb. II S. 21 ff. – 89 Ebd. S. 318 f. – 90 BZ Nr. 249; Giesebrecht, Kaiserzeit S. 888; Jaffé B III S. 347; Dümmler, Jbb. bes. S. 273 Anm. 2; Büttner, Mainzer Eb.e S. 16 ff. Zum Gandersheimer Streit BZ Nr. 929, 945, 957; Uhlirz, Jbb. II S. 346 ff, und 379 ff.; Hirsch-Pabst-Bresslau, Jbb. I S. 185, II S. 1 ff., 66 und das Nachspiel zwischen Aribo und Godehard III. S. 254; speziell zur erzbischöflichen Synode in Gandersheim und ihrer Verwerfung vgl. u. Anm. 108. – 91 BZ Nr. 598 ff., 616, 786, 846, 862; Uhlirz,

che Leben die Vereinigung des Bistums Merseburg mit der Magdeburger Erzdi-
özese infolge der Transferierung Gisilers vom einen zum anderen Bischofssitz.
Unter Otto III. und Heinrich II. konnte sich Gisiler nur mühsam bis zu seinem
Tod durchlavieren[91]. Danach wurde Merseburg alsbald wiederhergestellt. Auch
die Gründung des Bamberger Bistums erzeugte Reibungen, da Bischof Heinrich
von Würzburg, der hochvornehme Bruder Erzbischof Pilgrims von Köln aus dem
bayrischen Haus der Aribonen, eine Minderung seiner Diözese nicht hinnehmen
wollte und die in Aussicht gestellte Erhebung zum Erzbischof undurchführbar
war[92]. Mit leichter Drohung konnte der König dagegen den niedriger geborenen
Bischof Gundekar von Eichstätt einschüchtern, dessen Sprengel gleichfalls von
der Neugründung betroffen war[93].

Das Verhalten der Bischöfe war uneinheitlich, besonders in den noch nicht ent-
schiedenen und umstrittenen Thronfolgefällen. Auf die Nachricht vom Tod Ottos II. soll Bischof Folkmar von Utrecht den bei ihm in Haft befindlichen Heinrich den Zänker haben entkommen lassen. Erzbischof Warin von Köln übergab
ihm das gekrönte Kind, die Erzbischöfe von Trier und Magdeburg sowie mehrere
Bischöfe, besonders bayrische, schlossen sich ihm an. Vor allem die behutsame
Energie Willigis' von Mainz und Herzog Bernhards von Sachsen gab schließlich
den Ausschlag zugunsten der Kaiserinnen und Ottos III.[94] In gleicher Weise hatte
jeder der Rivalen von 1002 und 1024 Parteigänger unter den Bischöfen. Doch
handelt es sich bei ihrer Opposition nie um grundsätzliche, politisch kalkulierte
Widerstände gegen den König überhaupt, sondern um Parteinahme für oder gegen einen der Prätendenten. Dabei mögen persönliche und kirchliche Motive mitgespielt haben, aber wahrscheinlich war doch mehr der opportunistische Ge-
sichtspunkt entscheidend, sich den Dank des vermutlich Erfolgreichen verdienen
zu wollen. Für unsere Frage nach den wesentlichen kirchlichen Einheiten ist die
Beobachtung wichtig, daß nicht einmal die Bischöfe einer Kirchenprovinz sich
einhellig entschieden. Sie zu einen, waren Autorität und amtliche Kompetenz des
Metropoliten nicht fähig.

Weitere Störungen des Verhältnisses von König und Bischöfen aufzuzählen,
würde kaum allgemeinere Einsichten ergeben, zumal da wir Ursachen und Art oft
nicht oder ungenügend verstehen. Man weiß, daß Heinrichs II. Bruder Bruno,
Hildesheimer Domherr, 1003 am Aufstand des Markgrafen Heinrich von
Schweinfurt teilnahm und nach seinem Scheitern nach Böhmen und Ungarn floh.
Die Versöhnung erfolgte zu Anfang 1004, und 1006 wurde er nach einjähriger
Kanzlerschaft Bischof von Augsburg. Doch hören wir, daß er 1024 nochmals in
die Verbannung gehen mußte, aber unter Konrad II. wieder zu den einflußreichsten Bischöfen gehörte[95]. Noch merkwürdiger ist die Nachricht Thietmars von
einer schweren Verstimmung Ottos des Großen über Adalbert von Magdeburg,
der Herzog Hermann Billung mit königlichen Ehren empfangen und mit seiner

Jbb. I S. 159 ff., II S. 234 und 284 ff.; Hirsch-Pabst-Bresslau, Jbb. I S. 274. – 92 BZ
Nr. 1022 und 1023; MG Const. I S. 59 Nr. 29; Hirsch-Pabst-Bresslau, Jbb. II S. 59 ff.;
H. Zimmermann, Gründung und Bedeutung d. B.s Bamberg, SODA 10 (1967) S. 35–49. –
93 Hirsch-Pabst-Bresslau, Jbb. II S. 84 f. nach Anon. Haserensis c. 25, MG SS VII, S.
260: „cave ne unquam tale quid audiam ex te, si vel episcopatum vel gratiam meam velis
retinere". Vgl. Th. Schieffer, Heinrich II. und Konrad II. S. 406. – 94 Uhlirz, Jbb. II S.
12 ff. – 95 Hirsch-Pabst-Bresslau, Jbb. I S. 263, III S. 289; Bresslau, Jbb. I S. 25 und
118. – 96 Thietmar, Chron. II c. 28, MG SrG S. 74 f. Dazu jetzt G. Althoff, D. Bett d. Ks.,

Hand bei Geläut aller Glocken in den hellerleuchteten Dom geführt habe. Der Kaiser habe auf die Nachricht davon zornig dem Erzbischof befohlen, ihm zur Strafe so viele Pferde zu schicken, als er für den Herzog Glocken habe läuten lassen und Kronleuchter habe brennen lassen[96].

Im allgemeinen gelten, und zwar mit Recht, nicht verhältnismäßig seltene Konflikte, sondern oft sich zu persönlichen Freundschaften steigernde Gemeinsamkeiten zwischen Königen und Bischöfen als charakteristisch für die ottonische und frühsalische Zeit. Der *Bund der Könige mit den Bischöfen* ist auch nicht, wie lange gelehrt wurde, gegen den „weltlichen" Adel gerichtet. Gelegentlich sind Herzöge und Bischöfe vereint im Gegensatz zum König wie im ersten Drittel der Regierungszeit Ottos I. Viel häufiger sind sie jedoch verbunden im Willen, den König zu unterstützen. Denn auch der Kirchen und Klöster begründende Laienadel lebt, bei allem menschlichen und allzumenschlichem Versagen, ganz in christlichen Wertvorstellungen, ebenso wie Könige und Bischöfe. Unsere Darstellung hat ferner gezeigt, wie Könige meist kompromißbereit waren und sogar erwiesene Untreue Bischöfen verhältnismäßig leicht verziehen. In Deutschland sind es Ausnahmen, wenn Herzog Heinrich I. von Bayern Erzbischof Herold von Salzburg wohl ohne Wissen und Willen seines königlichen Bruders blenden ließ oder Konrad II. mit Erzbischof Aribert von Mailand und den drei Suffraganbischöfen von Piacenza, Cremona und Vercelli, die an seinen Umtrieben beteiligt waren, und ebenso mit dem gleichfalls hochverräterischen Erzbischof Burchard III. von Lyon unversöhnt starb[97]. Bei den Konflikten um die Gründungen von Madgeburg und Bamberg zeigten sich Otto I. und Heinrich II. auffallend langmütig und gegen ihre Widersacher achtungsvoll. Es muß eine eindrucksvolle Szene gewesen sein, wie der König 1007 den zur Synode von Frankfurt versammelten Bischöfen zu Füßen fiel, um ihre Zustimmung zur Gründung von Bamberg zu erlangen und auch danach mit Geduld und bedeutenden Zugeständnissen den widerstrebenden Würzburger Bischof versöhnte. „Die Kirche unter der Herrschaft des Staates" oder „in der Gewalt der Laien" sind anachronistische Schlagworte, beeinflußt von dem nachfolgenden Zeitalter der angeblichen Befreiung der „Kirche" von der „weltlichen" Gewalt. Die Bischöfe hatten viel Spielraum, und die Könige hielten sie keineswegs unter einem bedrückenden Joch.

Man hat für das 10. und 11. Jh. von einem *„Reichskirchensystem"* gesprochen[98]. Aber was war damals die „Reichskirche"[99]? Die „Kirche", die in den

F. f. B. Schwineköper, 1982, S. 141 ff. – 97 Bresslau, Jbb. II S. 232 ff., 265 ff., 421 mit Anm. 2; Steindorff, Jbb. I S. 46, 84 f., 134; Th. Schieffer, Heinrich II. und Konrad II. S. 405. – 98 Santifaller, Ottonisch-salisches Reichskirchensystem. Die Definition auf S. 10 bedient sich freilich in einer Weise der Begriffe von Kirche und Reichsverfassung, die uns problematisch anmuten. Das „eigentümliche Verhältnis von Religion, Kirche und Staat" erscheint uns in vieler Hinsicht als unsystematisch. So auch Kehr, Vier Kapitel S. 24: „Reichskirche keine geschlossene Organisation." Klärend jüngst Reuter, The Imperial Church System S. 347–374. – 99 Dieser Begriff ist eingebürgert und wohl kaum noch zu beseitigen. Doch sollte wenigstens seine Problematik beachtet werden. Haller, II 2 S. 498 (Anm. z. II 1 S. 261 ff.) ist einer der wenigen, die ihn ganz ablehnen. „Daß es ein, System oder einen Verband der deutschen Reichskirche' überhaupt gegeben habe, müßte erst bewiesen werden; ich kann nichts davon entdecken." Bemerkenswert das Urteil von Schlesinger, Kirchengeschichte Sachsens I S. 247: „Man spricht besser von einer Reichskirche, der die Bistümer zugehört hätten; eine solche in sich abgeschlossene, innerhalb der allgemeinen Kirche verharrende, aber doch ihr gegenüber ihre Selbständigkeit wahrende, nur sich selbst gleiche kirchliche Organisation, die sich räumlich mit dem Ge-

Dienst des Reiches genommen und dafür mit Grundbesitz und „öffentlichen" Hoheitsrechten ausgestattet wurde, die im Obereigentum des „Reiches" verblieben? Materiell ausgestattet wurde aber eine Vielzahl von Kirchen, nicht „die" Kirche. Dies geschah in der einzigen Weise, die in der damaligen Wirtschafts- und Sozialordnung möglich war, nämlich in lehens- und leiherechtlichen Formen. Und wenn Kirchen im Gottesdienst, besonders in Gebeten für das Wohl des Königs, seines Heeres, aller Christen eintraten, so taten sie prinzipiell nichts anderes durch Aufnahme und Verpflegung des königlichen Hofes, durch Zuschüsse in Geld oder Naturalien, durch Teilnahme an der Sorge für den inneren und äußeren Frieden, auch durch Entsendung ihrer Lehensmannschaften, durch Mitwirkung von Geistlichen an der Beratung des Königs und seiner Beauftragten oder in diplomatischen Missionen. Durch ihr Verhältnis zum König von Gottes Gnaden, zum König als Träger seines ihm von Gott verliehenen Amtes wurden die Kirchen zur Reichskirche, und gerade deshalb, weil dieses Reich ein Kirchenreich war, also letztlich und ideell denselben Daseinszweck hatte wie sie.

Die Kirchenprovinzen sollen mehrere Suffraganbistümer in mancher Hinsicht zu höheren Einheiten zusammenfassen, wobei dies nur ungleich gelingt. Alle Bistümer im Reich werden indessen durch ihre Beziehung zu der sakralen Person des Königs, der mit heiligem Öl gesalbt ist, der kein Laie und kein Kleriker, sondern mediator cleri et plebis ist, eingreifender sowie spirituell und praktisch wirksamer zusammengefaßt[100]. Der König ist den Bischöfen, die Bischöfe sind dem König zugeordnet. Er kann den Gottesdienst in der Hofkapelle feiern, aber ebenso in jeder Kirche und tut es mit seinen Hofgeistlichen, im 11. Jh. bei festlichen Anlässen zunehmend in den Kathedralen. In der königlichen Hofkapelle ist das Leben der Kirche im Reich konzentriert. Sie steht nicht der „Reichskirche" gegenüber, sondern macht mit dem König zusammen die Kirchen des Reiches zu etwas, was man mit Vorbehalten „Reichskirche" nennen kann.

Diese Reichskirche ist keine in sich geschlossene, viel- oder gar allseitige Organisation. Erst recht löst sie die Partikularkirchen nicht aus ihren religiös-universalen Beziehungen, die allen partiellen Einigungen übergeordnet bleiben und die

biet des deutschen Reiches gedeckt hätte, gab es nicht". Zweifel an einem Reichskirchensystem äußert auch Nitschke, Ziele Heinrichs IV. S. 52 mit Anm. 75. Des Problems bewußt ist sich Fleckenstein, Hofkapelle II S. 120 Anm., wo er Reichskirche als Rechtsbegriff gebrauchen will und auf die Formulierung des Wormser Konkordats berzieht, also auf die Bistümer und Reichsklöster. Ausführlicher setzte er seine Gedanken fort in dem Beitrag „Zum Begriff" S. 61–71, wo er S. 69 f. treffend zwischen einem engeren und einem weiteren Begriff unterscheidet. Besonders glücklich dazu seine Formulierung in: Hofkapelle und Reichsepiskopat S. 119 Anm. 8. Köhler, Bild d. geistlichen Fürsten S. 21 nennt das Reich der Ottonenzeit „wesentlich kongruent mit dem geistlichen Reich". Vgl. ferner Ders., Ottonische Reichskirche S. 141–204. – 100 Über das Königskanonikat hat schon A. Schulte einen vielbeachteten Aufsatz veröffentlicht: Deutsche Kg.e, K., P.e als Kanoniker an dt.en und römischen Kirchen, HJG 54 (1934) S. 137–177. Fleckenstein, Rex Canonicus S. 57–71 und Hofkapelle II S. 231 ff. hat sich erneut damit beschäftigt. Gegen die bisherigen Vorstellungen wendet sich Groten, Von d. Gebetsverbrüderung S. 1–34. Dort wird nachgewiesen, daß es Königskanonikate nicht seit Heinrich II. (Schulte), nicht seit Otto III. (Fleckenstein), sondern erst seit Konrad III. gegeben habe. Weder die Zugehörigkeit zu einer Gebetsverbrüderung, noch zu einem Kapitel ist exklusiv königlich und kein Merkmal der Sakralität des Königtums, die auf anderen Voraussetzungen beruht. Zu Groten vgl. aber die Einwände v. H. Fuhrmann, Rex canonicus – Rex clericus? und H. Boockmann, Eine Urkunde f. d. Damenstift Obermünster in Regensburg, beide in: F. f. Fleckenstein, 1984, S. 321 Anm. 1 und S. 211 ff. – 101 Vgl. o. S. 54

einzige vollkommene spirituelle Einheit der Kirche schaffen. Was sie, wenn auch mit zeitlich und persönlich bedingten Nuancen zusammenbindet, ist einmal das Recht des Königs, an der *Besetzung der Bistümer* mitzuwirken. Seit die Sonderrechte des bayrischen Herzogs nach dem Tod Herzog Arnulfs und der Vertreibung seiner Söhne erloschen sind, ist diese Mitwirkung in Deutschland ein königliches Monopol[101]. Einfluß haben andere Fürsten noch hie und da geübt, aber die Entscheidung hat der König. Er kann Rücksicht nehmen auf die Wahlen oder Bitten der Domkapitel, muß es aber nicht. Er kann ein ihm vorgeschlagenes Mitglied des örtlichen Domkapitels akzeptieren, aber auch ablehnen und einen ganz anderen Geistlichen benennen. Von kaum zu überschätzender Bedeutung für die Ergänzung des Episkopats ist die *Hofkapelle,* deren große Geschichte Josef Flekkenstein in seinem bedeutenden Werk bis zur Regierung Heinrichs III. erforscht hat. Von zahlenmäßig bescheidenen Anfängen wächst sie zur höchsten Gruppe der Geistlichen in der Umgebung des Königs. Zumeist stammen sie aus vornehmstem Adel, so daß Ausnahmen von kleinen nobiles besonders erwähnt werden. Der König, seine Verwandten und Vertrauten lesen sie aus, wobei neben der Herkunft hohe Begabung und Bildung mitberücksichtigt zu werden pflegen.

Während in der Karolingerzeit die *Hofkapläne* sich ständig am Hof aufhielten und dort auch unterhalten wurden, wird es in der Ottonenzeit üblich, daß sie Mitglieder von Dom- oder Stiftskapiteln werden oder bleiben[102]. Das ist allerdings nicht bei allen derartigen Kapiteln beliebig vorgekommen, sondern es sind etwa ein Dutzend Dom- und Stiftskapitel, darunter Aachen, Mainz, Hildesheim und Magdeburg, bei denen regelmäßig Hofkapläne Kanonikate innehatten[103]. Von den damit verbundenen Pfründen erhielten sie ihre Remuneration, lebten bald am Hof, bald bei ihrem Kapitel, wenn sie nicht in anderer Verwendung unterwegs waren. Der Kreis der Kapitel mit Kanonikaten für Hofkapläne hat sich im 11. Jh. noch wesentlich erweitert. Neben die zuerst bevorzugten Regionen traten nach und nach andere, so daß die Verteilung unter Heinrich III. einigermaßen ausgeglichen war[104]. Die Kapläne-Kanoniker bildeten ein wichtiges Verbindungsglied zwischen dem König und der höchsten partikulären Geistlichkeit, zwischen dem Hof und den Kirchen in den Stammesgebieten. So haben die Kirchen in noch anderer Weise als durch den einen Glauben und die gleiche Liturgie auch politisch einheitsfördernd gewirkt.

Indem der König das entscheidende Wort bei der Erhebung von Bischöfen hatte, erhielt der Episkopat einen überstämmischen und überregionalen Charakter. Als Pflanzschule stand ihm die personelle selbst überregionale Hofkapelle zur Verfügung, außerdem war es üblich, daß aus den Königsverwandtschaften wie aus der höchsten Adelsgesellschaft oft Söhne für den geistlichen Beruf bestimmt wurden und beste Aussichten auf ein Bistum hatten, entweder als Mitglieder der Hofkapelle oder als Dignitäre an Dom- oder Stiftskapiteln.

Bei Hoftagen sind stets hohe Geistliche anwesend, bei Synoden oder Konzilien meist auch vornehme Laien. Bei Versammlungen, denen der König beiwohnt, fällt ihm der entscheidende Einfluß zu. Die Quellen reden gelegentlich davon, daß der König einer Synode präsidiert habe[105]. Es fällt aber auf, daß diese Ausdrucks-

Anm. 83. – **102** FLECKENSTEIN, Hofkapelle II S. 118 ff. – **103** Ebd. S. 132 ff. – **104** Ebd. S. 278 f. – **105** Vgl. etwa die Frankfurter Synode vom September 1027. In d. Notiz Godehards v. Hildesheim, MG Const. I S. 86 Nr. 40 heißt es: „in generali Francanavordensi concilio, presidente imperatore Conrado cum episcopis XXII et abbatibus octo cum num-

weise meist vermieden zu werden scheint. Oft ist dagegen die Rede davon, er habe sich mit Erzbischöfen, Bischöfen, Äbten und hohen Laien zusammengesetzt, Beschlüsse seien in seiner Gegenwart gefaßt worden oder er habe im Beisein und mit der Zustimmung der Bischöfe gewisse Bestimmungen erlassen[106]. Die Anwesenheit des Königs verleiht jedenfalls einer Synode oder einem Konzil Gewicht. Wo man die Anwesenden genannt findet, vermag man die Weite des versammelten Kreises zu erkennen. An reinen Diözesansynoden wird der König kaum teilgenommen haben. Aber wo es um prinzipielle Entscheidungen ging, hat der Diözesanbischof wohl meist Nachbarbischöfe zugezogen. Auch Provinzialsynoden sind in ihrem Teilnehmerkreis so wenig wie in anderen Ländern streng auf Angehörige der Provinz beschränkt. „Reichs"- oder „Nationalsynoden" versammeln bei noch so starkem Besuch kaum je den ganzen Episkopat des deutschen Regnums und schließen burgundische oder italienische Synodale nicht aus. Entscheidend sind bei Anwesenheit des Königs immer sein Wille und seine Autorität, oft sogar, wovon noch gesprochen werden muß, in Synoden, die vom Papst oder einem päpstlichen Legaten präsidiert werden. Ein bezeichnendes Beispiel bietet die Synode von S. Sebastiano in Pallara in Rom am 13. Januar 1001. Sie war, wenn man diesen Begriff benutzen darf, ausgesprochen eine römische Provinzialsynode, an der 20 Bischöfe aus der Umgebung Roms teilnahmen, dazu einige aus der Italia und der Tuscia, außerdem drei aus Deutschland[107]. Es ging um die Klage des Bischofs Bernward von Hildesheim über die Ansprüche des Erzbischofs Willigis auf das Kloster Gandersheim, die kurz zuvor auf der turbulenten Provinzialsynode in Gandersheim von dem Metropoliten erneut verfochten worden waren[108]. Die Frage des Papstes Silvester II., wie man ein solches conventiculum zu nennen habe, beantworten die römischen Synodalen, nachdem sie sich zur Beratung zurückgezogen hatten, mit der Aussage „scisma consilians discordiam". Hier haben wir also einen der wenigen bedenklichen Fälle, in denen ein Konzil ein anderes ausdrücklich desavouiert. Der sächsische Priester Friedrich, der spätere Erzbischof von Ravenna, sollte als päpstlicher Legat nach Deutschland reisen und im Juni eine Synode in Pöhlde abhalten. Es kam dort zu heftigen, wohl auch gewaltsamen Auseinandersetzungen, infolge deren der Legat über Willigis die Suspension verhängte[109]. Bei alledem handelt es sich aber nicht etwa um einen Konflikt zwischen dem Papst und der „deutschen Kirche", sondern zwischen dem jungen Kaiser und dem vornehmsten deutschen Erzbischof, mit dem Otto III. sich, trotzdem er seiner Treue so viel verdankte, aus leidenschaftlicher Freundschaft zu Bernward von Hildesheim überworfen hatte. Die Hauptquelle betont den Vorsitz Silvesters II. (praesidente domino Gerberto apostolico cum imperatore), aber wo der Kaiser oder König einer Synode beiwohnt, ist trotz mancher Anzeichen formeller Zurückhaltung sein Wille ausschlaggebend. Und auch dieser Papst war ein Freund Ottos III., dem er seinerseits so viel zu verdanken hatte, daß er seine Wünsche möglichst erfüllte, zumal er in diesem Fall keine speziell päpstlichen Positionen zu vertreten hatte. Erst 1007 konnte Heinrich II. den Erzbischof Willigis dazu gewinnen, sich mit Bernward zu verständigen. Dabei war aber der Papst nicht beteiligt.

erosa cleri plebisque frequencia …" – 106 Die Angabe in Regesten und in der Literatur „unter dem Vorsitz des Königs N." stimmt oft nicht. Eine Nachprüfung ist ratsam, weil sich dann zeigt, daß die Könige meist, wenigstens formell, die Selbständigkeit der Konzilien geachtet haben. – 107 BZ Nr. 929. Thangmari vita Bernwardi episcopi c. 22, MG SS IV S. 768 f. – 108 Vgl. o. Anm. 90. – 109 Uhlirz, Jbb. II S. 379. – 110 Barlow,

f) England

Es ist bemerkt worden, daß die Verhältnisse in England im 10. und 11. Jh. eher mit denen in Deutschland als denjenigen in Frankreich oder Italien zu vergleichen seien[110]. Dabei wird nicht verkannt, daß das damalige England auch seine Eigenheiten entwickelt und bewahrt hat. England ist viel begrenzter und erst im Laufe des 10. Jh.s geeint worden. Die Entfernungen vom Königshof zu den Regionen und Bischofssitzen sind verschwindend gering gegenüber denen vom Königs- und Kaiserhof im Reich. England hatte nur zwei Kirchenprovinzen, und Canterbury war York so weit überlegen, daß man schon deswegen von einer Geschlossenheit der ecclesia Anglicana reden konnte, die im deutschen Reich höchstens von der Stellung des Königs über den sechs Kirchenprovinzen bewirkt und erhalten werden konnte.

Die *Einigung Englands* ist ein Werk der Könige von Wessex. Alfred der Große hat den Kern des Angelsachsentums gerettet. Sein Sohn Eduard der Ältere (901–924) und sein Enkel Athelstan (925–935) haben die verlorenen Gebiete zurückgewonnen, so daß unter Athelstan Münzen mit der Aufschrift rex totius Angliae geprägt wurden[111]. Doch schon unter seinen Söhnen Edmund (938–946) und Eadred (946–955) kam es zu neuen Erhebungen der Dänen in Yorkshire, die um so gefährlicher waren, als sich mit anderen Magnaten des Nordens auch Erzbischof Wulfstan I. von York einem heidnischen König unterwarf, während Odo von Canterbury ein stets getreuer Berater und Helfer des Königs gewesen ist[112]. Wulfstan wurde unter Eadred zeitweise seines Amtes enthoben, aber noch vor dem Tod des Königs restituiert[113]. Doch kann man für das frühere 10. Jh. kaum sagen, daß die kirchliche Einheit im angelsächsischen Reich vor allem von den Kirchen selbst geschaffen worden sei[114].

In der verhältnismäßig friedlichen Zeit König *Edgars* (958–975) wuchsen die angelsächsischen Völker weiter zusammen und machte der Ausgleich mit den skandinavischen Einwanderern wesentliche Fortschritte. Ausdruck davon ist die berühmte Szene, da der König von sechs oder acht normannischen „Königen" in symbolischer Anerkennung seiner Oberherrschaft auf dem River Dee in einem Boot gerudert wurde[115]. Guten Teils in seine Zeit fällt das großartige Wirken Dunstans von Canterbury (960–988), Oswalds von York (971–992) und Aethelwolds von Winchester (963–984)[116]. Es ist viel von der Reform oder Reformation der englischen Kirche im 10. Jh. die Rede. Dabei bleibt indessen meist der Begriff Reform im Vagen, worauf später noch eingegangen werden soll. Die

English Church 1000–1066 S. 98 f.; LOYN, Structures S. 88 und 92; MOORMAN, Church in England S. 47 ff.; zu Parallelen zwischen der Reichs- und der nach England übertragenen normannischen Staatskirche CANTOR, Church, Kingship S. 27 f. – 111 DEANESLY, Pre-Conquest S. 253 ff.; HUNT, English Church S. 298 f. – 112 Ebd. S. 309 f. – 113 DEANESLY, Pre-Conquest S. 272 ff. – 114 KEMPF, Hdb. S. 257 ist trotzdem zuzustimmen, wenn er meint, der Aufstieg des angelsächsischen Reiches wäre ohne die Mitarbeit der Kirche kaum geglückt. Doch erscheint es nicht gerecht, wenn gesagt wird, schon deshalb hätten sich die Könige der Reform des religiös-kirchlichen Lebens angenommen. Ihr Handeln war in erster Linie von der Verantwortung des christlichen Königs bestimmt, nicht von politischem Zweckdenken. – 115 SCHRAMM, Geschichte d. engl. Königtums S. 23. Daß dieser symbolische Dienst nicht Bestand hatte, ist wohl nicht, wie Schramm meint, mit dem Zerflattern, sondern umgekehrt mit der Konsolidierung der königlichen Oberherrschaft zu erklären. Vgl. auch OLESON, Witenagemot S. 2. – 116 DEANESLY, Pre-Conquest

Nachfolger Alfreds des Großen zeigen Frömmigkeit und Verantwortungsgefühl für die Kirchen ihres Landes. Ihre Hauptenergien mögen dem Verteidigungskampf gegolten haben. Immerhin hat Edward der Ältere das New Minster in Winchester gegründet, Athelstan das New Minster in Exeter. Auf das Gebet der Kirchen kam ihnen viel an. Athelstans Reliquienverehrung ist bekannt. Einträge in deutschen libri memoriales, die zum Teil mit der Verabredung der Eheschließung zwischen seiner Schwester Eadgyth und Otto I. zusammenhängen, haben neue Aufschlüsse über das fromme Streben dieses Königs gegeben[117]. Im England des 10. Jh.s waren viele zerstörte Kirchen wiederherzustellen oder neue zu bauen. Das kirchliche Leben mußte geordnet und gehoben werden. Die führenden Geistlichen stammten großenteils aus berühmten Benediktinerklöstern wie Glastonbury und Edington. Vielfach standen sie in Verbindung mit monastischen Bewegungen des Festlandes. Indem sie oft verweltlichte Klerikergenossenschaften durch streng disziplinierte Mönchsgemeinschaften ersetzten, erhielten die englischen Kirchen erneut den monastischen Zug, der sie alten Traditionen entsprechend noch lange in eigenartiger Weise bestimmte.

Als Edgar starb, waren seine Söhne Edward und Ethelred 15 und 10 Jahre alt. Nach Edwards Ermordung (979) wurde das Königreich unter dem noch nicht großjährigen Ethelred (der Unberatene, 980–1013/16) wieder vereinigt. Damals zog sich Dunstan nach Canterbury zurück. Sein und der übrigen Vertreter der monastischen Richtung Einfluß wurde geringer. Neue Angriffe von Dänen und Norwegern schienen das alte Elend zurückzubringen. Es ist die düstere Zeit, in der sich die „dänische Vesper" ereignete und der angelsächsische König vor dem Eroberer Sven Gabelbart schließlich nach Frankreich fliehen mußte[118].

Aber die *Könige dänischer Herkunft,* Sven (1013–1014), Knut (1017–1035), Harald (1035–1040) und Hardaknut (1040–1042) betrachteten sich als Könige von England, und sie waren Christen und übernahmen entschlossen von ihren Vorgängern alle kirchlichen Funktionen. Am meisten ist natürlich von dem lange regierenden Knut bekannt, von Kirchenbauten, der Gesetzgebung, der Mitwirkung bei der Erhebung von Bischöfen, der Begünstigung von Klöstern, frommen Pilgerfahrten und Aufnahme in das Gebetsgedenken auch auswärtiger Kirchen[119].

Knut hatte Emma, die Witwe des von ihm überwundenen Ethelred, eine normannische Herzogstochter, geheiratet. Ihr Sohn aus erster Ehe, Edward, hatte einen Teil seiner Jugend in Frankreich gelebt. Ihr und Knuts kinderloser Sohn Hardaknut ließ nun den Stiefbruder nach England kommen, und dieser folgte ihm mit seinem Willen auf dem englischen Thron. Edward der Bekenner (1042–1066) heiratete Edgitha, die Tochter des mächtigen Godwin, Earls von Wessex und Schwester Harolds, der 1066 bei Hastings Reich und Leben verlieren sollte[120]. Obwohl die Spannung einer einheimischen und einer normannischen Partei England belastete, konnte festgestellt werden, daß um 1066 das Königreich mehr organische Einheit besessen habe als 1042[121].

S. 305; Godfrey, Church S. 298 ff. – 117 Diese Einträge sind schon früh in der Literatur beachtet worden. Vgl. K. Beyerle, Die Gebetsverbrüderung d. Reichenau, in: Die Kultur d. Abtei Reichenau I, 1925, S. 291 ff.; vor allem K. Schmid, Neue Quellen S. 191 ff.; Ders., Thronfolge S. 110 und 116. Den Erklärungsversuch von Clark, die Gesandtschaft des Bischofs Keonwald hätte vor allem politische Ziele verfolgt, hat schon Schmid, Neue Quellen S. 199 widersprochen. – 118 Deanesly, Sidelights S. 281; Godfrey, Church S. 308. – 119 Hunt, English Church S. 339. – 120 Barlow, Edward the Confessors Early Life, S. 225–251; Ders., Edward the Confessor, 1970, S. 65. – 121 Ebd. S. 287: „By 1066

Es ist nicht gesichert, ob die dänischen Könige Salbung und Krönung empfangen haben[122]. Da die Salbung der angelsächsischen Könige im 10. Jh. aber die Regel war, und in der Zeit Dunstans von Canterbury das Ceremoniale des Regierungsantritts in eigenen Ordines fixiert wurde, ist es wohl wahrscheinlicher, daß sie auch in den Formen der Herrschererhebung auf den Grundlagen der Könige aus dem Hause Cerdiks standen[123]. Die englische *Königsweihe und -krönung* sind nach dem Vorbild der fränkischen und deutschen Formen gestaltet. Auch ein englischer König erhält seinen Charakter und die Überlegenheit seiner Würde dadurch, daß er mediator cleri et plebis ist, nicht ein bloßer Laie wie alle Ungeweihten[124]. Dadurch erhält er seine Vollmachten für sein Amt in der Kirche. Und der englische König hat wie der deutsche das Monopol der Mitwirkung bei der Erhebung von Bischöfen[125]. Niemand hat es ihm streitig gemacht, wenn sich auch wie im deutschen Reich öfter ein Gegensatz zwischen lokalen Kräften, dem Domkapitel oder dem rechtlich nicht maßgebenden Einfluß des regionalen hohen Adels und dem Willen des Königs und den Wünschen des Hofes bemerkbar macht. Einer der folgenreichsten Fälle dieser Art ereignete sich 1050 bei der Vakanz in Canterbury. Dort wünschten die Mönche einen der ihrigen als Nachfolger, einen Verwandten des Earl Godwin, der sie unterstützte. Aber der König und sein Hof transferierten den Bischof von London, Robert von Jumièges, nach Canterbury[126]. Das ausschlaggebende Gewicht des Königs war auch in England ein entscheidender Faktor bei der Festigung seiner kirchlichen Einheit. Wie in Deutschland entnahm auch in England der König oft die Bischöfe aus dem Kreis seiner Hofgeistlichen. Eine wesentlich englische Eigenart war jedoch die große Anzahl von Mönchen im Episkopat. Aus der Zeit von 960–1066 sind unter 116 Bischöfen in den 18 Diözesen 67 sicher als Mönche bekannt; wahrscheinlich waren es mehr. In den 2–3 Generationen vor Wilhelm dem Eroberer waren die meisten Bischöfe Mönche. Von 15 durch Knut erhobenen Bischöfen waren 9 Mönche. Edward der Bekenner bevorzugte in der ersten Hälfte seiner Regierung königliche Kleriker[127].

Kirchliche Gesetzgebung für alle Bereiche erfolgte in Versammlungen von Geistlichen und Weltlichen, die der König berief und um Rat fragte, ohne daran gebunden zu sein. Zu den Witan gehören geistliche und laikale Magnaten. Dies entspricht allgemein europäischen Verhältnissen. Ebenso, daß der König bei Syn-

the kingdom had more organic unit than it had possessed 1042". – 122 HUNT, English Church S.391 nennt Knuts Weihe durch Erzbischof Lifing wahrscheinlich; BARLOW, Edward the Confessor, S.54 Anm.2 betont das Schweigen wichtiger Quellen darüber. – 123 P.E.SCHRAMM, Die Krönung bei d. Westfranken und Angelsachsen v. 878 bis um 1000, ZSavRG.K 23 (1934) S.151–182; DERS., Ordines Studien III: Die Krönung in Engl. AUF 15 (1938) S.305–391; DERS., Geschichte d. engl. Königtum S.12 ff. – 124 BARLOW, English Church 1000–1066 S.32: „the office of emperor and then the Saxon Kings was more an ecclesiastical than a secular institution"; S.54: „To liken the king's coronation of a priest and to make of the King a kind of ecclesiastical person, was of course, a commonplace idea"; MOORMAN, Church in England S.47 f.; zur Übernahme der angelsächsischen Krönungsordnung und Weihe, sowie der priestly powers and a sacred right durch Wilhelm den Eroberer CANTOR, Church, Kingship S.30. – 125 HUNT, English Church S. 315; BARLOW, English Church 1000–1066 S.109; DERS., Edward the Confessor, S.79; DARLINGTON, Ecclesiastical Reform S.415: Kg. Athelstan erläßt Verordnungen with the advice of my archbishop Wulfhelm and my other bishops. – 126 HUNT, English Church S.404 ff.; BARLOW, Edward the Confessor, S.104 f. – 127 GODFREY, Church S.309 und 386; BARLOW, Edward the Confessor, S.59; CANTOR, Church, Kingship S.32: 1090 die Hälfte der Bischöfe und Äbte königliche Kapläne. – 128 LIEBERMANN, National Assembly

oden gegenwärtig war. Es ist bezeichnend, daß es eine Messe gab „pro rege dicenda tempore sinodi". Die Synode oder das Konzil mit dem König sind repräsentativ für das Bewußtsein einer Landeskirche, daß auch sie Partikular- und Universalkirche in einem ist[128].

g) Der Norden und der Osten

In den spät missionierten, noch bis ins 11. Jh. hinein von heidnischen Reaktionen betroffenen Ländern im Norden und Osten Europas waren die christlichen Kirchen so sehr auf den Schutz des Königs oder des königgleichen Fürsten angewiesen, daß durch ihn eine *landeskirchenartige Zusammenfassung* nur natürlich war. Dort war ein ähnliches monarchisch-theokratisches Denken vorherrschend wie in England und im deutschen Reich[129]. Der König gehörte natürlich selbst der Kirche im universalen Sinn an, woraus ideell seine Funktionen in der Kirche abgeleitet wurden. Ohne ihn war keine Mission möglich, ohne ihn keine Bildung von Diözesen. Er ist der bedeutendste Kirchen- und Klostergründer, von ihm werden im Beisein geistlicher und weltlicher Großer die Entscheidungen getroffen. An seinem Hof weilen Geistliche seines Vertrauens, und früher oder später entsteht etwas wie eine Hofkapelle. Er übt den größten Einfluß bei der Auswahl der Bischöfe, die oft aus der „Hofkapelle" oder aus von ihm begünstigten Klöstern stammen[130].

Einheiten über den Diözesen gab es im Osten verhältnismäßig früh, aber der einzige polnische Metropolit oder die beiden ungarischen Erzbischöfe[131] konnten den Fürsten hilfreich sein, aber im kirchlichen Leben nicht eigentlich eine Konkurrenz bedeuten. Metropolitansynoden, die ihm hätten entgegentreten können, waren kaum denkbar. Im Norden entstanden die je einzigen Kirchenprovinzen von Lund, Drontheim und Uppsala erst im 12. Jh. Versuche, skandinavische Bistümer deutschen Kirchenprovinzen anzugliedern, hatten nur vorübergehend und unvollkommen Erfolg. Zuletzt scheiterte der berühmte Patriarchatsplan des Erzbischofs Adalbert von Bremen. Vielfach sind skandinavische Bischöfe im Ausland geweiht worden. So weihte noch 1022 Erzbischof Ethelnod von Canterbury die Bischöfe Gerbrand für Roskilde, Bernhard für Schonen, Reginbert für Fünen[132]. Dem norwegischen König Harald dem Harten wird der Ausspruch zugeschrieben: „Ich weiß nicht, wer Erzbischof oder Herrscher in Norwegen ist außer mir, Harald", der sich gegen Bremen richtete. Aber nicht einmal dieser königliche „Erzbischof" nahm etwa für sich Weihegewalt in Anspruch, sondern norwegische Bischöfe wurden in England, Aquitanien, dann auch in Rom geweiht[133].

bes. S. 64; MITTEIS, Staat S. 85 f.; BARLOW, English Church 1000–1066 S. 107 und 137 ff.; OLESON, Witenagemot S. 91 ff., wo das Gewicht d. Witan auf verschiedenen Gebieten bedacht wird. – 129 CANTOR, Church, Kingship S. 29 erwägt einen historischen Zusammenhang des „church-state system" in der Normandie, in England und in den skandinavischen Ländern. S. 12 betont er: „The Christian Norwegian kings of the eleventh century maintained complete control over the church in their territory". Zu Skandinavien vgl. außer den Werken von GERHARDT, ANDERSSON, SEEGRÜN, NYLANDER, Kirchliches Benefizialwesen S. 40 und 45; zu Polen VÖLKER, zu Ungarn HÓMAN. – 130 VÖLKER, Kirchengeschichte Polens S. 22; KLOCZOWSKI, Province ecclesiastique S. 440; BARDACH, L'État Polonais S. 292 f.; HÓMAN, Ungarisches MA 173 und 192 ff. – 131 Vgl. o. S. 41. – 132 SEEGRÜN, Papsttum S. 58. – 133 GERHARDT, Norwegische Gesch. S. 81 f.

4. Der Papst. Idee und Wirklichkeit[1]

Kraft des Glaubens an die Heiligkeit ihrer Würde und an den kirchlichen Charakter ihres Herrschertums konnten Könige in verschiedenem Maß die Kirchen ihrer Länder zusammenfassen. Die Landeskirchen jedoch entsprechend der spirituellen Universalität der Kirche untereinander organisatorisch irgendwie zu einigen, kam für keinen von ihnen in Betracht, auch nicht für den Kaiser, bei dem die Universalität seiner Stellung mehr Ideologie als Realität war. Die vielgebrauchten Begriffe regnum und sacerdotium sind abstrakt und keineswegs historische Erscheinungen, die nur in weiter Entfernung von ihrer universalen Grundbedeutung in der Christenheit in übertragenem Sinn als real wirkende Faktoren aufgefaßt werden können. Deshalb ist die Rede von einem Gegensatz von regnum und sacerdotium oder von einzelnen historischen Auseinandersetzungen zwischen ihnen vage, ja leer.

Die *religiöse Universalität* der Kirche hat auch im 10. und früheren 11. Jh. am meisten einen irdischen Ausdruck gefunden im Glauben an den Papst als summum post Christum totius Christianitatis membrum[2]. Für ein theologisches und spirituelles Kirchenleben ist der Papst der oberste Priester, das Haupt der Kirche. Die Christen hegten hohe Verehrung für den heiligen Petrus und seinen Stellvertreter. Er ist der Bischof der römischen Gemeinde, von der man prinzipiell glaubt, daß sie die zuverlässigste Hüterin der Glaubenswahrheit sei. Im Westen wie im Osten galt der Papst bis zum Schisma von 1054 als Erster der Patriarchen. Der Glaube an seine hohe Würde ist im Mittelalter einhellig und unbezweifelt. Er wird auch da durchgehalten, wo es, bis zur Mitte des 11. Jh.s selten genug, zu Konflikten kommt.

In den meisten christlichen Ländern war der Papst eine erhabene, fast legendäre Gestalt in weiter Ferne. Von seiner realen Existenz wußte man im allgemeinen wenig. Und von den wirklichen Zuständen in Rom hatte man selten eine genauere Vorstellung[3]. Bei den Christen im muselmanischen Sizilien soll der Papst fast vergessen gewesen sein, im islamischen Spanien hatte man keine Beziehungen zu Rom. Die Kirchen von Byzanz und Rom lebten, wenn nicht gar eine der seltenen Reibungen erfolgte, im Zustand eines „gegenseitigen Desinteresses"[4]. Dabei spielten die Byzantiner in der *Politik* Mittelitaliens, in die auch die römische Kirche verwickelt war, eine bedeutsame, zu Zeiten auch Rom bedrohende Rolle. Aber schon Norditalien war von Rom weit entfernt, ganz zu schweigen von den nordalpinen Ländern, Großbritannien, Irland, oder gar Skandinavien und dem Osten. Wie war da etwas wie eine Kirchenregierung von Rom aus möglich?

---

1 Der vierte Abschnitt des zweiten Kapitels ist eine teils etwas ergänzte, teils stark verkürzte Fassung meines Beitrages zur Festschrift für J. Fleckenstein S. 165–177. Insbesondere sind nur die Ergebnisse der Einzeluntersuchungen über die Konfliktfälle, an denen Päpste beteiligt waren, zusammenfassend dargestellt, Anmerkungen bloß wiederholt, soweit sie wörtliche Zitate nachweisen. Dazu kommen einige Anmerkungen zu den hinzugefügten Ausführungen. – 2 JAFFÉ B III S. 347: Eb. Wilhelm v. Mainz an P. Agapet II. im Herbst 955; der Papst war ideell gewiß längst vor der Mitte des 11. Jh.s mehr und anderes als lediglich derjenige, der die erste Stelle inmitten der Bischöfe einnahm; vgl. dazu GOEZ, Papa qui et episcopus S. 59. – 3 HOFFMANN, Von Cluny S. 170: „Autorität des Papstes in der Christenheit nördlich der Alpen fast auf den Nullpunkt gesunken". – 4 BECK, Orthodoxe Kirche S. 127. –

In der neueren Geschichtsschreibung ist es üblich, das „Papsttum" schon früh als Instanz aufzufassen, von der die Kirche regiert wird, die eine eigene, über die einzelnen Pontifikate hinausreichende „Kirchenpolitik" zu treiben vermag, alle übrigen Glieder der Hierarchie leitet und kontrolliert, Vorschriften und Rechtssätze erläßt, die Beziehungen zu Patriarchen, Erzbischöfen, Bischöfen und Äbten, zu Kaisern, Königen und Fürsten planvoll gestaltet und das Vermögen, die Territorien und Güter rationell verwaltet. Zum großen Teil handelt es sich dabei um Rückprojektionen späterer Verhältnisse auf frühere Zeiten. Anachronistische Auffassungen vom früh- und hochmittelalterlichen Staat hat man in unserem Jh. weitgehend korrigiert und die erst allmähliche Entstehung einer moderneren, objektivierten, transpersonalen Staatlichkeit mit einem Verwaltungsapparat, mit Zwangsmitteln und einer kalkulierten Politik herausgearbeitet. Entsprechendes ist für die Geschichte des Papsttums zu leisten. Welche *Aufgaben* schreibt man sich am päpstlichen Hof vor der Mitte des 11. Jh.s überhaupt zu, welche *will* man wahrnehmen?

Auf welche Weise kann man Einfluß auf partikuläre Kirchen üben, welche Instrumente und gar Zwangsmittel stehen zur Verfügung? Man darf nie vergessen, wie leicht sich damals Personen und Gemeinschaften obrigkeitlichem Handeln entziehen konnten, einfach weil sie angesichts des unentwickelten Verkehrswesens schwer oder gar nicht erreichbar waren. Schweigend konnte man meist die Obrigkeiten leicht ignorieren. Dabei war nicht daran zu denken, daß ein Papst persönlich über seine eigene Kirchenprovinz und das Patrimonium Petri hinaus präsent wurde. Zwischen Johannnes VIII. (872–882) und Leo IX. (1043–1054) hat als einziger Papst Benedikt VIII. die Alpen überquert, als er 1020 von Heinrich II. mit hohen Ehren in Bamberg empfangen wurde und dort mit ihm hochfeierlich das Osterfest beging. Papst und Kaiser walteten damit ihrer hohen Ämter in der Christenheit. Es zeigt sich außerdem, wie eng verbündet sie damals auch in politischer Hinsicht waren. Gewiß wurde das Vorgehen gegen die Griechen und ihre Verbündeten in Süditalien besprochen. Papst und Kaiser zogen gemeinsam nach Fulda weiter. Auf dem Feldzug in Süditalien trafen sie im Frühjahr 1022 wieder zusammenn und zogen gemeinsam in Benevent ein. Im Sommer des gleichen Jahres waren sie nochmals bei dem Konzil in Pavia vereint.

Helfer und Bevollmächtigte des Papstes, *Legaten*, die der Papst beauftragen konnte, in der Ferne zu wirken, hat es wohl gegeben, aber vor der Mitte des 11. Jh.s kann man sie kaum als ständiges Regierungsinstitut bezeichnen. Für $1^1/_2$ Jh. läßt sich rund ein halbes Hundert von Legationen nachweisen. Selbst wenn man mit großen Überlieferungslücken rechnet, sind es also sehr wenige. In der Regel hatten Legaten spezielle Aufgaben zu erfüllen und kehrten nach deren Erledigung zurück. Einige reisten nach Byzanz, andere nach Rußland, Dalmatien, Kroatien, Ungarn, Bulgarien. Verhältnismäßig oft sind Legaten oder Boten an deutsche Könige erwähnt, die teilweise aber nur Hilfe gegen aufrührerische Römer erbitten sollten. Also muß es sich nicht immer um Fragen einer spezifisch päpstlichen Kirchenregierung gehandelt haben. Daneben gibt es Legationen, die in schwierigen kirchlichen Situationen das Gewicht der päpstlichen Autorität zur Geltung bringen sollten.

Soweit überhaupt Namen und Amtsbezeichnungen genannt werden, erkennt man fast ausschließlich Bischöfe aus der römischen Kirchenprovinz oder Kleriker, selten auch Laien aus dem Sacrum palatium Lateranense und Kleriker aus den römischen Regionen. Ein Erzbischof von Mailand oder ein Erzbischof von Ravenna sind seltene Ausnahmen. In der Umgebung der Päpste dieser Zeit gibt es keine Ausländer. Sie ist vielmehr fast ganz provinziell und, soweit wir wissen, gibt es nur selten nichtitalienische Mitglieder.

Die Päpste und ihre Umgebung widmen sich überwiegend dem kirchlichen Dienst und den Verhältnissen in Rom, der römischen Kirchenprovinz und den angrenzenden Gebieten. Außerdem war das Patrimonium Petri zu verwalten und zu nutzen, was regste Anteilnahme an den Wirren, der listen- und gewaltreichen Politik Mittelitaliens und besonders der Hauptstadt erforderte. Die bedeutendsten Päpste taten sich in der Planung und Führung von Kriegen hervor, wie Johannes X. gegen die Sarazenen und Benedikt VIII. gegen die byzantinischen Angriffe. In Rom und Mittelitalien waren für sie eigene politische Planungen und Entschlüsse möglich. Dort mußte man über wechselvolle Tendenzen informiert sein, dort war ein Handeln aus eigener Initiative geboten und unvermeidlich, und ein bloßes Reagieren auf freundliche oder feindliche Impulse von außen genügte nicht.

Demgegenüber ist ein geplantes Eingreifen in das Leben und die Ordnungen der Kirchen in fernen Ländern, eine Kirchenpolitik *aus eigener Initiative,* vor der Mitte des 11. Jh.s bloß beschränkt möglich gewesen oder nur selten versucht worden. Es ist für beinahe alle die erwähnten wenigen Legationen nachzuweisen, daß sie von außen veranlaßt und erbeten wurden. Das geistliche Ansehen des Papstes war so hoch, daß man sich bei Streitigkeiten und schwierigen Entscheidungen von seiner Autorität Hilfe erhoffte; auch Besitzbestätigungen und Schutzprivilegien der Päpste wurden erstrebt, obwohl nur geistliche, kaum materielle Hilfe denkbar war. Immerhin muß bedacht werden, daß in dieser Zeit die Zahl der päpstlichen Privilegien nicht groß war, im 10. Jh. grob geschätzt ein Fünftel derer des 11. betrug, in dessen 2. Hälfte das Doppelte von denen, die in der ersten ausgestellt wurden. Es scheint, daß mehr Privilegien in die Länder jenseits der Alpen gingen als nach Italien. Aber sie waren in der Regel erbeten und kaum je motu proprio ausgestellt. Vom 9. Jh. an war im Rahmen des Sacrum palatium Lateranense der *Bibliothecarius* für die Urkunden und Briefe allein zuständig, und es genügte, wenn er notarii oder scriniarii aus den stadtrömischen Regionen für die technischen Arbeiten heranzog. Unter Johannes XV. kommt zum ersten Mal ein notarius et scriniarius sacri palatii Lateranensis vor, um die Jahrhundertwende der Titel cancellarius, dann cancellarius sacri palatii Lateranensis[5]. Daneben bleibt die hohe Stelle des Bibliothecarius erhalten, die von Benedikt VIII. verschiedenen Bischöfen als Ehrenamt übertragen wurden, zum ersten Mal mit Erzbischof Pilgrim von Köln (1021–1036) sogar einem Deutschen. Im päpstlichen Urkundenwesen bedient man sich noch der alten[6] Kurialschrift neben der sich ausbreitenden abendländischen Urkundenkursive. Es gibt Kanzler, aber keine Kanzlei. Auch sonst kein „Schreibbüro", und das schreibende Personal ist stadtrömisch. Doch ist nicht zu verkennen, daß es in dem kleinen Kreis, der sich dem *päpstlichen Schriftwesen* widmete, eine Schreib- und Bildungstradition gab, und Notare Vorlagen und kanonistische Sammlungen mehr oder weniger gründlich gekannt haben[7]. Die informierenden Unterlagen und Vorlagen der Urkunden

---

5 ELZE, „Sacrum Palatium Lateranense" S.38; zur päpstlichen Kapelle S.47 f. u. DERS., Die päpstliche Kapelle im 12. und 13. Jh., ZSavRG Kan. 67, 1950, S.143 ff. und bes. S. HAIDER, Päpstliche Kapelle, MIÖG 87, 1987, S.38–70. – 6 KLEWITZ, Cancellaria S.44–79; JORDAN, Entstehung S.97–152; DERS., Päpstliche Verwaltung S.111–155; PÁSZTOR, Curia Romana S.490–504. – 7 Ebd. S.499. – 8 FUHR-

mußten von denen geliefert werden, die sie für sich oder einen Auftraggeber erbaten. Diese sind es auch, von denen die Schriftstücke an den Empfänger oder den Bestimmungsort transportiert werden. Der Papst und seine Helfer müssen sich auf die ihnen gelieferten sachlichen Informationen verlassen[8]. Ob sie richtig oder parteiisch sind, ja ob ihnen Fälschungen vorgelegt werden, können sie schwerlich erkennen[9]. So kann es zu Fehlentscheidungen kommen, oder kann es in Streitfällen geschehen, daß diejenigen die Oberhand behalten, die mächtigere Fürsprecher haben oder sich durch Geschenke das größere Wohlwollen gewinnen. Wie Päpste öfters ohne eigene Interessen, nach Informationen der Parteien, entsprechend wechselnden politischen Einflüssen bald so, bald anders Stellung nehmen, zeigt sich wohl am krassesten in dem Reimser Schisma, das nach dem Tod des Erzbischofs Seulf 925 begann und erst mit der berühmten Synode von Ingelheim im Sommer 948 sein Ende fand[10].

Dort ereignete sich ein Skandal, als der Abgesandte des abgesetzten Erzbischofs Hugo ein Mandat Papst Agapets II. vorwies, durch das Hugo in Reims restituiert, sein Gegner Artold, für den die Synode jetzt eintrat, abgesetzt worden war. Das Mandat war ihm ausgerechnet seinerzeit durch den in Ingelheim erschienenen Legaten Marinus als päpstlichem Datar übergeben worden. Von Ingelheim bis heute spricht man von Fälschung, Verleumdung, Erschleichung. Aber die Sache ist wohl einfacher. Das Mandat war abgefaßt auf Grund von Informationen, die man durch einen Brief der Bischöfe der Reimser Provinz erhalten hatte, der die einseitige Darstellung der Partei Hugos enthielt. Danach wechselte man aber in Rom, durch das Interesse Ottos I. und der deutschen Bischöfe beeinflußt, wie so oft, seine Stellungnahme. Aber unter einem wie immer beschaffenen Druck des deutschen und französischen Königs geschah dies nicht etwa. Konnte Papst Agapet II. es sich doch wenige Jahre später leisten, Ottos I. Bitte um Aufnahme in Rom und um die Kaiserkrönung abzulehnen, obgleich der König mit einem Heer in Oberitalien stand. Der Druck Alberichs von Rom, des nahen Stadtherrn, mußte ihn mehr motivieren als der Wunsch des noch fernen Königs.

Für das 10. Jh. und die erste Hälfte des 11. ist die Chiffre „das Papsttum unter der Herrschaft des Kaisertums" falsch und auch für die folgende Zeit irreführend. Schon das Begriffspaar „Papsttum und Kaisertum" als Repräsentanten einer universalen Welt ist mehr ideologisch als real. Von einem durchgehenden und prinzipiellen Gegensatz von Kaisertum und Papsttum kann vor Heinrich IV. (Kaiserkrönung 1083) nicht die Rede sein. Und was war schon dieses Saliers „Kaisertum"?

Im 10. Jh. ist die äußere Geschichte der Päpste weniger durch Beziehungen zu fernen Bischöfen und Fürsten bestimmt als durch die Zustände in der *Stadt Rom und ihrem Umland*. Nach der Ermordung zweier Päpste im Jahre 903 hatte für damalige Verhältnisse lange Ruhe geherrscht. Erst 928 wurde Johannes X., wohl

MANN, Pseudoisidor in Rom S. 15–66; man beachte S. 48, wo die Möglichkeit der Auswahl aus mehreren Sammlungen bemerkt wird, aber auch S. 62: „Dieser Vorgang macht schlaglichtartig klar, wie sehr wir die Päpste jener Zeit und ihre Mitarbeiter überfordern, wenn wir von ihnen eine souveräne Übersicht über die Rechtsschriften annehmen ..." – 9 So gelingt es einem gewissen Balduin, der von Adalbero v. Reims exkommuniziert ist, durch Betrug, wie der Erzbischof meint, in Rom bei P. Johannes XV. Gehör zu finden; Gerberti op. 113, MG BrKz II, S. 141; BZ Nr. 663. – 10 F. f. J. Fleckenstein S. 168 ff. – 11 Abset-

der bedeutendste Papst des ganzen Jh.s vor Silvester II., nach einem erfolgreichen Pontifikat mit glänzenden Siegen über die Sarazenen eingekerkert und im folgenden Jahr ermordet. 936 wurde Johannes XI., der Halbbruder des Stadtherrn Alberich, eines großen Gönners und Freundes Odilos von Cluny, gefangengesetzt. Daß es abgesehen davon bis zum Eingreifen Ottos I. den übrigen Päpsten leidlich erging, hängt vielleicht gerade mit der Übermacht von Alberichs Großvater, des „Vestararius", „Konsuls" und „Senators" Theophylakt, seiner Gattin Theodora und seiner Töchter Marozia und Theodora zusammen. Besonders in der Zeit Alberichs, des Sohnes der Marozia und des Markgrafen Alberich von Spoleto waren die Verhältnisse in Rom einigermaßen stabil.

In der Ottonenzeit herrschte eine nur schwer zu durchdringende Wirrnis der Kämpfe zwischen *städtischen Parteiungen.* Die Absetzung, Wiederkehr und erneute Vertreibung Johannes XII. haben kirchengeschichtlich wenig grundsätzliche Bedeutung[11]. Dieser Sohn Alberichs war durch seine ausschweifende Lebensführung und seine Verbindung mit König Adalbert, also schlichten Hochverrat, für gewisse römische Kreise und den Kaiser unerträglich geworden. Es ist auffallend, daß keiner der Päpste der Ottonenzeit trotz meist guter Beziehungen zu den Kaisern und ihres häufig hilfreichen Eingreifens seiner Freiheit und seines Lebens sicher war. Eine statistische Übersicht zeigt dies und zugleich die gewöhnlich nicht realistisch genug eingeschätzte Schwäche des kaiserlichen Einflusses in Rom: Leo VIII. (963–965) einmal vertrieben; Johannes XIII. (965–972) gefangen, entflohen; Benedikt VI. (973–974) gefangen, ermordet; Bonifaz VII. (974–981/82) zweimal vertrieben; Benedikt VII. (974–983) einmal vertrieben; Johannes XIV. (983/84) gefangen, ermordet; Johannes XV. (985–996) nach Tuscien geflohen; Gregor V. (996–999) einmal vertrieben; Silvester II. (999–1003) mit Otto III. vertrieben.

Nach dem Tod Ottos III. waren die Päpste im Ganzen wieder unangefochten, da zuerst Crescentier, dann Grafen von Tusculum, aus deren Geschlecht drei aufeinanderfolgende Päpste stammten, eine ziemlich straffe Herrschaft in Rom führten. Heinrich II. hielt sich während seiner ganzen Regierungszeit nur etwa vier Wochen, Konrad II. bloß drei in Rom auf. Sie konnten und wollten von 1002 bis 1039 wenig für die Päpste tun. Zu grundsätzlichen Kontroversen zwischen Päpsten und Kaisern scheint es in dieser Epoche kaum gekommen zu sein.

Bloß zwischen Otto I. und Johannes XIII. sollen nach der herrschenden Lehre im Verlauf der Gründung Magdeburgs und der Planung der Slawenmission ernste Spannungen eingetreten sein[12]. Doch läßt sich die Annahme, Johannes XIII. habe sich des Kaisers Plänen versagt und zu Ottos Verdruß eine eigene päpstliche Missionspolitik gegen die kaiserliche gesetzt, schwerlich halten. Von der Angewiesenheit der Päpste auf kaiserliche Hilfe war die Rede. Sie gilt in besonderem Maß für Johannes XIII. – Im Oktober 963 war er in Anwesenheit der von Otto I. entsandten Bischöfe Otgar von Speier und Liutprand von Cremona von den Römern gewählt worden. Schon im Dezember wurde er von seinen Gegnern verhaftet, geschlagen und erst in der Engelsburg, dann in der Campagna gefangengesetzt. Nach einigen Monaten konnte er entfliehen und den Kaiser um

zung, Wiederkehr und erneute Vertreibung dieses Papstes haben kirchengeschichtlich kaum grundsätzliche Bedeutung. BZ Nr. 312 und 318 f., dazu ZIMMERMANN, Papstabsetzungen S. 81 ff. – 12 F. f. J. Fleckenstein S. 175 ff.

Hilfe bitten. Im Herbst 966 zog er mit Truppen auf Rom zu und wurde im November, aus Furcht vor dem Kaiser, in Rom aufgenommen. Anfang 967 war Otto bereits in Rom und bestrafte die Rebellen. Im Frühjahr waren Kaiser und Papst über Spoleto nach Ravenna gezogen, um dort gemeinsam Ostern (31. III.) zu feiern. Den April verbrachten sie in und bei Ravenna, wo sie mehrere Gerichtsversammlungen und Synoden abhielten. In diese Wochen des Zusammenseins fallen die Entscheidungen über Magdeburg.

Und da soll der Papst dem Helfer seine Lieblingspläne für Magdeburg durchkreuzt und sein höheres Recht in Missions- und Ostpolitik durchgesetzt haben? Der darüber angeblich „verärgerte" Kaiser blieb bis in den Mai hinein mit dem Papst nicht nur in Ravenna zusammen, sondern beide luden damals Otto II. ein, mit ihnen Weihnachten in Rom zu feiern. Das geschah denn auch, und der Papst krönte den jungen König zum Kaiser, was bei Lebzeiten des Vaters nicht selbstverständlich war. Das Verständnis wird offenbar vielfach dadurch erschwert, daß ein Bild bewußter und kalkulierter, konsequent theoretisch begründeter Politik von Päpsten des 12. und 13. Jh.s die Wirklichkeit des 10. verstellt mit ihrer Gegensätzlichkeit von hohen Ideen, beschränkter Wirkungsmöglichkeit in die Weite und ständiger Existenzbedrohtheit in der Nähe.

Daß die Päpste und ihre Umgebung im sacrum palatium Lateranense von den Sorgen und Nöten in ihrer Kirchenprovinz, in der Stadt Rom, im Patrimonium sancti Peri und in den oft anarchischen Zuständen in der Nachbarschaft fast absorbiert waren, ist wohl einer der Gründe, weshalb ihre *Kontakte mit den Bischöfen und den Kirchen fremder Länder* nicht allzu eng werden konnten. Wenn man erklärte, die Reichsbischöfe hätten ihre Rechte mehr an das Königtum als an den Papst gebunden, so hatten sie eben gar keine andere Wahl. Der Papst war zu fern und meist zu machtlos, um ihnen politisch und materiell viel helfen zu können. Ihre Beziehungen zu ihm waren noch wenig institutionalisiert. Ein Anlaß zu persönlichem oder brieflichem Verkehr bot schon früh die Verleihung des hohen liturgischen Symbols des *Palliums* und der Privilegien darüber, wie und wann es getragen werden dürfe. Vielfach wurde es Brauch, zu seinem Empfang persönlich nach Rom zu reisen. Im Lauf des 10. und 11. Jh.s wurde es allmählich exklusiv für Erzbischöfe. Die Forderung, daß der Metropolit erst durch das Pallium das Recht erhielte, die Suffraganbischöfe zu weihen, zeigt sich zwar hie und da, aber Rechtskraft erhielt sie erst später. Bischöfe und Laien brachten und empfingen Geschenke, wenn sie den päpstlichen Hof besuchten, so auch die Prälaten beim Empfang des Palliums. Daraus entstand die Pflicht zur Entrichtung der „Palliengelder", um die es schon früh zuweilen Ärger gab.

Sonst hört man in dieser Zeit nicht viel von päpstlichem Wirken in fernen Kirchenprovinzen oder Diözesen und, bei aller Verehrung, von Rücksichtnahme der Bischöfe darauf in ihrem geistlichen Dienst und ihrer jurisdiktionellen Praxis. Von der Begegnung der Päpste mit den Bischöfen in der Sphäre des Klosterwesens, von päpstlichem Schutz und der mit päpstlichen Exemtionen bewirkten Privilegierung gegenüber der normalen bischöflichen Amtsgewalt, wobei die Initiative in der Regel von dem Bittsteller oder demjenigen ausgeht, der ihn begünstigt, soll noch in anderem Zusammenhang die Rede sein. Von *Konflikten zwischen Päpsten und Bischöfen* hören wir nur selten, schon weil die Distanz zwischen ihnen es normalerweise kaum zu Reibungen kommen läßt. Doch gibt es einige Ausnahmen, in denen sogar Grundsätzliches berührt wurde.

Dies gilt etwa für den berühmten Gandersheimer Streit, in dem Silvester II. Otto III. unterstützte, der sich aus leidenschaftlicher Freundschaft zu Bernward von Hildesheim mit Erzbischof Willigis von Mainz überworfen hatte, auch für das Einschreiten Benedikts VIII. und Heinrich II. gegen Arnulf II. von Mailand, oder für die Exkommunikation des von Konrad II. abgesetzten Aribert von Mailand durch Papst Benedikt IX. Zu einem echten Konflikt zwischen Benedikt VIII. und einem großen Teil des deutschen Episkopats führte die Appellation der Gräfin Irmingard von Hammerstein gegen die Sprüche des Kaisers und der Bischöfe in ihrer Ehesache. Eine Mainzer Provinzialsynode in Seligenstadt sprach in schroffer Form das Verbot einer solchen Appellation ohne Erlaubnis des zuständigen Bischofs aus. Der Papst wandte sich gegen diese Bestreitung seiner höchsten Jurisdiktionsgewalt, während sich der Kaiser dieses Mal anscheinend neutral verhielt. Obwohl der Konflikt infolge des baldigen Todes von Papst und Kaiser unausgetragen blieb, kommt ihm eine für damalige Zeiten ungewöhnliche prinzipielle Bedeutung zu.

Zu den schärfsten Angriffen auf die päpstliche Autorität, von denen wir aus dem 10. und früheren 11. Jh. wissen, kam es im Zuge des Reimser Schismas zwischen dem Karolinger Erzbischof Arnulf und dem berühmten Gerbert von Aurillac, den Hugo Capet auf den Reimser Stuhl erheben wollte. Ursprünglich hatte Johannes XV. nichts mit diesem Streit zu tun. Er scheint von Kaiserin Theophano zur Stellungnahme für den Karolinger bewogen worden zu sein. Die Partei König Hugos und Gerberts wehrte sich heftig und ging so weit, für nichtig und ungültig zu erklären, wenn etwas den kirchlichen Bestimmungen von einem römischen Papst hinzugefügt wurde, was den Dekreten der Väter widerspreche. Doch alles, was in diesem Streit an Problemen über das Verhältnis von Papst und Bischöfen, von Papst und Konzil angerührt war, ist nicht weiter verfolgt worden und blieb unentschieden und verflachte.

Die Konflikte mit auswärtigen Bischöfen, Erzbischöfen und Fürsten sind, wie sich zeigte, kaum je dadurch entstanden, daß eine von Rom ausgehende Initiative auf Widerstand stieß, sondern durch ein von *außen* veranlaßtes Eingreifen des Papstes oder seiner Beauftragten. Allzu viele waren es in den bisher überschauten anderthalb Jh. bei der Distanz zwischen Papst und regionalem Episkopat nicht gewesen. Auch Privilegien und Briefe der Päpste waren fast immer von den Empfängern erbeten und inhaltlich bestimmt. Allgemein gilt Rom als der Mittelpunkt der Kirche, aber vom Zentrum gehen wenige Wirkungen aufgrund gewohnheitsmäßiger Übung, einer eingespielten Kontrolle, eines korrigierenden Reagierens auf in Rom selbst beobachtete Abweichungen von dort als verbindlich betrachteten Regeln aus. Umgekehrt geht die Richtung des Verkehrs von außen nach innen, und meist erst im Rücklauf von innen nach außen. Dies ist aber nur möglich wegen des ungeheuren Ansehens der römischen Kirche in der Weite der christlichen Welt. Obwohl die Ausstrahlung der Formen des römischen Gottesdienstes auf die Liturgie in fernen Ländern weit zurücklag und im 10. und frühen 11. Jh. in den liturgischen Austauschbeziehungen Rom eher der nehmende Teil war, hegte man auch damals den subjektiven Glauben an Rom, an den Gottesdiensten der berühmten Hauptkirchen, orientiert zu sein. Fürsten und Bischöfe reisten nach Rom, weniger um Fragen der Organisation, der Jurisdiktion oder gar der Kirchenpolitik zu behandeln als den Stellvertreter des heiligen Petrus zu sehen und ihm ihre Reverenz zu erweisen. Unzählige Pilger strömten in die heilige Stadt. Darunter waren fromme Büßer, andere, die durch Gelübde Erfüllung ihrer

Wünsche erhofften, solche, die an Gottesdiensten in römischen Kirchen teilnehmen und sich in besonderer Weise als Glieder der universalen christlichen Gemeinde fühlen wollten. Unter Führung kundiger Führer zog man zu den Gräbern der Heiligen, um dort zu beten. Rom war die Stadt, wo die meisten und die hilfreichsten Reliquien vorhanden waren. Wenn irgend möglich versuchte man, einige davon zu erwerben. Der Papst erwiderte ihm reichlich dargebrachte Geschenke mit Reliquien, die in dankbarer Freude empfangen wurden. Andere kauften Reliquien, ja sogar der Diebstahl von Reliquien war häufig und konnte als pia fraus empfunden werden.

Wenn also auch die organisatorische Zusammenfassung der partikulären Kirchen, der Pfarrkirchen, der Diözesen, der Kirchenprovinzen, der „Landeskirchen" durch die Päpste erst sehr lose war, so ist doch die gläubige Verehrung des Stellvertreters Petri und der Sacra Roma, wie schon bemerkt, ein auch äußerlich faßbarer Ausdruck der Einheit der Kirche auf Erden wie nichts anderes.

III. Die wirtschaftliche Existenz der Kirchen und des Klerus

Schon in der alten Kirche, als die Christen die Wiederkunft des Herrn in naher Zeit erwarteten, ergab sich für die Gemeinden die Frage, wie ihre wirtschaftlichen Bedürfnisse zu befriedigen seien. Sie wurde umso dringlicher, je mehr die Zahl der Gläubigen wuchs und je länger sich Christi Wiederkunft verzögerte. Man brauchte Versammlungsräume, Mittel zur Beschaffung von gottesdienstlichem Gerät, zur Beleuchtung, zum gemeinsamen Mahl, zur Unterstützung notleidender Brüder und Schwestern, dann zur Anlage und Ausschmückung von Friedhöfen oder von Kirchengebäuden. Die Übermittlung von Nachrichten an befreundete Gemeinden oder Reisen zu ihnen verursachten Kosten. Als die Bischöfe und ihre Helfer ihren Unterhalt nicht mehr durch eigene Berufsarbeit verdienen konnten, mußte er von den Gemeinden aufgebracht werden.

Nach Möglichkeit sollten die Gläubigen ihre Opfergaben anfänglich im Gottesdienst zum Altar bringen. Diese mußten in Empfang genommen und verteilt werden. Abgesehen von bald zu konsumierenden Gütern konnten den Gemeinden aber Geld, Häuser und Gründstücke durch Stiftungen oder Vermächtnisse zugewendet werden. Neben den bald wieder verausgabten Einnahmen konnte also den Gemeinden Vermögen in beständigeren Gütern zuwachsen.

Vermögen hat nun immer einen weltlichen Charakter und unterliegt auch im kirchlichen Eigentum und in kirchlicher Nutzung je zeitgemäßen rechtlichen und wirtschaftlichen Bedingungen. Und wie für andere Bereiche gilt wirtschaftlich, was Jean François Lemarignier für die Spätantike die „interpénétration" der Kirche und der römischen Gesellschaft genannt hat[1], was Gonzalo Martinez Diez für spätmittelalterliche Jh. treffend formulierte, wenn er feststellte: „Aber der entscheidende und bestimmende Faktor ist die sozialökonomische Infrastruktur, in der sich die Kirche in diesen Jh. entwickelt."[2] Das

1 LEMARIGNIER, France Médiévale S. 34. Dieser Prozeß erfolgte allerdings mit bezeichnenden Schwierigkeiten. Vgl. LESNE, Propriété ecclésiastique S. 2 f. – 2 G. M. DIEZ, El Patrimonio eclesiástico en la España Visigoda, Universidad Pontificia de Comillas, Faculdad de derecho canónico. Publicaciones anejes e Miscellanea Ser. canónica vol. 2, 1959, S. 71: „Pero el factor decisivo determinante, es la infraestructura social económica en que se desenvullos la Iglesia en eos siglos"; CONGAR, Laie S. 46: „Kirche und Geistliche haben eine gesellschaftlich-geschichtliche Existenz und wenden zur Erreichung religiöser Ziele Mittel an, die dem gesellschaftlichen und geschichtlichen Leben entnommen sind." – 3 MG Ca-

gleiche gilt für die Zeit vom 8.–11. Jh., und man darf nicht späteren ideologischen und kirchenpolitischen Vorstellungen folgen, von denen die Zustände des zu Ende gehenden Zeitraums als Entartungen empfunden wurden, weil sie den Forderungen einer sich schnell verändernden neuen Welt nicht entsprachen.

Zunächst war die *Diözese die vermögensrechtliche Einheit* gewesen, der Bischof allein verfügungsberechtigt. Er versorgte die Kirchen und die Kleriker in seiner Stadt und in ihrer Umgebung. Auch die Kleriker an Kirchen und Oratorien außerhalb residierten beim Bischof, wurden von ihm versorgt und blieben bei größeren Entfernungen in enger Verbindung mit ihm. Dies war allerdings nur in den romanischen oder romanisierten, städtereichen Ländern möglich, wo die Diözesen mit einer Stadt als Mittelpunkt klein blieben. In den vergleichsweise riesigen neuen Diözesen war diese Ordnung nicht durchführbar, zumal wenn immer zahlreichere Kirchen entstanden. Weit mehr Oratorien, Kirchen und Klöster als durch Diözesanbischöfe wurden von anderen Personen erbaut, die Eigentümer des Kirchengebäudes und seiner Ausstattung blieben. Die meisten Landkirchen gehörten zum königlichen Fiskus. Aber auch andere reiche Grundherren erbauten für sich, ihre Familie und ihre Gesinde Kapellen oder Kirchen. Noch 769, am Anfang seiner Regierung ordnete Karl der Große an, jeder Graf solle einen Priester bei sich haben, der den ihre Sünden Beichtenden das Urteil sprechen und ihnen die Buße bestimmen könne[3]. Ebenso werden Grundherren gewünscht haben, für ihren Wohnsitz einen Priester zu gewinnen und, wenn sie mehrere Grundherrschaften besaßen, für jede von ihnen. Das gilt für weltliche Magnaten wie für Bischöfe, Klöster oder Stiftskirchen. Mitunter gründeten auch Gemeinden Kirchen, hie und da auch vermögende Priester. Wie die Pfarrkirchen sich vermögensrechtlich verselbständigten, so bildeten auch alle diese „Eigenkirchen" Sondervermögen, und die Diözesen wurden nach und nach vermögensrechtlich immer mehr dezentralisiert[4].

Bei der Schaffung von *Eigenkirchen* sind verschiedene Motive anzunehmen. Die kirchliche Versorgung der Hintersassen macht diese für den weltlichen oder geistlichen Grundherrn leichter beherrschbar. Indem die Opfer und Abgaben der Gläubigen an die eigene Kirche kommen, wurden wirtschaftliche Verluste vermieden. Das Recht, dem Bischof den Geistlichen zu präsentieren, verhindert unliebsame Eingriffe von außen. An den Einkünften, soweit sie nicht dem Pfarrer und den Klerikern zukamen, hatte der Eigenkirchenherr Anteil. Aber politische und wirtschaftliche Vorteile sind schwerlich die Hauptmotive für die Erbauung von Kirchen gewesen, die doch immer einen erheblichen Aufwand bedeuteten und bei leidlicher Beachtung des Stiftungszwecks bestimmt mehr kosteten, als sie einbrachten. Gläubigkeit war bei Kirchen- und Klostergründung doch das Hauptmotiv: „or les institutions ont elles-mêmes leur genèse dans les croyances"[5].

Doch die Vorsätze wurden vielfach nicht eingehalten. Geistliche wie weltliche Grundherren versäumten es, den Priester, der an ihrer Kirche diente, dem Diözesanbischof zur Weihe vorzustellen, oder dieser war mitunter lässig in der Erfüllung seiner Pflichten. Dem Priester wurde die vorgeschriebene materielle Ausstattung vorenthalten, so daß er darbte und dem Bischof die fälligen Abgaben schuldig blieb. Um die Priesterweihe zu empfangen, mußte bei Unfreien vorher eigentlich die Freilassung erfolgen, und der Priester sollte die

---

pit. I S. 45 Nr. 19 c. 1. – **4** Für die Geschichte des Eigenkirchenwesens grundlegend immer noch das Werk v. Stutz, vor allem Benefizialwesen; Eigenkirche als Element; Lehen und Pfründe; Kirchenrecht; Stutz' Lehren vom germanischen Ursprung und Charakter der Eigenkirche sind nicht unbestritten geblieben. Gegen Lehren vom grundherrlichen Ursprung hält Feine KR S. 160 ff. am germanischen Charakter fest. Wesentlich sind seine Hinweise auf die Entwicklungsphasen S. 164. Vom 9.–12. Jh. ist das Eigenkirchenwesen im Abendland üblich, auch in den neumissionierten Ländern. Der Ursprung wurde in diesen Zeiten gar nicht oder verzerrt erklärt. – Neben Großkirchenbesitz der Könige, der reichen Adelsgeschlechter, der Bischöfe, der großen Klöster gibt es auch einzelne Gemeinde- oder Genossenschaftskirchen. Vgl. Feine, Genossenschaftliche Gemeindekirche S. 171–196; H.F. Schmid, Gemeinschaftskirchen S. 1–61; Hartmann, Rechtlicher Zustand. – **5** Imbart de la Tour, Paroisses rurales S. 38 und 143; Lemarignier, Gouvernement S. 86. – **6** Über

für sein Amt erforderlichen Kenntnisse und Fähigkeiten besitzen, Forderungen, die nicht immer erfüllt wurden[6].

Gegen alle solche Mängel und Regelwidrigkeiten wendet sich die karolingische „Eigenkirchengesetzgebung" des 8. und 9. Jh.s. Sie geht aus von Königen, Konzilien und Bischöfen und ist fixiert in königlichen Kapitularien, Konzilskanones oder den „capitula episcoporum"[7], die wieder in Sammlungen eingehen wie die des Ansegis, Reginos von Prüm oder Burchards von Worms. Schon in dieser Zeit werden vielfach alte Sätze verarbeitet, und die gleichen Bestimmungen werden in den folgenden Jh. oft wiederholt. Dabei bilden die Normen über Eigenkirchen keine besonderen Abschnitte, keine eigenen Blöcke, sondern sie sind vermischt mit allgemeinen Anordnungen über das kirchliche Leben sowie über die Pflichten der Bischöfe, der Priester und der Laien. Ob Könige, Bischöfe, Äbte oder Laien Eigentümer der Kirchen sind, wird dabei verhältnismäßig wenig beachtet. Immer kommt es hauptsächlich darauf an, die alte kirchliche Ordnung der Diözesen, die geistliche Autorität und Kompetenz des Bischofs gegenüber dem ausgreifenden Eigenkirchenwesen möglichst zu wahren. Die Kirchen gehören, wo diese Forderungen durchsetzbar waren, zwei Rechtskreisen an: Sie unterstehen der eingeschränkten altkirchlichen Obrigkeit des Diözesanbischofs und der Gewalt des klerikalen oder laikalen Eigenkirchenherrn.

Oft wird in Bausch und Bogen das Eigenkirchenrecht als Gegensatz gegen die kanonische Kirchenverfassung abgetan. Tatsächlich ist es aber, wie so vieles andere, vom kanonischen Recht aufgenommen und geregelt worden[8]. Man darf nicht das Eigenkirchenrecht und die zu ihm gehörigen kanonischen Vorschriften voneinander trennen. Wo die kanonischen Vorschriften verletzt werden, wird es auch das Eigenkirchenrecht. Zwischen Eigenkirchenrecht und seinem Mißbrauch ist zu unterscheiden.

Der Bischof muß sich bei Gründung von Kirchen vergewissern, daß die vorgeschriebenen Bedingungen erfüllt sind, bevor er sie weiht. Die wirtschaftliche Existenz muß gesichert sein, bei Pfarreien die Garantierung einer Hufe. Der Bischof muß seine Zustimmung bei der Ein- oder Absetzung eines Priesters geben. Er allein kann ihn weihen[9]. Vorher muß der Priester freigelassen werden, da von altersher bestimmt ist, daß eine servilis et vilis persona den erhabenen Dienst des Priesters nicht verrichten kann. Allerdings soll der Bischof geeignete und nützliche Personen, die ihm von Laien präsentiert werden, nicht zurückweisen[10]. Er oder seine Beauftragten haben nicht nur das Recht, sondern die Pflicht über den kirchlichen Dienst zu wachen, ob nun der Herr der Kirche ein auswärtiger Bischof, ein Abt, ein Laie oder eine Genossenschaft ist. Dazu gehört auch die Beaufsichtigung des Geistlichen, ob dieser leistet, was zum Kult gehört, die Restaurierungsarbeiten und die Ausstattung mit Kerzen besorgt, seinem Senior die schuldige Ehrerbietung erweist[11]. Kirchen sollen eigentlich nicht geteilt werden, aber es kommt auch die mildere Anordnung vor, es könne zugelassen werden, wenn die Erben gemäß der Sorge des Bischofs die Kirche halten und ehren wollten. Weigern sie sich dessen, steht es bei ihm, ob er

---

das Wesen dieser Freilassung vgl. u. S. 81. – 7 Vgl. o. S. 37; Stutz, Benefizialwesen S. 222 f. betont, daß es sich dabei um eine Regelung nicht eine Beseitigung des Eigenkirchenwesens handelte. – 8 Anders Hartmann, Rechtlicher Zustand S. 241, der gegen Stutz betont, das Kirchenrecht habe das Eigenkirchenwesen keineswegs total in sich aufgenommen. Auch Krause, Papstwahldekret S. 49 hebt d. Differenzen stärker hervor: „Und doch hat das Eigenkirchenrecht jahrhundertelang die Kirchenverfassung bestimmt und zwar unvergleichlich stärker als die auf jeder Synode wieder von neuem eingeschärften und breit dargelegten kanonischen Vorschriften." Handelt es sich dabei aber nicht mehr um Unterschiede zwischen Rechtsnormen und Rechtswirklichkeit? Man sollte sich bei der historischen Einschätzung der Eigenkirche gegenwärtig halten, was Häussling, Mönchskonvent S. 79 mit Recht betont: „Das Leitbild der Eucharistiefeier wird vom Eigenkirchenwesen überhaupt nicht berührt." – 9 Die Belege dieser Anm. und der folgenden sind als beliebige Beispiele einigen bes. gehaltvollen Capitularien entnommen: MG Capit. II S. 12 Nr. 191 c. 4 u. 1. – 10 MG Capit. I S. 356 Nr. 173; MG Capit. II S. 35 Nr. 196 c. XV (18). – 11 MG Capit. II S. 33 Nr. 196 c. VIII (11). – 12 MG Capit. II S. 12 Nr. 191

die Kirche bestehenlassen oder die Reliquien aus ihr entfernen will. Er soll auch den baulichen Zustand der Kirchen überwachen. Sind sie zerstört, soll er selbst oder ein Abgesandter untersuchen, ob Nachlässigkeit oder Unvermögen der Verantwortlichen daran Schuld sind[12].

Andererseits wird bestimmt, die Bischöfe sollten bei ihren Visitationsreisen den Pfarrern und der Bevölkerung nicht zur Last fallen, den Klerus ihrer Diözese nicht vernachlässigen und sich nicht an entfernten Orten aufhalten[13]. Es dürfe keine Priester geben, die keinem Bischof untergeben seien[14]. Kein Priester dürfe die Messe allein feiern, und kein Pfarrer solle Leute, die zu einer anderen Pfarrei gehörten, verleiten, zu ihm zu kommen[15].

Ulrich Stutz hat schon zu Anfang unseres Jh.s festgestellt, daß diese Normen der Karolingerzeit in der folgenden Zeit weiter galten und kaum noch erweitert wurden[16]. Das Gleiche gilt für die *allgemeineren kirchenrechtlichen Bestimmungen*, in die sie eingeflochten sind. Synoden und Rechtssammlungen wiederholen sie bis in die Mitte des 11. Jh.s einigermaßen stereotyp, wobei den Trägern der Tradition nicht viel auf denn Ursprung oder die – ihnen ja nicht bekannte und bewußte – Echtheit oder Unechtheit ihres Materials ankommt. Aktuell sind sie großenteils geblieben, da sie, wie schon in alten Zeiten, vielfach nicht befolgt wurden. Aber der Abstand zwischen dem rechtlichen Anspruch und der tatsächlichen Übung schleppt sich durch die Jh., und man darf nicht gleich von „Reformen" reden, wenn die hergebrachten Vorschriften in Synodaldekreten, Urkunden oder Kirchenrechtssammlungen wieder einmal auftauchen. Selbst die berühmten Hauptprogrammpunkte der „gregorianischen Reform", die Verurteilung der „Simonie" und der „Priesterehe" sind nicht neu. Wie sie umgedeutet, erweitert und kirchenpolitisch angewandt wurden, wie Absicht und praktischer Erfolg sich dabei zueinander verhielten, wird noch ausführlich zu besprechen sein. Die Reformen des 10. Jh.s sind meist einfach und handfest. In vielen Ländern oder Landesteilen waren durch Kriege und Einbrüche der Heiden Kirchen verfallen, ja ganze Dörfer wenig oder gar nicht bewohnt. Die verarmten Priester ernährten sich mit bäuerlicher Arbeit, Klöster waren verlassen, Mönche wanderten heimatlos in der Fremde, selbst Bistümer waren nicht mehr besetzt[17].

Im Lauf des *10. Jh.s* erholten sich die heimgesuchten Länder und Landesteile, teils früher, teils später. Die Bevölkerung nahm wieder zu, Dörfer wurden aufgebaut oder bei Rodungen neu gegründet. Kirchliche Reformen bestanden weithin einfach in der Wiederherstellung verfallener Kirchen oder in der Erbauung neuer, in der Einsetzung leidlich ausgebildeter Kleriker, im Wiederaufbau oder in der Neugründung von Klöstern, in der Erneuerung des kirchlichen Lebens in der Bischofsstadt, wo Bischof, Domkapitel und Stiftskirchen ihre Aufgaben wieder übernahmen, und wo es möglich war, daß auch die vita communis von Klerikerkollegien wieder eingeführt wurde. Vor allem mußten große und kleine Kirchen materiell ausreichend ausgestattet werden. Denn verarmte Kirchen vermochten kaum ihren geistlichen Dienst zu versehen und ein geordnetes Leben des Klerus zu ermöglichen.

Die wirtschaftlichen Mittel der großen und kleinen Kirchen bestanden teils in Grundbesitz, teils in Zehnten, Geschenken und Abgaben der Gläubigen in Naturalien oder Geld. Grundbesitz umfaßte Gutsherrschaften mit einem Hof als Mittelpunkt und verschiede-

---

c. 2 u. 3. – **13** MG Capit. II S. 32 ff. Nr. 196 c. V (8), c. XIII u. XIV (16 u. 17). – **14** MG Capit. II S. 121 Nr. 228 c. 18. – **15** MG Capit. II S. 190 Nr. 249 c. 17. – **16** Stutz, Art. Eigenkirche, Eigenkloster S. 369: „Dem allen gegenüber brachte die zweite Periode der Eigenkirchengesetzgebung nichts Neues; da der Episkopat nur mit Mühe das in der ersten Periode Erreichte behaupten konnte, beschränkte er sich im wesentlichen auf die Wiederholung älterer Bestimmungen". Vgl. auch die Zusammenstellung bei Tellenbach, Libertas S. 217 f. – **17** Richeri Gesta Senonensis ecclesiae c. 17, MG SS XXV S. 278 (De Adelhardo misero abbate): „victu quippe deficiente et vestitu decreverunt more rusticorum agricultores fieri, ut ita saltim possent inopem defendere vitam". Für England vgl. etwa Godfrey, Church S. 254 f., Deanesly, Pre-Conquest S. 252 f.: Alfred der Große so bedrängt, daß die Kirchen nicht wiederaufgebaut werden konnten. – **18** Stutz, Art. Eigen-

nem Zubehör oder einzelne Bauernhöfe, Wiesen, Äcker, Waldparzellen, Fischwässer, Mühlen, Schmieden, aber auch Eigenklöster und Eigenkirchen. Wie konnten nun aus diesem oft zerstreuten Grundbesitz Erträge gewonnen werden? Die Pfarrhufe wurde wohl vom Pfarrer, seinen Familienangehörigen und einigen Knechten bewirtschaftet. Waren aber entferntere Grundstücke an die Kirche geschenkt worden, die man nicht mitbewirtschaften konnte, mußten sie vom Kirchenherrn in landes- und zeitüblichen Formen verpachtet werden. Schon so konnten *Kirchengüter in Laienhand* kommen. Ein Kloster konnte wohl seinen Garten selbst bebauen und in der Umgebung des Klosters eine Gutswirtschaft treiben. Andere Güterkomplexe, Höfe oder Kirchen mußten wiederum in den üblichen Leiheformen ausgetan werden. Die Pachtzinse flossen der Kirche oder dem Kloster zu. Ähnlich verhielt es sich mit dem Grundbesitz des Bischofs, des Domkapitels, der Kollegiatkirchen. Bischöfe hatten außer Eigenkirchen vielfach auch Eigenklöster in der eigenen oder in fremden Diözesen. Sie waren ihm zu verschiedenen Diensten verpflichtet, geistlichen, wirtschaftlichen, militärischen. Zum eigenen Schutz wie zum militärischen Dienst bedurften Bischöfe und Äbte bewaffneter Leute, die ebenso mit vassalitischen Lehen bedacht wurden, wie die Lehensleute des Königs oder weltlicher Großer. Kurzum, die Güter der großen und kleinen Kirchen wurden in den gleichen zeit- und landesüblichen Formen genutzt und verwaltet wie der Grundbesitz des Königs und der weltlichen Herren. Wie sie mußten Bischöfe und Äbte ihre geistlichen und weltlichen Beauftragten und Helfer mit Land, Burgen oder Eigenkirchen ausstatten. Diese wiederum nutzten ihre Lehen, indem sie Land als Lehen oder Pachtung weitergaben. Eine Eigenkirche konnte einem Grafen oder einem Kloster gegeben werden, die dann Pflichten und Rechte des Herren wahrnahmen, unter anderem dem Diözesanbischof den Priester präsentierten und die dem Herren zukommenden Einkommensteile empfingen oder überhaupt nur den Geistlichen entlohnten. Man hat angenommen, daß diese „Feudalisierung" sich in Europa mit Phasenverschiebungen in den meisten Ländern durchgesetzt habe. Für große Teile Frankreichs und Italiens gebrauchte man den Ausdruck „Eglise de premier âge féodal", während man von „prolongement de l'Eglise Carolingienne" sprach, wo sich, wie in Deutschland, dem königlichen Frankreich oder der Normandie, eine Zentralgewalt wiederherstellte oder erhielt[18].

Außer den Erträgnissen aus Grundvermögen flossen den Kirchen regelmäßige oder gelegentliche *Einkünfte* zu. Besonders wo der Bischof Herr eines Marktes war, flossen ihm daraus Mittel zu. In Frankreich und Italien erbrachte der von privilegierten bischöflichen Kaufleuten betriebene Handel nennenswerte Gewinne. Von altersher wurden im Gottesdienst von den Gläubigen als Oblationen meist kleinere Gaben in Naturalien und Geld entrichtet. Wirtschaftlich von größerer Bedeutung waren wohl Geschenke, die aus Grundstücken, Naturalien oder Geld bestehen konnten, oft mit der Auflage gegeben, für das Seelenheil des Schenkers oder seiner Angehörigen zu beten, am Jahrtag ihres Todes Messen zu feiern und Arme zu speisen[19]. Eine bedeutende Einnahmequelle waren vor allem die *Zehnten,* die durch das „karolingische Zehntgebot" geregelt und von allen Gläubigen an ihre Pfarreien zu entrichten waren. Die ursprünglich persönliche Abgabe wurde allmählich auf Grund und Boden bezogen. Zur Zahlung war dann der jeweilige Inhaber des

kirche, Eigenkloster S. 273; IMBART DE LA TOUR, Paroisses rurales S. 142; LEMARIGNIER, Institutions S. 6 f., France Médiévale S. 192; VIOLANTE, Società Milanese 1. Aufl. S. 142 und 154; DERS., Pataria Milanese S. 116: „Bisogna considerare che, se la società diveniva feudale la societas Cristiana non poteva assumere essa stessa carattere diversa"; BOYD, Tithes S. 56 und App. I S. 252 ff.: The Literature on the Private Church. Auch Cluny bildete nach FECHTER, Cluny S. 44 keinen revolutionären Sprengkörper innerhalb d. feudalen Gesellschaft. – **19** Bezeichnend schon Capitula Pistensia (869), MG Capit. II S. 33 f. Nr. 275 c. 8: „Ut presbyteri parochiani suis senioribus debitam reverentiam et competentem honorem atque obsequium secundum suum ministerium impendant ... et illi pro senioribus suis orare et seniores illorum sacra officia et divina mysteria puro corde per illos suscipere possint". Allgemein vgl. u. S. 94 und S. 111 f. – **20** Zu den Ursprüngen des Kirchenzehnten

Grundstückes verpflichtet. Immer wieder mußte die Erfüllung der Zehntzahlung ange-mahnt werden[20]. Die Zehnten pflegte man in einem Teil Europas in drei Teile, meist aber in vier zu teilen, von denen einer für den Bischof, die anderen für die Kleriker, die Armen und die Kirchenfabrik verwendet werden sollten. Bei Eigenkirchen hatte über die drei zu-letzt genannten der Herr zu verfügen. Der Bischof empfing von den Pfarrern Abgaben, wenn sie das Chrisma holten oder bei Synoden und Sendgerichten. Bei Visitationsreisen waren sie verpflichtet, dem Bischof und seinen Begleitern Herberge zu gewähren. Doch wird schon früh geklagt, daß Bischöfe ihre Pflicht, die Diözese zu besuchen, zu predigen und zu firmen, nicht erfüllten und statt dessen forderten, daß die Gastung mit anderen Leistungen abgelöst würde[21].

Die Akten der Synode von Tribur (895) wiederholen die Feststellung, an manchen Or-ten sei es üblich, für den Empfang des Chrismas *Geld zu bezahlen,* ebenso für Taufe und Kommunion. Die Synode verabscheute und verfluchte diesen Keim der „simonistischen Häresie" und bestimmte, daß künftig weder für die Weihe, noch für das Chrisma oder die Taufe, noch für die Beerdigung und die Kommunion etwas gefordert werde, sondern un-entgeltlich sollten die unentgeltlichen Geschenke Christi mitgeteilt werden. Eingehend wird mit Zitaten aus dem Alten Testament begründet, warum es allen Christen verboten sei, „Erde an Tote" zu verkaufen und das geschuldete Begräbnis zu verweigern. „Gratis ac-cepisti a Deo, gratis da pro eo". Es sei denn, daß die Angehörigen und Freunde des Ver-storbenen um des Herren willen und zur Erlösung der Seele des Menschen freiwillig etwas schenken wollten. Ähnliches lesen wir etwa auch in den Akten der Synode von Melun und Paris (845/46), die sich auf einen Brief Gregors des Großen beruft[22]. Der Papst hatte zwar gestattet, anzunehmen, was etwa Angehörige und Erben freiwillig für die Leuchter geben wollten, aber entschieden verboten, daß etwas erbeten und gefordert würde[23].

Man hat den Eindruck, daß schon in der Karolingerzeit aus den von Gregor I. auf freie Geschenke beschränkten Gaben vielfach ein Brauch geworden war, aus dem leicht *ver-pflichtende Abgaben* wurden. Zwar wurden auch später Priester von Synoden mit dem Anathem bedroht, die Chrisma, Taufe und Beerdigung verkauften, so von einer Synode, die 1036, abermals in Tribur stattfand[24]. Aber um diese Zeit hat sich der „*Entgeltlichkeits-gedanke"* dennoch so vollständig durchgesetzt, wie es Georg Schreiber für das 12. Jh. ein-drucksvoll dargestellt hat. Alle geistlichen Leistungen von der Taufe bis zur Aussegnung und Bestattung waren mit Abgaben, den sogenannten Stolgebühren verbunden[25].

Außer den Zinsen für Grundvermögen, zu denen auch Kirchen gehörten, konnten nun auch solche Einnahmen, besonders die Zehnten, verpachtet oder zu Lehen gegeben wer-den. Auch dies ist eine Anpassung an die Wirtschaftsformen der agrarischen und herr-schaftlichen Gesellschaft. Wie sollte man schließlich Vermögen und Einkünfte nutzen, wenn sie die Bedürfnisse des eigenen Konsums und die Vorsorge für Hungerzeiten über-schritten?

Mit *Pacht- und Lehensverhältnissen* aller Art waren fast regelmäßig Schenkungen des Beliehenen oder Belehnten an den Herren verbunden. Beim Besitzwechsel in einem Bauernhof wurden daraus fixierte Abgaben. Ähnliches geschah bei der Einsetzung von Pfarrern durch weltliche und geistliche Eigenkirchenherren[26]. Die Vassallen brachten bei

vgl. STUTZ, Karolingisches Zehntgebot bes. S.197 und 222f. – **21** MG Capit. II S.247 Nr.252 c.5. – **22** MG Capit. II S.206f. Nr.252 und S.221f., c.15f.; MG Capit. II S. 415 Nr.293 c.72. – **23** MG Reg. VIII 35, MG Epp. II S.37. – **24** MG Const. I S.89 Nr. 44. Dazu vgl. BÖHMER, Eigenkirchentum S.301–353. – **25** SCHREIBER, Abgabenwesen S. 442; DERS., Segnungen S.290; DERS., Gregor VII. S.77, wo sogar „die Messe als abga-benbildende Kraft" bezeichnet wird; BÖHMER, Eigenkirchentum S.321: „nichts umsonst." – **26** IMBART DE LA TOUR, Paroisses rurales S.254; SCHREIBER, Abgabenwesen S.445; DERS., Kurie und Kloster II S.50; LEMARIGNIER, France Médiévale S.67; DERS., Institu-tions S.62ff.; BÖHMER, Eigenkirchentum S.322 meint, solche Zahlungen hätten für den Eigenkirchengeistlichen ihr Gutes gehabt. Man hätte ihm dann die Kirche nicht so leicht wegnehmen können. – **27** VINCKE, Staat und Kirche S.254ff. – **28** BARLOW, English

der Belehnung dem Herren Ehrengeschenke und empfingen solche von ihm. Ähnlich haben wir uns ursprünglich wohl Geschenke bei der Einsetzung von Bischöfen vorzustellen, die ihrerseits Privilegien oder Privilegienbestätigungen erhielten. Vorgänge, die man regelrecht Kauf und Verkauf um hohe ausgehandelte Beträge nennen kann, kamen in Südfrankreich, wohl auch in anderen Ländern zu gewissen Zeiten vor. Am bekanntesten ist der Fall Wifreds, des Sohnes des Grafen von der Cerdaña, der den erzbischöflichen Stuhl von Narbonne gegen 100 000 Schillinge erwarb und dreien seiner Brüder gegen hohe Summen die Bischofsstühle von Urgel, Gerona und Elna verschaffte[27]. Doch sind später, als man Anstoß an der Einsetzung von Bischöfen, Äbten und Pfarrern durch Laien nahm, diese Fälle verallgemeinert und polemisch übertrieben worden[28]. Für Könige war anderes wichtiger als ein Geschenk bei der Entscheidung für einen Kandidaten: Fidelitas gegenüber Christus und dem König, Herkunft und Verwandtschaft, die politischen und persönlichen Beziehungen[29]. Es kam auch vor, daß man einem armen Bistum durch einen reichen Bischof aufhelfen wollte in der begründeten Hoffnung, daß er einen Teil seines Vermögens seiner Kirche zuwenden würde. Natürlich war die Haltung der Könige verschieden. Aber man darf ihr Bewußtsein im Dienste des Herrn der Kirche die Bischöfe zu bestellen, nicht unterschätzen. Vielfach fühlten sie sich bei ihrer Entscheidung durch Gebet oder einen Traum erleuchtet. Als der Bischof von Regensburg 940 gestorben war, soll Otto I. nach Thietmars Erzählung dorthin gereist und im Traum ermahnt worden sein, das Bistum keinem anderen zu geben als dem, der ihm als erster am nächsten Morgen begegnete. Als es dämmerte, kam der König mit wenigen Begleitern nach St. Emmeran, klopfte gemach an das Tor und wurde von einem gewissen Gunther, dem höchstwachsamen Kustos des Klosters, einem in allem ehrwürdigen Pater eingelassen. Er sah ihn an, schritt zuerst demütig zum Gebet und redete dann folgendermaßen zu ihm: Was willst du mir, Bruder, für die Gewährung des Bischofsamtes geben? Der alte Mönch erwiderte lächelnd: Meine Schuhe. Und der König berichtete allen in der Peterskirche von seinem Traum und bestimmte mit dem Rat von Klerus und Volk Gunther zum Bischof[30].

Von Geschichtsschreibern und aus Urkunden erfahren wir viel von *Streit um Kirchengut,* und zwar mehr als von Streitigkeiten um Güter, in denen beide Parteien Laien sind, was an der bekannten reicheren kirchlichen Überlieferung liegen mag. Vielfach werden Übergriffe und Räubereien von mächtigen Laien an den Pranger gestellt. Kirchen und Klöster sollen die beklagenswerten Opfer ihrer Habsucht und Willkür sein[31]. Doch wird ebenso viel von frommen Laien als Schenkern, Kloster- und Kirchengründern berichtet. Und in der Tat stammen die Kirchengüter, ob reich oder spärlich, größtenteils von Königen und großen oder kleinen Laien. Zeitweise scheinen sich sogar Laienfamilien, besonders durch ihre Gaben an Klöster, arm gemacht zu haben[32]. Diese fromme Verschwendung scheint in der zweiten Hälfte des 10. J.s gerade in Teilen Frankreichs zu einer sozialen Krise der höheren Schichten geführt zu haben. Und manches Mal wird es vorgekommen sein, daß Erben Schenkungen ihrer Vorfahren nicht anerkannten und ihre Ansprüche mehr oder weniger gewaltsam geltend machten[33]. Aber abgesehen davon, sind sicherlich viele Vorwürfe und Abwehrversuche von Kirchen berechtigt gewesen. Darüber darf nicht übersehen werden, daß auch unter Laien vor Gericht und mit dem Schwert viele Kämpfe um Güter und einträgliche Rechte geführt wurden. Ebenso hören wir viel von Streitigkeiten zwischen Bischöfen untereinander, zwischen Bischöfen und Dom-,

Church 1000–1066 S. 112 ff. – **29** Besonders deutlich sind kirchenpolitische und politische Gesichtspunkte bei der Besetzung von Bistümern in Reichsitalien zu beobachten. SCHWARTZ, Besetzung. – **30** Thietmari Chron. II 26, MG SrG Nova series 9, S. 70; Einsetzung Geros als Erzbischof von Köln auf Grund eines Traumes II 24, S. 68. – **31** Doch spricht DUBY, Société S. 165 mit Recht von einer Übertreibung der adligen Exzesse durch kirchliche Schriftsteller. – **32** LESNE, Propriété ecclésiastique S. 169; GODFREY, Church S. 308; DUBY, Société S. 68 ff.: l'appauvrissement des laics. – **33** Als Beispiel unter vielen vgl. F. W. OEDIGER, Adelas Kampf um Elten, AHVNRh 155/56 (1954) S. 76 ff.; ferner SCHREIBER, Kluny und d. Eigenkirchen S. 96 ff. und 117. – **34** LEMARIGNIER, Institutions

Stiftskapiteln, Klöstern oder Pfarrern um Güter und große oder kleine Einkünfte. Von Bischöfen wird gesagt, daß sie sich mehr um Macht und Reichtum als um ihr hohes geistliches Amt kümmerten, daß sie ihren Verwandten, mit deren Hilfe sie ihr Bistum erlangt hatten, Kirchengut zu Lehen gäben, Klöster besonders zwischen dem Tod und der Neuwahl des Abtes, beraubten und die Landgeistlichkeit mit übertriebenen Forderungen heimsuchten[34]. Otto III. warf 998 in Pavia Bischöfen und Äbten vor, sie trieben Mißbrauch mit Kirchengütern, die sie gewissen Personen verliehen, nicht zum Nutzen der Kirche, sondern wegen Geldes, Verwandtschaft oder Freundschaft[35]. Juthail erwarb um 1039 die Metropole von Dol durch Zahlung an Herzog Alain von der Bretagne und verschenkte großzügig erzbischöfliche Güter. Das war dort und damals an der Tagesordnung[36]. Klöster, so wird geklagt, leisteten nicht, was sie dem Bischof schuldeten, und sie schmälerten die kargen Einkünfte ihrer Eigenkirchenpriester[37], diese wiederum vernachlässigten ihre Pflichten, blieben der Synode fern und seien säumig mit ihren Abgaben. Was alle Klagen und Ermahnungen bewirkten, ist schwer zu sagen. Gewiß wurden dadurch viele, von Bischöfen bis zu Zehnte zahlenden Bauern, in der Erfüllung ihrer Pflichten bestärkt. Dagegen muß man sich wundern über zunehmende Gegensätze zwischen kirchenrechtlichem religiösen Gebot und der Praxis. Im ganzen hat sich wohl vom 8.–12. J. die Entgeltlichkeit geistlicher Leistungen, die Verflechtung des kirchlichen Lebens mit ökonomischen Gesichtspunkten verstärkt.

Die *wirtschaftliche Existenz der Kirchen und des Klerus* ist in verschiedenen Stufen, Ländern und Zeiten ausgesprochen ungleich. Die Bistümer, die großen und berühmten Klöster und Stiftskirchen waren verhältnismäßig reich[38]. Ihre Einnahmen befähigten sie, bei den häufigen Hungersnöten aus den Vorräten ihrer Scheunen und Ställe Hilfe zu gewähren. Sie waren in der Lage, die Sorge für Arme, Kranke und Pilger zu übernehmen. Die hohen geistlichen Ämter der Bischöfe, Äbte, Kanoniker und Dignitäre an Domen und Stiftskirchen waren für Söhne des Adels auch wirtschaftlich attraktiv, obzwar nach Ländern in verschiedenem Maß. Die deutschen und französischen Bistümer waren teils wohlhabend, teils reich, aus Italien hört man wenigstens nichts von Armut, während ein Teil der für das kleine Land zahlreichen englischen wohl bescheiden lebte[39]. Für eine Zeit mit geringem statistischen Sinn lassen sich freilich nur recht ungenaue Vorstellungen gewinnen. Selbst eine so ungewöhnlich gehaltvolle Aufzeichnung wie die Ottos II. nach der Schlacht von Cotrone mit der Angabe, wieviele gerüstete Reiter ihm von geistlichen und weltlichen Fürsten Deutschlands zu Hilfe gesandt werden sollten, ist mit Vorsicht zu betrachten[40]. Denn man weiß nicht, wieviele Truppen die einzelnen schon vorher nach Italien gesandt hatten, und ob nicht die Lage in der Heimat, besonders in Grenzgebieten, den Ansatz ihrer Kontingente mitbestimmt hatte. Während jedoch von keinem weltlichen Fürsten mehr als 40 Bewaffnete angefordert wurden, lauteten die Zahlen für Köln, Mainz, Augsburg und Straßburg 100, für Salzburg, Trier und Regensburg 70, für Lüttich, Verdun, Würzburg, Fulda und Reichenau 60, für Eichstätt, Lorsch und Weißenburg 50, für Chur, Freising, Worms, Ellwangen, Hersfeld, Prüm und St. Gallen 40 usw. Bei aller Vorsicht wird man in diesen Zahlen eine Bestätigung der hohen wirtschaftlichen, politischen und militärischen Leistungsfähigkeit der geistlichen Führungsschicht finden, die man aus der allgemeinen deutschen Geschichte feststellen kann.

Über die *wirtschaftliche Lage der Papstkirche* kann man sich für das 10. und frühe 11. Jh.s nur schwer eine klare Vorstellung machen[41]. Vermutlich waren die Erträge aus

S. 68: „les évêques plus préoccupés de leur seigneuries que des choses de la réligion". – **35** MG Const. I S. 50 Nr. 23. – **36** Duine, Métropole de Bretagne S. 7 ff. – **37** Böhmer, Eigenkirchentum S. 344. – **38** Lesne, Propriété ecclésiastique S. 370 ff. – **39** Darlington, Ecclesiastical Reform S. 399 nennt als einen Grund für den Pluralismus, d. h. die Vereinigung zweier Bistümer, die Armut mindestens zweier einen; dazu Godfrey, Church S. 387. – **40** MG Const. I S. 362 Nr. 436. – **41** Jordan, Päpstliche Finanzgeschichte S. 62: „auf eine anschauliche Darstellung der älteren päpstlichen Finanzgeschichte muß wohl stets verzichtet werden." – **42** Duchesne, Premiers temps; Th. Hirschfeld, Das Gerichtswesen d.

dem Grundbesitz, der kirchenstaatlichen Verwaltung, der Münze, den Zöllen und den gerichtlichen Funktionen im Patrimonium Petri erheblich, aber infolge der schwankenden politischen Verhältnisse in Mittel- und Süditalien unsicher[42]. Immerhin konnte Johannes VIII. einen Sarazenentribut von 25 000 Silbermankusen, also eine riesige Summe, aufbringen[43], wobei möglicherweise hohe Zuschüsse aus dem Vermögen und dem kostbaren Gerät der einzelnen Kirchen beigesteuert werden mußten. Auch militärische Unternehmungen des 10. und 11. J.s sprechen für eine gewisse wirtschaftliche Leistungsfähigkeit. Die materielle Unabhängigkeit des Papstes und des Personals des Sacrum palatium Lateranense war stets gefährdet durch Wirren in Rom und in der Campagna[44]. Beträchtlich, aber unbeständig waren Zinszahlungen ausländischer Fürsten, etwa aus Polen und England[45]. Nicht sehr einträglich dürften päpstliche Besitzungen jenseits der Alpen gewesen sein, auch noch nicht Anerkennungszinse päpstlicher Eigen- und Schutzklöster. Bedeutend waren die kostbaren Geschenke der Rompilger, die aus dem reichen Schatz römischer Reliquien mit Gegengaben beglückt werden konnten. Gewisse Zuschüsse erbrachten die Palliumsgelder, die sich wohl aus Geschenken zu Taxen entwickelt hatten, auch Sporteln für Privilegien[46].

Mit Geld ließ sich in Rom, wie zeitgenössische Klagen zeigen, manches erreichen. Nach einem berühmten Brief Erzbischof Wilhelms von Mainz soll sich Ottos I. Gesandter Abt Hadamar von Fulda gebrüstet haben, er könne für 100 Pfund aus Rom so viele Pallien nach Haus bringen, wie er wolle[47]. Später soll sich Knut der Große bei Papst Johannes XIX. bitter darüber beklagt haben, seine Erzbischöfe würden durch ungeheure Geldforderungen bedrängt, wenn sie dem Brauch gemäß zum Empfang des Palliums zum apostolischen Stuhl reisen. Es wurde beschlossen, daß dies künftig nicht mehr geschehe[48]. Derselbe Papst fragte aber den Bischof Peter von Gerona nach der Möglichkeit, Kriegsgefangene loszukaufen. Der Bischof erbot sich, die Mittel für 30 zur Verfügung zu stellen, wenn Johannes ihm das Pallium verleihe, das damals doch nur noch Metropoliten zustand[49].

Als Abbo von Fleury das erste Mal nach Rom reiste, um die Privilegien seines Klosters bestätigen zu lassen, soll er nach seinem Biographen Aimoin in Johannes XV. einen gewinnsüchtigen und in seiner ganzen Tätigkeit käuflichen Papst gefunden haben, während er von Gregor V., den er als Vertriebenen in Spoleto fand, berichtet, er habe ihn gütig beschenkt und keinen Geldgewinn erstrebt[50]. Gerbert von Aurillac berichtet, 990 sei eine Gesandtschaft des Konzils von Senlis, von der die Verurteilung Erzbischof Arnulfs von Reims erbeten wurde, von Gesandten der Gegenpartei mit reichen Geschenken, darunter einem herrlichen Schimmel, ausgestochen worden[51]. Vielleicht sind in gewissen Situatio-

---

Stadt Rom v. 8.–12. Jh., wesentlich nach stadtrömischen Urkunden, AUF 4 (1913) S. 419–543; Hartmann, Grundherrschaft und Bürokratie S. 142; Ders., Geschichte Italiens II 1 S. 141, II 2 S. 112; Halphen, Études; Kölmel, Rom und d. Kirchenstaat S. 18 ff.; Hiestand, Byzanz S. 26; Toubert, Structures S. 906 ff. – 43 MG Epp. VII S. 85 Nr. 89. – 44 Nach dem Untergang des Kaisertums waren die Päpste frei von kaiserlicher Kontrolle, aber auch von kaiserlichem Schutz. Vgl. Dupré-Theseider, Ottone I e l'Italia S. 98 f.; dies gilt eigentlich schon seit dem Tod Ludwigs II. – 45 C. Daux, Le denier de St. Pierre, 1907, S. 11 f. und 19; D. Jensen, Der engl. Peterspfennig und d. Lehnssteuer aus Engl. und Irland an d. Papststuhl i. Ma, Phil. Diss. Rostock 1903; E. Maschke, Der Peterspfennig in Polen und d. dt.en Osten, 1933, bes. S. 17 f.; W. E. Lunt, Financial Relations of the Papacy with England to 1327, 1939, S. 3 ff., 22 ff., 68 ff.; Barlow, English Church 1000–1066 S. 295 ff.; Godfrey, Church S. 388. – 46 C. B. Graf v. Haake, Die Palliumsverleihungen bis 1149, Phil. Diss. Göttingen 1898; Lesne, Hiérarchie épiscopale S. 94; Feine KR S. 119, 231, 365. – 47 Jaffé B III S. 349 Nr. 15. – 48 Ex Florentii Wigorniensis Chron. Chronicarum, MG SS XIII S. 126. – 49 Kehr, Katalanischer Prinzipat S. 22. – 50 Aimoini vita Abbonis, MPL 139 c. 401 f.; über Farfa Sackur, Cluniacenser S. 350 Anm. 3. – 51 Acta conc. Remensis 27, ed. A. Olleris, Ouvres de Gerbert, 1867, S. 203 ff.; Gerbert v. Aurillac ep. 217, ed. J. Havet, Lettres de Gerbert, Coll. de Textes 6, 1889, S. 205; BZ Nr. 693. – 52 BZ Nr. 1018. – 53 Wiberti Vita Leonis II 3, MPL 143 c. 496. –

nen für den Papst Geschenke in Geldverlegenheiten wirklich wichtig gewesen. Wenn gerade die Beziehungen zu Byzanz gut waren, flossen von dort Subsidien nach Rom. 1007 war der Jude Jakob bar Jekutiel aus Rouen zu Johannes XVII. gekommen, hatte von Judenverfolgungen berichtet und ein Papstmandat erbeten, das Judentötungen mit Exkommunikation bedrohte. Er bot dafür 200 Pfund Münzen, für den Legaten 7 Goldstücke, zur Finanzierung der Reise 100 Silberstücke und 12 Reitpferde[52]. Als Leo IX. Anfang 1049 in Rom eingetroffen und am 12. Februar inthronisiert worden war, soll er dort für sich und seine Begleiter keinerlei Unterhaltsmittel vorgefunden haben. Alles Geld, das man aus Deutschland mitgebracht hatte, war für die Reise und für Almosen ausgegeben. Nach dem Biographen Leos hat man erwogen, ob man Rom nicht wieder verlassen müsse. Da erschien eine Gesandtschaft aus Benevent mit so reichen Geschenken, daß die Not vorerst behoben war[53]. Die Verwaltung der päpstlichen Finanzen war noch so unstetig, so wenig vorausgeplant, daß solche Krisen eintreten konnten, besonders nach Vakanzen.

Die wirtschaftlichen Verhältnisse der isoliert lebenden *Landgeistlichkeit* waren wohl nach Ländern und Zeiten verschieden, aber im ganzen recht bescheiden oder gar dürftig. Ihr Amt dürfte daher materiell wenig attraktiv gewesen sein. So sind für die Eigenkirchen von den Herren oft Leute aus ihrem Gesinde abgeordnet worden[54]. Zwar wurde immer wieder die Bestimmung eingeschärft, daß Unfreie vor der Priesterweihe freigelassen werden müßten. Aber diese Vorschrift wurde keineswegs immer befolgt. So wurde der presbyter venerandus Baldmunt, unfreier Abstammung aus der familia des Klosters Kempten, erst 926 auf Bitten des Bayernherzogs Arnulf von König Heinrich I. durch Schatzwurf freigelassen[55]. Er muß also als Unfreier zum Priester geweiht worden sein. Wie es solchen Leuten gehen konnte, zeigt etwa das Verbot der Synode von Ingelheim an die Laienherren, ihre Priester zu schlagen, heimzusuchen und ihnen Unrecht zuzufügen[56]. Weiter ist zu bedenken, was es mit der „libertas" freigelassener Priester überhaupt auf sich hatte. Der letzte Kanon der Synode von Hohenaltheim (916) geht ausführlich darauf ein. Zunächst ist die Rede von einem Herrn, der einen von seinen Knechten auswählt, ihn die Wissenschaft lernen läßt, mit der libertas beschenkt, durch seine Fürsprache beim Bischof zum Priester macht und ihn gemäß dem Apostel mit Unterhalt und Kleidung ausstattet. Wenn er dann aber aus Hochmut sich weigert, seinen Herrn die Messe zu zelebrieren, die Horen zu beachten, die Psalmen zu singen und ihnen recht zu gehorchen (et eis iuste obedire), indem er sagt, er sei frei und wolle nicht und werde als Freier Mann eines beliebigen Herrn, das verdammte die heilige Synode und urteilte, er sei zu exkommunizieren, bis er Vernunft annähme und seinem Herrn gehorchte. Wenn er aber immer noch trotze, solle er bei dem Bischof, der ihn geweiht hätte, angeklagt, degradiert und jenes Knecht werden, d. h. seines Herrn, wie er geboren war[57]. Man erkennt wieder, wie relativ der mittelalterliche Freiheitsbegriff sein konnte. Libertas mußte Hörigkeit und Verpflichtung zu geistlichen oder materiellen Leistungen gegenüber einem Herrn oder Schutzherrn nicht ausschließen[58]. In den Akten der Synode von Tribur (895) ist sogar die Rede davon, daß gewisse Laien so unbillig gegen ihre Priester verführen, daß sie von dem Habe sterbender Priester einen Teil für sich verlangten, wie vom Nachlaß ihrer Bauern. Über $^2/_3$ ihres Vermögens sollten Priester frei verfügen dürfen, das dritte den Kirchen hinterlassen, an denen sie dienten[59].

Aus der wirtschaftlichen Lage der Landgeistlichkeit konnten sich große Schwierigkeiten für die *Durchsetzung der Ehelosigkeit* der Kleriker ergeben. Die Forderung sexueller Enthaltsamkeit hängt seit apostolischer Zeit mit der Parusieerwartung zusammen, mit dem Maß der Teilhabe an dem kommenden Reich Gottes. Sie gehört daher zur Haltung des Mönchstums und seiner Askese. Für Priester erklärt sie sich aus der Anwesenheit Gottes, wenn sie das eucharistische Opfer darbringen. Es wird von ihnen Reinheit gefordert.

54 STUTZ, Art. Eigenkirche, Eigenkloster S. 323; BARLOW, English Church 1000–1066 S. 186. – 55 MG DHI 10. – 56 MG Const. I S. 15 Nr. 6 c. 5. – 57 MG Const. I S. 626 f. Nr. 433 c. 38. – 58 TELLENBACH, Libertas S. 21 f.; DERS., Servitus S. 232 f. – 59 MG Capit. II S. 248 Nr. 252, canones extravagantes 6. – 60 H. CHADWICK, Art. Enkrateia,

Wie in vielen Religionen gilt aber der geschlechtliche Umgang als Beeinträchtigung der Reinheit. Daraus ergeben sich zahlreiche Vorschriften in Konzilkanones und Bußbüchern. Nach der Höhe des Weihegrades waren sie von abgestufter Strenge[60]. Die Gebote wurden aber erst allmählich genauer befolgt. Schon im früheren Mittelalter waren, trotz zahlreicher Ausnahmen, die Bischöfe unverheiratet, ja sie befolgten großenteils die vielen Vorschriften darüber, welche Frauen überhaupt mit ihnen im gleichen Haushalt leben dürften[61]. Das uralte Problem war am ehesten für diejenigen Kleriker lösbar, die in größeren geistlichen Gemeinschaften eine Communis vita führten. Aber ein Landpfarrer, der so arm war, daß er sich kaum Knechte und Mägde halten konnte, war auf die Hilfe von Frau und Kindern angewiesen, um aus dem Pfarrgut den Unterhalt und die Abgaben zu erwirtschaften, die er zu leisten hatte[62]. Und er mußte darauf bedacht sein, seine Familie über seinen Tod hinaus zu versorgen, also entweder ein kleines Vermögen beiseite zu bringen oder zu erreichen, daß einer seiner Söhne als „Erbpfarrer" sein Nachfolger wurde[63]. Daraus sind die *„Priestererbkirchen"* entstanden, die für die Bischöfe erträglich sein mochten, wenn der Pfarrer einen Sohn für den geistlichen Dienst ausbildete und die Abgabenpflichten erfüllt wurden. Andererseits bestand die Gefahr, daß Kirchengut entfremdet wurde. Es zeigt sich die Tendenz, daß ein freier oder freigelassener Pfarrer eine freie Frau nahm, um für seine Kinder Freiheit zu gewinnen und ihnen freies Erbe zu übertragen. Dies mußte zum Schaden von Kirchen öfters vorgekommen sein, da man kirchlicherseits Abhilfe zu schaffen suchte. Gerade in der ersten Hälfte des 11. Jh.s versuchte man es durch die Bestimmung, daß Priesterkinder auch aus Verbindungen mit freien Frauen Hörige der Kirchen würden[64].

IV. Religiöses Leben und Denken

1. Das Empfinden der Nähe von Diesseits und Jenseits

Es ist üblich geworden, von dem Glauben, der *Frömmigkeit des Volkes*, der Menge, der Massen zu sprechen und eine Unterscheidung von den religiösen Vorstellungen der Gebildeten, zumal des Klerus und der höheren laikalen Schichten anzunehmen. In der volkstümlichen Religiosität lebten danach manche archaischen, numinosen, vorchristlichen Elemente weiter, die schon längst von alten Konzilien und Päpsten als heidnisch und irrgläubig ausgeschieden worden seien. Als Beispiele genannt seien nur die Verehrung von Steinen, Bäumen und Gewässern oder die Furcht vor Hexen und dämonischen Wesen. Oft hält man für „volkstümlich" auch Leichtgläubigkeit gegenüber Heiligenlegenden, Wundern und Wirkungen von Reliquien. Indessen wird zuweilen vorsichtig betont, wie beispielsweise von Raoul Manselli, obwohl auch er sich die „Volksreligion" im Mittelalter zum Thema macht: „Die Volksreligion als etwas von der Religion der rationalen Theologie (religion savant) ganz Verschiedenes zu begreifen, wäre doch

RAC 5, Sp. 362; A. Oepke, Art. Ehe I, RAC 4, Sp. 659 ff.; H. Barion, Art. Zölibat, RGG³, Sp. 1923 f.; Hödl, Lex continentiae S. 325–344. – 61 Lesne, Propriété ecclésiastique S. 254; als Beispiel vgl. d. Konzil v. Augsburg, MG Const. I S. 19 Nr. 9 c. 1, 4, 11. – 62 Böhmer, Eigenkirchentum S. 312 ff. – 63 Ebd. S. 327 ff. – 64 MG Const. I S. 62 Nr. 31, S. 70 ff. Nr. 34; Violante, Pataria Milanese S. 11.

nach unserer Meinung ein schwerer methodischer Irrtum"[1]. In der Tat ist die Scheidung von Volksreligion oder Volksfrömmigkeit von einer theoretisch mehr oder weniger abgeklärten Religion abwegig. Wie sollte mittelalterliche Religion nach sozialen Schichten oder nach dem Bildungsniveau eingeteilt werden? Es werden hier aufgeklärte Begriffe vielfach in das Mittelalter zurückprojiziert.

Sicherlich sind Glaube, Lehren und liturgische Formen der Christenheit vielfach universalreligiöses Überlieferungsgut, durch Eigentümlichkeiten einzelner Völker in vorchristlichen Kulten, durch ein tieferes oder nur oberflächliches Verstehen der Bibel und der Kirchenväter beeinflußt gewesen. Aber von den religiösen Vorstellungen und Sehnsüchten einfacher Bauern haben sich diejenige vieler Angehöriger höherer Schichten – auch vieler armer und sogar leidlich gebildeter Kleriker – schwerlich sehr unterschieden, und manches, was man als heidnische Relikte erkennt, was man naiv oder primitiv findet, lebt auch in hohen geistlichen und weltlichen Persönlichkeiten fort. Die „offizielle" Religion der Liturgie, des Lebens mit den Sakramenten, mag in allen Schichten öfter durch Traditionalismus verflacht sein, birgt aber auch dann noch immer die Möglichkeit der Verlebendigung in sich.

Es ist überraschend, wie verschieden Stand und Wirkung der *Theologie* in den früh- und hochmittelalterlichen Jh. von hochstehenden Forschern neuester Zeit beurteilt werden. So hat man einerseits von „verdunkelter Theologie" zwischen Gregor dem Großen und Anselm von Canterbury gesprochen, gar von einem Tiefpunkt der Theologie am Ende des 8. Jh.s[2]. Oder man hat gemeint, die theologischen Probleme der Karolingerzeit seien in ihrer Aktualität auf Polemik unter Gelehrten beschränkt geblieben. Solche Gestalten wie Beda und den „gewaltigen" Bonifatius habe es mit der einzigen Ausnahme Gottschalks nicht gegeben. Andererseits wurde etwa im Hinblick auf die Liturgie im 6. bis zum 8. Jh. eine Zeit schöpferischer Kraft gesehen oder der Periode vom 9. bis zum 11. Jh., wenn auch in den einzelnen Ländern ungleichmäßig, eine lebendige liturgische Gestaltung zugeschrieben[3]. Der Zug zu wissenschaftlicher Kontroverse und Systembildung ist vom 9. bis zum 11. Jh. allerdings nicht stark. Die Anstöße, die von gegensätzlichen Auffassungen der Transsubstantiation des Hrabanus Maurus und Ratramnus einerseits, des Paschasius Radbertus andererseits ausgegangen waren, wirkten auch im 10. und 11. Jh. fort, bis sie im Streit um die Lehren des Berengar von Tours, schärfer artikuliert, wieder auflebten[4]. An „gelehrten" Theologen hat es auch im 10. und frühen 11. Jh. nicht gefehlt. In der Abendmahlsfrage herrschte indessen sicher ein gewisser Synkretismus vor, wenn das dogmatische Problem

---

1 Manselli, Religion populaire S. 14 Anm. 4; auch bei E. Delaruelle, La piété populaire au moyen-âge, 1975, findet man Einschränkungen wie S. 529: „Pas nécessairement car souvent, on en a bien l'impression, clercs et chevaliers, voir princes et évêques n'avaient pas une piété sensiblement plus épurée que celle du peuple". Vgl. etwa auch Demm, Rolle d. Wunders S. 316: „Die meisten Bischöfe waren selbst der magischen Vorstellungswelt des Volkes verhaftet". Noch lange wurde die alte Bestimmung wiederholt, daß Bischöfe und Kleriker jeden Grades abzusetzen seien, die Magier konsultierten. Vgl. etwa Atto von Vercelli, Capitulare 18, MPL 134, S. 137. Eine Auseinandersetzung mit dem gehaltvollen Buch von R. und C. Brooke, Popular Religion in the Middle Ages. Western Europe 1000–1300, 1984, das mir erst nach Beginn der Drucklegung meines Buches bekannt wurde, war nicht mehr möglich. Vgl. vorläufig bes. u. S. 90. – **2** Angenendt, Religiosität und Theologie S. 29. – **3** Neunhäuser, Gestaltwandel S. 170 f. – **4** Vgl. o. S. 17. – **5** Geiselmann, Eucharistielehre S. 283 f. und 407 f.; De Lubac, Corpus

überhaupt erfaßt wurde[5]. Im ganzen wird man der Theologie dieser Zeit am ehesten gerecht, wenn man sie als praktische, weniger als spekulative Theologie versteht. Als solche, als Verkündigung des wahren Glaubens, als Auslegung der Heiligen Schrift und der Kirchenväter hatte sie eine breite Wirkung. Sie arbeitete wenig von oben reguliert, mit einer längst ausgebildeten Methode der wörtlichen, allegorischen und historischen Erklärung, wobei mit Eifer im Sinn einer heilsgeschichtlichen Auffassung Parallelismen zwischen Altem und Neuem Testament aufgewiesen sowie Voraussagen oder Forderungen für die Gegenwart abgeleitet wurden. Predigt wurde nicht nur von Bischöfen und Äbten gefordert, sondern auch von den Priestern in der Pfarrei.

So wiederholt etwa noch Burchard von Worms (gestorben 1025) ältere Aufträge an die Pfarrer zur Predigt[6]. Es ist ein ausführlicher Text, fast schon eine Predigt, von der man sich denken könnte, daß ein Pfarrer seine Gemeinde beeindruckt, selbst wenn er sie nur immer wieder vorliest. Zuallererst sollen die Grundlagen der Glaubenssätze verkündigt werden „von dem einen allmächtigen Gott, Vater, Sohn und heiligem Geist, dem Ewigen, Unsichtbaren, der Himmel und Erde schuf, das Meer und alles, was darin ist, daß die Gottheit und die Substanz und die Hoheit eine sei in den drei Personen des Vaters, des Sohnes und des heiligen Geistes." Im weiteren sollen die anderen Sätze des Glaubensbekenntnisses verkündet werden, die Lehre vom Jüngsten Gericht, von den Sünden und Verbrechen, auf die ewige Strafe steht, aber auch von der Liebe zu Gott und zum Nächsten, über Glaube und Hoffnung auf Gott, über Demut und Geduld, über Keuschheit und Enthaltsamkeit, Güte, Erbarmen, Almosen und Sündenbekenntnis, und daß man gemäß dem Herrengebet den Schuldigen ihre Schuld vergeben möge.

Es ist merkwürdig, wie verschieden man sich in neuerer Zeit die Wirkung des Gottesdienstes in den ländlichen Kirchen auf die bäuerliche Bevölkerung, also die Mehrheit aller Christen vorstellt. Schon früh, in der Missionszeit im Norden, sei man von Kerzenglanz, Weihrauchduft, purpurnen Meßgewändern, Gesang, Glockengeläut beeindruckt worden[7]. In England sei für Bauern und Ritter alles Bessere und Schönere kirchlich gewesen, die Kirche selbst, die Geräte, die Priester, die englisch lesen und lateinisch singen konnten usw.[8] „Was kann dieses bäuerliche, abergläubische Volk", wird dagegen gesagt, „das sich an der Kirchentür drängte und von fern die Gebärde eines Priesters sieht und lateinische Worte singen hört, die es nicht versteht, vom Evangelium wissen? Was hatten die Armen von einem Klerus zu erwarten, der aus den Sklaven der Güter hervorgegangen war, was von diesen Pfarrern, die ihre Felder selbst pflügen mußten, um ihr Weib und ihre Kinder zu ernähren, und die schnell vergaßen, was sie gelernt hatten."[9] Anderswo liest man wiederum: „Und die Langeweile aller dieser Sermonen wird nicht vergessen lassen, daß ihr monotoner Regen gewisse tiefe Strukturen unserer Gesellschaft, des Jahresablaufs (calendrier), der Sexualmoral gestaltet hat."[10]

Mysticum S. 117 ff. – 6 Decretum II 59 ff. MPL 140 c. 636: Entsprechende Texte Ansegisi Capitularium I 76, MG Capit. I S. 404 f.; Reginonis abbatis Prumiensis libri duo de synodalibus causis et disciplinis ecclesiasticis I S. 204 ff., ed. E. H. Wasserschleben, 1840, S. 103. – 7 GERHARDT, Norwegische Gesch. S. 63. – 8 DEANESLY, Sidelights S. 328. – 9 DUBY, Frühzeit S. 91. – 10 BOGLIONI, Culture populaire S. 29: „de l'ennui de tous ces sermons ne pourra pas faire oublier, que leur pluie monotone a façonné certaines structures profondes de notre société, du calendrier à la morale sexuelle". – 11 G. NICKL, Der

Noch verschiedener und vielartiger als die wiedergegebenen phantasievollen Genrezeichnungen guter Kenner vieler Quellen dürfte die Wirklichkeit gewesen sein. Aber gewiß ist, daß in Generationen oder gar Jh. das religiöse Empfinden und Denken der Menschen von zuerst fremden, dann halbverstandenen, aber immer mehr zur Gewohnheit werdenden Erlebnissen und Verhaltensweisen in der Gemeinschaft tief geprägt wurden. Man vergesse nicht, wie in allen Religionen uralte Gewohnheiten, sozial zwingende Ritualien mächtig sind. Doch auch erstarrte Formen können wieder und wieder charismatisch lebendig und frei werden.

Die Mitte aller Andacht war der Glaube an die Präsenz der Gottheit im *liturgischen Vollzug der Sakramente*. Wie Gott in Christus Mensch geworden war, so empfand man dabei die Grenze zwischen Himmel und Erde als durchlässig. Bei der Liturgie der eucharistischen Feier war zwar längst vor dem 10. Jh. der Anteil des Kirchenvolkes zurückgegangen[11]. Der Priester stand meist mit dem Rücken zum Volk, seltener wie in alten Zeiten, noch versus populum[12]. Der Kanon, den man im 8. Jh. mit gedämpfter Stimme betete, wurde nun leise gesprochen, das Mitbeten des Volkes, auf das karolingische Kapitularien noch bestanden hatten, ist weiter zurückgetreten. Von den subtilen Erklärungen gelehrter Theologen verstanden wohl Priester und Volk in allen Ständen meist wenig. Aber das Zentrale und Einfache der Einigung Christi mit seiner Kirche, also auch mit den in der Gemeinde jeweils anwesenden Christen – auch wenn sie nur an der Kirchentür standen – und ihre unentbehrliche Heilswirkung wurde gekannt oder geahnt, gefürchtet der Gedanke, aus dieser Gemeinschaft herauszufallen. Praktisch beteiligt war man mit dem engeren Lebenskreis an den mehr oder weniger tief verstandenen Liturgien der Taufe, der Firmung, der Buße, der Krankensalbung, die in so schicksalhafter Weise das Leben des Christen und seiner Nächsten bestimmen und begleiten. Die Präsenz Jesu Christi bei allen diesen Akten wurde als Mysterium, gar als Wunder empfunden. Aber das Wunder der Eucharistie ist unseren Sinnen nicht wahrnehmbar. So treten, um den Glauben zu unterstützen, „ad corroborandas mentes carnalium, andere Wunder helfend hinzu", nach Ambrosius in Analogie zweier anderer großer Wunder, der Schöpfung und der Inkarnation (H. de Lubac)[13].

Das Sakrament der Weihe macht *Bischöfe und Priester* zu Instrumenten der Gottheit, durch die sie sich bei der Spendung aller Sakramente vergegenwärtigt und ihnen vieles von seiner Segensmacht zuteilt. Die Benediktionen der Kirchen und des heiligen Öls vermögen nur Bischöfe vorzunehmen, andere alle Priester, manche auch Kleriker mit Diakonatsweihe. Die große Zahl der Segnungen ist vom 9.–11. Jh. noch vermehrt worden[14]. Die Sakramentare dieser Zeit enthalten regelmäßig viele Benediktionsformeln und Weihegebete. Gesegnet werden u. v. a. Kirchen und Kapellen, die Altäre, die Glocken und die Geräte des Gottesdienstes, das Weihwasser, die Friedhöfe, Braut und Bräutigam, die Felder, die Viehherden, das Brot, die Waffen christlicher Krieger, die Kranken, diejenigen, die auf Reisen oder Pilgerfahrten gehen, ja sogar die bei Ordalien dienenden Gegenstände. Der Fähigkeit zu segnen entspricht die Macht, durch Exorzismen böse Mächte zu be-

Anteil d. Volkes an d. Messliturgie in Frankreich v. Chlodwig bis Karl d. Grossen, 1930, S. 72; Th. Klauser, Liturgiegeschichte S. 101. – 12 Nussbaum, Standort S. 414. – 13 De Lubac, Corpus Mysticum S. 298. Auch v. Harnack, Christus praesens-vicarius Christi S. 419 hatte die sakramentale Gegenwart „das größte Wunder, das die Religionsgeschichte kennt" genannt. – 14 Schreiber, Abgabenwesen; Segnungen. – 15 Der Macht zu segnen

schwören und abzuwehren. Es ist offenbar, daß der Bereich der Benediktionen und Exorzismen erfüllt ist von Elementen archaischer Religiosität[15].

Am Bedenklichsten ist der Synkretismus von archaischer und christlicher Religiosität in Theorie und Praxis des Gottesurteils. In der Provokation des Gottesurteils scheint auf, wie Menschen sich anmassen, Gott auf die Probe zu stellen und für teils harmlose, teils entsetzliche Zwecke, für Machtgewinn und Vernichtung der Feinde zu mißbrauchen. In diesem düsteren Bereich kann von einer gesonderten Stellung von „Volksreligion" besonders wenig die Rede sein.

Daß Unsichtbares, Numinöses, Göttliches und Dämonisches in die sichtbare Welt eingriffen, und daß dies alles seinerseits von menschlichem Verhalten betroffen werden kann, ist ein universaler Ausdruck von Religion[16]. Die harte Abgegrenztheit des Diesseits von transzendenten Bereichen, der demütig gläubige oder angstvoll hilflose Agnostizismus gegenüber allem, was jenseits der Todesgrenze ist, sind modern und den Alten wie den Primitiven unverständlich, ja nicht einmal erträglich. Die Christen, auch wenn sie in einer Zwischenzeit von unberechenbarer Dauer zu leben glauben, sind sich der Heraufkunft des Gottesreiches bewußt und versuchen, teils sich so zu verhalten wie die Jünger des Herrn in der Urkirche, teils harren sie im irdischen Treiben in Furcht und Hoffnung auf das Weltende. Das zeitliche Leben vollzieht sich aber immer im Hinblick auf das ewige. Das Grundgefühl der Kirche wie des einzelnen Christen ist eschatologisch. Und mag man sich an das Vergängliche verlieren und von Sündigkeit und Schuld getrübt werden, die Hilfe der himmlischen Mächte erscheint in *Buße, Gebet und guten Werken* erreichbar, und sie greifen von sich aus vielartig in das Diesseits ein. Daß die Grenze zwischen Himmel und Erde, zwischen Gott und Mensch wunderbar überschritten werden kann, zeigt sich zuallererst in der Menschheit Jesu Christi, in seiner Gegenwart im Vollzug der Sakramente, dann auch in der von ihm gewährten Segensmacht der Bischöfe und Priester[17]. Daß es allein seine Kraft ist, hat die Lehre der Theologie nach manchen Kontroversen verkündet, und die Wirksamkeit der heiligen Gaben von der persönlichen Würdigkeit des menschlichen Spenders unabhängig gesehen[18]. Und man bedenke, daß die Kirche für Lebende und Tote betet, für ihr ewiges Heil, soweit sie es als Märtyrer und Heilige noch nicht gewonnen haben. Die Christenheit ist über die Todesgrenze hinaus eine Einheit[19]. In Visionen, Träumen und Weissagungen gestalten sich Vorstellungen vom Jenseits, ja dichterischer Geist vermittelt Bilder und Deutungen, die förmliche Jenseitstopographien bieten[20]. Das Grundgefühl der Nähe von Himmel

entspricht diejenige zu verfluchen. Vgl. LITTLE, Formules Monastiques de Malediction S. 377–399. – 16 Gottesurteile und der Glaube an sie sind eine düstere universalreligiöse Erscheinung; vgl. NOTTARP, Gottesurteile. Eine Phase i. Rechtsleben d. Völker bes. S. 155 ff.; DERS., Gottesurteilsstudien, 1956; LEITMAIER, Kirche und d. Gottesurteile, wo das urtümlich magische Weltgefühl treffend analysiert ist, aus dem die Gottesurteile hervorgehen. – 17 NUSSBAUM, Standort S. 414: „Bei der Liturgie in der Basilica verbinden sich gleichsam Himmel und Erde, Sichtbares und Unsichtbares miteinander"; PASCHER, Liturgie d. Sakramente S. 7 ff.; CONGAR, Ecclésiologie S. 259: „l'eschatologie est déjà vécue dans l'Eglise car la vie chrétienne, celle de la foi et des sacrements, est déjà la vie de l'au -delà in mysterio." – 18 Schon früh unter den Stimmen für und wider, Odo von Cluny, Collationes I 21, MPL 133 c. 533: „Non ergo melior est baptismus per manus cuiuslibet sancti hominis quam per manus peccatoris, quoniam qualiscumque baptizator sit, Jesus est qui baptizat". – 19 TELLENBACH, Historische Dimension S. 202 ff. und die dort zitierte Literatur, ferner O. G. OEXLE, D. Gegenwart d. Toten, in: Death in the Middle Ages, ed. H. Braet and W. Verbeke, 1983 S. 19–77. – 20 TELLENBACH, S. 204 ff. u. d. dort zitierte

und Erde, das vielen Religionen eigen ist, steigert sich im Christentum zum Erleben des wunderbaren Eingreifens Gottes in die Geschicke der irdischen Christenheit, die in Hoffnung und Furcht dem Jüngsten Gericht entgegenstrebt. Das kurze irdische Leben des Menschen steht in einem kaum zu überschätzenden Maß unter der Frage nach seinem ewigen Schicksal. Die Sehnsucht nach Hilfe und Rettung vor dem ewigen Tod beherrscht das Leben. Aus ihr stammen die Gebete und die Gebetsverbrüderungen, aus ihr neben anderen Motiven, die gespannte Erwartung von Wundern, die innige Bereitschaft, Märtyrer und Heilige anzuerkennen und zu verehren, die bei Gott für die Sünder um Gnade flehen und in ihren Reliquien den Lebenden nahe sein können[21].

Wie das ganze Mittelalter ist auch die christliche Geschichte des 10. und 11. Jh. von *Wundern* oft und tief erregt[22]. Sicherlich spielt dabei wie zu allen Zeiten die Sensation über das vermeintlich contra oder extra naturam oder das übernatürlich Geschehene eine große Rolle. Man glaubte auch durchaus an die Möglichkeit magischen, teuflischen Zaubers. Nicht seine Anerkennung an sich gilt als Superstition, sondern seine Verwechslung mit dem eigentlichen, dem von Gott gewirkten Wunder[23]. Ihre Geschichtsmächtigkeit hatten die Wunder nur als Manifestationen der göttlichen Allmacht, die in die irdische Welt eingreift. Die zahllosen Wunderberichte sind mit noch so klugen Definitionen nicht einzuteilen. Es ist kaum zu bestreiten, daß man – vielleicht oft nur als verschwiegene reservatio mentalis – an die Möglichkeit von archaischer Magie glaubte. Aber wie sollte man zwischen Magie und göttlicher Wunderkraft unterscheiden? Man las bei Matthäus (9, 33/34), wie Jesus einem Besessenen, der stumm war, den Teufel ausgetrieben und die Sprache gegeben hatte. „Und das Volk verwunderte sich und sprach: Solches ist noch nie in Israel ersehen worden. Aber die Pharisäer sprachen: Er treibt die Teufel aus durch der Teufel Obersten." Zum Wunder gehört die Verwunderung über nie Gesehenes oder Gehörtes. Zum Wunder macht den gleichen Vorgang der Glaube an göttliche Wirkung, zum Zauber aber die Annahme teuflischen oder doch irgenwie numinosen Werkes. Konzilien haben versucht, für ausschweifend gehaltene Wundersucht einzuschränken[24]. Aber warum nannte man Priester stultissimi, die mit dem Altartuch, auf dem die Hostie gestanden hatte, einen Kirchenbrand zu bekämpfen suchten, wenn es doch den Topos gibt, daß bei Bränden die Flamme alles verzehrt, aber die Hostie oder den Altar unversehrt gelassen habe[25]? Es gibt Gebärden und Zeichen, die man zur Abwehr von Dämonen und von Unheil gebraucht[26]. Unter den heiligen Gegenständen des Kults, die Wunder wirken, sind Brot und Wein der Eucharistie die heiligsten[27]. Konsekriert sie doch Fleisch und Blut des Herrn, somit seine volle Gegen-

Literatur, ferner C. Carozzi, La géographie de l'au-delà et sa signification pendant le Haut Moyen âge, SSCI 9, 2, 1983, S. 423–481. – 21 Bei logischer Konsequenz hätte man darin eigentlich ein Abweichen von dem Axiom des Offenbarungsabschlusses seit dem Tod des letzten Apostels erkennen müssen. Vgl. J. Ratzinger, Das Problem d. Dogmengeschichte in d. Sicht d. katholischen Theologie, Arbeitsgemeinschaft f. Forschung d. Landes Nordrhein-Westfalen 139, 1966, S. 18. – 22 Finucane, Use and Abuse S. 1–10. – 23 Grant, Miracle and Natural Law S. 127. – 24 Konzil v. Seligenstadt 1023, MG Const. I S. 637 Nr. 437 c. 6. – 25 Vgl. etwa Browe, Eucharistische Wunder S. 69; Demm, Rolle d. Wunders S. 330; Tellenbach, Translation S. 611. – 26 Erinnert sei an das Kreuz und die Gebärde des Kreuzschlagens. Nicolaus I. papa, ep. 82 MG Epp. VI S. 438: wenn Holz zu einem Kreuz wird," suscipiens autem omnimodo venerandam similitudinem, sacra est et daemonibus terribilis, propter quod in ea figuratus est Christus". – 27 Browe, Eucharisti-

wart[28]. Daher gilt es als ebenso verwerflich, sie aus irgendeinem Grund nochmals zu konsekrieren, wie die Wiedertaufe[29]. Es wird berichtet, wie nach der Konsekration eine Spinne in den Kelch gefallen sei. Der Priester wußte sich nicht anders zu helfen, als das heilige Blut mit der Spinne zu trinken, die dann zum Vorschein kam, als er abends zur Ader gelassen wurde[30]. Die eucharistischen Wunder, besonders Heilungswunder, wurden in Dankbarkeit und Verehrung überliefert. Gott und die Heiligen können ihren Willen aber auch durch Naturereignisse kundtun. Rom soll im Jahr 1021 durch Erdbeben erschreckt worden sein. Man sah darin göttlichen Zorn darüber, daß Juden das Kreuz verspottet hätten, und als der Papst (Benedikt VIII.) die Juden hatte hinrichten lassen, soll das Erdbeben aufgehört haben[31]. Die kultische Verehrung des heiligen Kreuzes hat sich im hohen Mittelalter allenthalben verbreitet, und die des volto santo, des Schweißtuches der heiligen Veronika, hat wohl in dieser Zeit ihren Ursprung.

Aber nicht bloß zum Seelenheil vermögen Heilige zu helfen, sondern in tausend irdischen Nöten und bei der Erfüllung vieler heißer Wünsche. Die Phantasie ist mit Bildern und poetischen Erzählungen ständig am Werk. Nur das Gebet um Kindersegen sei hier mit einem rührenden Beispiel erwähnt: Eine vornehme Frau aus dem Elsaß hatte deshalb die heilige Odilie angerufen, bekam dann aber nur Mädchen. Die Heilige erschien der Verzweifelten im Traum und riet ihr, sich an die heilige Verena in Zurzach zu wenden: ipsa, non ego, habet gratiam donandi petentibus filios et filias. Sie befolgte den Rat und bekommt gleich Zwillingssöhne[32].

Die Verehrung der Märtyrer und Heiligen ist früh entstanden. Frantisek Graus hat überzeugend dargetan, daß nicht die Historizität der Martyrien und der verdienstvollen Taten, der Hauptgrund dieses Kultes und seiner Breitenwirkung bildet, sondern die Literatur der Heiligenlegenden[33]. Heiligenverehrung hat oft in kleineren lokalen oder regionalen Kreisen begonnen, ist entweder wieder abgekommen oder von den Heiligenlegenden erhalten, oft sogar weit verbreitet worden[34]. Große Heilige können ausschließlich legendär sein. Zwar können Legenden Propagandaschriften aus irgendeiner Tendenz sein, etwa zum höheren Ruhm einer Kirche, eines Klosters, eines Ortes. Bekannt sind eifervolle Konkurrenzen um die Zugehörigkeit eines Heiligen zu diesem oder jenem Ort. Aber die Legenden konnten ihre Wirkung üben nur auf dem ursprünglichen und innigen Bedürfnis, in den Heiligen Vermittler zwischen Diesseits und Jenseits, zwischen Gott und dem der Gnade bedürftigen Menschen zu finden. Schrieb man ihnen doch die Fähigkeit der „Interzession" bei Gott zu, in der Regel auch die ihnen verlie-

---

sche Wunder S. 93 ff. – **28** Ebd. S. 199 f. – **29** Ebd. S. 64. – **30** GRANT, Miracle and Natural Law S. 153: „Guiding the course of nature and of history by frequent interventions in the ‚natural' ordo of events". – **31** BZ Nr. 1229; Ademar v. Chabannes, MG Chron. III 52, ed. J. Chavanon, Coll. de textes 20 (1897) S. 175 und 206. – **32** K. SCHMID, Heirat, Familienfolge, Geschlechtsbewußtsein, in: Matrimonio nella società medioevale, MCSM 1, 1977, S. 124; dazu vgl. d. Pilgerfahrt d. Eltern B. Bennos II. v. Osnabrück bei G. TELLENBACH, Die Stadt Rom in d. Sicht ausländischer Zeitgenossen (800–1200), S 24 (1973) S. 19. – **33** DELEHAYE, Sanctus S. 74 ff. und 109, DERS., Origines S. 208 ff.: „Les Saints qui n'ont jamais existé"; TH. KLAUSER, Christlicher Märtyrerkult, heidnischer Hexenkult und spätjüdische Heiligenverehrung, Arbeitsgemeinschaft f. Forschung d. Landes Nordrhein-Westfalen 91, 1960, S. 30 f. – **34** GRAUS, Volk, Herrscher und Heiliger S. 39 ff., 62 ff, 302. Graus scheint mir das religiöse Bedürfnis zu unterschätzen. Es lebt zwar, wie er S. 32 mit Recht sagt, nicht bloß im „Volk", sondern in allen Christen. – **35** DELEHAYE, Sanctus S.

hene Kraft, Wunder zu wirken. Dabei ist mit Recht dem magisch bestimmten heidnischen Wunderbegriff der christliche Aspekt als „Dreiecksverhältnis zwischen Gott, dem Thaumaturgen und dem Wunderempfänger" gegenübergestellt worden[35]. Die Entstehung von Heiligenkulten geschah trotz des Anteils der Legendenschreiber vorwiegend spontan, ohne kirchliche Regie. Vereinzelt ist von bischöflichen Maßnahmen gegen Mißbrauch die Rede, aber förmliche Verfahren finden nicht statt. Die Päpste haben sich vor dem späteren 11. Jh. um eine Kontrolle der Heiligenkulte nicht gekümmert. Die erste Kanonisation durch einen Papst, die des Bischofs Ulrich von Augsburg im Jahre 997 erfolgte nicht auf Initiative Johannes XV., sondern auf diejenige einer Augsburger Gesandtschaft[36]. Das wird erst allmählich anders, nachdem seit Leo IX. der Papst aus dem spirituellen Oberhaupt der Kirche ihr wirklich regierender Leiter wurde.

Der Kult der Heiligen wurde potenziert durch die *Verehrung ihrer Reliquien*. Das Grab, der Leichnam des Märtyrers oder Heiligen, auch einzelne Überreste machten ihn präsent und gaben Hoffnung auf seine Hilfe. Was im Osten die Ikonen, bedeuteten im Westen Reliquien. Doch auch hier konnten die heiligen Personen durch Bilder anwesend sein[37]. Immer wieder sehen Gläubige Heiligenstatuen weinen, schwitzen, bluten oder hörten sie gar sprechen. Mit innigem Eifer wurde der Erwerb von Reliquien betrieben. Sie waren begehrteste Geschenke oder Kaufobjekte, und oft wurden von angesehenen und frommen Persönlichkeiten oder ihren Beauftragten Reliquien gestohlen, wobei sich eine förmliche Kasuistik des Reliquiendiebstahls, der pia fraus, entwickelte[38]. Die meisten Kunden der Reliquienhändler und -diebe waren Könige, Kirchenfürsten und hohe Adlige[39]. Und wenn man zu Haus nicht einen großen Heiligen hatte oder viele Reliquien, so machte man sich auf nach Jerusalem, Rom, Santiago de Compostela oder auch nähergelegenen Orten, um die Hilfe des Heiligen zu gewinnen. In der Heimat oder in der Ferne machte man große Geschenke, und die meist gefährliche Pilgerfahrt war ein wirksames Werk zur Buße oder zum Erwerb von Verdiensten. Man konnte auch um Hilfe des Heiligen für irdische Zwecke bitten, schmückte die Reliquien mit Gold, Silber und Edelsteinen, verhehlte aber auch nicht Enttäuschtheit, wenn die Hilfe ausblieb. Ja, man maßte sich zuweilen an, den Heiligen für sein Versagen zu bestrafen. Sein Sarg oder seine Reliquien wurden vom Altar herabgenommen und auf den Boden gestellt. Das ist das Ritual der sogenannten humiliatio sancti, das vom zweiten Konzil von Lyon (1274) verboten wurde[40]. Treffend ist bemerkt worden, daß Reliquien „den Hauptkanal bildeten, durch den übernatürliche Kraft wirksam wurde für die Bedürfnisse des alltäglichen Lebens. Der gewöhnliche Mensch konnte sie sehen und mit ihnen umgehen, obwohl sie nicht zu dieser vergänglichen Welt gehörten, sondern zur Ewigkeit."[41]

184; DE GAIFFIER, Études critiques S. 475 ff.; DEMM, Rolle d. Wunders S. 302. – 36 TH. KLAUSER, Liturgie d. Heiligsprechung, bes. Verzeichnis d. Kanonisationen v. 993 an S. 229 ff.; R. KLAUSER, Zur Entwicklung S. 90 ff.; MASCARD, Reliques S. 92 ff. – 37 CONGAR, Ecclésiologie S. 314 Anm. 21: „ce que les icons étaient en orient, la présence même, sur terre, des êtres célestes, les reliques l'ont été dans le monde germanique". – 38 FICHTENAU, Reliquienwesen S. 60–89; DELEHAYE, Sanctus S. 196 ff.; DUPRÉ-THESEIDER, Grande rapina S. 420–431; TELLENBACH, Translation S. 608 ff.; P. J. GEARY, Furta sacra. Thefts of relics in the Central Middle Ages, 1978; dazu M. HEINZELMANN, HZ 232 (1981) S. 402 ff.; MASCARD, Reliques. – 39 GEARY, Furta sacra S. 68. – 40 GEARY, Humiliation S. 42; DERS., Coercition des Saints S. 145–161; LITTLE, Morphologie. – 41 SOUTHERN, Kirche und Gesellschaft S. 16 f.; dazu die Kritik an der deutschen Ausgabe von M. W. SETZ, DA 32 (1976) S. 622. – 42 R. KLAUSER, Zur Entwicklung S. 88 ff.; es ist wohl ein Mißverständ-

Der Glaube an Wunder, Heilige und Reliquien, ihre Verehrung in Hoffnung auf Hilfe im Diesseits und zur Gewinnung des ewigen Lebens durchwirkt alle Kreise der Christenheit. Es gibt hie und da eine gewisse Zurückhaltung, eine Neigung, Liebe zu Gott und den Nächsten und Gebete als menschliche Mittel zum Heil höher zu schätzen[42]. Die Reliquien werden von manchen gröber verwendet als von anderen. Mit sozialem Rang und geistlicher Bildung hat das aber wenig zu tun. Sigebert von Gembloux berichtet, wie Papst Johannes XIII. einen in Besessenheit gefallenen Grafen aus dem Gefolge Kaiser Ottos I. geheilt habe, indem er ihm die Petersketten um den Hals legen ließ. Zuerst hatten zwei mutwillige römische Kleriker falsche Petersketten herbeigeholt, die nichts bewirkten, bis der darüber zornige Papst die echten Reliquien anzuwenden befahl. Der verwunderte Bischof Dietrich von Metz, ein großer Reliquiensammler, versuchte die Kette an sich zu bringen und erhielt auf inständiges Bitten wenigstens einen Teil davon vom Papst als Geschenk. Papst, Kaiser, Bischof und der Mönch von Gembloux müssen demnach von der Wunderkraft der Reliquie überzeugt gewesen sein[43]. Derartige Erzählungen gingen durch die Jahrhunderte. Und wenn auch hie und da Widerstand gegen ausschweifende Phantasien oder gar Relikte alten Aberglaubens sich regten, selbst vergröbernde Auffassungen von Heiligen, Wundern und Reliquien sind nicht Ausdruck der Frömmigkeit des „Volkes“, der „Menge“, der „Massen“ allein, sondern Ausdruck einer spontanen Sehnsucht nach außerordentlichen Manifestationen des Heiligen, von dem man Hilfe auf Erden und Rettung im Jenseits erhoffte[44].

2. Das Mönchtum.
Eschatologische Existenz und Weltwirkung

Die Bedeutung des Mönchtums im Leben der abendländischen Christenheit war wohl am umfassendsten und vielseitigsten vom 9. Jh. bis zum Ende des 11. Seine Geschichte schließt sich in prinzipiellen Zügen der des östlichen und westlichen Mönchtums der Spätantike und des frühen Mittelalters an und bleibt die Grundlage für die das Abendland mitprägenden großen Orden des hohen und späten Mittelalters. Die Klöster, die Kleriker- und Eremitengemeinschaften sind in der Spiritualität der ganzen Kirche, in Bildung und Kunst, besonders bei der Kulturüberlieferung, in der agrarischen Wirtschaft und den mit ihr zusammenhängenden sozialen Ordnungen weithin maßgebend. Willentlich oder widerstrebend sind sie darüber hinaus, allerdings nach Ländern und Zeiten in verschiede-

---

nis, wenn DEMM, Rolle d. Wunders S. 330 und 342 von einer wunderfeindlichen oder negativen Einstellung Otlohs von Bamberg spricht. Otloh lehnt es bloß ab, selbst Wunder zu tun und verweist Wunderheischende auf Heilige oder Reliquien. – **43** Sigebert v. Gembloux, vita Deoderici 16, MG SS IV S. 474 f.; Chron. ad a. 969, MG SS VI S. 351; BZ Nr. 461; dazu FICHTENAU, Reliquienwesen S. 85 f.; DUPRÉ-THESEIDER, Grande rapina S. 428. Vom bitterernsten Reliquienglauben, zweier berühmter Fürsten, gut ein Jh. später, berichtet Amatus, Ystoire de li Normant VIII 79 f., ed. O. DELARC S. 352: Robert Guiscard fordert von dem besiegten Herzog Gisulf von Salerno einen Zahn des heiligen Matthäus. Gisulf ließ einem verstorbenen Juden einen Zahn herausbrechen, aber der Betrug wurde bemerkt, und der „echte“ Zahn mußte ausgeliefert werden. – **44** DEANESLY, Pre-Conquest S. 336: Könige verehrten Heilige und Reliquien so gut wie Bauern.

ner Weise, Mitträger des politischen Lebens der Königreiche, Fürstentümer und der regierenden Herrschaften. Indessen, was immer sie vermögen und bewirken, beruht einzig auf der spirituellen Konzeption des Mönchtums, die von ihm selbst wie den sie darstellenden Historikern in einer *„théologie de la vie monastique"* betrachtet und reflektiert wird[1].

Der wahre Grund, das Leben des Mönchs zu wählen, ist der Idee nach *göttliche Berufung,* eine Art charismatischer Begabung zu asketischer Konzentration. Es erfolgt ein Entschluß zur Konversion, zur Pönitenz oft aus dem reinen Gefühl menschlicher Schuldhaftigkeit, auch ohne Erlebnis besonderer Sünden, aus Neigung zu einer vita communis, einem Leben in brüderlicher Liebesgemeinschaft, der vita contemplativa statt der vita activa, im Zusammenhang mit der Konzentration auf die Existenz nach dem Tod, das ewige Leben mit Jesus Christus nach der verheißenen Wiedererstehung. Man orientiert sich an den Aposteln und den urchristlichen Gemeinden einerseits, an der geglaubten Zukunft andererseits und will noch den Lebzeiten Christi und schon möglichst nahe seinem ewigen Reich sein[2]. Diejenige Welt, von der Christi Reich nicht ist, kann und soll keine große Wichtigkeit haben. Man soll dem Kaiser geben, was des Kaisers ist. Hie und da spricht ursprünglich wohl aus dem Mönchtum bisweilen eine Protesthaltung gegenüber den Mitchristen und ihren Institutionen, die sich zu sehr in die Welthändel hineinziehen lassen[3]. Der echte Mönch verhält sich dagegen zur Welt in einer gewissen Indifferenz[4]. Schon ihre Schwächen und Schäden bessern zu wollen, droht vom eigentlichen Ziel abzulenken und in Sünde und Konfusion zu geraten. Das Verhältnis des Mönchs und mönchischer Richtungen zur Welt, eine mehr irenische oder mehr aggressive Haltung, ist ein Problem in der gesamten Geschichte des Mönchtums, vielumdacht gerade im 10. und 11. Jh.

Es gehört zu den erstaunlichsten Erscheinungen der Weltgeschichte, daß im hohen Mittelalter so *viele Menschen gerade aus den vornehmen, reichen oder doch wohlhabenden Schichten,* deren Chancen zum Genuß des irdischen Lebens am größten sind, auf das alles verzichten. Es sind im ganzen Abendland in jeder Generation so viele, daß es sich zeitweise um Tausende handeln mag. Und man hört selten, daß es den Klöstern an Nachwuchs gemangelt hätte, weder in den alten noch in Neugründungen. Und besonders da, wo die Regeln des monastischen Lebens zu alter Strenge zurückgeführt, härter gehandhabt oder gar verschärft werden, ist der Zulauf meist beträchtlich, wie auch die in der Einöde sich bis an die Grenzen des Möglichen kasteienden Eremiten meist sie verehrende Anhänger und Nachahmer finden. Als Hauptmotiv zur Wahl monastischen Lebens muß immer das eschatologische Ideal des Mönchtums angenommen werden, mag es auch im Lauf eines langen Lebens öfter von seiner tragenden Kraft verloren haben, oder mögen ihm fremde Motive von vornherein beigemischt gewesen sein. Bei denen, die schon im Kindesalter dem Kloster gewidmet waren, wird bei den Eltern außer den Gedanken an das Seelenheil des Oblaten und die Gebetshilfe für die Angehö-

---

1 Leclercq, Monachisme S. 437–445. – 2 K. Hallinger, Le Climat des premiers temps de Cluny, RMab 45–47 (1955–56–57) S. 120 und 124: „Être moine c'est réaliser l'église de Pentecôte. Être moine c'est anticiper la vie future"; Leclercq, Idéal monastique S. 231: „le monachisme est le prolongement de la Pentecôte". – 3 Hallinger, Geistige Welt Klunys S. 437; G. Le Maître, Pour une théologie de la vie monastique, Theol. 49 (1961) S. 9 ff. – 4 Tellenbach, Libertas S. 32 ff. mit Anm. 44 und 45; De Valous, Le monachisme Clunisien, 2me partie; – 5 Moulin, Vie quotidienne S. 27 ff.: la longue jour-

rigen die opportunistische Absicht hineingespielt haben, eine zu große Zersplitterung des Familienerbes zu vermeiden.

In einer klösterlichen Gemeinschaft waren es nur verhältnismäßig wenige, denen als Äbten oder Amtsträgern mit ihrer geistlichen Verantwortung eine gewisse auch menschlich-irdische Bedürfnisse befriedigende Macht zuteil wurde, gegenüber den Angehörigen ihrer Gemeinschaft oder gegenüber einer Umwelt, in der sie die religiösen, wirtschaftlichen und politischen Interessen des Klosters zu vertreten hatten. Nur sie bekamen die Verehrung zu spüren, die ihrer Mönchsgemeinschaft und ihrem heilbringenden Dienst von Klerus und Laien im Ganzen entgegengebracht wurde. Wieviele es waren, läßt sich gewiß nicht nachrechnen, aber ein Teil der Mönche lebte wirklich weltabgeschlossen. Zu vita activa hatten mehrere bei Verwaltung von Klostergütern und -einnahmen, als Zeugen von Rechtsgeschäften oder auf Reisen im Auftrag ihres Abtes Gelegenheit. Wie verbunden Mönche mit ihren Familien und Verwandten geblieben sind, wird man besser abschätzen können, wenn die im Gange befindlichen personengeschichtlichen Forschungen im monastischen Raum weiter fortgeschritten sein werden. Aber im Kloster selbst herrschte geistliche Kontemplation vor, die im glücklichen Fall der Natur des Mönchs entsprach und nicht als lästige Fessel empfunden wurde. Sie konnte bereichert werden, wenn das Otium den dazu Begabten Raum ließ zum Lesen heiliger Schriften, zum Schreiben liturgischer und theologischer Texte, zur theologischen oder literarischen Meditation, zu künstlerischem Schaffen[5]. Askese kann der Sehnsucht nach Stille und Frieden in Vorbereitung auf das himmlische Jerusalem entspringen. Aber, um realistisch zu bleiben, sie konnte zu Übertreibungen aus Ungeduld oder Ehrgeiz, zu Eifersüchteleien um nebensächliche Einzelheiten und zu kleinlichem Streit führen.

Es gibt eine riesige Literatur über Mönchtum und Klosterwesen. Überwiegend ist ihre Thematik aber auf seine Berührung mit der Welt und seiner Wirkung auf die Welt gerichtet. So behandelt sie die Geschichte der Gründung und der Gründerfamilien, der Klosterbesitzungen, ihrer Gewinnung, Behauptung und Nutzung, im Zusammenhang damit des Urkundenwesens, der Scriptorien und Bibliotheken, des Verhältnisses zu den Fürsten und Herren der näheren oder weiteren Umgebung, zu Bischöfen und anderen Klöstern. Viel Raum ist oft den eigenen Äbten gewidmet, ihrer Herkunft und ihrem Wirken inner- und außerhalb des Klosters, dann einigen Mönchen, deren Ruf durch vornehme Herkunft oder auffallende Leistungen in der Askese, Kunst, Wissenschaft, sogar ausnahmsweise durch politische Missionen über die Klostermauern gedrungen ist. Dem inneren Leben des Klosters gilt die Erforschung der Liturgie, der Lebensgewohnheiten und der religiösen Haltung[6].

Von der *Individualität der allermeisten Mönche* weiß die Geschichte wenig. Das entspricht konsequenterweise dem eigenen Entschluß, sich der irdisch-geschichtlichen Welt zu entziehen. Erst in neuester Zeit gelingt es allmählich, Vorstellungen von geistlichen Gemeinschaften und Konventen zu gewinnen durch die Erforschung des Gebetsgedenkens und des daraus hervorgegangenen liturgischen

née du religieux; DE GAIFFIER, L'hagiographie et son public S. 148: der lesende Mönch; LECLERCQ, Cluny fut elle ennemie de la culture? S. 172–182. – 6 Eine kurze und präzise Information über „Gedenk- und Totenbücher als Quellen" bietet K. SCHMID in: Mittelalterliche Textüberlieferungen und ihre kritische Aufbereitung. Beiträge d. MGh z. 31. Dt. Historikertag, 1976, S. 70ff. – 7 Den entscheidenden Neuansatz brachten Forschungen

Schrifttums[7]. Im Zusammenhang damit wird es möglich, Methoden zu entwikkeln, durch die jene Quellen kritisch zu behandeln und zum Sprechen zu bringen sind[8]. So wird man nach und nach immer mehr auch von Tausenden unter diesen verschwiegenen Mönchen wissen: wie sie hießen, wann sie einem Konvent angehörten, ob sie geistliche Weihen empfangen haben und welche, wann sie gelebt haben und gestorben sind. Aus Namen und Lebenszeit ergibt sich oft sogar etwas über ihre Herkunft, somit vielleicht über Zusammenhänge mit Gründern oder Schenkern[9]. Doch ihrem Vorsatz entspricht es genauestens, daß der spätere Historiker sich meist damit begnügen muß zu erfahren, wie sie für ihr Seelenheil, für das ihrer Mitbrüder und der ihnen irgendwie verbundenen Menschen gebetet haben.

Es wäre nicht ganz zutreffend anzunehmen, die Mönche hätten sich, da sie grundsätzlich auf die vita activa, auch in der christlichen Seelsorge, verzichteten, auf die Sorge für ihr individuelles Heilsleben beschränkt[10]. Der *Sakramentendienst* der klösterlichen Gemeinschaft fügte sich wesensgemäß in den der universalen Kirche ein. Und wie das Kirchengebäude und seine Ausstattung, so diente auch die immer feierlicher gestaltete Liturgie vor allem dem Ruhm Gottes. Die Fürbitte erflehte Schutz, Wohlergehen und Frieden für christliche Fürsten und Völker schon auf Erden, weshalb der Dienst derer, die das christliche Leben am meisten verwirklichten, zugleich ein „politischer" war. Das Leben derer, die sich entschlossen hatten, terrena despicere[11], gab Maßstäbe für alle nicht mönchisch lebenden Christen, nach denen sich zu richten für die den heiligen Sakramenten dienenden Kleriker mehr und mehr zur Pflicht gemacht wurde, die nicht zu erfüllen zum stillen oder gar lauten Vorwurf wurde[12]. Der allergrößte Wert wurde

von K. SCHMID, J. WOLLASCH und ihren Mitarbeitern. Darüber SCHMID und WOLLASCH, Gemeinschaft d. Lebenden und Verstorbenen S. 367–405. Von beiden Gelehrten ist das Quellenwerk Societas et Fraternitas gegründet worden. Vgl. die programmatischen Ausführungen in FMST 9 (1975) S. 1–48. – 8 D. GEUENICH, Der Computer als Hilfsmittel f. Namen- und Sprachforschung, Freiburger Universitätsblätter H. 51 (1976) S. 33–45; G. ALTHOFF, Zum Einsatz d. elektronischen Datenverarbeitung in d. historischen Personenforschung, ebd. H. 52 (1976) S. 17–32. – 9 Mit solchen Methoden ist das monumentale Werk „Die Klostergemeinschaft von Fulda im frühen Mittelalter", hg. v. K. SCHMID (mit G. Althoff, E. Freise, D. Geuenich, F. J. Jakobi, H. Kamp, O. G. Oexle, M. Sandmann, J. Wollasch, S. Zörkendörfer), 3 Bde in 5 Teilen, 1978 bearbeitet u. werden u. a. die Libri memoriales et Necrologia N. S. d. MG ediert; neuerdings ist erschienen das grundlegende Werk von Wollasch und seinen Mitarbeitern, Synopse. Welche historischen Ergebnisse von solchen Forschungen zu erwarten sind, zeigen beispielhaft K. SCHMID, Auf d. Suche nach d. Mönchen im ma.lichen Fulda, in: Von d. Klosterbibliothek zur Landesbibliothek, hg. v. A. BRETT, 1978, S. 125–162 und J. WOLLASCH, Wer waren d. Mönche v. Cluny v. 10.–12. Jh.?, Mélanges Jacques Stiennon, 1982, S. 663–678. – 10 So gilt etwa die Buße der Mönche stellvertretend für alle Christen vgl. CHENU, Moines S. 79: „traditionellement la vie monastique était considérée d'abord dans sa valeur de pénitence, voir comme un Institut de la pénitence publique". Zur Problematik W. SCHATZ, Studien z. Vorstellungswelt d. frühen abendländischen Mönchtums, Phil. Diss. Freiburg i. Br. 1957 (Masch) S. 96 f. und 229; LECLERCQ, Idéal monastique S. 236: „Le monachisme a pour mission d'apporter le remède aux maux dont souffrait le monde et l'Église" usw. – 11 J. PASCHER, „Despicere terrena" in den römischen Messorationen, Kyriakon, F. für Johannes Quasten II, 1970, S. 876–885; M. BERNARDS, Nudus nudum sequi, Wissensch. und Wahrheit 14 (1951) S. 148 ff.; BULTOT, Mépris du monde S. 219–228; G. OLSEN, The idea of the Ecclesia Primitiva in the writings of the twelfth-century canonists, Trad. 25 (1969) S. 61–86. – 12 CHENU, Moines S. 68: „le chrétien parfait, le chrétien tout, c'est le moine, chrétien qui est mort au monde". – 13 Odo v. Cluny, Collationes II 32, MPL 133 c. 577 f.

aber den Gebeten der Mönche für das ewige Heil für alle Lebenden und Toten beigemessen, da der Gedanke an das Jüngste Gericht, die Angst vor dem ewigen Tod, die Hoffnung auf Gottes Gnade und das ewige Leben über dem ganzen, schnell verfließenden irdischen stand. Mit den Gebeten verbanden sich Leistungen der Buße. Viele sind in ein Kloster eingetreten, um Sünden zu büßen, die ihr Gewissen belasteten. Andere gaben sich freiwilliger Buße für sich und andere hin. Damit verbindet man Taten der Liebe für die klösterliche Gemeinschaft oder für das Seelenheil von Mitchristen, die man in die eigene Sorge aufgenommen hat: Speisung von Armen, Pflege von Kranken, Beherbergung von Fremdlingen und Pilgern.

Es fehlt nicht der Gedanke, daß eigentlich nur Gottes Erbarmen von Schuld lösen und nur seine undurchdringliche Entscheidung zum ewigen Leben führen kann, daß alles, was geweihte Glieder der Kirche dabei tun können, in Gottes Stellvertretung geschieht, bei der Beichte, bei der Auferlegung der *Bußleistungen* wie in der Rekonziliation der Sünder. Doch das religiöse Empfinden ist nicht logisch konsequent. So herrscht der Glaube vor, Menschen könnten durch Gebete und gute Werke Gottes Ratschlüsse beeinflussen. Die vom heiligen Hieronymus übernommene Vision des heiligen Pianone berichtet, dieser habe gesehen, wie ein Engel die Namen von Mönchen, die sich dem Altar nahten, in ein Buch schrieb, aber nicht die Namen von allen. Die Ausgeschlossenen waren in Todsünde. Darauf ermahnte sie der Heilige zur Pönitenz, und er weinte mit ihnen, bis auch ihre Namen in das Buch des Engels geschrieben wurden[13]. Solches Bitten und Mühen wird hundertfach berichtet und geschieht in einer merkwürdigen Rechenhaftigkeit, so in der Festsetzung, wieviele Psalmen täglich, wöchentlich, jährlich zu singen seien. Und es wird nötig, die Zahl der stillen Messen zu begrenzen, wie schon Petrus Damiani darüber klagte, dabei werde der Herr zum Vorteil des Einzelnen auf dem Altar geopfert, während er doch am Kreuz für das Heil der ganzen Welt gelitten habe[14].

Die Vorstellung ist verbreitet, daß Gebete und Taten der Buße und der christlichen Liebe vor Gott *Verdienste* seien, die stellvertretend auch für andere, Lebende und Tote, geleistet werden könnten. Es kann zu solchen Vergröberungen kommen, daß ein reicher Sünder die ihm auferlegten Bußleistungen unter sich und hundert abhängige Leute aufteilte, so daß sie für keinen von ihnen eine nennenswerte Belastung bedeuten[15]. Meistens aber wurden die Gebetshilfe und die zugewandten guten Werke in frommer Dankbarkeit entgegengenommen mit der Entschlossenheit, den Mönchen nachzueifern, soweit die Kräfte reichen. Und die Gebetshilfe wurde gerade von solchen Mönchen ersehnt, denen man nach der Reinheit ihres Wandels zutraute, daß Gott auf sie schaute. Dieser Gesinnung gibt Heinrich III. allgemeingültig Ausdruck in einem Brief, in dem er Hugo von Cluny bittet, seinen Sohn aus der Taufe zu heben: „Welcher Weise wird sich nicht dein und der deinigen Gebet erwünschen, wer sich nicht anstrengen, an dem unlösbaren Band ihrer Liebe festzuhalten, deren Gebet umso reiner ist, als es von den Welthändeln ferner, umso wertvoller, als es den göttlichen Blicken näher ist"[16].

Dazu vgl. CAPITANI, Motivi di spiritualità cluniacense S. 18 mit Anm. 1. – **14** Opusculum XXVI 2, MPL 145 c. 501. – **15** POSCHMANN, Abendländische Kirchenbuße S. 56 f., 196: Gedanke der Gefahr eigenwilliger Bußleistung und priesterlicher Lösegewalt; DUBY, Société S. 61: acheter le salut; zur Würdigung der mittelalterlichen Verdienstauffassung vgl. HOLL, II, S. 32. – **16** MG DH III 263. – **17** K. SCHMID/O. G. OEXLE, Voraussetzungen

Hoffnung und Dankbarkeit äußern sich nicht nur in Worten, sondern auch in Schenkungen, die das Gott wohlgefällige Werk der Mönche ermöglichen und stärken sollen. Darauf wird noch näher einzugehen sein.

Es ist bezeichnend, daß man sich zu *gemeinsamem Gebet* und gegenseitiger Zuwendung von vor Gott erworbenen Verdiensten verbinden kann. Davon zeugen schon die Gebetsbünde von Bischöfen und Äbten zu Attigny, Altötting und Dingolfing am Ende des 8. Jh.s[17], die Libri memoriales besonders im 9. und 10. Jh., die aber auch noch später vorkamen oder fortgesetzt wurden, dann vor allem die Nekrologien, kalendarische Verzeichnisse, in denen die Todestage der Mitglieder der eigenen geistlichen Gemeinschaft verzeichnet waren, ebenso diejenigen verbrüderter Konvente und Kollegien, darüber hinaus vieler einzelner Freunde, Geistlicher und Weltlicher, von Päpsten, Königen, Bischöfen, Priestern und Adligen[18]. In solchen speziellen Gebetsbünden geht man über die universale Fürbitte für alle Christen, Lebende und Tote, noch hinaus. Was aber noch mehr auffällt, ist die Abstufung der Leistungen für Verstorbene je nach ihrem Rang. Daß ein Mönch viele Psalmen singen, ein Priester oder Bischof Messen zelebrieren, ein König oder Herzog für das Heil eines Verstorbenen viele Arme speisen lassen soll, ist verständlich. Doch wie läßt es sich erklären, daß für einen verstorbenen Bischof viel mehr Messen gelesen werden sollen als für einen Priester? Setzt ihn sein hohes Amt größerer Gefahr zu sündigen aus? Oder weil die Bischöfe, als Lehrer, nach dem Hebräerbrief, „wachen über eure Seelen, als die dafür Rechenschaft geben sollen"[19]? Gebetsverbrüderungen können über Klöster weit hinausreichen. Sie können Bischöfe, Seelsorger, Geistliche und Laien umfassen. „Priestervereine" sind wohl immer auch Gebetsbünde. Solche können schließlich überwiegend aus Laien, Männern wie Frauen, bestehen, die gegenseitig auch Leistungen für die Totensorge aufbringen[20].

Gewiß können auch Klöster in *Verfall* geraten. In Kriegsnöten sind Klosterkirchen und Gebäude zerstört worden, sind Mönche in materielle Not geraten, so daß sie den nötigsten Unterhalt erarbeiten mußten, worunter die Disziplin des Klosterlebens, die Erfüllung der geistlichen Aufgaben leiden mußten. Oder sie mochten umgekehrt bei wachsendem Wohlstand die Entbehrungen, die Härte und Eintönigkeit des Mönchslebens mit den täglich sich wiederholenden Gebeten, Psalmengesängen und Fastenübungen nicht auf die Dauer ertragen, verkehrten mit Laien oder verließen das Kloster und vagierten umher. Manche Äbte dachten gleichfalls zu viel an ihre Einkünfte, an ihr Wohlleben und an äußere Macht.

So mag es wirklich mit einigen Klöstern hie und da, von Zeit zu Zeit abwärtsgegangen sein. Doch ist zu fragen, ob es im 10. und 11. Jh. wirklich so viele heruntergekommene Klöster gab, wie es von Erneuerungen und Neuerungen begeisterte zeitgenössische und neuere Historiker darstellen. Gewiß sind in von Kriegen betroffenen Ländern nicht wenige Klöster ruiniert worden, gewiß ist zuweilen die Frömmigkeit der Mönche lau geworden oder sie sind in den vielen Streitigkeiten um Besitzungen und Einkünfte in Not geraten. Streitgegner waren aber

S. 71–122. – 18 Vgl. o. Anm. 6 u. 9, ferner OEXLE, Memoria und Memorialüberlieferung S. 70–95. – 19 Zu dieser Problematik TELLENBACH, Historische Dimension S. 211; auch wenn man HÄUSSLING, Mönchskonvent S. 112 darin folgt, daß Zahlenangaben „Darstellungsmittel, nicht Zählungen sind", bleibt die Differenzierung als solche bestehen. – 20 Vgl. u. S. 112 f. Anm. 38 ff. – 21 Als Beispiel für den vorherrschenden Schematismus

keineswegs nur „die" Laien, sondern oft auch Bischöfe, andere Klöster und abgabepflichtige Kleriker. Die Klagen über die raubsüchtigen Laien sind zumindest sehr einseitig. Denn was Laien den Kirchen rauben konnten, haben ihnen alles Laien geschenkt. War es doch nicht Sache des Klerus, wirtschaftliche Werte zu schaffen, sondern sich damit von frommen Laien ausstatten zu lassen für ihren hohen Dienst. Wären Eigenkirchen und Eigenklosterwesen an allen Schäden schuld, wie man es sich vielfach schablonenhaft vorstellt, müßte man nicht nur Laien, sondern auch klerikale Eigentümer tadeln. Aber Eigenklosterherren mögen, mit oder ohne eigene Bedrängnis, ihre Klöster wirtschaftlich ausgenutzt haben, viele und viele waren indessen aufs höchste interessiert, daß die Klöster so ausgestattet und im Inneren geordnet waren, daß sie ihren geistlichen Sinn erfüllten[21]. Auch die Mitwirkung von Laienherren bei der Bestellung des Abtes mußte kein Nachteil sein. Denn oft genug haben sie den Ausschlag für den frömmsten und klügsten Kandidaten gegeben, der dann die Weihe vom Bischof erhielt, dessen Kompetenz in der Regel geachtet wurde[22].

„Klosterreformen" hat es immer gegeben. Was man darunter verstand, ist recht verschieden und bedarf von Fall zu Fall genauerer Bestimmung. Sie konnte, wie gerade im 10. Jh. oft, in der Reparatur oder Wiedererrichtung der Kirchen und der Klostergebäude, mit der Sammlung der in Not geratenen verstreuten Mönche, in der materiellen Ausstattung, in der Gewinnung eines bedeutenden Abtes bestehen, der echtes mönchisches Leben wiederherstellte und leitete[23]. Ein solches „Reformkloster" konnte hohes Ansehen gewinnen und zur Nachahmung seiner monastischen Formen anregen. Unter den älteren Klöstern waren viele, die als hochstehend und verehrungswürdig galten wie St. Gallen, Reichenau, Fulda, Corvey, Glastonbury, St. Denis, Nonantola, Bobbio u. v. a., die keineswegs heruntergekommen waren, sondern das traditionelle Mönchsleben weiterführten. Das 10. Jh. ist nicht eine Zeit durchgängigen Klosterverfalls, sondern im Gegenteil der Entstehung und Verbreitung viel bewunderter monastischer Zentren: Cluny, Brogne, Gorze, St. Vanne, Einsiedeln, Camaldoli. Ihre Lebensformen wurden so berühmt, daß man alte Klöster nach ihrem Vorbild neu ordnete oder neue gründete. Berühmte Äbte wurden von Fürsten zur Reform ihrer Klöster gerufen, so Odo von Cluny vom Patrizius Alberich nach Rom, Gerhard von Brogne vom Grafen von Flandern und vom König von England in ihre Länder[24]. Oder man erbat von einem dieser berühmten Zentren einen Abt oder einige Mönche oder gar ei-

vgl. Ph. Schmitz, Geschichte d. Benediktinerordens I, 1947, etwa S. 85: Eigenkirchenrecht, Eigenklosterrecht im 8. und 9. Jh. „Hauptursache des Klosterzerfalls"; zum angeblichen Gegensatz von Klerus und Laien S. 105: „Mochten die Synoden auch wiederholt protestieren, die Großen drückten ihren Willen gegen den ihnen verhassten Klerus (v. mir hervorgehoben) einfach durch". Dagegen u. a. Fechter, Cluny S. 29 ff.: Kirchenschenkungen von Laien an Cluny, S. 69: positive Stellung d. Cluniacenser z. Adel. – 22 Die Rechte der Diözesanbischöfe blieben überwiegend geachtet, ob der Eigenklosterherr ein Laie, ein auswärtiger Bischof oder ein Abt war. – 23 Besonders in der neueren englischen Literatur wird das 10. Jh. als ein Zeitalter der Reform dargestellt, der Kirchen wie der Klöster. Vgl. etwa John, The King and the Monks S. 61–87, oder die Überschriften des 14. Kapitels von Deanesly, Pre-Conquest und des 4. in Sidelights. Doch auch für andere Länder gibt es stereotype Verfalls- und Reformschilderungen. – 24 Zu Odos monastischem Wirken in Rom vgl. G. Ferrari, Early Roman Monasteries, SAC 23 (1957) S. 230 ff.; G. Antonelli, L'opera di Odone di Cluny in Italia, Ben. 4 (1950) S. 19 ff.; zu Brogne J. Wollasch, Gerard de Brogne und seine Klostergründung, Rev. Bén. 70 (1960) S. 62–82, 224–231; Godfrey, Church S. 299 ff. – 25 Die mit großem Aufwand kon-

nen ganzen Gründungskonvent. Es entstanden Beziehungen zwischen dem helfenden Zentrum und den reformierten oder neu gegründeten Klöstern, die von längerer oder kürzerer Dauer sein konnten. Solche „Filiationen" brauchten noch längst nicht zu dauerhaften Gruppenbildungen zu führen[25]. Auch die übernommenen monastischen Regeln wurden meistens im Laufe der Zeit abgewandelt. Eine gewisse Autorität mochte dem beispielgebenden Kloster bleiben, doch Formen ständigen Zusammenwirkens oder regelmäßiger Kontrolle waren noch nicht üblich. Und auch wo es zu dauerhafteren und festeren Gruppenbildungen kam, waren diese noch keine Orden im strengeren Sinn[26]. Erst die Zisterzienser sind im 12. Jh. der erste eigentliche Orden geworden. Von den berühmten zisterziensischen Mutterklöstern gingen nun wirklich bindende Beziehungen zu einer Reihe von Tochterklöstern aus. Die „Filiation" bildete ein grundlegendes Verfassungselement. Die Vateräbte visitierten regelmäßig die Tochterklöster; alle Äbte kamen jedes Jahr zum Generalkapitel in Citeaux zusammen, die Statuten und ihre Zusätze waren für alle verbindlich. Wie alle weltlichen und geistlichen Ordnungsgefüge war im 12. Jh. der Zisterzienserorden in einer Weise institutionalisiert, die beispielgebend für ältere und jüngere Mönchsgemeinschaften wurde.

Orden sind deutlich voneinander zu unterscheiden und voneinander abgeschlossen. So feste Grenzen kannten die berühmten *Klöstergruppen des 10. und 11. Jh.s* noch nicht. Es gab Mittelpunkte, von denen erneuernde und vertiefende Wirkungen auf andere Klöster ausgingen, auf Äbte und Mönche, auf die das monastische Leben mittragenden Bischöfe oder Laien, von denen sie gegründet, beschenkt, verehrt wurden. Besonders berühmt und weithin wirksam wurden u. a. Gorze, St. Maximin in Trier, Einsiedeln, Hirsau, Siegburg, Brogne, St. Vanne in Verdun, Fécamp, Stablo, Fleury, St. Benigne-de-Dijon, St. Victor in Marseille, Camaldoli, Vallombrosa, Fruttuaria. Was jeden von diesen monastischen Kreisen zusammenschloß, waren historische Bedingungen, die Autorität eines Gründers oder eines lebenden Abtes des namengebenden Klosters, der Wille von Eigentümern oder Gönnern unter Bischöfen und Laien, monastische Ideale und Gewohnheiten mehr als rechtliche Bedingungen oder als verfassungsmäßige Überordnungsverhältnisse[27].

Aus der Sorge, das mönchische Ideal möglichst vollkommen zu verwirklichen, entstanden Konkurrenzen zwischen monastischen Richtungen, die sich auf die Werke der Buße, der Liturgie, der Caritas und auch auf die asketische Haltung in Kleidung, Fasten und Arbeit bezogen. Jede neigt dazu, die eigenen Gewohnheiten für vorbildlich zu halten und deren Einführung als Bestandteil der „Klosterre-

---

struierten Filiationskreise bei HALLINGER Gorze und Cluny, 2 Bde., Rom 1950/51, leiden darunter, daß dies nicht berücksichtigt wurde. Daß ein Mönch eines berühmten Klosters als Abt in ein anderes berufen wird, muß noch nicht eine langfristige Bindung begründen. Gegen übertriebene Vorstellungen vom Einfluß von Reformbeziehungen vgl. etwa LIPPELT, Thietmar S. 194 Anm. 8, wo Hallingers Behauptung I S. 620 Anm. 16 zitiert wird, Thietmar sei „eine in Gorze geformte Persönlichkeit". – 26 Solche mehr oder weniger festen Gruppen werden jedoch vielfach ungenau „Orden" genannt. Dabei hat selbst Cluny erst nach dem Vorbild der Zisterzienser eine echte ordensartige Verfassung angenommen. Von „Ordensbildung" Clunys spricht auch HOFFMANN, Von Cluny S. 167. – 27 Auf die Unterschiede in den Consuetudines, mochten sie religiös und historisch wesentliche Züge betreffen oder nur Details, die aus zeitlichem Abstand ziemlich trivial erscheinen, vgl. DUBY, Frühzeit S. 183, wird oft großer Nachdruck gelegt. Doch kommt es vor dem späten 11. Jh. kaum zu feindlichen Konkurrenzen, zu „Reformgegensätzen" wie später zwischen Cluniacensern und Zisterziensern. – 28 Reformgegensätze" sind ein Hauptthema des

form„ zu fordern. Es konnte sogar zu Eifersucht und Zwistigkeit kommen[28]. Im 11. Jh. wurde unter Klosterreform zunehmend die Änderung der Observanz verstanden. Demgegenüber ist die weisere Haltung bemerkenswert, die aus der berühmten Antwort der Mönche von Monte Cassino auf die Anfrage des Abtes Hartwig von Hersfeld spricht. Es gäbe überall viele verschiedene Gewohnheiten, die von der Regel nicht abwichen. Alle seien gut und nützlich: „Daher können wir uns nicht genug wundern, warum einige in dreistem Hochmut, in stolzer Verachtung unbesonnen für eine obzwar gute Gewohnheit eine andere nicht weniger gute oder vielleicht noch bessere Gewohnheit zu beseitigen wagen!"[29] Aber solches geschah und konnte sogar als Klosterreform gepriesen werden[30].

Verwandt mit ähnlichen Bewegungen monastischer Erneuerung und doch zutiefst verschieden von ihnen war das *Cluniacensertum*. Seine entscheidenden Züge hat, auf der gesamten bisherigen Literatur aufbauend, aber durch eigene Forschung neue Einsichten gewinnend, Joachim Wollasch entdeckt und dargestellt. Sein Werk zeigt weitere noch zu lösende Probleme auf[31].

Danach unterscheidet sich Cluny nicht wesentlich von anderen monastischen Ansätzen und Kreisen, die prinzipiell das Leben der Apostel und der Urkirche verwirklichen wollten und auf die künftige Herrschaft des Gottesreiches konzentriert waren. Um diesen Vorsatz durchzuführen, hat sich aber Cluny in neuer Weise von der Welt distanziert. Dies war die Absicht des Stifters, des Herzogs Wilhelm von Aquitanien und der ersten Äbte, als die Abtei dem Papst übergeben wurde, nicht um sie zu beherrschen, sondern um sie zu schützen[32]. Allen Beteiligten war bewußt, daß päpstlicher Schutz aus so weiter Ferne damals überwiegend nur eine spirituelle Bedeutung haben konnte. Cluny wurde also ganz auf sich selbst gestellt, unterstand keiner Herrschaft und keinem konkreten, rechtswirksamen Schutz und hatte niemand, der verpflichtet gewesen wäre, seine Interessen wahrzunehmen. Cluny ist geprägt von der Notwendigkeit, mit Einsatz seines religiösen Ansehens, bittend und verhandelnd, Konflikte möglichst vermeidend, in der Welt zu stehen. Das wurde umso schwieriger, je größer und vielfältiger der monastische Bereich wurde, dessen Mittelpunkt die burgundische Abtei war.

Daß schon seine ersten Äbte mehrere Klöster leiteten, war nicht ohne Parallelen. Aber die Anzahl der in irgendeiner Form zu Cluny gehörenden Abteien und Priorate war im 10. Jh. schon größer als die irgendeines anderen monastischen Kreises. Damals war seine Reichweite allerdings noch begrenzter als unter Odilo und erst recht unter Hugo. Der Unterschied zwischen beiden Jh. tritt im Kartenbild eindrucksvoll hervor. Die *Expansion Clunys* im 11. Jh. ist freilich zuweilen übertrieben worden. Und man sollte von einem cluniacensischen Imperialismus

---

Werkes von Hallinger, Gorze und Cluny. – 29 MG BrKz III S. 13 Nr. 1; dazu Hoffmann bei Dormeier Monte Cassino S. 18. Man sollte daher die Klöster nicht in reformierte und unreformierte einteilen, auch nicht von der Aufforderung an ein Kloster, „die" Reform einzuführen. Es gab viele gute Klöster, die nicht eigens „reformiert" waren. Und es gibt nicht eine einzige und immer gleiche Reform, sondern viele. Vgl. J. Vogel, Zur Kirchenpolitik S. 167. – 30 Im 11. Jh. konnten schließlich zum Inhalt einer Klosterreform Einschränkung oder Abbau von Laienrechten und Änderung der Klosterverfassung hinzukommen; vgl. u. S. 230 ff. – 31 Wollasch, Mönchtum; Ders., Reform und Adel. – 32 In der Literatur wird oft trotz der berühmten Formulierung der Stifterurkunde, Bernard-Bruel CHCL I S. 124 Nr. 112 nicht beachtet, daß Cluny kein päpstliches Kloster war, und werden oft Beziehungen zwischen Rom und der burgundischen Abtei als enger angesehen als sie tatsächlich waren. – 33 De Berthelier, L'expansion de l'ordre de Cluny S. 320 f.;

besser nicht reden[33]. Was die Cluniacenser einte, war der „Ordo cluniacensis", der glücklich als „die cluniacensische Art und Weise, mönchisch zu leben" definiert wurde[34]. Der Begriff hat also wenig mit der Form der Orden zu tun, wie sie sich seit dem 12. Jh. durchsetzten. „Cluniacensisch mönchisch leben" konnten auch Klöster, die juristisch einem König, einem Bischof, einem adligen Laien gehörten. Verzicht auf die Eigenklosterherrschaft war nicht die Bedingung zur Einführung von Mönchen aus Cluny und der cluniacensischen Lebensformen. So waren die „Cluniacenser" eine recht vielfältige „Größe oberhalb herrschafts- und kirchenpolitischer Komplikationen". Das Bild wird noch unschärfer dadurch, daß die Zugehörigkeit zu Cluny, d.h. die Beachtung seines mönchischen Lebens vorübergehend sein konnte, was ja auch für andere ältere mönchische Richtungen gilt. Der uralte Gedanke der Eigenständigkeit jedes Einzelklosters schlägt eben hie und da immer wieder durch. Und die Ecclesia Cluniacensis war elastisch genug, um eigenen Gruppierungen Raum zu lassen[35].

Für das Selbstbewußtsein der Cluniacenser wurde im 11. Jh. immer wichtiger die *Gemeinschaft* aller derjenigen, von denen die Profeß in die Hand des Abtes von Cluny abgelegt worden war. In das Totenbuch von Cluny sollten schon unter Abt Odilo alle Erzbischöfe, Bischöfe, Äbte, Mönche als nostre congregationis monacus eingetragen werden, die je cluniacensische Mönche geworden waren, in welcher Stellung und an welchem Ort sie zur Zeit ihres Todes auch geweilt haben mochten.

Viele der Niederlassungen, in denen cluniacensische Mönche lebten, blieben dem Abt von Cluny selbst untergeben und wurden von Prioren geleitet. Sie und die untergebenen Abteien wurden von Cluny aus oft besucht.

Die Äbte selbst sind viel gereist. Schon Odo, der auf Bitten des Fürsten Alberich sich um einige der römischen Abteien gekümmert hat, soll in sechs aufeinanderfolgenden Jahren sechsmal in Rom gewesen sein[36]. Die Äbte des 11. Jh.s sollen nach einigen durch ihre vielen Reisen, auf denen sie von zahlreichen Mönchen und einem luxuriösen Troß begleitet wurden, Anstoß erregt haben. Es ist schwer auszumachen, wieviel davon wahr ist; wohl sicher übertrieben ist die satirische Schilderung des Bischofs Adalbero von Laon, nach der Odilo seine Mönche in lächerlicher Weise bewaffnet habe und mit „millia mille viri", also einer Million, gegen die Quiriten gezogen sei, je 10 auf einem Kamel, je 2 auf einem Esel und je 3 auf einer Gazelle[37].

dazu vgl. auch P. COUSIN, L'expansion Clunisienne sous Saint Odilon, in: A Cluny, Congrès scientifique, 1950, S. 186 ff.; man hat zuweilen nicht genügend beachtet, daß erst unter Odilo der Kreis der cluniazensischen Priorate größer wird, wie es BULST, Untersuchungen S. 217 richtig darstellt, und erst unter Hugo ihre Zahl sprunghaft angestiegen ist. JAKOBS, Cluniacenser und Papsttum S. 651 spricht aber von „christlich europäischer Herrschaft" und meint S. 658, die ecclesia Cluniacensis sei Kirche in der Kirche gewesen. Über die Tendenz, vorhandene geistige Bindungen durch juristische zu verstärken WOLLASCH, Mönchtum S. 171. Für Navarra und Aragon vgl. KEHR, Navarra und Aragon S. 9; auch SEGL, Königtum und Klosterreform in Spanien S. 12 gegen übertriebene Einschätzung des cluniacensichen Einflusses in Spanien. Zu beachten bes. S. 218: „Zur perfectio ordinis genügte die Einführung der cluniacensischen Bräuche und deren Einübung. Am Rechtsstatus brauchte sich nichts zu ändern"; das Gegenteil von Kehr und Segl hatte HIRSCH, Untersuchungen S. 421 vertreten. – 34 WOLLASCH, Mönchtum S. 154. – 35 Ebd. S. 151, wo Fleury als repräsentatives Beispiel dafür erkannt wird, daß es Odo nicht stets um die Änderung des Rechtsstatus eines von ihm reformierten Klosters zu tun war; vgl. auch WOLLASCH, Reform und Adel S. 286. – 36 Vgl. o. Anm. 24. – 37 SACKUR, Cluniacenser II S. 97

Wie ernst zunehmen die Vorwürfe gegen die Lockerung der monastischen Strenge Clunys, seine Verflechtung in Welthändel und das Machtstreben seiner Äbte einzuschätzen sind, läßt sich schwer sagen. Gegen sie sprechen die überwiegende Verehrung Clunys und der Cluniacenser durch religiös anspruchsvolle Päpste, Kaiser, Könige, Bischöfe und Adlige, die größte Hoffnungen für ihr irdisches Werk und ihr ewiges Heil auf sie setzten.

Umstritten ist das gegenseitige *Verhältnis der Päpste zu Cluny* im 10. und frühen 11. Jh. Uns scheint, daß es zuweilen unzulässig mit kirchenmachtpolitischen Kategorien beurteilt wird. Dagegen ist 1957 die berechtigte Warnung ausgesprochen worden, Cluny sei keine Societeas Jesu gewesen[38]. Den Päpsten des 10. Jh.s hätte Cluny wenig bedeuten können. Ihre politischen und jurisdiktionellen Aktivitäten beschränkten sich im wesentlichen auf Mittelitalien und die römische Kirchenprovinz, im Ganzen bescheidene Einwirkungen auf Kirchen und Klöster in größerer Ferne erfolgten nur, wenn sie erbeten oder angefordert wurden[39]. Selbst die Schutzurkunden dürften auf Ansuchen der Petenten gewährt worden sein, und sie bewirkten wenig. Zu „Klosterreformen" jeglicher Art und Tendenz in allen Ländern Europas geht kaum je die Initiative von einem Papst aus. Es ist bezeichnend, daß bis in die Mitte des 11. Jh.s päpstlicher und königlicher Schutz miteinander vereinbar waren. Ja, der Papst, unter dessen Schutz ein Kloster wie Cluny stand, konnte den König von Frankreich für diese, seine Schutzabtei, um seinen Schutz bitten[40].

Recht problematisch ist in der neueren Forschung wieder die *Exemtion* geworden, die Befreiung von der geistlichen Gewalt des Diözesanbischofs und die unmittelbare Unterstellung unter den Heiligen Stuhl. Die Päpste hätten exemte Klöster benutzt, um zielbewußt in den entfernteren Ländern ihre höchstbischöfliche Autorität zur Geltung zu bringen, die Klöster die ausschließliche Abhängigkeit von Rom, um bischöflichen Eingriffen und materiellen Forderungen zu begegnen. Namentlich für Frankreich wurde eine Zersetzung der Diözesanverbände durch exemte Klöster, vor allem durch Cluny und seine gleichfalls exemten Dependenzen angenommen als Parallelerscheinung der Zersetzung der Grafschaften durch die Herrschaftsbereiche der châtellains[41]. So hätten allmählich die Exem-

z. v. 145. Adalbero v. Laon, carmen ad Robertum regem v. 142 ff., ed. G. A. Hueckel, Les poèmes satiriques d'Adalberon, Univ. de Paris, Bibl. de la Fac. des lettres 13 (1901); C. Carozzi, Les classiques de l'histoire de France au Moyen âge 32, 1979, S. 10; zur Ausgabe G. Silagi I, DA 37 (1981) S. 853. – 38 Ch. Courtois in der Diskussion zu Lemarignier, Structures monastiques et structures politiques dans la France de la fin du Xe siècle et des débuts du XIe siècle, in: Il Monachesimo nell' alto Medioevo usw., MCSM IV, 1957, S. 537: Cluny war nicht der Orden des Papsttums wie der Jesuitenorden. – 39 Vgl. dazu den Diskussionsbeitrag von François Masai zu dem in der vorigen Anm. genannten Referat v. Lemarignier S. 530 f.: die päpstliche Macht sei damals spirituelle et même trop exclusivement spirituelle gewesen. In diesem Sinn wird man auch Cowdrey, Cluniacs S. 15 Anm. 15 zustimmen können, wenn er vor Unterschätzung des päpstlichen Prestiges warnt. – 40 So schon Hirsch, Untersuchungen S. 369; an „die rein kirchlichen Wurzeln der universalen Schirmverpflichtung des Apostolischen Stuhls" erinnert H. Appelt, D. Anfänge d. päpstl. Schutzes, MIÖG 62, 1954, S. 111; vgl. Szaivert, Entstehung S. 287: die Kommendierung Clunys in den Schutz König Rudolfs v. Frankreich JL 3578, MPL 132 c. 812, dazu vgl. Semmler, Traditio S. 18: „Noch bildet der Papstschutz eine Ergänzung der königlichen defensio, und selbst die traditio eines königlichen monasterium an den heiligen Petrus trat gegenüber dem königlichen Schutz und Herrschaftsrecht in den Hintergrund"; S. 33: unter Otto I. „komplementärer Papstschutz". – 41 Diese Auffassung ist verbreitet, aber quellenmäßig nicht begründet. Vgl. etwa Duby, Frühzeit S. 135: „Kluniazensische

tionen das Emporsteigen der Päpste zur Regierung der ganzen Kirche vorbereitet[42]. Indessen, Exemtion ist keine so eindeutige und starre Rechtsstellung. Schon
weil die Mönche teils Laien, teils Kleriker sind, sind diözesanbischöfliche Funktionen im Kloster nicht eindeutig[43]. Der Bischof kann entweder in seinen Rechten
auf Abgaben oder in seiner Strafgewalt oder in seiner Weihegewalt beschränkt
werden. Dies alles konnte dem Kloster durch päpstliches Privileg gewährt werden[44]. Bei den unter dem Begriff Exemtion zusammengefaßten Privilegien geht es
nicht so sehr, woran erinnert werden muß, um Schutz der mönchischen Lebensformen, also um hohe religiöse Werte, als um Schutz gegenüber materiellen Forderungen der Bischöfe. Der Bischof und sein Gefolge waren kostspielige Gäste.
Auch seine Weihefunktionen, sein richterliches Walten waren mehr oder weniger
teuer. So war es also vor allem eine finanzielle Vergünstigung, wenn man ein Kloster davon freimachte.

Aber mußten solche Privilegien zu Konflikten mit den Diözesanbischöfen füh-
ren? Es ist auffällig selten geschehen, soweit wir wissen. Cluny ist erst unter
Papst Johannes XIX. in einen berühmten Streit mit seinem Diözesanbischof von
Macon geraten, der von der Provinzialsynode des Metropolitansprengels von
Lyon unterstützt wurde[45]. Das ist bei der ungeheuer breiten Reibungsfläche zwi-

Bewegung entschlossen antibischöflich". „Sie zerstückelte die Diözese im gleichen Augenblick, da die unabhängigen Schloßherren die Grafschaften aufteilten". VIOLANTE, Monachesimo S. 3–67 kommt für Italien zu ähnlichen Ergebnissen: „disintegrazione delle
diocesi". Entsprechende Konstruktion bei COWDRY, Cluniacs S. 71. Solche Thesen beruhen
auf übertriebenen Vorstellungen von der normalen Konsistenz der Diözesen und der Festigkeit ihrer Leitung vor der Verbreitung des Exemtionswesens; JAKOBS bemerkt zutreffend, daß Libertas Romana und Exemtion nur von einem Bruchteil der Klöster cluniazen-
sischer Observanz gewonnen worden seien. – 42 KEHR betont wiederholt dagegen mehrfach mit Recht, daß es sich im 10. Jh. und frühen 11. Jh. in der Regel nicht um ein
Eingreifen der Päpste motu proprio handle. Vgl. etwa Navarra und Aragon S. 4 ff. und
Katalanischer Prinzipat S. 7, wo S. 11 auch schon der These von der Zerstörung der Diözesen durch die Exemtion widersprochen wird. – 43 SZAIVERT, Entstehung S. 389 differen-
ziert mit Recht die Rechtsinhalte der allzu summarisch „Exemtion" genannten Privilegien:
Vornahme von Weihen durch beliebige Bischöfe eigener Wahl, Verbot bischöflicher Meßfeiern im Kloster ohne Einladung, Verbot der Exkommunikation von Klosterangehörigen
und der Abhaltung von Synoden im Kloster. Szaivert betont, daß solche Privilegien nur
allmählich in die Praxis umzusetzen waren. Einleuchtend ist der Vorschlag von WILHELM
SCHWARZ, Jurisdictio und Conditio S. 79 f.: Emanzipation, nicht Exemtion: „Klöster erstreben nicht Befreiung von der ordnungsgemäßen Gewalt der Bischöfe, sondern Sicherung gegen den Mißbrauch dieser Gewalt". Auch SZABÓ-BECHSTEIN, Libertas Ecclesiae S.
187 f. unterscheidet zwischen Totalexemtion und speziellen Exemtionen. – 44 Schon A.
H. BLUMENSTOCK, Der p.liche Schutz im MA, 1890, S. 24 bemerkt, daß in Klosterprivile-
gien eher die Befreiung von Abgaben an den Bischof als von der bischöflichen Weihegewalt und als Wahlfreiheit gewährt worden sei. – Ob außer den Päpsten zuweilen Bischöfe
Exemtion gewähren konnten wie von Ivrea für Fruttuaria tat? Vgl. BULST, Untersuchungen S. 133. – 45 HESSEL, Cluny und Mâcon S. 516 ff.; LETONNELIER, L'abbaye exempte S. 93; dazu DIENER, Verhältnis Clunys zu den Bischöfen S. 234 ff., wo bes. zu beachten ist, daß Gauzlin sich dem Eingreifen des Papstes zugunsten Clunys fügte und 1030
nach seiner Resignation dort Mönch wurde. Sehr zu beachten ist andererseits Odilos
Nachgiebigkeit gegenüber Gauzlins Nachfolger Walter; darüber außer Letonnelier schon
L'HUILLIER, Vie S. 134. Nach COWDRY, Cluniacs S. 44 hätte allerdings nicht Odilos mönchische Konzilianz zu seinen Zugeständnissen geführt, sondern Notwendigkeit infolge eines kühleren Verhältnisses Clunys zu Benedikt IX. Doch davon ist nichts bekannt.
MEHNE, Cluniacenserbischöfe erzielte mit Hilfe nekrologischer Quellen wesentliche Fortschritte. Zur Verbundenheit zwischen Monte Cassino und d. Bischöfen, trotz der Vorgänge in Rom 1123, treffend DORMEIER S. 79 f. – 46 Vgl. vorläufig DIENER, Verhältnis

schen Cluny samt dem großen Netz seiner Dependenzen und den zahlreichen Diözesanbischöfen, die jeweils zuständig waren, doch sehr merkwürdig.

Die vieldiskutierte Frage nach dem Verhältnis Clunys und anderer exemter Klostergruppen zu den Bischöfen wird erst sicherer zu beurteilen sein, wenn personengeschichtliche Forschungen weiter fortgeschritten sind. Längst ist bemerkt worden, daß viele Mitglieder des Episkopats, besonders in Frankreich, aus dem Cluniacensertum hervorgegangen sind[46]. Präzisere Feststellungen werden möglich werden durch die epochemachenden Untersuchungen des cluniacensischen Mönchtums mit Hilfe der EDV-Methode, die eine Zusammenschau aller bisherigen Quellen mit der nekrologischen Überlieferung ermöglicht, die erstmalig kritisch erforschbar geworden ist[47]. Schon jetzt sind für cluniacensische Mönche erstaunliche Ergebnisse gewonnen worden, die auf längere Sicht auch bessere Beurteilungsmöglichkeiten für die oben gestellte Frage erhoffen lassen. Einstweilen ist vor der Annahme eines generellen Antiepiskopalismus der Cluniacenser zu warnen, die eine moderne Gelehrtenhypothese zu sein scheint[48].

Vorweg ist außerdem zu bedenken, ob „Exemtion" überhaupt jene die Diözesen zersetzende Wirkung haben muß, die man ihr oft zuschreibt. Wenn der Bischof in dem exemten Kloster und seinen Dependenzen keine Funktionen geistlicher Gerichtsbarkeit und Zwangsgewalt hat, nimmt man ihm zwar das Recht auf die damit verbundenen Abgaben, aber erspart sowohl ihm wie dem Kloster daraus entstehende Reibungen. Wenn das exemte Kloster die Freiheit gewinnt, für alle Weihen von Äbten, Mönchsklerikern, Kirchen, Kapellen, Altären, Friedhöfen einen beliebigen Bischof zu wählen, erscheint dies bedenklicher. Nun ist jedoch daran zu erinnern, daß Cluny immer zu Weihen bereite Bischöfe fand, wenn es den zuständigen Diözesanbischof nicht wählen wollte, vielleicht weil es die Erfahrung gemacht hatte, daß dieser zu große materielle Entgelte verlangte. Auf einen allgemeinen Gegensatz zwischen Cluny und dem „Episkopat" sollte deshalb noch nicht geschlossen werden. Die berühmten Spannungen mit Bischöfen von Macon dürfen nicht zu der Annahme führen, daß derartiges im großen Bereich der ecclesia Cluniacensis die Regel gewesen sei. Warum sollten die Äbte nicht in vielen oder sogar den meisten Fällen gerade den Diözesanbischof für die Weihehandlungen frei gewählt und frei beschenkt haben, wenn ihr Verhältnis zu ihm normal war. Auch in dieser Hinsicht darf man hoffen, noch deutlichere Einsichten zu gewinnen[48a].

Clunys zu d. B.en S. 321; dazu die wenig überzeugenden Einwände v. VIOLANTE, Monachesimo S. 56 ff. mit Anm. 95. – Seltsam die Formulierung eines Gegensatzes zwischen Cluny und den Bischöfen bei CAPITANI, Immunità vescovili S. 529: „Senza che questo significasse necessariamente ostilità ai vescovi, per lo meno un *ostilità programmatica*" (v. mir hervorgehoben). – Vgl. dagegen auch schon SCHREIBER, Gregor VII. S. 118: Cluny mit dem Episkopat verbündet, dessen Geschichte oft ganz einseitig von Exemtionsstreitigkeiten gesehen wurde; DERS., Mönchtum und Wallfahrt S. 171: Warnung davor, einen starren Gegensatz von Bischof und coenobium anzunehmen. – 47 WOLLASCH, Synopse; DERS., Reform und Adel S. 291: Bischöfe als kluniazensische Mönche, Mönche als Bischöfe; MEHNE, Cluniacenserbischöfe S. 268 ff. – 48 SEMMLER, Siegburg S. 214 meint, die Reformbewegungen von Cluny und Fruttuaria hätten unter dem Einfluß der Erzbischöfe von Köln ihre antibischöflichen Zielsetzungen aufgegeben und seien zur „bischöflichen Klosterreform von Siegburg" geworden. Dafür gibt es viele Parallelen. Aber mit dem „Antiepiskopalismus" kann es wohl nicht so arg gewesen sein, wenn Mönche aus Cluny oder Fruttuaria ihn so leicht aufgaben. – 48a MEHNE, Cluniacenserbischöfe S. 288 f. – 49 Vgl.

Verbreitet ist die Meinung, die *Päpste* hätten bei Aufbau und Durchsetzung ihrer Jurisdiktion, ihrer universalen Kirchenregierung gegenüber Laienfürsten und Episkopat bei den Klöstern Hilfe gesucht und gefunden, denen sie als Entgelt Schutz und Exemtion gewährten. Diese Klöster hätten sich ihrerseits gegen alle äußeren Bedrohungen an den heiligen Stuhl anzulehnen gesucht. In dem Bündnis zwischen der römischen Kirche und den privilegierten „Reformklöstern" sei die Vorgeschichte der großen Wendung früh zu spüren, die seit der Mitte des 11. Jh.s zu der epochemachenden Konkretisierung und Realisierung der päpstlichen Kirchenregierung, zu der den Päpsten gebührenden Stellung in der Ordnung der christlichen Welt und zur moralischen Erneuerung des Klerus geführt habe[49].

Doch ist zu fragen, ob die Päpste des 10. und frühen 11. Jh.s eine kontinuierliche Leitung, Kontrolle und Disziplinargewalt für die Kirchen in allen Ländern überhaupt für möglich hielten und erstrebten, wie sie früher allenfalls in Episoden und einzelnen besonderen Situationen zum Zuge gekommen waren. Und war ihnen eine Jurisdiktion und Gewalt des „Papsttums" vorstellbar in ihrer regionalen Begrenztheit und dem häufigen politischen und materiellen Elend, in dem sie sich befanden? Liegt es wirklich daran, daß „die Kirche" unter der Herrschaft „der Laien" schmachtete, daß die Päpste die ihnen zustehenden Rechte nicht ausüben konnten?

Und was vermochten die Cluniacenser – wohlgemerkt vor der Mitte des 11. Jh.s – für die Päpste eigentlich zu tun, die damals noch kaum daran denken konnten, Ideen Pseudoisidors als realpolitische Ansprüche zur Geltung zu bringen? Es ist dargetan worden, daß in Cluny der Mönch Bertram auf Anordnung Abt Odilos eine Handschrift von Pseudoisidor geschrieben hat, daß aber die pseudoisidorischen Dekrete „in der ganzen Cluniacenserliteratur" unbekannt geblieben sind und Cluny darauf verzichtet hat, sie in seinem monastischen Bereich anzuwenden[50]. Wichtig ist auch das Ergebnis, daß Abt Abbo von Fleury sie in seiner berühmten Canonessammlung nicht berücksichtigt hat, obwohl er sie als Teilnehmer an der von uns anderwärts dargestellten Synode von St. Basle sicherlich gekannt hat[51]. Der damalige Streit ging aber gar nicht um Rechte der Päpste, der Bischöfe und der Klöster. Dabei waren außerdem nicht die Cluniacenser Partei, sondern der vom König Hugo abgesetzte Erzbischof Arnulf von Reims und sein Gegenkandidat Gerbert von Aurillac. Abbo von Fleury war ein Hauptvertreter der Sache Arnulfs, nicht Clunys[52]. Fleury stand zwar Cluny nahe, hatte aber damals schon eigene Wege eingeschlagen[53]. Die Partei Arnulfs nun wandte sich mit Berufung auf Pseudoisidor an Papst Johannes XV., den übrigens auch die königlich-bischöfliche Partei für sich zu gewinnen suchte. Der Papst ergriff auch in diesem Fall, der ihm offenbar ziemlich gleichgültig war, keine Initiative. Daß er sich für Arnulf und gegen Gerbert entschied, geht offenbar auf veränderte politi-

o. Anm. 42; ein bezeichnendes Beispiel für die verbreitete anachronistische Vorstellung von einer Papstpolitik, die mit Hilfe der geschützten und eximierten Klöster ein Gegengewicht gegen die geistlichen Gewalten schaffen wollte, bes. HIRSCH, Untersuchungen S. 387. Ähnliche Auffassungen vertreten HOFFMANN, Von Cluny S. 199: „Klosterreform und Klosterexemtion stellten dem Papsttum ein ungeheures Kraftreservoir zur Verfügung" und COWDRY, Cluniacs, etwa S. 58: „Cluny was a principal bulwark of the Papacy in promoting the reform of the church". – 50 FUHRMANN, Pseudoisidorische Fälschungen III S. 757 ff., über die Handschrift Bertrams S. 766 ff. – 51 FUHRMANN, Pseudoisidorische Fälschungen I, S. 231 Anm. 127 u. III, S. 760. – 52 TELLENBACH, F. f. J. Fleckenstein S. 176, auch für das Folgende. – 53 Vgl. o. Anm. 35. – 54 Berühmt ist der Zorn des heiligen Ni-

sche Konstellationen in Frankreich und mehr noch auf den Wunsch des Kaiser-
hofs und des deutschen Episkopats zurück.

Wie Cluny und die Cluniacenser waren auch die anderen berühmten monastischen Gruppen des Abendlandes im wesentlichen auf *möglichst vollkommene Verwirklichung des mönchischen Ideals* konzentriert. Dabei waren sie zum Zusammenwirken mit allen bereit, die sie zu Hilfe riefen oder deren Unterstützung
dafür nützlich war, Päpsten, Königen, Bischöfen, Adligen. Es ging entweder um
Beseitigung von Entartungen der mönchischen Lebensformen in einzelnen Klöstern, um noch höhere Vollkommenheit der asketischen Frömmigkeit, oder um
Abwehr von Übergriffen geistlicher und weltlicher Partner auf Vermögen und
Rechte der Klöster. Einfluß auf Könige und Fürsten haben auch monastische Persönlichkeiten in allen Ländern gewonnen oder auch erstrebt, ohne daß es dabei
häufiger zu ernsten Kontroversen gekommen wäre[54]. Werkzeuge einer universalen päpstlichen Kirchenregierung konnten sie vor dem Umschwung in Rom unter
Heinrich III. schon deshalb nicht sein, weil diese, wie bemerkt, in ihren irdischen
Zielen noch regional begrenzt und mehr spirituell als jurisdiktional oder gar kirchenpolitisch waren.

Wie von altersher waren die Mönche, sowohl in einzelnen Klöstern wie in Klo-
sterverbänden im 10. und frühen 11.. Jh. gegenüber ihren geistlichen wie ihren
weltlichen Mitchristen eher konziliant als aggressiv[55]. Sie waren in Demut von
der Welt abgeschieden und wollten nicht alle Menschen zu Mönchen machen[56].
Die Klöster besaßen in der Regel Kirchen nach den Prinzipien des herrschenden
Eigenkirchenrechts, Großklöster in der Regel sogar viele. Daß Mönche das Pfarr-
amt an diesen Kirchen versahen, war offenbar die Ausnahme[57]. Es wurde vielmehr Priestern übertragen, denen das Kloster nicht viel anders gegenüberstand
wie ein bischöflicher oder weltlicher Eigenkirchenherr den seinigen. Also der Abt
wählte normalerweise den Priester aus und stellte ihn dem Diözesanbischof zur
Bestätigung vor. Abgaben hatte er dann, abgesehen von denen, die dem Diözesanbischof zustanden, an das Kloster zu entrichten. Sehr genau sind wir darüber
nicht unterrichtet. Aber Kirchen wurden Klöstern ja in der ausgesprochenen Absicht tradiert, ihre Einkünfte zu vermehren[58]. Es wäre etwa interessant zu wissen,
ob ein klösterlicher Eigenkirchenpriester beim Amtsantritt besondere Geschenke
oder Gebühren an den Abt-Herrn leistete, wie das in allen entsprechenden Verhältnissen allgemein üblich war[59].

lus über Otto III. und Gregor V. und die grausame Behandlung des Gegenpapstes Johannes Philagathos. Dabei geht es aber bezeichnenderweise nicht um Kirchenverfassung oder
Kirchenpolitik, sondern um Mangel an christlicher Barmherzigkeit. – 55 LECLERCQ, Monachisme S. 454 betont, daß die Mönche hauptsächlich durch ihr Beispiel der Lebensführung den Klerus zu reformieren suchten. Im Gegensatz dazu nennt DUBY, Trois ordres S.
174 „Cluny arrogant, conquérant". – 56 VIOLANTE, Monachesimo S. 66 spricht von einem ideale panmonastico di Cluny. Dieser Begriff bedürfte näherer Erklärung. Weiter zu
bedenken ist auch die Aussage WOLLASCHS, Mönchtum S. 170, daß die Cluniacenser zu
Beginn des 12. Jh.s beanspruchten, selbst Kirche, mönchische Kirche zu sein. – 57 SCHREI-
BER, Gregor VII. S. 52 ff.: noch unter Hugo lehnt man in Cluny Seelsorge ab außer in
Notfällen; S. 56: eher Aktivität kleiner landschaftsgebundener Häuser; ZERFASS, Laienpredigt S. 103 ff.; die Annahme von WOLLASCH, Mönchtum S. 169 f., den Päpsten hätten
hundertfache Reserven eines zölibatären, von jeder weltlichen Herrschaft unabhängigen
Priestertums zur Verfügung gestanden, gilt, wie er sogleich deutlich macht, nur für die Bischöfe, nicht für die Seelsorgegeistlichen. – 58 Dieser Gedanke wird in zahllosen Schen-
kungsurkunden ausgedrückt. – 59 Vgl. o. S. 77 mit Anm. 26. – 60 Es ist nichts davon be-

Es muß noch sorgfältig bedacht werden, ob und wann Klöster und Klosterver-
bände Anstoß an der persönlichen Lebensweise, den wirtschaftlichen Praktiken
oder der mangelhaften Bildung ihrer eigenen Priester oder Weltgeistlichen überhaupt nahmen. Bis ins frühe 11.. Jh. scheinen sie kein großes Interesse an einer
„Reform" der Weltgeistlichkeit, d.h. an der Änderung der herkömmlichen Verhältnisse, zu zeigen[60]. Und auch später, als die Bewegung gegen „Simonie" und
„Nikolaitismus" begann, verhielten sich, wie sich zeigen wird, die monastischen
Richtungen recht ungleich. Italienische Eremiten und mit ihnen zusammenhängende Gruppen wie Camaldulenser und besonders Vallombrosaner fallen durch
reformerischen Eifer auf. Sie lockerten die alten Formen der Weltflucht und pro-
pagierten auch außerhalb der Klöster mit Fanatismus ihre Ideale. In der Geschichte mönchischer Predigt ist auf sie besonders zu achten[61].

Sicherlich hat mönchische Frömmigkeit in langen Zeiträumen nachhaltig auf
das Denken und Handeln von *Klerikern und Laien* gewirkt. Das Leben in Enthaltsamkeit und Armut galt als Nachahmung der Apostel und der Urkirche. So
konnten sie vielen als Vorbild dienen. Diejenigen, die am Sakramentendienst und
der Seelsorge teilhatten, konnten sich für ihre erhabene Aufgabe nicht besser heiligen, als wenn sie mönchisch lebten. Das Mönchtum hat insofern, indem es seine
Werte als Maßstäbe setzte, von jeher Einflüsse auf den gesamten Klerus ausgeübt,
wenn auch mit ungleichen Wirkungen[62]. Freilich ist betont worden, daß Kleriker-
reform unabhängig von dem Vorbild einzelner Klöster oder partikularer monastischer Lebensformen direkt an der Idee der Urkirche orientiert gewesen sein
konnten[63].

Bei Kathedralen und größeren städtischen, zuweilen aber auch bei ländlichen
Kirchen, vor allem bei den Zentren der Burgbezirke in Frankreich und Italien,
dienten Klerikerkollegien, die mehr oder weniger klösterlich lebten[64]. Charles Dereine, dem wir wesentliche Erkenntnisse über die Kanoniker, die Mitglieder dieser
geistlichen Gemeinschaften verdanken, spricht von einer „karolingischen Epoche"
der Geschichte der Kanoniker, die er 750 beginnen und bezeichnenderweise 1050
enden läßt[65]. Darin haben die Bemühungen um die Kanonikerregel in der Zeit
Ludwigs des Frommen Maßstäbe gesetzt, die in dieser Periode beachtet, verletzt
und dann wieder in Kraft gesetzt wurden[66]. Bei den Domkirchen wurden Vermö-

kannt, daß Klöster überdurchschnittlich eifrig von den Klerikern an ihren zahllosen Eigenkirchen Ehelosigkeit, die Einhaltung der alten Vorschriften über Frauen, die im Haus
des Priesters leben dürfen oder auf die vorgeschriebene Unentgeltlichkeit geistlicher Funktionen geachtet hätten. Was HALLINGER, Geistige Welt Clunys S. 440 f. die „außerklau-
stralen Reformanliegen" Odos nennt, ist das in dieser Zeit vielfach in Literatur und Synodalcanones mit mehr oder weniger Erfolg Geforderte. Das Interesse, das an der Reformierung des Weltklerus bei dem großen Odo nachzuweisen ist, wie HOFFMANN, Von
Cluny S. 173 f. meint, ist schwerlich speziell Reformklöstern oder gar Cluny eigen. –
61 MICCOLI, Chiesa Gregoriana S. 61 ff.; GOEZ, Toscana S. 205–239; zur mönchischen
Predigt ZERFASS, Laienpredigt S. 124 ff. – 62 CHENU, Moines S. 61; HÄUSSLING, Mönchskonvent S. 143; MICCOLI, Ebda S. 255 ff. – 63 DEREINE, Vie commune S. 398 Anm. 6:
„Nous n'avons trouvé nulle part, chez les promoteurs de la réforme prônant la pauvreté
stricte, une trace positive de Cluny". – 64 K. H. SCHÄFER, Pfarrkirche und Stift im dt.en
MA, KRA 3, 1903, S. 113 ff.; J. SIEGWART, Die Chorherren- und Chorfrauengemeinschaf-
ten in d. dt. Schweiz v. 6. Jh.–1160. Mit einem Überblick über d. dt. Kanonikerreform d.
10. und 11. Jh.s, 1962, S. 92 ff.; LEMARIGNIER, Aspects S. 19–40, wo zwischen den kleinen
canonicales castrales und den großen collegiales unterschieden wird. – 65 DEREINE, Art.
Chanoines Sp. 353–405. – 66 SEMMLER, Mönche und Kanoniker S. 111: Trennung in der
Spiritualität ... zeitigte noch eine in die Jhe. hineinreichende Wirkung. – 67 LEMARIG-

gensmassen des Bistums und des Kapitels (mensa episcopi und mensa capituli) voneinander geschieden, das Vermögen der Kollegien wie bei anderen Stiftskirchen in Präbenden für die einzelnen Kanoniker abgeteilt[67]. Das Optimum wurde erreicht, wenn die Kanoniker ein gemeinsames Leben im gleichen Haus mit Refektorium und Dormitorium führten, fast wie Mönche[68]. Aber es war schon etwas gewonnen, wenn die Kanoniker zwar eigene Wohnungen, Einkünfte und Vermögen hatten, aber wenigstens in einem gemeinsamen Haus sich regelmäßig versammelten und ihre Zusammengehörigkeit in der Gemeinschaft der geistlichen Funktionen, besonders des Gebets verwirklichten. Von der Intensität des gemeinsamen Lebens wird das Maß der Befolgung der alten Gebote über Ehelosigkeit und über Umgang mit Frauen guten Teils abgehangen haben, ebenso auch über das Verbot, geistliche Gaben und Ämter um Geld zu erwerben[69]. Man hat wohl mit Recht für diese Zeit von einer Koexistenz von Dekadenz und Reform gesprochen[70]. Mit manchen Kapiteln ging es auf und ab. Die Nähe zu mönchischen Lebensformen konnte ernst genommen werden, dann wieder fast verschwinden. An „verweltlichten" Kanonikern tadelt man oft, daß sie sich mehr mit Waffen, der Jagd und Frauen beschäftigten als mit geistlichen Aufgaben. Doch sind die Verhältnisse nach Zeiten und Ländern recht verschieden. Man hat deshalb davor gewarnt, allgemein von einer Dekadenz des Klerus in dieser Periode zu sprechen[71]. Bei allen Dunkelheiten, die in dieser Zeit, wie in anderen, auf der irdischen Erscheinung der Kirche liegen, sollte man also mit dem Urteil besonderer Verkommenheit vor der Mitte des 11. Jh.s vorsichtiger werden.

3. Christliche „Stände"

„Stände" sind ihrem Begriff nach immer Teile eines Ganzen. Alle Christen sind „allzumal einer in Christo Jesu" (Gal 3, 28). Von Anfang an ist dieser Glaube die Grundlage des Einverständnisses mit jeglichen Stufungen im Diesseits und auch im Jenseits, mit der großen Solidarität der an Christus Glaubenden und sich Gottes Willen Überlassenden.

Wie die Gliederung des Ganzen gesehen wird, ist freilich vielfältig und widersprüchlich, und zwar von der Apostelzeit an und mindestens während des ganzen Mittelalters. Dabei mischen sich eschatologische und irdische Maßstäbe und beeinflussen sich gegenseitig. „Die religiöse Hierarchie beruht auf einem Zusammentreffen von historischer Stiftung und religiösem Unbestimmtheitsanspruch."[1] Die Stufen entsprechen, wie Pater Congár formuliert, ohne scharfe Unterscheidung einer „anthropologie spirituelle" und einer soziologischen Ordnung („ordre sociologique")[2].

NIER, France Médiévale S. 79. – 68 CHENU, Moines S. 63: „contre la décadence des clercs le grand remède est la vie commune". – 69 TOUBERT, Vie commune des cleres S. 13; über die grundsätzlichen Unterschiede der Spiritualität der Mönche und der Kanoniker LECLERCQ, Spiritualité S. 120 ff. – 70 LECLERCQ, Histoire de la Spiritualité II, Vandenbroucke, Bouyer, S. 124: „Pendant deux siècles coexistent la décadence et la réforme". – 71 DEREINE Art. Chanoines Sp. 371 Vgl. Zitat u. S. 136 Anm. 15.

1 H. DOMBOIS, Hierarchie. Grund u. Grenze einer umstrittenen Struktur, S. 13. – 2 CONGAR, Laiques S. 84 u. 89. – 3 Es muß schockierend für sie gewesen sein, daß nicht

Es muß für die Jünger unvorstellbar und erregend gewesen sein, als Jesus ihnen erklärte, wie ganz anders „die Kinder der Auferstehung" existieren würden:
„die werden weder freien noch sich freien lassen". (Lk 20, 35) Sogar der Unterschied von Mann und Frau wird also wesenlos sein. Dort drüben werden viele Erste sein, die hier Letzte sind, und umgekehrt (Mt 19, 30; Lk 13, 30). Die Antwort
Jesu auf die irdisch gesinnte und naive Bitte der Mutter der beiden Zebedäus-
söhne Johannes und Jacobus, Jesus möge beide in seinem Reich an seiner Seite
sitzen lassen, muß den Jüngern fremdartig erschienen und kaum verständlich gewesen sein, wie irdische Vorstellungen und Ordnungen dort drüben ihre Geltung
verlieren[3]. Wirksame Spuren hinterließen sie dennoch. Denn daß im Jüngsten Gericht Träger von Tiaren und Mitren, von Kronen und Fürstenhüten mit der
gleichen Waage geprüft würden wie alle Menschen hoher und niedriger Ränge,
wurde zur selbstverständlichen Überzeugung[4]. Vor Gott ist kein Ansehen der Person.

Für das Erdenleben folgt daraus jedoch keineswegs die Gleichheit aller Getauften und Erlösten. Sogar in den brüderlichen Urgemeinden gibt es Vornehmste
und Knechte, allerdings nicht wie in der Welt, in der Oberherren Gewalt haben,
„sondern so jemand will unter euch gewaltig sein, der sei euer Diener"
(Mt 20, 26); also es wird eine paradoxe Umkehrung gefordert, die sich in der irdischen Wirklichkeit nicht durchhalten ließ. Für die gegenwärtige, reale Welt rät
ihnen der Apostel zudem, ein jeglicher solle in der Ordnung bleiben, in der er berufen sei: Denn wer ein Knecht berufen ist in dem Herrn, der ist ein Freigelassener des Herrn; desselbigengleichen, wer ein Freier berufen ist, der ist ein Knecht
Christi". (1 Kor 7, 20 ff.) Das sind Worte, mit denen Sklaverei, Unfreiheit und
jegliche Unterschiede gerechtfertigt wurden, solange die Gesellschaft ständisch
gegliedert war[5]. Als man anfangs auf Christi baldige Wiederkehr wartete, zeigte
diese Einstellung eine Indifferenz gegenüber dem Diesseits, die in der christlich
werdenden Welt sich am ehesten noch in „Weltflucht" und Askese behauptet[6].
Sie setzte sich in einem Schwanken zwischen Weltzuwendung und Weltabwendung fort, deren wechselreiche Geschichte bis in jüngste Zeiten andauert.

Schon in den ersten Jh. war es in der Kirche zur Bildung der großen Stände des
Klerus und der Laien gekommen, von denen der erste die zur Spendung der Sakramente Geweihten in sich schloß, die infolge ihres Leitungsauftrages vor Gott
im Jüngsten Gericht Rechenschaft für alle ihnen Anvertrauten zu geben hätten.
Dadurch hatten sie im zeitlichen Leben allgemein unbestritten den höheren Rang.
Aber wenn die Spendung der Sakramente ihre Prärogative war, standen ihnen in
deren Empfang die Laien gleich, und beide Stände sind „einer in Christo".

Seit Konstantin dem Großen erfolgt die Privilegierung des Klerus in vielen
weltlichen Beziehungen: Steuerfreiheit, weitgehend autonome Gerichtsbarkeit,
Lösung von der Verpflichtung zum Kriegsdienst[7]. Der Satz des Paulus „Nemo
militans Deo implicat se negotiis saecularibus" (2 Tim 2, 4) ist, als Vorzug oder
Beschränkung verstanden, im Mittelalter tausendfach zitiert worden. In Wirklichkeit wuchs der Klerus gebend und nehmend in das allen gemeinsame weltliche
Leben hinein. Immer wieder entstanden Bestrebungen, die Zustände der christlichen Urzeit zu erneuern, immer wieder erlahmten sie.

---

einmal ihm zustehe, ihre Bitte zu erfüllen. – 4 Vgl. TELLENBACH, Irdischer Stand S. 1–16. –
5 Also weit über d. MA hinaus. – 6 TELLENBACH, Libertas S. 32 u. öfter. – 7 FEINE, KR S.
71, 129. – 8 TELLENBACH, Libertas S. 54; LECLERCQ, Spiritualité S. 123: „Tandis que la

Das Mönchtum, Coenobiten und Eremiten, hielt am urchristlichen Ideal der Weltindifferenz fest[8]. Es gehörte anfänglich zum Laientum, war aber im hohen Mittelalter klerikalisiert. Immer zahlreicher erhielten Mönche Weihen, und ihre Lebensformen sonderten auch die Ungeweihten unter ihnen von den Laien ab. Klerikern und Mönchen gegenüber hatten die Laien einen niedrigeren Rang. Die Laien sind Empfänger, nicht Spender der Sakramente, und sie fliehen nicht die Welt, sondern versuchen, so weit es möglich ist, ein christliches Leben in der Welt zu führen. Ursprünglich empfanden die strengen Mönche Klerus *und* Laienschaft als „Welt"[9]. Dann wurden Kleriker und Mönche zusammen Stände, die um den höheren Rang in der Kirche stritten[10].

Ob man die Mönche zu den Laien oder zum Klerus rechnete, diese beiden Stände bestimmen grundsätzlich die Struktur der kirchlichen Gemeinschaft. Doch kommt es zunehmend zu tiefgreifenden Unterscheidungen. Im Bestreben, religiöse Ränge und Wertigkeiten zu bestimmen, teilte man die Christen nach ihrer Lebensführung in Verheiratete, Enthaltsame und Keusche (uxorati, continentes, virgines) ein. Nach den Äußerungen des Apostels Paulus (1 Kor 2) galt dafür die Steigerung gut, besser, am besten[11]. Doch diese Prädikate sprengten das Grundschema Klerus – Laien nicht. Dagegen führte der Gedanke an die Funktionen der Menschen in der Kirche zu der berühmten Dreiteilung in *oratores, pugnatores und laboratores*[12].

Man hat zutreffend diese „funktionale Dreiteilung" ein Denkschema oder Deutungsschema genannt[13]. Es soll die soziale Wirklichkeit der christlichen Gesellschaft darstellen, die aber bei genauerem Zusehen doch wieder großenteils dem abgesteckten Rahmen entgleitet. Die *Zweiheit von Klerikern und Laien* mit ihren einfachen, bestimmten Merkmalen war noch unproblematisch und behielt auch bei allen weiteren Unterscheidungen ihre Geltung. Daß man zur *Unterteilung des Laienstandes* fortschritt, ist verständlich, wenn man an die ungeheuren Gegensätze zwischen den in sich nach Zeit und Ort gestuften Ständen der Adligen, der Freien und der Unfreien denkt, an Reichtum, mäßiges Auskommen und bittere Armut, an das Leben mit und ohne körperliche Arbeit, mit und ohne Waffengebrauch. Gerade die Fähigkeit und Eignung zum Kampf bewirkte eine Sonderung derer, die zum Schutz der Kirchen, zur Verteidigung der christlichen Völker berufen schienen, während alle anderen mit den Früchten ihrer Arbeit die oratores und die pugnatores zu versorgen hatten.

spiritualité des moines est d'ordination premièrement eschatologique, ici l'exhortation est ordiné à l'édification de l'Eglise d'ici bas." – 9 Nach Cassian muß ein Mönch vor Frauen und Bischöfen fliehen. Vgl. das Zitat bei HOFMEISTER, Mönchtum u. Seelsorge bis zum 13. Jh. S. 216. – 10 CONGAR, Laie S. 25: „Sie (d. Stellung d. Laien) ist die der Christen, die sich heiligen im Leben dieser Welt." Aber S. 35: „Das Leben in der Welt ist in christlicher Sicht ein Kompromiss." – 11 Abbo v. Fleury, Liber apologeticus, MPL 139 c. 463 ff.; in Parallele dazu der Laie, der Kleriker, der Mönch als bonus, melior, optimus; OEXLE, Funktionale Dreiteilung S. 26; ROUCHE, De l'orient S. 31–49. – 12 CONGAR, Laique S. 83 ff.; G. DUBY, Guerre et Société dans l'Europe féodale; Ordonnancement de la paix, in: Concetto, storia, miti e immagini del Medioevo, a cura di V. Branca, 1973, S. 449–482; DERS., Aux origines S. 183–188; DERS., Trois ordres; OEXLE, Funktionale Dreiteilung S. 1–84. – 13 In diesem Ausdruck von OEXLE, liegt ein Vorbehalt, den wir im Folgenden noch akzentuieren. – 14 Vgl. o. S. 81; BARLOW, English Church 1000–1066 S. 254 u.

Es ist auffallend und bezeichnend, daß man nicht auch zu einer *Teilung des kle-rikalen Standes* gelangte. Denn Landpfarrer und viele niedere Kleriker standen Bischöfen, Äbten oder Domherren kaum weniger fern als die Bauern den Grafen. Sie waren oft ehemalige Knechte, die man, wenigstens in der Regel, freiließ, um sie gemäß der kanonischen Vorschrift zum Empfang der Weihen zu befähigen – oft mußten sie arbeiten wie die Bauern, und ihre Bildung war bescheiden[14]. Die hohen Geistlichen dagegen waren vielfach adliger Herkunft, mit mehr oder weniger Erfolg durch Kloster- oder Domschulen gegangen, reich oder doch auskömmlich versorgt, gewohnt, den niederen Klerikern und einer weltlichen Dienerschaft zu gebieten[15]. Sie lebten wie Herren, die Einfluß in kleineren oder größeren Bereichen gewinnen konnten[16]. Daß der gesamte Klerus trotzdem in der gesellschaftlichen Klassifikation eine Einheit blieb, entspricht folgerichtig seinen heiligen Weihen und Funktionen, die doch über alle noch so gewichtigen Verschiedenheiten hinweg sie einheitlich und grundlegend prägten.

Die Zweiheit der Gewalten, die schon im christlichen Römerreich hervorgetreten und von Papst Gelasius I. sogar für die Spitze des Laientums, des *regnum,* im Verhältnis zum sacerdotium stark traditionsbildend formuliert worden war, blieb vorherrschend bis ins 11. Jh. Seit dem 10. Jh. trat daneben, zuerst vereinzelt, das erwähnte Schema der *drei Funktionen* auf. Angesichts der lückenhaften Überlieferung läßt sich die Entfaltung dieses Gedankens schwer bestimmen. Zuerst erscheint er bei Alfred dem Großen am Ende des 9. Jh.s, dann nachweislich erst wieder mehr als hundert Jahre später in England bei dem Mönch Aelfric, der seit 1005 Abt von Eynsham war (gest. 1020) und in Verbindung, auch in Briefwechsel mit Bischof Wulfstan von Worcester und York stand[17]. Auf dem Festland trifft man auf die Konstruktion der sozialen Dreiheit in der Kirche zuerst bei Abt Abbo von Fleury (gest. 1104), der sich längere Zeit in England aufgehalten und mit bedeutenden Persönlichkeiten auf der Insel in Verbindung gestanden hat, ohne daß wir wüßten, ob und wie er dortige Traditionen aufgenommen haben könnte. Am berühmtesten ist das Schema in der seltsamen Satire des Bischofs Adalbero von Laon (gest. 1030) in seinem Carmen ad Robertum regem. Woher er es bezogen hat, ist ungewiß, was abermals die lückenhafte und noch nicht starke Verbreitung des Schemas erweist[18]. Immerhin ist es dem Bischof Gerhard von Cambrai (gest. 1051) bekannt und Zusammenhänge mit der frühen Gottesfriedensbewegung sind wahrscheinlich. Im weiteren 11. Jh. finden sich hie und da Andeutungen des Dreierschemas, so bei Radulfus Glaber, Humbert von Silva Candida, dem Bischof Johannes von Cesena[19]. Erst im 12. Jh. ist es wirklich häu-

277, English Church 1066–1154 S. 218; J. LE GOFF, Culture cléricale et traditions folkloriques dans la civilisation mérovingienne, Ann. ESC 22 (1967) S. 718. – 15 Nach C. BRÜHL, D. Sozialstruktur d. dt. Episcopats im 11. und 12. Jh. MCSM VIII, 1974, S. 50 „ist ein einfacher Pfarrer niemals z. Bischof aufgestiegen". – 16 KÖHLER, Bild d. geistlichen Fürsten S. 11 bemerkt zu Recht, daß an ihre geistliche Aufgabe hingegebene Bischöfe vorhanden waren, „aber doch sehr viele, bei denen Politik Selbtzweck und lustvoll betriebenes Geschäft" gewesen sei. – Bischöfe stammten meist aus Adelsfamilien, aber ihr Amt hat oft auf sie formend gewirkt. Darüber zutreffend LIPPELT, Thietmar S. 28 u. 53. – 17 OEXLE, Funktionale Dreiteilung S. 33 u. 39 ff.; zu Rather von Verona, bei dem sich trotz gewisser Abweichungen die Spur dieser Lehre zeigt, S. 38 Anm. 233. – 18 Ebd. S. 19 ff. Den Folgerungen, die aus dem schwer deutbaren Text für das Verhalten der Cluniacenser gezogen wurden, schon von ERDMANN, Entstehung S. 61 ff., kann ich nicht zustimmen; zu Gerhard von Cambrai OEXLE, Funktionale Dreiteilung S. 43; DUBY, Gérard S. 35 f. u. 58 f. – 19 Zu Johannes von Cesena vgl. A. SAMARITANI, Gebeardo di Eichstätt,

figer zu beobachten, ohne etwa beherrschend zu werden[20]. Und angesichts der zunehmenden sozialen Differenzierung, des Umsichgreifens von Städten und Bürgertum, neuen Formen des Lebens von Gelehrten und Lernenden, von Kaufleuten und Künstlern, von religiösen Bewegungen stellt das Schema die Wirklichkeit noch weniger genau als in der vorhergehenden Zeit, noch gröber abstrahierend dar.

Denn die *Zuweisung der Funktionen an die drei Stände* gilt nur sehr im allgemeinen, und allenthalben kommt es zu Grenzüberschreitungen und gegenseitiger Durchdringung („interpénétration")[21]. Zum Leben des Mönches gehört Handarbeit in Land, Garten, Haus, Keller und Küche, vor allem auch in Schreibstube und Bauhütte, oft aufgefaßt als Askese und verdienstliches Werk, aber auch in der wirtschaftlichen Bedeutung nicht zu unterschätzen. Der ländliche Klerus hat mit der Bearbeitung der Pfarrhöfe und sonstigen Grundbesitzes und der Verwaltung der Einkünfte, der Zehnten, Grundzinse und Stolgebühren zu tun und Abgaben aufzubringen wie die Bauern. Bischöfe und geistliche Herren an großen Kirchen verwalten und nutzen größere oder kleinere Grundherrschaften in genau der gleichen Weise wie weltliche Herren ihren Besitz und ihre Lehen, in Eigenbau mit unfreiem Gesinde oder in Vergabung als ritterliche oder bäuerliche Lehen[22].

Bauern sind im Kriegsdienst im hohen Mittelalter zwar seltener geworden, aber Unfreie haben immer im Gefolge adliger oder geistlicher Herren gedient, auch mit der Waffe[23]. Wie oft Bauern aus der Umgebung eines Schlachtfeldes in Kämpfe eingriffen, läßt sich schwer sagen. Eindrucksvoll ist ihr Auftreten in der Schlacht bei Melrichstadt, wo sie u. a. Erzbischof Werner von Magdeburg (August 1078) umbrachten. Um die gleiche Zeit standen große bewaffnete Bauernscharen am Neckar, um für Heinrich IV. die oberdeutschen Herzöge aufzuhalten, wurden aber von diesen vernichtend geschlagen, getötet oder grausam verstümmelt[24]. Es ist bekannt, daß im hohen Mittelalter nicht selten hohe Geistliche an Feldzügen mitgewirkt haben, wenn sie dem König ihre Vasallen zuführten, oder auch bei eigenen kriegerischen Unternehmungen. Der erwähnte Erzbischof von Magdeburg ist nicht das einzige Mitglied des Episkopats, das im Kriege das Leben verlor[25]. Die meisten von ihnen scheinen aber im Kampf mit Heiden, Ungarn, Slaven und Sarazenen gefallen zu sein.

Das Gefüge der Aufteilung der Funktionen nach den drei ordines ist zweifellos am schwersten gestört worden in den westeuropäischen *Friedensbewegungen* des späten 10. und des 11. Jh.s, dem Gottesfrieden und der Treuga Dei. Hier sei nur daran erinnert, daß dabei oft genug der Friede durch Gewalt erzwungen werden sollte oder mußte. Man hört von „Pfarrmilizen", von „Diözesanheeren", in denen nicht nur Ritter kämpften, die nach dem berühmten Schema dazu bestimmt waren. So sollen in einer Schlacht am Cher (1038), in der Truppen des Erzbischofs Aimo von Bourges durch Odo von Déols besiegt wurden, 700 Kleriker getötet worden sein[26].

arcivescovo di Ravenna 1027–1044 e la riforma imperiale di Ravenna delle chiese in Romagna, in: Studi di Liturgia, agiografia e riforma medioevali³, Analecta Pomposiana III, 1967, S. 137 ff. – 20 OEXLE, Funktionale Dreiteilung S. 50 f. – 21 ROUCHE, De l'orient S. 33 z. Duby. – 22 Vgl. o. Kap. III. – 23 Vgl. das von mir Thronfolge S. 286 mit Anm. 230 erwähnte Beispiel aus dem 9. Jh. – 24 STEINDORFF, Jbb. II S. 142 u. 146. – 25 POGGIASPALLA, La chiesa e la participazione dei chierici S. 233–247. – 26 HOFFMANN, Gottes-

Mönche haben, wie bemerkt, immer häufiger höhere Weihen empfangen. Geweiht oder nicht geweiht waren sie in ihrer Hauptfunktion Beter, und man hat sie selbstverständlich im hohen Mittelalter zu den oratores gerechnet, wie den gesamten Klerus. Ihr asketisches Leben gab ihrer Fürbitte vor Gott und den Heiligen in den Augen der Mitwelt höheres Gewicht. Ihre verdienstlichen Werke, die regelmäßigen Speisungen von Armen, die Hilfe bei Hungersnöten, die Aufnahme von Kranken ließ auf Erhörung ihrer Gebete durch Gott hoffen. Die Gebetsverbrüderung mit ihnen wurde eifrig gesucht und mit reichen Schenkungen vergolten. Für das eigene Heil und das aller Christen gründeten Könige, Bischöfe und reiche Adlige Klöster, in denen sie mit ihren Angehörigen und Nachkommen zur letzten Ruhe bestattet werden wollten. Und die Christen der Umgebung strebten gleichfalls danach, in der Klosterkirche oder in ihrer Nähe begraben zu werden[27]. Dort wurden außer dem Gebetsdienst mit großer Hingabe und regelmäßiger Sorgfalt Messen gefeiert, viele davon eigens für das Seelenheil der mönchischen Gemeinschaft, der Stifter und Wohltäter[28]. Seelsorge war dagegen, abgesehen von der für den Konvent selbst, nicht Aufgabe der Mönche, sondern mit einigen Ausnahmen Monopol des Diözesanklerus. Gestattet war Mönchen, wie Laien, natürlich in Notfällen die Taufe, ersehnt war von vielen ihr Beistand beim Sterben[29]. Die Predigt außerhalb der Klosterkirche war dagegen ausschließlich Sache der Seelsorgegeistlichkeit[30]. Doch schon im 11. Jh. zogen predigende Mönche wie die Vallombrosaner oder die Hirsauer durch die nähere oder fernere Umgebung[31]. Sie besonders waren sogar getrieben durch die großen Streitfragen des Jh.s, die Verdammung der wirklichen oder vermeintlichen Simonie, den Kampf der Päpste gegen deutsche Könige. Die Predigt von Mönchen und Laien wurde in den folgenden Jh. zu einem der umstrittensten Themen des kirchlichen Lebens. Doch sei schon hier erwähnt, daß die ausschließliche Weihegewalt der Bischöfe vom gesamten Mönchtum nicht angefochten wurde, auch wenn es Exemtion vom eigenen Diözesanbischof erstrebte, von Laien nur, wenn sie entschlossen ketzerischen Bewegungen folgten und sich von der Kirche trennten.

Wenn das Mönchtum sich also dem Klerus sehr weitgehend einfügte, wobei es dessen entscheidendste Funktionen respektierte, so hatten seine Lebensformen tiefe *Wirkungen auf Laien und Kleriker*. Viele Laien, besonders hochgestellte, eiferten dem asketischen Leben der Mönche nach, viele traten schließlich in ein Kloster ein, andere lebten wie Mönche, soweit es in ihren weltlichen Berufen möglich war. Christen, denen Bußen auferlegt waren, siedelten sich oft in der Nähe eines Klosters an, andere lebten, ohne schuldig geworden zu sein, also als freiwillige Büßer, in Verbindung mit einem verehrten Abt[32]. Für den Klerus waren der mönchische Verzicht auf Eigentum, das gemeinsame Leben in Keuschheit und Gehorsam wirkungsvolles Beispiel. Wo mit der „Reform" des Klerus ernst gemacht wurde, war das „apostolische" Leben, das die Mönche zu vergegenwärtigen schienen, Vorbild[33].

friede S. 104 ff. – 27 Schreiber, Gregor VII. S. 54. – 28 Vgl. o. S. 93 f. – 29 Zur Taufe vgl. u. S. 114. – 30 Vgl. S. 104 Anm. 57. – 31 Vgl. Tellenbach, „Gregorianische Reform" S. 104 Anm. 25, 106 Anm. 32 sowie u. S. 235. – 32 G. G. Meersseman/E. Adda, Pénitents ruraux communautaires en Italie au XIIe siècle, RHE 49, 1 (1954) S. 343–390; Ders., Pénitenti S. 306–345; Ders., Ordo Fraternitatis I S. 70 ff.; Duby, Trois ordres S. 180. – 33 Vgl. u. Kap. 5. – 34 Vgl. o. S. 93 Anm. 7 ff. – 35 Vgl. u. Anm. 40–42. – 36 Vgl. Tel-

Das *gemeinsame Gebet* verband nicht nur Kleriker und Laien jedes Standes, die in einer Kirche daran teilnahmen, sondern alle Christen, wo immer sie lebten. Die Liturgie hat einen universalen Charakter. Daneben konnte sie speziellere Gemeinschaften begründen. Nicht bloß klösterliche Konvente und Kollegien von Klerikern konnten sich zum Gebetsgedenken ihrer lebenden und toten Angehörigen verbinden, sondern auch ihre Freunde und Wohltäter in ihre Gemeinschaft aufnehmen. Seitdem es gelungen ist, mit immer wirksameren Methoden die Memorialquellen, die Libri vitae und die Nekrologien zu erschließen, lassen sich allmählich nicht nur die geistlichen Gemeinschaften, von denen bisher meist nur stumme Namen überliefert schienen, in ihrer geschichtlichen Entfaltung, in ihrem Wachstum oder ihrer Verminderung im Lauf der Jahrzehnte und Jh. erkennen, sondern auch vieles über die Personen, die jene Namen trugen, über die Zeit ihrer Zugehörigkeit zum Konvent oder Kollegium, ihre geistlichen Würden, ihre Herkunft[34]. Längst wußte man, daß die langen Namenlisten auch Verwandtschaften und Würdenträger aus Nah und Fern enthielten. Wenn es immer häufiger gelingt, mit Hilfe der elektronischen Datenverarbeitung das sämtliche personengeschichtliche Material in Urkunden, historischen und literarischen Quellen mit dem Riesenbestand an memorialgeschichtlichen Quellen zu verbinden, lassen sich bedeutende neue sozialgeschichtliche Erkenntnisse erhoffen. Schon jetzt läßt sich feststellen, daß die Gebetsgemeinschaften alle Stände in sich schließen: hohe und niedere Kleriker, Äbte und Mönche, Laien vom König zum hohen und niederen Adel und sogar dienende Leute[35]. Hier also können oratores, pugnatores und laboratores über ihre allgemeine Eigenschaft als Getaufte, das einteilende Denkschema übergreifend, Gemeinschaften bilden.

Doch auch dabei macht sich eine gewisse Funktionsteilung wieder bemerkbar. In Gebetsbünden fällt es Priestern zu, zum Seelenheil aller die Messen zu zelebrieren, den nichtpriesterlichen Klerikern und Mönchen, Psalmen zu singen, den Laien, Arme zu speisen und Schenkungen in Grundbesitz oder Geld zu machen[36]. Der pugnator ist also wie jeder Laie auch orator, wenn auch meist in anderer Weise als der Klerus. Seiner besonderen Funktion des Kampfes zur Verteidigung der Kirche wird längst in der Liturgie Rechnung getragen, seit dem 10. Jh. auch durch die liturgische Segnung des Kämpfers, seiner Waffen und Fahnen. Diese Verchristlichung des waffenführenden Teiles der Laienschaft entspricht seiner Anerkennung als einer der drei christlichen Stände und ist beteiligt an der Entstehung des Rittertums und seiner Ideologie[37]. Die Formel „der Klerus betet, der Laie schenkt" ist zu einfach. Denn wenn die Laien im Gottesdienst auch immer mehr zurückgetreten sind, bleiben ihnen wichtige Aktivitäten erhalten. Der Empfang der Sakramente fordert nämlich im tiefsten Sinn Aktivität, und im Gebet ist der Laie mindestens in Litaneien und in seiner bloßen Präsenz tätig.

Seit einigen Jahrzehnten hat sich die Aufmerksamkeit der Forschung zunehmend auf *genossenschaftliche Einigungen* verschiedener Art gerichtet. Schon im 9. Jh. werden „*Priestervereine*" faßbar, noch häufiger in den folgenden Jh. Es handelt sich also um etwas anderes als Priesterkollegien an Domstiften oder anderen einzelnen Kirchen. Man kann sie wohl schon als gildenartige religiöse Ver-

LENBACH, Historische Dimension S. 208 f. – **37** ERDMANN, Entstehung, Exkurs I, S. 326; FLECKENSTEIN, Abschließung d. Ritterstandes: kein „Abschluß" der Stände S. 263 ff.; OEXLE, Funktionale Dreiteilung S. 46. – **38** LE BRAS, Confréries S. 310–363; MEERSSE-

einigungen von Klerikern in einer Stadt, in einer Diözese oder in noch größeren Bereichen erkennen. Es kommt auch vor, daß sie Mitglieder verschiedener laikaler Stände zulassen, sogar Frauen. Laien können anderswo in der Überzahl sein. Da aber religiöse Zwecke immer neben profanen verfolgt werden, finden sich dann doch stets auch Priester und Kleriker in der Gemeinschaft. Erkennbar wurden solche Gemeinschaften am ehesten, wenn sich in liturgischen Büchern Listen ihrer Angehörigen finden oder wenn Statuten überliefert sind. Der Stand der Forschung erlaubt noch nicht, die Verhältnisse in einzelnen Ländern zu unterscheiden und zu vergleichen, also auch nicht Ergebnisse für die allgemeine Kirchengeschichte zu formulieren. Umfassend waren schon die Zusammenstellungen von P. Meerssemann, die Nachweise für viele Länder Europas vom 10. bis 12. Jh. bringen[38]. Speziell der Konstanzer Diözese sind ebenso vorsichtige wie energische Forschungen von Karl Schmid gewidmet[39], während Gerhard Otto Oexle prinzipiell den Zusammenhang dieser Vereinigungen mit Gilden, überhaupt ihre soziale Form, zu erkennen sucht[40].

Für unsere Beobachtung, wie sich der berühmte dreigegliederte Ständeschematismus zur sozialen und kirchenverfassungsgeschichtlichen Wirklichkeit verhält, seien hier nur einige Beispiele angeführt, die weiter bedacht werden müssen. In der Konstanzer Diözese zeigt es sich fraglich, ob „eine strikte personelle Trennung zwischen Klerikern und Mönchen wie zwischen Stadt- oder Hochstiftsklerikern und Landklerikern" durchzuhalten war[41]. Von der gildeartigen Vereinigung von S. Appiano im Valdelsa liegt ein ausführliches Statut des 10. in einer Überlieferung des 11. Jh.s vor. „Der Verein bestand aus Laien beiden Geschlechts, die wohl Notabeln der Gegend gewesen sein dürften, und aus Klerikern von verschiedenen Kirchen im Elsatal[42]. Die Liste von 113 Mitgliedern der societas Sancti Mauritii in Tours ist aus einer älteren Handschrift von der Mitte des 11. Jh.s kopiert und durch 53 weitere Namen ergänzt worden. Es handelt sich größtenteils um Laien, Männer und Frauen; einige davon werden als Familienangehörige von Klerikern erkennbar. Viele üben einen dienenden Beruf aus. Aber auch einige Kleriker gehören dazu. Man hat die ansprechende Vermutung geäußert, daß es sich um einen Kreis aus der erzbischöflichen familia handelt, der sich mit Billigung des Herrn, aber nicht auf sein Gebot vereinigt hat[43]. Bis jetzt wird überhaupt, abgesehen von Mahnungen gegen Ausschreitungen bei den periodischen Gildemählern nichts von einem Gegensatz zwischen kirchlichen Oberen und solchen Vereinigungen sichtbar. Ob es daher richtig ist, sie als „paroisses consensuelles" aus der normalen Diözesanordnung auszusondern, erscheint umso zweifelhafter, als auch in der folgenden Zeit, in der sonst so eifrig gegen Verletzungen wirklicher oder vermeintlicher Rechte des Klerus und der Diözesanverfassung polemisiert wurde, soviel bekannt, sich keine Stimme gegen solche societates richtet, solange ihre Rechtgläubigkeit unbezweifelt ist[44].

MAN, Klerikervereine S. 1–42; DERS., Ordo Fraternitatis I S. 70 ff.; DERS., Storiografia S. 39–62; P. MICHAUD-QUAENTIN, Universitas. Expression du mouvement communautaire dans le moyen âge latin, l'Eglise et l'Etat au Moyen-âge 13, 1970, S. 90 ff. u. 179 ff. – 39 K. SCHMID, Konstanzer Klerus S. 26–58. – 40 OEXLE, Mittelalterliche Gilden S. 203–226; DERS., Liturgische Memoria S. 323–340. – 41 K. SCHMID, Konstanzer Klerus S. 48. – 42 MEERSSEMAN, Storiografia S. 55 ff. – 43 MEERSSEMAN, Ordo Fraternitatis I S. 99 ff.; dazu entscheidend OEXLE, Liturgische Memoria S. 325 ff. – 44 LE BRAS, Confréries S. 454; ob man wie OEXLE, Mittelalterliche Gilden S. 214 sagen kann: „die Gilden waren

Es zeigt sich immer wieder, daß die funktionale „Dreiteilung der christlichen Gesellschaft" eine Abstraktion ist, die der Wirklichkeit nur allgemein und teilweise entspricht. An vielen Stellen sind die Grenzen durchlässig, und das Ständedenken ist nicht starr, wie es sich moderne Sozialforschung als Gegensatz zum eigenen Beobachtungsgebiet vorstellt[45]. Alle Christen beten, Laien wie Kleriker; Laien, aber zuweilen auch Kleriker kämpfen; die meisten Laien, aber auch viele Kleriker arbeiten. Nur der Klerus ist, nicht in seinen peripheren Wirkungsbereichen, aber in seinen zentralen Funktionen, eindeutig von allen anderen Christen abgegrenzt, nämlich in der Weihegewalt. Von Christen ist nie bestritten worden, daß allein Bischöfe und Priester die Sakramente zu spenden vermögen außer der Taufe. Wo sich in religiösen Bewegungen einzelne Führer oder führende Schichten zur Spendung von Sakramenten berechtigt glauben oder auf die Sakramente überhaupt verzichten zu können meinen, haben sie sich von der Kirche getrennt, sind sie *Ketzer*.

Selbst der König, der mehr ist als eine Laie, der mediator cleri et plebis, der nach dem theokratischen Amtsgedanken Gott untersteht, empfängt die Sakramente von den Priestern; er wird von ihnen geweiht und gesalbt, aber er selbst weiht niemanden. Keiner hat es je gewagt oder beansprucht. Auch Segnungsmacht besitzen nur diejenigen, von denen klerikale Weihen empfangen worden sind. Dies zu betonen, ist wichtig, weil in den großen Auseinandersetzungen den Königen so oft vorgeworfen wird, sich einzumischen in exklusiv klerikale Funktionen. Daß sie für die ihnen Anvertrauten Gott beim Jüngsten Gericht Rechenschaft schulden, ist jedoch Priestern und Königen gemeinsam[46].

Dogmatische Kontroversen gab es im 10. und 11. Jh., soweit wir wissen, nur selten. Könige scheinen dabei nicht eingegriffen zu haben. Vereinzelte Stellungnahme in liturgischen Fragen unter dem Einfluß von Theologen am Hof kam dagegen vor[47]. Dabei kann sich eine bemerkenswerte Konzilianz zeigen wie in bezeichnender Weise bei Heinrich II., der Bischof Gerhard von Cambrai eigentlich in Bamberg nach deutschem Ritus weihen lassen wollte, darauf aber verzichtete auf den Einwand, daß diese Weihe dem Erzbischof von Reims zukomme. Der König willigte ein, gab aber dem Bischof ein Pontificale mit auf die Reise, damit er nicht nach „karlischem Ritus", sondern nach dem im Reich gültigen die Bischofsweihe empfange[48]. Welche Stellung die Könige im Konzil hatten, muß von Fall zu Fall untersucht werden. Daß sie gewohnt gewesen seien, den Bischöfen ihren Willen aufzuzwingen, darf nicht behauptet werden. In der Regel wurden feierliche Formen angewandt, in denen sich die gegenseitige Respektierung des Königs und der Konzilsväter ausdrückte.

Wie verschieden der *kirchliche Einfluß der Könige* in den einzelnen Ländern war, ist zu beachten[49]. Überall war er bedeutend, da eben die königliche Würde einen quasigeistlichen Charakter hatte, und der König die Kirche mittrug oder

Gemeinden, die auf Konsens beruhten und dadurch in Kontrast standen zu den durch kirchliche Einteilung und Anordnung geschaffenen Pfarreien", muß noch beobachtet werden. Ist wirklich anzunehmen, daß Gildebrüder sich von den ordentlichen Pfarreien emanzipierten? – 45 Ebd. S. 222. – 46 Zu widersprechen ist denen, die, wie E. Werner, Zwischen Canossa u. Worms S. 61, behaupten, Ottonen u. Salier hätten sich priesterliche Grade zugelegt. – 47 Hauck, Kirchengeschichte Deutschlands III S. 523; Th. Klauser, Liturgiegeschichte S. 79 mit S. 203, wo auch B. Capelle, L'introduction du symbole à la messe, in: Mélanges J. De Ghellink 2, 1952, S. 1003–1027 zitiert ist. – 48 Gesta epp. Camerac. III 2, MG SS VII S. 466; dazu Hirsch-Pabst-Bresslau, Jbb. II S. 322 f. – 49 Vg. o.

gar eine zentrale Figur in ihr war. Nach allgemeiner Überzeugung kam dem Herrscher die entscheidende Mitwirkung bei Wahl und Einsetzung der Bischöfe zu. Wenn man die kanonische Regel beachtete, nach der ein Bischof von Klerus und Volk der Bischofsstadt zu wählen sei, so war der König aber überall das Haupt des Volkes und mehr als das. Jedenfalls hatte man jahrhundertelang keinen Anstoß an seiner Mitwirkung genommen, auch wenn faktisch die Entscheidung bei ihm lag. Daß der König dem Bischof die Insignien seines Bistums übergab, wurde im allgemeinen nicht als anstößig empfunden[50]. Immerhin fällt es auf, daß schon vor der Mitte des 11. Jh.s in einzelnen Fällen zwischen dem heiligen Amt und dem irdischen Besitz der Kirche unterschieden wurde, womit sich, wie der simonistische Verkauf und Kauf einer Kirche, die Investitur durch einen Laien, nach Meinung der Kritiker, verteidigen ließ[51].

Wenig beachtet wurde von der Forschung bisher, daß es vorkam, daß *Laienfürsten* in das Verhältnis eines Klosters zum Diözesanbischof eingriffen. Im allgemeinen war es allein der Papst, der Klöstern Privilegien gegenüber den Diözesanbischöfen zu verleihen berechtigt war, die man unter dem weiten Begriff der Exemtion zusammenfaßt[52], etwa die Freiheit, nicht den Diözesanbischof, sondern einen beliebigen Bischof für die Weihehandlungen im Kloster herbeizurufen, das Verbot des Eintritts des Diözesanbischofs in das Kloster ohne Einladung des Abtes, die Einschränkung jeglicher richterlicher Befugnisse des Bischofs gegenüber Klosterangehörigen. Es scheint sich freilich um Ausnahmefälle zu handeln. Wie selten oder häufig sie waren, muß weiteren Beobachtungen vorbehalten bleiben. Die interessantesten Fälle, die bekannt sind, bietet merkwürdigerweise die Geschichte des bedeutenden und in seiner monastischen Haltung vorbildlichen Abtes Wilhelm von Dijon. Bei der Gründung von Fruttuaria, der berühmten Abtei seiner Familie, wirkte zuerst der Gegenkönig Arduin von Ivrea mit und eximierte auf Wilhelms Drängen im Einverständnis mit dem Diözesanbischof das Kloster. Dieser anfängliche Rechtszustand war freilich nur von kurzer Dauer. Als Heinrich II. in Italien eingriff und Arduin zurückdrängte, wurde ihm Fruttuaria tradiert, und kurz darauf bestätigte der Papst die Exemtion und gewährte seinen Schutz. Als Herzog Richard II. von der Normandie Wilhelm von Dijon die Abtei Fécamp übertragen hatte, kam es auch dort zu ungewöhnlichen Regelungen[53]. Der Herzog gewährte Fécamp nach dem Vorbild Clunys das Recht der freien Auswahl des den Abt weihenden Bischofs. Damit war entscheidend in die Rechte des eigentlich zuständigen Erzbischofs von Rouen eingegriffen[54].

Sehr vereinzelt scheinen *deutsche Könige* auch das Verhältnis von Klöstern und Diözesanbischöfen mitbestimmt zu haben, wohl mehr auf Drängen der interessierten Klöster als aus eigener Initiative. Als Otto III. 1001 die Abtei Pomposa ertauscht hatte, ordnete er an, der Abt sei vom Bischof von Comacchio zu weihen. Wenn dieser ihm wegen Geld oder irgendeiner potestas humana lästig werde, solle er sich an den Erzbischof von Ravenna wenden; und wenn er auch bei ihm auf entsprechende Schwierigkeiten träfe, möge er sich von irgendeinem anderen Bischof weihen lassen. Dieses Privileg wurde von Heinrich II. und Heinrich III.

S. 43 ff. – 50 Vgl. u. S. 141 f.; Tellenbach, „Gregorianische Reform" S. 107. – 51 Aimoini vita Abbonis c. 10, MPL 139 c. 598: „Huiusmodi emptores quasdam velut telas aranearum texunt, quibus se defendunt, quod non benedictionem sed res Ecclesiarum emunt." – 52 Vgl. o. S. 100 Anm. 41 ff. – 53 Bulst, Untersuchungen S. 115 ff. u. 220 ff. – 54 Ebd.

bestätigt[55]. Einen bemerkenswerten Fall überliefert ferner eine Urkunde Heinrichs II. für die Abteien S. Salvatore auf dem Monte Amiata und S. Antimo, denen es gelungen war, den König davon zu überzeugen, daß die Kleriker ihrer Eigenkirchen ihnen seit alters Zehnte entrichteten, die der Bischof von Chiusi für sich und seine Kanoniker beanspruchte. Heinrich entschied den Streit zugunsten der Abteien und ließ den Bischof eine Versprechung abgeben über die Weihe der Kirchen sine omni pecunia[56]. Ebenso ungewöhnlich war es, daß derselbe König dem Abt Romuald des reichsunmittelbaren Klosters Biforco das Recht zusprach, einen beliebigen Bischof zur Vornahme von Weihehandlungen herbeizurufen[57].

Daß solche Akte als Seltenheit auffallen, erinnert daran, daß Könige keineswegs bedenkenlos in innerkirchliche Verhältnisse einzugreifen gewohnt waren und das Reichsrecht im allgemeinen die Selbständigkeit des kirchlichen Lebens in den Diözesen und Pfarreien respektierte. Auch deshalb ist die Redensart von der „Kirche in der Gewalt der Laien" Ausdruck übertriebener Vorstellungen.

V. Der Beginn der kirchengeschichtlichen Wende

1. Zur Vorgeschichte

Die Frage, ob sich die Veränderungen in der Kirche und der Christenheit, die in der zweiten Hälfte des 11. Jh.s erfolgten, schon in dessen erster Hälfte vorbereiteten, ist nur vorsichtig und unvollständig zu beantworten. Sie vollzogen sich in den Ländern und Landesteilen des Westens mit erheblichen zeitlichen Verschiebungen und unter ungleichen Voraussetzungen. Was wir darüber wissen können, ist zudem infolge der vielfach lückenhaften und mehr oder weniger glaubwürdigen Nachrichten völlig verschieden. So vermögen wir eigentlich anhand zufälliger Einzelkenntnisse oft kaum mehr als Vermutungen zu äußern.

Wenn etwa Autoren im späten 10. oder im frühen 11. Jh. die starke kirchliche Bautätigkeit erwähnen, kann man dies als Ausdruck der auch sonst erkennbaren Bevölkerungsvermehrungen oder -verschiebungen deuten. Der phantasievolle Rodulf Glaber spricht begeistert davon, daß die Welt nach der Jahrtausendwende gleichsam ein weißes Gewand von Kirchen angezogen habe[1].

Man kann beobachten, daß in vielen westlichen Ländern seit der Mitte des 10. Jh.s mit der Bevölkerungsvermehrung zunehmend eine *innere Kolonisation* erfolgte, die Urbarmachung von Wäldern, Sümpfen, Flußniederungen; viele neue Orte und grundherrliche Höfe entstanden, Burgen wurden gebaut. Die Initiative zu neuen Siedlungen dürfte in der Regel von geistlichen und weltlichen Grundherren ausgegangen sein. Dabei wollte man sich mit

---

S. 150 ff. – 55 MG DO III 460, MG DH II 473, MG DH III 145. – 56 MG DH II 129. MG DH II 369. San Sepolcro in Noceati enthält ähnlich auffallende Bestimmungen. Bresslau äußert sich ausführlich zur Frage der Echtheit. – 57 MG DH II 463. Auch Miccoli, Chiesa Gregoriana S. 61 ist aufgefallen, daß dieses Diplom ungewöhnliche Privilegien gewährt: „ottenne da Enrico II un importante diploma in suo favore, che lo esentava da ogni giurisdizione secolare, ma anche, caso assai più singolare per un diploma imperiale, dalla giurisdizione dell'ordinario."

1 Rodulfus Glaber, Historiarum III 13 S. 62. – **2** Vgl. Tellenbach, Erforschung d.

weit entfernten Pfarrkirchen nicht mehr begnügen und strebte nach eigenen Kapellen oder Kirchen. Es mag sein, daß dabei der Gedanke an wirtschaftlichen Nutzen mitspielte, aber sicherlich sind auch religiöse Wünsche beteiligt. Dafür spricht eine gleichlaufende Steigerung des Reliquienerwerbs und der Heiligenverehrung.

Allgemein wird man annehmen dürfen, daß mit dem Anwachsen und der größeren Dichte der Bevölkerung *Handel und Verkehr* zunahmen. In großen Teilen Frankreichs und Italiens entwickelten sich größere und kleinere Städte, deren Einwohnerschaft vielfach Veränderungen in den sozialen Schichtungen zeigen. Die Grundpreise steigen vielfach. In verschiedener Weise lassen sich in den europäischen Ländern *neue Strukturen adliger und geistlicher Herrschaften* erkennen, die in dieser vorterritorialen und vorkommunalen Phase schon in Kürze festere Kerne gewinnen und einen gewissen Zusammenhang ihrer abgestuften Gerichtsbarkeiten und eine Zusammenfassung der von ihnen Abhängigen erstreben, während sie nach außen und oben ihre Autonomie verstärken[2]. Daraus folgt in Frankreich vielfach eine Zersplitterung der ehemaligen fürstlichen und gräflichen Gewalten, während sich in Italien eher in den Markgrafschaften *neue Machtbereiche* bilden, in Deutschland die Autorität der Könige noch länger wirksam bleibt. Aber überall sind noch Fehden wie seit alters legitime Mittel, um wirkliche oder vermeintliche Verletzungen zu rächen oder beanspruchte Rechte zu erzwingen. Große Kriege sind in dieser Zeit selten, aber häufig sind kleine Fehden, unaufhörliche Streitigkeiten und Spannungen. Das gilt nicht nur für das Frankreich des späten 10. und 11. Jh.s. Man hat allerdings den „désordre" dieser Zeit übertrieben, weil man ihn nicht nüchtern genug mit anderen Bereichen und Ländern verglich. Fehdemittel ist besonders die Schädigung derer, die dem Gegner zu Abgaben und Zinsleistungen verpflichtet sind. Getroffen werden freilich auch andere, nämlich die Empfänger von Kirchenzehnten, die mit den Parteiungen nichts zu tun haben[3]. Man hört oft von Verheerung der Äcker, Vernichtung der Ernten, Wegführung von Herden, Verbrennung der Häuser. Bittere Not ist die Folge. Fehden gehören zu den Heimsuchungen der Menschen wie Dürre oder Dauerregen, harte Winter und Seuchen. Sie werden als Strafen Gottes für die Schuld der Menschen im Allgemeinen oder für kürzlich begangene Sünden und Verbrechen aufgefaßt, von denen jedem Berichterstatter in alten Zeiten beliebig viele einfallen konnten. Und zu Gott wird stets in allen Kirchen um Gnade und Hilfe gegen diese Übel gebetet.

Das *Fehdewesen und die Rechtsunsicherheit* wurden in großen Teilen Frankreichs und in angrenzenden Ländern, wo die Macht im 10. und 11. Jh. am meisten zersplittert war, für die Menschen aller Stände zur Qual. So vereinigten sich dort auf Synoden und Konzilien viele von ihnen, Arme und Reiche, Niedere und Hohe, Weltliche und Geistliche zum Gebet um Frieden. Gott war es, der ihn schaffen, die Streitenden und Übeltäter versöhnen oder bestrafen sollte. Daher kam der Begriff pax Dei auf[4]. Die damalige *Friedensbewegung* hat starke religiöse Antriebe, die in Pilgerzügen, Heiligen- und Reliquienverehrung, Gottesdiensten, Predigten, synodalen Liturgien zum Ausdruck kommen. Da die Synoden von Bischöfen einzuberufen waren, gelten meist sie als die Initiatoren der Verträge, durch die sich geistliche und weltliche Herren zur Einschränkung der Fehden, zur Schonung gewisser Personengruppen, zur Achtung des Asylrechtes oder gar zu gütlicher Beilegung ihrer Streitigkeiten verpflichteten. Näheres Zusehen läßt aber erkennen, daß die Initiative oft auch von großen weltlichen Fürsten ausging, deren Mitwirkung jedenfalls unentbehrlich war[5]. Und auch die mittleren und kleineren Prälaten und Herren mußten mittun, wenn

hochmittelalterlichen Adels S. 318–337, bes. S. 324 ff.: Strukturwandel in 10. u. 11. Jh. – 3 Töpfer, Volk u. Kirche S. 97. – 4 R. Bonnaud-Delamare, Fondement des institutions de paix au XIme siècle, Mél. L. Halphen, 1951, S. 20 f.: der Friede réprésentait sur la terre une forme de gloire de Dieu. – 5 Viele Beispiele finden sich bei Hoffmann, Gottesfriede, bes. S. 15 ff. u. 31 ff.; wenn auch Diözesan- und Provinzialsynoden häufig den Rahmen der großen Friedensversammlungen abgeben, so ist doch oft ihr geistlich-weltlicher Charakter deutlich; L. C. Mackinney, The People and Public Opinion in the eleventh Century

noch so eifrige Bemühungen Erfolg haben sollten[6]. Durch heilige Eide wurde die Verpflichtung zum Frieden befestigt, bei dessen Bruch Gottes Strafe angedroht wurde. Und schon auf Erden sollten geistliche und weltliche Zwangsmittel angewandt werden. Den Friedensbrecher traf die Exkommunikation, den Ort, wo man ihn trotzdem duldete, das Interdikt[7]. Wenn es nötig war, es wenigstens Gegnern des vermeintlichen oder wirklichen Friedensbruchs so schien, wurden zuweilen blutige Fehden geführt. Friede sollte also auch damals durch Krieg erzwungen werden. Die jeweiligen Gegner sind allemal im Unrecht und werden mit den üblichen Schimpfworten belegt: Räuber, Wegelagerer, Diebe, Brandstifter, Mörder. Daß es solche unter den hungernden Bauern und verarmten Rittern gab, ist wahrscheinlich. Da schriftliche Zeugnisse meist von geistlichen Berichterstattern stammen, sind die malefactores erst recht immer nur Laien, was auch deshalb sicherlich nicht ganz falsch ist, weil eine geistliche Partei ihre Fehde in der Regel durch ihre Vasallen und andere Laien führte[8].

Wie bemerkt, sind die französischen Friedensbewegungen nicht nur in der Auffassung der großen Zahl der sozial niedrig Stehenden Ausdruck religiöser Erregtheit. Darüber darf nicht vergessen werden, daß *„Gottesfriede"* und *„Treuga Dei"* zeitlich und regional einen Abschnitt in der allgemeinen Geschichte der Einschränkung des Fehdewesens bilden und zur Vorgeschichte der Landfrieden gehören[9]. Fehde ist, wie bemerkt, ein rechtliches Selbsthilfemittel, das überhandnimmt, wo es an wirklich mächtigen Instanzen zur gerechten – oder ungerechten – Entscheidung von Streitigkeiten fehlt. Es war noch ein weiter Weg bis zur Bildung des modernen Staates, dem das Monopol legitimer Gewaltanwendung zukommt.

Soweit wir wissen, zeigen die erwähnten Friedensbewegungen keine *kritische Tendenz* gegen Mißstände in den Kirchen ihres Wirkungsbereiches. Sie lassen keine Opposition gegenüber der herrschenden wirtschaftlichen Existenzform der Kirchen, dem Eigenkirchenwesen, erkennen, keine Einwände gegen die Rolle der Laien in der Kirche, gegen die sittliche Lebensführung des Klerus. Mißverhältnisse in Rom wurden bei den großen Friedenskonzilien nicht kritisch bedacht, wie auch die Päpste kaum einen Einfluß auf die Friedensbemühungen und die damit verbundene religiöse Begeisterung üben[10]. Man wird im ganzen gesehen kaum einen unmittelbaren Zusammenhang zwischen diesen Friedensbewegungen und der „Kirchenreform" annehmen dürfen.

Von anderer Art sind die *ketzerischen Gruppen,* die isoliert seit der Jahrtausendwende hie und da in mehreren Ländern Europas auftraten. Ob sie jeweils ganz ursprünglich waren oder abhängig von gewissen örtlichen Einflüssen, ist undeutlich. Auf sie braucht hier nicht näher eingegangen zu werden[11]. Für unsere Frage wichtig ist aber, auf die Unruhe hinzuweisen, die sie bei Klerus und Laien ihrer Umgebung erregten. Ihre Abweichungen im Glauben, ihre Kritik an Klerus und Kirchenleben zeugen ebenso wie Fanatismus, Volkswut und Intoleranz, mit denen sie bekämpft wurden, von einer religiösen Erregtheit, wie man sie im vorhergehenden Jahrhundert noch nicht kannte. Aber auch zwischen ih-

---

Peace Movement, Spec. 5, 1930, S. 181–206 hebt bes. den volkstümlichen Charakter der Bewegung hervor. – **6** Th. Körner, Juramentum u. frühe Friedensbewegung (10.–12. Jh.), 1972, S. 83 Anm. 5; geringe Beteiligung an der Friedensbewegung nach Fechter, Cluny S. 95 u. 98. – **7** Hoffmann, Gottesfriede S. 28 f. – **8** Die Bestrafung von „Friedensbrechern" muß zuweilen als Vorwand für die Verhängung geistlicher Strafen oder für kriegerisches Vorgehen bei Auseinandersetzungen mit benachbarten geistlichen und weltlichen Herren um weltliche Besitzungen dienen. Vgl. Töpfer, Volk u. Kirche S. 15 u. 93. – **9** E. Wadle, Heinrich IV. u. d. dt. Friedensbewegung, in: Investiturstreit u. Reichsverfassung. VuF 17, 1973, S. 170 ff. – **10** Der erste Papst, der sich um Gottesfrieden kümmerte, war Leo IX. Vgl. Hoffmann, Gottesfriede S. 217 f. u. 231; Mackinney, People and Public Opinion S. 200 ff.; L. Sittler, Papst Leo IX. u. d. Gottesfriede i. Elsass, in: Sittler/Stintzi, Saint Léon, Le pape Alsacien, 1950, wo aber S. 121 betont wird, daß Leo den Gottesfrieden nicht selbst organisiert habe. – **11** Grundmann, Ketzergeschichte S. 8. – **12** Die fanatische und grausame Ketzerverfolgung wurde von hohen Geistlichen

nen und der „Kirchenreform" ist zunächst kein Zusammenhang erkennbar. Und auch um sie kümmerte sich in Rom zunächst niemand. Theologisch oder kirchenpolitisch wirken sich diese z. T. heftigen Emotionen einstweilen wenig aus[12].

Großes Aufsehen erregte dagegen, wenigstens in hochstehenden geistlichen und weltlichen Kreisen, die Abendmahlslehre des Archidiakons in Angers und Scholasticus in Tours *Berengar* (* um 1010, † 1088), von der die Kontroverse des 9. Jh.s um die Art der Präsenz Christi in der Eucharistie erneuert wurde. Berengar vertrat die mehr augustinische Auffassung des Rabanus Maurus, des Sachsen Gottschalk und des Mönches Ratramnus von Corbie, nach der Christi Leib in der Messe in mysterio präsent sei. Der Abt Paschasius Radbertus von Corbie hatte dagegen, mehr auf Ambrosius gestützt, die ältere Abendmahlstheologie revolutionierend, die reale Anwesenheit des historischen Herrenleibes gelehrt und in den damaligen Auseinandersetzungen unter Hinzufügung einiger interpretatorischer Erklärungen die Oberhand gewonnen[13]. Die Theologie des 10. und frühen 11. Jh.s kennt verhältnismäßig wenige Kontroversen[14], aber die augustinische Tradition ist zurückgetreten, und Berengar trifft mit seinem Anschluß an deren Verteidiger im 9. Jh. überwiegend auf eine eher synkretistische Abendmahlslehre, die sich im Widerstand gegen ihn zu einem groben Realismus verhärtet wie bei Humbert von Silva Candida[15]. Seine Lehre galt auch im 11. Jh. als maßgebend, und Berengar konnte sich ihr gegenüber nicht durchsetzen. Er geriet trotz seines hohen theologischen Ansehens in den Verdacht der Häresie. Zu seinen theologischen Gegnern gehörte der Abt Lanfranc von Bec, der spätere Erzbischof von Canterbury, der Berengar bei Papst Leo IX. denunzierte. Leo war seit langem der erste Papst, der sich auf solche dogmatischen Probleme einließ. Der Archidiakon von Tours wurde 1050 von einer römischen Synode exkommuniziert und kurz danach auch von einem Konzil in Vercelli verurteilt[16]. Der Konflikt zog sich aber noch jahrzehntelang hin, bis ihn Gregor VII. beendete. Er gab indessen den großen kirchlichen Ereignissen der Zeit keine Impulse[17]. Die Frage der Realpräsenz Christi im Sakrament wurde von anderen Voraussetzungen her bedeutsam, erst als die Gültigkeit der Simonisten- und Schismatikerweihen zum Problem wurde[18].

Über das konventionelle Maß hinausgehenden Anstoß an unkanonischem Verhalten der Geistlichen, an Geldgier und Bestechlichkeit, an häufiger Nichtachtung des Zölibats nahm man wohl am frühesten in Italien. Eremiten und Eremitengruppen, die selbst ein streng asketisches Leben führten, fanden mit ihren *Bußpredigten* bei vielen Gehör. Die

gelegentlich mißbilligt. Vgl. z. B. ebd. S. 9 Anm. 5, auch Reg Gregor VII., IV 20, S. 328. – **13** Vgl. o. S. 17 Anm. 1 u. 2; Ladner, Theologie S. 14 ff.; Geiselmann, Eucharistielehre S. 292 ff. u. 315 ff.; MacDonald, Authority and Reason S. 94; Capitani, Studi per Berengario bes. S. 170: „si è potuto constatare come le teorie di Pascasio Radberto avessero rivoluzionato i piani della trattazione sacramentale la forte esigenza di oggettivare il concetto di presenza reale." – **14** Ebd. S. 84 ff.: Abendmahlslehre von Odo von Cluny bis Fulbert von Chartres. – **15** Capitani spricht S. 115 von dem concordismo del compromesso avvenuto durante il secolo X^{mo}, S. 155 von Humberts realismo crudo, S. 169 bemerkt er: „Quanto più Umberto insisteva quei termini di realismo grossolano." – **16** Steindorff, Jbb. II S. 121 ff. u. 131 ff. – **17** Vgl. u. S. 247; es fehlt freilich nicht an künstlichen modernen Konstruktionen, die engere Beziehungen zwischen Berengar und der allgemeinen kirchlichen Entwicklung herzustellen versuchen, so etwa bei Ladner, Theologie S. 14 ff. Aber was soll man zu einem Satz sagen wie dort S. 21: „Vermutlich war Berengars ursprüngliches Motiv der Abscheu vor der rohen kapernaitischen und sterkoristischen Auffassung des Abendmahls, die damals bei der Menge recht verbreitet gewesen sein mag, als deutlicher Ausdruck jener ‚fleischlichen' Zeit, gegen die sich ja zugleich auch die Männer der Kirchenreform erhoben?" – **18** Die berühmte Diskussion über die Gültigkeit der Simonistenweihe ist für die Auffassung der Sakramente von kaum zu überschätzender Bedeutung. Kann der unwürdige Spender den Vollzug des Sakraments hemmen oder ist Christus als eigentlicher Spender so ausschließlich, daß der Geistliche als bloßer minister secundarius wesenlos wird. Man weiß, daß die Dogmengeschichte gegen die Humbertsche Deutung entschieden hat. – **19** Vgl. o. S. 105 mit Anm. 61 u. Tellenbach,

monastischen Gemeinschaften von *Camaldoli* und *Vallombrosa* zeigen eine stärkere Neigung zur Wirkung auf die Welt als es dem ursprünglichen mönchischen Ideal entspricht. Beziehungen zwischen diesen Kreisen und der sowohl sozial wie auch religiös motivierten Bewegung der Mailänder Pataria sind wohl schon früh zustandegekommen, früher als man von Rom aus begann, in umfassender Weise und mit bewußtem Programm Einfluß auf die kirchlichen Zustände zu nehmen, die man als entartet oder als unbefriedigend ansah. Dann sollte es aber für die Päpste eine schwierige Aufgabe werden, solche Bewegungen einerseits zu unterstützen, andererseits zu zügeln[19].

Sicherlich gehören die *sozialen und religiösen Bewegungen vor der Mitte des 11. Jh.s* zu den allgemeinen Voraussetzungen des folgenden Geschehens. Deutliche und nachrechenbare Kausalitäten sind aber nicht zu behaupten. Die politischen und wirtschaftlichen Veränderungen erfolgen in partikulären Bereichen und in recht unterschiedlichen Phasen. Wenn man im Ganzen auch mit einer Intensivierung des religiösen Bewußtseins rechnen kann, so hat dies ein eher ungleichartiges Aussehen. Ebenso darf man die verschiedenen ketzerischen Bewegungen als Ausderuck wachsender religiöser Aktivität ansehen[20]. Aber auch sie scheinen in der Regel lokal begrenzt und untereinander wenig verbunden gewesen zu sein. Es ist selten, daß sie über eine Kirchenprovinz oder ein Land hinausreichten.

Das Kirchenleben vollzog sich, abgesehen natürlich von den universalen spirituellen und liturgischen Gemeinsamkeiten, in Pfarrei, Diözese, Kirchenprovinz und Land. Gegenseitige Beeinflussungen waren selten[21]. Eine gewisse Ausnahme machen schon früh monastische Kreise, die das religiöse Bewußtsein, wie dargelegt, stark mitformten, ohne für die Gesamtkirche kirchenpolitische Ziele selbst zu verfolgen. Die Ausnahmen wurden erwähnt. Rom war noch wenig wirksam in der äußeren Zusammenfassung der ecclesia toto orbe diffusa und an der Herstellung von engen und ständigen Kontakten zwischen ihren Gliedern.

2. Die Päpste und die Emanzipation der römischen Kirche nach den Synoden von Sutri und Rom (1046)

Zu den aufsehenerregendsten Ereignissen des 11. Jh.s gehört die Absetzung dreier angeblich simonistischer Päpste durch Synoden in Sutri und Rom im Dezember 1046. Wie die Quellen darüber vieles Widersprüchliche und Unglaubwürdige berichten, so ist auch die neuere Forschung lange nicht zu einhelliger Beurteilung jener Ereignisse gelangt. Doch haben neue quellenkritische Untersuchungen von F. J. Schmale zu sichereren Ergebnissen geführt[1].

Heinrich III. ist vermutlich nicht mit klaren Vorstellungen von der Lage der römischen Kirche im Spätsommer 1046 nach Italien gezogen. Noch im November traf er in Piacenza mit Papst Gregor VI. zusammen, der vielleicht sogar auf

Gregorianische Reform Anm. 25 u. 32. – 20 GRUNDMANN, Ketzergeschichte S. 2; TÖPFER, Volk u. Kirche S. 42: „Letztlich sind Pilgerbewegung, Ketzerei und Klosterreform nur verschiedenartige Auswirkungen einer gleichen Grundtendenz"; MANSELLI, Christianitas medioevale S. 133: „Di questo Christianesimo l'eresia rappresenta una forza viva, un aspetto dinamico, ora stimolo, ora freno, sempre coscienza inquieta fino alla polemica." – 21 Zu dem Aufruf zur Treuga Dei, den Odilo von Cluny und mehrere Bischöfe zwischen 1037 u. 1042 nach Italien sandte vgl. HOFFMANN, Gottesfrieden S. 85, auch MACKINNEY, People and Public Opinion S. 196 ff.

1 BORINO, Elezione, bes. S. 223; daß Heinrich III. drei Päpste vorgefunden habe, nennt Borino un modo di esprimere; S. 229: ein Schisma gab es längst nicht mehr; SCHMALE, Absetzung, wo die ältere Literatur zitiert, besprochen und überholt wird. – 2 K. SCHMID,

Einladung des Königs dorthin gekommen und jedenfalls ehrenvoll von ihm empfangen worden ist[2]. War damals noch kein Simonieverdacht gegen Gregor VI.
aufgetaucht oder fühlte man sich unsicher über die Auslegung des Simoniebegriffs überhaupt? Am 20. Dezember trat auf Veranlassung des Königs in Sutri die
berühmte Synode zusammen, bei der Gregor VI. den Vorsitz führte und Heinrich
III. anwesend war. Auch Silvester III. war herbeigekommen und wurde in geord-
netem Verfahren der päpstlichen Würde für verlustig erklärt. Schwierige Diskus-
sionen wurden anscheinend darüber geführt, ob Gregor VI. sich der Simonie
schuldig gemacht habe. Es ist bezeichnend, daß der Papst zunächst aufrichtig gemeint zu haben scheint, daß es nicht Simonie gewesen sei, als er den übelbeleu-
mundeten Benedikt IX. mit Geld zur Abdankung bewog und die Wahl zum Papst
annahm[3]. Wieder zeigt sich, wie vielleicht schon in Piacenza, Unsicherheit über
Tatbestand und Begriff von Simonie. Gregor VI. konnte die Synode offenbar von
seiner Auffassung nicht überzeugen. Sie überließ ihm aber als Papst, der von niemanden zu richten sei, die Entscheidung, und er trat freiwillig zurück[4].

In Rom wurde Benedikt IX., der sich den Synodalverhandlungen entzogen
hatte, abgesetzt. Am 24. Dezember wurde auf des Königs Vorschlag Bischof Suidger von Bamberg, der erste Nichtrömer und Nichtitaliener seit Silvester II., als
Clemens II. zum Papst gewählt und am folgenden Tag geweiht. Darauf gewährte
er sogleich Heinrich III. und Agnes die Kaiserkrönung. Um die bewußte und oft
begrüßte Neuordnung zu akzentuieren, wurde der letzte der vorherigen noch lebenden Päpste nach Deutschland verbannt[5].

Die allgemeinen Motive Heinrichs III., die Ziele seines Verhaltens zu den Päpsten und zur römischen Kirche lassen sich nur vorsichtig vermuten[6]. Der König
war 1039, im 22. Lebensjahr, seinem Vater Konrad II. gefolgt, hatte also schon
über sieben Jahre regiert, als er im September 1046 zu seinem ersten Italienzug
aufbrach. Es gehörte gewiß zu seinem Programm, in der Art seiner Vorgänger in
Italien zu regieren und in Rom die Kaiserkrone zu empfangen[7].

Heinrich III. u. Gregor VI. im Gebetsgedanken v. Piacenza d. Jahres 1046, Verbum et Signum II, 1975, S. 37–97; Schmale, Absetzung S. 100 Anm. 163; beizustimmen ist der
Vermutung von R. Schieffer, Heinrich III. S. 108, Heinrich sei weniger einem vorgefaß-
ten Plan als der Herausforderung des Augenblicks gefolgt. – 3 Tellenbach, Gregorianische Reform S. 102; dazu paßt das protokollartige Schriftstück über die Wahl Halinards
zum Erzbischof von Lyon im Sommer 1046, das B. de Vregille, Dijon, Cluny, Lyon et
Rome. A propos de deux documents sur Halinard de Sombernon, Ann. de Bourgogne 31,
1959, S. 23 f. publiziert hat. Dort findet man S. Gregorii papae neben S. Henrici und S.
Hugonis archipraesulis. Damals muß Johannes Gratianus als Papst anerkannt gewesen
sein. Holtzmann, Laurentius S. 209 nennt den Erzpriester Johannes Gratianus den vornehmsten Vertreter der Reformpartei in Rom; vgl. aber u. S. 134. – 4 Schmale, Absetzung S. 85 f.; vgl. auch schon Borino, Elezione S. 323 ff. u. Zimmermann, Papstabsetzungen S. 128 f. – 5 Wer ihn dabei beriet, ist unbekannt. Mit Gewißheit läßt sich aber sagen,
daß gegen seinen Willen die Maßnahmen in Sutri und Rom nicht getroffen sein können. –
6 Die Überschätzung der Italien- und Kaiserpolitik ist in der neueren Literatur verbreitet.
Dagegen vgl. die nüchternen Feststellungen bei Tellenbach, Kaiser, Rom S. 231 ff. –
7 Über die angeblichen Pläne Heinrichs III. Borino, Elezione S. 316, auch die Kombinationen S. 332 f., 340 f. u. 372 ff.; gegen Kehrs, Vier Kapitel über Heinrichs kirchenpolitisches System schon meine Libertas S. 209; doch vertritt neuerdings Jakobs, Cluniacenser
u. Papsttum S. 651 wieder die Meinung, Heinrich III. hätte „den Universalepiskopat in
den kaiserlichen Dienst stellen" wollen; ausgewogen urteilt C. Violante, Aspetti della politica Italiana di Enrico III prima della sua discesa in Italia, Riv. Stor. It. 64, 1952, S.
157–176. S. 293–314. – 8 So gewährt Heinrich II. Markgraf Otto von Schweinfurt Ver-

Daß Heinrich III. noch mehr als andere Könige im Gefühl der Verantwortung für die heilige Kirche lebte und von den religiösen Stimmungen seiner Zeit tiefer berührt war, deutet sich vielfach an. Barmherzigkeit galt zuvor allgemein als Herrschertugend, aber von Heinrich III. wird sie häufiger berichtet als sonst[8]. Die Erzbischöfe von Mailand und Lyon, die als treubrüchig und hochverräterisch von seinem Vater verurteilt worden waren, hat er offenbar bald in Gnaden wieder aufgenommen[9]. Vielleicht war er schon vor seiner Heirat mit der aquitanischen Herzogstochter Agnes von französischen und burgundischen Gottesfriedensbewegungen beeindruckt, bei denen die Gewährung von Indulgenzen oft vorkam, d. h. die Gewährung gegenseitiger Verzeihung durch verfeindete Personen. Mehrfach wird berichtet, er habe feierlich seinen Beleidigern Verzeihung gewährt und bei Versammlungen die Anwesenden aufgefordert, das Gleiche zu tun, so 1043 in Konstanz und Trier, 1044 nach dem Sieg über die Ungarn auf dem Schlachtfeld zu Menfö[10]. Andererseits nahm er Abweichungen vom rechten Glauben ernst, wie die Hinrichtung von Ketzern durch den Strang in Goslar zeigt[11]. Die Rede gegen die Simonie, die ihm Rodulfus Glaber anläßlich der Synode von Pavia im Oktober 1046 in den Mund legt, mag einen wahren Kern haben, da auch der zuverlässigere Wipo berichtet, Heinrich habe nie einen Obolus für ein von ihm gewährtes kirchliches Amt angenommen[12]. Wir werden noch sehen, daß viele spätere Quellen, aber auch moderne Darstellungen übertriebene Vorstellungen von Simonie im 10. und 11. Jh. vermitteln. Und es ist wohl mehr wachsender polemischer Eifer als Zunahme des bekämpften Übels, was uns seit der Mitte des 11. Jh.s immer mehr davon hören läßt[13]. Von solchem Eifer scheinen Heinrich III. und seine Umgebung ergriffen gewesen zu sein. Diese Tendenz dürfte der König schwerlich aus Deutschland mitgebracht, auch nicht von bewunderten Asketen wie dem Eremiten Gunter oder den Cluniacensern übernommen haben, sondern eher von italienischen Mönchen und Eremiten, mit denen er direkt oder indirekt in Italien in Verbindung kam[14].

zeihung (Thietmar v. Merseburg VI 13, S. 290), Konrad II. nach Wipo c. 3, S. 20 ff. auf Bitten Erzbischof Ariperts v. Mainz omnibus quod adversus illum deliquerant. – 9 STEINDORFF, Jbb. I S. 81 u. 134 f. – 10 Zu den Indulgenzen Heinrichs III. in Konstanz und Trier sowie auf dem Schlachtfeld von Menfö ebd. S. 155, 195 u. 209, zu der allgemeinen Verzeihung auf dem Totenbett MEYER v. KNONAU, Jbb. I S. 17; zufällig hören wir von einer weiteren Indulgenz, die Heinrich anläßlich der Kaiserkrönung gewährt haben soll, da Gottfried von Lothringen davon ausgeschlossen wurde, STEINDORFF, Jbb. II S. 323 Anm. 2; zu beachten ist dabei, daß Heinrich, wie TH. SCHIEFFER, Kaiser Heinrich III. S. 58, mit Recht erklärt, die französische Gottesfriedensbewegung nicht übernommen hat; LAUDAGE, Priesterbild S. 138 Anm. 68 sieht irrig in Heinrichs Indulgenzen Indizien dafür, daß der König das Recht für sich in Anspruch genommen habe, wie ein Priester Sünden zu vergeben. Auch bei der von ihm zitierten M. MINNINGER, Heinrichs III. interne Friedensmaßnahmen u. ihre etwaigen Gegner in Lothringen, Jb. f. westdte LG 5, 1979, S. 39 findet sich nichts darüber. – 11 STEINDORFF, Jbb. II S. 166. – 12 RODULFUS GLABER, Historiarum V 5 S. 133 ff. – 13 Vgl. dieses Kap., Abschn. III. – 14 Zu Heinrich III. und dem Eremiten Gunther MG DH III 25: „idem Guntherus pro meritorum probitate amicabiliter usus est nostra familiaritate;" über Gunther H. GRUNDMANN, Deutsche Eremiten im Hochmittelalter, AKultG 45, 1967, S. 73 ff.; eindrucksvollstes Zeugnis der Verehrung für Cluny und seinen Abt Hugo MG DH III 263. Aber Cluny ist nicht etwa Vorstreiter gegen die Simonie wie etwa die Vallumbrosaner; vgl. S. 105 Anm. 61; dazu VIOLANTE, Pataria Milanese S. 7 über Heinrichs Beziehungen zu umbrischen Klöstern und Eremiten; J. E. GUGUMUS, Der heilige Abt Guido v. Pomposa (970–1046) Arch. f. mittelrhein. Kirchengesch. 23 (1971) S. 9–19. – 15 Vgl. TELLENBACH, Gregorianische Reform Anm. 18 f. – 16 STEIN-

Ob *simonistische Umtriebe* in Rom das Verhalten des Königs vorzugsweise bestimmten, ist zweifelhaft. War Simonie Gratians-Gregors VI. noch sechs Wochen vor der Synode zu Sutri ihm entweder nicht bekannt oder war damals der Simoniebegriff noch undeutlich[15]? Viel spricht dafür, daß ihm daran lag, die zerstrittenen römischen Parteien auszuschalten und die Mutterkirche der Christen zu befrieden. Damit würde sich der auch sonst bei ihm spürbare Wille zeigen, Frieden zu schaffen. Deshalb wollte er die römische Kirche wohl aus lokalen und regionalen Gebundenheiten lösen, und entschied er sich, Suidger von Bamberg, einen würdigen und zuverlässigen Bischof, als Papst zu benennen, und vereinbarte er mit den Römern die Übernahme der Patrizierwürde, die ein Recht auf Mitwirkung an künftigen Papstwahlen in sich schloß. Der Heinrich III. zugebilligte principatus electionis sollte die bei allen Papstwahlen drohenden Wirren ausschalten[16]. In der Folge wurden nach dem frühen Tod Clemens II., solange Heinrich lebte, noch drei deutsche Bischöfe, Damasus II., Leo IX. und Viktor II. auf seinen Wunsch in friedlicher Weise zu Päpsten gewählt. Sein Verhältnis zu ihnen war gekennzeichnet von freundlichem Zusammenwirken, besonders in kirchlichen Fragen, beim Schutz des römischen Patrimoniums und bei der Wahrnehmung kaiserlicher und päpstlicher Interessen in Süditalien. Man hat den Eindruck, daß der Kaiser den Päpsten durch seine Hilfe mehr Selbständigkeit schaffen, sich selbst aber nach Sutri und Rom mehr zurückhalten wollte[17]. Er weilte 1046/47 nur einen Monat in Rom, unternahm darauf mit Clemens II. einen Feldzug nach Süditalien und kehrte dann, ohne Rom nochmals zu berühren, nach Deutschland zurück. Erst nach fast acht Jahren hielt er sich wieder für sieben Monate in Italien auf, ohne nach Rom zu kommen[18].

Man hat Heinrichs tatsächliche Stellung in der Geschichte des Abendlandes durch moderne theoretische Konstruktionen verdeckt[19]. Der Kaiser soll versucht haben, die innere Belebung, die das Christentum in der damaligen Reform erfahren habe, in sein Reich einzubeziehen und die alte geistlich-weltliche Einrichtung unter der Führung des weltlichen Herrschertums aufrecht zu erhalten. Was war denn aber damals Reform? Der Begriff einer inneren Belebung des Christentums ist ekklesiologisch betrachtet, recht problematisch. Ist Heinrich persönlich nicht vielleicht ein Fall innerer Belebung, die er damals nicht von außen übernehmen konnte? Die Abneigung gegen Simonie, die zu seinen Lebzeiten mehr von ihm selbst als von den meisten Menschen empfunden wurde und erst später, begrifflich ausgedehnt und polemisch verunklärt, zu grundsätzlichen kirchenpolitischen

---

DORFF, Jbb. I S. 506 ff.; TH. SCHIEFFER, Kaiser Heinrich III. S. 62 f. – 17 TELLENBACH, Libertas S. 209; VOLLRATH, Kaisertum und Patriziat S. 36 ff. erklärt den salischen Patriziat mit dem Verzicht Heinrichs III. auf die kaiserlichen Rechte in Rom; SZABÓ-BECHSTEIN, Libertas Ecclesiae S. 100: unter Leo IX. kein grundsätzlicher Gegensatz zu der Kirchherrschaft Heinrichs III.; für Leo IX. nimmt HOFFMANN, Von Cluny S. 188 f. aber „einen tiefen Gegensatz zu Heinrich III." an. Er billigt ihm zwar persönliche Loyalität zu, sieht aber schon in seinem Wahlvorbehalt (Zustimmung von Klerus und Volk in Rom) eine grundsätzliche Gegnerschaft zur königlichen Kirchenpolitik. Er meint, der Vorbehalt sei eine Reaktion darauf, daß der König den von den Römern nominierten Halinard von Lyon abgelehnt habe, was aber nicht stimmt. Halinard selbst war es, der das Angebot nicht annahm. Vgl. STEINDORFF, Jbb. II S. 53 mit Belegen. – 18 STEINDORFF, Jbb. I S. 323 ff., II S. 297 ff.; zur umstrittenen Belehnung von Normannenfürsten durch Konrad II. und Heinrich III. KEHR, Belehnungen S. 7 Anm. 4 u. S. 11. – 19 LADNER, Theologie S. 60 ff. u. bes. S. 78 ff. – 20 Leo IX. hielt sich wohl mehr als 20 Monate nördlich der Alpen und etwa

Konsequenzen führte? Und was war das für eine Einheit, die er aufrecht zu erhalten gestrebt haben soll? Das Imperium war längst keine universale Größe mehr. Über die gewohnte und längst sehr differenzierte Verbindung von klerikalen und laikalen Elementen in den Kirchen aller Länder, nicht nur in denen des Imperiums, gab es zu Heinrichs Zeit noch keine verbreiteten Meinungsverschiedenheiten. Was in den beiden Jahrzehnten nach seinem Tod geschah, konnte er nicht ahnen. Ein Konflikt zwischen Papsttum und Kaisertum hat sich unter Heinrich III. noch nirgends angedeutet. Auch von den Randvölkern her gehen noch keine neuen Bruchlinien aus.

In der *äußeren Geschichte der Päpste* bedeutet die Regierungszeit Heinrichs III. eine erste Stufe des Aufstiegs. Die römische Kirche sollte nämlich emanzipiert werden vom Druck lokaler und regionaler Kräfte, geleitet von bedeutenden deutschen Bischöfen, denen später Persönlichkeiten aus Italien und Frankreich folgen sollten. Die Päpste Leo IX. und Viktor II., denen wenigstens einige Jahre vergönnt waren, reisten beide wiederholt über die Alpen, trafen mit dem Kaiser zusammen oder traten auf Konzilien in Deutschland und Frankreich auf[20]. Sie begannen, in bisher unbekannter Weise im Einvernehmen mit dem Kaiser eine päpstliche Kirchenregierung zu führen. Die Frage war nur, ob die Neuordnung aus der Zeit des zweiten Saliers Bestand haben würde. Wie sich zeigte, waren in der Folgezeit noch schwere Gefährdungen zu überstehen.

Entscheidend wurde, daß *Leo IX.* einen Kreis von bedeutenden größtenteils nichtrömischen Geistlichen um sich sammelte, die ihn unterstützten und berieten. Sie waren nicht nur von ihm beeinflußt, sondern gaben dem päpstlichen Wirken auch eigene Impulse. Zu den ersten Mitgliedern dieser Gruppe gehörten Mönche aus Frankreich und Lothringen, Azelin von Compiègne, Kardinalbischof von Sutri, Humbert von Moyen-Moutier, Bibliothekar der römischen Kirche, später Kardinalbischof von Silva Candida, Petrus von Tusculum, Hugo der Weiße aus Rémiremont, Kardinalpriester von San Clemente, Friedrich, der Bruder Herzog Gottfrieds von Lothringen, Diakon und Kanzler der römischen Kirche, später Kardinalpriester von San Crisogono und Abt von Monte Cassino. Wohl schon von der ersten Reise Leos IX. nach Rom an gehörte Hildebrand, Subdiakon der römischen Kirche, zur Umgebung des Papstes. Unter den engsten Mitarbeitern Leos finden wir ferner den Erzbischof Halinard von Lyon, der den Papst auf Reisen begleitete oder in Rom vertrat, den primicerius Udo aus Toul, in Rom Bibliothekar und Kanzler, den Propst Petrus Damiani von Fonte Avellana, den nachmaligen Kardinalbischof von Ostia. Dieser Kreis erweiterte sich nach und nach und ergänzte sich. Mindestens seit Viktor II. gehören ihm der langobardische Fürstensohn Desiderius, seit 1058 Abt von Monte Cassino, sein Freund Alfanus, Erzbischof von Salerno, Kardinalbischof Bonifaz von Tusculum und Kardinalbischof Johannes von Velletri an[21].

---

ebensolange in Süditalien auf, die übrige Zeit etwa zu gleichen Teilen in Rom und Nord- oder Mittelitalien. Viktor II. verbrachte mehr als ein Jahr in Deutschland, etwas länger in Mittel- und Süditalien, kürzer in Rom. Die großen Synoden beider Päpste sind durch Thematik und Teilnehmerkreis umfassender als die ihrer Vorgänger. – 21 Oft ist die Herkunft vieler Mitarbeiter Leos IX. aus Lothringen und Burgund bemerkt worden. Vgl. bes. HOFFMANN, Von Cluny S. 186 f., der soweit geht anzunehmen: „Die Ideen, die die Welt revolutionieren sollten, sind im Burgundisch-Lothringischen und nicht erst in Rom entstanden." – KLEWITZ, Entstehung S. 134 ff.; Halinard von Lyon residierte sogar 1052 als Vertreter des Papstes in Rom, als dieser nach Ungarn gerufen worden war; STEINDORFF,

Daß neben den Papst ein eigenes *Führungsgremium* trat, wenn auch noch ohne fixierte Rechte und Funktionen, ist wohl das bedeutendste Ergebnis des Pontifikats Leos IX., die zweite Stufe im historischen Aufstieg der Päpste. Es entwickelte eine starke Kontinuität und Kraft der personellen Ergänzung, so daß es über die Lebenszeit der einzelnen Päpste Dauer hatte. Es gab nun an der römischen Kirche eine Instanz von eigenem Gewicht, die mit selbständigem Handeln den bisher bestimmenden Faktoren, Adel, Klerus und Volk von Rom, den römischen Königen und Kaisern und sogar den Päpsten selbst gegenübertreten konnte. Aus solchen Anfängen ist in den folgenden Jahrzehnten das Kardinalkolleg entstanden im Sinn eines „Senats der römischen Kirche".

Die Erweiterung des Wirkungsbereichs der Päpste über Rom, seine Umgebung und über die Kirchenprovinz Rom hinaus führte auch zu *Veränderungen alter kirchlicher Einrichtungen.* Die führende Geistlichkeit, die Kardinalbischöfe und die Priester der Titelkirchen, die Kardinalpriester, ehedem die Träger des Hebdomadardienstes an der Lateranbasilika und an den Titelkirchen, treten im Gottesdienst und im Leben der einzelnen römischen Gemeinden zurück und werden vor allem Helfer des Papstes in seinen vielfältigen regionalen und überregionalen Funktionen. Dem entsprechen auch Veränderungen in der Ämterorganisation. Die alten Berater des Papstes, die iudices de clero, die mit der stadtrömischen Gesellschaft eng zusammenhingen, wurden auf richterliche Funktionen beschränkt[22]. Schon in der ersten Hälfte des 11. Jh.s hatte sich unter dem Einfluß des abendländischen Urkundenwesens ein besonderes Büro unter dem Kanzler gebildet, dem vorwiegend die politische Korrespondenz oblag. Doch schon unter Benedikt IX. wurde der Bibliothekar auch Kanzler. Neben die auf Papyrus in päpstlicher Kuriale geschriebenen Urkunden und an ihre Stelle traten die Pergamenturkunden in abendländischer Minuskel, neben die an die stadtrömischen Regionen gebundenen Notare die Pfalznotare, die auch die Päpste auf ihren Reisen begleiten. Alte und neue Ämter und Beamte existieren in der zweiten Jahrhunderthälfte noch nebeneinander. Die Veränderung und Vervielfältigung der päpstlichen Funktionen, die allgemeine Tendenz zur festen Regelung der Verwaltung hat „die Entstehung der römischen Kurie" zur Folge gehabt[23].

Was in der Zeit Heinrichs III. und Leos IX. begonnen hatte, die *Emanzipation der römischen Kirche von der Herrschaft des römischen Adels,* die durch eine geregelte Mitwirkung des Kaisers bei Papstwahlen gesichert werden sollte, und das Werden eines autonomen Kreises von Geistlichen, als die Päpste mittragende und mitbestimmende Institution, war aber noch längst nicht gesichert. Dies zeigte sich drastisch in den Papstwahlen nach dem Tod Heinrichs III. In das alte Modell der „kanonischen Wahl" ließ sich fast alles einpassen, was den obsiegenden Interessenten genehm war. „Klerus und Volk" der Bischofsstadt als kanonisch anerkannte Wähler sind zunächst anonyme Größen. Dabei muß es wie in allen Kollektiven stets Führende und Geführte, Entscheidende und Zustimmende geben, die man nach den Quellennachrichten meistens im Einzelnen nicht sicher feststellen, höchstens mit gebotenen Vorbehalten vermuten kann[24].

Jbb. II S. 181 u. 219; Kuttner, Cardinalis S. 172 ff.; zusammenfassend Ganzer, Auswärtiges Kardinalat S. 6 ff. – 22 Jordan, Entstehung S. 105 f.; Kuttner, Cardinalis S. 175 ff.; Pásztor, Curia Romana S. 494 f. – 23 Jordan, Entstehung S. 104; Pásztor, Curia Romana S. 500. – 24 Grundlegend für die Begriffe der electio canonica und der „Freiheit" von kirchlichen Wahlen vor den Wandlungen der 2. Hälfte des 11. Jh.s P. Schmid, Kanonische Wahl. – 25 Meyer v. Knonau, Jbb. I S. 31 Anm. 15; nach den Gesta epp. Came-

Schon die *Wahl des Abtes Friedrich von Monte Cassino,* der angeblich zufällig in Rom weilte, als dort die Nachricht vom Tod Viktors II. eintraf, ist nicht ganz aufklärbar und entsprach sicher nicht mehr, wie die seiner Vorgänger, den Abmachungen von 1046[25]. Diejenigen, mit denen Friedrich vor der Wahl seine berühmten Gespräche über mögliche Kandidaten hielt, waren „Clerici quam cives", als seine Wähler am 3. August 1057 werden bei dem viel späteren Leo von Ostia cardinales universi simul cum clero populoque Romano oder bei Bonizo Clerici Romani simul cum laude populi genannt, was die wirklich Handelnden nicht erkennen läßt[26]. Man ging unter Nichtachtung der Heinrich III. zugesagten Patrizierrechte vor. Daß man diese an sich seinen Erben noch nicht entziehen wollte, läßt sich vermuten. Aber gewiß gab es in der damaligen gefährlichen Situation gute Gründe gegen eine lange Verzögerung der Wahl, die eine Anfrage in Deutschland bedeutet hätte. Wann aus Rom eine Gesandtschaft die Zustimmung der Regentin erbeten und erlangt hatte, ob ihr ein Protest des Hofes wegen Verletzung des königlichen Rechtes vorausgegangen war, ist strittig und läßt sich kaum entscheiden[27].

Als der todkranke Stephan IX. neun Monate nach seiner Erhebung Rom verließ, müssen ihm dort schon starke Widerstände begegnet sein. Die Reise zu seinem Bruder Gottfried von Lothringen nach Florenz ist vielleicht eher eine Flucht gewesen. Und die meisten Kardinalbischöfe, soweit sie sich beim Eintreffen der Nachricht von seinem Tod in Rom aufhielten, verließen die Stadt sicher fluchtartig[28]. Die Mehrzahl der Kardinalpriester scheint dagegen in Rom geblieben zu sein. Es mag sein, daß römische Adlige bei den folgenden Geschehnissen die Führung gewonnen hatten. Von den sieben Kardinalbischöfen standen nur zwei auf ihrer Seite, von denen Johannes von Velletri in einer Wahl, die uns als so turbulent geschildert wird wie viele Papstwahlen, am 5. April 1058 als *Benedikt X.* gewählt und statt des geflohenen Kardinalbischofs vom Erzpriester von Ostia inthronisiert wurde. Die Gegenpartei behauptete, dieser sei gewaltsam dazu gezwungen worden. Wie weit Klerus und Volk von Rom von den Adligen terrorisiert wurden oder wie weit sie aus freien Stücken zustimmten, läßt sich, wie in zahllosen anderen Wahlvorgängen, nicht ermitteln[29]. Von Namen bedeutender Geistlicher auf der Seite Benedikts X. wurden nur der Kardinalbischof Rainer von Palestrina und der Kanzler und Bibliothekar Lietbuin erwähnt, ein Deutscher, den schon Leo IX. in seine Dienste genommen hatte[30]. Die Wähler Benedikts X. hatten die Weisung des vorigen Papstes, mit der Wahl zu warten bis zur Rückkehr Hildebrands von seiner Gesandtschaftsreise, unbeachtet gelassen. Aber damit verletzten sie weder Recht noch Herkommen, da es Designation eines Pap-

---

rac. III 37, MG SS VII 480 scheint es sich mehr um Sorge für den Frieden als um „Kirchenreform" gehandelt zu haben. – 26 Leo v. Ostia II 94, MG SS XXXIV S. 352 f.; Bonizo, Liber ad amicum V, MG Ll I S. 590. – 27 Meyer v. Knonau, Jbb. I S. 35 mit Anm. 21 u. S. 53 mit Anm. 55; Ann. Altahenses ad a. 1057, MG SrG S. 54: „Fridericus cognomine Stephanus, a Romanis subrogatus, rege ignorante, postea tamen electionem eius comprobante." Einen Protest der Kaiserin nimmt Krause, Papstwahldekret S. 61 Anm. 108 gegen Hauck, Kirchengeschichte Deutschlands III S. 672 f. an. Vgl. D. Hägermann, Zur Vorgeschichte d. Pontifikats Nikolaus II., ZKG 81 (1976) S. 352 Anm. 22. – 28 Petrus Damiani Epp. III 4, MPL 144 c. 291: „nobis omnibus eiusdem urbis cardinalibus episcopis reclamantibus, obsistentibus et terribiliter damnantibus;" Leo v. Ostia II 99, MG SS XXXIV S. 356. – 29 Klewitz, Entstehung S. 136 u. S. 208 Nr. 11 a; Pásztor, Curia Romana S. 500. – 30 Pásztor, Pier Damiani S. 326 f. – 31 Mit Recht bezeichnet es

stes durch den Vorgänger nicht gab. Dagegen gingen sie eindeutig über das 1046 festgelegte Mitwirkungsrecht des deutschen Königs hinweg. Immerhin residierte Benedikt X., zuerst monatelang unangefochten, später trotz feindlicher Einwirkungen der Gegenpartei, noch bis Ende 1058 in Rom.

Inzwischen hatte Hildebrand, der auf seiner Rückreise nach Rom auf die Nachricht von den römischen Geschehnissen in Florenz geblieben war, im Einvernehmen mit den flüchtigen Kardinalbischöfen den Bischof Gerhard von Florenz als Gegenkandidat ausersehen. Diesmal scheint man aber vorsichtig verfahren und zuerst die Zustimmung des Herzogs Gottfried, dann auch des deutschen Königshofes erwirkt zu haben. Zu Ende des Jahres wurde demnach Gerhard als *Nikolaus II.* in Siena gewählt. Von den sieben Kardinalbischöfen waren fünf anwesend, Kardinalpriester werden nicht genannt[31]. Nachdem man mit Geld und guten Worten die Stimmung in Rom günstig für Nikolaus beeinflußt hatte, gelang es mit Hilfe Herzog Gottfrieds, wohl im Januar 1059, Benedikt mit Waffengewalt aus Rom zu vertreiben. Doch die Erhebung Nikolaus' II. widersprach in ihrem Vorgehen wieder dem Herkommen einer Papstwahl, besonders weil sie außerhalb Roms, durch einen Personenkreis, dem ein Vorrang noch nicht zukam, und ohne Beteiligung des größten Teils von Klerus und Volk von Rom stattfand[32].

Benedikt X. blieb freilich einstweilen von Adelsburgen wie Passerano und Galera aus für seine Gegner bedrohlich, zumal da er offenbar noch viele Anhänger in Rom hatte. Diese Gefahr führte zu einer entscheidenden Wende in der Politik der Kurie Nikolaus' II. gegenüber den Normannen. Süditalien war seit jeher ein Raum, der die größte Aufmerksamkeit der Päpste erfordert hatte, die ihre Interessen gegenüber den dort konkurrierenden Mächten, den Sarazenen, Byzantinern, Langobarden, und den nur stoßweise eingreifenden römischen Kaisern, seit dem Anfang des 11. Jh.s auch den normannischen Eindringlingen, wahrnehmen mußten[33]. Ob es zu Belehnungen von Normannenfürsten durch Heinrich III. kam, ist strittig[34]. Leo IX. ist im Kampf gegen die Normannen unterlegen, Viktors II. Verhalten ist nicht eindeutig, Stephan IX. begann, den Kampf gegen sie wieder energisch aufzunehmen[35]. 1059 vollzog sich dann aber, vielleicht unter Mitwirkung des Abtes Desiderius von Monte Cassino, eine entscheidende Umorientierung. Normannische Truppen wurden mehrfach gegen den römischen Adel und den Gegenpapst erfolgreich eingesetzt, Richard von Aversa und Robert Guiscard

---

KRAUSE, Papstwahldekret S. 71 als auffällig, daß an der Ostersynode Nikolaus' II. von 1059 nur vier Kardinalpriester teilgenommen haben: „Wir wissen nicht, ob die Masse der 28 Kardinalpriester zu Benedikt gehalten hatte" usw. – 32 Zur Glaubwürdigkeit der Ann. Romani ad a. 1059, MG SS V S. 470 f. MEYER v. KNONAU, Jbb. I S. 119 Anm. 3. – 33 DEÉR, Papsttum S. 35 Anm. 51. – 34 Sie werden von KEHR, Belehnungen S. 7 f. Anm. 4 u. S. 11 gegen STEINDORFF, Jbb. I S. 327, L. v. HEINEMANN, Geschichte d. Normannen in Unteritalien u. Sizilien I, 1894, S. 108 u. ERDMANN, Kaiserfahne S. 885 ff., sowie ERDMANN, Kaiserliche u. p. liche Fahnen im hohen MA, QFIAB 25 (1933/34) S. 4 abgelehnt. KEHR betont, der Satz Rainulfum quoque ipsius Waimarii suggestione de comitatu Aversano investivit (Leo v. Ostia II 63, MG SS XXXIV S. 292 Z. 14 f. u. 28 ff.) sei ein späterer Zusatz des Petrus diaconus; vgl. DEÉR, Papsttum S. 23 ff. – 35 STEINDORFF, Jbb. I S. 248 ff., 294 ff. u. MEYER v. KNONAU, Jbb. I S. 77 f.; bei allen diesen Auseinandersetzungen suchten die Normannen durch Gewinnung der päpstlichen Oberlehnsherrschaft ihre Eroberungen zu legalisieren, Leo IX. und Stephan IX. strebten danach, die landfremden Abenteurer, die das Patrimonium Petri und Monte Cassino geschädigt hatten, zurückzudrängen; vgl. KEHR, Belehnungen S. 10. – 36 Ebd. S. 15: „Rom brauchte damals Hilfe ge-

wurden Vasallen der römischen Kirche. Es ist gewiß, daß man beabsichtigte, sie zur Verteidigung der Unabhängigkeit von den regionalen Mächten einzusetzen[36]. Ob man an sie auch als künftiges Gegengewicht gegenüber dem deutschen König dachte, ist nicht auszumachen. Jedenfalls mußte am Hof der Kaiserin deutlich werden, daß mit der päpstlichen Belehnung der Normannenfürsten kaiserliche Rechte und Ansprüche in Süditalien tangiert waren[37].

Die Neugestaltung der römischen Kirche seit Heinrich III. und Leo IX. war nach dem Tod Stephans IX. erst in Frage gestellt gewesen. Dies muß der Kreis um Nikolaus II. klar erkannt haben. Schon auf der Aprilsynode 1059 erfolgte daher der entschlossene Versuch, das Gewonnene zu sichern und zu erweitern. Das berühmte *Papstwahldekret von 1059* sollte die Wiederholung der Ereignisse des Vorjahres unmöglich machen. Mit der Einsetzung der Kardinalbischöfe als Vorwähler und der Kardinalpriester als Beteiligte wurde erstmals die volle Autonomie der geistlichen Führungsschicht festgelegt. Sehr treffend hat es Friedrich Kempf als eigentlichen Zweck erkannt, für die Papstwahlen eine oberste hierarchische Instanz zu schaffen[38]. Das Gewicht des übrigen Klerus und des Laienelementes, zunächst des römischen Adels, sollte entscheidend reduziert werden. Aber es war offensichtlich neues Recht, was durch das Papstwahldekret Nikolaus II. statuiert wurde. Auch der Gedanke, daß den Kardinalbischöfen bei der Papstwahl die Funktionen zukommen sollten, die bei anderen Bischofswahlen die Metropoliten übten, war neu[39]. Wie sich das Dekret bei Papstwahlen bewährte, mußte die Zukunft erweisen. Das Modell einer neuen Form von Bischofs- und Abtswahlen ist die Festsetzung von 1059 nicht geworden. Der alte Begriff der freien Wahl, die eine Mitwirkung äußerer Faktoren nicht ausschloß, aber den oft

gen Benedikt X., den Papst der römischen Adelspartei, Richard aber die Legalisierung seiner Herrschaft vacante imperio." – 37 Wahrscheinlich empfand man in Rom, daß man nach dem Tod Heinrichs III. und Viktors II. nicht mehr mit deutscher Hilfe rechnen konnte; KEHR geht auf die Bedeutung des päpstlichen Normannenbündnisses für das Verhältnis zum deutschen Hof kaum ein, bemerkt nur S. 11 mehr beiläufig: „so blieb den Normannen der Anschluß an den Papst von Rom, ihren nächsten Nachbarn, mit dem sie das gleiche Ziel der Vertreibung oder Unterjochung der Sarazenen und der gemeinsame Gegensatz gegen d. orthodoxen K. v. Byzanz u. gegen den deutschen König verband;" HOLTZMANN, Papsttum, Normannen S. 70 fällt die Kühnheit und Selbstverständlichkeit auf, mit denen der Papst Länder in Anspruch nahm, die ihm garnicht gehörten, DEÉR, Papsttum S. 44 bemerkt, es sei kaum vorstellbar, daß Nikolaus und Hildebrand keine Kenntnis vom Rechtsanspruch des abendländischen Imperiums auf Apulien und Kalabrien gehabt hätten; KEMPF, Hdb. III 1 S. 416 mit Anm. 4 äußert einschränkend: „aber es steht keineswegs fest, daß Nikolaus eine kaiserliche Oberhoheit über die frühen langobardischen Fürstentümer einfachhin ausschließen wollte." – 38 KEMPF, Pier Damiani S. 86 u. 88 f.; wenn er aber meint, die Verfasser des Dekrets seien keine Revolutionäre gewesen, kann ich ihm nicht folgen; ALBERIGO, Origini untersucht ausführlich Ideen aus der Frühzeit des erneuerten Kardinalats, bes. bei Humbert, Petrus Damiani und Deusdedit; dazu vgl. aber u. S. 252 Anm. 14 a. – 39 Die reiche Literatur über das Papstwahldekret seit P. Scheffer-Boichorst und A. Michel ist mit energischen Neuansätzen verarbeitet worden von H. G. KRAUSE, Papstwahldekret; doch trotz vieler einleuchtender Ergebnisse sind manche Fragen kontrovers geblieben; so hat sich die Diskussion auch nach Krause fortgesetzt; vgl. STÜRNER, Salvo debito; DERS., Königsparagraph; DERS., Papstwahldekret; H. GRUNDMANN, Eine neue Interpretation d. Papstwahldekrets v. 1059, DA 25, 1969, S. 234 ff.; D. HÄGERMANN, Untersuchungen z. Papstwahldekret v. 1059, ZSavRG Kan. 56, 1970, S. 157–193; neuerdings hat JASPER, Papstwahldekret wesentlich neue Ergebnisse vorgetragen, bes. zur Datierung und zur Tendenz des verfälschten Papstwahldekrets; vgl. die Zusammenfassung S. 87 f. – 40 So verdienstvoll P. SCHMIDS Klärung des mittelalterli-

verletzten Grundsatz betonte, daß invitis (Widersprechenden) kein geistlicher Oberer aufgezwungen werden sollte, namentlich ein solcher, der nicht der eigenen Gemeinschaft angehörte, ist noch lange in den Bistümern und Abteien nicht außer Kurs gesetzt worden. Erst viel später führte das alte Zusammenwirken von Klerus und Volk zu einer neuen geregelten Rollenverteilung bei den Wahlen, indem im 12. Jh. den Domkapiteln diejenige Initiative zuerkannt wurde, ohne die es Wahlen nie gegeben hat[40].

In der neueren Forschung viel diskutiert ist die Frage, welches Recht bei der Papstwahl dem Sohn des Patrizius von 1046 bei der Vorbereitung der Wahl Nikolaus' II. und der Ausarbeitung des Papstwahldekrets zugedacht war. Vor der Wahl war es zu Verhandlungen mit dem Hof und mit Wibert, dem königlichen Kanzler für Italien, gekommen. Die Formulierungen im Papstwahldekret waren behutsam und vermieden, dem König, was doch nahegelegen hätte, ausdrücklich das Recht zu bestätigen, das 1047 Heinrich III. zugleich mit dem Patriziat zuerkannt worden war[41]. In der zweiten Hauptquelle, in seiner Disceptatio synodalis läßt Petrus Damiani den regius advocatus den von Heinrich III. übernommenen in electione semper ordinandi pontificis principatum zitieren, den defensor Romanae ecclesiae dagegen bezeichnenderweise unbestimmter nur das Privilegium, das Heinrich IV. gewährt werden solle[42]. Wollte man Raum lassen für verschiedene Interpretationen sowohl durch die Kurie wie durch die Regierung[43]? Jedenfalls trug man in Rom der Situation Rechnung, bei der man in der schweren Auseinandersetzung mit dem Gegenpapst gewiß die vormundschaftliche Regierung nicht vor den Kopf stoßen wollte und konnte. Daher der dehnbare Text des Dekrets, durch den zwar der debitus honor und die Achtung dem jungen König vorbehalten sind, die aber als Zugeständnisse des Papstes bezeichnet werden, wie auch den Nachfolgern des jungen Königs nur dasjenige Recht bestätigt wird, das sie vom apostolischen Stuhl erlangen werden. Es ist schwer, sich vorzustellen, daß diese Unbestimmtheiten ungewollt waren. Einstweilen scheinen Meinungsverschiedenheiten noch nicht hevorgetreten zu sein oder gar zu Konflikten geführt

chen Wahlbegriffs ist, so verfehlt ist S. 110 u. 128 seine Annahme, die Papstwahlen seit Stephan IX. hätten die Bahn gebrochen für eine neue Auffassung der electio canonica. Die Statuierung eines vorentscheidenden Gremiums bei der Papstwahl mit den Kardinalbischöfen hatte sich noch längst nicht durchgesetzt, und die Parallelbildung bei anderen kirchlichen Wahlen ließ gleichfalls noch lange auf sich warten. Das Wahlrecht des gesamten Kardinalkollegs und dementsprechend des Domkapitels gehört in den Zusammenhang zunehmender Institutionalisierung seit dem späten 11. Jh. Vgl. KRAUSE, Papstwahldekret S. 33, der Anm. 15 G. v. BELOW, Die Entstehung d. ausschließlichen Wahlrechts d. Domkapitel mit bes. Rücksicht, Hist. Studien 11, 1883, zitiert; vgl. ferner K. GANZER, Zur Beschränkung d. Bischofswahl auf d. Domkapitel in Theorie und Praxis im 12. u. 13. Jh. I, ZSavRG Kan. 57, 1971, S. 22–82, II, ZSavRG Kan. 58, 1972, S. 166–197; R. SCHIEFFER, Die Entstehung v. Domkapiteln in Deutschland, Bonner Hist. Forschungen 43, 1976. – 41 MG Const. I S. 540 Nr. 382 c. 6; vgl. KRAUSE, Papstwahldekret S. 273. – 42 MG Ll I S. 80. – 43 KRAUSE, Papstwahldekret S. 85 ff. folge ich, insoweit er eine allerdings zögernde Anerkennung des Kaiserrechts bis zur Wahl Gregors VII. annimmt, doch halte ich trotz Krauses Einwänden S. 98 ff. an meiner Vermutung (HZ 158, 1938, S. 136 ff.) fest, daß man in Rom, wie zu erwarten gewesen wäre, nicht Bezug auf das Recht Heinrichs III. von 1047 nimmt, etwa so, wie es der regius advocatus der Disceptatio unumwunden tut, sondern eine ausgesprochen interpretationsbedürftige Formel einsetzt; auch ZIMMERMANN, Papstabsetzungen S. 147 Anm. 15 hält trotz Krause daran fest, „daß im Dekret von 1059 sicher mit Vorbedacht auf eine klare Formulierung der patrizialen Rechte keinerlei Mühe gewandt wurde". In gleichem Sinn JASPER, Papstwahldekret S. 5 mit Anm. 14. –

zu haben. Man darf aber nicht übersehen, daß die Kurie im Bund mit den Normannen an Selbstbewußtsein gewonnen hatte und vom Hof der vormundschaftlichen Regierung weder Hilfe noch Bedrohung erwarten zu müssen meinte. Es ist wohl richtig, daß man dem jungen König formell sein Recht noch lassen wollte. Viel Rücksicht hat man auf ihn bei der Wahl Stephans IX. jedenfalls nicht nehmen zu müssen geglaubt. Das sollte erst in der bedrohlichen Lage von 1058 anders werden. Die Initiative bei Papstwahlen sollte den stadtrömischen Adelskreisen jedenfalls entwunden bleiben. Nach Heinrichs III. und Viktors II. Tod brauchte man aber auch nicht mehr unbedingt einen Kaiser oder König, da sich bei der römischen Kirche nun ein Führungskreis gebildet hatte, der die entscheidende Rolle für sich beanspruchte. Diese Verschiebung der Gewichte während der Pontifikate Stephans IX., Nikolaus II. und Alexanders II. muß bei der Beobachtung der Beziehungen zwischen Kurie und Königshof bedacht werden.

Am Ende des Pontifikats Nikolaus II. kam es zu einem schweren Konflikt beider, dessen Ursache, Ausbruch und Verlauf trotz aller Bemühungen der Forschung nicht eindeutig geklärt werden konnten. Da der päpstlichen Ostersynode von 1060 noch der königliche Kanzler für Italien, Wibert, beiwohnte, ist dieses Datum als terminus a quo der Entzweiung anzunehmen und somit wohl auch das Papstwahldekret vom Vorjahr als unmittelbare Veranlassung auszuschließen. Unwahrscheinlich sind auch Schritte des deutschen Hofes gegen den Papst, die auf Erzbischof Anno von Köln zurückgeführt werden, da dieser damals noch in gutem Einvernehmen mit Papst und Kurie stand. Am meisten hat wohl noch immer die ältere Annahme für sich, daß die päpstliche Süditalien- und Normannenpolitik in Deutschland schwere Verstimmungen hervorgerufen habe[44]. Der Konflikt hat sich so zugespitzt, daß der päpstliche Abgesandte, Kardinalpriester Stephan von San Crisogono, am königlichen Hof nicht vorgelassen wurde. Wann es zu diesem Eklat gekommen ist, vor oder nach dem Tod Nikolaus II., ist indessen nicht sicher feststellbar[45].

Die Abkühlung des Verhältnisses zur vormundschaftlichen Regierung hatte nach dem Tod Nikolaus II. (Juli 1061) gefährliche Folgen. Denn wieder wurde der Gegensatz zwischen der kurialen Führungsgruppe und der römischen Opposition akut. Diesmal handelten die alten Gegner Nikolaus II. klüger. Sie schickten eine Gesandtschaft unter Führung jenes Grafen Girard von Galera, der Benedikt X. am längsten gedeckt hatte, nach Deutschland. Wie groß ihre Partei war, läßt sich nicht ermitteln. Von klerikalen Teilnehmern an der Mission wird nur der Abt des bedeutenden Klosters S. Andrea in Clivo Scauri genannt. Die Abgesand-

---

44 Vgl. KRAUSE, Papstwahldekret S. 128: „Die näheren Umstände und Zusammenhänge bleiben wegen der schlechten Quellenlage weithin dunkel." Am meisten denkt er S. 130 ff. an ein Vorgehen deutscher Bischöfe gegen Nikolaus II., von dem Petrus Damiani, dann viel später Benzo von Alba und Kardinal Deusdedit sprechen. Der vorsichtigen Annahme Krauses von einem Konflikt Annos von Köln und der deutschen Bischöfe mit Nikolaus II. folgt JENAL, Anno v. Köln S. 166 ff. Schon SCHEFFER-BOICHORST, Neuordnung d. Papstwahl S. 123 f. hatte aber auf die guten Beziehungen Annos von Köln zu Nikolaus II. im Jahr 1059 hingewiesen, der noch 1067 von dem Erzbischof mit Hochachtung genannt worden sei. SCHEFFER-BOICHORST dachte am meisten an die Normannenpolitik der Kurie als Ursache des Zerwürfnisses. – 45 Zur Datierung dieses Eklats schwankt die Literatur zwischen der Zeit bald nach dem Erlaß des Papstwahldekrets und der Sedisvakanz nach dem Tod Nikolaus' II. (Juli 1061). Den späteren Termin hält KRAUSE, Papstwahldekret S. 132 für wahrscheinlich. Die älteren Meinungen zitiert er S. 133 Anm. 25. – 46 MG Ll I

ten erkannten im Gegensatz zum Papstwahldekret von 1059 ausdrücklich den jungen König als Patrizier der Römer an, überbrachten ihm die Insignien seiner Würde, Mantel, Ring und Goldreif, und baten um Benennung des künftigen Papstes. Sie also lenkten endlich eindeutig zum Patrizierrecht von 1047 zurück, da sie sich klar bewußt waren, aus eigenen Kräften gegen die nichtrömische Kurie nicht aufkommen zu können. Nun aber zeigte sich, daß es in Rom eine handlungsfähige Instanz gab, die gegen die römischen Opponenten, außerdem ohne die königliche Regierung, ihre Maßnahmen zu treffen vermochte. Man handelte sogar ziemlich schnell, gewann die Zustimmung des Bischofs Anselm von Lucca zu seiner Nominierung. Wieder versicherte man sich der Hilfe des normannischen Bundesgenossen, unter dessen Schutz Ende September 1061 Anselm als *Alexander II.* erhoben und gewaltsam inthronisiert wurde. Nach Petrus Damiani wäre diese Papstwahl nach den Bestimmungen des Dekrets von 1059 verlaufen, aber andere seiner Äußerungen geben Anlaß zu Zweifeln und lassen erkennen, wie groß die Gefahr des Bürgerkrieges war und wie turbulent es in Rom zuging[46]. Vier Wochen danach wurde auf einer Versammlung in Basel Alexander II. verworfen und Bischof Cadalus von Parma als Honorius II. zum Papst gewählt[47]. Das Schisma, das damit ausgebrochen war, endete erst nach wechselreichen Kämpfen im Mai 1064 durch die Entscheidungen der Synode in Mantua[48]. Trotzdem Cadalus noch Anhänger hatte, vermochte er sich schließlich nur in seiner Bischofsstadt Parma zu behaupten. Alexander II. und seine Anhänger hatten kampfreiche Jahre überstanden, dabei aber an Geltung in der westlichen Kirche erheblich gewonnen. Die Sache des Königs hatte dagegen durch die schwankende Haltung des Regenten Anno von Köln und der Parteinahme von Annos Neffen Burchard von Halberstadt gegen die Beschlüsse von Basel Schaden genommen.

Bei der Wahl *Hildebrands-Gregors VII.* (April 1073) scheint sich endlich in Rom keine ernsthafte Opposition mehr geregt zu haben. Dies hebt der neue Papst in den ersten Briefen hervor, in denen er die Ereignisse bei der Wahl einigen wichtigen Persönlichkeiten mitteilt: Denn bei seinem (Alexanders II.) Tod blieb das römische Volk wider die Gewohnheit so ruhig und ließ die Zügel der Beratung in unserer Hand, daß es offensichtlich in Erscheinung trat, daß dies aus Gottes Erbarmen hervorgegangen ist[49]. Hildebrand, der spätestens seit 1061 der maßgebende Berater des Papstes gewesen war, namentlich bei allen praktisch-politischen und finanziellen Entscheidungen, kann nicht im Zweifel darüber gewesen sein, daß er nun an der Reihe war. Deshalb riet er, erst nach dreitägigem Fasten und Beten über die Wahl zu entscheiden. Aber schon nach der Beerdigungszeremonie in der Lateranbasilika entstand ein großer Tumult und ein Toben des Volkes; sie drangen wie die Wahnsinnigen auf Hildebrand ein. Damit bricht Gregor

S. 81. – 47 Goez, Rainald v. Como S. 476 f. spricht von anfänglicher Parteinahme der Kaiserin für Honorius II. Es handelt sich aber um mehr, nämlich um die verantwortliche Entscheidung der Regentin, die gewiß im Sinn der „Reform" zu handeln glaubte, nicht dagegen; Fuhrmann, Deutsche Geschichte S. 70 nimmt schon für diese Zeit eine Spaltung des deutschen Episkopats an. Doch fehlen dafür Belege. – 48 Nach der Hauptquelle, den Annales Altahenses ad a. 1064, Mg SrG S. 65, soll Anno Alexander II. Simonie und das Bündnis mit den Normannen vorgeworfen haben, den Romani imperii hostes. Der Papst reinigte sich durch Eid, obwohl er betont hatte, daß er nicht angeklagt und gerichtet werden könne. Über den Vorwurf des Normannenbündnisses werde er mit dem König selbst reden. – 49 Reg. I 1 u. 3, S. 3 u. 5; vgl. auch zum Folgenden W. Goez, Zur Erhebung u. ersten Absetzung Gregors VII., Röm. Qschr. 63, 1968, S. 119–144. – 50 Liber ad amicum

den Bericht in den soeben erwähnten Briefen ab. Aus der Schrift des Bischofs Bonizo von Sutri (um 1085) erfahren wir weitere Einzelheiten: Kleriker, Männer
und Frauen hätten geschrien: „Hildebrand Bischof". Dieser hätte erschreckt versucht, zur Kanzel zu gelangen, um das Volk zu beruhigen. Der Kardinalpriester
Hugo Candidus sei ihm aber zuvorgekommen und hätte in zündender Rede Hildebrands Wahl vorgeschlagen, und alle Kleriker hätten, wie üblich, gerufen:
Papst Gregor hat der heilige Petrus gewählt. Darauf sei dieser vom Volk nach San
Pietro in Vinculis geschleppt und gezerrt und dort gegen seinen Willen inthronisiert worden[50]. Bonizos spätere Darstellung gewinnt an Glaubwürdigkeit durch
einen· Brief Gregors noch vom April 1073, der den Papst mit Hugo Candidus
freundlich verbunden zeigt[51]. Ein gleichzeitiges offiziöses Protokoll bietet zwar
das Bild einer ordnungsgemäßen, formal einwandfreien Wahl, bei der aber wieder nicht nach dem Papstwahldekret von 1059 verfahren wurde. Offenbar ist der
tumultuarische Akt eine „Inspirationswahl"[52] gewesen, die seit alters als Ausdruck göttlichen Willens galt[53]. Die königlichen Patrizierrechte blieben abermals
unberücksichtigt. Eine königliche Zustimmung vor der Wahl einzuholen, erschien
wiederum als unmöglich und nun auch als überflüssig. Ob wenigstens nachträg-
lich eine Wahlanzeige an den König gesandt wurde, ist mindestens ungewiß.
Heinrich IV fand sich damit ab. Er schrieb sogar schon im August oder September 1073 in der Bedrängnis durch seine deutschen Widersacher einen demütigen
Brief an Gregor, dessen Wahl als unrechtmäßig anzufechten man erst Jahre danach begann[54]. Der Bischofsweihe des neuen Papstes im Juni wohnte wahrscheinlich Heinrichs Abgesandter bei, der königliche Kanzler für Italien, Bischof Gregor
von Vercelli.

Die *Bestimmungen für Papstwahlen* sowohl von 1046/47 wie von 1059 sind
seitdem überholt gewesen, obwohl sie in den folgenden Auseinandersetzungen
noch oft zitiert und nach jeweiligem Parteiinteresse ausgelegt wurden. Aber seit
dem zweiten Viertel des elften Jahrhunderts gibt es in Rom neben widerständigen
städtischen Gruppen sowie auswärtigen Mächten, die auf die Päpste und die
Papstwahlen einwirken, sich konsolidierende Institutionen, das werdende Kardinalkolleg und die Kurie, auf die sich das Papsttum stützen konnte. Und die
Papstwahl gewann allmählich eine neue Stetigkeit durch das ausschließliche
Wahlrecht der Kardinäle. Die Päpste haben sich dennoch auch in den folgenden

---

l. VII, MG Ll I S. 601. – **51** Reg. I 6 S. 9. – **52** Reg. I 1 S. 1. – **53** P. Schmid, Kanonische
Wahl S. 151 ff.; S. 157: „wo der Geist Gottes sichtbar wirkte, galt kein Gesetz", S. 158:
„wo der Geist Gottes wirkte, galt auch kein Papstwahldekret; um seine Bestimmungen haben sich die Wähler nicht gekümmert, auch Gregor und Bonitho nicht"; vgl. Goez, Erhebung S. 141 f.; – Der Deutung der beiden Wahlberichte bei Ch. Schneider, Sacerdotium
S. 28 ff. kann ich nicht beistimmen. Über Gregors „Epiphanie-Erlebnis der Macht Gottes"
usw. läßt sich nichts sagen. Aber daß dieser raffinierte Wahlbericht „spontan" gewesen
sein soll, ist undenkbar. Er ist ein theologisches und rhetorisches Meisterstück, aus dem
„Erlebnisse" nicht ohne weiteres erkennbar werden. Er ist geformt von alter Tradition
und Gewohnheit des Betens, Predigens und Schreibens. Was mag daran unmittelbare religiöse Empfindung sein? – **54** Von einer Anzeige berichtet Bonizo, Liber ad amicum 1 VII,
MGLl I S. 601 mit unglaubwürdigen Zusätzen. Caspar, Reg. I Nr. 9 S. 15 Anm. 1 will
diese Nachricht nicht mit Sicherheit bejahen wie u. a. Meyer v. Knonau, Jbb. II S. 210
Anm. 38, während er die Anwesenheit Gregors von Vercelli akzeptiert. Haller II 2, S.
517, Anm. z. II 1, S. 343 erklärt kategorisch: „An Heinrich selbst hat Gregor vor der Unterwerfung (Herbst 1073) keine Zeile gerichtet." Heinrichs Brief von August/September
1073 Reg. I 29 a S. 47 ff.

Jahrhunderten wieder und wieder mühsam gegen stadtrömische Rebellionen und Einwirkungen von außen wehren müssen. Noch gefährlicher wurden dann Spaltungen im Kardinalkolleg und schließlich die konziliare Bewegung des ausgehenden Mittelalters. Die Emanzipation der Päpste vom Druck alter Mächte hat sie im 11. Jh. also keineswegs von der irdischen Bedrohtheit überhaupt befreit, die ihr Schicksal blieb. Von unsicheren Grundlagen aus mußte das Papsttum nach wie vor seine große kirchliche und politische Wirksamkeit entfalten.

3. „Kirchenreform"

Man hat die *„kirchliche Reformbewegung"* des 11. Jh.s „die gestaltende Kraft des Zeitalters" genannt[1]. Aber was ist eigentlich diese kirchliche Reformbewegung? Hatte sie ein klares, über einen größeren Zeitraum gültiges, gleichbleibendes Programm? War sie von einem beherrschenden Ziel oder etwa von mehreren unterschiedlichen Motiven bestimmt? Welche Veränderungen erfuhr sie im Lauf des Jh.s? Wie und wann hat sie ihre geschichtsmächtige Gestalt gewonnnen? Wer waren ihre menschlichen Träger? Traf sie auf Widerstand? Gab es „Reformer", Reformfreunde, „eine" oder „die" Reformpartei oder in verschiedenen regionalen oder lokalen Bereichen eigene Reformparteien, denen Reformgegner gegenüberstanden oder denen sich indifferente oder opportunistische Personen und Gruppen fügten oder entzogen? Waren die Gesinnungen aller Reformer überall und immer die gleichen? War „die Reform" so einheitlich, daß man sie im ganzen annehmen oder im ganzen ablehnen mußte? Oder konnte man im Verhältnis zu gewissen Reformforderungen eigene positive oder negative Akzente setzen? Wie sind in Reformbestrebungen kirchliche und nichtkirchliche Motive vermischt?

Es fehlt zwar in der überreichen Literatur nicht ganz an differenzierenden Fragen und Überlegungen, aber es fällt auf, mit welcher vereinfachenden Selbstverständlichkeit und Unreflektiertheit Begriff und Geschichte „der Kirchenreform" aufgefaßt werden. Schematische Vorstellungen von der lutherischen Reformation, von tridentinischen Reformen, von dem modernen Verhältnis von Staat und Kirche, Schulreform, Finanzreform, scheinen das Verständnis der komplizierten hochmittelalterlichen Wirklichkeit vielfach überdeckt zu haben. Man wird daher versuchen müssen, sie selbst behutsam und geduldig zu erfassen[2].
Wer vorurteilslos solche Fragen stellt, fühlt sich bei der Beschäftigung mit der forschenden und darstellenden Literatur hilflos. Was Kirchenreform im 11. Jh. eigentlich war, bleibt meist so ungenügend definiert, daß man geradezu von einer Leerformel sprechen könnte[3]. Und mit Reform wird noch dazu eine Fülle von Composita gebildet, u. v. a.: Reformbewegung, -impulse, -impetus, -eifer, -gesinnung, -ziele, -absichten, -fragen, -ideen,

---

1 TH. SCHIEFFER, Kaiser Heinrich III. S. 68. – 2 Nur selten zeigt sich Skepsis wie bei K. SCHMID, Adel u. Reform S. 299: „der viel oder wenig sagende Begriff Reform"; eine bemerkenswerte Ausnahme findet sich auch bei E. WOLGAST, Geschichtliche Grundbegriffe V, 1982, S. 317: „Die Kirchenreform des 11./12. Jh.s vollzieht sich vor allem als Klosterreform"; einen seltenen Versuch, die Kirchenreform als Ganzes zu definieren, findet man wenigstens andeutungsweise bei R. SCHIEFFER, Gregor VII. – Ein Versuch über hist. Größe, HJG 97/98, 1978, S. 93 f. – 3 Diese Zitate aus dem Reformvokabular sind ausschließlich der Literatur entnommen, die im einzelnen aufzuführen nicht lohnt. Allgemein und selbstverständlich gilt die Reform als Fortschritt, als etwas Positives, und der Gedanke, daß es in der Geschichte auch reformationes in peius gibt, taucht kaum auf. Die moderne Forschung ist durchweg „reformfreundlich". – 4 HOLTZMANN, Laurentius, bes.

-anschauungen, -auftrag, -aufgabe, -vorschläge, -funktionen, -krise, -seelsorge, -papsttum, -zentrum, -landschaft, -provinz, -partei, -freunde, -gegner, -tradition, -architektur, regionale, römische, ravennatische, italienische usw. Reform, riforma imperiale, lorenese, bavarese, Frühreform, nachgregorianische Reform, Reformwillen, Reformperioden, reformerisches Milieu, Reform-Itinerar, reformfreundlich, -feindlich, unreformatorisch. Dieses riesige Vokabular ist oft verwirrend und verschleiernd, weil unbelegt, vage und unbestimmt bleibt, was man unter dem Bezugswort eigentlich versteht. Einige ausgewählte Beispiele mögen dies erläutern.

Walther Holtzmann nimmt den 1049 in Rom verstorbenen Erzbischof Laurentius von Amalfi, den er mit bewunderungswürdiger Gelehrsamkeit mit dem Monte Cassineser Mönch gleichen Namens zu identifizieren vermag, als Angehörigen jener römischen Frühreformer, denen Hildebrand vielleicht seine ersten kirchenpolitischen Anregungen verdankte[4]. Mit den Führern der römischen Reformpartei, deren vornehmster Vertreter der Erzpriester Johannes Gratianus (Greogor VI.) gewesen sei, habe er in intimstem Verkehr gestanden. Indes: Es gab in Rom Gegner der Tusculaner, aber daß es dort Frühreformer gegeben habe, ist eine reine Hypothese. Und nicht einmal hypothetisch läßt sich etwas über Richtung und Inhalt einer solchen Reform sagen.

Benedikt VIII. hat man Reformpapst genannt und gar gemeint, er sei der Initiator der 1022 mit Heinrich II. veranstalteten Synode von Pavia[5]. Dafür geben die Quellen keinen Anhalt. Und verdienen die dort beschlossenen Bestimmungen über die Verbindung von unfreien Priestern mit freien Frauen und die Unfreiheit ihrer Kinder wirklich schon den Namen „Kirchenreform des 11. Jh.s"? Es geht dabei doch im Wesentlichen immer nur darum, Verlusten von materiellen Einnahmen der Kirche zu begegnen. Anderwärts findet man Gregor VI. mit der Bezeichnung „Reformpapst". Da man wenig darüber weiß, lassen sich Vermutungen leicht äußern.

Gerhart Ladner hat in seinem Jugendwerk Viktor II. „unreformatorisch" genannt[6]. Dies sagt er von einem anerkannt würdigen Papst, vertrautem Mitarbeiter Heinrichs III., der unbestrittenermaßen einer der Vorkämpfer der „Reform" gewesen sein soll, vielleicht weil aus seiner Zeit keine bahnbrechenden Synoden bekannt sind. Seine Konzilien jedoch setzen fort, was die Leos IX. begonnen hatten. Und der Kreis der Mitarbeiter Leos IX. konnte sich in seiner Zeit konsolidieren. Seinen Nachfolger Stephan IX., damals Kardinal und Abt von Monte Cassino, scheint er ausgesprochen begünstigt zu haben.

Mit dem Gegenpapst Benedikt X. soll sich in Rom die Reaktion gegen die Reform geregt haben. Dabei ist Johannes von Velletri als Mitglied des Führungskreises der Kardinäle bekannt. Das hat zu der Hypothese Anlaß gegeben, Benedikt X. sei gar nicht der „Reformkardinal", sondern dieser müsse inzwischen verstorben sein und einen „antireformerischen" Nachfolger gehabt haben[7]. Aber waren Benedikts X. Wähler wirklich gegen „Reformforderungen"? Oder will man „Kirchenreform" einfach mit Gegnerschaft gegen jeglichen Einfluß römischer Adelskreise auf Papstwahlen definieren? Das wäre doch wohl zu eng.

Einfach grotesk ist die Annahme, Kaiserin Agnes und der „Hof" hätten in Basel 1062 durch die Wahl Honorius II. mit der Reform gebrochen[8]. Agnes, die Aquitanierin, die

S. 226. – 5 VIOLANTE, Società Milanese S. 160 u. 171; TOUBERT, Structures S. 1033 Anm. 2. – 6 LADNER, Theologie S. 180. – 7 SCHMIDT, Alexander II., Exkurs S. 78 ff.; schon MEYER V. KNONAU, Jbb. II S. 92 hatte gemeint, durch die Wahl Benedikts X. sei die Partei der kirchlichen Reform schwer geschädigt worden. Man darf jedoch nicht – zu einfach – alle Konflikte in einem Gegensatz von Reformfreunden und Reformgegnern begründet sehen. Ob die Unterstützung Benedikts und Honorius' durch den Grafen von Tuskulum allein damit zu erklären ist, daß „die beiden Gegenpäpste Antireformer" gewesen seien? Vgl. HOFFMANN, Petrus Diaconus S. 3 u. 6. Auch Kaiserin Agnes erhob Cadalus, obwohl sie „Reformfreundin" war. Die Beziehungen des Grafen von Tuskulum zu Monte Cassino, dem Hort der Päpste, waren freundlich. Vgl. ebd. S. 60. – 8 P. SCHMID, Kanonische Wahl S. 137: „Er (der Hof in Basel) brach mit der Reform, um desto entschiedener

Gattin des „Reformkaisers", die Parteigängerin Gregors VII. durch Dick und Dünn? Und niemand hat bewiesen, daß nicht auch Honorius' II. gegen Simonie und für den Priesterzölibat war. Es zeigt sich, wie oft man unreflektiert einfach jede, wie immer begründete Opposition gegen die historisch siegreiche römische Kurie „antireformerisch" nennt. Solche Ungereimtheiten infolge begrifflicher Unklarheit ließen sich in vielen anderen Fällen aufzeigen.

Die christliche Idee der Reform hat eine alte Geschichte. Sie ist von Gerhart Ladner für die Patristik in einem grundlegenden Werk behandelt worden[8a]. Von den Lehren der Evangelien und der paulinischen Schriften an bezieht sich die Idee der Reform auf das menschliche Individuum, auf seine Erneuerung ad imaginem et similitudinem Dei. Das bleibt im früheren Mittelalter auch der Sinn der conversio im monastischen Bereich[9]. Ladner hat aber bemerkt, daß im 11. Jh. eingreifende Veränderungen eingetreten sind. Das Zeitalter Gregors VII. habe beherzt an eine Reform der Kirche als mystischen und hierarchischen Körpers Christi gedacht[10].

Doch ist es bezeichnend, daß Gregor VII. selbst nur selten von reformare, nie von reformatio spricht. In den mehr als 350 Stücken seines Registers kommt reformare ganze viermal vor. Dabei handelt es sich um die Reform einzelner Kirchen, der Erzbistümer Dol und Ravenna, der Klöster Montmajour und Sainte-Marie-de-Grasse. Aber schon klingt der Gedanke an die Reform der ganzen Kirche an[11]. Im ersten Jahrtausend hätte man sich eine Veränderung der universalen Kirche durch geplantes Handeln von Menschen dagegen kaum vorstellen können. Sie war der lenkenden Hand Jesu Christi allein vorbehalten.

Dabei sind Schädigungen des irdischen Daseins und der irdischen Einrichtungen der Kirchen durch sündige Menschen natürlich möglich und werden angstvoll beklagt. Und man bemüht sich, dem Verfall, wo man ihn wahrzunehmen glaubt, entgegenzutreten und zur Selbsterneuerung aufzurufen. In allen Perioden der Kirchengeschichte gibt es Stimmen, die mahnend und warnend gerade die eigene Zeit als Abfall von den idealen Ursprüngen hinstellen. Eine objektive moralische Beurteilung der Christen vergangener Zeitalter ist dem Historiker schwer möglich, und er wird geneigt sein, sie dem höchsten Richter zu überlassen. Gerecht und auch sachlich angemessen scheint uns, wenn etwa für das 10. und 11. Jh. von gegensätzlichen Tendenzen, vers la decadence et un mouvement de réforme (J. Leclercq), von réforme permanente oder réforme de la réforme (P. Toubert), von Christian history as an unbroken process of reformation (Dickinson) gesprochen wird[12]. Erinnert sei auch an Karl Holls Wort: „Man steht vielmal vor der merkwürdigen Tatsache, daß Sinken und Aufstieg immer gleichzeitig stattfinden."[13]

zu den großen Linien der eigenen Politik zurückzuführen." Ebensowenig vermag ich der Beurteilung des Schismas von 1061 durch TH. SCHIEFFER, Cluny S. 62 zu folgen; auch BOSHOF, B. Altmann S. 320 meint, Agnes habe „den Kontakt zur kirchlichen Reform" verloren. Ähnlich LÜCK, Anno S. 11. Das alles sind aber unbelegte Kombinationen. – 8a LADNER, Idea, ferner DERS., Art. Erneuerung in RAC VI (1966) S. 240–275. – 9 LADNER, Idea S. 423, auch S. 61 Anm. 61 und die dort genannten Stellen. – 10 LADNER, Gregory the Great and Gregory VII S. 1–27; DERS, Terms and Ideas of Renewal, in: Renaissance and Renewal in Twelfth Century, ed. R. L. BENSON and G. CONSTABLE, 1982, S. 1–33. – 11 Reg. IV 4 u. 5, VIII 12, IX 6, S. 300 ff., 531 f., 581 ff. – 12 LECLERCQ, Spiritualité S. 123 f.: pendant deux siècles coexistent la décadence et la réforme; TOUBERT, Structures S. 789; DICKINSON, Later Middle Ages S. 36. – 13 HOLL, II S. 30. – 14 PH. SCHMITZ, Ge-

Vorherrschend in der neueren Geschichtsschreibung ist aber wohl die Meinung, vor der Kirchenreform des 11. Jh.s hätten besonders üble Zustände geherrscht, die einen mächtigen Eingriff geradezu provoziert hätten. Als Beispiel sei der empörte Ausruf des Geschichtsschreibers des Benediktinerordens Philibert Schmitz über die Periode nach der Auflösung des Karolingerreiches zitiert: „Es ist, wie wenn von da an die Welt keine Moral mehr hätte."[14] Das Cliché einer verkommenen Kirche ist für rühmende Darsteller der „Kirchenreform" eine wirkungsvolle dunkle Folie für den dann folgenden Aufstieg[15]. Demgegenüber wird man nur zögernd die zu allen Zeiten mächtigen menschlichen Unzulänglichkeiten und Schlechtigkeiten rechenhaft als Antriebe der Welt- und Kirchenverbesserung auffassen. Von der vielgestaltigen Klosterreform des 10. und 11. Jh.s war schon die Rede[16]. Von ihr unterscheidet sich wesentlich, was man allgemein die „Kirchenreform" dieser Zeit zu nennen gewohnt ist.

Als ihr Ziel und ihre vermeintliche Leistung gilt nach der gängigen Auffassung das Streben, das weitverbreitete *Zusammenleben des Klerus aller Stufen mit Frauen,* in der Ehe oder im Konkubinat, zu beseitigen und die *Simonie* zu bekämpfen, d. h. die Gewährung und den Empfang von geistlichen Gaben, namentlich von Sakramenten, für materielle Gegengaben oder Gefälligkeiten. Solche Verstöße gegen ältere und neuere Gebote von Konzilien, Päpsten, Bischöfen und Königen waren wohl in der Tat verbreitet. Doch läßt sich schwerlich ermitteln, ob sie in einzelnen Ländern und Landesteilen, in manchen Perioden üblicher als in anderen waren. Lange hat man sich zur Verteidigung des Verkehrs von Klerikern mit Frauen auf alte Gewohnheit berufen; und auch dem Vorwurf des Kaufs und Verkaufs geistlicher Gaben versuchte man, mit überlegten Argumenten zu begegnen.

Das häufig geäußerte Urteil, der Klerus sei im 10. und 11. Jh. sittlich heruntergekommen gewesen, beruht auf modernen moralischen, heute übrigens nicht mehr ungebrochenen Wertungen. Die Forderung der Ehelosigkeit der höheren Kleriker ist in der Geschichte des Christentums nichts Ursprüngliches und hat wechselnde Ausprägungen. Von Konzilien, karolingischen Kapitularien, bischöflichen Anordnungen und kirchenrechtlichen Werken wurde sie in bemerkenswerter Kontinuität immer wieder erhoben[17]. Sie setzen etwa im Einzelnen fest, wie sich vor Empfang der höheren Weihen Verheiratete zu ihren Frauen verhalten sollten, mit Frauen welchen Verwandtschaftsgrades oder Alters sie im gleichen Hause leben dürften. Doch alle diese Vorschriften wurden vielfach nicht befolgt, namentlich von der armen Landgeistlichkeit, die der Familie als Arbeitskraft bedurfte, um materiell überhaupt existieren zu können[18].

Wie viele Kleriker vor der Mitte des 11. Jh.s ehelich oder unehelich mit Frauen zusammenlebten, ist trotz zahlreicher Nachrichten für dieses Zeitalter ohne Statistik natürlich nicht zu sagen[19]. Waren es 30% oder 80%? Und wie stand es in den verschiedenen Weihe-

schichte d. Benediktinerordens I, 1947, S. 127; u.a. stellt sich auch LESNE, Hiérarchie épiscopale S. 5 einen excès du mal vor, der die Reform des 11. Jh.s provoziert habe; ganz pessimistisch auch MOR, L'età feudale II S. 277 ff. – 15 Mit Recht warnt DEREINE, Art. Chanoines DHGE IV 2, 62 Sp. 371 vor verallgemeinerndem Aburteilen: „Pour se faire une idée exacte de la situation, il faut se défier du jugements simplistes des réformateurs Grégoriens ..."; vgl. auch ROSSETTI, Matrimonio S. 547: man braucht nicht alle Anklagen gegen die skandalöse Lebensführung des Klerus zu glauben. – 16 Vgl. o. S. 96 ff. – 17 H. BARION, Art. Zölibat RGG VI³ (1968) Sp. 1923 ff.; DERS., Art. Enkrateia (Christlich) RAC 5 (1962) Sp. 349 ff., bes. 363 f.; HÖDL, Lex continentiae S. 325–344; M. BOELENS, Die Klerikerehe in d. Gesetzgebung d. Kirche, 1968; J. COPPENS, Sacerdoce et Célibat, Bibl. Ephemeridum Theologicarum Lovaniensis 28, 1971; ROSSETTI, Matrimonio S. 491 ff.; SCHIMMELPFENNIG, Zölibat S. 2 ff. – 18 Vgl. o. S. 81 ff.; PLÖCHL, Kirchenrecht S. 166 ff.; KEMPF, Hdb. III S. 390: „Sie (die Zölibatsidee) war zu hoch, um von ihnen und von einem guten Teil ihrer Pfarrkinder verstanden zu werden." – 19 Die Zusammenstellungen bei MIRBT, Publizistik S. 239–260 über die Verbreitung der Priesterehe um die

graden? Im Bereich des Verbotenen oder moralisch Anrüchigen wurde auch damals viel denunziert und übertrieben[20]. Andererseits suchte man sich zu tarnen oder wenigstens die Ehe ehrbar zu führen. Noch als der Druck der Päpste auf den Episkopat im Zunehmen war, die Ehelosigkeit der Kleriker zu erzwingen, soll nach einem Scholion Adams von Bremen Erzbischof Adalbert sich an die Kleriker mit folgenden Worten gewandt haben: Ich ermahne euch und befehle, daß ihr euch von den pestbringenden Bindungen an Weiber löst, oder, wenn ihr euch zu demjenigen nicht überwinden könnt, was Sache der Vollkommenheit ist, daß ihr wenigstens sittsam das Band der Ehe wahrt, nach jenem Wort: Si non caste, tamen caute[21].

Des Kirchenvermögens wegen sah man die Klerikerehen noch weniger gern als Klerikerkonkubinate. Denn verheiratete Priester versuchten, ihre Kirchen an Söhne weiterzugeben, sie also zu „Priestererbkirchen" zu machen oder wenigstens Kirchengüter an ihre Kinder zu bringen[22]. Dagegen wandten sich Bischöfe und Synoden mit der Bestimmung, daß Kinder von Priestern aus Verbindungen mit freien Frauen Unfreie der Kirche des Vaters werden sollten, so daß die kirchlichen Einkünfte nicht geschmälert würden. Damit hatte sich schon eine Goslarer Synode von 1019 im Beisein von Kaiser Heinrich II. beschäftigt, ohne grundsätzlich auf das Problem der Priesterehe überhaupt einzugehen[23]. Weiter ging die Synode Benedikts VIII. und Heinrichs II. in Pavia im August 1022, wo allgemein das Verbot der Priesterehe wiederholt wurde, dann aber nur vom Stand der Kinder eines unfreien Priesters und einer freien Frau verhandelt und eingeschärft wurde, daß sie Unfreie der Kirchen würden. Beweglich wird darüber geklagt, wie schwere Verluste die Kirchenvermögen erlitten infolge der Güterentfremdungen durch solche Priesterkinder. Über Söhne freier Kleriker mit freien Frauen wolle er jetzt noch schweigen, erklärt der Papst, obwohl auch sie gegen die Gesetze geboren würden. Über sie solle in einem folgenden Konzil verhandelt werden[24]. Man kam also noch nicht weiter als bei der erwähnten Goslarer Synode. Trotzdem hat man Benedikt VIII. einen Reformpapst nennen wollen, Pavia eine Reformsynode[25]. Mit Benedikt VIII. sollen Heinrich II. und Robert der Heilige gerechnet haben, als sie im August 1023 bei ihrem Treffen zu Ivois am Chiers darüber sprachen, daß sie mit Bischöfen diesseits und jenseits der Alpen und dem Papst in Pavia zusammenkommen wollten, um weiter über den Frieden der Kirche zu beraten und wie man der Christenheit, quae tot lapsibus patet, besser zu Hilfe kommen könne[25]. Was damit gemeint war, bleibt aber im Vagen[26].

Mitte des 11. Jh.s sind eindrucksvoll, geben aber keine Vorstellung von dem zahlenmäßigen Verhältnis der Zölibatäre und der Nichtzölibatäre; vgl. ROSSETTI, Matrimonio S. 502. – 20 Ebd. S. 509. – 21 Gesta Hamburgensis Ecclesiae Pontificum, MG SrG S. 173, Scholion 76; dazu vgl. ROBINSON, Pope Gregory VII and Episcopal Authority S. 109; vgl. ROSSETTI, Matrimonio S. 527 f.: „L'indulgenza della gerarchia non ha ragioni giuridiche ma soltanto sociali: non é possibile, cioè negare la communione a un cosi alto numero di peccatori." – 22 B. BLIGNY, L'église et les ordres religieux dans le royaume de Bourgogne aux XIe et XIIe siècles, 1060, S. 20: „Le mariage des gens d'Église était encore plus facheux que le concubinat ..."; ROSSETTI, Matrimonio S. 502; vgl. o. S. 82 f. – 23 MG Const. I S. 62 Nr. 31; HIRSCH-PABST-BRESSLAU, Jbb. III S. 213: „Die Angelegenheit wurde erörtert, ohne daß, soviel wir wissen, die Priesterehe selbst dabei als irgendwie anstößig erschien". – 24 MG Const. I S. 70 Nr. 34; dazu treffend KEMPF, Hdb. III S. 287: „Nicht um die innere Reform der Kirche ging es dabei, sondern um die Erhaltung des Kirchengutes, das durch Klerikerheirat gar zu leicht an die Kinder gelangte." Benedikt VIII. und Heinrich II. ist damals nichts Neues eingefallen. Man findet die gleichen Bestimmungen auf Grund von alten Konzilscanones etwa schon bei Abbo von Fleury, Coll. can. 40, MPL 139 c. 496; LAUDAGE, Priesterbild S. 52 u. 86 f., der dazu neigt, frühe Zeichen für das Reformdenken zu erkennen, kann ich in seiner Beurteilung Benedikts VIII. nicht folgen. Nennt doch er selbst die canones aus d. Zeit Heinrichs II. „zeitlos anmutende Formulierungen". – 25 So etwa VIOLANTE, Società Milanese S. 160; S. 171 schreibt er Benedikt VIII. die Initiative für die Reformsynode von Pavia zu. Aber was kann man darüber sicher wissen? TOUBERT, Structures S. 1033 mit Anm. 2: Benedikt VIII. déjà un pape reformateur; dagegen vgl. die Bedenken von HOFFMANN, Kirchenstaat S. 25. – 26 Gesta epp. Camerac. III 37, MG SS VII

Von der Mitte des 11. Jh.s an scheint man immer mehr *Anstoß an der Verletzung der klerikalen Eheverbote* genommen zu haben. Hie und da empört man sich geradezu über die „Hurerei" von Klerikern und unterscheidet wenig zwischen Ehe und Konkubinat. Die Aggressivität steigert sich etwa bei den Mailänder Patarenern aufs höchste, und auch die Päpste und ihre Helfer gehen seit der Zeit Leos IX. und seiner Nachfolger mit wachsender Schärfe gegen die „unzüchtigen" Kleriker vor. Symptomatisch dafür sind Schriften des Petrus Damiani, der in erstaunlichem Maß Kenntnisse der männlichen Sexualität mitsamt ihren Abartigkeiten zeigt, der Homosexualität, der Sodomie[27]. Man ist betroffen, daß er beispielsweise von der archaisch-grausamen Übung der Infibulation überhaupt weiß, wenn er sie wohl eher rhetorisch ausspricht (ut ita loquor), als sie ernsthaft gegen unenthaltsame Kleriker empfehlen zu wollen[28]. In dieser Phase liegen die Akzente zweifellos auf den religiösen Motiven des Ehelosigkeitsideals: wer mit den heiligen Sakramenten umgeht, soll ein Leben in der Reinheit führen und sich für seinen hohen Dienst heiligen[28a]. Deshalb verbot schon Nikolaus II. 1059, daß man die Messe eines Priesters höre, von dem man wisse, daß er unzweifelhaft eine Konkubine habe oder eine insgeheim eingeführte Frau. Wer nach dem Dekret Leos I. über die Keuschheit der Kleriker eine Konkubine heimführe oder beibehalte, dem widersage die Synode, die Messe zu singen, Evangelium oder Epistel zu lesen. Er solle nicht im Presbyterium zu den heiligen Offizien mit denen bleiben, die der genannten Konstitution gehorchten usw.[29] In den darauf folgenden synodica des gleichen Papstes und des gleichen Jahres wird der Nikolaitismus (die Verletzung des Enthaltsamkeitsgebotes) Ketzerei genannt[30]. Ketzerei ist doch aber eine Abweichung vom rechten Glauben? Dieser Tatbestand wird aber als gegeben erachtet, wenn an dem unmoralischen Verhalten in Ungehorsam gegen die Gebote der Konzilien und der Päpste festgehalten wird. So werden Nikolaiten mit den Simonisten zusammen Ketzer genannt und verfallen der Exkommunikation[31].

Mindestens seit dem Pontifikat Gregors VII. gewinnt die *Zölibatsforderung* kirchenpolitische Bedeutung. Der Papst besteht den Bischöfen gegenüber auf ihrer Durchsetzung[32]. Diese treffen aber in ihren Diözesen auf erregten Widerstand, versuchen zunächst, sich

480; Ch. Pfister, Etudes sur le règne de Robert le Pieu, BEHE 64 (1885) S. 369: „Henri II ne rêvait plus que de faire, sous la direction du pape, une réforme générale de l'église, dans l'esprit de Cluny." Was Heinrich und Robert träumten, weiß man nicht so genau. Sicher sind die direction des Papstes und der esprit de Cluny Pfisters Träume. – 27 Petri Damiani op. VII, Liber Gomorrhianus ad Leonem IX. Romanum Pontificem, MPL 145 c. 159–190; desselben op. XVII, De caelibatu sacerdotum ad Nicolaum II. Pontificem, MPL 145 c. 379–388. Bei Petrus Damiani wird bei aller Gelehrsamkeit und ebenso konventioneller wie kunstvoller Rhetorik Persönliches greifbar wie selten. So ist es möglich, hinter der Idealität der sexuellen Kontinenz die Wirkungen ihrer Überangestrengtheit bei den zu Hochleistungen der Askese fähigen Menschen zu fassen. Zu Little, Personal Development of Peter Damiani S. 317–341 H. E. Mayer, DA 34 (1978) S. 226. Doch muß man wohl Littles Versuch bei aller Kritik ernst nehmen. Vgl. auch Schimmelpfennig, Zölibat S. 40: „Dafür nahmen Propagandisten des Zwangszölibats wie Petrus Damiani in Kauf, daß sich Kleriker heimlich sexuellen Vergnügungen hingaben." – 28 Petri Damiani op. XVII, De caelibatu sacerdotum c. 379: „Nuper habens cum nonnullis episcopis maiestatis auctoritate colloquium, sanctis eorum femoribus volui seras apponere, tentavi genitalibus sacerdotum, ut ita loquor, continentiae fibulas adhibere." – 28a Wenn auch die wirtschaftlichen Tendenzen wichtig sind, die Werner, Zwischen Canossa S. 59 betont, dürfen doch die religiösen und klerikalen nicht unterschätzt werden. – 29 MG Const. I S. 547 Nr. 384 c. 3. – 30 MG Const. I S. 548 Nr. 385: „ad communem utilitatem Deo propitio canonice disposuimus inter caetera de Nicolaitarum haeresi, id est de coniugatis presbyteris, diaconibus et omnibus in clero constitutis." – 31 Ep. de vitanda missa uxoratorum sacerdotum, wo Gregors VII. Fastensynode v. 1078 zitiert wird, Ll 3, S. 2, c. 1; G. Fornasari, Celibato sacerdotale e „autocoscienza" ecclesiae, 1981, versucht, den Unterschied von Simonie und Nikolaitismus herauszuarbeiten, betont aber S. 55, daß Haeresie im 11. Jh. noch keine „definizione chiara ed univoca" gefunden habe. – 32 Meulenberg, Primat S. 26 u. 80. – 33 Lamperti mon. Hersfeld. Ann. ad a. 1074, MG SrG, S. 199; über

mit halben Maßnahmen durchzulavieren, steigern damit aber den Eifer des Papstes. Lampert von Hersfeld schildert eindrucksvoll die Empörung der Klerikerschaft. Der Mann (Gregor) sei geradezu ein Ketzer mit einem wahnsinnigen Dogma. Er vergesse das Wort der Schrift (Mt 19,11–12) und des Apostels (1 Kor 7,9): es ist besser freien als Brunst leiden. Wenn er fortfahre, an seinem Spruch festzuhalten, wollten sie lieber das Priestertum als die Ehe aufgeben. Dann werde er, dem Menschen verächtlich seien, zusehen, woher er Engel zur Leitung des Volkes in der Kirche Christi bekäme[33].

Der Widerstand des Klerus blieb noch lange hartnäckig. Siegfried von Mainz traf auf erbitterte Abwehr, Altmann von Passau wurde von den empörten Klerikern bedroht und geriet in Lebensgefahr[34]. Auch Propagandaschriften für die Klerikerehe und für Priestersöhne sind mehrfach überliefert[35].

So kann man wohl sagen, daß die Forderung des Klerikerzölibats im 11. Jh. ein Teil des kirchlichen „Reformprogramms" war, der freilich nicht neu war und ebensowenig durchgesetzt werden konnte wie früher. Um ihre Wirkungen wenigstens ungefähr zu bestimmen, muß man die Verhältnisse im 12. Jh. beobachten. Einerseits setzt sich der Widerstand gegen das Verbot fort. Bernhard von Abbeville, der Gründer des Ordens von Tiron († 1117), wäre beinahe gelyncht worden, als er die Enthaltsamkeit der Kleriker predigte, und nach dem Bericht des Ordericus Vitalis hatten schon Johannes von Avrenches, den Erzbischof von Rouen (1067–1075), die erzürnten Priesterkonkubinen steinigen wollen[36]. Aber im Verlauf des Jahrzehnte wurde die Ehe, wenigstens der höheren Kleriker, die vom Zweiten Laterankonzil für nichtig erklärt worden war, seltener. Die Unterschiede zwischen den einzelnen Ländern waren allerdings erheblich[37]. Als Abaelard in Paris wußte, daß seine Verbindung mit Heloïse seiner geistlichen Laufbahn ein Ende machte, waren in England verheiratete Kleriker noch üblich[38]. In welchem Umfang man sich durch monogames Konkubinat zu helfen suchte, läßt sich kaum berechnen. Der Witz des Giraldus Cambrensis, Gott habe den Bischöfen die Söhne genommen, aber der Teufel habe ihnen Nepoten gegeben, kommt in allerlei Variationen vor und trifft Ausnahmen, aber nicht die Regel[39]. Dagegen hat sich die rigorose Zölibatsforderung der zweiten Hälfte des 11. Jh.s beim Klerus im allgemeinen nicht durchsetzen lassen[40]. Ob sie entscheidende Veränderun-

Widerstand des Klerus von Cambrai und Noyon gegen das Zölibatsgebot, das Hugo von Die am 15. I. 1078 erneuert hatte, MG Ll III S. 573 ff.; ROBINSON, Pope Gregor VII and Episcopal Authority S. 111 u. 130. – **34** MEYER v. KNONAU, Jbb. II S. 559; HAUCK, Kirchengeschichte Deutschlands III S. 780 f.; Boshof, B. Altmann S. 322; zum Widerstand des Bischofs v. Konstanz Gregor VII., Epp. coll. Nr. 8 u. 9, JAFFÉ B II S. 528. – **35** Vgl. etwa MG Ll III S. 588 ff. tractatus pro cleri conubio; E. DÜMMLER, Eine Streitschrift f. d. Priesterehe, SBA, 1901, I; vgl. dazu aber die in folgender Anm. zitierte Abhandlung v. FLICHE. – **36** CH. N. L. BROOKE, Gregorian Reform in Action S. 11 Anm. 33; A. FLICHE, Les versions Normandes du rescrit d'Ulrich, RSrel 5 (1925) S. 15. – **37** Nach HÓMAN, Ungarisches MA I S. 315 f. forderte die Synode von Gran 1104 König Koloman auf, verheiratete Priester nur mit Einwilligung ihrer Ehefrauen zu Bischöfen zu erheben. – **38** CH. N. L. BROOKE, Gregorian Reform in Action S. 19. – **39** Giraldus Cambrensis, Gemma ecclesiastica II 27, ed. J. S. BREWER, opera II, 1862, S. 304. – **40** BÖHMER, Kirche u. Staat S. 287; SCHIMMELPFENNIG, Zölibat S. 19: „Und mehr noch als zur Zeit der Reformpäpste trat daraufhin eine Diskrepanz zwischen der immer strenger formulierten Rechtstheorie auf der einen und der kirchlichen Praxis auf der anderen Seite zu Tage"; S. 39: „Zölibatspolitik der Reformpäpste und ihrer Nachfolger wenigstens im Mittelalter großenteils gescheitert"; zur kanonistischen Theorie vgl. HINSCHIUS I 2, S. 154: „Durch die Gesetzgebung des 12. Jh.s waren die Frauen der geistlichen höheren Grade zwar zu Konkubinen im rechtlichen Sinn herabgedrückt worden, damit war aber weder die Zügellosigkeit der Kleriker noch die Sitte, öffentlich, freilich nach dem Kirchengesetz nichtig, Ehen einzugehen, beseitigt"; PROSDOCIMI, Chierici e laici S. 105–122; J. GAUDEMET, Gratien et le célibat ecclésiastique, StGrat XIII (1967) S. 341–369; DERS., Le célibat ecclésiastique. Le droit et la pra-

gen in der Moral des Klerus bewirkte, läßt sich kaum sicher bestimmen. Das leidenschaftlich geltend gemachte Postulat als solches vertiefte aber jedenfalls die alte Distanz zwischen Klerus und Laien, und es ist insofern gewiß an der Klerikalisierung der Kirche beteiligt. Und das ist wohl kirchenhistorisch die Hauptbedeutung dieses viele Menschen erregenden Programms.

Als zweites Ziel und bedeutende Leistung der „Kirchenreform" gilt im allgemeinen die Beseitigung oder *Einschränkung der Simonie,* die von den Zeitgenossen als Sünde und Häresie, von der neueren Geschichtsschreibung oft als schwere Korruptionserscheinung aufgefaßt wurde[41]. Der ursprüngliche und eigentliche Simoniebegriff umfaßt das Nehmen und Geben von Geld oder Geschenken allein für geistliche Gaben, insbesondere für die Spendung der Sakramente, der Taufe, der Firmung und des dazu vom Bischof gewährten Chrisma, der Buße, der letzten Ölung, der Beerdigung, besonders auch für die Konsekration von Priestern und Bischöfen, von Kirchen und Friedhöfen, für die Gewährung des Palliums, das den Inhaber zur Bischofsweihe bevollmächtigte, für Segnungen verschiedener Art[42]. Das alles war seit alters von Konzilien, Päpsten, Königen verboten worden, was in den kanonistischen Sammlungen oft wiederholt wurde. Exemplarisch ist die Verdammung dieser Simonie durch die Synode Papst Benedikts VII. im Beisein Ottos II. im Jahr 981[43]. Niemand hat die Simonie in dieser ihrer Grundbedeutung je verteidigt oder zu rechtfertigen versucht, alle stimmen darin überein, daß sie eine schwere Sünde sei[44]. Aber die Kirche war längst in das diesseitige, also auch in das wirtschaftliche Leben verflochten, was – mit oder ohne Simonie – stets ernste Gefahren für ihre geistliche Existenz mit sich brachte. Diesem Dilemma konnte die mittelalterliche Christenheit nie entkommen[45].

Irrig ist die Auffassung, nach der die Simonie vorzugsweise von der Stellung der Laien im kirchlichen Leben begünstigt gewesen sei. Als *Empfänger von Entgelten* für die erwähnten geistlichen Gaben kamen ja überhaupt nur Kleriker in Frage, da sie die einzigen waren, von denen diese aufgrund ihrer Weihe gewährt werden konnten. Ohne Kleriker gab es keine Simonie. Diejenigen, von denen Entgelte aufgebracht wurden, konnten dagegen sowohl Kleriker wie Laien sein, z. B. ein Erzbischof, der für die Gewährung des Palliums durch den Papst, ein Kleriker, der für die Priesterweihe zahlte, oder ein Laie, der ein Entgelt für die Beerdigung eines Angehörigen oder für eine der Segnungen gewährte.

Mehrfach ist betont worden, daß die Simonie um die Mitte des 11. Jh.s im Schwange gewesen sei. Als nach Petrus Damiani Leo IX. 1049 auf einer römischen Synode alle Ordinationen von Simonisten kassieren wollte, entstand nicht nur bei den Priestern selbst ein großer Tumult, sondern auch die meisten Bischöfe sagten, dann würden fast alle Kirchen des priesterlichen Dienstes beraubt und besonders die Meßfeiern zur Verrichtung der christlichen Religion und zur Verzweiflung aller Gläubigen ringsumher unterbunden[46].

tique du XIe au XIIIe siècles, ZSavRG Kan. 68, 1982, S. 1–33; wenn man unter Kirchenreform die Beseitigung von Nikolaitismus und Simonie verstehen will, kann keine Rede davon sein, daß sie in der 2. Hälfte des 11. Jh.s „durchgeführt" gewesen sei, wie Toubert, Structures S. 816 für die römischen Diözesen annimmt; dazu vgl. Hoffmann, Kirchenstaat S. 15. – 41 Dieser Abschnitt setzt die Kenntnis der wirtschaftlichen Existenz der Kirche im Mittelalter voraus. Vgl. o. Kap. III, S. 72 ff. – 42 Vgl. o. S. 77 u. S. 80 mit Anm. 47 u. 48. – 43 Die Kontinuität dieser Gesetzgebung betont Vicaire, Pastorale S. 108. Einen Kontinuitätsbruch bemerkt er S. 310; vgl. auch Wample Atto of Vercelli S. 175; BZ Nr. 585. – 44 Mirbt, Publizistik S. 367; auf eine Ausnahme machte aufmerksam S. Hellmann, Anecdota aus Cod. Cusanus C 14 nunc 37, NA 30 (1904) S. 17–33: fällt aus dem Rahmen der üblichen monotonen Polemiken und geht auf konkrete Verhältnisse ein, in denen unter Umständen Kauf zu billigen ist, wenn er in guter Absicht geschieht (bes. S. 25); dazu vgl. Hoffmann, Ivo S. 396 Anm. 14; Benson, Bishop Elect S. 205 Anm. 15. – 45 Grundsätzlich Gilchrist, Church and Economic Activity S. 6: „Thus, if the spirit of Christianity urged all men to despite wealth, common sense and canon law compelled the clergy to retain and protect the property of the Church. This then was the dilemma of the Church in the Middle Ages". – 46 Liber gratissimus c. 37, MG Ll I S. 70. – 47 Ebd. c. 38

Von Heinrich III. sagt Damiani, nächst Gott habe er die Christen dem unersättlichen Maul des Drachens der Simonie entrissen, indem er diesem alle Köpfe abgehauen habe[47]. Humbert von Silva Candida behauptet entsprechend, von den Ottonen bis auf Kaiser Heinrich, Konrads Sohn, habe die Simonie gewütet. Dieser habe ein so großes Sakrileg von sich und den kirchlichen Personen seines Reiches etwas (aliquantulum) beseitigt, obwohl viel davon noch bestehe und noch ganz zu beseitigen sei[48]. Nach Petrus Damiani ist Gott selbst durch den Heiligen Geist dem simonistischen Treiben entgegengetreten[49], und nach dem viel späteren Andreas von Strumi schrieb auch Johannes Gualberti an Bischof Herman von Volterra (1064–77?), Gott sei es, der die simonistische Ketzerei in seinem Erbarmen entfernt und zerstört habe[50].

Nun hat man auch schon vor den Zeiten Heinrichs III., Leos IX., Damianis und Humberts die Simonie erregt verurteilt, und es ist kein Zweifel, daß sie vorkam, wie überall Korruption droht, wo in kultische und religiöse Institutionen wirtschaftliche Interessen hineinspielen. Ob sie vor der Mitte des 11. Jh.s wesentlich zugenommen hatte, ist trotz aller gegenteiliger Behauptungen nicht feststellbar[51]. Doch ist die Erregung über diese Erscheinung wohl heftiger geworden. Außerdem spricht vieles dafür, daß sich damals der Begriff der Simonie erweitert hat.

Kirchen gehörten, wie bereits ausgeführt, zu den wichtigsten Vermögensstücken, und geistliche wie weltliche Eigentümer zogen Nutzen daraus durch gewisse Abgaben des Klerus wie durch Anteil an den Zehnten und Oblationen. Bei *Einsetzung neuer Geistlicher* scheinen diese dem Herren eine Art Handänderungsgebühr bezahlt zu haben[52]. Dabei ist es gewiß zu Auswüchsen, zu Überforderungen gekommen. Von Kauf und Verkauf der Kirchen zu sprechen, ist wohl in den meisten Fällen übertrieben und eine unzulässige Verallgemeinerung. Und da der Geistliche die Weihen vom Diözesanbischof empfangen und von ihm ordiniert werden mußte, geht es bei der Einsetzung ursprünglich nicht um verbotene geistliche Gaben, sondern um Gebäude und Vermögen der Kirche, die vom Eigenkirchenherrn, dem eigenen oder einem fremden Bischof, einem Kloster oder einer Kollegiatkirche oder einem Laienherren übertragen wurden. Äbte mußten von einem Bischof, entweder dem Diözesanbischof oder, beim Vorliegen spezieller Privilegien, von einem Bischof eigener Wahl geweiht werden. Die Besitzübertragung war Sache des geistlichen oder weltlichen Eigenklosterherrn. Bischöfe wurden vom Erzbischof und den Provinzialbischöfen geweiht, das Bistum übertrug ihnen in der Zeit des theokratischen Herrschertums ein König oder Fürst. Der neue Abt oder Bischof pflegte dabei, den Sitten der Zeit gemäß, dem Eigenklosterherrn oder Fürsten Geschenke zu bringen, die üblicherweise mit Privilegien und noch reicheren Geschenken erwidert wurden. In einigen Ländern, besonders in Süd- und Westfrankreich, kamen regelrechte Handelsgeschäfte mit Bistümern vor[53].

Da faktisch allerdings bei der Übertragung einer Kirche die Einsetzung durch den Eigenkirchenherrn, bei der Bestellung eines Abtes die Auswahl oder Zustimmung eines Eigenklosterherrn, bei der Besetzung eines Bistums die fürstliche Investitur ausschlaggebender war als die nachfolgenden rein kirchlichen Akte, verwischten sich die Grenzen zwischen Ordination und Weihe einerseits, der Einsetzung oder Investitur andererseits. Schon diese galten als simonistisch, wenn dabei Geld oder Geschenke gegeben und genommen wurden. Allmählich hat also *der ursprüngliche Simoniebegriff eine Erweiterung* erfahren.

S. 71 – 48 Adv. Simoniacos III c. 7, MG Ll I S. 206. – 49 Opusculum V, MPL 145 c. 95. – 50 Vita s. Johannis Gualberti c. 67, MG SS XXX 2, S. 1093. – 51 P. PALAZZINI, Influssi Damianei ed Umbertini nell' azione e legislazione dei papi pregregoriani contro la simonia da papa Clemente II a Nicolo II, Atti del II° convegno del Centro di Studi Avellaniti, Fonte Avellana 1978, S. 7 sagt zwar richtig: „non é un problema nuovo nè esclusivo del secolo XI°, essendo una delle ombre recorrenti nella storia della Chiesa." Doch fährt er fort: „Ma nei secoli X° e XI° raggiunse proporzioni veramenta preoccupanti." Wie wollen er und die vielen, die ähnliches äußern, solche Behauptungen beweisen? – 52 Vgl. o. S. 77. – 53 Doch ist vor negativen Verallgemeinerungen zu warnen. Dazu S. 78. – 54 Vgl. TELLENBACH, Gregorianische Reform S. 162 mit Anm. 14. – 55 Abbonis Floriacensis abbatis

Es gibt in den Quellen einige Hinweise darauf, daß man sich der Gefahr einer simonistischen Interpretation längst bewußt war. Als Benedikt VIII. 1017 der geplanten – übrigens dann gescheiterten – Gründung eines Bistums in Besalù zustimmte, setzte er fest, daß jeder neue Bischof vom Papst zu weihen sei und ihm nach der Konsekration ein Pfund Goldes zu überreichen habe. Der päpstliche Notar weiß aber genau, was damals Simonie bedeutete und formulierte behutsam „non pro consecratione, sed pro debita oboedientia"[54]. Man weiß sich also zu helfen, um Gaben nicht mit der Weihe zusammenzubringen, was anerkanntermaßen Simonie alten Stils ist.

Schon bei Abbo von Fleury ist die höchst folgenreiche Kontroverse in aller Deutlichkeit ausgesprochen: Fast nichts gebe es an der Kirche, die doch Gott allein gehört, was nicht für einen Preis vergeben wird, Bistümer, Priester- und Diakonentum und die übrigen niederen Grade, der Archidiakonat, die Dekanie, die Propstei, die Thesaurarie, die Taufe, das Begräbnis und derartiges. „Und diese Händler pflegen in listiger Antwort zu konstruieren, sie kauften nicht die Benediktion, die man durch die Gnade des Heiligen Geistes empfange, sondern bloß die res Ecclesiarum, oder den Besitz des Bischofs, obwohl es evident sei, daß in der katholischen Kirche eines das andere nicht entbehren könne. Oder gibt es einen Gebrauch des Feuers ohne das Brennmaterial?"[55] Hier findet sich also schon alles, was Humbert von Silva Candida in gleicher Tendenz in seiner Privilegientheorie vorträgt. Entsprechend hatte sich mit aller Entschiedenheit der Mönch Wido in einem Brief an Erzbischof Aribert von Mailand von etwa 1031 ausgesprochen. Gar nichts wisse einer, der einwende, nicht die Weihen, sondern die Sachen, die aus der Weihe hervorgingen, würden verkauft. Mit keiner konkreten Kirche (corporalis ecclesia) könne man etwas anfangen ohne die konkreten und äußeren Dinge, wie die Seele nicht ohne den Körper in der Zeit existiere[56]. Ähnlich äußerte sich Petrus Damiani über die Interpretation derer, die behaupteten, es sei nicht simonistisch, Bistümer durch Kauf zu erwerben, wenn man nur die Weihe gratis empfange. Wer immer, erwidert Damiani, eine Kirche für einen Preis kauft, erwirbt gewiß zugleich auch die Konsekration, zu der er durch die Übernahme der Kirche gelangt[57].

Beide Seiten, die Verfechter der Unterscheidung des auf Konsekration beruhenden spirituellen Charakters einer Kirche und ihres Vermögens, wie diejenigen, die ihre Zusammengehörigkeit wie Seele und Körper behaupteten, arbeiteten mit ziemlich subtilen Argumentationen, von denen das Urchristentum natürlich nichts geahnt hatte.

Das Problem des *Verhältnisses von Temporalien und Spiritualien*, das also schon früh hie und da bewußt wurde und gegen Tadel und Angriffe zur Verteidigung des altgewohnten kirchlichen Stellenbesetzungsrechtes und damit verbundener Geschenke und Abgaben ausgespielt wurde, ist wohl in breiteren Kreisen zuerst in der Regel nicht verstanden worden. So räumt Damiani in seiner Vita Romualdi ein, daß über das ganze Reich hin bis zu Romualds Zeiten kaum jemand gewußt habe, daß die simoniaca haeresis eine Sünde sei[58]. Ähnlich heißt es im Liber gratissimus, was bei fast allen übereinstimmte, würde für eine Regel gehalten, gleichsam für etwas, was mit gesetzlicher Sanktion dekretiert sei[59]. Und sogar Humbert stellt erbittert fest, dieser größte Frevel, nämlich die Simonie, sei so alt geworden, daß er allein für kanonisch gelte, und nicht, was als kirchliche Regel gekannt und beachtet werde[60]. Doch sollte es wirklich je unbekannt gewesen sein, daß das Geben und Nehmen von Geld für Empfang eines Sakraments, etwa der Priesterweihe, eine Sünde sei? Aber so einfach waren in der Wirklichkeit die Verhältnisse selten. Man war an althergebrachte Gefälligkeiten bei geistlichen Diensten gewohnt, an Entgelte bei der Gewährung von kirchlichen Ämtern durch Bischöfe, Äbte oder Laien, bei der Investitur von Bischöfen

Apologeticus, MPL 139 c. 466; dazu vgl. H. HOFFMANN, Ivo S. 395. – 56 MG Ll 1 S. 6. – 57 Epp. I 13, MPL 144 c. 218 ff. – 58 Ed. G. TABACCO, Fonti per la storia d'Italia 94, 1957, S. 75 f.: „Per totam namque monarchiam usque ad Romualdi tempora, vulgata consuetudine, vix quisquam noverat Simoniacam heresim esse peccatum." – 59 c. 27, Ll 1, S. 56. – 60 Adv. Simoniacos III 11 S. 211. – 61 E. HIRSCH, Der Simoniebegriff u. eine

und Äbten durch Könige, Fürsten oder geistliche Eigenklosterherren. Es bedurfte erst der Ausarbeitung des Simoniebegriffs, wobei dieser im Lauf der Zeit entscheidende Fixierungen und Erweiterungen erfuhr[61]. Die Geschichte des Simoniebegriffs und seiner praktischen Anwendung muß noch genauer verfolgt werden[62]. Zu welchen grotesken Erweiterungen es kommen konnte, zeigt sich beispielhaft, wenn im 12. Jh. Zahlungen bei dem Eintritt eines Angehörigen in ein Kloster als simonistisch bezeichnet wurden[63].

In den erregten Polemiken des 11. Jh.s wurde *Simonie* zum *Hauptverbrechen des jeweiligen Feindes,* wobei bedenkenlos ignoriert wurde, was der „Simonist" wirklich bezahlt oder empfangen hatte. Es wurden ausnahmsweise sehr hohe Summen genannt, die aber zu rund sind, um glaubwürdig zu sein. Wiederum Petrus Damiani war es, der Papst Benedikt X., der als Kardinal zum Kern der Reformgruppe gehört hatte, als Simonisten denunzierte. Und warum? „Weil er, trotzdem wir alle Kardinalbischöfe der Urbs widersprachen, widerstrebten und schrecklich verfluchten, zu nächtlicher Zeit mit Scharen von Bewaffneten, die überall lärmten und raubten, inthronisiert wurde." War es also 1058, vor dem Papstwahldekret, schon „Simonie", wenn man gegen den Willen der meisten Kardinalbischöfe, die sich neuerdings für den entscheidenden Faktor an der Kurie hielten, gewählt wurde? Oder erst die Dazwischenkunft von Geld? „Dann nahm er zur verderblichen Waffe der Geldstücke seine Zuflucht; Geld wurde durch Quartiere, Gänge und Gassen unter die Bevölkerung verteilt; man rannte durch die Gewölbe des heiligen Petrus (arca S. Petri venerabilis), und so hörte man in der Stadt, die gleichsam zur Werkstatt des übelwirkenden Simon gemacht war, kaum etwas anderes als sozusagen das Dröhnen der Hämmer und Ambosse."[64] Seitdem werfen sich Päpste und Gegenpäpste gegenseitig Simonie vor, Alexander II. und Honorius II.-Cadalus, Gregor VII. und Clemens III.-Wibert usw., wobei man wohl glauben mag, daß jeder von ihnen unter seine Anhänger Geld verteilte, was ja schon bei Einzügen von Päpsten, Königen und hohen Gästen längst zum konventionellen Zeremoniell gehörte, wobei es auch später geblieben ist. Man war sich nicht sicher darüber, was den Tatbestand der Simonie erfüllte. Wir prüften diese Frage schon im Fall Gregors VI.[65] Mit Recht wurde gefragt, ob den Bischöfen bei Leos IX. Synode von Reims 1049 ganz klar gewesen sei, was man als Simonie zu betrachten habe[66]. Simonistisch wird etwa genannt, wenn der Bischof von Chiusi das Cathedraticum zweimal im Jahr forderte statt nur einmal[67]; und bei der Wahl Rudolfs von Rheinfelden in Forchheim 1077 wies der päpstliche Legat die Fürsten zurück, die ihre Zustimmung von Bedingungen abhängig machten. Eine solche Wahl sei nicht rein, sondern mit dem Gift simonistischer Ketzerei befleckt[68].

In zeitgenössischen und späteren historischen Darstellungen wurde den Gegnern der eigenen Richtung skrupellos ohne Rücksicht auf die Tatsachen Simonie angelastet, was

angebliche Erweiterung desselben im 11. Jh., AkathKR 86 (1906) S. 8 meint trotz richtiger Beobachtungen, der Simoniebegriff sei im 11. Jh. wesentlich konstant und in Übereinstimmung mit der bisherigen Entwicklung. – 62 Aufschlußreich Gilchrist, „Simoniaca Haeresis" S. 209–235; dort wird S. 211 mit Recht bemerkt: „few canonists and certainly none of the principal legislators, the popes, expounded in detail their ideas on simony." – 63 J. H. Lynch, Simoniacal Entry into Religious Life from 1000–1260, 1976, S. 68; auch Schreiber, Kurie u. Kloster II S. 17: Schenkung, Tausch, Kauf von Eigenkirchen galten der Kurie erst später als simonistisch, S. 50: Wiederkaufsumme simonistisch. – 64 Petrus Damiani, Epp. III 4, MPL 144 c. 291 f. – 65 Vgl. o. S. 120 f.; dazu Gilchrist, „Simoniaca Haeresis" S. 214: „In the eleventh century the term Simoniaca had no exact theological or canonical meaning"; R. Schieffer, Heinrich III. S. 106 spricht von „dem damals wohlfeilen Vorwurf der Simonie". – 66 Capitani, Immunità vescovili S. 167. – 67 Alexander II JL 4657, Italia Pontificia III S. 233 Nr. 30, MPL 146 c. 1347 Nr. 63; dazu Schmidt, Alexander II. S. 202. – 68 Brunos Buch v. Sachsenkrieg c. 91, ed. H. E. Lohmann, MG DT. MA 2, 1937, S. 85; wenn W. Schlesinger, Die Wahl Rudolfs v. Schwaben z. Gegenkönig in Forchheim, VuF 17, 1973, S. 85, meint, der Legat habe die Königswürde als geistliches Amt hingestellt, nimmt er den Simoniebegriff ernster als es verdient; vgl. auch Jakobs, Rudolf v. Rheinfelden S. 88 f. Anm. 10. – 69 O. Hageneder, D. Haeresie d. Ungehorsams

umso gefährlicher war, als sie als Ketzerei, als Abfall vom Glauben galt[69]. Ein besonders krasses Beispiel dafür, wie hemmungslos parteiisch man urteilte, bietet die Geschichte der beiden Legaten Kardinalbischof Petrus Igneus von Albano und Bischof Udalrich von Padua, die Gregor VII. auf der Februarsynode von 1079 an König Heinrich und die Sachsen schickte. In dieser Zeit war das Verhältnis des Papstes zu Rudolf von Rheinfelden und den Sachsen gespannt, da er noch seine abwartende Haltung zwischen den Prätendenten beibehielt. Deshalb waren die Sachsen mit ihm und auch mit seinen Legaten bitter unzufrieden. Bruno warf ihm vor, sie seien oft zu beiden Parteien gekommen und hätten bald uns, bald unseren Feinden den apostolischen Segen versprochen und hätten von beiden Teilen so viel Geld wie sie more Romano erlangen konnten, davon getragen[70]. Auch in anderen Schriften wurde ihnen vorgeworfen, sie seien bestochen gewesen[71]. Höchstwahrscheinlich haben sie aber, wie üblich, bei ihren Besuchen Geschenke erhalten, der eine nicht mehr, aber auch nicht weniger als der andere. Als sie reich beschenkt die Rückreise angetreten hatten, soll der Bischof von Padua allein nach Rom vorangereist und dort einen für Heinrich IV. günstigen Bericht erstattet haben. Er wurde aber angeblich von einem Mönch der rudolfischen Partei der Lüge überführt, vom Papst seiner Würde entkleidet und soll zerknirscht nach Hause zurückgekehrt sein[72]. Inzwischen soll auch Kardinal Petrus in Rom eingetroffen und den Papst über die Legation unterrichtet haben. Daß auch er Geschenke erhalten habe, wird natürlich nicht erwähnt. Er, der in seiner Jugend die legendäre Feuerprobe gegen den Bischof Petrus Mezzabarba von Florenz bestanden hatte[73], konnte höchstens von den Sachsen, die ihn wenig kannten, nicht aber in Rom der Bestechlichkeit gezieht werden. Alle verzerrende Gehässigkeit richtet sich gegen Udalrich von Padua allein. Das lehrt schon der Bericht über seine Ermordung. Er soll im Auftrag des Königs sich wieder auf den Weg nach Rom gemacht haben, was undenkbar wäre, wenn er wirklich mit Schimpf und Schande vom Papst aus dem Amt gejagt worden wäre. Wieder ist von Geld die Rede, das er in ungeheurer Menge mit nach Rom genommen habe. Er, der durch Geschenke nicht wenig bestochen gewesen sei, soll nun andere haben bestechen wollen. Aber einer seiner Begleiter erstach ihn unterwegs mit einer Lanze[74]. Wieder der Fall eines Gottesurteils im Interesse einer Partei, wieder eine skrupellos parteiische Darstellung, die sich des Simonievorwurfs bedient.

Spätere Geschichtsschreiber waren gleichfalls leicht bereit, Gegner der Päpste und der Kurie der Simonie zu zeihen. Zu ihnen gehört Guibert von Nogent, der die Schäden in Rom vor 1046 übertreibt und den Erzbischof Manasse von Reims, der nach langjährigen kirchenpolitischen Konflikten von Gregor VII. abgesetzt wurde, einen Simonisten nennt, wovon die zeitgenössischen Quellen nichts wissen. In Wirklichkeit verteidigte Manasse

---

und das Entstehen des hierokratischen Papsttums, Röm. hist. Mitt. 20, 1978, S. 33; ZIMMERMANN, Papstabsetzungen S. 174: „Die Berechtigung der Simonieanklage ist in den meisten Fällen kaum eindeutig festzustellen, um so mehr aber ihre Gefährlichkeit." Man sollte alle Nachrichten über Simonie deshalb mit Skepsis zur Kenntnis nehmen, bes. wenn bestimmte oder gar runde Summen genannt werden. – 70 Brunos Buch v. Sachsenkrieg c. 116 S. 109. – 71 Hugo v. Flavigny, Chronicon l. II, MG SS VIII S. 451 für beide Legaten: „corrupti muneribus a sententia et proposito gravitatis apostolicae deviaverunt." J. VOGEL, Gregor VII. u. Heinrich IV. S. 142 ff. behandelt diese Legation; S. 169 bemerkt er, daß auch Berthold von Reichenau das Silber der Gesandten verzerrte. – 72 Bertholdi Ann. ad a. 1079 MG SS V S. 322. – 73 TELLENBACH, Gregorianische Reform S. 104 mit Anm. 25; GOEZ, Toscana S. 233 schenkt m. E. den Pamphleten der Gegner d. Bischofs zu viel Glauben. – 74 Bertholdi Ann. ad a. 1080 MG SS V S. 326: „ad infernum corruptissimus quam repente Dei iudicio praecipitatus ..."; worum es sich bei diesen Auseinandersetzungen handelte, wird u. S. 195 Anm. 68 a erörtert; die These von BORINO, Odelrico S. 63 ff. vom König als Betrüger und Gregor VII. als Betrogenem ist abwegig. Trotzdem die gehässigen Urteile über den Bischof von Padua eindeutig parteiisch und nicht beweisbar sind, bleibt doch, wie so oft, bei der neueren Geschichtsforschung etwas hängen. Vgl. MEYER v. KNONAU, Jbb. III S. 243, MORRISON, Canossa S. 123. – 75 De vita sua sive monodia I 11, MPL 156 c. 855, E. LABANDE, CHF 34, 1981, S. 64; CAPITANI, Figura del vescovo S. 184;

seine Rechte als Metropolit gegen vermeintliche Übergriffe des Papstes und seines Legaten Hugo von Die[75]. Von Guibert ist auch die boshafte Anekdote überliefert, nach der Manasse gesagt habe, das Erzbistum sei ganz gut, wenn man nicht um seinetwillen die Messe singen müsse[76]. In der altenglischen Kirche schienen die sittlichen Verhältnisse besonders günstig gewesen zu sein[77]. Aber spätere normannische Chronisten schrieben den vorhergehenden Bischöfen trotzdem Simonie zu. So denunzierte William von Malmesbury alle möglichen Leute als Simonisten, wie Bischof Herbert von Norwich und vor allem Erzbischof Stigand von Canterbury, der sich als Repräsentant der angelsächsischen Partei nach der Eroberung nicht halten konnte, obwohl seine kirchliche Amtsführung keinen Anstoß erregt hatte[78]. Selbst sein Nachfolger Lanfranc wurde von Eadmer als Simonist verdächtigt[79].

Um die Mitte des 11. Jh.s beginnen sich in neuer Weise Bedenken gegen seit Jhh. herrschende kirchliche Ordnungen zu regen. Dabei handelt es sich nicht um wirkliche oder vermeintliche Entartungen wie bei der Vernachlässigung der Zölibatsgesetze oder um Simonie im eigentlichen Sinn, was alles längst getadelt und bekämpft worden war, sondern um *Rechte und Funktionen von Laien,* die teils aus der Idee von der Theokratie des Königs von Gottes Gnaden, teils aus dem Eigenkirchenrecht von Laien stammten[79a].

Daß in der Kirche der Klerus führte, die Laien die Geführten sind, galt unbestritten für die innersten Bereiche des kirchlichen Lebens, die Spendung und den Empfang der Sakramente. Das Bewußtsein, daß Kirchen allein Eigentum Gottes und nicht irdischer Personen seien, wurde offenbar hie und da, wenn auch nur vereinzelt, wach, ohne daß irgendwo praktische und rechtliche Folgerungen daraus gezogen worden wären. Man hat auch im 10. und frühen 11. Jh. gelegentlich widersprochen, wenn man meinte, der König überschreite seine Kompetenzen. So kommt es vor, daß Atto von Vercelli und Rather von Verona an der Besetzung von Bistümern und Abteien durch den König Anstoß nehmen, daß Thietmar von Merseburg die Absetzung Papst Benedikts V. durch Otto I. mißbilligte oder Wipo das Vorgehen Konrads II. gegen die Erzbischöfe von Mailand und Lyon. Und

WILLIAMS, Manasses of Reims S. 804–824; ROBINSON, Pope Gregory VII and Episcopal Authority S. 126. – 76 De vita sua l. I c. 10, MPL 156 c. 855: Bonus ait, esset Remensis archiepiscopatus, si non missas inde cantari oporteret. E. LABANDE, S. 64. – 77 DICKINSON, Later Middle Ages S. 56; DARLINGTON, Ecclesiastical Reform S. 400 ff. – 78 CANTOR, Church, Kingship S. 33 f.; DEANESLY, Sidelights S. 108; BARLOW, English Church 1000–1066 S. 80 u. 112; DARLINGTON, Ecclesiastical Reform S. 420 mit Anm. 2; zu Stigands Pluralismus vgl. Goez, Papa qui et episcopus S. 53 ff.; Pluralismus kam aber auch sonst in England häufiger vor. – 79 CANTOR, Church, Kingship S. 46 f.; Donizo, vita Mathildis I 16, MG SS XII S. 373 bezeichnete sogar Bonifacius von Canossa als Simonisten; GRÉGOIRE, Pomposa S. 8 f.; den jeweiligen Widersachern Bestechlichkeit vorzuwerfen, war in der Zeit der „Kirchenreform" nicht neu. Vgl. o. S. 80 mit Anm. 50 und 51. – 79a LAUDAGE, Priesterbild will in seinem kenntnis- und gedankenreichen Buch das Aufkommen dieser Bedenken mit einer priesterlichen Erneuerungsbewegung (S. 121), einem neuen Priesterideal (S. 130, 269), einem zukunftsweisenden Priesterbild (bei Burchard von Worms), einer Neubesinnung auf das priesterliche Amt, einer neuen Auffassung vom Priestertum (S. 211, 269, 283), einer Rückbesinnung auf das Wesen des priesterlichen Amtes (S. 317), ja sogar auf die heilsvermittelnde Funktion der Sakramente (S. 81), einer starken Aufwertung der priesterlichen Aufgabe der Sakramentsvermittlung (S. 114) erklären. Überrascht fragt man sich, ob das Priestertum nicht längst so tief begründet und unproblematisch ist, daß man an Neuerungen, Veränderungen, kaum zu denken wagte. Ändern sollten sich doch Moral und Lebensweise der Amtsträger als Menschen sowie das Verhältnis der Welt zu dem hohen Amt. – 80 TELLENBACH, Libertas S. 115, 126 f., 124 f. –

man kann zweifeln, ob die vielbeachtete Kritik des Bischofs Wazo von Lüttich gegen Heinrichs III. Papstpolitik oder die Form der Absetzung Widgers von Ravenna, die Opposition des anonymen Auctor Gallicus gegen die Absetzung Gregors VI. nicht die ältere Reihe seltener Äußerungen von Bedenken fortsetzen[80]. Auffällig sind jedoch bei ihnen die Einwände gegen den sakralen Charakter des Königs oder gar die Betonung seines bloßen Laientums, bei Wazo sein Freimut, bei dem Auctor Gallicus seine Gehässigkeit. (Imperator iste Deo odibilis.)[81]

Ob diese beiden Autoren Kenntnis voneinander hatten, ob sie in ihrer Zeit Gesinnungsgenossen hatten oder isolierte Ausnahmen darstellten, ist schwerlich nachzuweisen. Unwahrscheinlich dürfte es sein, daß sie auf die etwa im Jahrzehnt danach in Rom hervortretenden Äußerungen und Maßnahmen einen Einfluß ausübten.

Im eigenkirchenrechtlichen System waren bisher die *Rechte und Pflichten von Klerikern und Laien* nicht wesenhaft verschieden gewesen. Es geht auch noch auf lange hinaus nicht etwa um die Bekämpfung des Eigenkirchenrechts überhaupt. Über die zahllosen Klöster und Kirchen im Eigentum von Kirchen wird immer noch nichts Neues bestimmt. Und sogar Kircheneigentum von Laien wird noch nicht prinzipiell in Frage gestellt[82]. Aber von Laien solle kein Kleriker mehr eine Kirche annehmen, weder gegen Entgelt noch gratis. Das Recht eines Laien, einem Kleriker eine Kirche zu übertragen, wird also entschieden bestritten, auch wenn er gemäß der alten Eigenkirchengesetzgebung die Rechte des Bischofs respektiert, auch wenn Geld oder Geschenke nicht gegeben oder genommen werden, also keine Simonie vorliegt. Das besagt in lapidarer Form der Kanon 6 der Aprilsynode Nikolaus II. von 1059: „daß durch Laien in keiner Weise irgendein Kleriker oder Priester eine Kirche erhalten soll, weder umsonst noch gegen Entgelt."[83] In seiner ganz allgemeinen Formulierung betrifft das Verbot alle Kirchen von der Bischofskirche bis zur ländlichen Kapelle. Im dritten Buch der *Schrift des Kardinals Humbert gegen die Simonisten,* das wohl schon kurz zuvor abgeschlossen war, wird dieses Prinzip ausdrücklich auf die Vergabe von Bistümern durch Könige und Fürsten angewandt. Einmal geht daraus hervor, daß die Fürsten dort als bloße Laien angesehen werden, denen jeglicher „quasigeistliche" Charakter abgesprochen wird, und daß zum anderen die unscheidbare Einheit der unsichtbaren Gnade des Heiligen Geistes (invisibilem Spiritus Sancti gratiam) und der sichtbaren Erscheinung der Kirchen (visibiles ecclesiarum res) mit Entschiedenheit und Eifer angenommen wird. Wenn also ein Fürst ein Bistum verleiht, gibt er angeblich das Ganze, das Kirchengut, die Konsekration, das bischöfliche Amt, die Seelsorge (consecrationem, episcopalem auctoritatem, animarum procurationem)[84]. Bei diesem herrschenden Verfahren geschieht also alles in verkehrter Reihenfolge; die Ersten sind die Letzten, die Letzten die Ersten. Zum Metropoliten geht der vom König Erhobene, nicht als einer, der sich von ihm noch prüfen und

---

81 Ebd. S. 73 Anm. 29 u. S. 107 Anm. 26; MG Ll 1 S. 8 ff.; neue Ausgabe von H. H. ANTON; vgl. jüngst SZABÓ-BECHSTEIN, Libertas Ecclesiae S. 125 ff. – 82 BOYD, Tithes S. 115: „whatever the reasons may be, the Lateran Synods until 1078 showed a certain reserve on the Subiect of the lower churchs and their revenues." – 83 MG Const. I S. 547 Nr. 384 c. 6; Humbert, Adv. Simoniacos III c. 9 S. 208: „Nam sicut clerici a laicis etiam intra parietes basilicarum locis et officiis, sic et extra separari et cognosci debent negotiis." – 84 Ebd. c. 1 S. 199; über derartige Auffassungen längst vor Humbert vgl. o. S. 142. – 85 Humbert, Adv. Simoniacos III c. 6 S. 205. – 86 R. SCHIEFFER, Entstehung S. 42 ff.;

beurteilen läßt, sondern um ihn zu beurteilen. Er fordert und erzwingt nur noch einen Dienst, der dem Metropoliten im Gebet und in der Weihe übriggeblieben ist[85].

Man hat bisher der Schrift des berühmten Kardinals und der Synodica Nikolaus' II. eine mehr oder weniger epochale Bedeutung beigemessen und oft in ihnen sogar das erste Verbot der „Laieninvestitur" verkündet gesehen. Dagegen hat sich Rudolf Schieffer in einem gelehrten und scharfsinnigen Buch gewandt[86]. Er meldet Zweifel sogar an einem Zusammenhang der beiden kritischen Stimmen aus den Jahren 1057–1059 mit den wirklich unbezweifelbaren Investiturverboten aus der Zeit Gregors VII. an. Am überzeugendsten scheint Schieffers These, daß die Investiturfrage in der Spannung zwischen den Päpsten und den Königen überhaupt nicht eine derartig hervorragende Bedeutung hatte, wie man sie ihr oft beilegte, daß sie insbesondere beim Bruch zwischen Gregor VII. und Heinrich IV. im Jahre 1076 nicht so entscheidend war, wie man geglaubt hatte[87]. Seine Kritik an Ergebnissen der älteren Forschung führt zu der Einsicht, daß man sich wohl in Einzelfragen öfter mit Vermutungen oder gar mit einem non liquet abfinden muß, denn seine eigenen, meist vorsichtigen Lösungsvorschläge sind doch auch vielfach – obzwar immer bedenkenswerte – Hypothesen mehr als schlüssige Ergebnisse.

Das Problem der Entstehung des Verbots der Laieninvestitur gehört in den größeren Zusammenhang einer langsam sich verändernden Auffassung von der *Stellung des Laien in der Kirche*. Wenn man fragt, wie es zu grundsätzlichen Zweifeln am Recht der Laien bei der Besetzung von Bistümern, Kirchen und kirchlichen Ämtern sowie von Klöstern gekommen ist, muß man auf die Zeit Humberts und Nikolaus' II. zurückgreifen.

Schon gegenüber Angriffen auf herkömmliche oder simonieverdächtige Leistungen bei Vergabe von Kirchen hatte man, wie dargelegt, seit dem 10. Jh. die Auffassung – oder Ausrede – entwickelt, Geld und Gefälligkeiten beträfen nicht die Kirchen und ihre heiligen Funktionen, sondern nur das Kirchengut. Schon früh zeigt sich also die theoretische Unterscheidung von Spiritualien und Temporalien[88]. Was zur Entschuldigung der als simonistisch angeprangerten Geschäfte behauptet wurde, muß also vor Humbert auch schon zur Verteidigung der Vergebung von Kirchen und kirchlichen Ämtern durch Laien überhaupt vorgebracht worden sein. Eine Diskussion darüber ist aus seinen Äußerungen zu erschließen. Denn der Kardinal weist solche Thesen bereits scharf zurück[89]. Danach sind also frühe Bedenken gegen Kirchenvergabung durch Laien zu vermuten.

Die seit Leo IX. nachdrücklichere Forderung *freier Bischofswahlen* durch Klerus und Volk der Bischofsstadt, das dringliche Vorbringen der alten Formel, daß gegen ihren Willen kein Bischof eingesetzt werden solle, bedeuten in der Tendenz logischerweise bereits eine Einschränkung – wenn noch nicht prinzipielle Ablehnung – der Ernennung von Bischöfen und Äbten nach der Willkür der dazu Berechtigten. Sie begrenzen bei Bistümern ausschließlich „Laien", nämlich die be-

dazu vgl. bes. die Besprechung von F. KEMPF, AHP 20 (1982) S. 409 ff., die an einem Investiturverbot von 1075 festhält (S. 412 f.); noch entschiedener AHP 21 (1983) S. 162. – 87 R. SCHIEFFER, Entstehung S. 153 ff.; während mir die Neueinschätzung der Investiturfrage einleuchtet, erkläre ich Ursachen und Bedeutung der Veränderung in der Kirche und in der christlichen Welt anders. Vgl. bes. u. VIII 3a und b. – 88 Vgl. o. S. 141. – 89 Vgl. o. S. 142. – 90 MEYER V. KNONAU, Jbb. I, S. 352 ff. – 91 MEYER V. KNONAU, Jbb.

rechtigten Könige und königgleichen Fürsten, bei Abteien die Eigenklosterherren, Könige, Bischöfe, Äbte, Grafen, also nicht nur Laien. Zuweilen kommt es vor, daß ein König den in der Bischofsstadt Erwählten nicht akzeptiert und statt seiner einen von ihm bestimmten Bischof zusendet. Meist kommt es zu Verhandlungen und Erfüllung des königlichen Wunsches. Danach kann die Weihe ohne weiteres stattfinden. Sogar noch unter der Regentschaft Annos von Köln finden wir solche Entscheidungen, etwa bei der Bestimmung Werners, des Bruders des Regenten, anstelle des von den Magdeburgern gewählten Siegfried (1063)[90]. Ohne große Schwierigkeiten gelang es Heinrich IV. später, den von den Augsburgern gewählten Wigold beiseitezuschieben, und die Augsburger nahmen seinen Kandidaten an. Von Wigold wüßte man wohl nichts, wenn er nicht später vom Gegenkönig investiert und von dem ihm anhängenden Erzbischof Siegfried von Mainz im Exil vorher geweiht worden wäre, ohne sich in Augsburg durchsetzen zu können[91].

Konflikte um Bischofswahlen scheinen nach dem Tod Heinrichs III. heftiger zu werden. Wieder war es Anno von Köln, der 1066 als Regent, ohne Berücksichtigung der Wünsche von Klerus und Volk, am Königshof seinen Neffen Konrad zum Erzbischof von Trier erheben und sogleich weihen ließ. Dieses Mal war aber die Empörung der in ihrem Wahlrecht und ihren Wünschen verletzten Trierer so heftig, daß der neue Erzbischof auf dem Zug zu seinem Sitz überfallen und ermordet wurde[92]. Auch die Konstanzer wehrten sich hartnäckig, als Heinrich IV. 1070 statt des von ihnen gewünschten Konstanzer Domherren Siegfried Karl, den Propst der Kirche auf der Harzburg, bestimmte. Es wurde ein langwieriger und komplizierter Streitfall daraus, der Alexander II., Siegfried von Mainz und den König beschäftigte. Er wurde von dem Erwählten selbst beendet. Für seine Person lehnte der König jeden Simonievorwurf ab. Und auch Karl leugnete standhaft die ihm zur Last gelegten Verfehlungen, aber unter Berufung auf die Verordnung Coelestins I., niemand solle gegen den Willen der Untergebenen Bischof werden, gab er selbst Ring und Stab zurück[93]. Damit war eine der wesentlichsten Forderungen aus der Zeit Leos IX. anerkannt. Das königliche Investiturrecht blieb jedoch unberührt, denn den Nachfolger Otto konnte der König ohne jeden Widerspruch und ohne Einmischung des Papstes ernennen und investieren (1071!).

III S. 63 f. u. 122 f. – 92 Meyer v. Knonau, Jbb. I S. 499 u. 503 ff.; Lück, Anno S. 18, doch sehe ich keinen Zusammenhang mit den Auseinandersetzungen des Investiturstreits. – 93 Meyer v. Knonau, Jbb. II S. 1, 28 f. u. 78 ff., wo der Fall sorgfältig abwägend auf Grund der ungewöhnlich ausführlichen und genauen Hauptquelle, dem Protokoll der Mainzer Synode vom August 1071, Cod. Udalrici Nr. 37, Jaffé B V S. 70 behandelt ist. Nicht beizustimmen ist der Darstellung durch Robinson, Zur Arbeitsweise S. 99 f., wo nur der König und Bischof feindlichen Konstanzer Partei Glauben geschenkt und alles, was für die Angeklagten spricht, unberücksichtigt gelassen wird; vgl. auch Robinson, Bible S. 65, wo die gleiche These noch unvorsichtiger wiederholt wird. – Dieser Einwand betrifft aber nicht die interessanten Vermutungen über die Rolle des Scholasters Bernhard und seine Rolle in diesem Streit. – Fleckenstein, Heinrich IV. S. 230 konstatiert im Zusammenhang mit dem Konstanzer Prozeß, daß in den frühen 70er Jahren der Widerstand der regionalen Geistlichkeit gegen königliche Nominationen häufiger sei als in der Zeit Heinrichs III. Doch setzt diese Erscheinung schon während der Vormundschaft ein, und man darf auch den 15–20 jährigen König schwerlich dafür verantwortlich machen. Das Prestige des Königtums ist eben unter den Regenten erheblich abgesunken. Vgl. auch Fleckenstein, Hofkapelle u. Reichsepiskopat S. 122 ff. – 94 Meyer v. Knonau, Jbb.

Das berühmteste Beispiel für zunehmende Spannungen um die Ernennung von Bischöfen durch den König sind die Mailänder Wirren in der Zeit der Patarener[94]. Sie lassen besonders deutlich erkennen, wie sich bei Bischofswahlen die prinzipiellen kirchlichen Tendenzen zur Verwirklichung der nun ergriffenen kanonischen Vorschriften mit oft recht zeitbedingten oder weltlichen Interessen regionaler und lokaler Gruppen vermischen. Und Mailänder Parteien, die am Papst oder am König Rückhalt suchten, haben zunächst unvoraussehbare Gegensätze zwischen diesen verursacht oder verschärft. In Mailand geschah es, daß der alte Erzbischof Guido von Velate zugunsten seines Vertrauten Gottfried zurücktrat, der dann vom König investiert wurde, sich aber auf dem erzbischöflichen Stuhl nicht durchsetzen konnte. Guido und Gottfried wurden von Alexander II. wahrscheinlich 1070 wegen ihres kirchenrechtlich höchst anstößigen Vorgehens exkommuniziert. Anfang 1072 hatten dann die Patarener unter ihrem Führer Erlembald ohne jede Fühlung mit dem König im Beisein des päpstlichen Kardinallegaten Bernhard einen Atto erhoben, der aber noch am gleichen Tag von den Gegnern der Pataria gewaltsam zur Abdankung gezwungen wurde. Hier wurde also das königliche Investiturrecht zum ersten Mal von einer Partei in der Bischofsstadt mit Billigung des päpstlichen Legaten vollkommen ignoriert, von einer anderen geachtet. Eine entscheidende Zuspitzung des Konfliktes zwischen Kurie und Hof ergab sich, als Gottfried nach längerer Frist auf Wunsch des Königs von Mailänder Suffraganbischöfen in Novara konsekriert wurde, worauf Alexander II. auf der Fastensynode von 1073 mehrere königliche Räte mit der Exkommunikation bedrohte oder vielleicht schon traf. Die Mailänder Frage stand bedrohlich über dem Verhältnis zwischen den Päpsten und Heinrich IV. und wurde eine der Hauptursachen des Bruchs von 1076[95].

Erst in der Zeit Gregors VII. kommt es vor, daß mit Willen des Papstes *Bischöfe ohne vorausgegangene königliche Investitur geweiht* werden. Die Verzögerung der Weihe Anselms II. von Lucca 1073 zeigt noch keine prinzipielle Neuerung. Denn der Aufschub beruht wohl darauf, daß Heinrich IV. durch Umgang mit exkommunizierten Räten belastet war. Die Investitur durch den König folgte jedenfalls, bevor der Papst Anselm die Bischofsweihe spendete[96]. Als dagegen Philipp I. von Frankreich die Wahl des Landricus zum Bischof von Mâcon nicht anerkennen wollte, beauftragte Gregor VII. Erzbischof Humbert von Lyon, den Erwählten trotzdem zu weihen. Und weil dies offenbar nicht geschah, nahm er im Frühjahr 1074 die Weihe des Nichtinvestierten in Rom selbst vor[97]. Auch Hugo von Die scheint um die gleiche Zeit vom Papst ohne vorausgegangene Investitur in Rom geweiht worden zu sein[98]. Wenn sich die Patarener schon 1072 über königliche Investiturrechte hinweggesetzt hatten, so scheint Gregor selbst, also wenig später, entschlossen gewesen zu sein, vorläufig in besonderen Fällen, Erwählte ohne Investitur zu weihen oder weihen zu lassen.

Bald darauf erfolgte die entscheidende Wende durch Verbote der *Investitur vor der Weihe*. Wann ein solches zuerst ergangen ist, läßt sich wohl nicht mit voller

bes. II S. 29 ff., 175 ff., 196 ff.; KELLER, Mailand S. 343 ff.; R. SCHIEFFER, Entstehung S. 104 ff. – **95** Vgl. u. S. 186 f. – **96** Gregorii VII. Reg. I 21 S. 34; Hugo v. Flavigny, Chron. II, MGSS VIII S. 411; R. SCHIEFFER, Entstehung S. 112 Anm. 22; zu diesem und den folgenden Fällen SCHARNAGL, Begriff S. 25 ff. – **97** Reg. I 35, 36, 76, S. 56 ff. u. S. 107 f. – **98** Reg. I 69, S. 99 f., Hugo v. Flavigny Chron. II ad a. 1074, MG SS VIII S. 412. – **99** Arnulf IV 7, MG SS VIII S. 27. – **100** Reg. II 52 a S. 196 f.; in diesem kurzen Bericht findet

Sicherheit erkennen. Von der Fastensynode 1075 berichtet der Mailänder Chronist Arnulf unzweideutig: „Der Papst hält eine Synode in Rom und untersagt dem König öffentlich, künftig irgendein Recht bei der Vergebung von Bistümern zu haben, und er entfernt alle Laien von der Investitur von Kirchen."[99] Diese Nachricht eines verhältnismäßig glaubwürdigen Autors blieb isoliert. Auf die angeblich feierliche Verkündigung fehlt jede Reaktion von Seiten des königlichen Hofes, obwohl sie doch Heinrich IV. vor allem tangierte, zumal dessen Räte auf der gleichen Synode exkommuniziert oder mit der Exkommunikation bedroht worden waren, was vom König gleichfalls auffälligerweise ignoriert wurde[100]. Hat man am Hof nicht erfahren, was Arnulf berichtet oder hat man es einfach nicht begriffen? Nach der Fastensynode scheinen sich sogar die Beziehungen zwischen Kurie und Königshof nicht erheblich verschlechtert zu haben[101]. So hat Schieffer, der das nach dem Frühjahr 1075 ausbleibende Echo umsichtig auswertete und die Investiturpraxis in den folgenden Jahren beobachtete, das endgültige, solenne, für die ganze Kirche geltende Investiturverbot erst auf die römische Herbstsynode von 1078 datiert[102]. Damals ist in der Tat das Verbot kategorisch, unumwunden, ausführlich ausgesprochen und sind Zuwiderhandlungen mit Exkommunikation bedroht worden. Es ist generell gefaßt, indem de manu imperatoris vel regis vel alicuius laice persone, viri vel femine gesprochen wird[103]. Dennoch gibt es eine Reihe von Zeugnissen, die darauf hinweisen, daß es vor dem Herbst 1078 schon Verbote, mindestens allgemeine Bestimmungen gegen die Laieninvestitur gegeben haben muß[104]. So spricht die Entschuldigung der Bischöfe Gerhard von Cambrai, Huzman von Speier und des Patriarchen Heinrich von Aquileja, die 1076 und in den beiden folgenden Jahren vom König die Investitur angenommen hatten, sie hätten das Verbot nicht gekannt, entschieden dafür, daß es damals schon existiert haben muß[105]. Am gewichtigsten ist wohl der kategorisch klingende Kanon der Synode des päpstlichen Legaten Hugo von Die vom 15. Januar 1078, zumal da er Bemerkungen einer Synode vom September 1077 wiederholt, die in einem Brief des Erzbischofs Manasse von Reims von 1077 zitiert werden[106]. Schon damals, also längst vor Gregors VII. Herbstsynode

sich keine Bestimmung über ein Investiturverbot, aber der Spruch über die Exkommunikation von fünf Angehörigen der familia regis Teutonicorum. Dazu vgl. R. SCHIEFFER, Entstehung S. 114 ff. Dort wird zwar der Erlaß eines Investiturverbotes auf der Fastensynode 1075 bezweifelt, aber doch S. 146 eingeräumt, „daß die Fastensynode von 1075 zumindest eine die Investiturpraxis berührende Regelung getroffen hat." Vgl. auch S. 147: „Soweit die Fastensynode 1075 also in die hergebrachte Investiturpraxis eingegriffen hat, muß es sich offensichtlich um eine Maßnahme gehandelt haben, die nicht sofort und ohne weiteres als Investiturverbot erkennbar war oder aufgefaßt wurde." Dazu ist z. bemerken, daß auch spätere unzweifelhafte Investiturverbote noch keine heftigen Reaktionen hervorriefen. – 101 Ebd. S. 124 f., auch 135 u. 149 f., auf diese psychologische Interpretation der vermeintlichen Beurteilung des Verhaltens Heinrichs IV. im Sommer und Herbst 1076 wird zurückzukommen sein. Vgl. u. S. 186. – 102 R. SCHIEFFER, Entstehung S. 171. – 103 Reg. VI 5 b c. 3 S. 403. – 104 Die „früheste andeutende Bezugnahme auf das Dekret der Fastensynode" (v. 1075) fand CASPAR in Reg. II 55, S. 200 Anm. 2, eine weitere in III 3, S. 247 Anm. 3. Beide Stellen lassen sich aber leicht als Mahnung zur Besetzung von Kirchen nach den kanonischen Vorschriften, ohne Simonie deuten. Kaum abzuweisen ist aber eine Bezugnahme auf ein Investiturverbot in Gregors berühmtem Schreiben an Heinrich IV. vom 8. Dezember 1075 (Reg. III 10, Caspar S. 266, Anm. 2 u. 3), die allerdings von R. SCHIEFFER, Entstehung S. 137 anders erklärt wird. – 105 Reg. IV 22 S. 330 (12. Mai 1077), V 18 S. 381 (19. März 1078), MEYER V. KNONAU, Jbb. III S. 179 f. mit Anm. 10 (11. Februar 1079). – 106 MANSI XX S. 498; der Brief Manasses, der die Synode von Au-

von 1078, war bestimmt worden, daß kein Bischof, Abt, Priester oder sonst irgendein Angehöriger des Klerus von der Hand eines Königs, Grafen oder irgendeines Laien die Gabe (donum) eines Bistums oder einer Abtei oder einer Kirche oder kirchlicher Sachen empfangen sollte, sondern ein Bischof von seinem Metropoliten, ein Abt, Priester oder niederer Kleriker von seinem Bischof. Die darauf folgende Strafdrohung richtet sich gegen Laien, die den kanonischen Dekreten widerstehen (decretis canonicis resistentes). Man hat versucht, diesen auf einer französischen Synode erlassenen Kanon als partikulares Kirchenrecht zu bezeichnen[107]. Doch der Wortlaut wie die Sache sprechen wenig für eine solche Deutung. Bestimmungen über die Einsetzung von Bischöfen, Äbten und Klerikern müssen für die ganze Kirche gelten, auch wenn sie praktisch nicht überall beachtet und durchgesetzt werden.

Wie immer man sich hinsichtlich der Entstehung des Investiturverbots und seines allmählichen Einsatzes entscheiden mag, ergeben sich für die Kirchengeschichte des 11. Jh.s zwei übergeordnete Fragen: einmal wie und wann es zu der Wende gegen den Laieneinfluß in der Kirche gekommen ist, zum anderen, welche Wirkung das Investiturverbot bei dem Bruch zwischen Gregor VII. und Heinrich IV. und bei der weiteren Gestaltung des Verhältnisses zwischen dem Papsttum und den weltlichen Gewalten hatte. Auf die zweite wird in den folgenden Kapiteln zurückzukommen sein. Die erste soll hier nochmals kurz bedacht werden.

Die frühesten Texte, die das Investiturverbot Gregors VII. formulieren, enthalten genauestens das, was Nikolaus II. 1059 in sehr allgemeiner, aber konziser Fassung verkündet und Humbert von Silva Candida vorher mit energischer und leidenschaftlicher Begründung theoretisch ausgeführt hatte. Doch Humberts uns Neuere so beeindruckende Schrift wurde wenig verbreitet und schwach überliefert. „Streng genommen ist nicht einmal erwiesen, daß Hildebrand-Gregor VII. die Ausführungen Humberts überhaupt zur Kenntnis genommen hat"[108], meint Schieffer. Auch das Verbot Nikolaus' II. hat eine geringe Resonanz und anscheinend zunächst wenig praktische Wirkung gehabt. Immerhin ist es von Alexander II. in eine seines Vorgängers Synodica von 1059 großenteils wiederholende Enzyklika, vielleicht von 1063, aufgenommen worden[109]. Zwar sind auch von ihr aus den folgenden Jahren keine Zitate bezeugt. Auf eine Spur stoßen wir wenigstens in Akten einer Synode von Gerona von 1078, wo gesagt ist: wir wissen zwar, daß den Laien Kirchen nicht zukommen, aber wo sie ihnen nicht ganz genommen werden können, verwehren wir ihnen wenigstens Oblationen usw.[110] Humberts Schrift soll „toter Buchstabe" geblieben sein[111]. Aber waren vielleicht dennoch die dort geäußerten Gedanken lebendig und wirksam? In der Geschichte der Ideen kann man nicht ausschließlich mit schriftlich faßbaren Kontinuitäten auskommen, zumal wenn weniger als zwei Jahrzehnte zwischen Impulsen und Wirkungen liegen. Ist es denn vorstellbar, daß Hildebrand-Gregor VII., der seit der Zeit Leos IX. zusammen mit dem Kardinalbischof von Silva-Candida bis zu des-

tun zitiert, bei Hugo von Flavigny, Chron. I 2, MG SS VIII S. 419; dazu vgl. Scharnagl, Begriff S. 33 u. Willi Schwarz, Investiturstreit S. 290 ff. – 107 So, mit nicht überzeugender Begründung R. Schieffer, Entstehung S. 168 ff. – 108 Ebd. S. 44. – 109 Conc. Romanum v. 1063, c. 6, Mansi XIX S. 125. – 110 Mansi XX S. 519 c. 13. – 111 So schon Haller II S. 379; auch R. Schieffer, Entstehung S. 207 nennt es eine „Tatsache, daß die konflikträchtigen Theorien des Kardinals zwanzig Jahre hindurch toter Buchstabe blieben". – 112 Carozzi, D'Adalbéron S. 83 akzentuiert den Zusammenhang zwischen Hum-

sen Tod 1061 zum engsten römischen Führungskreis gehörte, von dessen Gedanken und Werken nichts gehört oder sie vergessen hat, aber genau seine Forderungen seit der Mitte seines Pontifikats mit kämpferischer Energie verkündete und durchzusetzen versuchte? Es will uns eher einleuchten, wenn man für den Pontifikat Alexanders II. und darüber hinaus von einer päpstlichen Reaktion auf die fortdauernden reichskirchlichen Investituren gesprochen hat, „die sich am ehesten als faktische Anerkennung bei prinzipieller Reserve umschreiben läßt."[112] Worauf soll diese Reserve beruhen als auf mehr oder weniger untergründigen Gedanken und Absichten, die mit denen parallel gehen, die sich bei Humbert und Nikolaus II. zeigen? Allein deren Erscheinen ist höchster Beachtung wert als frühes Symptom sich langsam entfaltender Tendenzen, auch wenn sie zunächst literarisch und kirchenpolitisch noch nicht aktiv wurden[113].

VI. Gregor VII. (1073–1085)

1. Wachsende Aktivität der Päpste von Leo IX. bis zu Alexander II.

Die Geschichte der römischen Kirche hatte, abgesehen von einzelnen Aufschwüngen, bis zur Mitte des 11. Jh.s eher einen provinziellen Charakter[1]. Die allgemein anerkannte Theorie von seiner religiös erhabenen Stellung genügte nicht einmal dazu, daß der Papst sich in seiner Kirchenprovinz oder gar im ganzen Italien jurisdiktionell durchzusetzen vermochte. Die paritikulären Bereiche führten ihr Eigenleben und konnten sich in dem politisch zerklüfteten Land unschwer der höchsten kirchlichen Obrigkeit entziehen. Oft konnten die Päpste nur mühsam die Besitzungen der römischen Kirche behaupten oder zurückgewinnen. Neben Perioden der Schwäche und der Abhängigkeit von nahen und fernen Machthabern finden sich solche, in denen Päpste in Italien politisch und militärisch führend waren. Wenn auch einzuräumen ist, daß man die politische Aktivität als Mittel zu geistlichen Zielen auffassen konnte, so zeigt sich doch immer wieder, daß Päpste nicht einmal in der eigenen Sphäre als rein geistliche Größe zu bestehen vermochten. Die typische Doppelseitigkeit geistlicher und politisch-materieller Existenz, die der Kirche auf Erden eigen ist, erscheint dem religiösen Sinn als Dilemma auch in ihren höchsten Stufen.

Seit den entscheidenden Geschehnissen in der Regierungszeit Kaiser Heinrichs III. begann die römische Kirche, allmählich, in ungleichmäßigem Tempo, mit Vorstößen und Rückzügen, ihren Einfluß auf die partikulären Kirchen zu verstärken. Hand in Hand damit ging eine Umbildung der dem Papst zur Seite stehenden Gruppen von Helfern. Die überall in den europäischen Ländern früher oder später erfolgende Institutionalisierung ergriff auch den Bereich der Päpste. Transpersonale Auffassungen machten sich allmählich geltend wie in königlichen, fürstlichen und kommunalen Verwaltungs- und Regierungsorganisationen. Dies alles sind langfristige Entwicklungsverläufe[2]. Aber es ist kein

---

bert und Gregor VII.: „Lorsque Grégoire VII plus tard écrit ses deux lettres à Hermann de Metz, lorsqu'il rédige les Dictatus papae, il ne fait que suivre la voie tracée par Humbert de Moyenmoutier." 113 R. Schieffer, Entstehung S. 103.

1 Vgl. o. S. 65 f. – 2 Vgl. Tellenbach, Vom karolingischen Reichsadel S. 69 ff.; Beumann, Transpersonale Staatsvorstellungen S. 185–224. – 3 Darauf hoffe ich an anderer

Zufall, wenn seit der zweiten Hälfte des 11. Jh.s das objektivierende Substantiv papatus – neben pontificatus – auftritt[3]. Erst von dieser Zeit an kann man im Ernst von einer Geschichte des „Papsttums" reden, während es vorher nicht um eine Institution im späteren Sinn, sondern einerseits um die dogmatische Entscheidung über die ideelle Stellung des Bischofs von Rom als Nachfolger Petri in der universalen Kirche, andererseits historisch um Leben und Wirken der einzelnen Päpste ging.

Der von Leo IX. an sich entfaltende Anspruch auf praktische Verwirklichung der Kirchenleitung betraf die Länder, die landeskirchlichen und diözesanen Einheiten nicht alle gleichzeitig und mit gleicher Energie. Da die christlichen Reiche und ihre Kirchen eng miteinander verquickt waren, läßt sich die Betrachtung der Durchsetzung des innerkirchlichen Primats und diejenige der päpstlichen Autorität gegenüber Königen, Fürsten und Gemeinden nur zusammen durchführen. Wenn Päpste in das regionale und lokale Geschehen eingreifen wollen, sind sie gezwungen, auf die dortige Lage im Ganzen zu achten. Wenn etwa gegen einen für unwürdig gehaltenen Bischof eingeschritten werden soll und ein Konflikt mit ihm droht, muß die Kurie nüchtern dessen Verhältnis zum Landesherrn, zu den Nachbarbischöfen, zum Klerus seiner Diözese, besonders zur Kathedralgeistlichkeit, zu den Bewohnern der Bischofsstadt, auch seine Finanzkraft und die Macht seiner Verwandtschaft berechnen[4]. Es ist unmöglich, sich ohne jede Konzession nur an die eigene ekklesiologische und kirchenpolitische Konzeption zu halten. Der Papst und seine Helfer werden notwendigerweise in viele Angelegenheiten hineingezogen, die mit geistlichen, moralischen, disziplinären Absichten direkt wenig zu tun haben. Um seine eigenen Ziele zu erreichen, muß der Papst Rücksicht auf die Tendenzen derer nehmen, die er für seine Zwecke braucht. Er muß Bundesgenossen fördern, deren Bestrebungen für ihn nicht wichtig sind, denen umgekehrt seine Auffassungen und Notwendigkeiten fern liegen. Wir werden sehen, wie fremd beispielsweise Gregor VII. und seine sächsischen Parteigänger einander waren, was entscheidende Wirkungen hatte[5]. Überhaupt ist allenthalben zu untersuchen, wie Gregor und die sehr unterschiedlichen Gruppen von Gregorianern zueinander stehen, was sie verbindet und was sie trennt.

Ein Papsttum, das berufen ist, die Christenheit zu leiten, ist also gezwungen, sich auch um Irdisches zu kümmern, das nur indirekt für den Weg zum Heil förderlich oder schädlich sein kann. Die Geschichte der Päpste, ja die Geschichte der Kirche überhaupt, umfaßt daher sowohl religiöses Geschehen, geistlichen Dienst, Gestaltung der hierarchischen Ordnungen wie auch die Sorge um die materielle Existenz und die Abwehr feindlicher Einwirkungen. Die Einkünfte der römischen Kirche zu erhalten und zu mehren, den „Kirchenstaat" in einer kämpferischen Umwelt zu verteidigen und zu erhalten, Frieden und Sicherheit in Mittelitalien herzustellen, das alles kann einen höheren Sinn erhalten durch die Idee der Gottgewolltheit der päpstlichen Wirksamkeit für die universale Kirche und die christliche Welt. Aber alle die dazu erforderlichen diplomatischen Manöver, die Deckung des Finanzbedarfs, die Notwendigkeit militärischer Rüstung und militärischen Eingreifens machen es oft schwer, sämtliche Maßnahmen im Großen und Kleinen immer auf das eigentliche hohe Ziel konzentriert zu halten.

Seit Heinrich III. und Leo IX. hat das Papsttum in der christlichen Welt schrittweise ein größeres Gewicht gewonnen, indem es strebt, seinen Führungsanspruch religiös, dogmatisch, rechtlich und politisch zu realisieren. Dabei handelt es sich keinesfalls um einen geradlinig aufsteigenden, alle Partikularkirchen gleichmäßig erfassenden Vorgang. In der zweiten Hälfte des 11. Jh.s erlebt das Papsttum immer wieder Rückschläge, die seine Kräfte zeitweise hemmen. Seine Aktivität wirkt sich in einzelnen Ländern stärker, in ande-

Stelle eingehen zu können. – 4 Dafür gibt es viele Beispiele. Man denke etwa an die von uns behandelten Fälle des Elekten Karl von Konstanz, des Bischofs Hermann von Bamberg, des Erzbischofs Manasse von Reims. Sie alle sind gestürzt, nicht weil sie zu Recht oder Unrecht der Simonie oder anderer Verfehlungen bezichtigt wurden, sondern weil sie zu viele Gegner und zu wenige Anhänger hatten. – 5 Vgl. u. S. 195 u. 197. – 6 Ferner zu

ren schwächer oder noch gar nicht aus. Daß in Rom eine neue kirchliche und politische Instanz entstanden ist, wird draußen erst allmählich verstanden. Und wo unerwünschte Einwirkungen überhaupt begriffen werden, versucht man vielfach, sie zu ignorieren oder ihnen höflich auszuweichen. Machtmittel, zwingende Autorität stehen den Päpsten ja kaum zur Verfügung, geistliche Strafmittel sind äußerlich von unsicherer und begrenzter Wirksamkeit. So ist das päpstliche Handeln zur Konzentration auf bestimmte Schwerpunkte, zu Elastizität in Angriff und Verteidigung, zum Wechsel zwischen Intransigenz und Nachgiebigkeit auch bei Kontroversen über Prinzipielles gezwungen. Trotz alledem vollziehen sich von Leo IX. bis zu Urban II. und Paschalis II. entscheidende Wandlungen. Die radikalen Prinzipien Humberts und Gregors VII. ließen sich fast nie voll realisieren. Aber auch die erreichten Kompromisse haben die christliche Welt umgestaltet.

Der *Pontifikat Leos IX.* (1049–1054) ist ein Prolog in dem Aufstieg des Papsttums, dessen Kraft und Dynamik die unmittelbar folgenden Akte übertrifft. Der geborene Graf von Egisheim gehörte zum vornehmsten Adel des Reiches; er war mit dem Kaiser verwandt und vielfach verbunden, besonders in seiner religiösen Gesinnung, aber auch in den Überzeugungen von Würde und Aufgabe des Papstes. Als Bischof von Toul gehörte er zum Reichsepiskopat, mit dem er auch als Papst verbunden und weitgehend übereinstimmend blieb[6]. Er war einer von den Bischöfen, von denen das kanonische Recht ernstgenommen wurde; er war erfüllt von der Frömmigkeit der Zeit wie der ihm nahestehende Erzbischof Halinard von Lyon oder Abt Hugo von Cluny. Seine eigene Lebensführung war untadelig, und er versuchte, sittlichen Schäden der Geistlichkeit entgegenzutreten. Mehrfach zeigt sich, daß er die freie Wahl des Bischofs durch Klerus und Volk der Bischofsstadt forderte, namentlich bei seiner Erhebung zum Papst, wo bei seiner Ankunft in Rom ein feierlicher Wahlakt nachgeholt worden sein soll[7]. In den wenigen Jahren seines Pontifikats hat er elf Synoden veranstaltet, etwa doppelt so viel wie seine Vorgänger in einem Vierteljahrhundert. Damit bezweckte er, die Bischöfe, den Klerus und bedeutende Laien eines großen Bereiches um sich zu sammeln und ihnen immer wieder aufs Neue die kirchenrechtlichen Vorschriften einzuschärfen, mit besonderem Nachdruck die oft gehörten, aber unvollkommen befolgten Verbote der Klerikerehe und der Simonie. Und schon er scheint dabei gelegentlich auf passiven oder sogar aktiven Widerstand getroffen zu sein. So kam es noch im Februar 1053 bei einem Konzil in Mantua zu einem gefährlichen Tumult. Der Papst konnte seine rigorosen Forderungen nicht durchsetzen. Es ist wohl bezeichnend für ihn, daß er trotzdem den Urhebern des Aufruhrs Verzeihung gewährte[8].

In den wenigen Jahren seines Pontifikats konnte Leo nicht überall aktiv werden. Außer in Deutschland und Burgund versuchte er, den päpstlichen Primat in *Frankreich* zur Geltung zu bringen. Als Elsässer und Bischof von Toul wird er die Zustände in Frankreich gut gekannt haben. Gestützt auf den Kaiser und auf den deutschen Episkopat schien ihm ein Ausgreifen nach Westen erfolgversprechend. So nahm er 1049 die Einladung des Abtes Herimar von St. Remi in Reims an, die neue Basilika seines Klosters zu weihen, lud aber außerdem den König und die Bischöfe Frankreichs zu einem großen Konzil dorthin. Er selbst traf am 29. September ein, seit Johannes VIII. (878) der erste Papst, der nach Frankreich kam. Doch der französische König Heinrich I., der zunächst Entgegenkommen gezeigt hatte, ließ den Papst ersuchen, seine Ankunft in seinem Reich zu verschieben[9].

Leos Klosterpolitik, außer der immer noch wertvollen Arbeit von R. BLOCH, Die Klosterpolitik Leos IX. in Deutschland, Burgund u. Italien, AUF 11 (1930) S. 176–257, treffend FRIED, Laienadel S. 393: sie hatte mehr von einem ausufernden Gebaren eines deutschen Prälaten an sich, denn von ökumenischer Kirchenleitung; ganz anders HIRSCH, Untersuchungen, der gar der „Reichskirche" eine „Papstkirche" gegenüberstellen wollte (S. 397). – 7 So wenigstens Wibert, Vita S. Leonis II 2, WATTERICH I S. 149. Der spätere Bruno von Segni in seiner Vita Leos IX., WATTERICH I 96, färbt diese Vorgänge revolutionär. – 8 STEINDORFF, Jbb. II S. 233 f. – 9 Anselmi monachi Remensis historia dedicationis ecclesiae S. Remigii (Itinerarium Leonis IX.), WATTERICH I S. 113–127 bietet die anschaulichste Erzählung. – 10 Ebd. S. 115: „Regni sui decus annihilari, si in eo Romani Pontificis

Nach Leos Biographen Wibert hätten Männer am Hof dem König vorgestellt, die Würde des Reiches werde zunichte, wenn er gestatte, daß die Autorität des römischen Pontifex darin herrsche[10]. Doch war es wohl nicht nur ein Vorwand, wenn der König um diese Zeit einen Feldzug gegen den Grafen Gottfried Martell von Anjou ansagte, an dem auch die Kronbischöfe teilzunehmen verpflichtet waren. Aber ein triftiger Grund, dem deutschen Reichsbischof und römischen Papst auszuweichen, wird ihm vielleicht willkommen gewesen sein, zumal da man die Absichten des hohen Gastes nach seinem bisherigen Auftreten voraussehen konnte.

Das *Konzil in Reims*, zu dem sich deutsche, burgundische, normannische und nordfranzösische Prälaten einfanden, während aus den kapetingischen Diözesen nur wenige erschienen, schloß sich in der Tat den Aktionen der vorhergehenden Synoden an. Nur verfuhr es zunächst aggressiver als die früheren und späteren. Die anwesenden Erzbischöfe und Bischöfe wurden ersucht zu bekennen, ob sie sich simonistischer Verfehlungen schuldig gemacht hätten. Mehrere konnten es guten Gewissens verneinen, andere gerieten in Verlegenheit. So resignierte der Bischof von Nevers, erhielt aber sein Amt vom Papst zurück. Hugo von Langres ergriff während des Konzils die Flucht, wurde abgesetzt, später aber restituiert. Für den gleichfalls abgesetzten Bischof von Amiens ernannte der Papst selbst einen Nachfolger[11]. Die nicht erschienenen Bischöfe wurden exkommuniziert und abgesetzt. Nur wenige werden freilich namentlich erwähnt. Von ihnen wurde Drogo von Beauvais bald wieder eingesetzt und blieb in seinem Amt, bis er unter Nikolaus II. verstarb[12]. Das Reimser Tribunal war auf lange hinaus der eindrucksvollste Eingriff eines Papstes in eine Landeskirche. Dabei zeigte Leo aber keinen konsequenten Rigorismus, sondern in manchen Fällen auffallende Konzilianz. Der König wurde nicht angegriffen, sondern eher ignoriert und setzte sich im allgemeinen nicht zur Wehr. Es ist eine Ausnahme, wenn Heinrich I. einen Abt, der ohne Erlaubnis nach Rom gezogen war, um sich vom Bann lösen zu lassen, absetzte[13]. Beide Teile verfolgten ihre Interessen, fanden sich aber auch damit ab, wenn sie ihr Ziel nicht überall erreichen konnten.

An den Auffassungen der Synodalen von Reims bleibt vieles unklar. Aus zeitgenössischer Propaganda gegen die Lasterhaftigkeit und Korruptheit der Kirchen ist vieles bis heute in die Geschichtsschreibung übernommen worden. Man hat den Eindruck, daß Geld und Geschenke zwar auch in den französischen Kirchen in längst herkömmlicher Weise ihre Rolle spielten, vielleicht sogar mehr als in Deutschland oder England. Aber Unsicherheit scheint darüber geherrscht zu haben, was als simonistische Sünde eigentlich zu gelten hätte[14]. In seinen drei Sitzungen faßte das Konzil weitere Beschlüsse, die in zwölf canones formuliert wurden. Seine Hauptbedeutung bestand aber darin, daß der päpstliche Primat eindrucksvoll in Frankreich zur Geltung gebracht wurde. Eine erwähnenswerte Einzelheit ist die Exkommunikation des Bischofs von Compostela, der den Titel Bischof des Apostolischen Stuhles angenommen hatte, was dem Papst als Anmaßung einer ihm ausschließlich zukommenden Würde erschien[15].

Wenige Tage nach dem französischen Konzil fand ein solches in *Mainz* statt, das ein ganz anderes Aussehen hatte als jenes. Der Kaiser mit seinem Hof war anwesend. Die Begleitung des Papstes war gegenüber Reims noch zahlreicher. Dazu waren sämtliche deutschen Erzbischöfe erschienen und fast alle ihre Suffragane. Die damals üblichen Vorschriften über Simonie, Klerikerehe und kirchliche Disziplin wurden erneut erlassen. Es scheint im Ganzen harmonisch zugegangen zu sein. Verdächtigungen gegen den Bischof Sibicho von Speyer konnte dieser glaubhaft zurückweisen. Wie üblich wurden verschiedene Streitfragen entschieden[16].

auctoritatem dominari permitteret.“ – 11 WILLI SCHWARZ, Investiturstreit S. 264 ff.; BEKKER, Studien S. 36 ff. – 12 Ebd. S. 45. – 13 Ex chronica coenobii s. Medardi Suessionen. ad a. 1049, BOUQUET XI S. 367 (Abt Rainold v. St. Médard); WILLI SCHWARZ, Investiturstreit S. 266 mit Anm. 1. – 14 Vgl. o. S. 123 mit Anm. 15 u. S. 143 mit Anm. 6 ff. – 15 MENÉNDEZ PIDAL, Spanien d. Cid S. 161; DE VALDEAVELLANO, Historia de España S. 674. – 16 STEINDORFF, Jbb. II S. 96. Aber auch diesem deutschen Bischof wurde keine der

Von Spannungen zwischen Leo IX. und dem *deutschen Episkopat* hört man wenig. Zwar ist eine Anekdote von einem gemeinsamen Festgottesdienst des Papstes und des Erzbischofs Liutpold von Mainz in Worms am 26. Dezember 1052 überliefert, bei dem es zu vorübergehender Mißstimmung gekommen sein soll. Ein Mainzer Diakon Humbert trug in der Messe eine Lektion singend vor, woran Römer aus der Umgebung des Papstes Anstoß nahmen. Als Humbert auf Mahnungen nicht reagierte, degradierte der Papst den Ungehorsamen auf der Stelle. Der Erzbischof zwang aber Leo zum Nachgeben. Wenn die Geschichte wahr ist, hat der Papst Liutpold nichts nachgetragen, ihn vielmehr mit Auszeichnung behandelt[17]. Zu Spannungen war es dagegen zwischen Leo und dem Erzbischof Hunfrid von Ravenna gekommen. Bei der durch die Entscheidungen gegen Berengar von Tours berühmten Synode in Vercelli scheint es aber um Besitzungen und Hoheitsrechte, keine Fragen der kirchlichen Disziplin gegangen zu sein. Der Zwist konnte immerhin schon zu Anfang des folgenden Jahres beigelegt werden[18].

Leo und Heinrich sind häufig und für längere Fristen zusammengetroffen. Vielfach haben sie sich vertrauensvoll unterstützt. So schon bei ihrem Zusammentreffen in Lothringen im Sommer 1049, wo der Papst die Häupter des damaligen Aufruhrs, Herzog Gottfried von Lothringen und Graf Balduin von Flandern, exkommunizierte. Im Sommer 1052 eilte dagegen der Papst auf den Hilferuf des Königs Andreas von Ungarn aus Unteritalien nach Deutschland und bewog Heinrich III. zur Aufhebung der Belagerung von Preßburg und zu einem Vertrag mit dem Ungarnkönig, den dieser allerdings bald brach[19]. Trotzdem reisten Papst und Kaiser noch mehrere Wochen gemeinsam in Süddeutschland.

Leo IX. waltete seines Amtes reisend, wie die bedeutendsten Herrscher jener Zeit[20]. In Rom weilte er hintereinander jeweils nur Wochen oder höchstens Monate. Seine Aufenthalte in Mittel- und Oberitalien dauerten nicht annähernd so lange wie diejenigen nördlich der Alpen und in Süditalien. In seinem letzten Lebensjahr weilte er ununterbrochen zehn Monate in Unteritalien, das seine ganze Energie in Anspruch nahm und ihm die schwersten Enttäuschungen brachte[21].

Dort begegneten sich in wechselnden Kombinationen die gegensätzlichen Kräfte der Mittelmeerwelt, das uneinheitliche Christentum in Ost und West, der nordafrikanische, sizilische und spanische Islam, das byzantinische Reich, samt den Rebellen in Apulien, sarazenische Fürsten, die einheimischen Herrschaften der Päpste und der Langobarden, aus der Ferne die unberechenbare und unregelmäßig eingreifende Macht des Imperium Romanum. Dazu kamen seit dem zweiten Jahrzehnt des 11. Jh.s zunehmend militärisch höchst potente Einwanderer aus der Normandie. Leo IX. hat auf dieses Land wohl die meiste Zeit und seine besten Kräfte verwandt. Seine und seiner Mitarbeiter Wirksamkeit ist bis heute schwer zu verstehen. Es kommt vielfach zu Entscheidungen und Maßnahmen, die sich gegenseitig schädigen. Aus welchen Berechnungen oder Gefühlen er anders als seine Vorgänger und auch als Kaiser Heinrich III. die katholischen Normannen befeindete und den Bund mit Kaiser Konstantinos IX. Monomachos (1043–1058) gegen sie suchte, dann aber durch seine Gesandtschaft unter Führung des Kardinalbischofs Humbert von Silva Candida, durch Forcierung eines zweitrangigen Ritenstreites 1054 nicht bloß eigene politische Entscheidungen durchkreuzte, sondern es zum epochalen Bruch zwischen der römischen und der griechischen Kirche kommen ließ, läßt sich schwer erklären[22]. Hein-

damaligen Modesünden vorgeworfen. – 17 Ebd. S. 188 f. Solche Meinungsverschiedenheiten über die rechte Liturgie sind nicht ohne Parallelen; vgl. KLAUSER, Liturgiegeschichte S. 29. – 18 STEINDORFF, Jbb. II S. 130 f. – 19 Ebd. S. 83 f. u. 181 f. – 20 Zu dem eindrucksvollen Itinerar des Papstes vgl. ebd. Exkurs III S. 452 ff. – 21 DEÉR, Papsttum S. 35 Anm. 151: „Süditalien das Kraftfeld in der großen Auseinandersetzung der großen Mächte der damaligen Zeit." – 22 BECK, Orthodoxe Kirche S. 142 muß man zustimmen, wenn er bemerkt: „Reform bedeutete nicht nur den Kampf gegen Simonie und Priesterehe, sondern ebenso die Durchsetzung der päpstlichen Primats- und Besitzansprüche." Doch Leos IX. Süditalienpolitik ist bestimmt von Fehlkalkulationen und Widersprüchlichkeiten; vgl. NICOL, Byzanziom S. 8 ff. – 23 H.-W. KLEWITZ, Studien über d. Wiederher-

rich III. hatte dem Papst durch Überlassung des Herzogtums Benevent vicariationis causa freie Hand in den südlichen Reichsgebieten geben, ihn aber militärisch nicht so unterstützen wollen, wie der Papst es wünschte. So kam es durch die Niederlage seiner Truppen bei Civitate am Fortore und Gefangennahme durch die Normannen zu einer schweren Katastrophe.

Religiöses, kirchenpolitisches und politisches Handeln sind in Leos IX. Auftreten in Süditalien kaum zu trennen. Mitbestimmend für seine Entschlüsse war wohl immer die Absicht, die päpstlichen Besitzungen und Hoheitsrechte zu verteidigen, namentlich die unter langobardisch-normannischen Spannungen schwer leidende Abtei Monte Cassino. Der Zusammenhang mit dem Willen, den heiligen Stuhl von lokalrömischen und regionalen Zwängen freizuhalten, liegt nahe. Auch in Süditalien setzte Leo seine Synodaltätigkeit mit denselben Zielen fort wie anderswo. Dabei wirkt er fordernd und richtend als Papst wie in Rom, Reims oder Mainz. Ferner setzt er sich in den kurzen Jahren seines Pontifikats nach Möglichkeit für die kirchliche Organisation in Campanien, Apulien und Calabrien ein[23]. Der unglückliche *Konflikt zwischen Humbert und Kerullarios,* dem Patriarchen von Konstantinopel, kann eingeordnet werden in die Geschichte der Verwirklichung des päpstlichen Primats, so skeptisch man den Rang dieser Episode einschätzen mag, die doch bedenkliche und langanhaltende Folgen hatte.

In seinem mehr als fünfjährigen Pontifikat entfaltete Leo IX. eine so intensive, in viele Länder und Landeskirchen eingreifende jurisdiktionelle, kirchenpolitische und politische Wirksamkeit, wie man es früher nicht gekannt hatte. Darauf folgt eine mindestens zehnjährige Periode, in der die begonnene päpstliche Aktivität sich zwar fortsetzt, aber vielfach gehemmt war. Zwischen *Viktors II.* (1055–1057) Wahl und Konsekration liegen auffallenderweise sechs Monate. Er muß gezögert haben, das hohe Amt zu übernehmen. Danach blieben ihm wenig mehr als zwei Jahre, von denen fast zehn Monate in die Zeit nach dem Tode des Kaisers fielen, in denen der Papst stark durch Reichsangelegenheiten absorbiert war. Schon macht sich geltend, daß die Päpste sich nicht mehr wie Leo IX. auf einen hilfsbereiten Kaiser stützen konnten[24]. *Stephan IX.* (1057–1058) wurde dann von ihm feindlichen römischen Kreisen bedroht. Er starb schon nach neun Monaten. *Nikolaus II.* (1059–1061) mußte sich in seinem zweieinhalbjährigen Pontifikat, durch das Schisma Benedikts (X.) gelähmt, vor allem seiner neuen Normannenpolitik widmen. Dann traf er auf Widerstand bei der vormundschaftlichen Regierung in Deutschland. *Alexander II.* (1061 Okt.–1073 Apr.) hatte zuerst mehrere Jahre nötig, um den Gegenpapst Cadalus zurückzudrängen und den Konflikt mit der vormundschaftlichen Regierung in Deutschland zu überwinden[25]. Obwohl der Papst sich erst auf dem Konzil von Mantua (1064) wirklich durchsetzen konnte, scheint er schon vorher seine auswärtigen Aktivitäten verstärkt zu

stellung d. römischen Kirche in Süditalien durch d. Reformpapsttum, QFIAB 25 (1934/35) S. 108; P. HERDE, Das Papsttum u. d. griechische Kirche in Süditalien v. 11. bis z. 13. Jh., DA 26, 1970, S. 7 und 12: weder Normannen noch Päpste betreiben systematisch die Latinisierung der griechischen Kirche in Süditalien; öffentliche oder stillschweigende Anerkennung des Päpstlichen Primats; zum Schisma von 1054 vgl. J. J. RYAN, The Legatine Excommunication of Patriarch Michael Cerularius (1054) and a New Document from the first Crusade Epoch, Studia Gratiana 14, 1967, S. 13–50 u. E. PETRUCCI, Rapporti di Leone IX con Costantinopoli, StM 14, 1973 und die dort zitierte ältere Literatur, bes. S. 831, ferner DENS., Ecclesiologia e Politica di Leone IX, 1977, S. 65 ff. – **24** Zur Ohnmacht der Reichsregierung, die DEÉR, Papsttum S. 96 ff. mit Recht feststellt; ob auch Korruption dabei eine Rolle spielt, ist vorsichtiger zu beurteilen, als es von DEÉR geschieht. Auch mit Geld, von dem einige Quellen reden, hätte der Hof damals nicht zum Eingreifen in Italien veranlaßt werden können. Vgl. den gescheiterten Versuch Erzbischof Hilderichs von Capua. MEYER V. KNONAU, Jbb. I S. 238 u. 264; daß die Normannen nicht nur Werkzeuge der Päpste gewesen sind, sondern auch umgekehrt, hebt treffend BARLOW, English Church 1066–1154 S. 274 hervor. – **25** Vgl. o. S. 130 f. – **26** STEINDORFF, Jbb. II

haben. Hildebrand ist in seinem Pontifikat wohl die treibende Kraft. Nun wird der päpstliche Primat wieder entschlossen und kämpferisch zur Geltung gebracht, eine Bewegung, die sich unter Gregor VII. steigert.

Von der Kirchenpolitik Viktors II. und Stephans IX. gibt es nur wenige, z. T. sogar zweifelhafte Nachrichten. Auf einer großen Synode Viktors in Florenz zu Pfingsten 1055 sollen in Anwesenheit des Kaisers die Bestimmungen über Simonie und Klerikerehe wiederholt, mehrere Bischöfe abgesetzt, soll der Erzbischof Wifred von Narbonne exkommuniziert worden sein. Die Berichte sind im harten Stil der folgenden Zeit gefaßt; Bonizos etwas bestimmtere Angabe, der Bischof von Florenz habe zu den Abgesetzten gehört, ist nachweislich falsch[26]. In Viktors Zeit fällt eine Legation Hildebrands nach Frankreich, wo unter seinem Vorsitz eine Synode den Fall des dortigen Archidiakons Berengar behandelt. Auf dieser Reise soll nach späteren Legenden Hildebrand einen Bischof abgesetzt haben. Als Hugo von Cluny ihm bei einem Ritt folgte, soll Hildebrand sich plötzlich umgewandt und heftig dem von ihm hellsichtig erratenen Gedanken des Abtes widersprochen haben; me magis episcopum illum causa iactantiae quam zelo Dei deposuisse[27]. Auch vom kirchlichen Wirken Stephans IX. hören wir wenig, meist nur aus späteren Quellen. Doch ist wohl glaubhaft, daß der Papst in Rom auf mehreren Synoden sich gegen Kleriker- und Verwandtenehen, gegen Eigentum von Mönchen und – in Sorge für die römische Liturgie – gegen ambrosianischen Gesang gewandt haben soll[28].

Die Intensität des päpstlichen Wirkens scheint im Pontifikat Nikolaus II. erheblich zugenommen zu haben; wenigstens sind unsere Nachrichten darüber reicher und z. T. auch zuverlässiger. Die beiden *Lateransynoden von 1059 und 1060* zeigen einen energischen kirchenpolitischen Kurs. Im Zusammenhang mit der neuen Einstellung zu den Normannen kommt es ferner zu päpstlichen Synoden in Benevent und Melfi mit den schon üblichen Erlassen[29]. Auch mit spezielleren süditalienischen kirchlichen Angelegenheiten scheint man sich beschäftigt zu haben. Während die Initiative dabei wesentlich von Rom ausging, wobei starke Impulse des Abtes Desiderius von Monte Cassino zu vermuten sind, ist das Eingreifen der Päpste in *Mailand* von dieser Stadt aus veranlaßt worden. Die erbitterten Streitigkeiten zwischen dem Erzbischof Wido und einer Partei der Bürgerschaft mit den Patarenern führte dazu, daß eine mailändische Gesandtschaft nach Rom gesandt wurde, worauf Nikolaus II. Petrus Damiani und Anselm von Lucca als Legaten abordnete. Darüber gibt es ein bedeutendes Memorandum des Petrus[30]. Die Erregung vieler Mailänder war fieberhaft gesteigert, weil sie im Auftreten der römischen Legaten eine Minderung der Würde und der Rechte der ambrosianischen Kirche erblickten. Es kam zu gefährlichen Tumulten, die Damiani aber durch eine Predigt über die Prärogative des heiligen Petrus und die erhabenen Rechte des heiligen Ambrosius zu besänftigen vermochte. Dann wurden der Erzbischof und die Geistlichkeit genötigt, Simonie und Klerikerehe abzuschwören. Nach Annahme von Bußverpflichtungen wurden die meisten in ihre Kirchenämter wieder eingesetzt. Man muß sich in Mailand und in der Lombardei sehr bedrängt gefühlt haben. Dafür spricht, daß der Erzbischof und sieben seiner Suffragane der Ladung zur Ostersynode von 1059 Folge leisteten[31].

Unter den nordalpinen Ländern wandte Nikolaus *Frankreich* seine besondere Aufmerksamkeit zu und setzte Leos IX. Versuche fort, auf die dortigen Verhältnisse einzuwirken. Doch zeigte er bemerkenswerte Vorsicht. Die Bedenken gegen den Erzbischof Gervasius von Reims stellte er, vielleicht auf Rat Hildebrands, zurück, vielleicht auch mit Rücksicht

S. 305 f., bes. 306 Anm. 3. – 27 Paul v. Bernried, Vita Gregorii VII., MPL 148 c. 45; Bonizonis ad amicum 1. VI, MG Ll 1, S. 592. – 28 MEYER v. KNONAU, Jbb. I S. 73. – 29 Ebd. S. 145 f. – 30 Opusculum V. Actus Mediolani de privilegio Romanae ecclesaiae ad Hildebrandum S. R. E. cardinalem archidiaconum, MPL 145 c. 89–96; Arnulfi Gesta III 14, MG SS VIII S. 21: das Volk macht Tumult non quidem gratia Widonis, sed Ambrosiani honoris; vgl. H.-D. KAHL, Der Chronist Arnulf v. Mailand u. d. Problem d. italienischen Königsweihe im 11. Jh., in: Hist. Forschungen f. W. Schlesinger, 1974, S. 430 f. – 31 KELLER, Mailand S. 324 ff., 338 ff. – 32 WILLI SCHWARZ, Investiturstreit S. 267 ff.; BECKER,

auf den König. Mehrere Bischöfe setzte er ab, duldete dann aber ihre Restituierung. Ebenso zeigt der Kardinalpriester Stephan, der 1060 Legat in Frankreich war, eine auffallende Mäßigung. Das Vehältnis zu König Heinrich I. von Frankreich war konventionell distanziert. Dadurch konnten, wie unter Leo IX., Konflikte vermieden werden oder unausgetragen bleiben[32].

Die alte Ferne zwischen dem Papst und den Ländern setzt sich auch sonst im allgemeinen fort. Kontakte sind unregelmäßig und punktuell. Oft ergeben sie sich immer noch aus Initiativen von Petenten. Erzbischof Stigand von Canterbury reiste nach Nikolaus' Tod zum Empfang des Palliums nach Rom aus althergebrachter Devotion gegenüber dem Apostelfürsten. Die Verhältnisse in Rom und der gerade herrschende Papst scheinen ihm so fremd gewesen zu sein, daß er keine Bedenken hatte, das Pallium von Benedikt X. anzunehmen[33]. Enger sind dagegen die Beziehungen zu *Deutschland*. Der erste Kontakt mit Anno von Köln ist freilich rein konventionell: auf Bitten des Erzbischofs gewährt der Papst Privilegien für zwei Kölner Kirchen[34]. Auch mit der Absolution des Trierer Erzbischofs Eberhard von erzwungenen Eiden werden Anliegen des Begünstigten erfüllt[35]. Abgelehnt wurde die Bitte der Kaiserin Agnes um das Pallium für Erzbischof Siegfried von Mainz. Ton und Inhalt des Schreibens, von Petrus Damiani im Namen der Kardinalbischöfe abgefaßt, sind auffällig[36]. Es enthält die unzutreffende Behauptung, nach altem Brauch müßten die Empfänger des Palliums nach Rom kommen, eine Regel, von der es mindestens viele Ausnahmen gab. Die Ratgeber der Kaiserin wurden zudem für ihre Ignoranz getadelt. Hier deutet sich ein neuer, den päpstlichen Primat akzentuierender Kurs an. Dazu sind die entsprechenden Zurückweisungen von Bitten des Erzbischofs Richer von Sens und des Elekten Ravengerus von Aquileja in der Zeit Alexanders II. zu beachten[37]. Rätselhafterweise wird die Ablehnung im Fall Richers mit Verhütung von Simonie begründet. Wollte man verhindern, daß das Palliengeld oder ein Teil davon in falsche Taschen gerieten? Doch scheint das Verhältnis zwischen Kurie und Regentschaft bis zum Frühjahr 1060 nicht wesentlich gestört gewesen zu sein. Noch zu Anfang des Jahres wurde der neue Erzbischof von Mainz im Beisein des päpstlichen Legaten Anselm von Lucca in Alt-Ötting in gewohnter Weise investiert und geweiht[38]. Es wurde also noch nicht offenbar, daß dieses altgewohnte Verfahren ein Problem in sich barg. Und an Nikolaus' II. großer Aprilsynode 1060 nahm noch Wibert, der königliche Kanzler für Italien, teil. Der demütigende Aufenthalt des Kardinalpriesters Stephan am Königshof fällt erst in den Mai oder Juni 1060[39]. Die brüske Abweisung des Legaten erweist, daß die Bischöfe und Räte aus der Umgebung der Kaiserin etwas am Verhalten der Kurie als feindlich empfunden haben müssen. Es ist nicht sicher, aber wahrscheinlich, daß es die Normannenpolitik war, die als Verletzung königlicher Rechte und Interessen empfunden wurde. Danach scheinen keine Aktivitäten des Papstes und der Kurie in Deutschland mehr erfolgt zu sein. Nikolaus geriet in immer größere Bedrängnisse durch seinen alten Feind, den Grafen Girard von Galera. Vor seinem Tod hatte er Rom verlassen müssen. Im Zusammenhang damit erfahren wir etwas von Zwistigkeiten des Elekten von York mit Nikolaus II.[40]

Studien S. 46 nennt die Beziehungen zwischen Nikolaus II. und Heinrich I. „zwar nicht herzlich und sehr freundschaftlich, aber auch nicht schlecht und feindselig"; vor allem könne von einem Investiturstreit für diese Zeit keine Rede sein. – 33 Vgl. o. S. 145. – 34 Meyer v. Knonau, Jbb. I S. 161. – 35 Ebd. S. 179 f. – 36 Petrus Damiani, Epp. IV 4, MPL 144 c. 412 f., über Alexander II. und die Palliumsverleihungen F. Herberhold, Die Beziehungen d. Cadalus v. Parma z. Deutschland, HJG 54 (1934) S. 95 ff. – 37 S. Loewenfeld, Epistolae Pontificum Romanorum ineditae, 1885, S. 41 Nr. 76, S. 43 Nr. 81; vgl. auch P. Ewald, Die Papstbriefe d. Brit. Sammlung, NA 5, (1880) S. 338 Nr. 51. – 38 Meyer v. Knonau, Jbb. I S. 173; Schmidt, Alexander II. S. 65 vermutet, daß schon von ihm die Normannenfrage besprochen worden sei. – 39 Vgl. o. S. 130. – 40 Auf der Rückreise sollen seine Gesandten von Gerard von Galera überfallen und beraubt worden sein. Darüber berichtet später Wilhelm von Malmesbury, De gestis Pontificum Anglorum l. III, ed. N. E. S. A. Hamilton, 1870, S. 251, der Führer der Gesandtschaft habe dem Papst voll

Von Alexander II. an vermehrt sich sichtlich die Wirksamkeit päpstlicher Legaten in *Frankreich* und übertrifft alles, was man in anderen Ländern beobachten kann. Schon in das Jahr 1063, also vor dem Konzil zu Mantua (1064), durch das Alexander II. den Gegenpapst ausschalten konnte, fallen die wichtige Legation des Petrus Damiani, bei der es hauptsächlich um den Konflikt des Bischofs Drogo von Macon mit der Abtei Cluny ging, und die des Kardinals Hugos des Weißen, der auf seiner bedeutungsvollen Reise nach Spanien in Südfrankreich tätig war[41]. 1062 erschien Kardinal Stephan wieder in Nordfrankreich, wo er auf mehreren Synoden schlichtend und entscheidend auftrat[42]. Das Jahr darauf wirkte Hugo Candidus abermals in Südfrankreich, und dann wieder 1072, vielleicht auf der Rückreise von seiner zweiten spanischen Legation. Im gleichen Jahr begann der Kardinalbischof Girald von Ostia seine Legationsreise in Frankreich, die ihn auch nach Spanien führte und bis in den Pontifikat Gregors VII. andauerte. Außerdem wurden aus Alexanders Zeit noch einige Legaten genannt, zu denen der Bischof Ermenfried von Sitten gehört, der außer in England in der Normandie tätig war[43].

In Frankreich, wo das Königtum nur in begrenzten Bereichen maßgebend war, wo es weithin an entscheidungsfähigen Instanzen fehlte, bestand ein Bedürfnis nach dem Eingreifen der päpstlichen Autorität. Die Legaten hatten daher dort ein erfolgversprechendes Betätigungsfeld. Ihr Wirken bezieht sich im allgemeinen auf konventionelle Fälle von regionaler Bedeutung und bringt kaum sensationelle Neuheiten. Natürlich werden auch die üblichen Mahnungen bezüglich der Simonie und des Priesterzölibats wiederholt, aber mehr als Erinnerung, denn als besonders bahnbrechende Vorstöße. Wie damals noch in keinem anderen Land kommt es unter Alexander II. zu mehr oder weniger erfolgreichen Versuchen, Bischofswahlen und -einsetzungen als unkanonisch zu beurteilen und rückgängig zu machen. Erwählte Bischöfe von Soissons, Orléans und Chartres konnten, allerdings nur nach jahrelangen Mühen, beseitigt, ein Bischof von Le Mans gegen den Widerstand des Grafen Gaufried von Anjou durchgesetzt werden[44]. Anders verlief die Auseinandersetzung um das Erzbistum Tours. König Philipp I. hatte 1068, offenbar gegen den Willen eines großen Teils der Wähler, Rudolf von Langlais zum Erzbischof von Tours ernannt und ihn investiert. Rudolfs Gegner veranlaßten den Papst, Rudolf abzulehnen und ihm das Pallium zu verweigern. Der König blieb aber fest, und 1073 gab der Papst endlich nach, und der Erzbischöf konnte geweiht werden.

Bei solchen Konflikten kam es entscheidend darauf an, ob der König an einem angefochtenen Kandidaten festhielt oder ob er ihn fallen ließ. Man hat es für das damalige Frankreich als typisch bezeichnet, „daß hier Konflikte um Bistumsbesetzungen nie einen wirklichen Bruch zwischen Papst und König verursachten"[45]. Beide Teile zeigten bald Festigkeit, bald Nachgiebigkeit. Es ist noch längst nicht so weit, daß der Papst prinzipienstreng und konsequent überall ein festgefügtes System des kanonischen Rechts mit Zwangsmitteln zur Geltung zu bringen versucht.

Zwei von den Legaten der Zeit Alexanders II. sind von Frankreich aus nach *Spanien* weitergezogen. Der eine von ihnen, Girald von Ostia, dehnte seinen Aufenthalt in Spanien bis in den Pontifikat Gregors VII. aus. Er stieß bei spanischen Bischöfen auf Widerstand, woraus dem neuen Papst manche Schwierigkeiten erwuchsen[46]. Die Wirksamkeit Hugos des Weißen ist von entscheidenden Folgen für die Pyrenäenländer gewesen, die bis auf Alexander II. von päpstlichem Wirken kaum berührt gewesen waren, während zu Katalanien als Teil von Gallien alte Beziehungen bestanden[47]. Nun ist eines der Hauptziele, den römischen Ritus gegenüber dem mozarabischen einzuführen. In Navarra und León stieß

Zorn vorgeworfen: „Parum metuendam a longinquis gentibus eius excommunicationem, quam propinqui latrunculi deriderent"; im Sinne dieser Sentenz mögen im Mittelalter viele Menschen über die päpstliche Macht gedacht haben. – 41 Th. Schieffer, Legaten S. 66 ff. u. 74 ff. – 42 Ebd. S. 76 ff. – 43 Ebd. S. 80 ff. – 44 Willi Schwarz, Investiturstreit S. 270; Becker, Studien S. 38 ff. – 45 Ebd. S. 49. – 46 Th. Schieffer, Legaten S. 86. – 47 Kehr, Navarra u. Aragon S. 4 ff.; Katalanischer Prinzipat S. 13. – 48 Kehr, Wie u.

man auf erbitterten Widerstand. Man sandte drei Bischöfe mit liturgischen Codices nach Rom, um den einheimischen Ritus zu verteidigen. Man hielt Alexander vor, schon ein früherer Papst, Johann, habe den spanischen Ritus geprüft und gutgeheißen[48]. Auf einem römischen Konzil 1065 oder 1069 soll der Papst die Orthodoxie des spanischen Ritus bestätigt haben. Um diesen Streit entstanden merkwürdige Legenden. Es habe ein Zweikampf stattgefunden, in dem der Vertreter des römischen Ritus unterlegen sei. Eine andere hat zu berichten, ein römischer und ein mozarabischer Codex seien auf einen in Brand gesetzten Holzstoß gelegt worden, dieser sei herabgesprungen und unversehrt geblieben, jener verbrannt[49]. Eine entsprechende, aber freundlichere Version aus dem Streit um die römische und die ambrosianische Liturgie erzählt der Mailänder Landulf der Alte. Es wurde vereinbart, daß als orthodox von zwei aufgelegten Codices derjenige gelten solle, der sich zuerst von selbst öffne. Und sie öffneten sich beide genau gleichzeitig[50]. In Nordspanien setzte sich trotz der erwähnten Schwierigkeiten der römische Ritus seit Alexander II. und Hugo Candidus schnell durch, zuerst 1071 in Aragon, darauf nach 1076 in Navarra, Kastilien und León, während in Katalonien, das mehr mit Frankreich verbunden war, der mozarabische Ritus nie geherrscht hatte[51].

Die Tätigkeit der Legaten in Nordspanien beschränkte sich nicht auf die Annahme der römischen Liturgie. Auf ihren Reisen und Synoden setzten sie sich wie in anderen Ländern für die Befolgung der Regeln des kanonischen Rechtes ein, auch für die Verbote von Klerikerehen und Simonie. Sie sind ferner für die Herstellung engerer Verhältnisse bedeutender Abteien zum Heiligen Stuhl tätig und für die Gewährung von Privilegien[52]. Noch eingreifender ist Roms steigende Anteilnahme an den Kämpfen spanischer und französischer Ritter gegen den Islam. Vermutlich hat Hugo Candidus schon 1063 für die Kriegspläne gewirkt, die im Jahr darauf zur Eroberung von Barbastro führten, das allerdings nicht gehalten werden konnte. Bei dieser Gelegenheit hat Alexander II. den Teilnehmern am Kriegszug einen Erlaß der Bußstrafen gewährt, den man den ersten päpstlichen Kreuzablaß genannt hat[53]. Gegen Ende seines Pontifikates haben der Papst und sein Archidiakon Hildebrand den Feldzug des Grafen Ebolus von Roucy unterstützt, der dadurch merkwürdig ist, daß er nach einem Vertrag mit der Kurie seine Eroberungen als Lehen des Heiligen Petrus besitzen sollte[54]. Mit dieser Unternehmung war auch der Legat Kardinalbischof Girald von Ostia und der ihn begleitende Subdiakon Rainbald befaßt. Hugo Candidus scheint auch sonst intensiv und vielseitig tätig gewesen zu sein. Es ist sehr wahrscheinlich, daß er die Reise des jungen Königs Sancho Ramirez von Aragon nach Rom 1068 mitangeregt hat. Dabei kommendierte sich Sancho dem Heiligen Petrus, tradierte ihm sein Reich und versprach „Dienstleistungen". Dieser Akt hatte freilich vorläufig keine praktischen Folgen. Erst nach etwa 25 jahren erneuerte der König gegenüber Papst Urban II. die Tradierung und versprach, wohl zur Ablösung der versprochenen Dienste, jährlich 500 Goldmankusen als Lehnszins zu entrichten[55].

Auch *England* gegenüber macht sich seit Alexander II. ein gewisser expandierender Zug der Kurie geltend. Das Land war vorher Rom recht fern gewesen. Seit Knut dem Großen war kein König mehr dorthin gepilgert. Nur die Erzbischöfe von Canterbury hatten nach alter Gewohnheit in Rom das Pallium geholt. Auf Leos IX. Reimser Konzil waren verhältnismäßig viele normannische Bischöfe erschienen, auch eine kleine englische Gruppe von einem Bischof und zwei Äbten[56]. Gegen Normannen und Engländer wurde kein Simonievorwurf erhoben. Eine gewisse Bedeutung hatte damals der Einspruch gegen die Ehe des Herzogs Wilhelm von der Normandie mit Matilde von Flandern wegen an-

wann S. 9 f.; Säbekow, Päpstliche Legationen S. 26. – 49 Cabrol, Art. Mozarabe, DACL, 12, 1, Sp. 396; Lerner, Hugo Candidus S. 25. – 50 P. Lejoy, Art. Ambrosian, DACL 1, 1907, Sp. 1373–1442. – 51 Kehr, Wie u. wann S. 13; Navarra u. Aragon S. 15; Katalanischer Prinzipat S. 28. – 52 Lerner, Hugo Candidus S. 31 ff.; Kehr, Wie u. wann S. 11. – 53 Erdmann, Entstehung S. 124 f. – 54 Ebd. S. 140 f. – 55 Kehr, Wie u. wann S. 14 f.; Lerner, Hugo Candidus S. 27; Erdmann, Entstehung S. 342 f. – 56 Barlow, Edward the Confessor S. 149. – 57 Steindorff, Jbb. II S. 91; Lemarignier, Études S. 138 u. 140. –

geblich zu naher Verwandtschaft. Doch gelang dem Abt Lanfranc von Bec eine Vermittlung. Für Gründung zweier Klöster als Buße werden die Bedenken gegen diese Ehe zurückgestellt[57]. Während der Regierung Edwards des Bekenners gingen wahrscheinlich mehrere Legaten nach England, in die Zeit Alexanders II. fällt die Legation des Bischofs Ermenfried von Sitten dorthin[58].

Die neuere englische Forschung hat bemerkt, daß die Anklagen normannischer Chronisten gegen die angelsächsischen Kirchen wirr und schlecht begründet seien. Keiner der Bischöfe von 1066 sei durch Simonie belastet gewesen[59]. Wilhelm der Eroberer habe zunächst nicht einmal Erzbischof Stigand von Canterbury beseitigen wollen. Dieser hatte sich aber den Vorwurf der Ämterhäufung zugezogen. Außerdem war er ein Exponent des alten Regimes und hatte die siegreiche Kurie Nikolaus' II. gegen sich[60]. Tiefere theologische oder kirchenpolitische Probleme sind erst später seinem Fall beigelegt worden. Auch andere Bischöfe wurden in den folgenden Jahren beseitigt, aber keiner wegen Widerstandes gegen „Reform"-Forderungen. Stigands Nachfolger Lanfranc war mit Wilhelm eng verbunden. König und Metropolit wachten gegenüber Päpsten und päpstlichen Legaten über die politische und kirchliche Autonomie Englands[61].

Dabei scheint die Kurie hinsichtlich dieses Landes weittragende Pläne verfolgt zu haben. Alexander II. stellte sich auf des Normannen Seite im Kampf gegen König Harald. Dieser wurde vielleicht exkommuniziert, während Wilhelms Sache durch Verleihung der Fahne des Heiligen Petrus als gerecht erklärt wurde[62]. Gregor VII. hat später eindrucksvoll erklärt, daß er schon unter seinem Vorgänger der Initiator dieser päpstlichen Politik gewesen sei[63]. Und es wird deutlich, daß er damit ähnliche Ziele verfolgte wie die Päpste gegenüber normannischen Fürsten in Süditalien oder dem Königreich Aragon. Während die Kurie Alexanders II. in Westeuropa handelnd und planend neue Ansprüche erkennen läßt, bleiben Kontakte zu Nord- und Osteuropa noch spärlich. Im Zusammenhang mit den Patriarchatsplänen Adalberts von Bremen stehen die Briefe Alexanders an den dänischen König Svend Estridson, an dänische Bischöfe und an den norwegischen König Harald den Harten[64].

Eigentümlich entwickeln sich die Beziehungen zu den *Ländern des Reiches*, wobei die Unterschiede zwischen Deutschland, Ober- und Unteritalien auffallen. Das Schisma zwischen Alexander II. und Honorius II. (Okt. 1061) läßt zunächst keinen der Päpste zum Zuge kommen[65]. Aber die mächtigsten Männer im Reich scheinen die Papstfrage weiterhin uneinheitlich beurteilt oder für ihre Einzelinteressen gar nicht so sehr wichtig genommen zu haben. 1068 reisten Erzbischof Anno und Herzog Otto von Bayern als[66] Königsboten nach Italien. Aber selbst diese Alexander II. zuneigenden Männer überschätzten ihre Bewegungsfreiheit gegenüber dem doch von ihnen als rechtmäßig betrachteten Papst. Sie hielten es für möglich, noch mit dem Gegenpapst zusammenzutreffen und mußten dafür demütig Buße leisten[67]. Erst um 1068 hat die Kurie die Freiheit gewonnen, sich in

58 TILLMANN, Legaten S. 12. – 59 DARLINGTON, Ecclesiastical Reform S. 401 Anm. 4; DE-ANESLY, Sidelights S. 108: „accusations of simony by Norman chroniclers against the English bishops most seemed confused and illfounded." – 60 DARLINGTON, Ecclesiastical Reform S. 398; vgl. o. S. 145 mit Anm. 78. – 61 F. BARLOW, A view of Archbishop Lanfrank, JEH 16 (1965) S. 170: da Lanfrank Italien vor der Kräftigung des Papsttums verließ, habe er nie ernstlich das neue päpstliche Programm beachtet; BARLOW, English Church 1066–1154 S. 60: für den König durch Dick und Dünn; CANTOR, Church, Kingship S. 31: „From a cautious pre-Gregorian position Lanfranc was advancing in the closing years of his Pontificate toward an openly anti-Gregorian stand." – 62 BÖHMER, Kirche u. Staat S. 83; ERDMANN, Entstehung S. 139 f. – 63 Reg. VII 23 S. 409 ff. – 64 HAUCK, Kirchengeschichte Deutschlands III S. 661; GERHARDT, Norwegische Gesch. S. 81 f.; SEEGRÜN, Papsttum S. 71 ff.; Jl 4471 ff., LOEWENFELD, Epistolae S. 38 Nr. 68: Alexander II. an Harald d. Harten. – 65 Vgl. o. S. 130 f. – 66 Für die unterschiedliche Haltung der Erzbischöfe Adalbert und Anno spricht der Brief des Kölners an Alexander II., wohl vom Sommer 1068, den GIESEBRECHT, Kaiserzeit III S. 1257 Nr. 4 publiziert hat. – 67 Daß die Gesandten des Königs erst nach einer humillima satisfactio (Ann. Altahenses ad a.1068, MG SrG

Deutschland voll zur Geltung zu bringen. Vorher mußte sie um Anhänger werben und vermeiden, Anstoß zu erregen. „Reform"-Forderungen zu erheben und durchzusetzen, war sie kaum in der Lage.

Zum ersten Mal gelangte sie in einem Einzelfall zur Wirksamkeit, als Heinrich IV., neunzehnjährig, 1069 die drei Jahre vorher geschlossene Ehe mit Berta von Turin lösen wollte. Auf Anregung der Umgebung des Königs kam Petrus Damiani als Legat nach Deutschland und konnte diese Krise, die nicht zeitbedingt, nicht politisch motiviert war, bei einer Frankfurter Synode im Herbst überwinden helfen[68]. Auch das zweite Eingreifen Alexanders 1070 erfolgte auf Anrufung von außen; dieses Mal von Konstanzer Kreisen, die den vom König ernannten und investierten Bischof Karl ablehnten. Diesen Fall haben wir schon besprochen[69]. Er ist deshalb höchst bemerkenswert, als Kurie und Königshof um eine Bistumsbesetzung in einen so heftigen Konflikt gerieten, wie es früher nie vorgekommen war[70]. Er weist schon auf den gleichzeitigen, viel folgenreicheren Mailänder Fall hin[71].

1073 kam es schließlich zu einem Eingreifen des Papstes in den Streit des Bischofs Gebhard von Prag mit seinem Bruder, dem böhmischen Herzog Wratislaw und dem Bischof Johannes von Olmütz. Der Prager wünschte die Vereinigung der Diözese Olmütz mit seiner eigenen, was er mit großer Brutalität zu erreichen suchte[72]. Voll Zorn wandte sich der Herzog an den Papst, der wohl auf der Fastensynode 1073, kurz vor seinem Tod, Legaten nach Böhmen abordnete, also wieder auf einen Antrag von außen reagierte. Die Angelegenheit zog sich in den Pontifikat Gregors VII. hin und gewann dadurch grundsätzliche Bedeutung, daß der Erzbischof von Mainz sich über die Verletzung seiner Rechte als Metropolit durch den Papst beklagte[73]. Hier kündigt sich also früh ein Konflikt zwischen den Ansprüchen der erneuerten Kurie und den Metropoliten an.

Die Wirkungsmöglichkeiten Alexanders II. in *Italien* waren noch nicht erheblich von Rücksichten auf den deutschen König und künftigen Kaiser bestimmt. Von seinem Eingreifen war zwar schon planend die Rede, aber es ist noch nichts ernsthaft Berechenbares von seiner Seite geschehen, außer in dem beginnenden Mailänder Konflikt. Über die rechtlichen, politischen und religiösen Grundlagen der päpstlichen Ansprüche sind verschiedene Ansichten in der neueren Literatur geäußert worden[74]. Dies entspricht der Unklarheit, die damals auch von päpstlicher Seite darüber gelassen wurde.

Die *Normannen* haben die 1059 verabredete Rolle bei der Wahl Alexanders gespielt. Mit dem Schwert wurde die Bahn zur Inthronisation des neuen Papstes geöffnet. Aber diese Verbündeten sind bald abgezogen und ließen den Papst ungeschützt zurück. Bei den Kämpfen in der Stadt im Jahre 1063 waren außer Herzog Gottfried wieder normannische Truppen beteiligt. Doch weiß man nicht, welcher von den hilfsverpflichteten Fürsten sie entsandt hatte. Vielleicht handelte es sich um Söldner. Aus Verehrung für das geistliche Oberhaupt der Kirche sandte wohl Graf Roger, der Bruder Robert Guiscards, nach seinen

S. 74) vorgelassen wurden, zeigt das gesteigerte Selbstbewußtsein der Papstes und die Mißachtung des Königs. – 68 Meyer v. Knonau, Jbb. I S. 612 ff. mit abwegigen Urteilen über Heinrichs angebliche sittliche Haltlosigkeit. Heinrichs wahres Verhalten ergibt sich verhältnismäßig zutreffend aus dem Brief Siegfrieds von Mainz an Alexander II., Cod. Udalrici Nr. 34, Jaffé B V S. 64 ff. Besonders sprechend Heinrichs Bekenntnis, daß er Berta nichts vorzuwerfen habe. – 69 Vgl. o. S. 148 mit Anm. 93. – 70 Vgl. bes. d. Acta synodi Maguntinensis, Jaffé B V S. 71 (Aug. 1071): „Et quod rex potestate iubebat, Romanus pontifex auctoritate prohibebat." – 71 Vgl. u. S. 164 f. – 72 Meyer v. Knonau, Jbb. II S. 190 ff. – 73 Codex Udalrici Nr. 40, Jaffé B V S. 84: „Debuit namque iuxta decreta canonum ad nos primum causa deferri, et ille, ad concilium vocatus, intra provinciam inter fratres suos audiri"; Gregors VII. Entgegnung Reg. I 60 S. 87. – 74 Kehr, Belehnungen S. 8: Nicolaus II. und Alexander II. treten vacante imperio die Stelle des deutschen Königs an; Erdmann, Kaiserfahne S. 885: Usurpation der Kaiserrechte; ähnlich Deér, Papsttum; nach anderen sollen Rechte aus der Konstantinischen Schenkung hergeleitet worden sein. – 75 Erdmann, Entstehung S. 119. – 76 Meyer v. Knonau, Jbb. I S.

Siegen auf Sizilien Geschenke an Alexander II. Die normannischen Fürsten lebten in vielerlei Streitigkeiten. Während Richard von Capua 1066 Angriffe auf päpstliche Gebiete wagte, wurde sein von ihm abgefallener Schwiegersohn Wilhelm von Montmirail als Verteidiger des südlichen Kirchenstaates gewonnen und erhielt vom Papst ein vexillum Sancti Petri, ein Symbol, das religiös und rechtlich ausdeutbar war[75]. 1067 unternahm Herzog Gottfried von Lothringen, der bedeutendste Herr in Mittelitalien, einen Feldzug im päpstlichen Interesse gegen den aggressiven Richard von Capua, scheiterte aber dabei. Im gleichen Jahr reisten Alexander und Hildebrand nach Apulien. Sie hielten Synoden in Melfi, Salerno und Capua ab. Wieder verbinden sich geistliches und politisches Wirken.

In *Mittel- und Oberitalien* hat die Kurie hauptsächlich mit der Markgräfin Berta von Toskana und ihrem Gatten Gottfried von Lothringen sowie der Markgräfin Adelheid von Turin zu tun. Kirchenpolitisch hat der Papst dabei elastisch taktiert. Der Herrin von Turin, die aufsehenerregende Grausamkeiten gegen Lodi begangen hatte, begegnete er mit auffallender geistlicher Milde[76], gemeinsam mit dem Lothringer Herzog stützte er anfänglich den wegen Simonievorwurfs von Vallombrosanern und aufgehetzter Bevölkerung angefochtenen Bischof Petrus Mezzabarba von Florenz[77]. Mit Gottfried, der jahrelang die einzige, wenn auch nicht sehr zuverlässige Stütze gewesen war, wurden die Beziehungen gespannt, als dieser es sich herausnahm, mit dem verhaßten Gegenpapst noch umzugehen, obwohl er ihn nie anerkannt hatte. Auch Geistliche, wie Erzbischof Heinrich von Ravenna, verfielen dem Bann, wenn sie mit Cadalus verkehrten. Für die damalige Lage ist es aber bezeichnend, daß die Ravennaten in ihrer Mehrzahl an ihrem Oberhirten festhielten, trotzdem sie dadurch gleichfalls dem Bann unterlagen. Erst nach Heinrichs Tod wurden sie durch Petrus Damiani als Legaten davon gelöst und scheinen tiefe Dankbarkeit dafür empfunden zu haben[78].

Zu den folgenreichsten und prinzipiell bedeutsamsten Ergebnissen führte schon in der Zeit Alexanders II. das päpstliche Handeln gegenüber den Konflikten, die Mailand erregten. Aber auch dort ist die Kurie zunächst noch nicht aus eigener Initiative aufgetreten. Schon unter Nikolaus II. gingen Petrus Damiani und Anselm von Lucca auf Ersuchen der Mailänder dorthin, und zwar beider Parteien[79]. Durch den Patarener Erlembald, der um 1065 von Alexander II. die Petrusfahne erhielt, kam es zu einer engen Verbindung mit den Patarenern[80]. 1066 wurde Erzbischof Wido exkommuniziert, was in der Pfingstzeit zu empörten Tumulten führte. Sowohl der Erzbischof wie der Patarenerführer Ariald wurde im Dom niedergeschlagen, Ariald mußte fliehen, wurde aber verraten und ermordet. Wieder griff eine päpstliche Legation schlichtend ein[81]. Doch die Zwistigkeiten nahmen ihren Fortgang, bis Erzbischof Wido, des Treibens müde, zugunsten des Mailänder Klerikers Gottfried resignierte. Obwohl dieses Vorgehen dem Kirchenrecht strikt widersprach, erhielt der Designierte am Königshof die Investitur. Er wurde von den Mailändern jedoch nicht akzeptiert und vom Papst mitsamt dem alten Erzbischof exkommuniziert. Dieser starb im August 1071. Zu Anfang 1072 ließ Erlembald im Beisein des Kardinallegaten Bernhard den Kleriker Atto zum Erzbischof wählen unter Bruch vorher gegebener Versprechungen und unter Ignorierung einer Zustimmung des Königs[82]. Dies führte sofort zu heftigsten Reaktionen. Viele Mailänder wollten den Konflikt mit dem König vermeiden. Atto wurde von den Feinden der Patarener gewaltsam gezwungen, eidlich auf den Stuhl des heiligen Ambrosius zu verzichten. Eine römische Synode erklärte dagegen Attos Eid als ungültig und bestätigte seine Wahl. Gottfried wurde indessen trotz des auf ihm lastenden Banns im Auftrag des Königs in Novara von mailändischen Suffraganbischöfen ge-

632. – 77 TELLENBACH, Gregorianische Reform S. 104 mit Anm. 25; Petrus war etwa 1060 Bischof geworden; vgl. Y. MILO, Dissonance between papal and local Reform Interests in pregregorian Tuscany, StM 20, 1979, S. 73. Er dürfte also jahrelang im Amt gewesen sein, bevor der Sturm der Vallumbrosaner gegen ihn losbrach. – 78 MEYER v. KNONAU, Jbb. II S. 164 Anm. 95. – 79 Vgl. o. S. 158 mit Anm. 30 u. 31. – 80 ERDMANN, Entstehung S. 129. – 81 MEYER v. KNONAU, Jbb. I S. 563 f. – 82 KELLER, Mailand S. 344 f.

weiht[83]. Kurz vor Alexanders II. Tod, auf der römischen Fastensynode 1073, wurden infolgedessen mehrere Ratgeber des Königs mit dem Bann bedroht oder sogar schon belegt. Damit erhält zum ersten Mal die Spannung zwischen dem Papst und dem König eine nie gekannte Schärfe. Denn es ist kein Zweifel, daß sich die päpstlichen Maßnahmen gegen den König, nicht gegen seine Umgebung richten. Zwar wird natürlich von Simonie gesprochen, wie fast immer bei solchen Zwistigkeiten. Aber nichts wird von Bestechung königlicher Räte konkret behauptet, und wenn schon adulatio als Simonie gilt, kann man sie Höflingen wohl immer vorwerfen[84].

In dem *Konflikt zwischen der Kurie und dem Königshof* geht es anfänglich nicht um irgendwelche prinzipiellen Gegensätze über herrschende Zustände in der Kirche oder ihren Gliedern. Auch der König verteidigt natürlich nicht die Simonie, etwa den bekannten Mailänder Tarif für Klerikerweihen[85], oder Korruption, die über die üblichen Geschenke hinausgeht. Das Problem der Klerikerehe hat ihn wohl kaum sehr beschäftigt. Es geht auch nicht um Grundsätze der Besetzung hoher kirchlicher Stellen. Der König hatte in Mailand von seinem Investiturrecht einen höchst bedenklichen Gebrauch gemacht. Wenn der Papst sich dagegen wendet, bestreitet er damit dennoch nicht das königliche Investiturrecht überhaupt, sondern dessen Mißbrauch in einem Einzelfall. Doch die Androhung oder Verhängung der Exkommunikation gegen die Verantwortlichen läßt erkennen, daß der Papst in neuer und erweiterter Weise von seinen geistlichen Vollmachten Gebrauch macht. So zeigt sich, daß die Spannung schon jetzt über vermeidbare Zufälligkeiten hinausgewachsen ist und ekklesiologische Entscheidungen anstehen.

Obwohl es im Einzelnen nicht immer sicher feststellbar ist, so hat doch wahrscheinlich der *Archidiakon Hildebrand* seit den späteren Jahren Alexanders II. den maßgebenden Einfluß in der römischen Kirche besessen. Der Stil der päpstlichen Regierung läßt schon den Duktus spüren, der dann in seinem eigenen Pontifikat sichtbar wird. Etwa die Haltung des Papstes in dem Streit um den Elekten Karl von Konstanz ist man geneigt, dem mächtigen Archidiakon zuzuschreiben, erst recht die Maßnahmen im Mailänder Schisma[86]. Zu der angedrohten oder schon verhängten Exkommunikation der Räte Heinrichs IV. auf der Fastensynode 1073 zeigt sich die gleiche früher nicht gehörte Kühnheit, mit der Gregor VII. als Papst verfahren ist. Noch 1080 erinnert er Wilhelm I. von England daran, wie er dessen Eroberung der Insel 1066, noch vor Beginn seines Pontifikats, verteidigt habe[87]. Man weiß, daß damals die päpstliche Politik von expansiven Absichten bestimmt war, die sich dann allerdings nicht als durchführbar erwiesen.

2. Gregor VII. und die Bischöfe[1]

Von der Mitte des 11. Jh.s an nimmt im kirchlichen Leben das Gewicht der ideell als Mitte von jeher allgemein anerkannten römischen Kirche gegenüber den regionalen Gliedern, den Bistümern, den Landeskirchen, den Diözesan-, Provinzial- und Landessynoden, erst langsam, dann mit wachsender Dynamik zu. Man darf sich diesen Vorgang aber nicht zu einfach und eintönig vorstellen. Immer

– 83 MEYER V. KNONAU, Jbb. II S. 196; Arnulf IV 3 MG SS VIII 26: accepto a rege mandato. – 84 Merkwürdigerweise bezweifelt MEYER V. KNONAU, Jbb. II S. 198 d. Simonievorwürfe nicht. Simonistische Ratgeber hätten aber doch eigentlich der frommen Kaiserin mißfallen müssen. – 85 Petrus Damiani, Opusculum V MPL 145 c. 95. – 86 Vgl. o. S. 148 mit Anm. 93 u. S. 164. – 87 Reg. VII 23.

1 Die in diesem Abschnitt und künftig häufig in Klammern beigefügten Zahlen beziehen sich auf das Register Gregors VII. Die von Jaffé edierten Epistolae Collectae sind mit der Sigle EC und der Nummer angegeben. An Jaffés Ausgabe halte ich fest, weil sie in der bisherigen Literatur meist zitiert wird, obwohl die Neuedition von H. E. J. Cowdrey, Oxford 1972, heranzuziehen ist. Vgl. H. FUHRMANN, DA 30 (1974) S. 250 f. – 2 CASPAR, Gre-

noch wird das Eingreifen des Papstes mehr von außen veranlaßt, von streitenden Parteien oder Hilfe suchenden Kirchen und Klöstern, als durch geplante Initiative der Kurie. Doch daß päpstliche Entscheidungen öfter gesucht werden, ist schon ein Symptom für die wachsende Anerkennung der Vollmachten des Papstes. Dabei darf zweierlei nicht übersehen werden. Die Intensität des Wirkens des Papstes oder die Häufigkeit seiner Inanspruchnahme ist in den christlichen Ländern des Westens sehr unterschiedlich. Und weiter ist zu bemerken, daß sich mehr oder weniger Widerstand gegen die als neuartig empfundenen Ansprüche des Papstes regt, entweder mit der altbewährten Methode, sich taub zu stellen, oder indem man geflissentlich Gehorsam verspricht, ihn aber nicht leistet, oder indem man sich offen gegen Forderungen wehrt, die man als Übergriffe und Verletzung eigener Rechte ansieht.

Gregor lebt und handelt aus dem sicheren Bewußtsein höchster Berufenheit. Er ist sich gewiß, als Stellvertreter des Apostels Petrus den eigentlichen Herrn der Kirche auf Erden zu vergegenwärtigen. Ob dies überhaupt möglich ist, ist ein Problem, das seiner tief entschlossenen, unphilosophischen, im Grunde einfachen Natur gänzlich fern lag. Daraus ergibt sich der herrische Zug seines Umgangs mit den Christen aller Stände, die häufige Schärfe seiner Sprache, die bei aller Überlegtheit auffallende Bestimmtheit seiner Entscheidungen[2]. Mit Drohungen und Strafen gegen Widerstrebende, Ungehorsame, die Gesetze der Kirche durch einzelne landläufige Verbrechen Verletzende ist er leicht und schnell bei der Hand. Materielle Gewalt kann er nur ausnahmsweise anwenden oder anwenden lassen. Aber die Exkommunikation als Entzug des ewigen Heiles empfindet er selbst gewiß als härteste Drohung. Doch ihn kümmert die Meinung der Menschen wenig. „Und es entgeht uns nicht", schreibt er an die tuscischen Markgräfinnen Berta und Mathilde schon nach dem ersten Jahr seines Pontifikates, „wie verschieden Meinung und Urteil der Menschen über uns sind, indem in den gleichen Fällen und Akten uns die einen grausam, die anderen allzu mild nennen. Ihnen ist, wie wir sehen, wirklich nicht wahrer, nicht richtiger zu antworten als mit dem Apostelwort: „Mir aber ist's ein Geringes, daß ich von euch gerichtet werde oder von einem menschlichen Tage (I 77)."

Über die Lage der Kirche seiner Zeit hat Gregor wohl noch pessimistischer gedacht als es den konventionell düsteren Formeln entsprach. Über die Bischöfe konnte er sich mit herbem Tadel äußern, während Lob oder Anerkennung selten über stereotype Floskeln hinausgingen. Bezeichnend ist etwa, was er Anfang 1074 dem Patriarchen Sigehard von Aquileja schrieb: „Du weißt, glauben wir, wie sehr die Kirche allenthalben von stürmischen Fluten erschüttert und von Unglück und Verlassenheit beinahe schiffbrüchig und untergegangen ist (I 42)." Und, gleichfalls noch lange vor dem großen Konflikt mit dem deutschen König, fern vom Schisma und der Gefährdung der letzten Jahre, heißt es in einem Brief an Hugo von Cluny: „Bischöfe, den Gesetzen gemäß erhoben und lebend, die das christliche Volk in Liebe, nicht in weltlichem Streben leiten, finde ich kaum. Und unter allen weltlichen Fürsten kenne ich keine, die Gottes Ehre der eigenen, die Gerechtigkeit dem Gewinn voranstellen (II 49)." Das Schreiben, durch das Siegfried von Mainz, der vornehmste Reichserzbischof, mit sechs seiner Suffragane zur Fastensynode von 1075 zitiert wird, schließt mit einem Satz, aus dem man leise Ironie

gor VII. in seinen Briefen S. 23. – 3 TILLMANN, Legaten; DICKINSON, Later Middle Ages

heraushören könnte: „Wundere dich nicht, daß wir aus deiner Diözese mehr als aus anderen eingeladen haben. Deine ist nämlich größer als die übrigen, und in ihr sind einige von nicht zu lobendem Ruf" (II 29). Einer von ihnen war Bischof Werner von Straßburg, von dem immerhin gelobt wird, daß er der Ladung Alexanders II. gefolgt sei, als einziger von allen Bischöfen des deutschen Landes, von denen es heißt, daß viele von ihnen nicht nur in fleischlicher Sünde, sondern auch von simonistischer Schande befleckt lebten (I 77).

Der Papst hat verschiedene Möglichkeiten, die regionalen Kirchen zu beeinflussen und zu kontrollieren. Gregor VII. macht einen so energischen und umfassenden Gebrauch von ihnen wie kein Papst vor ihm. Zu Synoden, besonders den römischen Fastensynoden, pflegt er die hohe Geistlichkeit freundlich einzuladen oder streng zu zitieren. Die Metropoliten sollten zum Empfang des Palliums in Rom erscheinen. Es ist bezeichnend für das distanzierte Verhältnis der englischen Kirche zu Rom in seiner Zeit, daß seine Vorhaltungen sogar gegenüber dem Erzbischof Lanfranc von Canterbury erfolglos geblieben sind (VI 30, VII 1). Er kann auch sonst Erzbischöfe zu häufigen Besuchen drängen, wie Anno von Köln (I 19). Legaten wurden in die Länder mit besonderen Aufträgen abgeordnet. England blieb ihnen freilich verschlossen[3]. Auch in der Normandie wurden sie nicht zugelassen, während das sonstige Frankreich mehr noch als Deutschland und Italien ein Bereich besonders wirkungsvoller Legationen ist. Dort spielten ständige Legaten aus dem einheimischen Episkopat, wie Hugo von Die-Lyon oder Amatus von Oloron jahrelang eine entscheidende Rolle[4].

Oft hat Gregor einen Bischof frater oder confrater und coepiscopus genannt[5]. Dies ist ihm in theologischer Anerkennung der gemeinsamen Bischofsweihe eine Selbstverständlichkeit. Doch seine Haltung ist die eines gebietenden Oberen, der zuweilen lobt, aber häufiger tadelt, Aufträge, Weisungen und Instruktionen erteilt und programmatische Erklärungen abgibt. Die Bischöfe sind ihm Helfer und Werkzeuge bei der Leitung der Kirche. Wie von jeher überträgt er ihnen die Entscheidung oder Schlichtung von Streitigkeiten, die von klagenden Parteien an ihn herangetragen worden waren. Er fordert sie auf einzuschreiten, wenn ihm Bedrängung oder gar Beraubung von Kirchen und Klerikern bekannt werden. Er mahnt sie, wenn Klöster sich über bischöfliche Übergriffe beklagen. Er erläßt bei Vakanzen Weisungen oder Ratschläge an Wahlberechtigte, Kleriker und Laien, wacht über Bischofserhebungen nach den kanonischen Vorschriften. Es kommt sogar vor, daß er sich besorgt zeigt, ob ein Bischof wegen vermuteter Senilität sein Amt versehen kann (V 19)[6]. Er drängt Bischöfe, gegen Umgang von Klerikern mit Frauen und gegen Simonie einzuschreiten. Er ist vielfach unzufrieden über ihre Lässigkeit oder gar ihren Ungehorsam, wie er sogar dem ihm sonst so getreuen Erzbischof Gebhard von Salzburg einmal schreibt, er verdiene hinsichtlich der Keuschheit der Kleriker Tadel wegen seiner Nachlässigkeit, da er bis heute den Anordnungen einer römischen Synode, bei der er anwesend gewesen

S. 54; Barlow, English Church 1000–1066 S. 111 u. 289; Ders., English Church 1066–1154 S. 165 f. – 4 Th. Schieffer, Legaten S. 68 ff.; Willi Schwarz, Investiturstreit I S. 287 f. u. 308; Becker, Studien S. 56. – 5 H. F. Caspers, Was bedeutet im Zeitalter Gregors VII. d. Bezeichnung coepiscopus? ZSavRG Kan. 22 (1933) S. 236 ff.; gegen Kehr wird gezeigt, daß es sich nicht um eine hierarchische Stufe handelt (Beispiele S. 340 ff.); dazu Capitani, Immunità vescovili S. 194 f. – 6 Eb. Johannes v. Rouen; dazu vgl. Caspar S. 382 Anm. 3 u. VI 35 vom 20. IV. 1079. – 7 Außer an Gebhard an Anno von Köln

sei, nicht zu gehorchen scheine (I 30)[7]. Gerade zu Ende 1074 und zu Anfang 1075 vervielfacht der Papst seine Mahnungen an deutsche Bischöfe, die durch den Widerstand ihres Diözesanklerus in ernste Verlegenheit geraten sind. Der Papst scheint zu wissen, daß die Lage in anderen Ländern ähnlich war. So fordert er die Lodesen auf, ihrem Bischof Opizo gegen Simonie und Nikolaitismus zu helfen, versucht also nach patarenischem Vorbild Laien gegen Kleriker mobilzumachen (II 55). Eine ernste Parallele dazu bietet ein Brief an Bischof Josfried von Paris, den königlichen Kanzler, er möge den Bischöfen in ganz Frankreich mit apostolischer Autorität bedeuten, daß sie die in schmählicher Buhlerei verharrenden Priester von dem Altardienst gänzlich entfernten. „Und wenn du in dieser Sache die Bischöfe lau und diejenigen, die Namen und Amt der heiligen Weihen für die erwähnten Verbrechen usurpieren, rebellisch findest, soll allem Volk untersagt werden, künftig von ihnen gespendete Sakramente zu empfangen (IV 20)". Auch an deutsche Fürsten wandte er sich im gleichen Sinn, an den Grafen Adalbert von Calw (II 11), den Grafen Robert von Flandern und seine Gattin Adela (IV 10,11) und am eindrucksvollsten an Rudolf von Rheinfelden und Berthold von Kärnten. Er ermahnt sie, was immer die Bischöfe reden oder verschweigen mögen, überall die Simonisten und Nikolaiten am Vollzug der heiligen Mysterien zu hindern, wenn nötig mit Gewalt. „Und wenn sie gegen euch irgend etwas daherschwätzen, als sei dies nicht eures Amtes, so antwortet ihnen, sie möchten euer und des Volkes Heil nicht stören wegen des euch auferlegten Gehorsams und zu uns zum Disputieren kommen (EC 9 und 10)."[8]

Trotz des Eindrucks einer recht skeptischen Beurteilung vieler Bischöfe beobachtet man, daß Gregors Prinzipienstrenge realistisch gezügelt ist. Er schreitet selten gegen Bischöfe ein, obgleich er sie für schädlich hält. Er gewährt verhältnismäßig leicht Verzeihung für eingestandene Verfehlungen, mildert strenge Urteile seiner Legaten, ist aber unnachsichtig gegen offenen oder versteckten Widerstand, in dem er Verletzung der Vollmacht des Papstes sieht. Und auch dann noch verfährt er meist wirklich hart nur, wo er sich im Bunde mit einheimischen Widersachern des Betroffenen weiß, mit deren Hilfe er erfolgreich zu sein hoffen kann. So sind es erstaunlich wenige Fälle, bei denen Exkommunikation und Absetzung wirklich zur Beseitigung von Bischöfen geführt haben. Und ihre Zahl ist in den einzelnen Landeskirchen bezeichnenderweise verschieden.

Aus Rücksicht auf Wilhelm I. hat sich Gregor normannischen Prälaten gegenüber wiederholt konziliant gezeigt. So überwies er auf die Bitten des Königs den Fall des von päpstlichen Legaten verurteilten Bischofs Evenus von Dol zu erneuter Untersuchung an den Bischof Hugo von Die (IV 17 und V 22), restituierte er den Bischof Arnald von Le Mans (VII 22 und 23) und befahl seinen Legaten, normannische Prälaten zu restituieren, da der König sich im Vergleich zu den übrigen Königen ganz erträglich und ehrenwert gezeigt habe. Dabei wird schon bei dieser Gelegenheit erwähnt, daß der König sich in mancher Beziehung nicht so fromm verhielte, „wie wir es wünschen" (IX 8). Hilflose Erbitterung über ihn

---

(II 25), Sigehard von Aquileja (II 62), Burchard von Halberstadt (II 66), Werner von Magdeburg (II 68), später auch Huzmann von Speier (V 18). – 8 Wie die Patarener die Laien gegen simonistische und unzüchtige Priester bis zu sciopero liturgico aufwiegeln, hat Gregor, trotzdem er die Kleriker hoch über die Laien stellte, gelegentlich diese gegen jene mobil gemacht. Vgl. dazu VIOLANTE, Pataria Milanese S. 188; MICCOLI, Chiesa Gregoriana S. 159 Anm. 147; MEULENBERG, Primat S. 92 u. 126. – 9 Für die Einzelheiten ge-

zeigt sich in einem Brief an den Legaten Hubert von 1079. Wahrlich viel habe die römische Kirche gegen ihn zu klagen. Von allen Königen, sogar heidnischen, sei er der einzige, der sich nicht schäme, die Bischöfe und Erzbischöfe von den Schwellen der Apostel fernzuhalten (VII 1). In England und im Ganzen auch in der Normandie ist der Zusammenhalt von König und Episkopat so fest, daß Einmischungen von außen kaum in Frage kommen.

Das ist in dem politisch und kirchlich zerklüfteten *Frankreich* ganz anders. Selbst im kapetingischen Herrschaftsgebiet haben die Bischöfe wenig Rückhalt an ihrem König. Erst recht gilt das für die Bischöfe und die Vasallenfürsten in ihren Bereichen. Und auch gegenseitige Solidarität der Bischöfe bietet wenig Anhalt gegenüber nahen Widersachern und Einwirkungsversuchen aus der Ferne. In keinem Land sind so viele Bischöfe vom Papst, von Legaten und Synoden verurteilt worden wie in Frankreich. Sehr oft gelang es ihnen, sich trotzdem zu behaupten, Restituierung und Versöhnung zu erreichen[9].

Man hat den Eindruck, daß der französische Episkopat Gregors VII. Einwirkungen mehr Raum bietet als der irgend eines anderen Landes. Dabei geht es weniger um die vielberufene Bekämpfung innerer Schäden in der Kirche insgesamt, als um die Anerkennung der apostolischen Autorität, die in zahlreichen Einzelfällen zum eigenen Vorteil in Anspruch genommen wird, deren Verletzung dem Papst am unerträglichsten ist.

Im Ganzen suchen die meisten, Konflikte zu vermeiden, und sind zu Zugeständnissen bereit. Weder der König noch die Bischöfe sind z. B. hartnäckig und konsequent auf die Einhaltung des altüblichen Investiturrechts des Fürsten aus, und auch der Papst ist nicht intransigent in der Durchführung der von ihm vertretenen Prinzipien. Wirkliche Freunde seiner „Reformpolitik" hatte Gregor VII. in Frankreich freilich kaum. Mit größtem Wohlwollen und verehrendem Respekt vor seinem Amt stand ihm gewiß Hugo von Cluny gegenüber, der aber als Cluniazenser seine Vorbehalte hatte, die noch zu erläutern sein werden[10]. Mit großer Prinzipienstrenge dienten ihm die einheimischen Legaten, vor allem Hugo von Die-Lyon, dessen Härte der Papst aber gelegentlich abzumildern versuchen mußte. Bezeichnend ist besonders, wie Gregor VII. die Absetzungs- und Bannurteile suspendierte, die Hugo auf dem turbulenten Konzil in Poitiers zu Anfang 1078 verhängt hatte (V 17)[11]. Immerhin war erreicht, daß viele der aufgestörten Bischöfe beim Papst erschienen, um den Legaten anzuklagen und sich selbst zu rechtfertigen. Man hat diese Reisen mit der Bedeutung Canossas für die deutsche Entwicklung verglichen. „Nur daß hier, und das ist für Frankreich bezeichnend, nicht der König, sondern die Prälaten über die Alpen gepilgert kamen."[12] Das Ergebnis war jedenfalls, daß im März 1078 die Urteile Hugos von Die über die Erzbischöfe Manasse von Reims, Hugo von Besançon, Richer von Sens, Richard von Bourges, Rudolf von Tours und den Bischof Gosfrid von Chartres zur Neubehandlung gestellt wurden. Man hat sie jedoch nie mehr aufgenommen.

Auf den hartnäckigsten Widerstand traf Gregor VII. bei dem vornehmsten Repräsentanten der französischen Kirchen, dem *Erzbischof Manasse von Reims*

---

nügt es, auf die materialreichen und kritischen Arbeiten von WILLI SCHWARZ, Investiturverbot und BECKER, Studien, zu verweisen; treffend die zusammenfassende Charakterisierung des französischen Investiturstreits bei SPRANDEL, Ivo S. 116 ff. – 10 Er ist in Frankreich wohl der einzige Mensch, dem gegenüber sein Ton zuweilen warm und vertrauensvoll wird. – 11 WILLI SCHWARZ, Investiturstreit S. 292 f.; BECKER, Studien S. 65 f. – 12 WILLI SCHWARZ, Investiturstreit S. 300. – 13 Ebd. S. 290 ff.; BECKER, Studien S. 71 ff.;

(1069–1080). Dabei ging es nicht um „Reformforderungen"[13]. Manasse hat auch die Laieninvestitur im herkömmlichen Sinn nicht verteidigt, wie er sich beim Papst darüber beklagte, daß zwei seiner Suffragane einen dritten, Rodulf von Amiens, konsekriert hätten, der die Investitur vom König empfangen hätte, obwohl sie dabei gewesen seien, als der Legat Hugo die päpstlichen Bestimmungen über das Verbot der Laieninvestitur bekanntgegeben habe[14]. Seit Beginn des Pontifikats Gregors VII. war es zu Spannungen wegen der Abtei St. Remi in Reims gekommen (I 13, 52, IV 20). Zum offenen Konflikt kam es aber erst, als Manasse sich den päpstlichen Legaten nicht unterwerfen wollte, sondern behauptete, nur dem Papst zum Gehorsam verpflichtet zu sein. Die Bereitschaft dazu hatte er allerdings in einem Beschwerdebrief beteuert, in dem es heißt: Langobardi non sumus[15]. Die Legatenfrage erwies sich für Gregor als neuralgischer Punkt (VI 2). In der Zeit der Entscheidungen fällt die Erhebung des burgundischen Erzbischofs von Lyon zum Primas für Gallien. Ihm wurden auch die französischen Kirchenprovinzen Rouen, Tours und Sens unterstellt. Gewiß war diese Maßnahme als Schwächung des Erzbischofs von Reims geplant[16]. Und da dieser sein auf der Fastensynode von 1078 abgegebenes Versprechen nicht hielt, wurde er Anfang 1080 auf einer Synode Hugos von Die abgesetzt, was der Papst auf der Fastensynode 1080 bestätigte (VII 20). Und Manasse mußte erstaunlicherweise tatsächlich aus Reims weichen (VIII 17, 18, 20). Der König ließ ihn fallen, der Episkopat rührte sich nicht ernstlich[17]. Es zeigte sich, daß es eine französische Landeskirche mit eigener Widerstandskraft nicht gab. Vor allem hatte der stolze Erzbischof viele Feinde, und wenn man allgemein die Fälle beobachtet, in denen wirklich ein Bischof beseitigt werden konnte, so bemerkt man, daß meistens oppositionelle Kräfte in der Bischofsstadt oder in der Diözese einen erheblichen Anteil daran hatten. Eine entscheidende Wende im Verhältnis zwischen Papst und französischem Episkopat brachte Manasses Sturz dennoch nicht. Es ist bezeichnend, daß Manasse zunächst den Bischof Halinard von Laon auf Wunsch des Königs zum Nachfolger erhielt, bis dieser sich nach Jahren herbeiließ, einen anderen Kandidaten zu akzeptieren[18].

Wenn Manasse von Reims die Gefügigkeit der französischen Bischöfe gegenüber dem Papst hervorheben will, erklärt er, wie wir eben hörten: wir sind keine Langobarden[19]. Gregor selbst hatte schon im Sommer 1073 an die Markgräfinnen Berta und Mathilde geschrieben: ihr wißt, liebste Töchter des heiligen Petrus, wie offen die Bischöfe der Langobarden die simonistische Ketzerei zu verteidigen und zu begünstigen wagen, wenn sie den Simonisten Gottfried, der deshalb exkommuniziert und verdammt ist, unter dem Schein der Segnung verwünschen (sub specie benedictionis maledixerint) und unter dem Mantel der Ordination einen verfluchten Häretiker eingesetzt haben (I 11). In der Tat sind mehr *ober- und mittelitalienische Bischöfe* Gregor abgeneigt als zugetan gewesen. Dies hängt weniger mit prinzipiell anderer kirchlicher Haltung als mit kirchenpolitischen und

J. R. Williams, Manasses of Reims S. 804–824. – 14 Bouquet XIV S. 611 Nr. 76 (1077). – 15 Becker, Studien S. 67 mit Anm. 87; MG BrKz V S. 182 Nr. 107. 16 Willi Schwarz, Investiturstreit S. 304 ff.; Becker, Studien S. 70 f. – 17 Willi Schwarz, Investiturstreit S. 310 f.; Becker, Studien S. 72; wenn Sprandel, Ivo S. 122 von Koalitionen einheimischer Kräfte mit dem Papst gegen den König spricht, so können diese, wie im Fall Manasses, auch gegen Bischöfe gerichtet sein. – 18 Willi Schwarz, Investiturstreit S. 316. – 19 Vgl. o. Anm. 15. – 20 MG Const. I S. 120 Nr. 70. – 21 Meyer v. Knonau, Jbb. III S. 565. –

politischen Umständen zusammen, dem Nachklang des Schismas des Cadalus, dem mailändischen Konflikt, der Abwehr der Patarener, dem Verhältnis zu Heinrich IV. Der Papst hat seine richterliche Vollmacht energisch gegen diejenigen eingesetzt, die von ihm abfielen und ungehorsam blieben. Nun ist es jedoch bemerkenswert, wie wenig es ihm in Italien gelang, die Abgesetzten und Exkommunizierten dann auch wirklich zu beseitigen und aus ihren Bistümern zu vertreiben. Es fällt auf, daß schon Cadalus von Parma nicht zu entfernen war. Klerus und Volk müssen ihm in ihrer Mehrheit treu geblieben sein; der Nachfolger Eberhard war zwar anfänglich Anhänger des Papstes, stand ihm aber reserviert gegenüber, wurde 1079 von Gregor wegen Gefangennahme des Abtes von Reichenau getadelt (VI 18), unterschrieb die Absetzung Gregors in Brixen[20], war als Wibertiner noch kurz vor seinem Tod an der Schlacht bei Sorbera gegen die tuskische Markgräfin dabei[21]. Dionysius von Piacenza, um einen anderen Fall anzuführen, war bei der Erhebung des Cadalus dabei gewesen, wurde zwar vorübergehend von Patarenern aus seiner Bischofsstadt vertrieben, wagte sich aber 1073 vor die Augen Alexanders II., als er Wibert von Ravenna als Elekten zur Weihe nach Rom begleitete[22]. Im April 1074 schrieb Gregor den tuskischen Freundinnen, die mit seiner Konzilianz unzufrieden waren, er habe Dionysius und anderen lombardischen Bischöfen als einzige Amtshandlung die Firmung der Kinder zugestanden (I 77). Damit war gesagt, daß er die Entscheidung über sie noch offen hielt. Im März 1075 teilte er jedoch schon den Piacentinern die Absetzung ihres Bischofs mit und forderte sie zur Neuwahl auf (II 54). Aber Dionysius ließ sich wenig stören, kränkte den Papst durch Gefangennahme des Erzbischofs Udo von Trier und des Kardinalbischofs Gerald von Ostia[23]. Er gehörte 1080 gleichfalls zu den Unterzeichnern des Aktes von Brixen und war noch kurz vor seinem Tod in der Umgebung Heinrichs IV. vor Rom[24]. Roland von Treviso schließlich war ehemals der Kleriker von Parma, der 1076 die Beschlüsse von Worms und Piacenza nach Rom brachte und in Gregors Umgebung stürmische Empörung verursachte[25]. Er gehört zu den Bischöfen, die auf den Fastensynoden von 1078 und 1079 verdammt wurden (V 14a und VI, 17a), unterzeichnete den Spruch der Synode von Brixen und ist bis 1089 als Bischof nachweisbar[26].

Gewiß waren Gregor VII. andere italienische Bischöfe ergeben, aber an der Parteibildung änderte sich vor dem Wibertinischen Schisma wenig. Danach erst wächst die Verworrenheit und man kann die Bischofslisten mit den Prädikaten päpstlich und kaiserlich versehen, wobei diese abwechseln oder nebeneinander auftreten konnten. Da vorher aber wenig Versuche eines Ausgleichs mit Gregor oder überhaupt von einem Parteiwechsel von Bischöfen festzustellen ist, der Papst auch nicht so entschiedene Anhänger hat wie in Frankreich und Deutschland, wird man kaum mit großen Erfolgen seiner kirchlichen Absichten in Italien rechnen dürfen[27].

---

22 MEYER V. KNONAU, Jbb. II S. 200 Anm. 24 nach Bonizo. – **23** Ebd. S. 736 u. 769. – **24** Wie Anm. 20. – **25** V 14a, 3: „qui pro adipiscendo episcopatus honore subdolus factus legatus inter regnum et sacerdotium scisma facere non aborruit." – **26** SCHWARZ, Besetzung S. 61. – **27** Selbst Tedald von Mailand (ebd. S. 82 ff.) konnte sich, exkommuniziert und vielfach verdammt, bis zu seinem Tod halten, der am gleichen Tag eintrat wie der Gregors. Unvergleichlich anschaulich für die Behauptung von Bischöfen in v. Parteiungen zerrissenen Städten ist die Schilderung Arnulfs, Gesta V, 9, MG SS VIII S. 31 von der freudigen Begrüßung der päpstlichen Legaten Anselm von Lucca und Gerald von Ostia durch

Dem *deutschen Episkopat* scheint Gregor VII. schon zu Beginn seines Pontifikats nicht viel Vertrauen entgegengebracht zu haben. Es wurde schon erwähnt, wie oft er mahnte und tadelte, weil die Beschlüsse der römischen Synoden nur lau oder gar nicht ausgeführt würden. Unter den ermahnten Empfängern sind gerade auch solche, die man herkömmlich zu den „Reformbischöfen" zählt wie Gebhard von Salzburg (I 30), Anno von Köln (II 25) oder Burchard von Halberstadt (II 66). Selbst dieser mußte sich sagen lassen: Wenn du aber bisher gesäumt hast, mögen wir den stumpfen Schlaf austreiben und mit dem Stachel des Scheltens aufscheuchen. Zu Otto von Konstanz klang es noch herber: du hast, wie wir hörten, den Ständen der Kirche (den Keuschen, den Enthaltsamen und den Verehelichten) die Zügel der Lust gelockert, so daß diejenigen, die sich mit Frauen verbunden haben, im Laster verharren und, soweit sie noch keine heimgeführt hätten, dein Verbot nicht fürchten sollten. Den Konstanzern teilte der Papst gleichzeitig mit, Klerus wie Laien, Großen wie Kleinen, er hätte ihrem Bischof geboten, Simonie auszutreiben und über die Keuschheit des Klerus zu wachen, ihn zur römischen Synode zitiert, und er befehle ihnen, ihm den Gehorsam zu verweigern, wenn er in seiner Verhärtung verbleibe (EC 8 und 9). Auch sonst ist es vorgekommen, daß der Papst die Hilfe von Laien anforderte, wie schon dargetan wurde[28].

Unter den deutschen Bischöfen, die mit Siegfried von Mainz zur Fastensynode von 1075 geladen waren, gehörten außer dem genannten Konstanzer Werner von Straßburg, Heinrich von Speyer, Hermann von Bamberg, Embricho von Augsburg und sogar Adalbero von Würzburg (II 29). Die drei Bischöfe von Straßburg, Speyer und Bamberg wurden von der Synode, vor der sie nicht erschienen, suspendiert (II 52a). Schon im Herbst 1074 hatte der Papst Erzbischof Udo von Trier mit der Untersuchung des Bischofs Pibo von Toul beauftragt, dem Simonie und Konkubinat zur Last gelegt worden waren (II 10). Im Frühjahr 1075 wurde auch Bischof Dietwin von Lüttich wegen Simonie verwarnt und ermahnt, gegen die Nichtachtung des Klerikerzölibats in seiner Diözese einzuschreiten (II 61). Er werde nur wegen seines greisenhaften Zustandes und der Fürsprache des Bischofs Hermann von Metz geschont[29].

Die Spannungen zwischen dem Papst und Gliedern des deutschen Episkopates, die schon unter Alexander II. begonnen hatten, vermehrten und verschärften sich unter seinem Nachfolger. Gregors Mißtrauen gegen einige von ihnen veranlaßten ihn zu Zitationen, die den vornehmen geistlichen Herren ungewohnt und widerwärtig vorkommen mußten. Sie blieben vielfach unbefolgt, allenfalls mit fadenscheinigen Entschuldigungen, was den Papst mit seinen eifervollen Gehorsamsansprüchen erst recht aufbrachte. Es kam, wie bemerkt, zu Suspendierungen und Exkommunikationen. Als Antwort auf ihre Absage im Januar 1076 wurden bei der Fastensynode des gleichen Jahres mit Heinrich IV. zwei Erzbischöfe und 24

---

die Bevölkerung von Mailand. Der Erzbischof konnte nichts dagegen tun, doch seine Stellung blieb unerschüttert. – **28** Vgl. o. S. 168. – **29** Petitions igitur iustitiae his de sententia in te esset animadvertenda, sed parcimus propter senilem aetatem et quia carissimus frater noster Herimannus Mettensis episcopus, tuae ecclesiae filius, te multum apud nos excusavit. Dieser Ton gegenüber einem Bischof, der seit 27 Jahren sein Amt versah, macht die Gefühle vieler deutscher Bischöfe gegenüber dem Papst wohl verständlich. Man muß sich auch daran erinnern, wenn man die Geschehnisse im Januar 1076 verstehen will. – **30** Qui sua sponte eius scismati consentiendo subscriberunt (MGConst. I 120 Nr. 70). –

Bischöfe gebannt (III 10 a)[30]. Da ist es nun höchst merkwürdig, daß trotzdem im Pontifikat Gregors vor dem Schisma von 1080, mit einer Ausnahme, kein deutscher Bischof sein Amt wirklich verlor. Einige sind gestorben, bevor es zu Konsequenzen kommen konnte. Viele erreichten schon im Lauf des Jahres 1076 ihre Lossprechung, in Canossa wurden mit dem König Liemar von Bremen, Werner von Straßburg, Burchard von Lausanne, Burchard von Basel und Eberhard von Naumburg vom Bann gelöst[31]. In den folgenden Jahren wurden keine deutschen Bischöfe mehr suspendiert oder gebannt. Sogar denen, die gegen das päpstliche Gebot die Investitur vom König vor der Weihe angenommen hatten, wurde die Entschuldigung leicht gemacht[32]. Erst 1080 wurden mit Heinrich IV. alle seine Anhänger pauschal gebannt.

Nur ein einziger deutscher Bischof ist eindeutig wegen Simonie abgesetzt worden und hat sich nach langem Sträuben darein geschickt: *Hermann von Bamberg*. Gregor VII. hat nach dessen Suspendierung auf der Fastensynode 1075 seine Beseitigung energisch betrieben. 1065 soll Hermann das Bistum Bamberg am Königshof durch hohe Geldzahlungen erlangt haben, also durch Simonie. „Davon war ganz Deutschland überzeugt, und mit Recht" (C. Erdmann)[33]. Der Papst hatte 1074 die Kardinalbischöfe Hubert von Palestrina und Gerald von Ostia als Legaten zur Abhaltung einer Reformsynode nach Deutschland geschickt[34]. Da Heinrichs IV. Osterhoftag in Bamberg anberaumt war, lehnten die Legaten, die gegen den dortigen Bischof vorgehen sollten, ihre Teilnahme ab. In Bamberg wurde Bischof Hermann von den Bischöfen, besonders Liemar von Bremen, krass desavouiert; bei einem nachfolgenden Treffen in Nürnberg kam es indessen zur Verständigung der Legaten mit dem König. Als Hermann auf der Fastensynode 1075 (II 52 a) die Suspendierung traf, wurde ihm noch eine Frist bis zum Weißen Sonntag eingeräumt. Schon in der Nähe von Rom soll der Simonist seine Reise aber abgebrochen und dem Papst kostbare Geschenke gesandt haben (III 1–3). Im Juli war es endlich so weit, daß er aus dem Amt entfernt und eine Neuwahl angeordnet wurde. Am 30. XI. bestellte der König einen Nachfolger, der durch Siegfried von Mainz die Weihe erhielt. Herman gab sich endlich geschlagen, zog sich in das Kloster Schwarzach zurück, unterwarf sich dem Papst und erlangte von ihm die Lösung vom Bann[35].

Der Sturz des Bamberger Bischofs, so gut begründet er schien, so folgerichtig er verlief, läßt dennoch Fragen offen. Im Sommer 1065 war der mit seinem Erzbischof aus dem heiligen Land zurückkehrende Mainzer vicedominus Hermann Nachfolger des verstorbenen Bischofs Gunther von Bamberg geworden. Erst 1070, also volle fünf Jahre später, wurde er mit Anno von Köln und Siegfried von Mainz von Alexander II. nach Rom zitiert, vermutlich, wie diese, wegen Lässigkeit gegenüber simonistischen Gebräuchen in seiner Diözese. Aber er konnte sich nicht bloß rechtfertigen, sondern empfing damals sogar das Pallium, das den Bamberger Bischöfen zustand[36]. Er war einer der einflußreichsten Bischöfe am

---

31 MEYER V. KNONAU, Jbb. II S. 762. – 32 Vgl. o. S. 150 mit Anm. 105. – 33 ERDMANN, Briefliteratur S. 232 f., gegen dessen Deutung, auch i. Exkurs 6, ich Bedenken nicht überwinden kann. – 34 Ausführlich zur Geschichte der Konzilsversuche ebd. S. 227–244. – 35 MEYER V. KNONAU, Jbb. II S. 541 ff.; Lossprechung S. 544. – 36 Ebd. S. 4; vgl. die einleuchtenden Darlegungen von R. SCHIEFFER, D. Romreise dter Be. im Frühjahr 1070, Rhein. Vjbll. 35, 1971, S. 158 ff.; SCHIEFFER bezweifelt Lamperts Angaben von einer Vorladung, einer gemeinsamen Reise der drei Prälaten und einem konkreten Simonieverdacht. – 37 Lampert bietet in seinen Annalen zum Jahr 1975, MG SrG S. 203–210 eine in sich

Königshof, wirkte in Bamberg als Klosterreformer, geriet aber nach Lampert von Hersfeld gerade dadurch in schwere Konflikte mit der Bamberger Geistlichkeit. Erst im Dezember 1074, also nach neunjährigem (!) Pontifikat, wurde er mit Erzbischof Siegfried von Mainz und fünf anderen Mainzer Suffraganbischöfen abermals nach Rom zitiert (II 29) und auf der Fastensynode 1075 suspendiert (II 52 a). Seit 1074 war er immer härter als Simonist verklagt worden und wurde schließlich als solcher seines Amtes entsetzt. Worauf der Vorwurf beruht, ist von Lampert von Hersfeld um 1077/78 und Bruno um 1082, als der ehemalige Bischof längst allgemein als Simonist abgestempelt war, berichtet worden. Er soll 1065 sein Bistum mit großen Summen gekauft haben. Ob man dies als wahren Kern sonst unglaubhafter Klatschgeschichten hinnehmen kann, ist schwer zu sagen. Wie der Bischof, der sich in Bamberg höchst unbeliebt gemacht hatte, in Verruf kam, geht deutlich aus Lamperts lebendigem Roman hervor[37]. Aufregend bleibt aber, daß er der einzige deutsche Bischof war, der nicht nur als krasser Simonist galt, sondern sogar als solcher beseitigt wurde. Gregor VII. scheint außer ihm 1074 noch weitere deutsche Bischöfe für Simonisten gehalten zu haben, als er den tuszischen Markgräfinnen schrieb, multi non solum carnali scelere, sed etiam simoniaca labe fedati itidem vocati sunt (I 77).

Der Fall Hermanns von Bamberg zeigt, daß der deutsche Episkopat sich schon vor dem großen Konflikt von 1076, wenigstens nach außen, geschlossen von simonistischen Verstößen distanzierte, wie sie diesem Kollegen zugeschrieben wurden. In dieser Hinsicht bestand jedenfalls Ende 1075 kein offener Gegensatz zwischen dem Papst und der deutschen Kirche, obwohl es hier und da noch zu solchen Geldgeschäften gekommen sein mag. Der herrische Ton des Papstes wurde im allgemeinen ihm gegenüber mit Stillschweigen oder konventioneller Devotion ertragen. Was die selbstbewußten geistlichen Herren dabei empfanden, läßt sich schwer sagen. Doch wird in Deutschland unter den Metropoliten in einigen Fällen Opposition und Erbitterung erkennbar.

Schon unter Alexander II. hatte sich der böhmische Herzog Wratislaw an den Papst wegen Gewalttätigkeiten seines Bruders, des Bischofs Gebhard (Jaromir) von Prag gegen den Bischof Johannes von Olmütz gewandt. Als Legaten gingen daraufhin die Kardinaldiakone Bernhard und Gregor nach Böhmen. Doch der Prager lehnte es ab, sich vor ihnen zu verantworten, wenn nicht sein Metropolitan und die Bischöfe der Mainzer Kirchenprovinz anwesend seien[38]. Nach dem bald danach erfolgenden Pontifikatswechsel beklagte sich Siegfried von Mainz bei Gregor VII. bitter darüber, daß ohne sein Wissen die Klage gegen einen seiner Suffragane nach Rom getragen und durch die Legaten seine Rechte verletzt worden seien[39]. Gregor wies die Klage des Erzbischofs als Anmaßung zurück (I 60). Gebhards Sache wurde auf Bitten der Markgräfin Mathilde wohlwollend geregelt. Dementsprechend ging im Frühjahr 1074 ein Schreiben an Herzog Wratislaw (I 78). Obwohl es noch zu weiteren Reibungen kam, blieb Gebhard bis zu seinem Tod 1094 im Amt.

geschlossene, lebendige Erzählung. Mit den Tatsachen geht er, nach seiner Gewohnheit, wie ein Märchenerzähler um, der nur Gute und Böse kennt. Ein sicheres Urteil über die Schuld Hermanns von Bamberg ist unmöglich, aber die obigen Feststellungen erwecken Zweifel an den bisherigen Deutungsversuchen, auch an denen v. CH. SCHNEIDER, Sacerdotium S. 81 ff. – 38 MEYER V. KNONAU, Jbb. II S. 192 ff. – 39 Cod. Udalrici Nr. 40, JAFFÉ B V S. 85. – 40 MG BrKz V S. 38 Nr. 17; zu Udo von Toul und Liemar von Bremen vgl.

Als Skandal wurde es empfunden und zurückgewiesen, als Gregor VII. am 16. X. 1074 auf Grund einer Denuntiation des Domkustos von Toul Erzbischof Udo von Trier beauftragte, Bischof Pibo von Toul zur Rechenschaft zu ziehen (II 16). Diesem war vorgeworfen worden, Kirchen und Ämter simonistisch verkauft und mit einer Frau in Unzucht gelebt zu haben. Der Erzbischof, ein vornehmer Herr aus dem Geschlecht der Grafen von Nellenburg, antwortete mit seltener Schärfe und Offenheit[40]. Er hatte Gregors Brief vor mehr als zwanzig Bischöfen, wahrscheinlich in Straßburg, wo der König Weihnachten 1074 feierte, verlesen lassen. Man war empört und fand besonders unerträglich, daß die Klage des Touler Klerikers Veranlassung zu Gregors Auftrag gewesen war. Bei einer bisher ungewissen Sache hätte es sich für die apostolische Mäßigung nicht geziemt, bis zu ehrenrührigen Ausdrücken wie exepiscopus und lupus zu gehen. Trotzdem habe er, der Erzbischof, die Sache untersucht. Der Denunziant habe dabei kein Wort herausgebracht. Dagegen habe sich die vollkommene Unschuld Pibos herausgestellt. Excellentiam vestram, so schließt der Brief mit schneidender Höflichkeit, deren Ehre und Dienst wir unsere Mühe gewidmet haben, wollen wir gebeten haben, uns künftig nicht Derartiges aufzuerlegen, was weder wir tragen noch Leute finden können, die zur Bewältigung dieser Last mit uns Hand anlegen wollen.

Udo hatte grundsätzliche Vorbehalte gegen das Verfahren des Papstes geltend gemacht. Dieser hatte verlangt, die Touler Kleriker zu versammeln und sie unter Androhung des Anathems zu zwingen mitzuteilen, was sie über die Erhebung des Bischofs und seinen Lebenswandel wüßten. Das hieße, entgegnete der Erzbischof, die Söhne gegen die Väter bewaffnen und die Gesetze frommer Anhänglichkeit zu verkehren.

Um noch grundsätzlichere Fragen ging es 1074 und 1075 in dem Widerstand der Erzbischöfe Siegfried von Mainz und Liemar von Bremen gegen die vom Papst gewünschte deutsche Reformsynode durch Legaten, die Kardinalbischöfe Hubert von Präneste und Gerald von Ostia[41]. Im gleichen Monat Dezember 1074 wie Siegfried wurde auch Liemar zur Fastensynode 1075 zitiert (II 28,29). Der Bremer wurde sogar vorläufig schon vom bischöflichen Amt suspendiert. Ihm wurde vorgeworfen, das vom Papst angeordnete Legatenkonzil verhindert zu haben. Auf der Fastensynode erfolgten dann endgültig Suspendierung und Exkommunikation. Ein Brief Liemars an Bischof Hezilo von Hildesheim von Anfang Januar 1075 läßt seine Auffassungen noch genauer erkennen. Die Legaten hätten von ihm und Siegfried Zustimmung zu der Synode verlangt, jedoch dies nicht unter Berufung auf den Papst befohlen, sondern in eigener Autorität geredet. Die beiden Erzbischöfe hätten erwidert, sie könnten dieses Gebot nur in Übereinkunft mit ihren Mitbischöfen annehmen. Jene, wie unberatene und zornige Menschen, erlegten mir auf, entweder ihren Willen bezüglich der Synode zu erfüllen oder nach Rom zu kommen, um Rechenschaft abzulegen. Jetzt zitiert mich der Papst zornig nach Rom und suspendiert mich vom Amt. „Der gefährliche Mensch will den Bischöfen wie Gutsverwaltern befehlen, was er will; wenn sie nicht alles getan haben, sollen sie nach Rom kommen oder sie werden ohne Urteil suspendiert."[42] Das Legatenkonzil scheiterte, aber die Erregung auf beiden Seiten hielt an. Noch im September wandte sich Gregor an Siegfried von Mainz gegen dieje-

CH. SCHNEIDER, Sacerdotium S. 97 ff. – **41** MEYER V. KNONAU, Jbb. II S. 380; ERDMANN, Briefliteratur S. 238 ff. – **42** MG BrKz V S. 33 ff. Nr. 15. – **43** GOEZ, Erhebung S. 120,

nigen, die eine Verschiebung des vom Papst angesagten Konzils verlangten (III 4). Diese Spannungen zwischen dem Papst und dem deutschen Episkopat und ihre Entstehung aus grundsätzlichen gegensätzlichen Meinungen über die Stellung von Papst und Bischöfen muß man beachten, um den Eklat von Worms im Januar 1076 zu verstehen[43].

3. Gregor VII. und die Könige außerhalb des Imperiums

Gregor VII. hat in einem Brief an Wilhelm I. von England geäußert, nächst Gott sei die königliche Würde nach apostolischer Fürsorge und Anordnung zu führen (ut cura et dispositione apostolica dignitas post Deum gubernetur regia). Er bewegt sich dabei auf den Bahnen der gelasianischen Zweigewaltenlehre. Wie alle Christen habe die apostolische und priesterliche Gewalt die christlichen Könige vor dem göttlichen Gericht zu vertreten und für ihre Verfehlungen Rechenschaft abzulegen. Daraus folge, daß der König ihm ungesäumt gehorchen müsse (an debeam vel possim saluti tue non diligentissime cavere et tu mihi ad salutem tuam, ..., debeas vel possis sine mora non oboedire (VII 25)? Ähnlich ist das universale regimen des Papstes in einem Brief an den dänischen König Svend Estridson (II 51) begründet und von universalis cura (VI 13) gegenüber dem Norwegerkönig Olav III. die Rede. Auch sonst schöpft in seinen Briefen an Könige Gregor öfters aus dem Bestand der päpstlichen Idee.

Aber die Möglichkeiten, ein universales regimen wirklich auszuüben, waren sehr begrenzt. Mit ferngelegenen Reichen kam es nur zu vorübergehenden Kontakten, namentlich wenn ein König sich selbst an den Papst gewandt hatte. Dem *Norwegerkönig* schrieb Gregor, sie lebten gleichsam am Ende der Welt (II 53). Dem *Dänenkönig* teilte er schon Anfang 1075 mit, zu ihm gesandte Legaten hätten wegen der Unruhen in Deutschland die gefährliche Reise aufgegeben und seien nach Rom zurückgekehrt (II 51). In den Briefen an die Skandinavierkönige handelt es sich im Wesentlichen um Mission und Mittel zur Glaubensunterweisung. Es sind nur wenige. Doch kann es durch Romreisen außerdem zu gelegentlichem Austausch gekommen sein. Das Christentum war dort ganz auf die Könige angewiesen. Heidnischer Aberglaube war noch zu bekämpfen, kirchliche Bildung zu vermitteln, während die sonst üblichen Probleme, das Verhältnis von König und Episkopat, die wirtschaftliche Existenz der Kirchen, der Zölibat des Klerus wohl kaum eine Rolle spielten[1]. Einen der Söhne Svend Estridsons plante Gregor, als defensor christianitatis heranzuziehen und ihn mit einem reichen Land am Meer auszustatten (II 51). Dem Russenkönig Isjaslaw-Demetrius teilte er mit, er habe seinem Sohn Jaropolk, der in Rom erschienen war, sein Reich als Geschenk des heiligen Petrus übertragen (II 74). Den Polenherzog Boleslav ermahnt er gleichzeitig, dem Russenkönig zu restituieren, was er ihm geraubt habe, kündigt aber außerdem Legaten an, die ihn bei der kirchlichen Organisation seines Landes unterstützen, besonders die Frage eines Metropolitensprengels erörtern sollten (II 73)[2]. König Michael von Serbien wird gebeten, zur Entscheidung eines Streites zwischen den Erzbischöfen von Spalato und von Ragusa den Bischof Petrus von Antivari und den Erzbischof von Ragusa nach Rom zu schicken. Außerdem wird ihm die Verleihung eines Banners und des Palliums mitgeteilt (V 12)[3]. Zu Gunsten des Königs Zwonimir-Demetrius

ferner DERS., Rainald v. Como S. 490; doch lehnt der deutsche Episkopat nicht jegliche Einmischung des apostolischen Stuhls ab, sondern, ebenso wie Manasse von Reims, vor allem das Übergewicht der Legaten.

1 Vgl. bes. VII 21 an den Dänenkönig Hakon von 1080; dort S. 498 gegen Wetter- und Hexenaberglauben. – 2 V. MEYSTOWICZ, L'union de Kiew avec Rome sous Grégoire VII, SG V, 1956, S. 96 ff. – 3 C. JIREČEK, Geschichte d. Serben I, 1911, S. 212. – 4 F. ŠIŠIK, Ge-

mahnt Gregor einen Vasallen, von Angriffen auf diesen abzusehen (VII 4)[4]. Selbst ein islamischer König, En-Naser von Mauretanien, gehörte zu Gregors Korrespondenten. Er erfüllt des heidnischen Fürsten Bitte, den Erzbischof Servandus zu weihen, den er Klerus und Volk von Bougie empfahl (III 20,21)[5].

Das Verhältnis zu allen diesen Königen ist frei von Konflikten. In *Spanien* sind noch Nachwirkungen der Auseinandersetzungen über mozarabischen und römischen Ritus zu spüren. So wird Alfons VI. von Leon 1081 eigens dafür gelobt, daß er die Annahme des römischen Ritus bewirkt habe (IX 2). Zu ernsten Spannungen über kirchliche Mißstände in den nordspanischen Reichen scheint es nicht gekommen zu sein[6]. Bezeichnend für die beiderseitige Konzilianz ist die Verständigung des Papstes mit Sancho I. von Aragon über die Nachfolge des Bischofs von Huesca (II 50) oder mit Alfons VI. über die Wiedereinsetzung des Bischofs Paulus Muñoz von Oca, den die Legaten Gerald von Ostia und Reinbald als Simonisten abgesetzt hatten (I 64 und 83).

In den Beziehungen zu Königen oder Thronprätendenten von *Ungarn* ist das Hauptinteresse des Papstes die von ihm behauptete Lehnsabhängigkeit ihres Reiches vom heiligen Stuhl. Innere Angelegenheiten der ungarischen Kirche scheinen nicht strittig gewesen zu sein, jedenfalls nicht zu päpstlichen Eingriffen geführt zu haben[7]. Höchst unzufrieden äußerte sich Gregor gegenüber sardinischen Judices. Sie hätten sich mehr vom Papst entfernt als die Völker, die am Ende der Welt leben. Sie sind ihm entglitten, gibt er zu, da durch die Nachlässigkeit seiner Vorgänger die Liebe erkaltet sei, die seit alten Zeiten zwischen der römischen Kirche und ihrem Volk bestanden hätte (I 29).

Wilhelm den Eroberer hat Gregor VII. respektiert, obwohl er ihm manche Enttäuschungen bereitete. Der König hatte sich geschickt den Versuchen entzogen, *England* nach dem Muster normannischer Fürstentümer zum Lehnsreich des heiligen Petrus zu machen[8]. Er hielt die englische Kirche fest in der Hand, war mit Erzbischof Lanfranc von Canterbury einig, duldete keine Romreisen englischer Bischöfe und keine Einmischungen päpstlicher Legaten in seinem Land[9]. Als Hugo von Die und Amatus von Oloron normannische Prälaten gebannt hatten, befahl ihnen Gregor, sie davon zu lösen. Der König verhalte sich zwar nicht so fromm, wie der Papst es wünsche, aber deshalb, weil er die Kirchen nicht zerstöre oder verkaufe, für Frieden und Gerechtigkeit gegenüber seinen Untertanen sorge und weil er, von gewissen Feinden des Kreuzes Christi aufgefordert, keinem Pakt gegen den apostolischen Stuhl zustimmen wollte, weil er ferner die Priester ihre Ehefrauen zu entlassen, Laien die von ihnen entfremdeten Zehnten abzugeben unter Eid gezwungen habe, erweise er sich erträglicher und ehrenwerter als die übrigen Könige (IX 5). Gregor hielt es wohl für klüger, sich ihm gegenüber zurückhaltend zu zeigen, zumal das Schisma schon angebrochen war, als er dies schrieb[10].

So aktiv die Wirksamkeit des Papstes und seiner Helfer in *Frankreich* war, so sind die direkten Kontakte mit dem König begrenzt gewesen. Philipp I. kommt im Register Gregors nur zweimal als Empfänger von Briefen vor (I 75, VIII 20), obgleich er ziemlich oft erwähnt wird. Offenbar hört die Spannung zwischen Papst und König nie auf. Am Anfang und am Ende von Gregors Pontifikat zeigt sich trotzdem ein gewisses Entgegenkommen. Ende 1074 fallen von päpstlicher Seite unerhört scharfe Worte. In einem Brief an den französischen Episkopat werden im September die beklagenswerten Zustände gegeißelt. Davon ist euer König, der nicht König, sondern Tyrann zu nennen ist, Haupt und Ursache. Höchste Empörung erregt die Erhebung einer Abgabe von ausländischen Kauf-

schichte d. Kroaten, 1917, S. 304. – 5 Caspar, Reg. S. 286 Anm. 1. – 6 Vincke, Staat u. Kirche S. 255 ff.: Gregor VII. duldet den Einfluß des Königs; dagegen kam es zu Widerstand spanischer Bischöfe gegen den Legaten Gerard; vgl. Säbekow, Päpstliche Legationen S. 20. – 7 Reg. II 13, 63, 70, IV 25, VI 29; zu Gregor VII. Hóman, Ungarisches MA S.279, zur Tolerierung der traditionellen Kirchenverfassung S. 315 ff. – 8 Vgl. o. S. 167. – 9 Barlow, English Church 1066–1154 S. 60 ff. u. 70; Cantor, Church, Kingship S. 30 ff.: nach Gregors Tod kein Nachfolger in England anerkannt. – 10 Über das Schisma als Druckmittel Barlow, English Church 1066–1154 S. 275. – 11 Kienast, Deutschland u. Frank-

leuten, die eine Messe besuchten. Nach Art eines Räubers hat er ihnen eine ungeheure Menge Geld entwendet. Wenn er auf die ihm angedrohten Strafen hin nicht Vernunft annimmt, wünschen wir, daß es niemand verborgen und zweifelhaft sei, daß wir auf jede Weise mit Gottes Hilfe versuchen werden, das Königreich Frankreich seiner Herrschaft zu entreißen (II 5). Zwei weitere Briefe ähnlichen Inhalts folgen im November und Dezember. Darin wird Philipp, König von Frankreich, nein, räuberischer Wolf und ungerechter Tyrann genannt (II 18, 32). Man hat diese Verlautbarungen „Theaterdonner" genannt[11]. Philipp ist auf der Fastensynode 1075 mit Exkommunikation bedroht worden (II 52 a). Sie hat ihn aber nie wirklich getroffen. Zum Äußersten ließen es beide Teile nicht kommen[12]. Es hat mehrere Auseinandersetzungen über die Mitwirkung des Königs an Bistumsbesetzungen gegeben. Dabei duldete es jede Partei, wenn die andere die Oberhand gewann. Die Abwehr der Simonie ging außer den König den hohen Adel und die Geistlichkeit insgesamt an. Für die Durchsetzung des Klerikerzölibats konnte der König wenig tun. Für eine grundsätzliche Klärung des Verhältnisses von Papst und König war Philipp I. kaum ein Partner. Von prinzipieller Bedeutung war in Frankreich allenfalls die Verteidigung metropolitaner Vollmachten gegenüber päpstlichen Legaten, worüber Manasse I. von Reims stürzte[13].

Das nahe *Süditalien* erforderte größeren Einsatz von politischer Kunst, materiellen Machtmitteln und persönlichem Handeln als alle die fernliegenden Länder. Die Normannen, einst entscheidende Helfer bei der Emanzipation des Papsttums, waren bald unzuverlässige Verbündete, bald gefährliche Gegner. Bereits zu Anfang 1074 erfolgte ein Vorstoß Robert Guiscards gegen Benevent[14], den der Papst mit dem Bannfluch beantwortete, der schon bei der Fastensynode 1074 (13. März) verhängt wurde (I 85 a). Er wurde mehrfach wiederholt, da weitere Kränkungen und Angriffe vorkamen. Die Versöhnung zwischen Robert und Richard von Capua ermöglichte beiden weitere Eroberungen. Ende Dezember 1077 fiel Salerno, und Herzog Gisulf mußte erst nach Capua, dann nach Rom fliehen, wo er als Emigrant blieb[15]. Neben diesen Kämpfen gingen Verständigungsversuche einher, an denen besonders Abt Desiderius von Monte Cassino beteiligt war. Erst im Sommer 1080 kamen sie ans Ziel. Ende Juni erneuerte der Herzog den Lehnseid und gewährte ihm der Papst abermals die Investitur mit seinen Ländern (VIII 1 a, 1 b). Das Verhältnis Gregors VII. zu den Normannenfürsten gehört mehr in die Kirchenstaats- als in die Kirchengeschichte. Grundsätze des Verhältnisses von geistlicher und weltlicher Gewalt standen dabei nicht zur Debatte. Den Papst, dem ein regimen universale als Pflicht seines Amtes erschien, muß es beunruhigt haben, daß der Normannfürst mehr als sechs Jahre im Kirchenbann lebte, ohne in seinem Wirken und in seinem Gewissen besonders gestört zu sein[16].

4. Gregor und Heinrich

Mit dem jungen König, dem die Reiche Deutschland, Burgund und Italien zugeordnet waren, der wie seine Vorfahren die Kaiserkrone vom Papst erhalten sollte, war das Verhältnis von vornherein gespannt. Wie es dazu gekommen war, hatte Hildebrand-Gregor schon von den Zeiten der vormundschaftlichen Regierung an erlebt, unter Alexander II. wahrscheinlich sogar den maßgebenden Einfluß darauf gehabt, daß es zu ganz außerordentlichen Maßnahmen gegen den jungen König gekommen war[1]. Die Ursache war der erbitterte Streit der Mailän-

reich S. 179. – **12** BECKER, Studien S. 54, auch S. 78. – **13** Vgl. o. S. 169 f. – **14** MEYER v. KNONAU, Jbb. II S. 340. – **15** MEYER v. KNONAU, Jbb. III S. 85 ff. – **16** DEÉR, Papsttum S. 79.

1 Vgl. o. S. 165. – **2** Wann vor 1071, ist ungewiß. Vgl. Meyer v. Knonau, Jbb. II S.

der Parteien um die Besetzung des Stuhls des heiligen Ambrosius. Daß Heinrich von seinem Hof veranlaßt wurde, auf Wunsch des resignierenden Erzbischofs Wido den Subdiakon Gottfried zu investieren, war politisch und kirchenrechtlich höchst bedenklich[2]. Es ging noch gar nicht um neue Auffassungen über die königliche Investitur überhaupt, die nur von den Mailänder Radikalen mißachtet wurde, wofür sie allerdings päpstlichen Beistand erhielten. Bedrohlich mußte dem Papst erscheinen, daß sich trotzdem Mailänder Suffraganbischöfe zur nachträglichen Weihe des Investierten bereitfanden. Er hatte in Reichsitalien wenige Freunde im hohen Adel und im Episkopat, dagegen stieß er auf viel Gleichgültigkeit. Man war dort seit alters gewohnt, die eigenen Interessen wahrzunehmen und nötigenfalls päpstliche Einwendungen oder gar kirchliche Strafen zu überstehen. In vergangenen Zeiten war der Papst, oft in seiner nächsten Umgebung angefochten, nicht mächtig genug gewesen, um sich dem mittel- und oberitalienischen Episkopat gegenüber durchzusetzen. Die wachsende Energie der päpstlichen Obrigkeit versuchten viele zunächst noch zu ignorieren. Der meist ferne König konnte eher mit Unterstützung rechnen, wenn er Fürsten und Bischöfen entgegenkam. Der Mailänder Fall mußte daher dem Papst für seine Geltung in Italien bedenklich erscheinen. Mehr noch wurden grundsätzliche Spannungen, die noch untergründig geblieben waren, fühlbar und gesteigert.

a) Heinrichs IV. Erbe

Bevor aber aus ihnen ein offener Konflikt zu werden drohte, war Heinrichs IV. Königtum längst von ganz anderer Seite aufs schwerste bedroht und geschwächt. Das deutsche Reich war vor Heinrich in eine Krise geraten, deren Gründe unabhängig von den kirchlichen Problemen des Jahrhunderts waren. Heinrich IV. mußte sein Königtum auf zwei Fronten verteidigen, und Gregor VII. erhielt Verbündete, für die seine Ideale und Ziele zweitrangig waren. Ohne dies zu berücksichtigen, läßt sich die für beide schicksalhafte Auseinandersetzung nicht begreifen.

Lampert von Hersfeld berichtet zum Jahre 1057, sächsische Fürsten hätten in häufigen Zusammenkünften über das Unrecht geredet, das sie unter dem Kaiser (Heinrich III.) erlitten hätten. Dabei meinten sie, es wäre schön, wenn sie seinem Sohn das Reich entrissen, da doch sein Alter eine solche Tat noch begünstige. Sie hätten beschlossen, ihn zu töten, wenn sich zufällig eine gute Gelegenheit dazu böte[3]. Der Hersfelder Chronist ließ wohl seiner Fabulierkunst freien Lauf, als er dies dreißig Jahre später aus damaligen Stimmungen heraus niederschrieb[4]. Aber so viel ist richtig, daß die Ursachen der Feindschaft eines Teils des sächsischen Stammes gegen das salische Königtum längst vor Heinrich IV. angelegt waren[5]. Mit der schicksalschweren Auseinandersetzung zwischen dem Papsttum und dem Königtum der Salier hatten sie ursprünglich nichts zu tun.

Bereits Heinrich II., Sproß der jüngeren Linie des liudolfingischen Hauses, mußte von den Sachsen eigens seine Nachfolge bestätigen lassen und konnte offenbar nicht ohne

---

102 Anm. 15. – 3 Lamperti Ann. ad a. 1057, MG SrG, S. 71. Von frühzeitigen Umsturzplänen i. Sachsen spricht GIESE, Stamm d. Sachsen S. 32 f., von einer Absetzungspartei CH. SCHNEIDER, Sacerdotium S. 182. – 4 Nach Lamperti Ann. ad a. 1066, S. 102 hätte man den Königsknaben vor die Wahl gestellt, ut aut regno se abdicaret aut archiepiscopum Bremensem a consiliis suis atque a regni consortio amoveret. – 5 Nach T. SCHMIDT, Hildebrand, Kaiserin Agnes u. Gandersheim, Niedersächs. Jb. 46/47 (1974/75) S. 299–309 wäre in der Zeit der Regentschaft der Kaiserin tatsächlich eine lang angestaute Feindseligkeit gegen das Königshaus zum Ausdruck gekommen. – 6 HIRSCH-PABST-

Mühe das ottonische Reichsgut in ihrem Land sichern. Er schon ist der Erbauer der Königspfalz in Goslar, wo er oft weilte, so bei der denkwürdigen Synode von 1019[6]. Für die beiden ersten Salier war der Harz mit seiner Umgebung „Königslandschaft", d. h. ein wesentlicher Stützpunkt des Reiches. In ihrer Zeit blühte Goslar auf[7]. Es ist ein Ort vieler Königsaufenthalte, wo oft die hohen Feste gefeiert wurden[8]. Heinrich III. gründete das Stift St. Simeon und Juda, stattete es reich aus und machte es zu einem „stark hervortretenden königlichen Reichsort", zu einem der wichtigen Träger der Reichskirche[9]. Das Streben der Könige, ihre Herrschaft auf Schwerpunktlandschaften zu stützen, entspricht einer Strukturveränderung der Adelsherrschaften, die sich, mit gewissen Phasenverschiebungen, in vielen Ländern vollzog[10]. Hatte es schon im 10. Jh. in Deutschland nicht an Opposition weltlicher und geistlicher Adelskreise gefehlt, so scheint sie unter den ersten Saliern noch zugenommen zu haben[11]. Erinnert sei nur an die Auflehnung Herzog Gottfrieds von Lothringen, die Heinrich III. lebenslang in Atem hielt, zumal da dieser Unterstützung im weltlichen Adel, sogar bei Bischöfen fand[12]. Bischof Wazo von Lüttich, der berühmt ist durch das von ihm überlieferte Wort gegenüber Heinrich III., dem Papst schuldeten die Bischöfe Gehorsam, dem Kaiser Treue, erweckte bei Heinrich III. durch einen Gottfried entgegenkommenden Vertrag Zweifel an seiner Treue[13]. Noch in den letzten Jahren Heinrichs III. kam es zu Rebellionen in Bayern, wo der abgesetzte Herzog Konrad sich mit Hilfe einer auswärtigen Macht, des Königs von Ungarn, zur Wehr setzte. Die Gefahr nahm noch zu, als sich Herzog Welf III. von Kärnten und sogar des Kaisers Verwandter, Bischof Gebehard von Regensburg, dem Aufstand anschlossen[14]. Heinrich III. wurde seiner noch Herr, aber kurz vor seinem Tod war ein sächsisches Heer an der Havel von den Liutizen vernichtend geschlagen worden. Es verlautet, daß sich in jenen Jahren Unzufriedenheit mit der Regierung des Kaisers verbreitet habe[15].

Worum es sich dabei handelt, läßt vielleicht das nun folgende Interregnum deutlicher erkennen. Als sein Vater starb, war Heinrich IV. noch nicht ganz sechs Jahre alt. Mit weniger als 14 ¹/₂ Jahren wurde er wehrhaft, also nominell regierungsfähig. Um 1069/1070 mag er begonnen haben, politisch eine gewisse Selbständigkeit zu entwickeln[16]. Diese etwa

Bresslau, Jbb. III S. 51 mit Anm. 1, auch S. 213, 256, 298; Rothe, Goslar; Berges, Werla-Goslarer Reichsbezirk S. 151 ff., wo auch der Gegensatz zwischen Königtum und Billungern als in der Zeit Heinrich II. entstanden bezeichnet wird; vgl. Leyser, Crisis S. 417, 434 ff. u. 440 ff.; Leyser bringt mit Recht zur Geltung, daß der „Investiturstreit" auf ein Reich trifft, das längst durch Krisen gefährdet ist; dazu vgl. auch Leyser, Rule and Conflict, bes. S. 97 ff. – 7 Bresslau, Jbb. I S. 308, II S. 361 Anm. 1, S. 832: Anfänge des wiedererstandenen Kaiserhauses in den Tagen Konrads II.; Steindorff, Jbb. I S. 54. – 8 B. Heusinger, Servitium regis in d. dt. Kaiserzeit, AUF 8 (1923) S. 26–159; Klewitz, Königtum, Hofkapelle u. Domkapitel S. 102–156; H. J. Rieckenberg, Königstraße u. Königsgut in liudolfingischer u. frühsalischer Zeit, AUF 17 (1941) S. 32–154. – 9 Steindorff, Jbb. II S. 99 f., 116 f., 356 ff. Beerdigungsorte Goslar und Speier; Rothe, Goslar S. 36 ff. – 10 Darüber Tellenbach, Vom karolingischen Reichsadel; S. 57 wurde hingewiesen auf den Ausbau der Adelsherrschaften durch Ausweitung der ursprünglich dem Hause eignenden Autonomie, auf die Verselbständigung partikulärer Kreise seit dem 10. Jh., durch die das Reich, aber auch die Herzogtümer betroffen wurden; S. 68: „Ihr Machtstreben, ihr politischer Tätigkeitsdrang führte aber dieselben Adelskreise dazu, sich abseits von Reich und gegen den König autonome Herrschaften auf- und auszubauen." Durch den vorzeitigen Tod Heinrichs III. sei der Gegenspieler ausgefallen, und als Heinrich IV. sich dem Strom entgegenzustemmen begann, habe der Adel im Papsttum einen Bundesgenossen gefunden, der aus gänzlich anderen Beweggründen dem deutschen König den Kampf angesagt hatte. In ähnlichem Sinn neuerdings die bedeutende Studie von Leyser, Crisis S. 409–447. 11 Vgl. o. S. 53 f. – 12 H. Glaesener, Les démêlés de Godefroid le Barbu avec Henri III et l'évêque Wazon, RHE 40, 1 (1944/45) S. 141–170. – 13 Steindorff, Jbb. II S. 23. – 14 Vgl. o. S. 154. – 15 Hermanni Augiensis Chron. ad a. 1053, MG SS V S. 132; zu diesen Konflikten vgl. Boshof, Reich in d. Krise S. 266–287. – 16 Schon die zeitgenössischen und etwas jüngeren Schriftsteller machen Heinrich IV. vielfach gedankenlos für alle wirklichen oder vermeintlichen Fehler oder Mißstände seiner frühen

anderthalb Jahrzehnte von 1056 bis 1070 müssen eine Zeit schnellen Verfalls des königlichen Ansehens und der königlichen Machtmittel gewesen sein. Eindrucksvoll ist ein Vergleich der Minderjährigkeit Ottos III. und Heinrichs IV. Auch nach 983 erwies sich ein großer Teil des Adels und des Episkopats als treulos gegenüber dem erwählten Königskind. Heinrich der Zänker als Prätendent, allerdings von königlichem Geblüt, wie hervorzuheben ist, konnte viele Anhänger gewinnen. Aber es bildete sich rasch eine Gegenpartei unter der geschickten Führung des Erzbischofs Willigis von Mainz und des sächsischen Herzogs Bernhard[17]. Die Kaiserinnen Adelheid und Theophanu waren hochangesehen und befähigt. So kam es ohne schwere Erschütterungen für das Reich zu einer Befestigung des Königtums Ottos III. Während der kurzen Zeit, die er Heinrich III. überlebte, scheint Papst Viktor II. redlich sein dem Kaiser gegebenes Versprechen gehalten zu haben, für den jungen König zu sorgen. Für die darauf folgenden viereinhalb Jahre der Regentschaft der Kaiserin Agnes lassen sich nur vorsichtige Urteile abgeben. Die Routine der höfischen Regierung geht weiter mit den üblichen Wanderungen des Hofes, mit Begehung der hohen Feste, mit Gewährung von Privilegien. Bei gegenseitigen Spannungen unter Fürsten, wie dem Erzbischof Adalbert von Bremen und den Billungern[18], wie dem Erzbischof Anno von Köln und den rheinischen Pfalzgrafen Heinrich, scheint die Regentin keine Rolle gespielt zu haben[19]. Wesentlich beteiligt dürfte sie vermutlich 1057 bei der Einsetzung Rudolfs von Rheinfelden als Herzog von Schwaben gewesen sein. Vielleicht war er schon damals mit der Kaisertochter Mathilde verlobt, die er Ende 1059 heiratete[20]. Ebenso beteiligt war sie an der Aufnahme ihrer anderen Tochter Judith und ihres Gatten, des vertriebenen Königs Salomon von Ungarn. Daß sie Bedenken gegen die Erhebung des Cadalus-Honorius II. gegen Alexander II. geltend gemacht hätte, ist unbekannt und nicht wahrscheinlich. Wie das Königskind an ihrem Hof lebte und erzogen wurde, kann man nur ahnen. Das meiste, was darüber berichtet wird, ist tendenziöser Klatsch[21]. Am meisten

Jahre verantwortlich, sogar für das Schisma von 1061, das in Basel entstand, als Heinrich noch nicht ganz 11 Jahre alt war. Selbst in der neueren Literatur kommt man gelegentlich zu Fehlurteilen aus dem gleichen Grund. So muß m. E. der Beurteilung des jungen Heinrich durch Fenske, Adelsopposition widersprochen werden. Vgl. S. 38: für den Substanzverlust des Königtums sei die Person des jungen Heinrich IV. verantwortlich zu machen, der (S. 24) seit 1065 die Regierung mehr und mehr selbständig zu führen begonnen habe. Vgl. z. B. neuestens wieder Fried, Laienadel S. 396: „Als dann Heinrich IV. selbst die Regierungsgeschäfte in die Hand nahm, durch seine Reichskirchenpolitik Verwirrung stiftete und sich auch dem Papst gegenüber zu einer harten Haltung aufraffte, drangen die Erzbischöfe von Köln, Mainz und Salzburg, ferner Otto v. Nordheim, Rudolf v. Rheinfelden und Berthold v. Zähringen gar bald auf eine Neuorientierung gegenüber Rom." Das war in Tribur im Januar 1066! Der König war also 15 Jahre und 2 Monate alt und „regierte" seit seiner Schwertumgürtung am 29. März 1065 (14 Jahre und 4½ Monate alt) erst 9 Monate. So schnell soll der Knabe so viel Unheil angerichtet haben! Und vorher soll das Reich geblüht haben? – 17 Vgl. o. S. 56. – 18 Meyer v. Knonau, Jbb. I S. 157 ff. – 19 Jenal, Anno v. Köln S. 110 ff. Wichtig in unserem Zusammenhang bes. S. 141 Anm. 106: „Dagegen sieht die ganze Sache mehr nach einer Auseinandersetzung aus, die territoriale Zwecke verfolgt"; zu Jenal vgl. R. Schieffer, Neue Literatur über Anno von Köln, Rhein. Vjbll. 40, 1976, S. 255. – 20 Meyer v. Knonau, Jbb. I S. 48 u. 168. Mathilde starb schon im Jahr darauf. In 2. Ehe vermählte sich Rudolf – man weiß nicht genau, wann – mit Adelheid, der Schwester der Königin Berta (S. 567 Anm. 61), die er 1069 unter der Anklage der Untreue verstieß. Nachdem sie sich vor Alexander II. gerechtfertigt hatte (II S. 27), soll er sich mit ihr versöhnt haben. – 21 Vgl. o. S. 134 f.; daß die Parteilichkeit des Paul v. Bernried kaum Grenzen kannte, zeigt die Behauptung, Heinrich IV. sei an dem Gegenpapsttum des Cadalus schuld! Der Junge stand damals 2 Wochen vor seinem 11. Geburtstag (Gregorii VII vita c. 61, Watterich I 2 S. 567)! Trotzdem heißt es noch bei Vollrath, Kaisertum u. Patriziat S. 43, Heinrich habe als Patrizius Cadalus gewählt. Noch erstaunter liest man über sein Verhalten bei der Volljährigkeit: „er beschränkte sich darauf, aus der Ferne auf seine in Patriziat und dem Königsparagraphen des Papstwahldekrets niedergelegten Rechte zu pochen." Von alledem hat man bisher nichts gewußt. – 22 Alles, was über angebliche Mängel der Erziehung gesagt wurde, ist erfun-

spricht gegen ihr Ansehen und gegen ihre Befähigung zur Regentin das Attentat von Kaiserwerth: daß man es überhaupt wagte, die schwächliche Art, mit der sie es erduldete und der fehlende Widerstand von geistlichen und weltlichen Fürsten. Wie gering muß damals das Gewicht des Königtums gewesen sein, daß es dem Erzbischof Anno von Köln und seinen Komplizen möglich war, das Königskind und die geheiligten Reichsinsignien brutal und listig zu rauben, ohne auf nennenswerten Widerstand zu stoßen![22] Der Sprung des elf Jahre und vier Monate (!) alten Königsknaben in den Rhein ist die erste persönliche Tat, die wir von ihm kennen. Trieb ihn panische Furcht vor einem Mordanschlag oder etwa das Bewußtsein von der Schändung königlicher Hoheit? Ein einziger Mann hat anscheinend Anno seine Verachtung spüren lassen. Es ist der einstige Berater der Kaiserin, Bischof Heinrich von Augsburg. Als der Kölner Erzbischof im Oktober nach dem Frevel von Kaiserswerth mit dem Hof nach Augsburg kam, offenbar auch, um sich mit Heinrich zu arrangieren, verließ dieser seine Bischofsstadt und wich nach Regensburg aus[23].

Nach Kaiserswerth zeigte sich, wie ungehemmt von Rücksichten auf König und Reich man nun den Ausbau der eigenen Herrschaften betrieb. Niemand war vorhanden, der es verhindern konnte und wollte. Die Wirksamkeit einer Instanz dagegen, eigene Herrschaftsmittelpunkte zur Wahrung des Ansehens des Reiches und zur Durchführung seiner Aufgaben zu schaffen, hatte aufgehört[24]. Die Vermutung geht wohl nicht fehl, daß auch in Sachsen die nun ungeschützten königlichen Rechte geschmälert oder ganz entfremdet wurden. Von Heinrich IV. erfahren wir mancherlei Klatsch, aber nichts Zuverlässiges von selbständigem Handeln, bis 1069, als er den jugendlich unbedachten Wunsch äußerte, die ihm angetraute junge Frau loszuwerden und er sich – würdig – ebenso wie zum Fall des umstrittenen Bischofs Karl von Konstanz äußerte[25].

Als es 1073 zu dem gefährlichen sächsischen Aufstand kam, war der junge König erst wenige Jahre zu selbständigem Handeln und Planen fähig gewesen. In dieser kurzen Zeit soll er nach den gehässigen Darstellungen, die nach den nun folgenden erbitterten Kriegen gegeben wurden, dem sächsischen Volk seine alten Rechte entzogen, eine grausame und ausbeuterische Herrschaft errichtet und zahlreiche Zwingburgen gebaut haben[26]. Wahrscheinlicher ist wohl, daß er, an seinen Vater und Großvater anknüpfend, danach strebte, das Goslarer Reichsgebiet auszubauen[27]. Dazu mußten gewiß manche während der Re-

den. Kühn die Äußerung von OEDIGER, Bistum Köln S. 117: „In einem, vielleicht dem Wichtigsten, hatten die Verschwörer von Kaiserswerth keinen Erfolg gehabt. König Heinrich war nicht mehr zu erziehen." OEDIGER weiß, wie wir alle, fast nichts über Erziehung und Erziehbarkeit des Knaben, der bei seiner Entführung 11 Jahre und $4^1/_2$ Monate alt war. Darüber hätte vielleicht Chuno, der minister et nutritor regis (Ann. Altahenses ad a. 1069, S. 76), der serviens regis (MG DH IV 21, v. 1057), der nostre iuventutis pedissequus, Gatte der nobilis femina Mathilda (MG DH IV 137 v. 1064) Auskunft geben können oder der junge Liutpold von Merseburg und seine Brüder Berthold und Arnold. Für Liutpold, der durch einen unglücklichen Sturz zu Tode gekommen war, richtete der königliche Freund eine feierliche Bestattung aus (MG DH IV 243). – Was hätte nach Kaiserswerth der kleine König von Leuten vom Schlage des Erzbischofs lernen können? Treulosigkeit, Brutalität, Habsucht? Zu Annos Grausamkeit vgl. LÜCK, Anno S. 21. – 23 Ann. August. ad a. 1062, MG SS III S. 127. – 24 DEÉR, Papsttum S. 96 spricht mit Recht von der Korruption und Ohnmacht der vormundschaftlichen Reichsregierung; FRIED, Laienadel meint, die Fürsten hätten 1066 im Dienste des Reiches gehandelt. Darin kann ich ihm ebensowenig folgen wie seiner These, der Adel habe beim Papst eine Legitimität gesucht, die sich nicht vom König ableitete (S. 398). – Man bedenke auch, daß „der Adel" keine einheitliche Größe mit übereinstimmender politischer Tendenz war. Das erbärmliche Verhalten des Episkopats 1056 bis etwa 1070 läßt mich sogar an der Richtigkeit der Ansicht von FLECKENSTEIN, Heinrich IV. S. 224 zweifeln, Heinrich III. sei es gelungen, einen Episkopat von hoher Qualität um sich zu sammeln: „Heinrich durfte in der Tat in seinem Episkopat die verläßlichste Stütze seiner Herrschaft sehen." – 25 Vgl. o. S. 163 u. 148. – 26 Lamperti Ann. ad a. 1073, S. 151; Brunos Buch v. Sachsenkrieg c. 25, S. 28 f.: Rede Ottos von Nordheim; Ann. Altahenses ad a. 1073 S. 84 f. – 27 K. JORDAN, Goslar u. d. Reich im 12. Jh., Niedersächs. Jb. 35 (1963) S. 50 ff.; S. WILKE, Das Goslarer Reichsgebiet u.

gentschaften widerrechtlich entfremdete Königsrechte und -güter zurückgefordert und neue Erwerbungen erstrebt werden. Dies mußte die Betroffenen reizen, die nun ihrerseits die unteren Volksschichten aufhetzten. Bei den angeblich zahlreichen Zwingburgen, deren Errichtung das Volk so bitter belastet haben soll, handelt es sich tatsächlich nur um sechs, von denen man nicht einmal weiß, ob es Reparaturen oder Neubauten waren[28]. Bei dem Versuch, die Machtbasis seiner Väter wiederzugewinnen, stieß der König auf unerwartet erbitterten Widerstand. Die Lage wurde für ihn so gefährlich, daß er von Goslar auf die Harzburg ausweichen mußte. Als auch sie von den Feinden belagert wurde, konnte er nur in einer riskanten Flucht entkommen. Die sächsischen Kriege flammten seitdem immer wieder auf. Sie wurden mit wechselndem Glück geführt, hatten aber schließlich zur Folge, daß dem Salier diese Königslandschaft ganz verloren ging[29].

Nach seiner Flucht von der Harzburg hatte der König auf die Hilfe der geistlichen und weltlichen Fürsten gehofft. Sie aber verweigerten sich einem sofortigen Eingreifen in Sachsen, forderten Verhandlungen und versuchten, Entscheidungen zu verzögern. Heinrich, den die sächsische Revolte anscheinend überrascht und erschreckt hatte, beurteilte seine Lage richtig als ernst. Am 11. August war er von der Harzburg geflohen, schon am 18. mußte er bei einer Versammlung in Cappel bei Hersfeld gewahr werden, daß die Fürsten ihn im Stich ließen[30]. Und im August oder September 1073 war es, daß er den berühmten demütigen Brief an Gregor VII. schrieb[31]. Man hat wohl mit Recht vermutet, daß dabei Herzog Rudolf von Schwaben seine Hand im Spiel hatte[32]. Er, der zweifache Schwager des Königs, der künftige Gegenkönig, war damals mit ihm zusammen. Er stand mit Gregor VII. in Verbindung. Die Spannungen mit dem Papst, der Umgang mit den exkommunizierten Räten, müssen dem König bei manchen Fürsten geschadet haben. So ist es verständlich, wenn Heinrich nach den Erlebnissen der letzten Wochen die eine seiner

seine Beziehungen z. d. territorialen Nachbargewalten, 1970, S. 20 erkennt die Bedeutung der Pfalz Goslar für Konrad II. und Heinrich III. zwar an, widerspricht aber der These, schon sie hätten ein Königsland neuartiger Prägung zu schaffen begonnen, wie es später Heinrich IV. wollte. Immerhin räumt sie S. 27 f. ein, daß wohl der sächsische Stammespartikularismus sich während der Minderjährigkeit Heinrichs IV. neu belebte, und daß der König der erste war, der eine Bedrohung empfinden und sich dagegen verteidigen mußte. NITSCHKE, Ziele Heinrichs IV. S. 59 ff. übertreibt die Neuartigkeit der Politik Heinrichs IV., für die er in seinem Vater kein Vorbild gehabt habe, sondern allenfalls bei Adalbert von Bremen und den „Normannen". Heinrich ist aber nur im Rahmen der sich vom 10.–12. Jh. in Europa weithin ändernden Herrschaftsformen zu verstehen. Unannehmbar erscheint mir die Konstruktion, nach der Heinrich IV. eine sakrale Stellung im Sinn der Ottonen für den König nie beansprucht hätte und sie deshalb auch nicht verlieren konnte (S. 63). Von den „religiös begründeten Eigenschaften ihrer Vorgänger war bei den neuen an Untertanen und Territorien interessierten Herrschern aber nicht mehr die Rede" (S. 56). Auch weitere kühne Hypothesen leuchten m. E. nicht ein. – 28 Dies hat schon MEYER v. KNONAU, Jbb. II, Exkurs II herausgearbeitet; dazu KOST, Östliches Niedersachsen S. 18; nach BERGES, Werla- Goslarer Reichsbezirk S. 141 gehen Heinrichs IV. Anstrengungen aber weit über eine Revindikation des Reichsgebietes hinaus. – 29 Dafür aufschlußreich bes. die Itinerarkarte bei BRÜHL, Fodrum, Gistum, wo Heinrichs Aufenthalte in Goslar bis 1076 mit 32 angegeben sind, bis 1106 geblieben ist. – 30 Zu Cappel bei Hersfeld MEYER v. KNONAU, Jbb. II S. 257. – Vielfach werden die Konflikte Heinrichs IV. mit geistlichen und weltlichen Fürsten auf Gegensätze hinsichtlich der „Kirchenreform" zurückgeführt. Dies ist nur möglich durch unkritische Übernahme des verbreiteten Clichés von Kirchenreform und mangelnde Unterscheidung zwischen Klosterreform und Kirchenreform. Anno von Köln kann man allenfalls Klosterreformer nennen, ihm aber schwerlich zuschreiben, er sei „zu allen Zeiten ein Förderer der Kirchenreform" gewesen (TH. SCHIEFFER, Anno als Eb. S. 26). Daß er, Siegfried von Mainz und Rudolf von Rheinfelden wegen ihrer „Reformvorstellungen und -politik in Konflikt mit dem König gerieten", und zwar so früh (schon um 1070) halte ich im Gegensatz zu J. VOGEL, Rudolf v. Rheinfelden S. 17 nicht nur nicht für wahrscheinlich, sondern für unmöglich. – 31 Reg. I 29 a. – 32 MEYER v. KNONAU, Jbb. II S. 270 mit Anm. 142. – 33 GIESE, Stamm

Fronten durch Nachgeben vorläufig zu entlasten versuchte[33]. So strebte er danach, den unter Alexander II. entstandenen Konflikt aufzulösen, fügte sich einstweilen den päpstlichen Wünschen in der Mailänder Frage und demütigte sich durch ein vorbehaltloses, seltsam übertreibendes Schuldbekenntnis[34]. Wie ernst er, der in einer treulosen Umgebung Aufgewachsene, dies alles meinte, ist nicht zu ermessen. Daß er mit allen Mitteln und nach allen Seiten Macht und Würde des Königtums zu verteidigen suchte, macht den Inhalt seiner Regierung aus. Wie er dabei aus den Quellen der Tradition und des Glaubens schöpfte, wird zu zeigen sein.

b) Die Epochen des Konflikts

Der Pontifikat Gregors VII. ist leicht zu gliedern, wenn man an die Perioden des Verhältnisses zwischen dem Papst und König Heinrich IV. denkt. Deutlich treten vier Abschnitte hervor: die ersten Jahre von der Erhebung des Papstes bis zum Ausbruch des Konfliktes der Monate Januar und Februar 1076, die etwa elf Monate bis zur Unterwerfung Heinrichs IV. in Canossa, die Zwischenzeit bis zur zweiten Exkommunikation und Absetzung Heinrichs IV. (2. II. 1080), schließlich die Jahre des Schismas bis zu Gregors Tod in Salerno (25. V. 1085). In den beiden ersten Zeitabschnitten scheint Gregor seine Vorstellungen von der Leitung der Kirche durch den Papst zu entfalten und, trotz aller Widerstände, kraftvoll zur Geltung zu bringen. Nach Canossa und dem Auftreten des deutschen Gegenkönigs vermag er sich nicht mehr durchzusetzen. Er vertritt zwar bis zuletzt unerschüttert seine Prinzipien, aber seine politische und kirchliche Macht im Reich und in Italien verfällt. Sein Tod ist in der Kirchengeschichte kein einschneidendes Ereignis.

Als Gregor Heinrichs demütigen Brief erhalten hatte, schrieb er dem Mailänder Erlembald, der König habe ihm Worte voll von Süßigkeit und Gehorsam gesandt, wie weder er selbst noch einer seiner Vorgänger, soweit er sich erinnere, erhalten hätten (I 25). Gregor muß sich also ziemlich gewundert haben, zumal da er nach allem, was er mit dem jungen König erlebt und von ihm gehört hatte, ihn wohl nicht für einen sehr potenten Partner im Guten oder Bösen gehalten haben wird. Er wird nun auf seine Nachgiebigkeit in den wesentlichen Streitfragen, vor allem der Mailänder, und, im Zusammenhang damit, den Verkehr mit exkommunizierten Räten, wenn auch mit gewissen Zweifeln, gehofft haben. Buße und Versöhnung des Königs wegen „Ungehorsams" erfolgte dann tatsächlich nach Ostern 1074 durch päpstliche Legaten in Nürnberg. Vielleicht wurden damals auch die Räte absolviert[35]. Am Ende dieses Jahres scheint Gregor dem König verhältnis-

d. Sachsen S. 150 sagt über den Aufstand von 1073, die Rebellion habe sich mit dem sogenannten Investiturstreit verquickt, was aber erst für die Folgezeit stimmt. Mit Recht nennt er die Verbindung der Sachsen mit den kirchlichen Gegnern Heinrichs IV. ein reines Zweckbündnis. – 34 Z. N. BROOKE, Lay Investiture S. 291 bringt in gleicher Weise Heinrichs Nachgeben in Zusammenhang mit seiner Bedrängnis durch die Sachsen; CH. SCHNEIDER, Sacerdotium S. 49 ff. glaubt, daß Heinrich IV. schon auf dem Pfingsthoftag in Augsburg eine Gesinnungsänderung und die Absicht einer Verständigung mit dem Papst erkennen läßt. Er stützt sich als Argument u. a. auf den Zusatz umillimus zu invictissimus in der Datumzeile von sechs Diplomen dieser Zeit. Doch erkennt auch er S. 65 ff. die Bedeutung der Sachsenkrise für Heinrichs Entschlüsse; dazu vgl. ERDMANN – V. GLADISS, Gottschalk S. 131. – 35 So auch FLECKENSTEIN, Heinrich IV. S. 231; über die feste und verhältnißmäßig zuversichtliche Stimmung Gregors in seiner Anfangszeit CH. SCHNEIDER, Sacerdotium S. 42 ff. u. 86 ff. – 36 Reg. 30 u. 31, S. 163 ff.; über Gregors Orientplan

mäßig optimistisch gegenübergestanden zu haben. Er forderte ihn auf, zur Beratung der Mailänder Angelegenheit – es ist allerdings auffallend, daß sie immer
noch nicht bereinigt war – und zur nächsten Fastensynode Gesandte zu schicken,
und gleichzeitig berichtete er ihm, 50 000 Streiter rüsteten sich, um unter seiner
Führung über See zu fahren, um den Christen im Osten zu Hilfe zu kommen, die
Kirchenspaltung zu überwinden und zum heiligen Grab zu gelangen[36]. Dem König überlasse er während seiner Abwesenheit nächst Gott die römische Kirche,
um sie wie seine heilige Mutter zu bewachen und ihre Ehre zu schützen. Vielleicht
ist das Jahr 1074 die Zeit, in der Gregor trotz fortdauernder Sorgen und Zweifel
am zuversichtlichsten gestimmt war. Auf versteckten oder offenen Widerstand
schien er 1074 und zu Anfang 1075 mehr beim Episkopat als beim Königshof zu
treffen.

Heinrichs IV. Not durch den *sächsischen Aufstand* war nach seiner Vertreibung
aus Goslar und der Harzburg noch gestiegen. Die ihm treuen Liemar von Bremen
und Benno von Osnabrück waren gezwungen worden, ihre Bistümer zu verlassen.
Von vielen geistlichen und weltlichen Fürsten war keine Hilfe zu erwarten. So lavierten die Erzbischöfe Anno von Köln und Siegfried von Mainz zwischen den
Parteien. Ein Versuch des Papstes, eine Schlichtung des Streites durch seine Legaten herbeizuführen (I 39), hatte keinen Erfolg. Die Sachsen belagerten und bra-
chen mehrere königliche Burgen. Um die getreue Besatzung der Harzburg zu retten, mußte Heinrich das von ihm besetzte Lüneburg aufgeben und den Herzog
Magnus Billung, der als Geisel festgehalten wurde, freigeben. Verträge wurden
ihm abgetrotzt, in denen er den Abbruch seiner Burgen versprechen mußte. Der
König konnte zwar noch einmal in Goslar Hof halten, fühlte sich dort aber so
wenig sicher, daß er sich nach Worms zurückzog. Kurz danach, im März 1074,
erfolgte die gänzliche Zerstörung der Harzburg, deren Gebäude nach Abbruch
der Befestigungswerke noch erhalten geblieben waren. Selbst Kirchen und Altäre
wurden verbrannt, die Gräber der königlichen Familie geschändet. Die Zeitgenossen haben die Untat der Wut des gemeinen Volkes zugeschrieben, um die geistlich-weltliche Führungsschicht zu entlasten. Man hat bis jetzt diese Version angenommen. Ein Brief des Erzbischofs Werner von Magdeburg an seinen Kollegen
Siegfried von Mainz, der Ende 1074 oder Anfang 1075 geschrieben wurde, läßt
erkennen, daß man schon damals in Sachsen wieder einen Angriff des Königs be-
fürchtete[37]. Wiederholt wurde von ihm und anderen Fürsten angeboten, sich einer gerichtlichen Entscheidung zu stellen. Während des Jahres 1074 muß Heinrich seine Macht konsolidiert und mehr und mehr Anhänger gewonnen haben.
Im Sommer 1075 gelang es ihm, die Sachsen in einer Schlacht an der Unstrut entscheidend zu besiegen (9. Juni). Demoralisierung und Zwistigkeiten unter den
Sachsen steigerten die Wirkung des militärischen Erfolges. Ende Oktober kam es
zur Unterwerfung der Sachsen, deren Führer großenteils in Geiselhaft genommen
wurden.

Es konnte nicht ausbleiben, daß Heinrichs Erfolge und die mühsam errungene
Wiederherstellung seiner königlichen Autorität allmählich Wirkungen auf sein
Verhältnis zum Papst hatte. Es wurde schon darauf hingewiesen, daß noch Ende
1074 die *Mailänder Frage* nicht gelöst war, der König es sich also leisten konnte,

ERDMANN, Entstehung S. 149 ff.; GOEZ, Erhebung S. 124 nennt diesen Brief naiv. –
37 Brunos Buch v. Sachsenkrieg c. 42 MG DT MA 2 (Leipzig 1937) S. 41 mit Anm. 1; K.
HEIDRICH, Die Datierung d. Briefe in Brunos Sachsenkrieg, NA 30 (1905) S. 117. –

sie weiter zu verzögern. Damit hängt wohl zusammen, daß auf der Fastensynode 1075 wieder fünf Räten des deutschen Königs die Exkommunikation angedroht wird, angeblich weil auf ihren Rat Kirchen verkauft würden, wovon wir sonst nichts erfahren (II 52 a). In Gregors Briefen des Jahres 1075, die Heinrich IV. betreffen, finden sich auffallende Widersprüche. Daß Heinrich den der Simonie verdächtigten Hermann von Bamberg hatte fallenlassen, muß Gregor befriedigt haben. Am 20. Juli mahnte er den König, daß auf Rat frommer Männer ein neuer Bischof erhoben werde. Es ist der gleiche Brief, in dem er ihn sogar wegen seines Widerstandes gegen Simonisten und seines Einsatzes für die Keuschheit der Kleriker lobt (III 3). Um die gleiche Zeit hatte Heinrich drei edle Männer, Raboddi, Adelpreth et Uodescalki (III 10) mit einer verständigungsbereiten Botschaft an den Papst gesandt (III 9). Und noch Gregors Brief an den König von Anfang September enthält, neben einem verhaltenen Glückwunsch zum Sieg über die Sachsen und abermaligen Bemerkungen zur Wiederbesetzung Bambergs, die Erklärung seiner Bereitschaft, den König als Bruder und Sohn aufzunehmen und seine Hilfe zu gewähren, wozu allerdings als Bedingung hinzugefügt wird, daß er es nicht verachte, Mahnungen zu seinem Heil das Ohr zu leihen (III 7). In einem fast gleichzeitigen Schreiben an die Markgräfinnen von Toskana, dem er Heinrichs soeben zitierten Brief vom Juli in Abschrift beifügt, zeigt sich Gregor indessen verstimmt und mißtrauisch, ja er spricht die Vermutung aus, daß der König keineswegs den Friedensschluß wünsche (III 5). Es ist höchst beachtenswert, daß der Papst sich über den Bruch der zugesagten Diskretion bitter beklagt. Man muß also damit rechnen, daß es geheimdiplomatische Kontakte gab, und darf sich nicht allein auf weiter verbreitete Schriftstücke verlassen. Allem nach ist es wahrscheinlich, daß die freundlichen Äußerungen des Jahres 1075, zumal nach der Exkommunikation der Räte, mehr diplomatisch-taktische Versuche sind, doch noch zu einer Verständigung zu kommen[38]. Als Zeichen der Zuversicht, daß sie sich ohne neuen Konflikt erreichen lasse, wird man sie kaum deuten können. Erst nach dem Bruch zu Anfang 1076 äußert sich der Papst unumwunden negativ über Heinrich (Ep. coll. 14), spricht von seiner Verworfenheit (pravitas), den verbrecherischen Taten seines Lebens (criminosis actibus). Hatte Gregor sich früher nur aus diplomatischen Gründen maßvoller geäußert? Er hatte den jungen König nie gesehen und nie mit ihm gesprochen. Es liegt nahe anzunehmen, daß seine Meinung auf Gespräche mit den Feinden Heinrichs zurückging, angefangen mit Anno von Köln und dessen Neffen Burchard von Halberstadt.

Im Herbst 1075 nahm die Spannung zwischen Gregor, dem deutschen Episkopat und Heinrich IV. schnell zu. Anfang September hatte der Papst sich gegenüber Siegfried von Mainz unzufrieden über die Lässigkeit der deutschen Bischöfe geäußert und erneut eine Synode gegen die Simonie und die Verletzung des Zölibats gefordert (III 4). Der Erzbischof wagte es nicht, den Gehorsam zu verweigern, traf aber im Oktober auf empörten Widerstand des Klerus, vor dem er zurückwich. Nach Lampert von Hersfeld soll er beschlossen haben, dem Papst diese Sache zu überlassen, die dieser so oft ohne Nutzen vorgeschlagen habe[39].

Um die gleiche Zeit geriet die Auseinandersetzung um die Mailänder Kirche in ein akutes Stadium. Der König wich von seinen halben Zusagen ab, schickte eine Gesandtschaft nach Italien und ernannte im September oder Oktober auf Bitten

---

38 Vgl. o. S. 184 f. – 39 Lamperti Ann. ad a. 1075, S. 226 f. – 40 MEYER V. KNONAU, Jbb. II

der Antipatarener den Kleriker Thedald zum neuen Erzbischof. Er glaubte wohl, sich dies nach seinem Sieg über die Sachsen leisten zu können. Außerdem wagte er es, Bischöfe für Fermo und Spoleto zu ernennen[40]. Begreiflicherweise nahm der Papst dieses Eingreifen in Italien schwer und reagierte drohend. Auseinandersetzungen mit entfernten Königen konnte er hinhaltend und gelassen führen. In Italien stand für ihn der Bereich seiner eigensten kirchlichen und politischen Geltung auf dem Spiel.

So verschärfte er den Ton gegenüber dem König entscheidend in dem berühmten und folgenschweren Brief vom 8. Dezember 1075 (III 10). Der formelhafte apostolische Segen wurde gewährt nur unter der Bedingung, daß Heinrich gehorche, wie es einem christlichen König gezieme. Dies wurde zunächst damit begründet, daß „man sage", er gehe mit Exkommunizierten um[41]. Weiter wird ihm vorgeworfen, daß er entgegen seinen ergebenen und demütigen Briefen, in der Sache und im Handeln gegen die kanonischen und apostolischen Gebote trotzig, sich in dem, was die ecclesiastica religio am meisten fordere, widerspenstig zeige. Um von anderem zu schweigen, wird sogleich auf die Mailänder Sache hingewiesen, wozu jetzt auch noch die Vergabung der Kirchen von Fermo und Spoleto komme. Es ist zu wiederholen, daß auch dabei noch nicht ausdrücklich vom königlichen Investiturrecht gesprochen wird, doch grundsätzlich und programmatisch gemeint ist die Bemerkung, „wenn überhaupt eine Kirche von einem Menschen übertragen und geschenkt werden kann", und der Vorwurf, die Verleihung sei an Personen erfolgt, die dem Papst unbekannt seien. Nachdrücklich und ausführlich wird dann der Gehorsam gegen Gott und den heiligen Petrus mit der Befolgung der päpstlichen Mahnungen – veluti si ab ore ipsius apostoli accepisset – zusammengebracht. Weiter werden die Anordungen der letzten Fastensynode hervorgehoben, die nichts Neues, nichts nach eigener Erfindung gebracht, sondern bestimmt hätten, nach Beseitigung des Irrtums die erste und einzige Regel der kirchlichen Ordnung wiederzuerlangen und zu befolgen. Einlenkend wird angeboten, mit königlichen Beauftragten darüber zu sprechen, daß die Änderung frevelhafter Gewohnheit (prave consuetudinis mutatio) nicht übermäßig schwer und ungünstig erscheine. In unumwundener Strenge schließt der Papst dagegen mit der Erinnerung daran, wie es mit dem hochmütigen Saul gegangen sei, der die Mahnungen des Propheten nicht befolgt habe, und welche Gnade dem König David aus seiner Demut hervorgegangen sei. Am Schluß werden geheime Mitteilungen erwähnt, die der Papst durch die drei königlichen Abgesandten, die den Brief an den königlichen Hof befördern sollten, ergehen ließ. Sie werden herrische Drohungen enthalten haben, wenn auch nicht so weit gegangen sein, wie es Gregor in einem Brief an seine Getreuen in Deutschland vom Mai oder Juni 1076 hinstellt (Ep. coll. 14)[42].

Der Brief und die ihn begleitenden Mitteilungen haben den seit den Zeiten Alexanders II. schwebenden Konflikt zwischen dem Papst einerseits, der königlichen

S. 576, Anm. 165. – **41** Es muß hervorgehoben werden, daß Gregor den die exkommunizierten Räte betreffenden Vorwurf nur bedingt erhebt: excommunicatis communionem tuam scienter exhibere diceris. Quod si verum est … Vermutlich wußte Gregor längst, daß die Räte noch am Hof waren. Mit seiner zurückhaltenden Ausdrucksweise wollte er sich wohl weitere Verhandlungen mit dem König offen halten. Die sonstige Schärfe des Briefes kennzeichnet Paul von Bernried Gregorii VII vita c. 65, WATTERICH I 2 S. 510. – **42** MEYER V. KNONAU, Jbb. II S. 579 u. S. 699 Anm. 176. Zu Saul u. Samuel ARQUILLIÈRE, Saint Grégoire VII S. 234 f. – **43** Generalem conventum omnium regni prima-

Regierung und dem deutschen Episkopat andererseits zu heftigem Ausbruch kommen lassen. Mit Recht spricht Paul von Bernried von acriores literae. Heinrich berief auf Bitten der Großen des Reiches, wie er ausdrücklich sagt, zum 24. Januar 1076 einen *Reichstag nach Worms*.[43] Die dortigen Beschlüsse fanden ihren Niederschlag in den beiden berühmten Briefen des Königs und der Bischöfe an den Papst. Sie beschäftigen sich wenig mit den Spannungen und Differenzen der unmittelbaren Vergangenheit. Eher wurden die früheren Handlungen des Papstes kritisiert. Es tritt aber deutlich hervor, daß es längst nicht mehr um einzelne behebbare Mißverständnisse und zufällige Stimmungen und vom Zaun gebrochene Feindseligkeiten, sondern um grundsätzliche Gegensätze ging. In Heinrichs Brief ist von Neueren zu wenig beachtet worden, daß wiederholt betont wird, daß er sich bis dahin zurückgehalten habe[44]. Danach ist ihm der Gegensatz längst bewußt gewesen. Zum großen Mißvergnügen seiner Getreuen habe er dem Papst in allem gehorcht. Er habe mit Geduld, die jener als Feigheit gewertet hätte, hingenommen, was er ihm alles angetan habe. Dreierlei wird besonders beklagt: er habe ihm seine Erbwürde – gemeint ist wohl der römische Patriziat – entrissen, ihm das Reich Italien mit bösen Machenschaften zu entwinden versucht und die ehrwürdigen Bischöfe, dem König als liebste Genossen (membra) verbunden, mit übermütigsten Beleidigungen und bitteren Schmähungen, gegen göttliche und menschliche Rechte heimgesucht, wie sie selbst sagen. Auch die Bischöfe lassen sich nicht auf Auseinandersetzungen im Einzelnen ein. Sie zielen auf das ihnen Wesentliche: Gregor habe, soweit es an ihm lag, den Bischöfen ihre ganze Gewalt genommen, die ihnen von Gott durch den Heiligen Geist, der vor allem in den Weihen wirksam ist, verliehen sei. „Wer aber wird bei der empörenden Art der Sache nicht staunen, daß du dir eine gewisse neue und ungebührliche Gewalt usurpatorisch anmaßt, daß du die der ganzen Bruderschaft zukommenden Rechte zerstörst."[45]

Es ist bezeichnend, daß Gregor auf der *Fastensynode von 1076* auf alle Vorwürfe und Behauptungen der Wormser Versammlung nicht einging. Seine Entscheidungen über die Bischöfe begründete er nicht einmal, mit Ausnahme des Spruches über Siegfried von Mainz, den Leiter jener Wormser Versammlung, der versucht habe, die Bischöfe und Äbte des deutschen Reiches von der heiligen römischen Kirche, ihrer geistlichen Mutter, abzuspalten. Das Urteil über den König wird zunächst rein mit der päpstlichen Binde- und Lösegewalt begründet. Nur in einem Relativsatz heißt es: der gegen deine Kirche in unerhörtem Stolz sich erhoben hat. Später wird nur der Umgang mit Exkommunizierten eigens hervorgehoben, welches Vergehen aber von vornherein ins Prinzipielle und Religiöse als Ungehorsam gegen Gott gewandt ist (III 10 a). Aus der Binde- und Lösegewalt folgt für Gregor nicht nur die aus seiner Bußgewalt stammende Vollmacht der Exkommunikation des Königs, sondern darüber hinaus die Macht, ihn abzusetzen und

tum ipsis supplicantibus habui; ERDMANN, Briefe Heinrichs IV. Nr. 11 S. 14; nach Bonizo, De damnatione, ep. III, MG Ll II S. 49 f. raten die Bischöfe dem König, der zu erwartenden Exkommunikation zuvorzukommen. – **44** Tibique in omnibus magna fidelium nostrorum indignatione obedirem. – **45** MG BrKz II Nr. 20 S. 48; schon in diesen Wormser Äußerungen tritt hervor, was FUHRMANN, bei Greschat S. 160 treffend bemerkt, daß zuweilen Gregors Gegner den Papst besser verstanden als dessen mitläuferhaften Anhänger; FUHRMANN meint jedoch, Dte Gesch. S. 102, Heinrich IV. sei die Tiefe der Reform kaum klargeworden; so etwa auch E. WERNER, Zwischen Worms u. Canossa S. 67. – **45a** Demgegen-

die ihm geschworenen Eide zu lösen. In der Eidlösung zeigt sich am extremsten Gregors religiöse Überzeugung von der Übereinstimmung seines Handelns mit dem Willen Gottes.

Wenn man die Handlungen und Äußerungen beider Parteien miteinander vergleicht, kann es nicht zweifelhaft sein, daß diejenigen Gregors durchaus überlegen sind in politischer Klugheit und Voraussicht, in theologischer Klarheit, in genialem stilistischem Ausdruck. Aber ebenso deutlich wird doch auch, daß Heinrich IV., seine Berater und die Mehrheit des Reichsepiskopats durchaus begriffen haben, worum es prinzipiell geht: die Veränderung des Verhältnisses zwischen Papst und Bischöfen, die strenge Überordnung des den Willen Gottes und des heiligen Petrus vergegenwärtigenden Papstes über den König.

Die Vorgänge von 1075/76 sind das Ergebnis der seit der Jahrhundertmitte entstandenen Vorstellungen von der durch den Papst zentral geleiteten Kirche, dem alle ihre Glieder, weltliche wie geistliche gehorchen sollen wie Gott selbst. Das Verhalten Heinrichs IV. und der Reichsbischöfe ist repräsentativ für den bewußten und zähen Widerstand der traditionellen religiösen Überzeugungen. Daß er sich regte und in der Folge durchgehalten wurde, hat die Kirchengeschichte auf lange Dauer entscheidend geprägt, indem sie die Spannung zwischen den beiden Gewalten neu gestaltete und verschärfte[45a].

Die unerhörten Schritte des Königs und der meisten deutschen Bischöfe, die nicht weniger scharfen Maßnahmen des Papstes haben offenbar zunächst nicht so sensationell gewirkt, wie man denken sollte. Gregor hatte damals die Römer auf seiner Seite, die Mehrheit des italienischen Episkopats stand ihm längst in kühler Distanziertheit gegenüber. Eine Versammlung in Piacenza verhängte nach Ostern sogar die Exkommunikation gegen ihn[46]. Aus Deutschland müssen Gregor Stimmen der Betroffenheit und des Zweifels erreicht haben, auf die er schon im Mai oder Juni ausführlich antwortete[47]. Sogleich auf der Fastensynode hatte Gregor die deutschen Bischöfe in zwei Gruppen eingeteilt, je nachdem, ob sie dem Schisma freiwillig zugestimmt hätten oder nicht. Selbst die ersteren sollen nur dann suspendiert werden, wenn sie in ihrer Aufsässigkeit beharren wollten, den anderen wurde ein Termin gesetzt, um Genugtuung zu geben. Allen werden also goldene Brücken gebaut. Wie häufig es zu Kontakten mit einigen von ihnen gekommen ist, läßt sich nicht feststellen. Aufmerksamkeit erregt ein Brief Gregors an Erzbischof Udo von Trier und die Bischöfe Theoderich von Verdun und Hermann von Metz vom April, in dem sie ermahnt werden, Sühne zu leisten und auch Pibo von Toul dazu zu veranlassen (III 12).

Als Pibo in der Osterzeit am Königshof die Exkommunikation Gregors verkünden sollte, hatte er sich dem heiklen Auftrag durch Flucht entzogen, der sich auch Theoderich von Metz anschloß. Beide wollten aber ebensowenig wie Udo

---

über stellt NITSCHKE, Wirksamkeit Gottes S. 168 Anm. 214 schlicht fest: „Der Kampf zwischen Gregor und Heinrich IV. war durch die Schuld Heinrichs IV. entstanden"; treffend betont dagegen SCHNEIDER, Prophetisches Sacerdotium S. 157 ff. die „literarisch-theologische Verteidigung Heinrichs IV. gegen die Angriffe des Papstes aus den sacramentalen Grundlagen des Königtums". Sie sei allerdings nicht so ins Bewußtsein der Forschung getreten wie der spektakuläre Canossagang des Königs und die vorentscheidenden Verhandlungen in Tribur und Oppenheim im Oktober 1076. – 46 MEYER v. KNONAU, Jbb. II S. 628 f.; J. VOGEL, Gregor VII. u. Heinrich IV. S. 20 ff.; auch S. 103 zur Situation von 1078. – 47 Epp. coll. 14 S. 535 ff. – 48 GIESE, Stamm d. Sachsen S. 168 meint, Hein-

von Trier mit dem König brechen. Udo reiste nach Rom, erhielt Verzeihung und
dazu noch die Erlaubnis, mit dem gebannten König zu reden. Ihm war also offenbar eine Vermittlerrolle zugedacht. Auf zwei Reichsversammlungen in Worms
und Mainz im Mai und Juni erschien noch eine ansehnliche Zahl von Bischöfen
und Magnaten. Auf beiden wurde die Exkommunikation Hildebrands wiederholt. Aber im Lauf des Sommers verschlechterte sich Heinrichs Lage bedenklich.
Der mit ihm eng verbündete Herzog Gozelo von Niederlothringen war schon im
Winter ermordet worden, sein Nachfolger durch regionale Fehden lahmgelegt.
Die oberdeutschen Herzöge hatten dem König längst feindlich gegenübergestanden, ebenso Erzbischof Gebhard von Salzburg, der Patriarch Sigehard von Aquileja und die Bischöfe Altmann von Passau, Adalbero von Würzburg, Adalbert von
Worms und Hermann von Metz. Dieser hatte ihm zur Verwahrung übergebene
sächsische Geiseln unter offenem Bruch seines Treueides entlassen. Andere sind
gleichfalls freigekommen oder entflohen, wie Burchard von Halberstadt. Die
Hoffnung des Königs, durch Freigabe hochstehender sächsischer Geiseln wie Erzbischof Werner von Magdeburg und der Bischöfe Benno von Meissen und Werner von Merseburg beruhigende Vermittler bei den Sachsen zu gewinnen, schlug
fehl. Ebenso mißlang ein Feldzug, den der König mit Hilfe des Herzogs Wratislaw von Böhmen gegen Sachsen begonnen hatte. Entscheidend war zu gleicher
Zeit der Abfall Ottos von Nordheim, dem die Stellvertretung des Königs in Sachsen anvertraut gewesen war. Im Herbst 1076 stand also ein großer Teil der Sachsen dem König so drohend und feindlich gegenüber wie vor seinem Sieg in dem
Treffen an der Unstrut[48]. Noch im September hatten sich die oberdeutschen
Herzöge mit den Bischöfen Adalbero von Würzburg, Adalbert von Worms, Altmann von Passau in Ulm zusammengefunden[49]. Sie waren längst vor dem Konflikt mit dem Papst des Königs Gegner gewesen. Ihnen gesellte sich auch noch Bischof Otto von Konstanz zu. Es wird bereits damals, wie in diesem Kreis schon
früher, von der Wahl eines anderen Königs die Rede gewesen sein, und man verabredete für Mitte Oktober eine große Versammlung in Tribur. Viel beachtet
wurde, daß, damals freudig begrüßt, auch eine große Zahl sächsischer Feinde des
Königs dort erschien, geführt von Otto von Nordheim.

Gregor VII. ist seit der Fastensynode im Februar mit Klugheit und Umsicht tätig gewesen. Das so düster begonnene Jahr 1076 scheint dasjenige zu sein, in dem
seine Fähigkeiten, politisch, menschlich, religiös, die höchste Steigerung zeigen. Es
gibt aus dieser Zeit verhältnismäßig viele Briefe an deutsche und mailändische
Adressaten, die erkennen lassen, wie der Papst seine Sache vertritt und welche
Ziele er verfolgt. Immer wieder wird deutlich, daß er den von ihm Abgefallenen
leicht verzeiht, wenn sie zur Buße und vor allem zu künftigem Gehorsam bereit
sind. Er versucht, seine Maßnahmen zu rechtfertigen, besonders die Exkommunikation des Königs. Obwohl er offener als je vorher über die vermeintliche
Schlechtigkeit des Königs schreibt und wohl erst recht redet, betont er immer
wieder seinen Friedenswillen, seine Bereitschaft, den König und seine Anhänger

rich „wäre gewiss gut beraten gewesen", wenn er Ottos von Nordheim Aufforderung zur
Kapitulation gefolgt wäre. Er hätte damit vielleicht „die Aufstellung eines Gegenkönigs
verhindern können". Das sind natürlich postume Spekulationen. Heinrich wollte aber
dem Papst, nicht den Sachsen entgegenkommen. – **49** Lamperti Ann. ad a. 1076 S. 273;
ihr Beschluß wurde den Fürsten aller Stammesländer verkündigt und soll bei vielen den
Abfall von Heinrich bewirkt haben. – **50** IV 3 „Non inflatus spiritu elationis consuetudi-

wieder aufzunehmen, ihnen zu verzeihen, wenn sie büßen, gehorchen und Sicherheit für die Zukunft gewähren. Von einzelnen Verfehlungen wird wenig gesprochen. Immerhin kommt der Gedanke vor, der König solle nicht üble Gewohnheiten gegen die Freiheit der Kirche verteidigen, womit vielleicht die kanonischen
Wahlen im alten Sinn oder sogar die königliche Investitur vor der Weihe gemeint
sein können[50]. Sehr zu beachten ist es, daß er innerhalb weniger Tage wiederholt
sich selbst die Lösung des Königs von der Exkommunikation vorbehielt. Er sorgt
sich offenbar darum, daß Bischöfe in guter oder böser Absicht das vollziehen
könnten, wozu allein der Stellvertreter Petri die Vollmacht besäße[51]. Dieses nach
seinem Glauben exklusive Recht des Papstes steht hier auf dem Spiel. Schon Anfang September äußert indessen Gregor auch schon, es müsse für das Reich ein
anderer gefunden werden, wenn Heinrich sich nicht zu Gott bekehre. Sollte eine
Wahl erforderlich sein, so fordert er Nachricht; er werde die Wahl und den Gewählten prüfen und mit apostolischer Autorität bestätigen[52]. Offenbar sind ihm
die Pläne der oppositionellen Fürstengruppe bekannt, und noch Ende Oktober
schreibt er nach Mailand von dem Kampf gegen den König und dem Anwachsen
der Getreuen der römischen Kirche in Deutschland[53]. Schon vorher waren als
Vertreter des Papstes Sigehard von Aquileja und Altmann von Passau bestimmt
worden, die dann auch in Tribur erschienen und offenbar eine bedeutende Rolle
spielten[54].

Heinrich IV. hat seit dem Spätsommer einsehen müssen, daß seine Macht in
Deutschland im Rückgang war. Zuletzt war sogar der vornehmste Erzbischof des
Reiches, Siegfried von Mainz, zu seinen entschlossensten Feinden abgefallen.
Dennoch war sein Anhang noch bedeutend. Viele Bischöfe standen entweder ent-
schieden auf seiner Seite oder versuchten, sich zwischen den Parteien durchzula-
vieren. Von diesen hatte er wenig zu hoffen, doch auch wenig zu befürchten[54a].
Im hohen Adel der Stammesgebiete hatten die Herzöge zahlreiche Gegner, die des
Königs Freunde waren, ebenso wie einfache Edelfreie und Bürger. Er war also
keineswegs zu bedingungsloser Kapitulation gezwungen, sondern konnte wählen,
ob er den Kampf wagen oder einen Kompromiß anstreben sollte[55]. Seine Gegner

nes superbiae contra libertatem ecclesiarum inventas defendat, sed observet sanctorum
patrum doctrinam, quam pro salute nostra eos docuit potestas divina." – 51 Epp. coll. 15
(Aug. 29), IV 2 (Aug. 25), IV 3 (Sept. 3). – 52 Reg. IV 3. – 53 Reg. IV 7. – 54 Sigehard,
der noch in Tribur als päpstlicher Legat auf der Seite der Gegner des Königs stand, war
nach Canossa, im April, bei Heinrich in Pavia, wurde dort hochprivilegiert (MG DH IV
293) und begleitete danach den König nach Deutschland. Ein so ausgesprochener Parteiwechsel ist in jener Zeit nicht häufig gewesen. – 54a Das Verhalten des deutschen Episkopats nach seinem kühnen Auftreten in Worms ist auffällig. FLECKENSTEIN, Heinrich IV. S. 234 meint, der König habe sich schon Jahre vor Worms einen Großteil der
Bischöfe entfremdet. Aber hat es nicht längst vor Heinrich IV. Spannungen zwischen Königen und Bischöfen gegeben, die sich beim Verfall der königlichen Autorität während der
Regentschaft wesentlich steigerten? Fleckenstein sieht auch S. 229, 231 schwere Fehler bei
der Auswahl der Bischöfe. Aber die allermeisten Bischöfe von 1076 waren ja längst im
Amt, bevor Heinrich IV. die Verantwortung für ihre Berufung trifft. – 55 Heinrichs damalige Lage ist der Gegenstand der vielbeachteten Kontroverse zwischen Johannes Haller
und Albert Brackmann. Die darauf bezügliche ältere Literatur ist zitiert in meinem Beitrag
„Zwischen Worms und Canossa". HALLERS These, nach der für des Königs Handeln" die
einzig richtige Bezeichnung Kapitulation, Ergebung auf Gnade und Ungnade" sei, wird
kaum noch vertreten; eine Ausnahme macht E. WERNER, Zwischen Worms und Canossa
S. 72: verzweifelte Lage Heinrichs; im allgemeinen sieht man als Ergebnis der damaligen
Verhandlungen einen Kompromiß. Ich habe bes. auf die verschiedenen Strömungen im

waren noch erfüllt von Furcht und versuchten, sich durch gegenseitige Hilfsversprechungen zu sichern. Heinrichs politischer Grundgedanke war nun die Trennung seiner Gegner. Es ist denkwürdig, daß er wieder, wie bereits 1073, es für aussichtsreicher hielt, den Papst als seine alten deutschen Feinde zu besänftigen. Allerdings mußte zunächst ein Abkommen mit den drohend in *Tribur* Versammelten zustande kommen, bei denen sich auch die Beauftragten des Papstes befanden. Der Hof lagerte in *Oppenheim* und die Verhandlungen zogen sich viele Tage hin (Oktober 1076). In Tribur war man sich nicht einig. Eine radikale Gruppe hatte wohl an die sofortige Wahl eines anderen Königs gedacht. Aber selbst sie war vermutlich gehemmt durch eine Rivalität zwischen Rudolf von Schwaben und Otto von Nordheim. Ein großer Teil der Anwesenden wollte es nicht zum Äußersten kommen lassen, und die päpstlichen Legaten waren verpflichtet, die letzte Entscheidung dem Papst vorzubehalten. So gab man sich endlich damit zufrieden, daß der König dem Papst Gehorsam und Genugtuung versprach, den Bischöfen, Fürsten und Adligen jeden Ranges Mitteilung davon machte und sie aufforderte, seinem Beispiel zu folgen[56]. Nach verschiedenen Berichten sollen nach Abschluß der Verhandlungen die Fürsten sich gegenseitig verpflichtet haben, Heinrich nicht mehr als König anzuerkennen, wenn er bis zum Februar des folgenden Jahres nicht aus dem Bann gelöst sei[57].

Der Papst empfing kurze Zeit nach dem Abschluß der Verhandlungen in Tribur und Oppenheim die Abgesandten beider Parteien und faßte den schwerwiegenden Entschluß, alsbald nach Deutschland zu reisen. Er teilte ihn in zwei Schreiben einer großen Öffentlichkeit mit[58]. Darin kündigte er an, er werde am 8. Januar des kommenden Jahres in Mantua eintreffen, und tatsächlich war er in den letzten Dezembertagen bereits in Florenz. Für den 2. Februar hatten die Fürsten den Papst zu einer großen Versammlung in Augsburg eingeladen, wo Gregor seine Entscheidungen treffen sollte[59]. Er wollte also den König eigentlich zur Einlösung seines Versprechens von Buße und Gehorsam nicht in Italien empfangen, sondern ihn unter dem Druck des Bannfluches halten, bis er in Anwesenheit aller Parteien die vollständige Unterwerfung erzwingen konnte.

Doch der König und seine Berater erkannten die Gefährlichkeit dieses Verfahrens, bei dem die religiösen und die politischen Angelegenheiten vermischt würden und die Radikalen erheblichen Einfluß üben könnten. So kam Heinrichs Entschluß zustande, eiligst über die Alpen zu gehen, um den Papst dort zu treffen und erst einmal in die Kirche wieder aufgenommen zu werden. Es sind zahlreiche Versuche unternommen worden, die dramatischen Vorgänge in *Canossa* zu deuten, die religiösen, menschlichen und politischen Motive von Papst und König, die historischen Voraussetzungen und Folgen. Über Vermutungen können aber alle

Episkopat hingewiesen. Vgl. ferner H. BEUMANN, Tribur, Rom u. Canossa S. 33–60; HLAWITSCHKA, Zwischen Worms u. Canossa S. 25–45; CH. SCHNEIDER, Sacerdotium S. 185 f. – 56 ERDMANN, Briefe Heinrichs IV. Nr. 14 S. 20 f.; dazu Anh. B S. 69; Cod. Udalrici Nr. 53 S. 111; für die Vorgänge in Tribur grundlegend sind d. erneuten u. ausführlichen Untersuchungen v. CH. SCHNEIDER, Sacerdotium S. 171–187; weiter vgl. HLAWITSCHKA, Zwischen Worms u. Canossa S. 25 ff. – 57 MEYER V. KNONAU, Jbb. II, Exkurs VI, S. 888 ff. – 58 IV 1,2; epp. coll. 20; auch Paul v. Bernried Vita Gregorii VII c. 82 S. 523. – 59 Zu der These von H. BEUMANN, Tribur, Rom u. Canossa, eigentlich sei ein früherer Termin für die Augsburger Versammlung vorgesehen gewesen, dann aber in den Verhandlungen mit den deutschen Gesandtschaften auf den 2. Februar verschoben worden, vgl. die m. E. überzeugenden Gegenargumente von HLAWITSCHKA, Zwischen Worms u. Canossa. – 60 Über alle

diese, teilweise sehr widersprüchlichen Deutungen nicht hinauskommen. Wie weit waren Heinrich und die Zeitgenossen ernstlich betroffen von dem Bann, waren sie wirklich in Sorge um ihr ewiges Heil? War der Papst bestrebt, wie er oft beteuerte, den sündigen Menschen zu bekehren und zu retten? Wie entscheidend waren für beide daneben oder vorzugsweise politisch-taktische Erwägungen? War seine symbolische Demütigung für den König ein wahres Opfer oder überwog der Gedanke daran, mit der Leistung der Buße einen Ausweg aus seinen Verlegenheiten zu finden?[60] Dabei ist zu beachten, daß Heinrich, der vor der Burg von Canossa mit nackten Füßen stand, seine mit der Gegenseite vereinbarte Versprechung *immer als König* machte, wie schon in Oppenheim seine Zugeständnisse an die dortigen Partner[61]. Selbst in den verzweifeltsten Momenten hat er also niemals die päpstliche Aberkennung seines Königstums oder gar die Lösung der ihm Verpflichteten von ihrem Treueeid anerkannt. Und hatte der Papst überhaupt die Möglichkeit, dem so eindrucksvoll Büßenden Verzeihung und Bannlösung zu verweigern? Hätte er dadurch nicht die ideelle Wurzel seines Oberhirtenamtes unglaubwürdig gemacht, zumal in einer Welt, in der er viele nüchtern oder gar skeptisch denkende Feinde hatte, besonders in Italien. So mußte er sich folgerichtig mit Heinrichs Versprechen begnügen, nach dem Urteil des Papstes, innerhalb einer von diesem zu bestimmenden Frist seinen Widersachern gegenüber Gerechtigkeit walten zu lassen oder ihnen nach des Papstes Rat Frieden zu gewähren[62].

Seit Canossa hatte Gregor nur noch die Chance, in den deutschen Streitigkeiten die politische Autorität des Nachfolgers Petri zur Geltung zu bringen, nicht mehr, einen Exkommunizierten geistlich zu richten. Die entschiedensten Gegner Heinrichs trafen sich Mitte Februar 1077 abermals in Ulm und setzten eine weitere Versammlung in Forchheim für den 23. März an, für die wohl schon damals die Wahl eines neuen Königs geplant war[63]. Dorthin wollte auch der Papst kommen. Zu der beabsichtigten Reise kam es aber nicht. Auch der König kehrte erst im April nach Deutschland zurück, als *Rudolf von Rheinfelden in Forchheim zum Gegenkönig* gewählt und in Mainz gekrönt worden war. Dort waren Gregors Legaten, der Kardinaldiakon Bernhard und Abt Bernhard von St. Viktor in Marseille erschienen und hatten nach der späteren Darstellung des Paul von Bernried auf päpstliche Weisung darauf gedrungen, daß die Entscheidung über die Königswahl aufgeschoben werde, wenn dies ohne Gefahr geschehen könne[64]. Noch drei

diese Fragen, zu deren Beantwortung die Quellen selbst nicht ausreichen, läßt sich ohne Ende diskutieren, zumal der eindrucksvolle Akt eine reiche Legendenbildung angeregt hat. Aus der neueren Literatur vgl. bes. W. v. d. Steinen, Canossa. Heinrich IV. u. d. Kirche, 2. Aufl., Libelli 286, 1969; Morrison, Canossa S. 121–148; Ch. Schneider, Sacerdotium S. 201 ff.; R. Schieffer, Von Mailand nach Canossa S. 333–370; Zimmermann, Der Canossagang v. 1077; Capitani, Canossa S. 359–381; Heinrich IV. hat sich in Canossa keineswegs degradiert, indem er die priesterliche Bußgewalt akzeptierte, wie Laudage, Priesterbild S. 20 meint. Er betont wiederholt, der König sei von „Reformern" als Laie eingestuft worden; vgl. etwa S. 60; aber trotz gelegentlichen dichterischen Überschwangs hat daran niemand gezweifelt. – 61 MG Const. I S. 115 Nr. 66; MG Const. I S. 114 Nr. 64; Jakobs, Kirchenreform S. 27 betont zu Recht, „daß über Heinrichs Königtum auf Canossa nicht verhandelt worden ist …" – 62 Diese Periode des Konflikts ist ausführlich und vielfach klärend behandelt von J. Vogel, Gregor VII. u. Heinrich IV. – 63 Meyer v. Knonau, Jbb. II S. 775 Anm. 50 u. III S. 3 f.; in Ulm wie in Forchheim waren nur wenige Bischöfe anwesend, was bezeichnend ist für die Zersplitterung und Unsicherheit des damaligen Episkopats. – 64 Gregorii pp. VII vita c. 94, Watterich I 2 S. 529 f. – 65 VII

Jahre später, bei der Verdammung Heinrichs im Jahre 1080, bekennt Gregor ausdrücklich, Rudolfs Wahl sei ohne seinen Rat erfolgt[65]. Als aber die Wahl dann doch geschehen war, nahm er sie so weit an, daß *Rudolf für ihn einer von zwei Königen* war (IV 23 vom 31.5.1077: utrumque regem, Heinricum atque Rodulfum commoneatis), deren Fall er untersuchen und entscheiden wolle[66]. Nun, nachdem der legitime König von ihm selbst wieder in die Kirche aufgenommen war, nahm er es hin, daß ein anderer gegen diesen erhoben worden war. Er nahm für sich in festem Glauben an seine gottgegebenen Vollmachten in Anspruch, darzutun, wem von beiden die justitia zur Regierung des Reiches günstiger sei. Mit der halben Anerkennung des Neugewählten ging der Papst noch weit über das von ihm beanspruchte Recht hinaus, einen König zu exkommunizieren, was schließlich ein rein geistlicher Akt im herkömmlichen Verständnis war. Daß er auch dem vom Bann Gelösten gegenüber noch die Absetzung und die Lösung vom Treueid nicht zurückgenommen hatte, ermöglichte ihm, zwischen zwei Königen zu entscheiden, womit wieder das Bewußtsein seiner hohen Vollmachten hervortritt. Wenn er aber die causa beider Könige persönlich entscheiden wollte, mußte er die gegenseitigen Anklagen und Verleumdungen ihrer Parteien anhören, womit er natürlich in die Gefahr geriet, in die Niederungen des Allzumenschlichen herabgezogen zu werden.

Heinrich IV. und seine Berater haben klar erkannt, was die Wahl von Forchheim für das Königtum bedeutete. Der König war für sie, wie für die vorausgehenden Jahrhunderte, nicht nur der oberste Schützer der Kirche und der patria, der höchste Garant des Rechtes, sondern als geweihte Person, als liturgisch-geistliche Figur war er es, der das zu ihm gehörige Volk trotz aller Unvollkommenheit damaligen Regierens, trotz häufiger Verletzungen seines Friedens, zu einer Einheit machte. Deshalb wäre für Heinrich ein päpstliches Urteil über die Anklagen der Widersacher vor der Forchheimer Wahl allenfalls erträglich gewesen, soweit sie den Vorwurf geistlicher Verfehlungen betrafen. Eine politische Entscheidung des Papstes zwischen ihm und einem anderen, der selbst auch König zu sein beanspruchte und vom Papst so genannt wurde, war es nicht. Es war konsequent und innerlich notwendig, wenn er schließlich von Gregor die Exkommunikation Rudolfs forderte. In diesen Jahren zwischen Canossa und der zweiten Verfluchung Heinrichs wird mehr als irgendwann offenbar, daß *zwei unvereinbare Auffassungen* von der Ordnung der christlichen Welt und den Vollmachten der beiden Gewalten aufeinander getroffen sind[67].

14a: „sine meo consilio vobis testibus elegerunt sibi Rodulfum ducem in regem." – 66 Robinson, Pope Gregory VII and Episcopal Authority S. 729; J. Vogel, Gregor VII u. Heinrich IV. S. 6 u. d. Anm. 29 zitierte Literatur. Zwei Könige hatte es bis dahin nur gegeben, wenn ein erwählter und geweihter Königssohn als Thronfolger oder Mitkönig galt. Rudolf ist der erste Gegenkönig in der deutschen Geschichte, was symptomatisch für den Verfall des Königtums seit Heinrich III. ist; vgl. Kern, Gottesgnadentum S. 173 mit Anm. 318 = Anhang 19; Mitteis, Staat, 4. Aufl., S. 297; Giese, Stamm d. Sachsen S. 45 macht darauf aufmerksam, daß auch die Sachsen an der Anerkennung zweier Könige durch Gregor Anstoß nahmen, daß „er sich nicht eindeutig zugunsten Rudolfs erklärte, sondern Heinrich gleichmaßen als König titulierte"; vgl. dort auch S. 40; Gefahr eines Schismas im Reich nach Paul von Bernried, u. S. 50 Bertholdi Ann. ad a. 1077 S. 294, ad a. 1078 S. 308, ad a. 1080 S. 314. – 67 Wenn Bruns, Gegenkönigtum S. 26 meint, Gregor habe auf eine Einigung hinausgewollt, ist dies nicht zu bestreiten. Für Heinrich gilt das Gleiche. Voraussetzung für die von beiden gewünschte Einigung war aber die bedingungs-

Über die Gründe, die Gregor VII. veranlaßten, in den Jahren 1077–1080 die Entscheidung zwischen den beiden deutschen Parteien immer wieder aufzuschieben, läßt sich vollständige Gewißheit schwerlich gewinnen. Seine Anhänger, besonders in Sachsen, begannen in ihrer Bedrängnis, das Vertrauen zu ihm zu verlieren. Sie verstanden seine Haltung nicht. Von Heinrich IV. hätte Gregor in diesen Jahren gewiß erhebliche Zugeständnisse in kirchlichen Fragen erreichen können, wenn er ihn als alleinigen König anerkannt hätte. Vielleicht ist es die einzige Periode, in der man sogar über die Investiturfrage mit ihm hätte reden können. Doch fehlte damals wohl noch die geistige Durchdringung des Problems auf beiden Seiten[68]. Die eigentlichen religiösen Grundlagen des Königtums, deren Mitte sein sakraler und liturgischer Charakter, allem voran die Überzeugung von der Gottunmittelbarkeit des Königs war, konnte Gregor nicht akzeptieren. Er klammerte sich stattdessen an seine Konzeption der Entscheidung zwischen Heinrich und seinen deutschen Gegnern durch päpstlichen Schiedsspruch, um ein für allemal die Idee von der Überordnung des Papstes über die Könige zur voller Anerkennung zu bringen. Erst Heinrichs und seines Anhangs von ihrem Standpunkt aus verständliche Forderung der Exkommunikation des Gegenkönigs brachte ihn schließlich dazu, sein jahrelanges, für beide deutsche Parteien kaum begreifliches Zögern aufzugeben und den Salier erneut zu bannen. Dabei mag auch die *Sorge über die steigende Macht Heinrichs* mitgespielt haben, die Gregors Wunsch, als Schiedsrichter zu fungieren, zunichte zu machen drohte. Daß Gregors Haltung nach Canossa unter den Perspektiven politischen Kalküls mindestens sehr gewagt, vielleicht sogar aussichtslos war, muß man wohl zugeben. Sie läßt sich nur damit erklären, daß dieser politisch sonst vielfach bewegliche Papst unbeugsam aus stolzem religiös fundiertem Selbstbewußtsein Kompromisse ablehnte, wenn sie seine prinzipiellen Vorstellungen vom umfassenden Primat des Papstes berührten. Daher war es folgerichtig, daß der Kern des theokratischen Amtsgedankens, die *Gottunmittelbarkeit des Königtums, in seinem Bewußtsein keinen Platz* hatte[68a].

lose Annahme der jeweils eigenen Auffassung durch den Partner. Die Nachricht Bonizos von Sutri, Heinrichs Gesandte hätten sogar mit der Erhebung eines Gegenpapstes gedroht, wird von J. Vogel, Gregor VII. u. Heinrich IV. S. 187 f. akzeptiert; er wiederholt diese Meinung in der Studie, Gottschalk v. Aachen S. 55. Ohne diese Interpretation für unmöglich zu halten, bleiben mir Bedenken. Bonizos Aussage ist ein Unicum. Wie die angebliche Drohung gelautet hat, weiß man nicht. Immerhin ist es auffallend, daß sich Gregor selbst nie darauf beruft. Vgl. auch die zurückhaltende Beurteilung durch D. Jasper, DA 42 (1986) S. 302. – 68 Wäre es Gregor wirklich darauf angekommen, mit einem starken König die Reformen in Deutschland durchzuführen, wie J. Vogel, Gregor VII. u. Heinrich IV. S. 109 u., diesem zustimmend F. Kempf, AHP 21 (1983) S. 302 meinen, so hätte er in der damaligen Situation zweifellos nur mit Heinrich, nicht mit Rudolf paktieren müssen. Aber wesentlicher als „Reformen" war ihm gewiß die Schiedsrichterrolle, die er mit der damals steigenden Macht des Saliers zu verlieren drohte. Sein Schiedsspruch sollte nicht von Reformwilligkeit und -fähigkeit abhängen, sondern von Gehorsam. – Angesichts der zähen Taktik, mit der Gregor von 1077–1080 sein Ziel verfolgte, vermag ich nicht mit Fuhrmann (bei Greschat) S. 171 von einem „dreijährigen Stillhalten" zu reden. – 68 a Morrison, Canossa kümmert sich, wie mehrere andere Historiker, meist nur um die Überzeugungen und Prinzipien, für die Gregor einsteht. Ignoriert wird dagegen, daß auch Heinrich IV. und seine Anhänger religiös begründete Positionen verteidigen. Die Ursachen, die 1080 zum zweiten Bruch zwischen Papst und König führten, werden von Morrison S. 129 m. E. nicht zutreffend beurteilt. Auch den von ihm, Tradition und Authority S. 393 geäußerten Ansichten kann ich nicht zustimmen. – Über den Klatsch betr. Bischof Udalrich von Padua vgl. o. S. 144. Daß Heinrichs Gesandte exkommuniziert ge-

Auf der Fastensynode von 1080 (7. März) erfolgte die zweite Exkommunikation Heinrichs IV.; abermals nahm ihm Gregor die königliche Gewalt und löste alle Treueide, die ihm geleistet waren. Dieses Mal erfolgte eine schnelle und heftige Reaktion. Schon bald wandten sich Bischofsversammlungen in Mainz und Bamberg gegen Hildebrand, und Ende Juni sprach eine aus Deutschland und Italien reichbesuchte Synode in Brixen seine Absetzung aus. Dort wurde Erzbischof Wibert von Ravenna als Gegenpapst nominiert (Clemens III. 1080–1100)[69].

Nach 1080 setzte Gregor die Bemühungen der letzten Jahrzehnte gegen Simonie fort, was immer man darunter verstand, gegen die Verletzung des Keuschheitsgebotes durch den Klerus, für die „freie" Wahl von Bischöfen und Äbten. Dabei sind weder neue Gedanken festzustellen, noch größere Erfolge erzielt worden als früher. Man kann am ehesten einen entschiedeneren Ton in der Wendung gegen Bischöfe finden, von denen die königliche Investitur vor der Weihe empfangen worden war. Aber zu Gregors Lebzeiten ist es trotzdem im Großen und Ganzen bei der alten Übung geblieben[70]. Die Spannung zwischen dem Papst und den deutschen Bischöfen war in der Zeit vor der zweiten Verdammung Heinrichs IV. eher latent. Kein Bischof, mochte er mehr dem Papst oder dem König zuneigen, verlor in dieser Periode sein Amt. Als Gegenbischof kann man allenfalls den von Rudolf von Rheinfelden investierten Augsburger Wigold ansehen[71]. Von den sächsischen Bischöfen standen viele auf der Seite des Gegenkönigs, so Erzbischof Werner von Magdeburg und sein Nachfolger Hartwig, Burchard von Halberstadt, Benno von Meissen, Werner von Merseburg, Eppo und Günter von Zeitz-Naumburg und Richbert von Verden. Aber keiner von ihnen verlor sein Amt. Selbst an die Stelle Siegfrieds von Mainz, der nach der Krönung Rudolfs durch einen Aufruhr der Mainzer aus seiner Stadt vertrieben worden war, setzte Heinrich IV. keinen anderen Erzbischof. Auch die süddeutschen Anhänger Rudolfs, Erzbischof Gebhard von Salzburg, die Bischöfe Adalbero von Würzburg, Adalbert von Worms, Hermann von Metz und Altmann von Passau erhielten lange keine Nachfolger, auch wenn sie sich in ihren Diözesen nicht halten konnten. Erst kurz vor Gregors VII. Tod, im April 1085, wurden auf einer Synode in Mainz zwei Erzbischöfe und neun Bischöfe, dazu vier Gegenbischöfe abgesetzt[72]. Mehrere von ihnen unterwarfen sich Clemens III. und Heinrich IV., und zahlreiche neue Bischöfe wurden ernannt. So spät erst kommt es in einer beschränkten Reihe von Diözesen zu der berühmten Doppelung. Die meisten der deutschen Bischöfe, nämlich ungefähr zwei Drittel, standen nach Ausbruch des Schismas auf der Seite Heinrichs und des Gegenpapstes.

Was bewog nun aber eine Minorität der Bischöfe, sich gegen den König zu stellen? Die bekanntesten unter ihnen waren selbst noch nach alter Sitte vom Kö-

wesen seien, stimmt nicht, ebensowenig, daß der König es gewesen sei, der die päpstlichen Gesandten bestochen habe. – 69 Zur Frage, seit wann Wibert seiner Partei als rechtmäßiger Papst galt, ZIESE, Wibert S.55 ff.; I. HEIDRICH, Ravenna unter Eb. Wibert (1073–1106), VuF, Sonderband 32, 1984, S.53 f. – 70 Vgl. o. S.149 u. 173. – 71 TELLENBACH, Gregorianische Reform S.110 f. – 72 MEYER V. KNONAU, Jbb. IV S.547 ff., Exkurs III; J. VOGEL, Zur Kirchenpolitik S.164 u. 185; S.191 meint Vogel, der König habe sich zu Kompromissen mit einigen Bischöfen gezwungen gesehen. Aber waren es nicht eher die Bischöfe, die ihm entgegenkommen mußten? Daß es damals überhaupt sehr viele Gegenbischöfe in Deutschland gab, berechnet C. BRÜHL, Die Sozialstruktur d. dt. Episkopats im 11. u. 12. Jh., MCSM VII (1977) S.47. – 73 Adalbero von Würzburg

nig investiert und danach geweiht worden[73]. In ihrer Haltung zu Simonie und Priesterzölibat unterschieden sie sich, soweit wir wissen, kaum von den königstreuen Bischöfen. Sie billigten vermutlich, wie die Mehrzahl der Bischöfe die Kritik daran, ohne sich besonders energisch für die Abschaffung einzusetzen[74]. Es gibt einige Bischöfe, die Gregor VII. näherstanden, wie Altmann von Passau, Adalbero von Würzburg und Hermann von Metz, die man vielleicht wirklich „Gregorianer" nennen kann[75]. Bei den meisten zögert man aber, dies zu tun. Die sächsischen waren großenteils schon in den Aufruhr ihres Stammes gegen Heinrich IV. verwickelt gewesen und waren mehr sächsisch als „gregorianisch"[76]. Ihre Parteinahme ist mitunter von persönlichen oder territorialpolitischen Tendenzen mitbestimmt. So war Burchard von Halberstadt ein Neffe der familienpolitisch so erfolgreichen Brüder Anno von Köln und Werner von Magdeburg[77]. Aufmerksamkeit fordert besonders Erzbischof Gebhard von Salzburg, der stets ohne Wanken Gegner Heinrichs IV. war; anscheinend wünschte der König im Herbst 1077, sich mit ihm zu versöhnen. Es kam auch zu einer Aussprache in Regensburg, wo der Erzbischof die Restitution aller der Salzburger Kirche in der Konfliktszeit entfremdeten Güter und strenge Bestrafung der „Kirchenräuber" verlangt haben soll. Es wurde keine Einigung erzielt, und Gebhard, der sich nicht mehr sicher gefühlt habe, soll sich auf der Rückreise nach Salzburg zur Flucht entschlossen haben. Viele Jahre lebte er dann im Exil, besonders in Sachsen. Ab-

1045, Eppo von Naumburg 1045, Anno von Köln 1056, Burchard II. von Halberstadt 1059, Werner von Merseburg 1059, Siegfried von Mainz 1060, Gebhard von Salzburg 1060, Richbert von Verden 1060, Werner von Magdeburg 1063, Benno von Meissen 1066, Adalbert von Worms 1070. Von diesen „Reformbischöfen" haben übrigens sechs 1076 die Proklamation der Bischöfe gegen Gregor VII. unterschrieben. – Der König oder seine Vormünder, die diesen Bischöfen die Investitur gewährten, waren deshalb keine Antireformer, ebensowenig die Bischöfe selbst, weil sie die Investitur annahmen. Als anstößig wurde die „Laieninvestitur" für Gregor erst allmählich nach der Mitte der siebziger Jahre deklariert. – Unter dem Gebrauch des vagen, undefinierten Reformbegriffs leidet, wie viele neuere Arbeiten auch die von J. Vogel, Rudolf v. Rheinfelden S. 1–30. Zur Kritik am gängigen Reformbegriff vgl. o. S. 69 ff. – 74 Kost, Östliches Niedersachsen S. 50 treffend zu Werner von Magdeburg S. 67 f. „Beziehungslosigkeit", „Interesselosigkeit" gegenüber dem Papst; Kost S. 170 ist ebenso darin zuzustimmen, daß das Verhältnis der Sachsen auch zu Rudolf von Rheinfelden recht kühl war. – 75 Vgl. Bruns, Gegenkönigtum S. 52: „Lediglich den beiden Bischöfen Gebhard v. Salzburg und Altmann v. Passau darf man geistliche Motive einräumen, und auch das nur, weil wir über die weltlichen Interessen dieser Bischöfe nicht unterrichtet sind." Grundlegend über die wirklich gregorianische Einstellung eines mit Konstanz zusammenhängenden Kreises Authenrieth, Domschule und Dies., Bernold v. Konstanz, wo Bernold als Autor des Anhangs zur Sammlung in 74 Titeln mit guten Gründen vermutet wird, in der es um die für Gregor brisante Frage der Exkommunikation geht; vgl. ferner Robinson, Zur Arbeitsweise S. 101 ff.; „Der Kreis süddeutscher Gregorianer", S. 112: „Existenz eines gregorianischen Freundeskreises deutscher Gelehrter;" Ders., Bible S. 67: „These writers from a South German Gregorian circle." Tatsächlich haben wohl wenige die Ideen Gregors VII. so sehr verstanden und vertreten wie die Konstanzer Bernhard, Adalbert und Bernold. Vgl. auch Weisweiler, Päpstliche Gewalt S. 129–142. – 76 Zu Gregors VII. Kritik an der Lässigkeit der Bischöfe, die als Reformer galten vgl. o. S. 172 u. 186, auch Kost, Östliches Niedersachsen S. 136 ff. – 77 Annos Steusslinger Familienpolitik verrät den Machtpolitiker. Zu dem territorialpolitischen Gegensatz zwischen Burchard von Halberstadt und Hezilo von Hildesheim vermerkt Berges, Werla-Goslarer Reichsbezirk S. 145: „Das alles hat nichts mit ‚Gregorianismus' oder Antigregorianismus zu tun"; Robinson, Pope Gregory VII, the princes S. 756 bemerkt zutreffend die ideologischen Differenzen zwischen Gregor und seinen sächsischen Parteigängern. Seiner Beurteilung der Motivation der Sachsen vermag ich freilich nicht zu folgen. Vgl. auch T. Reuter, DA 38 (1982) S. 273. – 78 Meyer v. Knonau, Jbb. III S. 167

gesetzt wurde aber sogar er nicht vor 1085. Es fällt auf, daß Gebhard in Regensburg offenbar Güter zurückgefordert, aber von „Kirchenreform" nicht gesprochen hat[78].

Der König hatte es im Ganzen schwerer, sich seiner weltlichen, als seiner geistlichen Gegner zu erwehren. Es kommt häufiger als sonst in den hochmittelalterlichen Jahrhunderten zu Schlachten oder Gefechten. Meist scheinen die königlichen Aufgebote schlechter abgeschnitten zu haben, aber entscheidend waren die militärischen Ereignisse nicht. Und man lebte monate- und jahrelang verhältnismäßig friedlich nebeneinander her, wobei der Einflußbereich des Saliers den des Papstes und des Gegenkönigs bei weitem übertraf. Außer dem Sachsen Otto von Nordheim standen nach der Wahl Rudolfs von Rheinfelden Welf von Bayern und der Zähringer Berthold von Kärnten gegen den König. Die oberdeutschen Herzöge wurden von einem Gerichtstag in Ulm schon Ende Mai 1077 ihrer Herzogtümer und Lehen verlustig erklärt. Den Zähringer hatte schon vorher der Eppensteiner Liutold in Kärnten verdrängt. Schwaben erhielt erst mit dem Staufer Friedrich 1079 einen neuen Herzog, Bayern blieb vakant bis es 1096 nach der Aussöhnung des Welfen und seines Sohnes mit Heinrich IV. an ihn zurückfiel. Die Herzöge waren gewiß Verbündete des Papstes, aber sie hatten eigene Ziele, nämlich die Behauptung und Vermehrung ihrer Macht. Waren sie Gregorianer? Was bedeuteten für sie die kirchlichen Bestrebungen ihrer Zeit? Und waren die hohen Adelskreise, die von Absetzung und Lehnsverlust der Herzöge für ihre eigenen Herrschaften Vorteile zu gewinnen hofften, „Antigregorianer" oder „Antireformer"? Waren sie etwa Fürsprecher von Simonie und Priesterehe? Interessierten sie sich für das königliche Investiturrecht?

Gegen Ende seines Pontifikats wird die Tragödie Gregors VII. deutlicher und deutlicher. Es zeigte sich, daß seinen Ideen vom Papst als Stellvertreter Christi und des Apostels Petrus, von einer Reinigung der Kirche von alten schlechten Gewohnheiten, von der Ausschaltung des Königtums aus geistlichen Bereichen, keine große einheitliche Bewegung antwortete, die er bestimmen und leiten konnte. Erschreckend muß für ihn die Erfahrung gewesen sein, daß sein Anspruch auf Gehorsam zwar selten auf ausdrücklichen Widerspruch stieß, aber doch weitgehend ignoriert wurde. Die kirchlichen Strafen bewirkten oft wenig, zumal wenn sie sich wiederholten und summarisch verhängt wurden. Selbst der Ausschluß aus der Kirche hatte vielfach keine oder nur geringe Wirkung. Wie viele Fürsten, Bischöfe, Kleriker und Laien haben sich um den Kirchenbann jahrelang nicht gekümmert! Und was wurde erst seit 1080 nach dem Ausbruch des Schismas daraus, als die Parteien sich gegenseitig mit dem Bannfluch belegten!

Gregor scheint in den Jahren nach 1080 den festen Glauben an den Sieg der Gerechtigkeit bewahrt zu haben. Nach Zeugen von verschiedener Parteistellung soll er am zweiten Ostertag 1080 Heinrichs Untergang für das laufende Jahr prophezeit haben, wenn der König nicht bis zu Petri Kettenfeier Buße tue. Daß tatsächlich dann den Gegenkönig im Oktober der Tod ereilte[79], nachdem ihm im

---

Anm. 104; J. VOGEL, Gregor VII. u. Heinrich IV. S. 90 meint, eine Verständigung sei an grundsätzlichen kirchenpolitischen Fragen gescheitert; DERS., Rudolf v. Rheinfelden S. 19 schließt von der Gründung des Bistums Gurk und des Klosters Admont auf Gebhards „tiefreligiöse Reformgesinnung". – 79 Für die Authentizität dieser von Bonizo und Sigebert von Gembloux berichteten Prophezeiung MEYER V. KNONAU, Jbb. III S. 278 Anm. 46; schon 1076 äußerte Heinrich IV. gegenüber Altwin von Brixen, Gregor habe gedroht, ihm

Kampf die Schwurhand abgeschlagen worden war, müßte ihn eigentlich schwer getroffen haben. Doch zeigen sich immer noch keine Zeichen der Entmutigung. Manches deutet sogar darauf hin, daß Papst und König immer noch eine Verständigung für möglich hielten, um die sich einige ihrer Anhänger bemühten. Aber Heinrichs IV. Macht in Deutschland befestigte sich, Gregor konnte von dort keine Hilfe erhoffen. Mit Robert Guiscard war zwar 1080 endlich eine Verständigung zustande gekommen[80]. Aber wirksame Unterstützung konnte er nicht gewähren, solange ihn seine Unternel.mungen im östlichen Mittelmeerraum in Anspruch nahmen. Er schickte nur Geld nach Rom, wie die Anhänger Heinrichs IV. Geld von Kaiser Alexius erhielten. Zu Ende seines Pontifikats mußte Gregor die Unsicherheit und Bedrohtheit in Rom und im Kirchenstaat erleben, unter denen so viele seiner Vorgänger und Nachfolger gelitten hatten und noch leiden sollten. Sein hohes Planen und Wirken ging von schwankendem Boden aus. Die Niederungen der Lokal- und Regionalpolitik machten ihm immer schwerer zu schaffen. Die Beziehungen zwischen dem Papst und den Römern waren lange gut gewesen. Zuletzt aber, als auswärtige Mächte gegen und für Gregor eingriffen, bildete sich eine Friedenspartei in der Stadt, andere versuchten, gegen den Papst gemeinsame Sache mit seinen Widersachern zu machen.

Heinrich IV. war im Frühjahr des Jahres 1081 in Oberitalien erschienen, zum zweiten Mal nach der Canossafahrt. Am 21. Mai stand er zum ersten Mal vor Rom. Noch hielten damals die Einwohner zum Papst, und das königliche Heer mußte wegen der zunehmenden Sommerhitze den Rückzug antreten. Zu Anfang 1082 marschierte der König abermals gegen Rom, dessen Belagerung jedoch wieder erfolglos war. Immerhin konnte er in Albano mit dem Fürsten Jordan von Capua zusammentreffen und sogar nach vielem Hin und Her erreichen, daß der Kardinalabt Desiderius von Monte Cassino dorthin kam[81]. Erst im Juni 1083 gelang zum ersten Mal die Eroberung der Leostadt. Der Gegenpapst konnte in die Peterskirche einziehen. Nochmals kam es zu Rückschlägen für den König. Als er, abermals wegen der Sommerhitze, abgezogen war, wurde die zurückgelassene Garnison fast vollständig von einer Seuche aufgerieben. Endlich konnte Heinrich nach Verständigung mit den Römern kurz vor Ostern 1084 durch die Porta San Giovanni feierlich einziehen. Am Palmsonntag wurde Clemens III. in St. Peter inthronisiert, am ersten Ostertag (31. März) Heinrich IV. zum Kaiser gekrönt.

Gregor hielt sich noch mit seinen Getreuesten in der Engelsburg. Aber der Abfall hatte weiter um sich gegriffen. Sogar dreizehn von den Kardinalpriestern und -diakonen versagten ihm den Gehorsam[82]. Da, in äußerster Not, kam die Nach-

---

regnum et animam zu nehmen (Cod. Udalrici Nr. 49, S. 109). Daß Gregor 1080 glaubte, Heinrich beseitigen zu können, bemerkt COWDRY, Age S. 138. – 80 Vgl. o. S. 178 u. COWDRY, Age S. 149. – 81 Chron. Mon. Casin. III 50, MG SS XXXIV S. 433 f.; er vermied zwar den Umgang mit dem gebannten König und seiner Umgebung, doch ließ er sich schließlich dazu herbei, vor dem Fürsten von Capua dem König Versprechungen zu machen. COWDRY, Age S. 163 f. meint, Desiderius' Verhandlungen seien dem Papst nicht unbekannt gewesen, und er lehnt spätere Äußerungen des Erzbischofs Hugo von Lyon als Mißdeutungen ab. Ob in dieser Zeit von beiden Seiten noch eine Verständigung für möglich gehalten wurde, wie Cowdry S. 164 ff. denkt, ist kaum zu entscheiden. Vgl. dazu auch u. S. 265 f. – 82 Ein namentliches Verzeichnis Gesta Romanae Aecclesiae contra Hildebrandum c. 1, MG Ll 2, S. 369 f.; dort wird auch berichtet, Gregor habe mit Hilfe von Laien die Kardinalbischöfe zu dem Schwur gezwungen, daß sie nie in der Sache des Königs Zugeständnisse machten. – 83 COWDRY, Age S. 172 widerspricht den Historikern, von de-

richt vom Nahen des kriegsgewaltigen Robert Guiscard. Abt Desiderius war es, der dem Papst die Rettung, dem König die Gefahr kündete. Das Verhalten eines der treuesten und angesehensten Söhne der römischen Kirche ist bezeichnend für den damaligen Wunsch vieler, noch größeres Unheil wenigstens abzumildern. Der Kaiser zog sich kurz vor dem Eintreffen der Normannen aus Rom zurück, Clemens III. wich nach Tivoli aus. Am 28. Mai gelang es den Normannen, in die Stadt einzubrechen. Nach wenigen Tagen kam es zu Kämpfen zwischen ihnen und den Römern, die zu einer der furchtbarsten Katastrophen des mittelalterlichen Rom führten. Als Robert Guiscard von Rom abzog, konnte der Papst infolge des Hasses der so schwer heimgesuchten Bevölkerung nicht allein dort bleiben. Über Monte Cassino und Benevent reiste er nach Salerno, wo er Ende Juni eintraf[83]. Dort blieb er bis zu seinem Tod am 25. Mai 1085.

Nach Canossa und der nicht von ihm veranlaßten, aber hingenommenen Wahl Rudolfs von Rheinfelden hat das Wirken Gregors VII. viel von seiner Eindeutigkeit und seiner kraftvollen Dynamik verloren[84]. Seine Spuren in der Geschichte der Nachfolge und Gegnerschaft sind mehr von den frühen Jahren bestimmt, mehr von dem Zurückweichen der Bischöfe nach ihrem erst verhaltenen, dann heftigen Widerstand, mehr von Canossa und seiner legendenbildenden Kraft, als von der zweiten Verdammung Heinrichs und dessen tapferer Behauptung im Wibertinischen Schisma.

Über Gregors letzte Tage ist mehrfach berichtet worden. Was davon Legende, was Wirklichkeit ist, läßt sich schwer entscheiden. Am berühmtesten sind die Worte, die der Papst auf dem Totenbett in Abwandlung von Ps 45, 8 gesprochen haben soll: Ich habe die Gerechtigkeit geliebt und die Unbilligkeit gehaßt; deshalb sterbe ich in der Verbannung[85]. Liegt darin doch ein bitteres Nachrechnen des Mannes, bei dem sonst alles hinter dem sicheren Glauben an seine Berufenheit und an Gottes Willen zurückgetreten ist? Wir wagen nicht, es zu behaupten. Zu seinem tiefsten Selbstgefühl scheint uns vollkommener zu passen, was Urban II. in einem von Hugo von Flavigny überlieferten Brieffragment über sein Ende berichtet. Nach den von ihm Exkommunizierten befragt, habe er, nur Heinrich IV., den Erzbischof von Ravenna (Wibert) und ihre Anhänger ausnehmend, erklärt: „Alle spreche ich los und segne sie, wenn sie nur, ohne zu zweifeln, daran glauben, daß ich diese geistliche Gewalt in Stellvertretung des heiligen Petrus habe."[86]

---

nen Gregors Zug nach Salerno as a shameful journey, seine letzten Monate as a period of weakness and bitterness hingestellt wurden. Doch läßt sich über die Empfindungen des Papstes nichts Sicheres sagen. Nicht zu übersehen ist freilich, daß damals seine Geltung gering war, auch wenn er exercised papal authority with vigour. Man ermesse vor allem, in welcher verzweifelten Lage seine Nachfolger anfänglich waren. Wenn FUHRMANN, bei Greschat S. 173 von einem „tristen Ende" Gregors spricht, so verkennt er doch nicht seine „Gewißheit für Gottes Gerechtigkeit zu stehen und deshalb zu leiden." - 84 Wie bewußt dies schon den Zeitgenossen war, zeigt die Vita Heinrici IV. c. 6, MG SrG S. 22: „Sed non magni ponderis ille bannus habebatur" (d. h. die Exkommunikation Heinrichs IV.). – 85 BORINO, Note Gregoriane 7 S. 403 ff.; einleuchtend die Deutung von HÜBINGER, Letzte Worte, dem COWDRY, Age S. 174 und GOEZ, Toscana S. 215 zustimmten; vgl. ferner J. VOGEL, Gregors VII. Abzug aus Rom u. sein letztes Pontifikatsjahr in Salerno, F. f. K. Hauck, 1982, S. 341–49; A. NITSCHKE, Gregor VII. in: D. Großen d. Weltgesch. III, 1973, S. 269 glaubt dagegen, die berühmten Worte seien in Bitterkeit gesprochen. – 86 MG Brr Kz 5, S. 75 Nr. 35; dazu ERDMANN, Studien S. 171; MORRISON, Canossa S. 140 Anm. 99 zitiert nur Paul von Bernried, von dem schon GIESEBRECHT, Kaiserzeit II S. 1175

Hier zeigt sich in erschütternder Deutlichkeit, daß es Gregor nicht um einzelne Reformforderungen, nicht um politische Gegensätze, nicht einmal um moralisches Versagen seiner Gegner gegangen war, sondern vor allem um den religiösen Ursprung und die Geltung der päpstlichen Autorität.

VII. Bewahrte Prinzipien und Koexistenz der Gegensätze

Gregor VII. hat die römische Kirche und das Papsttum äußerlich in tiefer Verworrenheit hinterlassen, die Landeskirchen in Gegnerschaft oder skeptischer Neutralität. Zwar konnte sich der Gegenpapst nur in Teilen des Reiches und Italiens durchsetzen und in Rom nur vorübergehend halten. Ein volles Jahr hat es gedauert, bis den Gregorianern die Wahl eines neuen Papstes gelang. *Viktor III.* (1086–1087), Abt Desiderius von Monte Cassino, kam in Rom nie zur Ruhe und wurde von radikalen Anhängern des verstorbenen Papstes, namentlich Hugo von Lyon und Richard von St. Viktor in Marseille wegen seiner früheren Vermittlungsversuche zwischen den Parteien so heftig angefochten, daß er, der friedwillige Papst, sie schließlich exkommunizieren mußte. Und als Viktor III. schon im September 1087 gestorben war, verging abermals ein halbes Jahr bis die Wahl Urbans II., und zwar nur außerhalb Roms, in Terracina erfolgen konnte. Und danach hat es immer noch viele Jahre gedauert, bis der bedeutende Nachfolger Gregors schließlich die Oberhand über seine Gegner gewann.

1. Das Schisma und seine Überwindung

Daß es in Terracina gelang, unter Führung der meisten Kardinalbischöfe und Zuziehung von Vertretern der Kardinalpriester und -diakone den schon von Gregor VII., dann wieder von Viktor III. benannten Odo von Ostia als Urban II. zum Papst zu wählen, führte zum langsamen Wiederaufstieg der kirchlichen Gruppen, die Gregors VII. Politik fortsetzten und die Heinrich IV. und Clemens III. bekämpften. Urban (1088–1099) war ein hochbegabter Politiker, der theoretisch an den prinzipiellen Entscheidungen der Zeit Gregors festhielt, aber im harten Kampf um die Erhaltung seiner Sache ein hohes Maß von Beweglichkeit zeigte und zuweilen in der Wahl seiner Mittel nicht wählerisch war[1].

bemerkte, er habe den Text ziemlich willkürlich benutzt. Indem Paul praeterea statt praeter schreibt, hat er tatsächlich den Sinn des Berichts in sein Gegenteil verkehrt. Nur indem er ihm folgt, kann Morrison behaupten, er habe auch Heinrich und Wibert absolviert.

1 Dahin gehört die propagandistische Ausnutzung der schmutzigen Bezichtigungen Heinrichs IV. durch die berüchtigte Eupraxia auf der Synode von Piacenza 1095. Auch Mathilde von Canossa hatte sie im gleichen Sinn ausgespielt. Vgl. MEYER V. KNONAU, Jbb. IV S. 423 u. 444 u. OVERMANN, Gräfin Mathilde. Bezeichnend auch Urbans enges Verhältnis zu Berengar Raimund II „el fraticida" von Barcelona (KEHR, Katalanischer Prinzipat S. 32 u. 34). Vgl. die Charakteristik v. BECKER, Urban II. S. 98: „Vom ersten Tag an ist er als Papst aufgetreten mit Sicherheit und Würde – aber auch mit der Bedenkenlosigkeit eines Mannes, der sich in schwierigster Situation ganz auf sich selbst gestellt sieht,

Wie sein Vorgänger mußte Urban sich zuerst auf die *normannischen Verbündeten* stützen und ihnen während seines ganzen Pontifikats immer wieder weit entgegenkommen. Was er in Rom galt und erreichte, ist nur durch die Verbindung mit ihnen möglich gewesen. In seiner Hauptstadt hielt er sich bloß etwa während eines Drittels seines Pontifikats auf, fast ebenso lange in Süditalien[2]. Zunächst war ihm Clemens III. in Rom überlegen; was ihn dort aber auch später niemals zu Ruhe und Sicherheit kommen ließ, waren nicht kirchliche Probleme, sondern Gegner in Rom selbst und in der Campagna. Lange mußte er sich in Schlupfwinkeln verbergen, auf der Tiberinsel oder in einer Frangipaniburg bei S. Maria Nuova. Erst seit 1093 setzte er sich langsam durch, nachdem Clemens III. die Stadt hatte aufgeben müssen. Dessen Anhänger hielten aber immer noch bedrohliche Positionen. Immerhin konnte Urban in der Fastenzeit 1094 einem korrupten Anhänger Clemens' III. den Lateran abkaufen mit Geld, das der Abt Gottfried von Vendôme aufbrachte[3]. Erst 1098 gewann er, nach der Meinung des viel späteren Otto von Freising gleichfalls durch Bestechung[4], die Engelsburg und noch später gewann Paschalis II. die Stadt Albano, aus der Clemens III. weichen mußte. Den hohen Preis dafür hatte Roger von Capua zur Verfügung gestellt[5]. Für die immer noch andauernde Unsicherheit des Papstes in Rom ist es bezeichnend, daß nach seinem Tod die Leiche nur im Schutz der Nacht in die Peterskirche überführt werden konnte.

Sein Nachfolger *Paschalis II.* (1099–1118) wurde schnell und ohne viele Widerstände erhoben. Schon vor dem Tod Clemens III. im September 1101 hatte das Schisma viel von seiner Gefährlichkeit verloren. Aber es gab auch danach noch Clementisten in Rom, die ohne Einverständnis mit dem Kaiser zwei Gegenpäpste erhoben, die freilich rasch beseitigt wurden. Aber Aufruhr erhob sich unter den Römern wie eh und je, und Widersacher der Päpste hatten das Gegenpapsttum als Kampfmittel kennengelernt. So erhoben die römischen Gegner des Papstes mit Hilfe des Reichsministerialen Werner, der die Gebiete von Ancona und Spoleto verwaltete, den Erzpriester Maginulf als Silvester IV. 1105 zum Gegenpapst. Es kam zu Kämpfen in der Stadt. Die Anhänger des Gegenpapstes unterlagen. Dieser mußte Werner folgen, resignierte aber formal erst 1111 im Zusammenhang mit den Verträgen Paschals II. und Heinrich V. Paschals Lage in Rom wurde anläßlich des Streits um die Nachfolge des vertriebenen Stadtpräfekten während seines letzten Pontifikatsjahrs nochmals gefährlich. Er mußte die Stadt zeitweise verlassen, und bei seinem Tod (21. I. 1118) war nur die Minorität der Römer auf seiner Seite. Sein Nachfolger Gelasius II. (1118–1119) floh schon nach wenigen Wochen, als Heinrich V. vor Rom erschien, in seine Heimatstadt Gaeta. Als er des Kaisers Angebot zu Friedensverhandlungen abgelehnt hatte, erhoben die Römer mit Zustimmung des Kaisers noch einmal einen Gegenpapst, den Erzbischof Mauritius von Braga als Gregor VIII[6]. Gelasius, der an die Eide seines Vorgängers von 1111 nicht gebunden war, verhängte von Gaeta aus die Exkommunikation über den Kaiser. Mit Hilfe der Normannen konnte er nochmals nach Rom zurückkehren, mußte aber bald abermals fliehen und wandte sich über Pisa und Genua nach Frankreich, wo er in Cluny starb. Sein Nachfolger *Calixt II.* (1119–1124), der am 2. II. 1119 in Cluny gewählt worden war, konnte im Juni 1120 in Rom einziehen. Aber sogar damals blieb die Peterskirche noch in den Händen von Anhängern Gregors VIII., der selbst längst nach Sutri ausgewichen war. Erst Ende 1120 gelang es dem Petrus Leonis, sie – wieder gegen

---

der in unerträglichem Zwiespalt lebt zwischen erhabenstem Auftrag und kläglicher Ohnmacht." Vgl. auch BECKER, Urban II. u. d. dte Kirche S. 242 f. – Gegen kaum einen Menschen des Mittelalters sind so viele krasse Vorwürfe wegen seiner unsittlichen Lebensführung erhoben worden wie gegen Heinrich IV. Die einzelnen sind in der neueren Forschung meist als tendenziöse Lügen erkannt, mindestens als unbeweisbar. Trotzdem bleibt bis heute etwas davon hängen. – 2 BECKER, Urban II. S. 98 f. Anm. 302. – 3 Gottfried v. Vendôme, Epp. I 8, MPL 157 S. 31 ff.; MEYER v. KNONAU, Jbb. IV S. 422 Anm. 9. – 4 Otto v. Freising, Chron. VII c. 6, MG SrG, S. 315: „corruptis qui castrum Crescentii servabant muneribus." – 5 MEYER v. KNONAU, Jbb. V S. 81. – 6 ERDMANN, Mauritius Burdinus S. 205–61. – 7 Ann. Romani 1116–1121, Liber Pontif., ed. L. DUCHESNE II, 1892, S. 347:

Geldzahlungen – für Calixt II. zu gewinnen[7]. 1121 geriet der von allen verlassene Gregor VIII. in die Hände seines Gegners, wurde in Burgen oder Klöstern eingesperrt, wo er noch lange ein erbärmliches Leben führte.

Das *Schisma*, das mit der Erhebung Clemens III. begonnen hatte und sich mit Unterbrechungen bis in den Pontifikat Calixts II. hinschleppte, verband sich in Rom und im Kirchenstaat mit den Kämpfen zwischen den Päpsten und ihren nahen Gegnern. Es handelt sich dabei um Machtkämpfe in begrenzten Verhältnissen. Daß die Spaltung der römischen Kirche dogmatisch ein unerträglicher Zustand ist, daß der Gegensatz seine Schärfe erst aus der Tatsache erhält, daß natürlich nur einer der Streitenden orthodox, der andere häretisch sein kann, tritt in diesen lokalen und regionalen Kämpfen erst in zweiter Linie in Erscheinung[8].

Seine ganze Gefährlichkeit erhielt das Schisma für Gregor VII. und seine Nachfolger dadurch, daß Clemens III. von Heinrich IV. gestützt wurde und seine Obödienz in den Ländern des Imperiums vorherrschte. Nach Clemens' III. Tod spielten Gegenpäpste zwar nur noch eine geringere Rolle, aber unter den beiden letzten Saliern setzte sich das Schisma in der Weise fort, daß ihre zahlreichen Anhänger teils gegen, teils nicht für die Päpste waren. Die übrigen Länder Europas schlossen sich dem Schisma zwar nicht an, aber verschiedentlich trat in Konfliktsituationen die Gefahr ihres Abfalls ein und bewog die Päpste oft zu Zugeständnissen, die ihren eigentlichen Zielen entgegen waren[9].

Die *Normannen* in Süditalien haben oft genug den Kirchenstaat heimgesucht und päpstliche Rechte verletzt. Einmischungen in kirchliche Angelegenheiten ihrer Länder waren sie abgeneigt. Aber sie haben öfter in Notsituationen mit Geld oder militärischem Eingreifen geholfen, vor allem nie mit den salischen Kaisern und ihren Gegenpäpsten paktiert. Deshalb konnten sich die Päpste ihnen anpassen, ihnen, den Sündern und Räubern eher, wie Urban II. 1088 an den Bischof Wimund von Aversa schrieb, als den Schismatikern, mit denen es keine Gemeinschaft geben könne[10]. Deshalb unterließ man es, Druck auf sie auszuüben, ja man verzichtete sogar, wenn auch schweren Herzens, auf Legationen, die den Normannen unerwünscht waren. Das ging so weit, daß 1098 Roger von Sizilien durch ein berühmtes Privileg von Urban II. mit der apostolischen Legation betraut wurde[11], was eigentlich mit der Tendenz des Papsttums unvereinbar war[12]. Auch Paschalis II. konnte gegen die isolationistische Kirchenpolitik Rogers nichts zu unternehmen wagen und vermochte die Privilegien seines Vorgängers nicht rückgängig zu machen[13].

In *England* zeigt sich eine vergleichbare isolationistische Tendenz gegenüber den Päpsten, die infolge der räumlichen Distanz leichter durchzuhalten war. Die römische Kirche wurde in England noch in derselben distanzierten Art verehrt wie in früheren Jhh., vor Leo IX. und seinen Nachfolgern[14]. Man stand ihr noch ebenso gegenüber wie in praegregorianischer Zeit, und nach Gregors VII. Tod erkannte man seine Nachfolger zunächst ebensowenig an wie den Gegenpapst. Päpstliche Ansprüche auf Führung und Mitbestimmung stießen auf Unverständnis oder Ablehnung. Königtum und Episkopat waren im wesentlichen in ihrer Haltung einig und gestalteten die Kirche ohne Rücksicht auf die Päpste

„Sed accepta pecunia tradiderunt eam Petro Leonis, qui fidelis est Calixti papae cum omnibus suis munitionibus." – **8** Vgl. u. S. 208. – **9** Vgl. u. S. 205. – **10** JL 5363; dazu vgl. BECKER, URBAN II. S. 115. – **11** JL 5706 = Italia Pontificia 8, S. 25 Nr. 81; CASPAR, Legatengewalt bes. S. 99 ff.; DEÉR, Anspruch S. 171 ff. – **12** CANTOR, Church, Kingship S. 118: „Urban's grant of jurisdiction over the Sicilian Church, legati vice, to Roger was a flagrant contradiction to the policy of the reforming papacy from the beginning of the pontificate of Gregory VII"; HOLTZMANN, Papsttum, Normannen S. 74: „den Prinzipien der Gregorianischen Reformzeit geradezu ins Gesicht schlagende Regelung"; DEÉR, Anspruch S. 179: „dieser zutiefst unkirchliche Anspruch." – **13** C. SERVATIUS, Paschalis II. (1099–1118). Studien z. seiner Person u. seiner Politik, 1979, S. 93 f.; DEÉR, Anspruch S. 131 ff.; dort wird auf den Zusammenhang der sizilischen und englischen Haltung zum Legatenwesen aufmerksam gemacht und auch auf die Nachahmung durch Geza II. von Ungarn. – **14** BRETT, English Church S. 34; CANTOR, Church, Kingship S. 31. – **15** BAR-

oder ihre Beauftragten in einer Weise, mit der man unter den obwaltenden Umständen in Rom zufrieden sein mußte. Die strikte Durchführung der Gebote der päpstlichen Konzilien ließ sich nicht erreichen. Englische Bischöfe erschienen auf ausländischen Synoden nicht; sie fehlten sogar geschlossen in Clermont (1095)[15]. Es mußte genügen, wenn die englische Kirche Zahlungen an die Kurie abführte. Versuche Wiberts, Kontakt aufzunehmen, hatten keinen dauernden Erfolg, aber auch Urban II. gegenüber trat eher Neutralität als wirkliche Anhängerschaft ein. Anscheinend hat Urban Wilhelm II. 1096 durch das Zugeständnis mehr auf seine Seite ziehen können, daß kein römischer Legat nach England geschickt würde, ohne daß der König ihn vorschlüge. Diese Regelung ist schon eine Vorstufe zu der etwas späteren Legation des Herren von Sizilien[16]. Mit den englischen Königen und Bischöfen ging man diplomatisch um und hütete sich, sie unter Druck zu setzen. Die ihnen möglichen Reaktionen, die Anerkennung des Gegenpapstes, die Zurückhaltung des Peterspfennigs und eine ungünstige Beeinflussung der Normannen in Süditalien und Sizilien mahnten zur Vorsicht[17]. Auch als nach dem Tod Lanfrancs (1089) sein Nachfolger, der große Anselm, in Konflikt mit dem König und dem Episkopat geriet, mußte Urban viel diplomatische Kunst aufwenden, damit durch den gesinnungstreuen und strengen Mann nicht ernstliche Reibungen oder gar der Bruch mit England hervorgerufen würden. Erst unter dem weniger kompromißbereiten Paschal II. wurde die Gefahr eines Abfalls Englands von der römischen Obödienz nochmals akut, doch sie wurde gebannt, als nach wenigen Jahren eine Verständigung zwischen dem Papst und Heinrich I. in der Investiturfrage gelang[18].

Auf der *Pyrenäenhalbinsel* wirkte sich das Schisma kaum aus. Im ganzen war Urbans II. Spanienpolitik erfolgreich[19]. Er konnte Gregors VII. und seiner bedeutenden Legaten energisches Eingreifen fortsetzen, glich als Cluniacenser alsbald Konflikte zwischen seinem Vorgänger und Cluny über Spanien aus und überließ klug die Schlichtung einheimischer Streitigkeiten den Spaniern selbst. Das gemeinsame Hauptinteresse des Papstes, der Könige, des hohen Adels und der Geistlichkeit war die Reconquista. Als es am Ende des Pontifikates Urbans II. zu einem Vordringen der Almoraviden gegen die Christen kam, konnte der Papst materiell zwar nicht helfen, aber seine moralische Unterstützung kräftigte den Widerstandswillen der Bedrohten. Auf den Zusammenhang von Urbans Einsatz an den verschiedenen Fronten der Kriege mit dem Islam, in Spanien, Sizilien und Kleinasien hat Alfons Becker einleuchtend aufmerksam gemacht[20].

Alle anderen Tendenzen römischer Kirchenpolitik traten unter Urban zurück. Die Versuche, die Reste des mozarabischen Ritus zu beseitigen, wurden fortgesetzt, aber mit bemerkenswerter Konzilianz. Ebenso ließ man es wegen der Einsetzung von Bischöfen möglichst nicht zu Konflikten kommen. Auch zu Beginn des 12. Jh.s war die Autorität Roms in Spanien trotz aller Selbständigkeit der Könige und Bischöfe unangefochten. Die Drohung Paschals II., Alfons I. von Aragon el Batellador wegen seiner unkanonischen Ehe mit Uracca, der Erbin Alfons VI. von Kastilien, zu exkommunizieren, führte nur zu vorübergehenden Trübungen[21].

In *Frankreich* konnte Clemens III. keinen Eingang finden. Dort ist das hohe Ansehen Clunys, das unwandelbar, wenn auch immer der eigenen Tradition getreu, zu Gregor VII. und seinen Nachfolgern stand, von ausschlaggebender Bedeutung[22]. Namentlich im Frankreich der Seigneurs, d. h. dem Teil des Landes, in dem der König nur eine nominelle Oberhoheit besaß, setzten sich die Päpste verhältnismäßig leicht durch und hatten die rö-

LOW, English Church 1066–1154 S. 111. – 16 BECKER, Urban II. S. 182 mit Anm. 667. – 17 BARLOW, English Church 1066–1154 S. 275; DEÉR, Anspruch S. 131 erklärt das sizilianische Kirchenregiment als dasjenige, „das an Eigenwilligkeit, Rücksichtslosigkeit und an krasser Usurpation kirchlicher Rechte höchstens von den Königen von England in der damaligen Welt übertroffen wurde." – 18 Vgl. u. S. 214 ff. – 19 BECKER, Urban II. S. 242 ff. – 20 Ebd. S. 229 f. – 21 C. SERVATIUS, Paschalis II S. 126; KEHR, Navarra u. Aragon S. 40 ff. – 22 Über das Verhältnis von Gregorianismus und Cluniacensertum u. S. 265. – 23 Zur Unterscheidung von königlichem und seigneurialem Frankreich BECKER,

mischen Legaten das Hauptfeld ihrer Wirksamkeit. Im engeren Bereich der königlichen Herrschaft sind Konflikte zwischen Päpsten oder Legaten und dem König sowie einzelnen Bischöfen nicht selten, aber man versucht von beiden Seiten, eine Zuspitzung möglichst zu vermeiden[23]. Was zur schärfsten *Auseinandersetzung zwischen Urban II. und Philipp I.* führte, war bezeichnenderweise keine religiöse Meinungsverschiedenheit, kein Gegensatz über Fragen des Kirchenrechts oder der Kirchenpolitik, es war vielmehr ein ganz grober Verstoß des Königs gegen allgemein geltende sittliche Normen. Es handelt sich nicht um so harmlose Dinge wie das so häufige Nachrechnen von zu naher Verwandtschaft von Ehepartnern, sondern um die Verstoßung der Königin Berta und die allen moralischen Vorstellungen widersprechende Verbindung Philipps mit Bertrada von Montfort, die dieser dem Grafen Fulco von Anjou entführt hatte[24]. Die Lage wurde noch gefährlicher dadurch, daß der Skandal in Frankreich teilweise bis zur Ignorierung der Exkommunikation des Königs unbeachtet blieb[25]. Urban II. hat alles versucht, die Sache einzugrenzen; er bestätigte zunächst nicht einmal die von seinem Legaten Hugo von Lyon verhängte Exkommunikation und klammerte sich lange an die Gelöbnisse des Königs, sich zu bessern. Schließlich konnte er nicht umhin, bei der berühmten Synode in Clermont (1095) den ehebrecherischen König zu exkommunizieren und das Interdikt über alle seine Aufenthaltsorte zu verhängen. Dennoch schleppte sich der Skandal durch die Jahre und erfuhr seine gefährlichste Zuspitzung 1098 durch die erpresserische Drohung des Königs, Urban II. die Obödienz zu entziehen, falls er ihm nicht die Absolution erteile. Damit hat sich das Schisma in Frankreich zum einzigen Mal ausgewirkt. Doch beide Seiten lavierten sich noch durch die nächsten Jahre hindurch, bis der Ehekonflikt unter Paschal II. ein Ende fand, und zwar weniger unter der Wirkung kirchlicher Zwangsmittel als deshalb, weil sich der mit Bertrada tödlich verfeindete Thronfolger durchsetzte[26].

Urban II. hielt sich von Ende Juli/Anfang August 1095 bis Ende August/Anfang September 1096 in Frankreich auf. Er, der in Italien oft ein bedrängtes Dasein führte, fand in seinem Heimatland ein hohes Maß von Verehrung und Zustimmung. Der Höhepunkt war die *Kreuzzugspredigt in Clermont* vom 26. November 1095, von der eine viele Menschen entflammende, folgenreiche Wirkung ausging. Der Papst reiste noch in mehrere andere Städte, hielt sich aber von dem engeren Herrschaftsgebiet des Königs fern. Der erste Kreuzzug war noch keineswegs ein gesamteuropäisches Unternehmen. Er wurde getragen im wesentlichen vom Adel Frankreichs, Lothringens und Süditaliens. Deutschland, England und große Teile Italiens standen abseits, Spanien war durch den Kampf gegen seine eigenen islamischen Nachbarn absorbiert, und der Papst, für den es sich um eine umfassende Bewegung der Christen gegen den Islam handelte, wünschte, daß die Spanier sich den nächstliegenden Aufgaben widmeten. Zwar wurden in den von der Kreuzzugspredigt erreichten Ländern große Massen mobilisiert, aber christliche Könige fehlten bei dem Unternehmen. Doch auch dem Papst entglitt es bei der Durchführung mehr und mehr. Die ursprüngliche Absicht, der Ostkirche gegen die vordringenden Türken Hilfe zu bringen, wurde vielfach durchkreuzt durch das Machtstreben des führenden Adels und die barbarische Beutelust der kleineren Kreuzfahrer. Doch sein bewegendes Wort hat in großen Teilen des Abendlandes die Autorität der römischen Kirche gesteigert[27].

Das Schisma ist in den bisher behandelten Ländern für die Nachfolger Gregors VII. kaum eine unmittelbare Gefahr geworden. Dennoch war es für sie eine lastende Hypothek. Die bloße Gefahr des Abfalls zwang sie und ihre Helfer nämlich zu Konzessionen gegenüber eigentlich nicht zu duldendem sittlichen und kirchenpolitischem Verhalten von Königen und gegenüber Verstößen von Geistichen gegen das Kirchenrecht. Verstöße gegen

Urban II. S. 201 f. – **24** Ebd. S. 193 ff. – **25** Ebd. S. 204; nach Ivo von Chartres ep. 84, MPL 162 c. 105 setzten nach Urbans II. Tod französische Bischöfe Philipp I. die Krone aufs Haupt tamquam mortuo praecone iustitiam mortuam esse crediderint. – **26** Becker, Studien S. 113 f. – **27** Zur Überwindung des Schismas hat die anfänglich noch auf den Westen begrenzte Kreuzzugsbewegung nicht wesentlich beigetragen. – **28** Giese, Stamm

die von Synoden immer wieder ausgesprochenen Verbote der Laieninvestitur mußten hingenommen oder nach sehr erleichterten Bußleistungen verziehen werden.

Zu harten, langwierigen Kämpfen und zu vielen Nöten führte das Schisma im Reich und in seinen im Norden und Osten angrenzenden Ländern. Dort hatten im ganzen Clemens III. und seine Anhänger zahlenmäßig die Oberhand. Ihre Gegner verfügten über große geschlossene Bereiche im wesentlichen nur im östlichen Sachsen, und selbst dort kam es nach Gregors VII. Tod zu bedenklicher Aufsplitterung[28]. In Süddeutschland waren mehrere der mächtigsten weltlichen Fürsten zeitweise Gegner Heinrichs IV. und somit Clemens' III., so die Welfen, Zähringer und Rheinfeldener. Später sammelte Bischof Gebhard von Konstanz erfolgreich die Anhänger Urbans II. und Paschalis' II. Von den deutschen Bischöfen war die große Mehrheit jedoch gegen sie. Ihre hartnäckige und in allen Lagen treuen Anhänger waren in der Minderheit[29].

In *Italien* war die zuverlässigste Stütze der römischen Päpste die Markgräfin Mathilde von Canossa[30]. Sonst finden sich unter den weltlichen Adligen vielfach Anhänger wie Gegner. Die Bischöfe in Oberitalien sind immer noch überwiegend auf Clemens' III. Seite, wenn auch nicht so verhältnismäßig geschlossen, wie sie einst gegen Gregor VII. gestanden hatten[31]. Mailänder Erzbischöfe, die nach dem Tod Thedalds sich von Clemens III. getrennt hatten, mußten von fremden Bischöfen geweiht werden, da ihre eigenen Suffragane beinahe alle exkommuniziert waren, weil sie zur Gegenobödienz gehörten. In Mittelitalien werden die „kaiserlichen" Bischöfe seltener, aber sie fehlen nicht einmal in der näheren Umgebung Roms ganz. Man darf sich wohl die Auseinandersetzungen zwischen den Obödienzen nicht zu heftig vorstellen. Selbst in Italien mit seiner engmaschigen Diözesenorganisation griff wohl selten ein urbanistischer Bischof feindlich in den Bereich eines clementistischen über und umgekehrt. Wenn der eine von Clemens, der andere von Urban exkommuniziert war, brauchten sich beide nicht viel darum zu kümmern, wenn sie nur ihres eigenen Kirchenvolkes sicher waren. In den lokalen und regionalen Bereichen konnte das traditionelle Kirchenleben trotz des Schismas weitergehen. Manche Bischöfe brachten es sogar fertig, eine gewisse Zwischenstellung einzunehmen[32].

Aufschlußreich sind insbesondere die Fälle, in denen Bischöfe von einer Obödienz zur anderen übergehen. Sie lassen nämlich zuweilen die geistigen und materiellen Gründe für die jeweilige Stellungnahme erkennen und vielleicht vermuten, welche Folgen solche Entschlüsse innerhalb und außerhalb der Diözesen hatten. In unserem Zusammenhang kann natürlich nur auf wenige ausgewählte Beispiele eingegangen werden. Auffällig ist etwa die Geschichte des *Mailänder Obödienzwechsels*. Thedalds Nachfolger Anselm war 1086 gewählt, vom Kaiser investiert und von dem einzigen Suffraganbischof, der nicht exkommuniziert war, geweiht worden. Darauf war er wegen der Verletzung des Investiturverbots von einem Legaten Urbans II. abgesetzt worden und hatte sich in ein Kloster zurückgezogen. Nun war es aber der Papst, der den ihm nun anhängenden Prälaten konziliant bewog, den erzbischöflichen Stuhl einzunehmen. Auf die Bitte des neuen Erzbischofs sandte er ihm sogar ohne die eigentlich vorgeschriebene visitatio liminum das Pallium zu[33]. 1093 krönte Anselm Heinrichs IV. abgefallenen Sohn Konrad in Mailand. Nach seinem baldi-

---

d. Sachsen S. 173 u. 180; Fenske, Adelsopposition S. 154. – **29** Von den bei Fenske S. 95 als bes. überzeugungstreu genannten Bischöfen hatten übrigens drei, Adalbero von Würzburg, Hermann von Metz und Burchard von Halberstadt die Absageschreiben der Bischöfe von 1076 unterzeichnet. – **30** Overmann, Gräfin Mathilde bes. Reg. 35 u. 75 sowie S. 239 f. – **31** Schwartz, Besetzung S. 7 ff.; genauere Urteile ermöglicht die Durchsicht des speziellen Teils. – **32** Vgl. Fenske, Adelsopposition S. 202. Der merkwürdigste Fall ist wohl Benno II. von Osnabrück, den Gregor VII. noch 1081 zu sich hinüberzuziehen hoffte (IX 10). Wie er sich in Brixen 1080 bei der Verdammung Gregors verhielt, erzählt Norbert, vita c. 18 S. 25; vgl. auch Becker, Urban II. u. d. dte Kirche S. 256: „für deutsche Bischöfe immerhin doch möglich, Kaisertreue und Urbanobödienz miteinander zu verbinden ..." – **33** JL 5359 u. 5378; Meyer v. Knonau, Jbb. IV S. 200 f. – **34** Ebd.

gen Tod wurde Arnulf zum Erzbischof gewählt, aber in einem Verfahren von zweifelhafter Gültigkeit geweiht und dann von König Konrad investiert, woran viele Anstoß nahmen. Aber Arnulf bekannte sich zu Urban II., und dieser beauftragte daher 1095 in Piacenza deutsche Bischöfe, seine Weihe rechtsgültig nachzuholen[34]. Auch bei der darauffolgenden Wahl scheint es zu Unregelmäßigkeiten gekommen zu sein. Gegen den von der multitudo Mediolanensium gewünschten Landulf wurde unter dem Einfluß der Markgräfin Mathilde, unter dem Druck der Patarener Anselm von Buis erhoben und erhielt die virga von Mathilde, die Stola vom päpstlichen Legaten[35].

Über die Motive des Mailänder Obödienzwechsels läßt sich kaum Klarheit gewinnen. Spannungen innerhalb der Stadtbevölkerung scheinen daran beteiligt zu sein. Aber auch sonst läßt sich bei Parteiwechsel meist nicht deutlich feststellen, was dabei *religiöse Antriebe* oder die „kirchliche Gesinnung", was *politische Gesichtspunkte* und *persönliche Emotionen* bedeuten. Als beispielsweise Welf IV. schon 1091 eine Verständigung mit Heinrich IV. erstrebte, scheint er vergeblich vom Kaiser die Aufgabe seines Papstes gefordert zu haben[36]. Als es dann 1096 wirklich zur Versöhnung zwischen beiden Fürsten kam, war davon nicht mehr die Rede, vielmehr war wohl ausschlaggebend, daß die politische Ehe des 17jährigen Welf V. mit der 43jährigen Mathilde von Canossa begreiflicherweise gescheitert war. Die Trennung der unnatürlichen Verbindung des jungen Mannes mit der ältlichen Frau mag auch auf enttäuschte Erbhoffnungen zurückgehen. Bei Bischof Gebhard von Konstanz, dem zähringischen Herzogssohn und Mönch aus Hirsau, darf man gewiß an reformmönchischen Enthusiasmus als Grund für seine Parteinahme glauben[37]. Den Wechsel seiner weltlichen Verwandten zu Heinrich IV. machte er nicht mit, aber überrascht bemerkt man, daß er unter Heinrich V. gegen das königliche Investiturrecht nichts einzuwenden hatte[38]. Diese „Reformforderung" wird ihn also auch vorher nicht prinzipiell motiviert haben.

Erzbischof Ruthard von Mainz schrieb 1088 oder 1102 an die Halberstädter Geistlichkeit, sie möge sich vom Schisma lossagen. Er selbst sei von seinem früheren Leben, das er jetzt verurteile, zu einem neuen in Christo übergegangen. Er erröte nicht zu bekennen, daß er nach der Trennung vom Kaiser ein anderer geworden sei und danke Gott für die von ihm bewirkte Bekehrung[39]. Fateor, fateor et gratanter fateor, me cum omni mentis integritate in gremio Sancte matris ecclesie familiariter consedisse. Man ist über dieses religiöse Pathos erstaunt, wenn man sich an die Vergangenheit des Erzbischofs erinnert und an die unmittelbare Ursache seines Übergangs zu Urban II. Er hatte im Sommer 1089 das Mainzer Erzbistum von Heinrich IV. erhalten. Noch 1093 unterstützte er seinen Trierer Kollegen Egilbert, dessen Suffraganbischöfe von Toul und Verdun sich von ihrem durch Urban II. exkommunizierten Metropoliten losgesagt hatten. Sie riefen den päpstlichen Legaten Hugo von Lyon zur Weihe des erwählten Bischofs Poppo von Metz herbei, die dieser mit großer Beteiligung feierlich vollzog[40]. Es war ein drastischer Konfliktfall, in dem Ruthard gegen die brüske Verletzung der Rechte des Trierer Metropoliten durch einen päpstlichen Legaten eintrat. Man ist erinnert an frühere derartige Fälle aus der Zeit Gregors VII.[41] Ruthard zeigt sich dabei also als Fortsetzer einer wirklich grundsätzlichen kirchenrechtlichen und kirchenpolitischen Haltung, als *Verfechter des traditionellen Episkopalismus*. Was

S. 328. Bernold Chron. ad a.1095, MG SS V S.463 nennt Thiemo von Salzburg, Udalrich von Passau und Gebehard von Konstanz als Konsekratoren. – 35 Meyer v. Knonau, Jbb. V S. 12. – 36 Meyer v. Knonau, Jbb. IV S. 338 Anm. 11 nach Bernold. – 32 Miscoll-Reckert, Kloster Petershausen S. 131 ff. – 38 Vgl. u. S. 218 Anm. 45; P. Diebolder, Bischof Gebhard III. v. Konstanz u. d. Investiturstreit in d. Schweiz, ZSchw.KG 10 (1916) S. 194 u. 205. – 39 Jaffé B III S. 374 ff. Nr. 31 = Mainzer Urkundenbuch I S. 302 Nr. 398; P. Rassow, Über Eb. Ruthard v. Mainz (1089–1109) F. f. B. A. Stohr II, 1960, S. 162. Zur Datierung Fenske, Adelsopposition S. 141 Anm. 237. – 40 Jaffé B V S. 168 f.; Cod. Udalrici Nr. 86: „asserentes enim se solos iustos solosque cum suo Urbano catholicos episcopos, ceteros papae Clementi adherentes, excommunicatos habentes aspernantur." – 41 Vgl. o. S. 169 f. u. 175 f. – 42 Meyer v. Knonau, Jbb. V S. 28 ff. u. 252 f. –

Ruthard aber zum Wechsel der Obödienz bewog, war ganz anderer Art. Als 1098 durchziehende Kreuzfahrer die Mainzer Juden hinschlachteten, wurden diese von dem Erzbischof ungeschützt gelassen, auch wo er ausdrücklich Hilfe versprochen hatte. Daraus machten ihm Heinrich IV. und Clemens III. schwere Vorwürfe, ebenso wohl auch die Mainzer Bürger. Der Erzbischof mußte sich in Thüringen in Sicherheit bringen und wurde durch Clemens III. abgesetzt, worauf er zur Gegenobödienz überging. Erst als Heinrich V. sich gegen seinen Vater erhob, wurde Ruthard 1105 von dem jungen König nach Mainz zurückgeführt. Er war einer der einflußreichsten Kirchenfürsten bis zu seinem Tod 1109[42]. Sein Verhältnis zu Paschal war dagegen nicht ungetrübt, da er in der Investiturfrage von den Forderungen des Papstes abwich, wie die Mehrheit des deutschen Episkopats[43].

Ob die subjektiven Motive der Stellungnahme mehr von religiösen und sittlichen Überzeugungen oder von opportunistischen Erwägungen bestimmt waren, läßt sich selten entscheiden. Oft mögen sie sich vermischt oder im Lauf der Zeit abgewechselt haben. Jeder mußte seine Entscheidung zu begründen und zu verteidigen suchen. Und da Schisma prinzipiell Ketzerei war, d.h. Abfall vom rechten Glauben, mußte man den Andersdenkenden so schlecht machen wie möglich. Toleranz war nicht denkbar, wenn man absolute religiöse Maßstäbe anlegte. Wahrer Glaube war nicht teilbar. So waren auch auf Seiten Clemens III. viele Menschen guten Glaubens, die Gregor VII. und seine Nachfolger für Ketzer und Schismatiker hielten[44].

Um 1100 konnte man zwar auf die Überzeugung von der absoluten Güte der eigenen Sache nicht verzichten, aber die *Sehnsucht nach Frieden* wuchs. Als Clemens III. starb, war er keineswegs vollkommen gescheitert. Es liefen sogar Geschichten von Wundern um, die an seinem Grabe geschehen seien[45]. Was auch ihm an schismatischen Bewegungen auftrat, war wohl zunehmend von politischen Interessen bestimmt, besonders in der Stadt Rom. Aber noch 1120 schrieb der Gegenpapst Gregor VIII., der von Heinrich V. im Stich gelassen wurde: „Der Höchste ist Zeuge unseres Gewissens, ... daß wir für die Wahrheit des Glaubens und die Verteidigung der Gerechtigkeit ... erdulden, was unerträglich scheint, damit der Irrglaube der Häretiker nicht den Platz des Sieges finde oder die Wahrheit der Lüge unterliege und die Autorität der heiligen Väter zerstört oder die Würde Eures Reiches, das Gott zur Hilfe der Regierung der Kirche eingesetzt hat, zunichte werde."[46]

2. Der Investiturstreit

Die Humbertisch-Gregorianische Vision von der rechten Ordnung der christlichen Welt war großartig, naiv und unrealistisch. Ihr zufolge sollte der nach Gelasius I. eschatologisch höhere Rang der geistlichen Autorität auch in der irdischen Wirklichkeit gelten. So war es konsequent, daß die seit Menschengedenken bestehenden Funktionen von Laien im ungeschieden geistlich-weltlichen Leben der Kirchen anstößig wurden. Von diesen Konzeptionen her waren sowohl das Eigentum von Laien an Kirchen und Klöstern wie die Verfügungen von Königen über Bistümer und die politischen, militärischen und wirtschaftlichen Dienste der Bischöfe in den Reichen Abirrungen von älteren kirchlichen Ordnungen. Die Ver-

---

43 Vgl. u. S. 218. – 44 GRÉGOIRE, Pomposa S. 18; I. S. ROBINSON, The Friendship Network of Gregory VII, History 63 (1978) S. 17: Wibert wie Manasse von Reims „Reformfreunde". Bezeichnend auch Clemens' III. Brief an die Mainzer gegen Erzbischof Ruthard JAFFÉ B III S. 377 Nr. 32 vom Juli 1099: „ad inimicos regni et sacerdotii et divinae legis contemptores se ipsum totum contulit; in dominum suum hostes quos potuit concitavit et coronae suae insidiator extitit." – 45 ZIESE, Wibert S. 266 ff. – 46 GIESEBRECHT, Kaiserzeit S. 1271.

bote des Empfangs von Kirchen aus Laienhand, der Investitur der Bischöfe durch
Könige und Fürsten waren radikale Angriffe gegen damals Altgewohntes und seit
langem Bestehendes. Was anstelle des Eingerissenen treten sollte, blieb bei Gregor
und seinem Kreis unbestimmt, unentschieden, ungeregelt[1]. Darin zeigt sich ein
kaum glaublicher Mangel an Realismus. Das Prinzip war deutlich und kühn. Eine
wirkliche Trennung von Klerus und Laien in der Christenheit war indessen natürlich nicht vorstellbar. Erst recht dachten Humbert oder Gregor nicht an die Aufgabe des riesigen irdischen Besitzes der Kirchen. Die Einheit sollte künftig in einer
Überordnung des Klerus über die Laien erhalten bleiben. Die Könige und die ver-
mögenden Laien sollten weiter Kirchen und Klöster beschenken, sie in ihrem Besitz verteidigen und schützen, den Bischöfen gehorchen und sich mit ihren frei-
willigen Diensten zufrieden geben. Wie dies alles im Einzelnen zu regeln und zu
garantieren sei, blieb zunächst offen[2].

Daß so revolutionäre Dekrete ohne genau definierte Konsequenzen vorläufig
fremd und unverständlich blieben, ist einzusehen. Eigenkirchen und Eigenklöster
hatten zwar zuweilen unter ihren Herren zu leiden, aber in Notfällen fanden sie
dennoch am leichtesten Hilfe bei ihnen. Wer sollte sie ersetzen? Die Bischöfe gehörten in den mit den Kirchen eng verbundenen Reichen zur Führungsschicht; sie
bedurften gegenüber Widersachern im Adel, unter ihren Mitbischöfen oder ihren
Diözesanen der Unterstützung des Königs, die zwar nicht zuverlässig, aber am
ehesten zu erreichen war. Sie konnte nicht durch ungewissere Einwirkung von
Provinzialkonzilien oder des fernen Papstes ersetzt werden. So trafen Gregor,
seine Nachfolger und ihr enger Helferkreis mit ihren Forderungen im Episkopat
und im Klerus der Länder oft auf eine abwartende, eher mißtrauische Haltung,
wenn man von einigen Ausnahmen absieht. Damit mag auch das auffallend geringe Echo zusammenhängen, das die Investiturverbote zunächst fanden[3].

Gregors Nachfolger haben sich zu seinen grundsätzlichen Entscheidungen bekannt. So hat Urban II. schon in einem Brief an Gebhard von Konstanz, mehrere
andere Bischöfe und Äbte sowie an Herzog Welf beteuert: Auf mich vertraut
weiter so wie auf unseren seligsten Vater Papst Gregor, dessen Spuren ich ganz zu
folgen wünsche; alles, was er zurückwies, weise ich zurück, alles, was er verdammte, verdamme ich, was er hielt, umfange ich vollkommen, was er für recht
und katholisch hielt, bekräftige und bestätige ich[4]. Viele Synoden Urbans II. und
Paschals II. wiederholten die Verbote des Empfangs von Kirchen aus Laienhand,
die Investitur von Bischöfen und Äbten durch einen König[5]. Seit dem Konzil von

1 BENSON, Bishop Elect S. 218 f.; MINNINGER, Von Clermont S. 80 f.; „In den Verbots-
dekreten seiner Amtszeit verschleiert eine vage Terminologie die Intentionen Gregors VII."
– 2 Reg. V 5 S. 353 mit Parallelstellen in Anm. 1; bezeichnend etwa noch Paschal II. am
11. November 1105 an Ruthard von Mainz, JL 6050, Mainzer UB I S. 329 Nr. 432: „Ha-
beant in ecclesia primatum suum, ut sint ecclesiae defensores et ecclesiae subsidiis perfru-
antur"; vgl. BECKER, Studien S. 106: „an die politische Bedeutung und die rechtlichen
Konsequenzen dieses Investiturverbots hat offenbar Gregor VII. selbst noch nicht gedacht." – 3 Vgl. o. S. 150, auch CANTOR, Church, Kingship S. 33: „Gregorian reform
ideas would be coldly received and even strongly opposed by them"; für R. SCHIEFFER
sprach das geringe Echo nach 1075 gegen die Frühdatierung des Investiturverbots. Aber
auch die späteren Verkündigungen fanden nicht allzu große Beachtung; JAKOBS, Kirchenreform S. 27 bemerkt ähnlich: „Die Ereignisse des Jahres 1076 überstiegen rasch den Ver-
ständnishorizont der Zeitgenossen." – 4 JL 3548, MPL 151 c. 283 f. – 5 Obwohl Viktor III. sich zu seinem Vorgänger bekannte, ist von ihm kein Investiturverbot überliefert;
vgl. MEYER V. KNONAU, Jbb. IV S. 185 mit Anm. 40. Von Urban II. und Paschal II. wurde

Clermont (1095) wird außerdem Klerikern aller Grade die Leistung von Treueid und Mannschaft in die Hand eines Laien untersagt[6]. Dafür findet sich eine religiöse Begründung, die immer noch ein gewisses Fortwirken altchristlicher Zurückhaltung gegenüber der Welt spüren läßt. So hat Urban II. nach dem Bericht Eadmers diejenigen mit dem Anathem bedroht, die für kirchliche Würden und Besitzungen Laien Mannschaftseide leisten. Hände von Priestern, die solche Erhabenheit gewinnen, daß sie, was keinem Engel gewährt ist, Gott, den Schöpfer des Alls, durch ihren Dienst schaffen, geraten in Schande, wenn sie Händen untertan werden, die Tag und Nacht durch obszöne Berührungen beschmutzt, durch Raub und Blutvergießen befleckt sind[7]. Ähnliche Urteile finden sich öfter[8].

Es ist mehrfach beachtet worden, daß die Päpste hartnäckig und streng die in der Zeit Gregors verkündeten Prinzipien festhalten und sogar weitergehende Konsequenzen daraus formulieren, daß aber ihre Durchführung in der kirchenpolitischen Praxis vielfach mit Nachsicht und Verständigungsbereitschaft erfolgt[9]. Das gilt schon für Gregor VII., besonders in den letzten Jahren, da er offenbar auf das Schisma Rücksicht zu nehmen hatte; erst recht für Urban, der dieses von seinem Vorgänger ererbt hatte. Beide haben hinsichtlich des Schismas, bei dem es schließlich um die Idee der exklusiven Nachfolgeschaft des Apostels Petrus ging, nie Konzessionen gemacht. Demgegenüber waren Verstöße gegen das Investiturverbot offenbar eher zu verzeihen. Die päpstliche Idee, die gegen Schismatiker zu verteidigen war, hatte doch die Priorität vor dem Kampf gegen die Laieninvestitur. Erst von Paschalis II. an, also nach dem Tod des einzig gefährlichen Gegenpapstes Clemens' III., treten die berühmten Themen der Laieninvestitur und der Investitursymbole mehr in den Vordergrund[10]. Aber wie steht es bei ihm mit der Durchführung der sie betreffenden Dekrete in der Praxis? Auf den ersten Blick glaubt man, eine Verschärfung zu erkennen. Er suspendierte in Troyes beispielsweise bewährte Anhänger der päpstlichen Sache wie Friedrich von Köln und Ruthard von Mainz, und sogar den hochverdienten Gebhard von Konstanz, nicht nur wegen ihres Fernbleibens von der Synode, sondern wegen verschiedener Verstöße gegen die apostolischen Gebote[11]. Doch auch Paschalis

es dagegen mehrfach verkündet: 1089 in Melfi, 1095 in Piacenza und Clermont, 1096 in Tours, 1098 in Bari, 1099 in Rom, 1106 in Guastalla, 1107 in Troyes, 1108 in Benevent, 1110 in Rom. – 6 Schafer Williams, Concilium Claromontanum S. 41, XVI–XVIII; dazu vgl. Willi Schwarz, Investiturstreit S. 108; Becker, Urban II. S. 189 mit Anm. 694; Minninger, Von Clermont S. 84 f.; Classen, Wormser Konkordat S. 418 Anm. 32. – 7 Eadmeri hist. novorum S. 114; entsprechend, nur in der Formulierung gemäßigter, Paschal II. (vgl. u. S. 262 Anm. 20). – 8 Minninger, Von Clermont S. 85 u. 95 f. – 9 Becker, Studien S. 83 f.; Ders., Urban II. S. 147 f.; Ders., Urban II. u. d. dte Kirche S. 253 ff.; bes. S. 258: „Die Wiederherstellung der Einheit der Kirche ... erschien Urban II. offensichtlich wichtiger als die rigorose Durchsetzung des reformerischen Investiturverbots"; dazu ist nur präzisierend zu bemerken, daß auch schon Gregor VII. sich in der Investiturfrage oft konziliant verhielt; Nitschke, Wirksamkeit Gottes S. 194 meint, Gregor habe im Verlauf seines Pontifikats bezüglich der Investiturfrage eine Wandlung durchgemacht; besonders bezeichnende Beispiele für Urbans Konzilianz gegenüber investierten Bischöfen bei Sprandel, Ivo S. 120. – 10 Willi Schwarz, Investiturstreit S. 117; Z. N. Brooke, Lay Investiture S. 219 teilt den Konflikt in zwei Abschnitte: one contest ended in 1106 and another, a differential one, began. – 11 Am ausführlichsten Ann. Patherbrunn. ad a. 1107 S. 117 f.; ferner Ekkehardi Chron. ad a. 1107 MG SS VI S. 242: „Tunc etiam nonnullos nostrates episcopos eo quod eidem concilio non intererant, officii suspensione dominus papa multavit, quos tamen non multo post satisfacientes clementer absolvit"; vgl. Bogumil, Bistum Halberstadt. – 12 Halberstädter UB S. 89 f. Nr. 126; dazu Fenske, Adelsopposition S.

gewährte ebenso leicht Verzeihung wie seine Vorgänger, wenn die in seinem Sinn Schuldigen seine Prinzipien formal anerkannten und Buße leisteten. Es ist bezeichnend, wie der wegen der Annahme der königlichen Investitur hart gescholtene Reinhard von Halberstadt trotzdem als Bischof, Bruder und Freund angeredet wird und wie er sich entschuldigt: er sei nicht nach Troyes berufen worden und hätte daher das dort erlassene (!) Investiturverbot nicht kennen können[12]. Also noch 1107 gebraucht ein zur Unterwerfung unter den Papst bereiter Bischof die gleiche Ausrede wie einige seiner Kollegen vierzig Jahre zuvor[13]. Das ist wohl nicht einmal zynisch, sondern aufrichtige Fremdheit gegenüber dem theologischen Sinn der Investiturverbote.

Wie sich bei Übertragung von Bistümern durch den König, bei der von Eigenkirchen durch einen Laien oder einen Geistlichen die rein sakramentalen und seelsorgerischen Funktionen zu den Rechten am Kirchenvermögen verhielten, darüber scheint man lange nicht reflektiert zu haben. Bei nicht besonders privilegierten Klöstern und niederen Kirchen mußten allerdings nach den geltenden, wenn auch nicht immer beachteten kanonischen Vorschriften immerhin die Diözesanbischöfe Prüfung, Weihe und Beaufsichtigung der Äbte und Geistlichen vornehmen. Das galt bezeichnenderweise auch, wenn das Kloster oder die Eigenkirche eines Bischofs in einer fremden Diözese lagen. Dann war die Unterscheidung der Rechte und Funktionen des einen Bischofs als Eigentümers und des anderen als geistlichen Oberen natürlich gegeben. Auch der Anteil eines Königs oder Fürsten an der Besetzung eines Bistums, obzwar im theokratischen Amtsgedanken begründet, war begrenzt durch die kanonische Wahl, mehr noch durch die strikte Respektierung der Konsekration durch geweihte Personen. So waren von jeher implizit in den kirchlichen Ordnungen gewisse Unterscheidungen angelegt.

Als Königen, Fürsten und Eigenkirchenherren der Vorwurf der Simonie gemacht wurde, wofern sie mehr als konventionelle Gaben für die Verleihung von Kirchen gefordert oder angenommen hatten, erst recht die zahlenden oder schenkenden Bewerber verurteilt wurden, scheint man hie und da auf den Ausweg verfallen zu sein, das Nehmen und Geben nur auf das zu beziehen, was an der Kirche materiell war, und ihre geistlichen Funktionen und Vollmachten davon zu trennen. Dagegen hat schon im 10. Jh. Abbo von Fleury Stellung genommen[14]. In der Folge ist immer mehr über Einheit oder Verschiedenheit von Temporalien und Spiritualien im Ganzen einer Kirche diskutiert worden. Allerdings hat die alte Naivität hinsichtlich dieses Problems noch lange überwogen.

Als man seit der Mitte des 11. Jh.s daran ging, den Königen als Laien die herkömmliche Mitbestimmung an der Bistumsbesetzung zu bestreiten, hat man dies weiterhin und noch lange, und zwar immer schematischer und formelhafter, mit der Gefahr von Simonie begründet. Dies war gewiß nicht ganz unberechtigt, zumal wenn in wesentlicher Erweiterung des Begriffs Simonie nicht bloß Geld, sondern auch Gefälligkeit als simonistische Leistungen verstanden wurden. Gewiß wird kein König für einen zu wählenden Bischof eingetreten sein, von dem er außer den für sein Amt erforderlichen Eigenschaften nicht auch erwartet hätte, daß er ihm gefällig sein werde.

Das kirchengeschichtlich viel gewichtigere Problem ergab sich aber daraus, daß der König, ein Laie, Kirchen vergab, deren Wesen doch der Dienst an den Sakra-

170. – **13** S. 150. – **14** Vgl. o. S. 142 f. – **15** Vgl. o. S. 146. – **16** MG Const. I S. 657 ff.

menten war. Wurde damit nicht Jesus Christus, der, im Sakrament der Weihe gegenwärtig, selbst die Kirche mit dem Geistlichen verband, beleidigt, wenn ein Laie vorher bestimmt hatte, wem seine Gnade zuzuwenden sei? Hat dieser damit nicht doch die ihm gesetzten und allgemein auch anerkannten Grenzen überschritten? Schon die Polemik Humberts von Silva Candida richtet sich gegen Lehren von der Scheidung der invisibilis Spiritus Sancti gratia, die in den Sakramenten waltet, von den visibiles ecclesiarum res, die damals vorgebracht worden sein müssen[15]. Ihnen wird der Glaube an ihre Einheit leidenschaftlich und hartnäckig entgegengestellt. Doch ist diese Theorie nicht seltsam zeitgebunden, entstanden aus der kritischen Stimmung gegen die traditionellen Vorstellungen und Gebräuche? Man hatte früher nicht daran gedacht, überhaupt zu definieren, wie sich die Gnadenwirkung der Kirchen zu ihrer materiellen Erscheinung verhalte. Daß die Diener am Sakrament wirtschaftlich auszustatten, ihre Leistungen für Arme und Kranke zu ermöglichen seien, empfand man nicht als ekklesiologisches Problem. Ob Höfe, Wiesen, Wälder, Mühlen sakral wurden, wenn sie einer Kirche gehörten, bewegt wohl mehr Theologen und Hierarchen als den Durchschnitt der Christen.

Jedenfalls haben Gegner wie Verteidiger der herkömmlichen Zustände zunächst in der Vorstellung von der Zusammengehörigkeit der Kirchen mit dem ihnen gewidmeten Vermögen gelebt. Die Wortführer des Königtums beriefen sich auf das seit jeher geltende Recht des Königs bei der Einsetzung der Bischöfe; und sie brauchten bezüglich dessen, was diesen die Konsekration gewährte, keine Zugeständnisse zu machen, da sie in dieser Hinsicht formal nie eingegriffen hatten. Wenn man in den berühmten Ravennater Fälschungen aus den achtziger Jahren des 11. Jh.s außerdem die Verleihung des Investiturrechts durch Hadrian I. an Karl den Großen, durch Leo. VIII. an Otto I. fingierte, ging es einfach um das undefinierte Ganze des Bistums, nicht etwa bloß um seine Güter und Rechte[16]. Es war freilich ein arger Anachronismus, wenn man Päpsten des 8. und 10. Jh.s die Möglichkeit zuschrieb, solche Privilegien zu gewähren[17]. Doch die Fälschungen hatten erhebliche Wirkungen, wenn auch nur subsidiär, da die Vollmacht des Königtums durch sein Gottesgnadentum begründet erschien. Damit war nämlich die Gottunmittelbarkeit des Königs vorausgesetzt, auf die keine christliche Monarchie je verzichten konnte und die auch in Zukunft immer die totale Unterwerfung unter den Papst unmöglich gemacht hat.

Da die gegensätzlichen Überzeugungen von der Stellung des Klerus und der Laien in der Kirche in gleicher Weise religiös begründet sind, war eine wirkliche Verständigung ausgeschlossen. Es sollte sich zeigen, daß es in der Investiturfrage, die mit dem theokratischen Amtsgedanken zusammenhing, deshalb Annäherungen, aber keine Lösungen geben konnte. In der Hauptsache, dem Verhältnis von „geistlicher" und „weltlicher" Gewalt, mußte nach der entscheidenden Modifizierung der Zweigewaltenlehre Gelasius' I. durch Gregor VII. die Geschichte, wie so oft, auf der Grundlage der Koexistenz von unvereinbaren Standpunkten weitergehen[18]. Königtum und Episkopat, Klerus und Laien, die geistlichen und weltli-

---

Nr. 446, S. 663 ff. Nr. 448 f. u. S. 674 ff. Nr. 450; vgl. F. Schneider, Eine antipäpstliche Fälschung d. Investiturstreits u. Verwandtes, F. f. H. Finke, 1925, S. 84–122; Jordan, Kaisergedanke S. 105 ff.; Ders., Ravennater Fälschungen S. 426–428; Benson, Bishop Elect S. 39 u. 233; Fried, Laienadel S. 486 Anm. 118. – 17 Vgl. o. S. 65 ff. – 18 VIII 21 S. 553 mit Anm. 3 hat Gregor bezeichnenderweise den Text des Gelasianums gekürzt. Für solche

chen Führungsschichten waren eben so sehr aufeinander angewiesen, daß man sich in der praktischen Auseinandersetzung über die von den Päpsten und ihren Helfern geforderten Neuerungen, über die von Königen und ihren geistlich-weltlichen Führungsschichten behaupteten Positionen, notwendigerweise überall mit einem modus vivendi provisorisch abfinden mußte. Die Ergebnisse sind in den einzelnen Ländern nicht gleich, aber doch ähnlich. Die Art, wie sie zustande kamen, sind dagegen infolge der jeweiligen Voraussetzungen, der agierenden Personen und der historischen Schicksale verschieden. So ist öfter bemerkt worden, daß im Gegensatz zu den dramatischen, affektbestimmten, von Kämpfen erfüllten Geschehnissen in den Teilen des Imperiums die Investiturfrage in Frankreich, Spanien und England nicht zu langwierigen Streitigkeiten großen Ausmaßes geführt habe, sondern sich mehr in einzelnen Episoden zuspitzte[19].

In *Frankreich* mit seinem schwachen König, der nur in einem Teil der Bistümer alte Rechte ausübte, dessen Autorität unter seiner viel mißbilligten Lebensführung litt, gab es keinen potenten Gegenspieler gegen das kuriale Drängen. Erst recht war die Verfügungsmacht von ungesalbten Fürsten anfällig. Dagegen hatten die Päpste in Frankreich zwar nicht zahlreiche, aber doch ergebene, z. T. sogar fanatische Parteigänger. Wenn schon Gregor VII. keineswegs sehr rigoros vorgegangen war, so verhielt sich Urban II., schon mit Rücksicht auf das Schisma, erst recht diplomatisch. Ein besonders bezeichnender Fall, der durch die Rolle Ivos von Chartres dabei berühmt ist, ereignete sich bei der Wahl Erzbischofs Daimberts von Sens. Es gab zeitraubende Weiterungen, weil Erzbischof Hugo von Lyon von dem Erwählten die Anerkennung seines Primats vor der Weihe verlangte, außerdem behauptete – ob mit Recht oder nicht, ist unklar –, Daimbert habe die Investitur vom König angenommen. Als der Erzbischof in Rom erschien, erteilte ihm der Papst ohne prinzipielle Stellungnahme selbst die Weihe und gewährte ihm das Pallium[20]. Auch unter Paschal II. ist es vorgekommen, daß der Papst bei strittigen Bischofswahlen eingriff[21]. Aber in diesem Land der Gottesfrieden war trotz aller Gegensätze und Fehden die Sehnsucht nach Frieden, der Wille zum Kompromiß besonders groß. So bürgerten sich nach und nach, früher als anderswo, ohne offizielle Verhandlungen und Festsetzungen, neue Formen der Besetzung von Bistümern ein. Die Investituren, soweit sie üblich gewesen waren, kamen ab, die kanonische Wahl war allerseits anerkannt, wobei je nach der Situation König oder Lehnsfürsten erheblichen Einfluß nehmen und die lehnsrechtliche Überordnung behaupten konnten. Dem König kam es zu, die Nutzung des Kirchenvermögens zu gewähren (concessio) und die Dienste der Bischöfe zu fordern[22]. Schon 1097 schrieb Bischof Ivo von Chartres, einer der gelehrtesten und

Modifizierungen bei Gregor bietet eine interessante Parallele ein Gebet zu Petri Stuhlfeier; vgl. H. Volk, Gregor VII. u. d. oratio „Deus qui beato Petro" JLw 3 (1923) S. 116 ff. u. Tellenbach, Libertas S. 181 f. mit Anm. 29. – 19 Böhmer, Kirche u. Staat S. 159; Cantor, Church, Kingship S. 168: Investiturkontroverse in Deutschland $^1/_2$ Jh., in England $^1/_2$ Dekade; Vincke, Staat u. Kirche S. 257; Kehr, Katalanischer Prinzipat S. 23 u. 63; L. Della Calzada, La proyección del pensamiento de Gregorio VII en los reinos de Castilla y León, SG 3, S. 50; Becker, Studien S. 74 u. 139 ff.; schon Zeitgenossen ist der Unterschied aufgefallen, etwa Wenrich von Trier c. 8, MG Ll 1, S. 297: „cum his sub aliis regibus degunt, mitius agatur …" – 20 Becker, Studien S. 99 f.; Ders., Urban II. S. 192: „der einzige echte Investiturstreit in Frankreich während des ganzen Pontifikats Urbans II." – 21 Becker, Studien S. 114 ff. u. 123; C. Servatius, Paschalis II. S. 313 ff. – 22 Becker, Studien S. 107 ff., 121 ff., 162 ff. – 23 Ep. 60, Correspondance de Yves de

unbefangensten Theologen, darüber: „Ob diese concessio durch Handreichung, einen Wink, ein Wort oder einen Stab erfolgt, was kommt darauf an?"[23] Kollisionen bei der Besetzung von Bistümern gab es noch lange, doch führten sie nie zu so dramatischen und prinzipiellen Auseinandersetzungen wie in Deutschland und Italien.

In den *spanischen Reichen,* die mit der römischen Kirche vielfach verbunden waren, wurde der Anteil der Könige an der Besetzung, an Schutz und an Kontrolle der Bistümer kaum angefochten. Es kommt nicht zu Auseinandersetzungen zwischen der geistlichen und weltlichen Gewalt. Es mußte schon zu einer so gröblichen Verletzung der Rechte eines Bischofs kommen wie im Fall des Diego Pelaez von Santiago, um Urban II. auf den Plan zu rufen. Der Bischof war vielleicht in einen Adelsaufstand verstrickt gewesen und Alfons VI. schritt gegen ihn ein; mit Hilfe des schon abberufenen Legaten Richard von St. Viktor in Marseille wurde er abgesetzt, ins Gefängnis geworfen und durch Abt Pedro von Cardeña ersetzt. Der Papst wurde offenbar durch den Erzbischof von Toledo zum Eingreifen veranlaßt. Kardinal Rainer von S. Clemente, der nachmalige Paschalis II., schritt als Legat gegen Pedro ein. Die Angelegenheit schleppte sich jahrelang hin, bis durch einen Kompromiß beide Teile verzichteten und der Cluniacenser Dalmatius in Santiago eingesetzt wurde[24].

Zu Zeiten Wilhelms des Eroberers und Lanfrancs von Canterbury hatte kaum eine Einwirkungsmöglichkeit des Papstes in *England* bestanden. Wilhelm II. hatte zunächst weder Urban II. noch Clemens III. anerkannt. Versuche, anläßlich des Konfliktes des Königs mit dem Bischof Wilhelm von Durham Einfluß zu gewinnen, blieben fruchtlos. Ebenso mißlang die Absicht, den Bischof Herbert von Thetford-Winchester als Instrument päpstlicher Annäherung auszuspielen[25]. Selbst der große Anselm hatte sich anfänglich in die englischen Verhältnisse gefügt und das Erzbistum Canterbury als Nachfolger Lanfrancs durch königliche Einsetzung und Investitur erlangt sowie Treueid und Mannschaft geleistet. Nach kurzer Zeit war er aber mit dem König zerstritten und unter den Bischöfen isoliert[26]. Erst die Hoffnung Wilhelms II., die Schwierigkeiten um Anselm mit päpstlicher Hilfe überwinden zu können, führte zu Kontakten mit Rom. Anselm, der die Lateransynode von 1099 persönlich miterlebt hatte, wurde nun der aufrichtige und konsequente Verfechter der römischen Sache. In die ersten Jahre Heinrichs I. fallen ernste Spannungen über die Fragen der Investitur der Bischöfe und ihren Lehnseid, die aber gemildert waren durch taktische Behutsamkeit des Papstes und den gegenseitigen höflichen Respekt zwischen dem König und seinem Primas[27]. Im Sommer 1105 stimmte der König bedingt dem Investiturverzicht zu (Vertrag von l'Aigle). Aber noch Ende 1105 schrieb Anselm an den ihm freundschaftlich verbundenen Hugo von Lyon: Die ganze Schwierigkeit der Auseinandersetzung zwischen dem König und mir scheint nun hauptsächlich darauf zu beruhen, daß der König, obwohl er, wie ich hoffe, zugesteht, daß er hinsichtlich der Investituren durch die apostolischen Dekrete überzeugt worden sei, auf die Mannschaftseide der Prälaten, wie er sagt, noch nicht verzichten will. Dafür for-

---

Chartres I, ed. J. LECLERCQ CHF 22. 1949, S. 246; zur Interpretation bes. H. HOFFMANN, Ivo S. 407. – 24 BECKER, Urban II. S. 233 ff. – 25 Ebd. S. 173 ff. – 26 Ebd. S. 176 ff.; CANTOR, Church, Kingship S. 34 ff.; TILLMANN, Legaten S. 19. – 27 Epp. 318 u. 319, S. Anselmi opera omnia V S. 246 ff. – 28 Ebd. ep. 389 S. 333 f. – 29 Ebd. ep. 451 S. 397;

dere er vom apostolischen Stuhl die Zustimmung. Wenn er sie erlange, fragt Anselm, sei er im Zweifel, was er tun solle, wenn ein frommer Elekt es zurückweise, für ein Bistum oder eine Abtei Mann des Königs zu werden[28]. Der Papst entschied im März 1106 in Benevent in einem Brief an Anselm, er löse ihn persönlich von Urbans II. Verbot des Empfangs der Investitur oder von der, wie jener glaube, auf ihm lastenden Exkommunikation. Er möge gleichfalls diejenigen wieder aufnehmen, von denen Investituren angenommen, Investierte geweiht und der Mannschaftseid geleistet worden sei. „Wenn aber künftig einige ohne Investitur Prälaturen annehmen, sollen sie, auch wenn sie dem König die hominia leisten, keineswegs von der Gabe der Benediktion ausgeschlossen werden, bis durch des allmächtigen Gottes Gnade und den Regen Deines Gebets des Königs Herz erweicht wird, dies zu unterlassen" (nämlich das hominium zu fordern)[29]. Auf Grund dieser Vereinbarungen kam es im August 1107 im Londoner Königspalast zu dem sogenannten *Londoner Konkordat*. Der König verzichtete auf die Investitur, behauptete aber maßgebenden Einfluß auf die Bischofswahlen, die in der königlichen Palastkapelle stattzufinden hatten, und das Recht, den Lehnseid zu fordern sowie den Besitz des Bistums dem Gewählten vor der Weihe zu übertragen[30]. Es war immer noch ein Kompromiß, der sich nicht, wie in Frankreich, gewohnheitsmäßig ergab, der vielmehr ausführlich in den Details vereinbart wurde und dem englischen König gegenüber viel von den prinzipiellen Ansprüchen der Päpste opferte.

Im *Reich* gingen die von Gregor VII. begonnenen Bemühungen, die Investiturverbote seiner Synoden in Einzelfällen praktisch zur Geltung zu bringen, unter Urban II. sichtlich noch weiter zurück. Überwiegend werden vakante Bischofssitze in den altgewohnten Formen neu besetzt. Die Anhänger Heinrichs IV. im Episkopat überwogen bei weitem. Aber auch seine Gegner hatten ihre Ämter durch Investitur erhalten mit Ausnahme Hartwigs von Magdeburg und Gunters von Naumburg, die unter Mitwirkung Gregors VII. durch Rudolf von Rheinfelden eingesetzt waren[31].

Den älteren Parteigängern Gregors und Urbans folgten teilweise Heinricianer. Vereinzelt werden den in üblicher Weise Investierten Gegenbischöfe entgegengestellt, aber die wenigsten von ihnen konnten größere Bedeutung erlangen. Udalrich von Passau behauptete immerhin den Geltungsbereich seines Vorgängers Altmann im östlichen Teil der Diözese. Nur in Konstanz vermochte sich Gebhard III. durchzusetzen, der schon unter Gregor VII. erhoben worden war. Als päpstlicher Vikar war er eine der führenden Persönlichkeiten der Opposition, freilich auch er in seiner Diözese nicht unangefochten. Der schon 1092 erhobene Gegenbischof Arnold von Heiligenberg vermochte, ihn 1103 zu vertreiben. Erst von Heinrich V. wurde er zwei Jahre später restituiert[32].

Überhaupt wirken sich die wechselhaften Machtverhältnisse auf die Lage in den Diözesen erheblich aus. Alte Getreue Gregors VII. wie Siegfried von Mainz, Gebhard von Salzburg, Adalbert von Worms, Adalbero von Würzburg, Altmann von Passau, mußten viele Jahre im Exil leben, konnten jedoch bei Rückschlägen

BARLOW, English Church 1066–1154 S. 287; BÖHMER, Kirche u. Staat S. 161. – 30 Ebd. S. 160; CANTOR, Church, Kingship S. 222 ff.; CLASSEN, Wormser Konkordat S. 417; MINNINGER, Von Clermont S. 222 ff. – 31 TELLENBACH, Gregorianische Reform S. 111. – 32 BECKER, Urban II. S. 144 f. u. 148 f.; MISCOLL-RECKERT, Kloster Petershausen S. 131 ff. u. d. Anm. 11 genannte Literatur. – 33 BECKER, Urban II. S. 152 f. – 34 Ebd. S.

für die kaiserliche Sache vorübergehend zurückkehren. Urban II. konnte auf Deutschland zunächst verhältnismäßig wenig einwirken. Seine Hauptstütze war Gebhard von Konstanz. Dann schlossen sich ihm nach und nach alle Suffragane des kaisertreuen Erzbischofs Egilbert von Trier an[33]. Er war bereit, deutschen Bischöfen entgegenzukommen, wenn sie ihn als rechtmäßigen Papst anerkannten. So nahm er 1096 in Frankreich die Bischöfe Emehard von Würzburg und sogar Otto von Straßburg, den Bruder Friedrichs von Schwaben, leicht verzeihend auf. Man hat einen Parteiwechsel angenommen, aber erstaunt beobachtet, daß sich beide Prälaten bald wieder beim Kaiser finden[34]. Sollten nicht hier Fälle vorliegen, in denen es Bischöfen gelang, eine neutrale Stellung einzunehmen? Hat nicht auch der „Gregorianer" Hartwig von Magdeburg den vom Kaiser ernannten Albuin von Merseburg geweiht?[35] Echte und folgenreiche Parteiwechsel nahmen, wie schon besprochen, Ruthard von Mainz und Anselm von Mailand vor[36]. Gerade der Mailänder Fall zeigt eindrucksvoll, daß die Annahme der Investitur durch den König von Urban II. wohl nicht als ganz schwerer Verstoß gegen das kanonische Recht oder gar gegen das Dogma (Ketzerei) genommen wurde. Er ließ sich verzeihen, wenn der Schuldige nur die viel größere Schuld des Schismas sühnen wollte.

Mit Heinrich IV. selbst kam es nie zu Kontakten über die Möglichkeit einer Beilegung des alten, erbitterten Konflikts. Ausgleichsverhandlungen konnte es, solange Clemens III. lebte und das Schisma andauerte, nicht geben, weil der Kaiser dem von ihm anerkannten Papst treu blieb. Erst am Ende des Jahres 1100 zog man solche am Kaiserhof und in Fürstenkreisen in Betracht[37]. Doch in einem nicht sicher datierten Brief an Gebhard von Konstanz aus der ersten Zeit seines Pontifikats läßt Paschal seine brüske Ablehnung solcher Erwägungen erkennen: „Mögen dich nicht possenhafte Gerüchte stören oder leeres Gerede derer, die prahlen, wir würden mit Heinrich und seinen Komplizen übereinkommen. Denn mit Gottes Hilfe werden wir uns bis zum Ende bemühen, daß ihre Verderbtheit und Macht durch die Verdienste der Apostel ausgetilgt werden."[38] Von der Kurie sind in dieser Phase Forderungen, etwa des Verzichts auf die Investitur, nicht erhoben, vom Kaiser nicht abgelehnt worden. Unter Urban II. war anscheinend, wenn auch nicht mit Heinrich IV., so doch mit seinem abtrünnigen Sohn Konrad über Investituren gesprochen worden. Es ist eine knappe Notiz über sein Treffen mit dem Papst in Cremona im April 1095 überliefert. Dabei leistete der junge König Sicherheitseide und erhielt dafür Hilfeversprechungen, salva scilicet ipsius ecclesiae iusticia et decretis apostolicis, maxime de investituris[39]. Wahrscheinlich hat also der machtlose Salier die Investiturverbote anerkannt und sich bedingungsloser unterworfen als die Könige von Frankreich und England. Wie weit er ging, zeigt die Erwähnung des Stratordienstes, den er bei dem ersten Zusammentreffen dem Papst leistete[40]. Seit mehr als 200 Jahren, seit Kaiser Ludwig II. und

161; MEYER V. KNONAU, Jbb. IV S. 470, V S. 5. – 35 Ebd. Jbb. V S. 3, dazu die wichtigen Ausführungen von BECKER, Urban II. S. 146 ff.: „Zwar versuchten in der Folgezeit manche, auch kaiserliche Bischöfe, eine möglichst farblose, unverbindliche Haltung zwischen den Parteien einzunehmen ..." – 36 Vgl. o. S. 206 f. – 37 MEYER V. KNONAU, Jbb. V S. 103. – 38 JL 5817, Paschal II. 1100 Jan. 18 an Gebhard von Konstanz „In verbis epistolae", v. PFLUGK-HARTTUNG, Acta II S. 169. – 39 MG Const. I S. 564 Nr. 394. – 40 R. HOLTZMANN, Der K. als Marschall d. P.s, Schriften d. Straßburger Wissensch. Gesellsch. in Heidelberg NF 8, 1928, S. 8; FRIED, Regalienbegriff S. 513 mit Anm. 214. – 41 Nicht Einzelheiten des „Reformprogramms" wie kanonische Wahl, Priesterehverbot, Simonie,

Papst Nikolaus I. war dies nicht mehr vorgekommen. Sicherlich hatte Urban mit diesem „Sohn der römischen Kirche" noch mehr vor. Er und Mathilde von Canossa betrieben seine Verheiratung mit einer Tochter des Großgrafen von Sizilien. Hoffte man vielleicht, ihn in die Reihe der italienischen Lehnsfürsten einreihen zu können?

Über die Gründe der vollkommen starren Haltung der Kurie gegenüber Heinrich IV., die anderen Herrschern gegenüber wahrhaftig keinesfalls mit gleicher Intransigenz verfuhr, kann man wohl nur Vermutungen anstellen. Nicht sein zähes Festhalten an den Rechten seiner Vorgänger, nicht sein Charakter, der schwarz in schwarz gemalt wurde, seine angeblichen Verbrechen und die über ihn kolportierten Verleumdungen können die Hauptursache gewesen sein, sondern sein Widerstand gegen die neuen Konsequenzen aus der päpstlichen Idee, gegen die Beschränkung seines Gottesgnadentums, der ihn zum Haupt des Schismas werden ließ. Damit konnten die Nachfolger Gregors VII. nie paktieren, noch über seinen Tod hinaus[41].

Erst nach dem *Abfall Heinrichs V.* wurden ernsthafte Kontakte zwischen Kurie und Königshof möglich und gesucht. Schon vom Mainzer Reichstag im Januar 1106 wurde eine Gesandtschaft an Paschalis II. abgeordnet. Ihr gehörten die Erzbischöfe Bruno von Trier und Heinrich von Magdeburg, ferner Gebhard von Konstanz und drei weitere Bischöfe an[42]. Sie wurden auf der Reise in Trient vom dortigen Grafen gefangengenommen, nur einige Bischöfe kamen zum Papst durch. Ob sie politische Gespräche führen konnten, ist unbekannt. Bereits im Oktober erschien aber beim Papst in Guastalla wieder eine deutsche Abordnung, die ähnlich zusammengesetzt war wie die vom Jahresanfang. Was sie an der Kurie verhandelte, ist abermals undeutlich. Bemerkenswert ist immerhin, daß der Leiter, aufs Neue der Erzbischof von Trier, um der Form zu genügen, für drei Tage abgesetzt wurde, weil er die Investitur vom alten Kaiser angenommen hatte. Dann wurde er vom Papst in Gnaden aufgenommen und erhielt das Pallium. Es wurde damit also vom Papst das Gesicht gewahrt[43]. Damit war aber das Problem der Investituren keineswegs gelöst. Denn Heinrich V. übte unentwegt das Investiturrecht ebenso unbedenklich aus wie sein Vater. Die Investiturfrage kann also nicht ein Grund für den Zwist zwischen den beiden Saliern gewesen sein. Schon vor Heinrichs IV. Tod hat der Sohn mehrere Bischöfe in der üblichen Weise eingesetzt. Bemerkenswerter noch ist es, daß die deutschen Bischöfe ihm dabei keinerlei Widerstand leisteten und ihn sogar unterstützten[44]. So hat der alte Führer

Laieninvestitur schufen die Gegensätze, die sich nicht überbrücken ließen, sondern Heinrichs und seiner Anhänger Widerstand gegen die absolute Gehorsamsforderung der Päpste, der sich zum Schisma steigert, machte den Konflikt unlösbar. – **42** MEYER V. KNONAU, Jbb. V S. 283 u. 294. – **43** MEYER V. KNONAU, Jbb. VI S. 25 f. u. 31; BLUMENTHAL, Some Notes S. 61–77. – **44** Bereits 1105 hat Heinrich V. in der üblichen Weise investiert: Gebehard von Speier, Gottschalk von Minden, Ruotpert von Würzburg, Hartwig von Regensburg. Zu Anfang 1106 wurde Konrad von Salzburg in gleicher Weise erhoben. Dieser hat erst später, postea, seine Ansicht geändert. Darüber vgl. seine vita c. 5, MG SS XI S. 65: „Ea res postea dolorem cordis perpetuum ei peperit. Abhorrebat siquidem vir ille venerabilis, et medullitus detestabatur hominii et iuramenti prestationem, quam regibus exhibebant episcopi et abbates vel quisdam ex clero pro ecclesiasticis dignitatibus, eo quod nefas et instar sacrilegii reputaret ac predicaret occulte et publice, manus chrismatis unctione consecratus sanguineis manibus, ut ipse solebat dicere, subici et homini exhibitione pollui"; dazu vgl. BENSON, Bishop Elect S. 40 mit Anm. 76. – **45** FENSKE, Adelsopposition S.

der Gegner Heinrichs IV., Gebhard von Konstanz, den neuen Bischof Gottschalk
von Minden eingeführt, Erzbischof Ruthard von Mainz den an Stelle des abgesetzten Erlung erhobenen Ruotpert von Würzburg, der Mainzer weihte den von
Heinrich V. investierten Reinhard von Halberstadt. Zu dieser Feierlichkeit war
auch Gebhard von Konstanz eingeladen, der sich zwar mit Amtsgeschäften und
Gebrechlichkeit entschuldigte, aber rückhaltlos der Erhebung Reinhards zustimmte. Irgendwelche Bedenken gegen die königliche Investitur sind bei den Beteiligten nicht nachzuweisen und auch nicht wahrscheinlich[45]. Der deutsche Episkopat hat auch in den folgenden Auseinandersetzungen um die Investituren, die
zu den dramatischen Vorgängen von 1111 führen sollten, Heinrich V. unterstützt. Schon Albert Hauck hat erkannt, daß sich damit die Haltung der Bischöfe
in der Investiturfrage von der Zeit Heinrichs IV. her einfach fortsetzte. Sie hätten
an den alten Rechten des Königs nie ernstlich Anstoß genommen[46]. Soweit sie
seine Gegner waren oder später wurden, hatte dies andere Ursachen[47].

    Es ist daher begreiflich, daß die Gegensätze zwischen dem Papst einerseits, dem
König und der Reichskirche andererseits noch nicht auszugleichen waren. Mitte
Mai 1107 erschien, abermals unter der Führung Brunos von Trier, eine vornehme
Abordnung, der auch der mächtige Kanzler Adalbert von Saarbrücken angehörte,
bei Paschalis II. in Chalons s. Marne. Auch dort kam es nicht zu einer Annähe-
rung, aber zu bedeutsamer Aussprache, über die der junge Suger, später hochbe-
rühmter Abt von St. Denis, nach dreißig Jahren einen von der neueren Forschung
im Kern meist für glaubwürdig gehaltenen Augenzeugenbericht niederschrieb.
Der Franzose, dem das damalige Autreten der Deutschen mißfiel, lobt einzig den
Trierer Erzbischof als vir elegans et iocundus, eloquentia et sapientia copiosus.
Seine Rede würde bei aller Wahrung der königlichen Rechte bei der Bischofswahl
insofern ein gewisses taktisches Entgegenkommen zeigen, als nach der mit Zustimmung des Königs erfolgten Wahl die Konsekration vor der Investitur mit den
Regalien zugestanden worden wäre. Noch ließ der Papst aber durch einen Bi-
schof solche Vorschläge herb zurückweisen[48]. Dennoch gewinnt man in der Folge

164 ff., wo die wichtigen Erklärungen Gebhards über sein Fernbleiben (Mainzer UB S.
338 Nr. 431) und Paschals Rüge (ebd. S. 339 f. Nr. 433) ausführlich besprochen sind.
Fenskes Vermutung, Ruthard und Reinhard hätten gegen die Form der Erhebung Bedenken gehabt, findet keinerlei quellenmäßigen Anhalt. Widersprüchlich ist auch Gebhards
Beurteilung. Einerseits wird anerkannt, daß er Reinhardts Erhebung ausdrücklich gebilligt
habe, andererseits werden, ohne Grund, in dem so aufrichtig entschuldigten Fernbleiben
und in dem „Stillschweigen" über die königliche Mitwirkung Einwände gesehen. Auch
Bogumil, Bistum Halberstadt S. 20 folgert aus dem Schweigen, daß Gebhard den Einfluß
des Königs ignoriert habe, Differenzen Gebhards mit der herrschenden Auffassung von
der Bischofserhebung. M. E. wird dabei das argumentum e silentio überstrapaziert.–
Fenske S. 45 findet am erstaunlichsten, „daß Heinrich V. die Haltung seines Vaters in der
strittigen Frage der Bischofsinvestitur einzunehmen begann." Er bemerkt treffend, daß die
„reformnahen Bischöfe" den Verzicht auf die Laieninvestitur nicht für notwendig gehalten hätten, und deutet dies, m. E. nicht überzeugend damit, daß sie „nicht mehr von jener
Prinzipientreue bestimmt gewesen seien, wie viele der Heinrich IV. feindlichen Vertreter
des deutschen Episkopats." Aber wer war denn je überhaupt prinzipiell gegen die königliche Investitur? – 46 Hauck, Kirchengeschichte Deutschlands III S. 89. – 47 Vgl. u. S. 222
Anm. 65. – 48 Suger, vita Ludovici Grossi regis, ed. H. Waquet, CHF 11, 1929, S. 56 f.;
dazu H. Schlechte, Erzbischof Bruno v. Trier, Phil. Diss. Leipzig 1934, S. 38 ff.; H.
Hoffmann, Ivo S. 422; Benson, Bishop Elect S. 242 ff.; Classen, Wormser Konkordat S.
426 mit Anm. 40; Fried, Regalienbegriff S. 468 mit Anm. 57; Minninger, Von Clermont
S. 134 ff. u. 143 mit Anm. 232. – 49 Vgl. o. S. 210 f. – 50 J. Beumann, Sigebert v. Gem-

den Eindruck, daß nun endlich trotz aller diplomatisch zur Schau getragenen Unnachgiebigkeit von beiden Seiten eine Verständigung für möglich und unumgänglich gehalten wurde.

Auf dem bald darauf folgenden Konzil von Troyes waren allerdings die Deutschen ferngeblieben. Mehrere Bischöfe werden deshalb hart zur Rechenschaft gezogen, worauf man freilich in gewohnter Weise bald wieder Nachsicht walten ließ[49]. Erst 1109 erschien wieder eine Gesandtschaft, auch sie mit Bruno von Trier, Friedrich von Köln und dem Kanzler Adalbert in Rom. Dem damaligen Stand der Kontroverse entspricht der wohl kurz vorher entstandene Traktat de investitura episcoporum, der mit guten Gründen für eine Art von Richtlinien für die Gesandten aus der Feder des Mönches Sigebert von Gembloux gehalten wird[50]. Dabei bestanden die Deutschen wieder auf dem Recht der Investitur, und zwar nun wieder vor der Weihe. Auf die Form der Investitur komme es freilich wenig an. Offenbar sollte also wohl die Frage der Investitursymbole umgangen werden. Das wäre dieses Mal das Entgegenkommen, zu dem man sich aufraffte[51]. Die Investitur selbst wird nicht nur mit ihrer unvordenklich langen Geltung, sondern auch mit der Zustimmung früherer Päpste verteidigt, wobei eigens Privilegien der Päpste Hadrian I. und Leo VIII. hinzugekommen wären[52]. Wesentlich ist außerdem das sachliche Argument, daß der Schutz der Kirchengüter gegen Tyrannen und Räuber von denen wahrgenommen werden müsse, aus deren Schenkungen sie stammten[53]. Zu einer Einigung kam es auch jetzt nicht. Die Gesandten brachten im März 1110 nur den Bescheid des Papstes zurück: bloß was kanonischen und kirchlichen Rechtes sei, fordere er; von dem, was königlichen Rechtes sei, schmälere er dem König nichts. Damit war alles offen gelassen[54].

Die Verhandlungen sollten auch Heinrichs V. Italienzug und der Vorbereitung der Kaiserkrönung dienen. Daß beide Teile mit diesem Ereignis rechneten, läßt vermuten, daß sie umso energischer auf eine Vereinbarung hinarbeiteten und die Meinungsverschiedenheiten nicht mehr als unüberbrückbare Feindschaft empfunden wurde, wie in der Zeit Heinrichs IV. Mitte August 1110 ist der König mit einem ungewöhnlich starken Heer in Italien einmarschiert. Um die Jahreswende stand er in Arezzo. Während des Zuges sind mehrfach Boten zwischen Papst und König hin- und hergegangen. Von Aquapendente aus ging der Kanzler Adalbert, Elekt von Mainz, damals der mächtigste und vertrauteste Berater des Königs, mit mehren weltlichen Herren nach Rom. Dort kam es in der Kirche S. Maria in Turri zu einem sensationellen Vertrag, den die königlichen Gesandten und der bevollmächtigte Unterhändler des Papstes Petrus Leonis beeideten[55]. Durch eingreifende Maßnahmen sollte das Verhältnis zwischen dem König und den Kirchen verändert werden. Heinrich nämlich sollte versprechen, am Krönungstage vor Klerus und Volk in die Hand des Papstes auf die Investitur in alle Kirchen zu verzichten und die Kirchen freizugeben mit allen Oblationen und Besitzungen, soweit sie offensichtlich nicht zum Reich gehörten. Außerdem versprach er, die Patrimonien und Besitzungen des heiligen Petrus zurückzuerstatten und zu gewäh-

bloux S. 93 mit Anm. 394 u. bes. S. 100: „... hat diese Schrift in der Tat eher den Charakter eines Programms der königlichen Standpunkte ..." – 51 KRIMM-BEUMANN, Traktat S. 77; zur Übereinstimmung der Form mit Ivo von Chartres vgl. o. S. 214 mit Anm. 23. – 52 Zu den sog. Ravennater Fälschungen vgl. o. S. 212 mit Anm. 16. – 53 KRIMM-BEUMANN, Traktat S. 73; dazu vgl. FRIED, Regalienbegriff S. 471. – 54 Ann. Patherbrunn. ad a. 1110 S. 122. – 55 MG Const. I S. 137 ff. Nr. 83 ff. – 56 BLUMENTHAL hat in ihren Bei-

ren, wie es von Karl, Ludwig, Heinrich und den anderen Kaisern geschehen sei und nach seinem Können zu helfen, sie zu behalten[56]. Der Papst sagte dafür zu, den Bischöfen zu befehlen, dem König und dem Reich die Regalien zurückzugeben, also den weitaus größten Teil ihres Besitzes, das Fundament ihrer Position als Fürsten des Reiches. Besonders aufgezählt werden Städte, Dukate, Marken, Grafschaften, Münzen, Zölle, Märkte, Reichsvogteien, Hundertschaften, Höfe mit Zubehör wie Ministerialen und Burgen. Paschal hat ausführlich seine Absichten dargelegt: Die Diener des Altars seien zu Dienern des Hofes geworden. Die Bischöfe müßten nach Aufgabe der Regalien frei von weltlichen Sorgen die cura pastoralis ihrer Kirchenvölker besorgen und nicht für längere Zeit ihren Kirchen fern sein[57]. Man hat also an der Kurie begriffen, daß man dem König nicht entschädigungslos allen Einfluß auf die Besetzung der Bistümer und zugleich auf die noch unentbehrlichen Dienste der Bischöfe entwinden konnte. So kam man auf diese im wesentlichen religiös motivierten Projekte, die mit einem Schlage die Verstrickung der Bischöfe in weltliche Angelegenheiten gelockert, somit ihre politische und wirtschaftliche Lage verändert hätte[58]. Welche Folgen die geplante Aktion für die Regierung und für die gesamte Wirtschaft gehabt hätte, läßt sich kaum vorstellen. Auch wenn man mit einem verschiedenen Regalienbegriff an der Kurie und am Königshof rechnete, wäre sogar bei einer engeren Definition im Sinne der Kurie der Eingriff in die materielle und politische Existenz der Kirche immer noch enorm gewesen[59].

Später hat Heinrich V. zwar erklärt, seine Unterhändler hätten hervorgehoben, der König wolle den Kirchen nicht Gewalt antun und ein Sakrileg begehen, indem er dies alles wegnähme[60]. Schließlich willigten sie trotzdem in den seit langem ge-

trägen Patrimonia S. 9–20 u. Paschal II. and the Roman Primacy S. 67–92 beachtenswerte Gedanken zu dem Geschehen von 1111 vorgetragen. Mit Recht erinnert sie an die zweite Zusage Heinrichs V. bezüglich der Patrimonien, die in der bisherigen Literatur nicht genügend berücksichtigt sei. Doch dürfte sie deren Effizienz weit überschätzen. Vgl. Patrimonia S. 10: „The days of political weakness and of abject poverty of the papacy would have been over." Man war sich an der Kurie doch bewußt, wie kurz sich die Könige in Rom und ihrer Umgebung aufhielten und wie unzuverlässig ihre Macht war. Zu Heinrich V. vgl. meine Tabelle Kaiser, Rom S. 251. Zudem war Heinrichs Versprechen wohlweislich der Vorbehalt secundum suum posse beigefügt. Ein so bedingtes Zugeständnis hätte die päpstliche Macht schwerlich nennenswert steigern und erst recht die Synode von 1112 nicht verhindern können (Paschal II. S. 79 u. 81). Als königliche Leistung war im wesentlichen der Investiturverzicht, als päpstliche der Befehl des Papstes an die Geistlichen gedacht, die Regalien aufzugeben. – 57 MG Const. I S. 141 Nr. 90; BLUMENTHAL, Patrimonia S. 15 erklärt: „The reason for the disagreement between the two parties is a different understanding of the concept regalia at the German court on the one hand, and the papal curia on the other." M. E. verursachte weniger eine verschiedene Auffassung des Regalienbegriffs, sondern das sehr eingreifende Entgegenkommen des Papstes den Widerstand der Majorität gegen den Vertrag. – 58 P. ZERBI, Pasquale II e l'idea della povertà della Chiesa, Annuario dell'Università cattolica del Sacro Cuore, Anno accademico 1964/65, 1965, S. 207–229. Zerbis Auffassung wurde teils abgelehnt, teils eingeschränkt. Vgl. FRIED, Regalienbegriff S. 473 Anm. 72, auch BLUMENTHAL, Patrimonia S. 10: „Paschal had no intention to impoverish the Church." – 59 Das Regalienproblem ist in den letzten Jahrzehnten neu diskutiert worden. Vgl. OTT, Regalienbegriff S. 234–304; bei der Erklärung der Vorgänge von 1111 war die Frage nach einem verschiedenen Regalienbegriff an Kurie und Königshof wichtig; besonders fruchtbar die Überlegungen von FRIED, Regalienbegriff S. 472 ff. Doch ist festzuhalten, daß nicht eine verschiedene Auffassung des Regalienbegriffs, sondern das eingreifende Zugeständnis des Papstes den Vertrag zum Scheitern brachte. – 60 MG Const. I S. 150 Nr. 100: „Ad haec cum nostri responderent, nos quidem nulle ecclesie violentiam inferre nec ista subtrahendo tot sacrilegia incurrere ..."

forderten Investiturverzicht ein, wenn der Papst seine Versprechungen erfüllt hätte, wovon sie aber, wie in Paranthese hinzugefügt wurde, wußten, daß es keinesfalls geschehen könne. Beide Seiten waren sich offenbar im Klaren über die umwälzenden Folgen dieses Vertrages. Sie haben ihn dennoch angesichts der Ausweglosigkeit des seit Jahrzehnten bestehenden Konflikts gewagt, der König und seine Berater vielleicht in tieferer Skepsis. Der Historiker kann Paschal und der Kurie zugute halten, daß das noch nie realisierte Investiturverbot und der Herrschaftsanspruch der Päpste seit Gregor VII. noch weit kühnere revolutionäre Akte waren. Es hatte sich nun gezeigt, daß eine totale Freiheit der Kirchen von jeder Mitbestimmung der Laien ohne Herauslösung aus den gewordenen wirtschaftlichen und politischen Bindungen nicht möglich war. Auffallend ist freilich, daß man Kompromisse wie für Frankreich und England für das Reich immer noch nicht akzeptieren wollte.

Der Eklat, den der bis dahin geheimgehaltene päpstliche Befehl des Regalienverzichts bei Verlesung in der Peterskirche am 12. Februar 1111 auslöste, war heftig[61]. Der Widerspruch der großen Mehrheit der überraschten Bischöfe und Prälaten war laut. Die Vorbereitungen zur Kaiserkrönung wurden unterbrochen. Ratlosigkeit und Verwirrung griffen um sich. Angriffe von Römern auf Deutsche außerhalb der Kirche steigerten die panische Stimmung. Am Abend verließ der König die Peterskirche, der Papst, viele Kardinäle und ihre Gefolgsleute wurden unter strenger Bewachung in der Nähe der Peterskirche untergebracht. Nach mehrtägigen Kämpfen verließen die Deutschen mit den Gefangenen die Stadt. Nach zwei Monaten willigte der Papst, unter dem Eindruck der Leiden der Gefangenen, der trostlosen Lage der römischen Kirche und der Gefahr eines neuen Schismas in den *Vertrag am Ponte Mammolo* (11. IV.) ein, in dem er dem König die Investitur gewährte, auf alle Vergeltungsmaßnahmen verzichtete und versprach, Heinrich nie zu exkommunizieren. Dieser gewährte seinerseits volle Indemnität für alles, was gegen ihn und die Seinigen während der vergangenen römischen Kämpfe geschehen war, ferner garantierte er abermals das Patrimonium Petri und den Besitz der römischen Kirche[62]. Aus dem Bericht, den der Papst später in sein Register eintragen ließ, geht außerdem hervor, daß der König bei den Verhandlungen, die zu diesem Vertrag führten, erklärt hat, er übertrage durch die Investituren nicht die Kirchen, nicht irgendwelche Ämter, sondern allein die Regalien[63]. Er wiederholte, wie erwähnt, sein Versprechen, das Patrimonium Petri zu restituieren und nach Kräften zu sichern. Also ein gewisses Entgegenkommen von seiner Seite enthält sogar dieser erzwungene Vertrag. Der Papst mußte seine Zusage in einem Privileg bestätigen, das in den kommenden Jahren als *„Pravileg"* oft verdammt werden sollte.

Daß die königliche Seite dem Papst listig eine Fallgrube bereitet hätte, ist trotz der späteren Aussage Gerhochs von Reichersberg (MEYER v. KNONAU, Jbb. VI S.381 Anm.47) kaum anzunehmen. Anders HAUSMANN, Reichskanzlei S.23: „Adalbert dagegen wußte sehr wohl, daß der Papst hier nicht mit seinen Gedanken durchdringen konnte, dennoch ging er klar berechnend sofort darauf ein." MINNINGER, Von Clermont S.161 u. 279 meint, das Abkommen sei keine Utopie gewesen, aber an dem Interesse von Adel und Reichskirche gescheitert. Doch ist schwer vorstellbar, wie der Episkopat ohne Regalien existieren, und was der König mit ihnen machen sollte. Ob mit der Möglichkeit gerechnet wurde, aufgegebene Regalien doch wieder an Bischöfe zu verleihen? – 61 MG Const.I S. 151 Nr.100: „universis in faciem eius resistentibus et decreto suo planam heresim reclamantibus." – 62 MG Const.I S.143f. Nr.94. – 63 MG Const I S.149 Nr.99. – 64 Vgl.

Obwohl der mutige – oder verzweifelte – Versuch einer weitgehenden Lösung der Bischofskirchen vom deutsch-italienischen Königtum gescheitert ist, kommt ihm eine hervorragende Bedeutung im Ganzen der Kirchengeschichte zu. Denn er gehört in die von der Urkirche bis heute bestehende Problematik des Verhältnisses von Christentum und Welt, was von Papst Paschalis II. bewußt ausgesprochen und von Vertretern des Königtums trotz aller Skepsis wenigstens begriffen wurde. Wäre er durchführbar gewesen, hätte man ihn wohl ernstlich als eine wirkliche Kirchenreform bezeichnen können.

Die folgenden Jahre bis zum Zustandekommen des sogenannten Wormser Konkordats sind voll von Widersprüchen und Spannungen. Der Papst, belastet von Schuldgefühlen, heftig angegriffen bis zum Vorwurf der Ketzerei, von anderen klug aber etwas matt verteidigt, lavierte sich trotz seiner Kompromittiertheit bis zu seinem Tod (1118) zäh durch. Da er sein Versprechen, Heinrich V. nicht mehr zu exkommunizieren, trotz mancher Zweideutigkeiten nicht offen brach, haben andere, besonders Franzosen, es übernommen, den Salier auf Synoden zu verdammen[64]. In Deutschland haben die Ereignisse von 1111 offenbar keine große Beachtung gefunden und dem Kaiser wenig geschadet. Erst nach 1115 nutzten einige geistliche und weltliche Fürsten die von außen her agierende kirchliche Opposition für ihre territorialpolitischen Zwecke aus[65].

Paschalis' II. Nachfolger, die an dessen Eide nicht mehr gebunden waren, übernahmen wieder die Führung in dem Streit gegen den Kaiser, nach dem kurzen Pontifikat Gelasius' II., besonders Calixt II., der schon 1112 als päpstlicher Legat und Erzbischof Guido von Vienne in seiner Bischofsstadt eine große französische Synode abhielt, die Heinrich V. als zweiten Judas wegen Verrat, Meineid und Tempelschändung verurteilte[66]. Das von ihm dem gefangenen Papst abgepreßte Privileg wurde als ungültig verworfen. Man hat den Eindruck, daß die ganze erbitterte Propaganda gegen Papst und Kaiser an Niveau verloren hat, indem die Laieninvestitur und die damit verbundene Problematik isoliert wird. Dabei scheinen die Einsichten, auf denen die Regelungen dieser Fragen in England und Frankreich beruhten, in der Leidenschaftlichkeit des Kampfes außer acht gelassen worden zu sein.

Dennoch müssen sich die im Wormser Konkordat fixierten Kompromisse allmählich vorbereitet haben. Die von Paschal in seinem Bericht über den Vertrag von Ponte Mammolo zitierte Äußerung Heinrichs, er gäbe mit den Investituren nicht Kirchen, nicht Ämter, sondern allein die Regalien, wiederholte der Kaiser annähernd gleich, als ihm 1117 in Rom drei Kardinäle vorhielten, die Investitur sei die Summa dissensionis, wodurch die Kirche erschüttert und gefährdet sei[67].

---

u. Anm. 66. – 65 Heinrichs V. Hauptgegner war von 1112 an Adalbert von Saarbrücken, seit 1110 Elekt von Mainz, der die Verträge von 1111 wesentlich mitbestimmt und mitbeschworen hatte. Der noch von Heinrich IV. investierte Erzbischof Friedrich von Köln wurde erst 1114 im Zusammenhang mit einer Verschwörung der Kölner Bürger Feind des Kaisers. Ebenfalls 1114 entfloh Erzbischof Adelgoto, der 1107 von Heinrich die virga pastoralis erhalten hatte, vom kaiserlichen Hoflager. Diese und andere Gegner des Königs waren weniger kirchen- als territorialpolitisch motiviert. Sie fanden dann an den Päpsten, mehr noch an ihren Legaten, willkommene Bundesgenossen. Zu Adalbert vgl. HAUSMANN, Reichskanzlei S. 42, BÜTTNER, Erzbischof Adalbert S. 398, CLASSEN, Wormser Konkordat S. 426 u. 431; zu Friedrich von Köln und Adelgoto von Magdeburg vgl. MEYER v. KNONAU, Jbb. VI S. 298 ff. u. 310 f. – 66 MANSI XXI S. 74 ff. – 67 JAFFÉ B V S. 315 Nr. 178; dazu vgl. o. S. 221 mit Anm. 63, ferner MINNINGER, Von Clermont S. 176. – 68 MEYER v.

Daß der Kaiser nicht die Kirchen, sondern nur die Regalien zu vergeben bean-spruchte, war also nunmehr unbestritten und ein Schritt auf die Wormser Rege-lung hin. Es ist anzunehmen, daß es offiziell und inoffiziell mehrfach zu solchen Gesprächen gekommen ist. So hielt sich 1117 Erzbischof Radulf von Canterbury mit Zustimmung des Papstes acht Tage zu Gesprächen beim Kaiser auf[68]. Er mag ihm die Gepflogenheit im Land des englischen Königs dargestellt haben, der seit 1114 sein Schwiegervater war. Im Herbst 1119 kam es zu den berühmten Ge-sprächen des Abtes Pontius von Cluny und des gelehrten Bischofs von Chalons, Wilhelm von Champeaux, mit Heinrich V. in Straßburg, worüber wir vor allem ausführlich durch den Bericht des Rheimser Scholastikus Hesso unterrichtet wer-den[69]. Man sucht, wie man sieht, endlich nach einer differenzierten Regelung und geht auf Details ein. Wilhelm von Champeaux macht klar, daß Heinrich auch bei vollständigem Verzicht auf die Investitur alle Dienste der Kirche geleistet werden sollten, wie es in Frankreich üblich sei. Danach wurden Verabredungen getroffen, mit denen die beiden Unterhändler zum Papst nach Paris reisten. Nun schickte sie Calixt zum Kaiser zurück, um genauere Abmachungen zu besprechen. Die gegen-seitigen Zusicherungen wurden schriftlich konzipiert. Sie wurden dem Papst und dem Konzil vorgelegt, das am 18. X. in Rheims eröffnet worden war. Schon wa-ren Papst und Kaiser zu einem verabredeten Zusammentreffen in Mouzon aufge-brochen, als das Vertragswerk nochmals scheiterte. Den Rheimser Synodalen er-schien die Formulierung des Entwurfs „Ich verzichte auf alle Investitur der Kir-chen" als zu vage, und sie verlangten genauere Bestimmungen auch über den Kirchenbesitz[70]. Das wollte Heinrich ohne weitere Beratung mit den Fürsten nicht zugestehen und forderte mehrfach Aufschub. Dadurch steigerte sich offen-bar das ohnehin große Mißtrauen des Papstes und seiner Begleitung. Vielleicht in Gedanken an das Attentat von 1111 verließen sie fluchtartig Mouzon und kehr-ten nach Rheims zurück. Dort wurde am Ende des Konzils Heinrich V. mit seinen Anhängern erneut aus der Kirche ausgeschlossen[71].

Doch in den folgenden drei Jahren – trotz harter Worte und Kirchenstrafen – herrscht keine Atmosphäre bitteren Streites mehr. Im Reich fehlt es nicht an Spannungen, auch nicht an den üblichen regionalen Fehden. Aber der Wunsch nach Verständigung des Kaisers mit dem Papst herrscht vor, wobei man aber meist die Ehre des Reiches gewahrt sehen will[72]. Der Papst sandte im Februar 1122 dem gebannten Kaiser einen versöhnlichen Brief durch Bischof Azo von Ac-

---

KNONAU, Jbb. VII S. 35 mit Anm. 1; Eadmeri hist. novorum S. 243. – **69** Hessonis scholas-tici relatio de concilio Remensi, MG Ll III S. 22 ff. – **70** Die Aufzeichnung der Zusagen von Papst und König auch MG Const. I S. 157 Nr. 104 u. 105. Dazu Th. SCHIEFFER, Mou-zon S. 324–341. – **71** Es ist keineswegs so, wie Hesso glauben machen will, daß der König bloß seine Zusage nicht einhalten wollte (S. 26), sondern es bestand noch eine echte, nicht ausgeräumte Differenz zwischen den Parteien. Zeigt Hesso doch selbst (S. 25), daß die Synodalen unter der Formulierung „Dimitto omnem investituram omnium ecclesi-arum" die Investitur samt ihrem Besitz verstanden, und daß sie dem König die Absicht zu-trauten, ne forte aut possessiones antiquas ecclesiarum sibi conetur vendicare aut iterum episcopos de eisdem investire; TH. SCHIEFFER S. 39 fragt schon mit Recht: War in Straß-burg wirklich nicht von einer weltlichen Investitur gesprochen worden? – CHODOROW, Ecclesiastical Politics S. 613–646 untersucht scharfsinnig die verschiedenen Faktionen auf dem Rheimser Konzil. S. 633 bezeichnet er Heinrichs V. Bitte um Aufschub als unver-nünftig. – **72** Der Würzburger Fürstentag im September oder Oktober 1121 beschließt u. a., sich in der Investiturfrage um eine Lösung zu bemühen, ut in hoc regnum honorem suum retineat. MG Const. I S. 158 Nr. 106. – **73** JL 6950, MPL 163 c. 1232. Wie sehr sich

qui, der längst eine vermittelnde Stellung eingenommen hatte, und redete ihm gut zu[73]. Kaiser und Fürsten schickten um diese Zeit Bischof Gebhard von Speyer und Abt Erholf von Fulda zum Papst. Sie kehrten zurück mit drei Legaten, dem Kardinalbischof Lambert von Ostia, dem Kardinaldiakon Gregor von S. Angelo, die als Honorius II. und Innozenz II. später Päpste wurden, und dem Kardinalpriester Sasso von S. Stefano Rotondo. Am 8. September kamen die Legaten mit dem Kaiser und den Fürsten in *Worms* zusammen. Man gelangte zu Abmachungen, die in Erklärungen des Kaisers und des Papstes aufgezeichnet und am 23. September vor der Stadt einer großen Menge verkündigt wurden: Der Kaiser verzichtete auf das Recht der Investitur mit den Symbolen von Ring und Stab und gewährte in seinem Reich (regno vel imperio) die kanonische Wahl und die freie Konsekration. Vom Papst wurde dem Kaiser in Deutschland Anwesenheit bei der Wahl und die Befugnis, bei Zwiespältigkeit nach dem Rat des Metropolitans und der Bischöfe der Provinz zu entscheiden, zugestanden. Der Gewählte, also noch nicht Konsekrierte, sollte die Regalien mit dem Szepter als Investitursymbol in Deutschland vor der Weihe erhalten, in den anderen Teilen des Imperiums innerhalb von sechs Monaten nach der Weihe[74]. Diese Unterscheidung zwischen den Ländern des Imperiums war für den Papst ein wichtiger Gewinn und macht erneut deutlich, wie viel empfindlicher die Päpste seit Gregor VII. sich von königlichem Einfluß in Italien betroffen fühlten als von dem in anderen Ländern. Schon längst gefordert und zugestanden war der Verzicht des Kaisers auf jede Einwirkung auf Bestellung von Bischöfen, die zur römischen Kirchenprovinz gerechnet wurden[75].

Die grundsätzlichen und religiösen Konflikte, die seit der zunehmenden Realisierung der päpstlichen Idee und einer neuen Sensibilität für das Verhältnis von Klerus und Laien in der Kirche überall bewegend gewesen waren, besonders in Deutschland, traten seit der Jahrhundertwende mehr zurück. Die politischen, wirtschaftlichen und rechtlichen Probleme gewinnen bei zunehmendem Realismus und bei der Ausarbeitung neuer Formen des Lebens der Kirche im Diesseits die Priorität. Daß die Investiturfrage, die in der Praxis seit Gregor VII. noch mit einer gewissen Konzilianz behandelt worden war, nach der Überwindung des Schismas mehr hervortrat, kann man vielleicht als Symptom einer gewissen Verflachung der Auseinandersetzung ins Taktische bezeichnen, zumal da die Behaup-

die Stimmung geändert hat, zeigt der Vergleich mit dem Konzil von Vienne von 1112 (o. Anm. 66). Nun redet Calixt II. dem König gut zu: obtineat Ecclesia quod Christi est, habeat imperator, quod suum est. STROBL, New Perspectives S. 92–115 versucht den abrupten Wechsel der Haltung Guidos von 1112 und Calixts II. vor dem Wormser Konkordat zu erklären; vgl. auch DIES., Calixtus II.: A Reinterpretation of his Election and the End of the Investiture Contest, Studies in Medieval and Renaissance History, N. S. 3 (1980) S. 1–53. – 74 MG Const. I S. 159 ff. Nr. 107 f.; grundlegend noch immer A. HOFMEISTER, Das Wormser Konkordat, Neuausgabe mit einem Vorwort von Roderich SCHMIDT, o. J., wo die neuere Forschung kritisch besprochen ist; OTT, Regalienbegriff S. 241: „Nach dem Tode Heinrichs IV. setzt die Phase des Investiturstreites ein, in der der Prinzipienkampf abgelöst wird durch den Versuch, eine praktische Lösung zu finden." Besonders zu beachten KEMPF, Kanonistik S. 18: „Die Reformer hatten schon seit Beginn des Jahrhunderts begreifen gelernt, daß die vorher geltende Grundthese von der untrennbaren Einheit zwischen kirchlichem Amt und Besitz ... zu revidieren sei": „Die Männer der Kirche waren in nachgregorianischer Zeit realistischer geworden"; S. 31: „Aber die typisch gregorianischen Ideen hatten im Investiturstreit eine Brechung erfahren." – 75 Vgl. o. S. 186 f.

tung der Sakralität des irdischen Kirchenbesitzes nicht aufrecht erhalten werden konnte und die Unterscheidung von Spiritualien und Temporalien sich allgemein durchsetzte. Für die humbertisch-gregorianische Konzeption war es immerhin ein Teilerfolg, daß die ursprünglich ungeschiedenen Rechte der Könige in allen Ländern ausdrücklich auf die Temporalien beschränkt wurden. Doch wurden die hohen Kirchen nach dem gescheiterten Streben Paschals II., die Grundidee durch Verzicht der Kirchen auf die Temporalien zu retten, in das Lehnssystem einbezogen. Entsprechend mußten die Versuche, seit Urban II. durch Verbot von Treueid und homagium dem entgegenzuwirken, fallengelassen werden. So wuchsen die Kirchen über ihre Lehen erst recht in die Verbundenheit mit der „Welt" hinein.

Aus der Anerkennung des lehnsherrlichen Verhältnisses der Könige zu den Bischöfen folgte notwendigerweise, daß man diesem auch eine Mitwirkung bei den Bischofswahlen einräumen mußte, wogegen man sich so lange und heftig gewehrt hatte. Sie war im englischen und deutschen Konkordat sogar bestimmt festgelegt. Dies ist vielleicht die bitterste Konsequenz aus dem Zurückweichen der päpstlichen Seite, weil mit der Wahl eben doch nicht nur über den Bischof als Lehnsträger, sondern auch über ihn als Inhaber der höchsten Weihegewalt und als Oberhirten einer Diözese mitbestimmt wurde.

Der Verzicht auf die Investitursymbole Ring und Stab, der überall früher oder später erfolgte, ist ein Erfolg des Strebens nach klarer Begrenzung des Laieneinflusses in der Kirche. Denn damit wird zusätzlich betont, daß die den Laien verbleibenden Rechte nicht geistlich sind. Doch darf nicht übersehen werden, daß sowohl die Investitur wie auch jene Symbole historisch geworden und vergänglich waren. Sie waren im ganzen der Kirchengeschichte nicht gerade bloße Episoden, aber doch nur Abschnitte in der Geschichte des Verhältnisses von Christenheit und Welt, das vom Anfang bis heute eine stets neu zu bewältigende Aufgabe ist.

3. Um das Eigentum an Kirchen und Klöstern
Seine Bekämpfung und seine Umbildung

a) Vom Kircheneigentum zum Patronat

Der Angriff des Kardinals Humbert gegen die Laieninvestitur bezog sich auf die *Bistümer*. Der sechste Kanon der Ostersynode Nikolaus' II. von 1059 besagte dagegen allgemein, daß *kein Kleriker oder Priester* in irgendeiner Weise durch Laien eine Kirche erhalten sollte, weder umsonst noch gegen einen Preis[1]. Hier ist nicht von einer Unterscheidung zwischen höheren und niederen Kirchen die Rede. In dieser Form wurde das Verbot schon von Alexander II. wiederholt[2]. Schon 1060 hatte eine Synode in Tours unter der Leitung des Kardinalpriesters Stephan vorsichtiger, aber unmißverständlich formuliert, daß es sich nicht nur um simonistische, sondern um jede gegen die kanonischen Bestimmungen verstoßende Vergabe oder Annahme eines Bistums, einer Abtei, eines Archidiakonats, eines Archipresbyterats oder irgendeiner kirchlichen Würde, eines Ranges, eines Amtes oder eines Lehens handele[3]. Aus dem gleichen Jahr stammt eine gleichfalls in Frankreich entstandene Aufzeichnung, die sich auf die Vorschriften Nikolaus' II. beruft: Wir wissen zwar, daß Laien Kirchen überhaupt nicht zukommen, aber wo sie ihnen nicht ganz weggenommen werden können, verweigern wir ihnen wenigstens ganz die Meß- und Altaroblatio-

---

1 Vgl. o. S. 146 f. – 2 JL 4501, MPL 146, c. 1289 Nr. 12. – 3 Mansi XIX S. 927. –

nen[4]. Dieser Kanon wurde nach 1078 wörtlich von einer Synode in Gerona aufgenommen[5]. Sämtliche Investiturverbote aus dem Pontifikat Gregors VII. beziehen sich desgleichen auf Kirchen aller Art. Schon nach dem Bericht Arnulfs von Mailand zur Fastensynode von 1075 untersagte der Papst dem König jegliches Recht bei der Vergabe von Bistümern, und er entfernt alle Laien von der Investitur von Kirchen (ab investituris ecclesiarum)[6]. Das Verbot der Herbstsynode von 1078 ist noch präziser: Wir bestimmen, daß kein Kleriker die Investitur eines Bistums oder einer Abtei oder einer Kirche von der Hand des Kaisers, eines Königs oder irgend einer Laienperson, Mann oder Frau, annimmt[7]. Schon vorher, im Januar des gleichen Jahres, hatte eine von Hugo von Die geleitete Synode in Poitiers ein ebenso genau definiertes Verbot erlassen, wobei neben Bistümern, Abteien und Kirchen eigens Vergabe und Empfang aliquarum ecclesiasticarum rerum untersagt wurde. Damit hat man wahrscheinlich Beschlüsse einer Synode in Autun vom September 1077 wiederholt[8]. Die Investiturverbote aus der Zeit Urbans II. und Paschalis II. waren entsprechend allgemein. Man kann also nicht sagen, daß die niederen Kirchen in den offiziellen Erklärungen ausgenommen gewesen wären[9].

Eine andere Frage ist, wie weit man alle diese Anordnungen in der *Praxis* befolgt oder ignoriert hat. Wie unentschieden die Lage noch unter Calixt II. war, zeigen die genauen Berichte des Scholasters Hesso über die Synode in Reims von 1119 nach dem Scheitern der Verständigungsversuche zwischen Papst und Kaiser. Die Synodalen hatten der Bannung Heinrichs V. zugestimmt. Gegen den ursprünglichen Text eines Verbotes der Laieninvestitur erhob sich indessen heftige Opposition von Klerikern und Laien. Dieser hatte gelautet: Daß die Investitur aller Kirchen und kirchlichen Besitzungen durch Laienhand geschehe, verbieten wir auf jede Weise. Am nächsten Tage wurde das Verbot auf Bistümer und Abteien eingeschränkt und so verkündet[10]. Neuerdings hat man mehrfach die Korrektur nur auf die kirchlichen Besitzungen bezogen und übersehen, daß nach Hesso auch ausdrücklich die Kirchen ausgeklammert werden mußten, was für die Beurteilung der Auseinandersetzungen um die Investituren kurz vor dem Wormser Konkordat natürlich wichtig ist[11]. Eine vom Papst selbst geleitete Synode einigte sich also zwar über die Abschaffung der Laieninvestitur bei Bistümern und Abteien, war aber gespalten hinsichtlich der übrigen Kirchen und kirchlichen Besitzungen. Diese Unentschiedenheit wurde auch im Wormser Vertrag nicht überwunden und mußte durch Kompromisse überbrückt werden.

Vereinzelt hatte sich das Bewußtsein gehalten, daß Eigentum an Kirchen mit deren wahrem Wesen unvereinbar war. Es sei nur an Abbo von Fleury erinnert, der mahnte: Es hüte sich, wer das Heil seiner Seele will, zu glauben, die Kirche gehöre irgendeinem außer Gott. Und weiter: Wir reden nicht als Katholiken, wenn ich sage, diese Kirche sei mein, ein anderer sagt, jene Kirche gehöre ihm[12]. Damit scheint das Eigenkirchenrecht total angefochten zu sein. Doch es herrschte damals und noch lange unbestritten. Sogar dieser Abt von Fleury, dessen Kloster selbst zahlreiche Eigenkirchen besaß, dachte nicht daran,

---

4 Ebd. S. 875 f. – 5 Mansi XX S. 520. – 6 Arnulf, Gesta archiepp. Mediolanensium IV 7, MG SS VIII 27. – 7 Reg. VI 5 b S. 403. – 8 C. 1, Mansi XX S. 498. Dazu vgl. o. S. 105 mit Anm. 106. – 9 Umgekehrt ist es unwahrscheinlich, daß bei der allgemeinen Formulierung von 1059 nur die Niederkirchen gemeint gewesen seien. – 10 MG Ll III S. 27. – 11 Während Meyer v. Knonau, Jbb. VII S. 135 die Stelle exakt wiedergibt, ist die Angabe bei Haller II 1 S. 475 einfach falsch: „Er begnügte sich mit einem Wortlaut, der den Laien die Investitur ,mit Kirchen' untersagte"; vgl. schon Haller, Die Verhandlungen v. Mouzon (1119), Neue Heidelberger Jbb. 2 (1892) – Abhandlungen z. Gesch. d. Ma.s, 1944, wo S. 193 Anm. 2 das Mißverständnis bes. deutlich ist. – Aber auch die Darstellung von Kempf, Hdb. III 1 S. 457 „aber er konnte sich nicht entschließen, das von Kalixt geforderte Investiturverbot auch auf den kirchlichen Besitz auszudehnen", stimmt nicht. Nicht allein die kirchlichen Besitzungen, sondern die Kirchen selbst, außer Bistümern, Abteien, mußten gestrichen werden. Auffällig ist freilich, daß Hessos Erklärung videbatur enim eis, quod sub hoc capitulo domnus papa decimas et cetera ecclesiastica beneficia, quae antiquitus laici tenuerant conaretur minuere vel auferre der Textänderung in keiner Weise entsprach. – 12 Abbo, Apologeticus, MPL 139 c. 465. – 13 Tellenbach, Libertas S. 115

sie aufzugeben[13]. Ebensowenig richtete sich die Bewegung, die um die Mitte des 11. Jh.s begann, gegen das Eigenkirchenrecht von Bischöfen, Klöstern, Stiftern und Pfarreien, sondern nur gegen Rechte von Laien bei der Besetzung von Kirchen, mochten sie aus dem theokratischen Amtsgedanken oder aus dem Eigenkirchenrecht stammen[14].

Gleichzeitig mit den Versuchen, die Mitwirkung von Königen und Fürsten an der Besetzung der Bistümer einzuschränken oder ganz zu beseitigen, wird demnach eine Tendenz *gegen Eigenkirchenbesitz der Laien* wirksam. Bezeichnend ist die Aufforderung der Herbstsynode von 1078, den Laien möge verkündet werden, mit welcher Gefahr für ihre Seele sie Zehnte behielten und Kirchen besäßen[15]. Entsprechend heißt es in einem Kanon des Konzils von Clermont (1095): „Keine Altäre, keine Zehnten, ganz und gar keine Kirchen sollen in Laienhänden bleiben. Diejenigen, die sie innehaben, sollen ermahnt und beschworen werden, sie freizugeben. Wenn sie es nach abermaliger Mahnung nicht tun, sollen sie exkommuniziert werden."[16] Doch so radikale Forderungen ließen sich nicht allgemein durchsetzen, wenn der moralische Druck auf kirchenbesitzende Laien auch nicht ohne Folgen geblieben sein mag. Die Verzichterklärung des Gerbers Leo aus Bari, die auf „die Mahnung weiser Kirchenmänner" erfolgte, bietet ein sprechendes Beispiel dafür[17]. Er war einer von 62 Seeleuten, die 1082 die Gebeine des heiligen Nikolaus von Kleinasien nach Bari gebracht, sich mit seiner Gemeinschaft am Bau der Nikolauskirche beteiligt hatte, wofür ihm bedeutende Rechte zugebilligt worden waren. Aber er erfuhr nun, es sei „Sünde und ein Verstoß gegen die Gesetze der Kirche und die heiligen canones, wenn ein Laie eine Herrschaft besäße an der Kirche oder am Vermögen der Kirche ..." Darauf tradierte er sogleich seinen Anteil an den Rechten der genannten Seeleute. Doch war der schlichte Verzicht, wie sich zeigen wird, nicht der einzige Weg, um die Kirchherrschaft der Laien zu beseitigen oder den Forderungen des Kirchenrechts gemäß umzugestalten.

Schon von jeher sind von Laien viele Eigenkirchen an Klöster geschenkt worden. Gewiß ist dies seit der ansteigenden Tendenz gegen die Rechte von Laien an Kirchen zunehmend geschehen[18]. Eine statistische Übersicht über solche Kirchenschenkungen läßt sich aber bei dem Stand der Forschung nicht geben. Doch Übereignungen von Kirchen oder Teilen von ihnen, von Zehnten und Kirchenlehen sind vielfach bezeugt. So nennt Georg Schreiber Cluny schon in seiner Frühzeit „ein magnetisches Kraftfeld, das die laikalen Eigenkirchen an sich zieht"[19]. Und obwohl der bedeutende Gelehrte vielfach ausspricht, daß es die monastische Frömmigkeit sei, die bei den Laien Anklang findet, daß „Cluny verstand, ... zunächst zögernde Geneigtheiten in eine innere Zustimmung und eine sittlich empfundene Tat überzuführen", konstruiert er merkwürdigerweise eine übertriebene Konfrontation zwischen dem reformerischen Episkopat und dem „in einer sachenrechtlichen Wertung des Gotteshauses und seiner Einkünfte verstrickten Laientum". „Er (der Episkopat) hämmert, er trommelt auf die Stellung der anderen"; weiter ist die Rede von Angriffswellen der französischen Synoden gegen die Laienherrschaft an Niederkirchen, von Trommelfeuer, von Einbruchsmöglichkeiten für monastische und kanonische Gruppen, die Front der laikalen Kirchherrschaft zu erschüttern. „Man sieht, dieses einst so besitzstolze Laien-

---

mit Anm. 7; U. STUTZ, Papst Alexander III. gegen d. Freiung langobardischer Eigenkirchen, AAB 1936, phil. hist. Kl. 6, S. 31 f. mit Anm. 4. – **14** Zur Beurteilung des laikalen Eigenkirchenrechts überhaupt vgl. o. Kap. III. – **15** Reg. VI 5 b, S. 402, XXXII. – **16** v. PFLUGK-HARTTUNG, Acta II S. 161 Nr. 194 c. 10. – **17** H. F. SCHMID, Gemeinschaftskirchen S. 24 ff. u. bes. S. 30; DORMEIER, Montecassino S. 163, Anm. 456; zu nordischen Gemeinschaftskirchen vgl. auch K. HAFF, Das Großkirchspiel in nordischen u. niederdeutschen Rechten d. MA, ZSavRG Kan. 32 (1943) Abschn. I u. II. – **18** Vgl. schon MOLLAT, Restitution S. 399 ff., wo auch die Vorbehalte der Schenker berücksichtigt sind; mit angemessener Vorsicht beurteilt DORMEIER, Montecassino S. 57 ff. die Frage, was man dort von der Laienherrschaft über Kirchen hielt. – **19** SCHREIBER, Gregor VII. S. 126; vgl. WOLLASCH, V. u. F. 17 S. 292 mit Anm. 77: den Cluniacensern vom Reformpapsttum selbst bestätigt, daß ihre Herrschaft über Kirchen und Klöster eine unangreifbare und erstrebenswerte sei. – **20** SCHREIBER, Gregor VII. S. 61; DERS., Kluny u. d. Eigenkirchen S. 359–418:

tum weicht zurück, Schritt für Schritt. Es gibt sich geschlagen. Es fügt sich mit jeder Übertragung in eine Passivrolle."[20] Diese Ausführungen sind während oder kurz nach dem Zweiten Weltkrieg erschienen und zeigen das Gepräge eines damals gängigen kriegerischen Jargons. Daß es bei den zahllosen Schenkungen von Eigenkirchen an Klöster so kämpferisch zugegangen sei, muß indessen bezweifelt werden, sogar für Frankreich. Von Laien wurden nämlich viele Eigenkirchen wie von jeher an Klöster geschenkt weniger unter Zwang, als in dem Willen, das heilbringende Leben der Mönche zu fördern.

Trotz reichlicher Schenkungen an Kirchen, vor allem an Klöster, sind in der ersten Hälfte des 12. Jh. noch sehr viele Kirchen in Laienhand geblieben. Durch Realisierung und Ausbau der dem Bischof und seinen Helfern nach der alten Eigenkirchengesetzgebung zustehenden Rechte wurde die Gewalt des Eigenkirchenherren indessen mehr und mehr eingeengt. Gerade was dem Laientum an geistlicher Leitungsgewalt zugestanden hatte, schwand dahin. Sein Anteil an der Bestellung und Kontrolle des Geistlichen wurde geringer, der des Bischofs gesteigert. Investiert wurde nun auch in die cura animarum, nicht nur in die Kirche als Vermögensmasse[21]. Es ereignete sich also Ähnliches wie in der Sphäre der höheren Kirchen. Die Herren wurden auf bestimmte nichtgeistliche Funktionen beschränkt. Ihnen blieb das Recht, den Geistlichen für ihre Kirche zu finden und zu präsentieren, während das Schwergewicht bei der bischöflichen Ordination lag. Nicht mehr das Eigentum galt schließlich als Grundlage der Rechte des weltlichen Kirchherren, sondern sein Verdienst als Gründer, Schenker und Helfer[22]. Doch diese *Entwicklung von der Eigenkirchenherrschaft zum Patronat* vollzog sich erst im 12. Jh.[23] Wenn man bedenkt, daß im Jh. davor den Laien noch jedes Recht auf Besetzung und Verfügung ganz abgesprochen worden war, kam es nach und nach doch auch dafür zu einem Kompromiß. Das Eigenkirchenrecht war weniger widerstandsfähig als das auf dem Gottesgnadentum beruhende Recht des Monarchen. Es wurde beseitigt, insofern als die Kirchen keine Sondervermögen blieben, über die man als ganzes bis zur Veräußerung verfügen konnte. Mit dem Patronat wurden immerhin Einzelrechte zugestanden, die dem Herren moralischen und religiösen Einfluß auf seine Kirchen beließen, oft sogar feste Anteile an den kirchlichen Einkünften[24].

Es ist entscheidend zu beachten, daß die Geschichte des *Eigentums an Kirchen in der Hand von Kirchen,* also von Kathedralen, Stiftskirchen, Klöstern oder sonstigen Kirchen anders verlief. Dabei war, wie mit Recht betont wurde, ursprünglich alles Eigenkirchenwesen einheitlich gewesen, das geistliche wie das der Laien[25]. Ein spirituelles Band bestand an sich auch nicht zwischen einem Bistum, einer Stiftskirche, einem Kloster und ihren Eigenkirchen[26]. Ein Bischof hatte einer Eigenkirche gegenüber, die nicht in seiner Diözese lag, nur die gleiche Stellung wie ein Laie, ein Abt oder ein sonstiger Geistlicher[27]. Er sollte wie sie die Rechte und Funktionen des Diözesanbischofs oder seiner Helfer respektieren. Trotz dieser Gleichartigkeit des geistlichen Eigenkirchenrechts wurde dieses im 11. Jh. nicht angegriffen. Es geht also zunächst nicht um die Wiederherstellung des alten Diözesanrechtes, sondern ganz ausgesprochen um den religiösen Rang der beiden großen Stände in der Kirche, des Klerus und der Laien. Der Klerus wird so sehr über die Laien gestellt, daß die Eigenkirchenherrschaft von Laien über die Kleriker seiner Kirchen als unerträglich empfunden wird. Geht die Kirche eines Laien an einen Geistlichen über, so gilt die Rechtsform der Eigenkirche indessen nicht als anstößig.

„Trommelfeuer", „eroberungslustige Fähnlein", „aktivistische Unterführer", „burgundische Zitadelle"; zum Ergebnis Gregor VII. S. 117. – **21** WIRTZ, Donum S. 131 ff. u. bes. S. 137 f.; FEINE, KR S. 395 ff. auch zum Folgenden. – **22** WIRTZ, Donum S. 142; J. VINCKE, Der Übergang v. Eigenkirchenrecht z. Patronatsrecht bezgl. d. Niederkirchen in Katalonien u. Aragon, SG 3, 1948, S. 459. – **23** STUTZ, Gratian S. 11 f. – **24** STUTZ, Art. Eigenkirche, Eigenkloster S. 364 ff. = N 1955 S. 81 ff. – **25** STUTZ, Gratian S. 21. – **26** STUTZ, Benefizialwesen S. 416. – **27** TELLENBACH, Libertas S. 112 mit Anh. VII. Diese Gesetze führen fort, was in der Karolingerzeit bestimmt worden war. Grundlegend Eugens II. Synode v. 826 c. 21, MG Capit. I S. 374. – **28** Clermont c. 16, v. PFLUGK-HART-

Dabei werden immerhin die Regeln der traditionellen Eigenkirchengesetzgebung auf Synoden vielfach auch geistlichen Eigentümern gegenüber wiederholt, vielleicht sogar schärfer akzentuiert. Bei Einsetzung von Priestern an klösterlichen und außerdiözesanen bischöflichen Eigenkirchen soll der Diözesanbischof angemessen beteiligt sein. Mit der Entscheidung des Bischofs (arbitrium), mit seiner Ordination und mit Zustimmung der Mönche sollen Kapläne in klösterliche Kirchen eingesetzt werden[28]. Die cura von Pfarreien sollen die Bischöfe mit Konsens des Abtes dem Priester übertragen, der dafür dem Bischof, für die Temporalien dem Abt verantwortlich ist[29]. Sie sollen die Priester einsetzen, aber von den Kirchen der Mönche außer dem Zensus nichts fordern[30]. Es wird also offensichtlich immer wieder versucht, für die Diözese als kirchliche Einheit zu sorgen. Wie groß die Erfolge dabei waren, läßt sich kaum berechnen[31]. Sogar Anselm von Canterbury soll Priester von seinen Eigenkirchen außerhalb seiner Diözese geweiht haben[32]. Dabei hat Paschalis II. gerade ihm auseinandergesetzt, daß es auf die Geschlossenheit der Diözese ankomme. Auf Anselms Anfrage erklärt der Papst 1102 nämlich: „Aus der Hand eines Laien darf der schon geweihte Bischof keine Kirchen empfangen, wenn sie in einer anderen Diözese liegen. Wenn sie aber in seiner eigenen sind, mag er sie erlaubterweise annehmen. Denn das scheint kein Geben, sondern ein Zurückgeben zu sein, da alle Kirchen in den einzelnen Diözesen in der Gewalt der Bischöfe sein müßten. Äbte sollen sie aber durch die Hände der Bischöfe erhalten."[33]

Bei dem Übergang vieler Eigenkirchen an Klöster muß es zu manchem Mißverhalten gekommen sein. Mönche scheinen Eigenkirchen von Laien, die ihren Besitz nicht behaupten konnten oder wollten, gekauft zu haben[34]. Die Synode von Poitiers (1078) gestattet allerdings Äbten, Mönchen und Kanonikern solche Erwerbungen, wenn der Diözesanbischof zustimmt[35]. Es muß eigens dem neuen Herren gegenüber bestimmt werden, daß der Priester einer geschenkten Kirche diejenigen Einkünfte behalten soll, die er vorher hatte[36]. Aber auch Bischöfe scheinen Einkünfte von klösterlichen Eigenkirchen erstrebt zu haben. So wurde auf Urbans II. Konzil zu Nîmes (1096) über eine alte simonistische Übung geklagt, bei der Bischöfe Altäre und Zehnte beim Tod oder dem Wechsel des Klerikers einem Nachfolger „verkauften", d. h. wohl, gegen eine gewisse Summe übertrügen[37]. Dies erinnert an allgemeine Besitzwechselabgaben[38].

Im 12. Jh. verläuft die Entwicklung des Eigenkirchenwesens Geistlicher zunächst parallel dem der Laienherren. Die Kompetenzen der Diözesanbischöfe werden gesichert. Bei Kapellen und kleinen Kirchen entwickelte sich ein geistlicher Patronat, der Rechte bewahrte, wie einen gewissen Anteil an den Einkünften, wie die Präsentation des Geistlichen. Bei den Pfarrkirchen von Klöstern und Stiften konnte es zur vollen geistlichen und vermögensrechtlichen Eingliederung kommen, namentlich seitdem Kanoniker und jüngere Zweige des Mönchtums auch die Pastoration der Pfarrgemeinden übernahmen. Die älteren Benediktiner, auch Cluniacenser, Hirsauer und Zisterzienser hatten noch die Übernahme der Pfarreien durch ihre Mönche als Verletzung ihres Propositums abgelehnt. Aber

TUNG, Acta II S. 161 Nr. 194. – 29 Clermont c. 4, MANSI, XX S. 902. – 30 Nîmes (1096) c. 1, Ebd. S. 931 ff. – 31 Im wesentlichen kommt es nach den überlieferten konziliaren Bestimmungen auf die Unterscheidung der geistlichen und der weltlichen Kompetenzen bei klösterlichen Eigenkirchen an, wie VIOLANTE, Monachesimo S. 43 mit Recht hervorhebt. Dies ist die Akzentuierung eines alten Postulats. Daß Päpste und Bischöfe im Interesse der Wiederherstellung der Diözesanverfassung gegen das klösterliche Eigenkirchenwesen überhaupt vorgegangen seien, kann man jedoch diesen Quellen durchaus nicht entnehmen. Die Untersuchung regionaler Besonderheiten könnte darüber noch differenziertere Aufschlüsse geben. – 32 BÖHMER, Eigenkirchentum S. 302. – 33 JL 5909, S. Anselmi opera omnia IV S. 126 f. Nr. 223. – 34 MOLLAT, Restitution S. 416; DORMEIER, Montecassino S. 94 ff. – 35 Poitiers (1078) c. 6, MANSI XX S. 498. – 36 Lillebonne (1080) c. 12, Ebd. S. 557. – 37 C. 1 S. 931 ff.; dazu vgl. BARLOW, English Church 1000–1066 S. 186. – 38 Vgl. o. S. 77 u. 141. – 39 FEINE KR S. 325 ff.; STUTZ, Gratian S. 13 ff. u. 20;

seit der Mitte des 12. Jh.s kam es mehr und mehr zu vollen Inkorporationen, die zur Einschränkung der Rechte des Bischofs und weitgehender Vermögensnutzung führten[39].

Der Übergang vieler Laienkirchen an Klöster und Stifter hat anscheinend die Lage der örtlichen Geistlichen nicht verbessert, vielleicht sogar stellenweise verschlechtert[40]. Es mußte dafür gesorgt werden, daß sie wenigstens einen bescheidenen Anteil an den Pfarrgütern und den Pfarreieinkünften (portio congrua) behielten. Ob im 9. oder 12. Jh. die Seelsorgegeistlichkeit gebildeter, frömmer, pflichteifriger war als im 11., ist wohl kaum gerecht zu beurteilen[41].

b) „Klosterreform" und die Frage ihres Zusammenhangs mit der gesamtkirchlichen Wende

Das abendländische Klosterwesen ist in seiner Gestalt bis ins späte 11. Jh., vor dem Erscheinen neuartiger mönchischer Bewegungen, im ganzen einheitlich und mehr oder weniger konservativ. In Frankreich, Burgund und Nordspanien wirkt sich mehrfach direkt oder indirekt der Einfluß und das Vorbild Clunys aus, etwas später auch in Teilen Italiens und Deutschlands. In England erhält sich dagegen mehr die dort traditionelle monastische Eigenart[42].

Was man Klosterreform nennt, schließt sich ohne entscheidende Neuerungen an das an, was landauf, landab auch schon für frühere Zeiten zu beobachten ist[43]. Alle ordnenden Maßnahmen, die vom Mönchtum selbst wie von der es mittragenden und mitbestimmenden Umwelt ergriffen werden, dienen dem einzigen ursprünglichen Ziel, nämlich das der Christenheit heilbringende Leben der Mönche, ihre Weltflucht, ihre guten Werke in Askese und Liebesdienst, ihre Liturgie zu ermöglichen, zu sichern, zu vervollkommnen und Entartungen zu beseitigen, wo sie etwa entstanden waren. Dabei bildeten sich gewisse Unterschiede in den Gewohnheiten und den Verfassungen heraus, die gegenüber dem allgemeinen religiösen Vorsatz freilich sekundär waren[44].

Weltflucht ließ sich am ehesten von einsam und arm lebenden Eremiten verwirklichen. Klöster ließen sich nicht im gleichen Maß isolieren. Sie gehörten kirchlich grundsätzlich zum Bischof und seiner Diözese und waren von der Gründung an angewiesen auf die materielle Hilfe, die Fürsorge und den Schutz von Bischöfen, geistlichen und weltlichen Grundherren und von Trägern hoheitlicher Gewalt. Je reicher sie waren, desto unentbehrlicher war das Zusammenwirken mit diesen allen. Das Interesse war bei den Äbten und Konventen das gleiche wie das der Gründer oder religiös eifrigen unter den Eigenklosterherren: die Erhaltung und Vervollkommnung des innerklösterlichen Lebens und seine Sicherung vor Schädigungen von außen. In der Regel haben Gründer oder Klosterherren dabei mehr bewirken können als Äbte und Mönche[45]. Laien mußten darauf bedacht sein, ihre Klöster vor Übergriffen ihrer Nachkommen zu bewahren, die sich manchmal durch die Stiftung ihres Vorfahren um einen Teil ihres Erbes gebracht sahen, Bischöfe mußten dafür Sorge tragen, daß ihre Nachfolger ihrer Gründung keinen Abtrag taten. Deshalb

---

Wirtz, Donum S. 150 Anm. 2. – **40** Dies behaupten namentlich für England Böhmer, Eigenkirchentum S. 351; Barlow, English Church 1066–1154 S. 24. – **41** Nach Boyd, Tithes S. 103 setzten sich die Verhältnisse der Pfarreien im 11. Jh. fort. – **42** Barlow, English Church 1066–1154 S. 177 ff.; Cantor, Church, Kingship S. 310: im 12. Jh. wieder zunehmend Weltabwendung; Knowles, Monastic Order S. 100. – **43** Vgl. o. S. 96 ff. – **44** Trotzdem wird man sie als Ausdruck ernsten Strebens bewundern müssen, auch wenn sie sich zuweilen in Äußerlichkeiten und Pedanterie verirren. – **45** Selten sind Reformen von eigenen Äbten und Konventen ausgegangen. Sie gehen ganz überwiegend auf die Initiative von geistlichen und weltlichen Eigenklosterherren zurück, die von vorbildlicher mönchischer Lebensweise irgendeines Klosters beeindruckt waren. Auch Päpste greifen selten ein, ohne von anderer Seite darum gebeten zu sein. – **46** Es kam vor, daß sich Traditoren

sind in älteren Zeiten manche Klöster dem König tradiert worden, den man als Garanten für ihren Bestand und ihre Freiheit betrachtete. Dann wurde es auch häufiger, daß man Klöster zur Sicherung an Bischöfe tradierte[46]. Daß ein Kloster ohne einen Eigentümer und Herrn existieren könne, hielt man zunächst noch nicht für möglich. Die epochemachende Neuerung bildete Cluny, das von seinem Gründer Herzog Wilhelm dem Frommen von Aquitanien zwar dem Papst tradiert wurde, aber ausdrücklich nur zum Schutz, nicht zur Beherrschung. Da der Papst aber fern und damals nicht mächtig war, mußten in Cluny Abt und Konvent alle Funktionen übernehmen, die sonst dem Herrn oblagen. Sie mußten ihren Besitz und ihre Rechte selbst verwa.:en und schützen, unter Einsatz ihres großen moralischen Ansehens, oft bei Konflikten mit diplomatischem Geschick erträgliche Kompromisse zu erreichen suchen[47]. Päpstliche Privilegien ermöglichten ihnen meist, die unentbehrlichen bischöflichen Funktionen ohne schädigende Beeinträchtigungen durch Ansprüche ihres Diözesanbischofs von einem auswärtigen Bischof eigener Wahl zu gewinnen. Auch die Bestimmung eines neuen Abtes mußte ohne einen Herrn erfolgen. Es wurde üblich, daß der Abt schon bei seinen Lebzeiten seinen Nachfolger designierte und als Coadjutor annahm. Die Wahl durch den Konvent erfolgte zwar der Regel gemäß, aber sie war, wie bei Eigen- und Königsklöstern, im wesentlichen der Konsens zu voraufgegangener Entscheidung. Die symbolische Einweisung in das Amt wurde, wenn man von späteren unter Clunys Einfluß entstandenen Consuetudines zurückschließen will, innerhalb des Klosters ohne Einmischung von außen vorgenommen. Es scheint, daß sie schon früh vom alten Abt durch Überreichung des Abtsstabes vorgenommen wurde. Wenn er verstorben war, investierte sich der Gewählte selbst, indem er den Stab vom Altar nahm[48].

Cluny war *kein Eigenkloster* mehr. Doch lag es ihm fern, das Eigentum an Kirchen und Klöstern überhaupt zu bekämpfen, mochte es in den Händen von Königen, Bischöfen, anderen Geistlichen oder Laienherren liegen. Cluny hat selbst zahlreiche Eigenkirchen besessen und seit dem späteren 11..Jh., als die Bewegung gegen das Eigenkirchenrecht von Laien in Gang gekommen war, noch viele hinzuerworben, meist durch Schenkung, zuweilen auch durch Kauf[49]. Wenn Cluny von weltlichen oder geistlichen Herren um Entsendung von Äbten oder Mönchen zur Reformierung ihrer Klöster oder zur Einführung der cluniacensischen Gebräuche aufgefordert wurde, war der Eigentumsverzicht nicht etwa notwendige Voraussetzung zur Erfüllung solcher Wünsche. So blieb *Saint-Benigne-de-Dijon* Eigenkloster von Langres, als 990 Bischof Bruno von Maiolus von Cluny den Mönch Wilhelm von Volpiano als Abt erbat[50]. Die Abtei in Dijon blieb von Cluny vollkommen unabhängig und wurde durch den neuen Abt einer der berühmtesten Mittelpunkte eines weitverbreiteten Kreises vorbildlichen Mönchtums. Von Saint-Benigne gingen gleichfalls noch keine Impulse zur generellen Beseitigung des Eigenkirchen- und Eigenklosterwesens aus. So blieb die von Wilhelm übernommene Abtei Fécamp Eigenkloster des Herzogs der Normandie, und auch die von ihm geprägten Klöster besaßen selbst Eigenkirchen. Wenn Wilhelm vor seinem Tod nach cluniacensischem Modell mit dem Konsens des Konvents von Saint-Benigne den Mönch Halinard als Nachfolger designierte, sollte das Recht des Eigenklosterherrn, des Bischofs von Langres, nicht geschmälert werden, der die Wahl gebilligt zu haben scheint.

Wilhelm von Volpiano gründete mit seinen Brüdern und Verwandten das Kloster *Fruttuaria* (1000/1001) in der heimatlichen Diözese von Ivrea[51]. Fruttuaria wurde niemand tradiert, auch nicht etwa, wie Cluny, der römischen Kirche. Es sollte Eigentum allein Gottes sein. Doch setzte Wilhelm alles daran, ihm päpstlichen und königlichen Schutz zu er-

den Rückkauf ihrer Klöster vorbehalten, falls sie von einem bischöflichen Eigentümer bedrückt werden sollten. Beispiele bei Tellenbach, Eigenklöster S. 40 Anm. 221, S. 42 Anm. 228, S. 48 Anm. 260. – 47 Vgl. o. S. 98. – 48 De Valous, Le monachisme clunisien S. 90 ff.; Ders., Art. Cluny S. 36 ff.; Mayer, Fürsten u. Staat S. 68 ff.; Bulst, Untersuchungen S. 196 ff.; Jakobs, Hirsauer S. 82 ff.; Borgolte, Klosterreform S. 56 mit Anm. 43. – 49 Vgl. bes. Urban II., Jl 5602, MPL 151 c. 441 f. – 50 Bulst, Untersuchungen S. 35 f. – 51 Ebd. S. 115 f. – 52 MG DArd. 9; vgl. dazu H. H. Kaminsky, Zur Grün-

wirken. Er behielt die Leitung, nannte sich aber nicht einmal Abt. Wahrscheinlich erst 1023 setzte er mit Zustimmung des Konvents den ersten Abt Johannes ein. Die Bestellung eines neuen Abtes war schon im Privileg Arduins von 1005 nach dem Vorbild Clunys geregelt[52]. Der alte Abt sollte noch bei Lebzeiten seinen Nachfolger mit Zustimmung des Konvents designieren und ihn mit dem Abtsstab investieren. War der Vorgänger nicht mehr am Leben, sollte der Gewählte den Stab selbst vom Hauptaltar nehmen. Fruttuaria wurde also von vornherein auch vor bischöflichen Eingriffen bei der Wahl gesichert. Wilhelm erwarb zudem vom Bischof von Ivrea ein Exemtionsprivileg, das vom Papst bestätigt wurde. Abt und Konvent erhielten das Recht, einen Bischof ihrer Wahl um alle Weihehandlungen im Kloster anzugehen. Fruttuaria war so wenig wie Cluny, S. Benigne und andere früher als Muster mönchischer Frömmigkeit geltende Klöster als Einwand gegen das herrschende Eigenklosterwesen verfaßt. Ihre Privilegierung war auf die Steigerung der Freiheit des religiösen Strebens des eigenen Klosters entworfen, ohne etwa propagandistisch als Vorbild für eine allgemeine Neuordnung der Klosterverfassungen dienen zu wollen.

Nach der Mitte des 11. Jh.s gingen von Fruttuaria u. a. wirkungsvolle Impulse auf das mönchische Leben in Deutschland aus. Voran ging die Formung Siegburgs durch Erzbischof Anno von Köln, der 1068 Fruttuaria besuchte und dort erreichte, daß ihn ein Abt mit zwölf Mönchen in seine Heimatdiözese begleitete. Die daraus hervorgehende Reform von *Siegburg*, ihre Ausbreitung und ihr Reformprogramm ist von Josef Semmler untersucht und eindrucksvoll dargestellt worden[53]. Dabei ergibt sich, daß Siegburg nicht bloß von dem Mutterkloster völlig unabhängig bleibt und die Beziehungen zu ihm bald aufhören, sondern sich von ihm auch stark unterscheidet. War Fruttuaria frei von jeder irdischen Herrschaft begründet worden, blieb Siegburg Eigenkloster des Erzbischofs von Köln, der bei der Einsetzung eines neuen Abtes trotz des Privilegs freier Wahlen entscheidend mitzubestimmen hatte. Ebenso beeinflußte er die Bestimmung des Klostervogtes. Von Siegburg sind mehrere bischöfliche Eigenklöster geprägt worden. Anno hat zwar die Tradierung laikaler Eigenklöster an die Kirche von Köln angenommen, doch ließen sich Siegburger anscheinend für Klöster, die der Herrschaft von Laien unterworfen blieben, nicht gewinnen.

Etwas später beginnt eine gewisse Einwirkung der Ideen der besonderen Klosterfreiheit wie die von Cluny, Saint-Benigne und Fruttuaria auf eine *Gruppe süddeutscher Klöster*. Meist waren es Stiftungen mächtiger Adliger, die in Sorge um die Zukunft ihre Klöster dem Papst tradierten, auf die Mitwirkung bei der Wahl und der Einsetzung der Äbte, auf ihre eigenklosterherrlichen Kompetenzen verzichteten und die Vogtei einem von den Klöstern selbst zu bestimmenden Angehörigen ihrer Familie zuwiesen, der nur begrenzte Funktionen und Einkünfte haben sollte. Diese Vorgänge fallen in die Zeit der päpstlichen Wendung gegen die herkömmlichen Laienrechte in der Kirche und des großen Konflikts Gregors VII. und seiner Nachfolger mit den salischen Kaisern. Die süddeutschen Adelskreise stehen mit eigenen Motivationen auf päpstlicher Seite, beteiligte mönchische Bewegungen greifen mehrfach über innermonastisches Erneuerungsstreben hinaus und lassen sich mehr als ihre älteren Vorbilder von aktuellen kirchenpolitischen Tendenzen beeinflussen[54]. Dies alles ist von der neueren Forschung reichlich diskutiert worden. Ganz sichere Ergebnisse sind schwer zu gewinnen, da die Quellen lückenhaft, oft nicht eindeutig, vielfach parteiisch sind. Und wenn schon das Verhältnis der Verkündung des neuen Rechts zu seiner Anwendung, also zur Rechtswirklichkeit, sich in kurzen Perioden ändert, so ist sein Einfluß auf die Geschichte jener Klöster schwer zu beurteilen, und man kommt vielfach über Hypothesen nicht hinaus. Einige beispielhafte und besonders berühmte Fälle mögen dies verdeutlichen.

dung v. Fruttuaria durch d. Abt Wilhelm v. Dijon, ZKG 77, 1966, S. 245 f.; Jakobs, Cluniacenser u. Papsttum S. 658. – 53 Semmler, Siegburg S. 37 ff.; K. Schmid, Adel u. Reform S. 277: „Erscheinungen einer schwäbischen Reformbewegung und der sog. Gregorianismus stimmen nicht voll zusammen." – 54 Vgl. u. S. 235 mit Anm. – 55 Büttner,

Wie die rheinauische Zelle *St. Blasien* in kurzer Zeit zu einer der bedeutendsten Abteien Südwestdeutschlands aufstieg, ist wohl nicht vollkommen zu klären. Abt Giselbert (seit 1068) sandte zwei Mönche nach Fruttuaria, unde acciperent nostri ordinis religionem, 1074 kam ein Verbrüderungsvertrag zwischen Fruttuaria und der Schwarzwaldabtei zustande. Vielleicht geht die Verbindung auf eine Anregung der Kaiserin Agnes zurück, die schon 1062 einen Brief an den Abt des piemontesischen Klosters schrieb und anscheinend mit ihrem Schwiegersohn Rudolf von Rheinfelden St. Blasien nahestand, über das der Bischof von Basel die Eigenklosterherrschaft in Anspruch nahm[55]. Es ist möglich, daß Gewohnheiten und Verfassung von Fruttuaria damals auf St. Blasien einwirkten. Denn wahrscheinlich sind sie dort bekannt gewesen. Dafür spricht die Entstehungsgeschichte der Hirsauer Richtung.

Leo IX. hatte schon 1043 seinen Neffen, den Grafen Adalbert II. von Calw, überredet, das in seinem Eigentum stehende heruntergekommene Eigenkloster des hl. Aurelius in *Hirsau* wiederherzustellen. Aber erst nach längerer Zeit wurde der Plan ausgeführt und 1065 Abt Friedrich aus dem angesehenen Kloster Einsiedeln mit Mönchen dorthin berufen[56]. Bei allem handelt der Graf als Eigenklosterherr alten Stils. Er erwirkt Privilegien von Papst und König, er setzt Abt Friedrich ein und dann wieder ab und gewinnt mit Zustimmung des Konvents den Mönch Wilhelm aus St. Emmeram in Regensburg als Nachfolger. Die Namen der beiden ersten Äbte sprechen dafür, daß dem Grafen daran lag, ein Kloster zu haben, in dem echte mönchische Frömmigkeit herrschen sollte. Als der Graf 1075 ein Königsdiplom, das berühmte Hirsauer Formular, von Heinrich IV. erlangte, beschritt er ganz andere Wege[57]. Noch trat er als Eigenklosterherr auf, als er für sich und seine Erben auf die bisherige Herrschaft verzichtete. Er war es auch, auf dessen Bitte der König Abt und Mönche in ungewohnter Weise privilegierte. Der Konvent sollte aus den eigenen Reihen oder anderswoher nach dem Tod eines Abtes einen neuen frei wählen und einsetzen. Nicht vorgesehen ist die cluniazensische Designation durch den Vorgänger. Die Investitur sollte der Dekan oder Prior vornehmen, indem er den Stab vom Altar des heiligen Aurelius nahm und ihn dem Gewählten überreichte. Man hat treffend von „klostereigenem Investiturrecht" gesprochen[58]. Aber sogar die Wahl des Vogtes, wenn möglich aus der Stifterfamilie, wurde dem Abt zugesprochen. Auf sein Ersuchen sollte dieser vom König den Gerichtsbann erhalten. Schließlich erwirkte der Graf den päpstlichen Schutz, für den der Abt jährlich ein Goldstück am Altar des heiligen Petrus erlegen sollte. Aber von den durch den Calwer Grafen aufgegebenen Herrschaftsrechten ging nichts an den König oder den Papst über. Hirsau hatte die vollkommene Selbständigkeit gewonnen.

Wie es dazu gekommen ist, läßt sich nicht zuverlässig ermitteln. Die Erzählung der in den neunziger Jahren entstandenen Biographie Wilhelms von Hirsau über einen Zwist zwischen dem Grafen und dem Abt klingt legendär[59]. Adalbert von Calw wie andere reformfreundliche Herren, die ihr Eigenkirchenrecht aufgaben, wollten aufrichtig durch die Befreiung eine Steigerung der Vollkommenheit mönchischer Lebensführung erreichen. Einen Zwang auf sie auszuüben, dürfte kaum möglich gewesen sein[60]. Eher ist eine Beratung

St. Blasien u. d. B. Basel im 11./12 Jh. S. 138–148; Wollasch, Muri u. St. Blasien S. 425 f.; Jakobs, Adel S. 11 ff. u. 35; Borgolte, Klosterreform S. 57; Mordek, Papst Urban II. S. 205 ff.; die zitierten Quellen Ann. Necrologici v. St. Blasien, MG Necr. I S. 329 f.; dazu Meyer v. Knonau, Jbb. I S. 167 Anm. 98, Wollasch S. 429; Agnes und Fruttaria Giesebrecht, Kaiserzeit III S. 1255 v. 1062. – 56 Schmid, Kloster Hirsau S. 57; Jakobs, Hirsauer S. 7. – 57 Schmid, Kloster Hirsau S. 66 f. – 58 MG DH IV 280; Zitat bei Borgolte, Klosterreform S. 56 Anm. 43. – 59 Vita Wilhelmi abb. Hirsaugiensis c. 2, MG SS XII S. 212: der Gr., der doch Hirsau neugegründet und – ausgestattet hat, wird nicht bloß nach dem Schema der gewalttätigen Laien dargestellt, sondern als listiger Betrüger. Gott selbst, den Wilhelm unter Tränen anflehte, ut de terrene potestatis iugo eriperet locum, erbarmte sich u. ex improviso eundem comitem tanta circumdedit adversitate, ut pene desperaret ullum evadendi aditum se posse reperire. Der Arme erbat Rat und Hilfe geistlicher Männer, die ihn überredeten, das Kloster freizugeben. – 60 Anders Jakobs, Hirsauer z. B. S. 98 „Hirsau entwand" – wer ist Hirsau? – S. 99 „1075 brach Hirsau

der Eigenklosterherren mit Äbten oder Mönchen ihres Vertrauens anzunehmen. In Hirsau
dürfte Abt Wilhelm die neue Verfassung von 1075 entworfen und den Grafen dafür gewonnen haben. Wahrscheinlich hat er sich an den Vorbildern von Cluny, St. Benigne und
besonders Fruttuaria orientiert, das er wohl in St. Blasien kennengelernt hatte. Was über
eine Beeinflussung der Hirsauer Anordnung durch Gregor VII. geäußert wurde, geht über
mehr oder weniger einleuchtende Hypothesen nicht hinaus[61]. Man darf nicht übersehen,
daß der Calwer Graf in einem besonderen Vertrauensverhältnis zum Papst stand[62], und
Gregor VII. noch 1076 zwar Rechte von Laien an Kirchen prinzipiell ablehnte, aber in der
Praxis noch lange nicht Ernst damit machte[63]. Dagegen fällt die Schärfe auf, mit der Gre-
gor sich 1079 gegen ein Privileg seines Vorgängers Alexanders II. ereifert, durch das dem
Grafen Eberhard von Nellenburg die erbliche Stiftervogtei für das Allerheiligenkloster in
Schaffhausen gewährt worden war. Und dies tat er gerade in einem Moment, in dem
Eberhards Sohn Burchard auf alle weltliche Gewalt über die Abtei verzichtet hatte. Und
da soll der Papst den ihm ergeben anhängenden Grafen vor den Kopf gestoßen haben?
Der Brief ist an Wilhelm von Hirsau gerichtet. Sollte dieser den Grafen überredet und den
Brief im Einverständnis mit ihm veranlaßt haben?[64]

Auch in anderen Fällen wird die Stiftervogtei nicht nur in ihren Kompetenzen begrenzt,
sondern ganz negiert. Ein berühmtes Beispiel dafür ist das ehemals habsburgische Eigenkloster *Muri*. Als Graf Werner 1082 die Äbte Wilhelm von Hirsau und Siegfried von
Schaffhausen zur Reform von Muri durch Einführung von Hirsauer Mönchen herbeirief,
verzichtete er nicht nur auf sein Eigentum, sondern auch auf die sonst so häufig vorbehal-
tene Erbvogtei[65]. Zunächst geriet aber Muri in völlige Abhängigkeit von St. Blasien, hatte
nur noch einen Prior, während der Vogt durch den Abt von St. Blasien bestellt wurde.
Wenige Jahre später gelang es indessen den Mönchen von Muri, ihre Unabhängigkeit mit
einem eigenen Abt zu gewinnen, und man sah ein, daß dem Kloster mit einem vom Abt
bestellten Vogt aus der Stifterfamilie besser gedient sei[66]. Wenn es hie und da zu dem Versuch gekommen ist, eine aus dem Eigenklosterrecht hevorgehende Vogtei ganz zu beseitigen, zeigt doch die Vogteigeschichte im ganzen, daß es noch lange nicht gelang, alle Spuren der eigenklosterherrlichen Vergangenheit zu tilgen[67].

Eine große Anzahl von Klöstern ist für längere oder kürzere Dauer von Gewohnheiten
oder Verfassungsformen hirsauischen Mönchtums beeinflußt worden. Daraus ist aber
kein organisierter Klosterverband hervorgegangen, und die rechtliche Lage der einzelnen
Klöster konnte sehr verschieden sein. Hermann Jakobs hat in seiner Übersichtskarte eigene Zeichen eingesetzt für Reichs- und Königsklöster, Bischofsklöster und Dynastenklö-
ster, die weder dem Reich noch einem Hochstift aufgetragen waren[68]. Daraus geht schon
hervor, daß auch in den hirsauisch geprägten monastischen Gruppen sich viel vom alten
Eigenklosterrecht gehalten hat[69]. Es kommt zu so merkwürdigen Gestaltungen wie bei

mit dem Eigenkirchenrecht des Grafen von Calw", S. 191 f. „jedoch grundsätzlich war den
Reformklöstern daran gelegen, das Eigenklosterrecht den Dynastien zu entwinden", „dieses Opfer wurde notgedrungen vom Calwer Grafen 1075 gebracht". – 61 Borgolte, Klosterreform S. 74 Anm. 112 über abweichende Meinungen. – 62 Vgl. Reg. II 11 S. 142 f. –
63 Vgl. o. S. 210, u. S. 250. – 64 Reg. VII 24 S. 502 ff. – 65 Büttner, Wilhelm v. Hirsau S.
324; K. Schmid, Adel u. Reform S. 308 f. – 66 Mayer, Fürsten u. Staat S. 117; Wollasch, Muri u. St. Blasien S. 422 f.; Jakobs, Hirsauer S. 157 f. – 67 Zahlreiche Beispiele
bei Tellenbach, Eigenklöster 3. Kap.; bes. aufschlußreich Klebel, Eigenklosterrechte S.
175–214; K. Schmid, Adel u. Reform S. 315 betont mit Recht, daß die Aufgabe des Ei-
genklosterrechtes den Gründerfamilien nicht zum Schaden gereicht habe. – 68 Jakobs,
Hirsauer (am Schluß d. Buches). – 69 Die subtilen Erörterungen von Jakobs S. 86 f. über
die Ablehnung der Selbstinvestitur als Ausdruck „geistlichen Eigenkirchenrechts" haben
mich nicht recht überzeugt. So prinzipiell hat man in Hirsau schwerlich über das Eigenkirchenrecht nachgedacht, wo man doch im 11. und 12. Jh. selbst, wie alle bedeutenden
Klöster, viele Eigenkirchen besaß; vgl. K. O. Müller, Traditiones Hirsaugienses, ZWLG 9
(1949/50) S. 28 ff. Danach hatte Hirsau in dieser Zeit 49 Kirchen ganz oder teilweise im
Besitz. Vgl. auch Bogumil, Bistum Halberstadt S. 88: Die Klöster der Herrand – Reform

dem Kloster *Komburg* in der Würzburger Diözese[70]. Dieses war schon vor der Besetzung mit Hirsauern unter Erzbischof Wezilo der Mainzer Kirche übertragen worden. Dessen Nachfolger Ruthard traf für das hirsauisch gewordene Kloster eine Regelung, bei der dem Konvent freies Wahlrecht zugestanden wird, aber der Gewählte soll den Abtstab nur bei der Weihe entgegennehmen, die der ehemalige Eigenklosterherr, der Erzbischof von Mainz, vollziehen soll, nicht der Diözesanbischof von Würzburg. Wenn diese Deutung richtig ist, wäre die Regelung durchaus unkanonisch[71]. Sie führte auch zu Auseinandersetzungen zwischen Mainz und Würzburg, die im beginnenden 13. Jh. zu einer Beseitigung dieser kirchenrechtswidrigen Ordnung führte, indem von einem päpstlichen Legaten entschieden wurde, daß in Komburg dem Erzbischof von Mainz der Patronat zukomme, der Bischof von Würzburg aber in spiritueller Hinsicht der Obere sein solle. Damit ist ein Stand erreicht, der dem allgemeinen Ergebnis der Entwicklung vom Eigenklosterrecht zum Patronat entspricht[72]. Auch in anderen Ländern bleiben die alten Klöster trotz vermehrter Autonomie mit der Umwelt verbunden, indem ihren Stiftern und ehemaligen Herren, Königen, Bischöfen, Adligen, begrenzte Rechte der Mitbestimmung erhalten bleiben. Erst die Enstehung der Orden im strengen Begriff schuf ganz neue Formen vollkommen unabhängigen Mönchtums[73].

Die Klosterreform deckt sich auch im 11. und frühen 12. Jh. nicht mit der „gregorianischen" Bewegung[74]. Sie beruht auf eigenen, spezielleren Voraussetzungen, die längst gegeben waren, bevor die von den Päpsten stammenden Impulse wirkten. Sie ist zwar von ihnen berührt und beeinflußt worden, behielt aber vielfach ihre Richtung bei. Zwar teilt das Mönchtum im ganzen von jeher selbstverständlich die Verehrung des Papsttums in Anerkennung seiner erhabenen Stellung als Haupt der Kirche. Aber in historischen Konflikten zwischen Päpsten und weltlichen Fürsten ist es nicht immer selbstverständlicher Bundesgenosse der Päpste. Die englischen Klöster hätten bei der überragenden Stellung des Königs rein äußerlich keine Möglichkeit dazu gehabt, ebensowenig wie die süditalienischen und sizilischen. Auch in Spanien können Klöster kaum gegen ihre Fürsten Stellung nehmen. Im großen Kampf der Päpste mit den salischen Königen ist die Haltung der hochstehenden mönchischen Gruppen ungleich. Für die Siegburger ist treffend eine eher neutrale Haltung angenommen worden[75]. Die Klöster passen sich vielfach der Haltung der ihnen nahestehenden Bischöfe oder Fürsten an. Die Hirsauer sind wohl überwiegend „gregorianisch", aber nicht alle gleich radikal[76]. Die berühmten antiheinricianischen Wanderpredi-

besaßen, erwarben oder gründeten Eigenkirchen, die für sie eine Form des Vermögens darstellten. – 70 MAYER, Fürsten u. Staat S. 202 f.; BÜTTNER, Erzstift Mainz S. 34 ff.; DERS., Wilhelm v. Hirsau S. 335; JAKOBS, Hirsauer S. 90. – 71 MAYER, Fürsten u. Staat S. 203, 207, 272 hatte deshalb wohl angenommen, daß dem Würzburger Bischof das Weiherecht geblieben sei. JAKOBS, Hirsauer S. 91 f. hält ihm mit Recht entgegen, daß davon in der Komburger Urkunde nichts stehe. SEMMLER, Siegburg S. 72 u. 177 weist auf die interessanten Fälle von Sinsheim und Gladbach hin, in denen zwischen bischöflichem Eigenklosterherren und Diözesanbischof eine Änderung der geistlichen Jurisdiktion zugunsten des ersteren vereinbart wurde. – 72 TELLENBACH, Eigenklöster S. 87; KLEBEL, Eigenklosterrechte S. 192 ff.: Von Laien gegründete, an den Papst oder einen Bischof übertragene Klöster müssen als Familienklöster gelten. – 73 Vgl. o. S. 97. – 74 BULTOT, Mépris du monde S. 275: „on sait, qu'il convient de distinguer, au XIe siècle, le mouvement de réforme monastique ... du mouvement Grégorien." Auch die Klöster gründenden oder reformierenden Bischöfe sind keineswegs immer Gregorianer; vgl. etwa J. VOGEL, Zur Kirchenpolitik S. 162 über Wezilo von Mainz. – 75 SEMMLER, Siegburg S. 135: „Die Siegburger stehen der großen Auseinandersetzung zwischen Regnum und Sacerdotium im Grunde neutral gegenüber", S. 258: „Es ist nicht zu verkennen, daß die jungcluniacensische Reformbewegung von Siegburg oft von den treuesten Anhängern Heinrichs IV. ... unterstützt wurde"; DERS., Klosterreform u. Gregorianische Reform S. 171; zu Klöstern und Mönchen auf beiden Seiten schon HAUCK, Kirchengeschichte Deutschlands III S. 865. Vgl. weiter u. a. BÜTTNER, Erzstift Mainz S. 61; FLECKENSTEIN, Hofkapelle u. Reichsepiskopat S. 119; ROBINSON, Pope Gregory VII and Episcopal Authority S. 116. – 76 JAKOBS, Hirsauer S. 212 ff.; vgl. dazu schon HAUCK, Kirchengeschichte Deutschlands III S. 873. –

ger sind gutenteils motiviert von der südwestdeutschen, zugleich kirchlichen wie weltlichen, Opposition gegen den Salier, die auf recht differenzierten Beweggründen und Zielsetzungen beruht[77]. Dabei muß auch die gehässige Propaganda gegen die Person des Kaisers wirksam gewesen sein, die über alle politischen oder kirchlichen Erwägungen hinausging[78]. Das Verhalten Gebhards, des Abtes von Hirsau, dann Bischofs von Speyer, gegenüber dem Weihnachten 1105 in Bökelheim gefangenen und betrogenen Kaiser läßt kaum noch rationale Erklärungen zu[79].

Heinrich IV. seinerseits hat vielfach reformklösterliche Wünsche erfüllt. Schon als junger Mann hat er Erzbischof Annos Klosterpolitik unterstützt und kein Bedenken gezeigt, Hirsau durch das „Hirsauer Formular" zu privilegieren. Es gibt keinen Hinweis dafür, daß Heinrich irgendetwas gegen irgendeine reformklösterliche Observanz gehabt hätte. Und es ist eine wenig einleuchtende Hypothese, daß er in der Reform süddeutscher Adelsklöster einen gefährlichen Angriff gegen Reichskirche und Reichsinteresse gesehen hätte[80].

VIII. Papst, Kirche, Christenheit

1. Der päpstliche Primat im geistlichen Bereich

*a) Der päpstliche Leitungsanspruch und die Neugestaltung
der kirchlichen Einheit*

Die Einheit der Kirche beruht ursprünglich wesentlich auf dem Glauben an die Allgegenwart Christi in den Sakramenten, in der Liturgie und im Gebet. Ihre reale Organisation stellt sich dagegen mehr in partikulären, nebeneinanderstehenden Gemeinschaften, in Einzelkirchen und -gemeinden, in Diözesen, Kirchenprovinzen, Patriarchaten und durch die in ihrem Rahmen abgehaltenen Synoden dar, als in dem großen, allgemein geglaubten spirituellen Zusammenhang. Die konstantinische Wende mit der folgenden Verchristlichung des Imperiums brachte in der Folge vorübergehend eine relative und sehr äußerliche Vereinheitlichung, deren Problematik sich aber bald bemerkbar machte. Die Zweigewaltenlehre Gelasius' I., theoretische Grundlage für Jahrhunderte, zeigt nämlich Vorbehalte bei ihrer Anerkennung der Zuordnung von sacerdotium und regnum zu „dieser" Welt. Doch die Wirklichkeit entspricht dieser berühmten Theorie noch nicht einmal, sondern oft genug erscheint daneben noch die alte kirchliche Fremdheit zwi-

77 ZERFASS, Laienpredigt S. 131 ff. – 78 Vgl. o. S. 217. – 79 Daß man zum unbarmherzigen Bewacher des Kaisers, den man endgültig vernichten wollte, gerade den ehemaligen Abt von Hirsau machte, ist gewiß wohlbedacht gewesen. Vgl. MEYER V. KNONAU, Jbb. V S. 264 ff. – 80 Anders JAKOBS, St. Blasien S. 272, der m. E. das Interesse des Königs für oder gegen die Reform eines einzelnen Klosters überschätzt. Ähnlich auch J. VOGEL, Rudolf v. Rheinfelden S. 30, nach dem der Argwohn Heinrichs gegenüber Rudolf im wesentlichen aus den reformatorischen Aktivitäten des Herzogs resultiert habe, die vor allem dem Kloster St. Blasien galten; dagegen K. U. JÄSCHKE, Hess. Jb. f. L. G. 19, 1969, S. 528 f. – Mit Jakobs S. 272 würde ich auch nicht die Hypothese wagen, das Reichsmönchtum habe für Kaiser und Reich, für den König und seine Getreuen (in Kirche und Welt), das cluniacensische Mönchtum hingegen für den Adel eigenen Rechts (in Kirche und Welt) gebetet. Was können wir darüber wissen?

schen dem Reich Christi und dem der Welt, die in streitbarer Abwehr oder in demütigem Gehorsam hingenommen wird.

Die einigende Wirkung des römischen Reiches hielt nicht lange an. Die sich ausgrenzenden partikularen Reiche, die sich nach und nach die Kirchen ihrer Herrschaftsgebiete zuordneten, bedeuteten für die Kontakte aller Kirchen untereinander, zu denen es freilich hie und da noch kam, eher Hindernisse.Die Landes- und Reichskirchen waren in unterschiedlichem Maß autark und Einwirkungen von außen nicht leicht zugänglich. Das hohe religiöse Ansehen der römischen Kirche, die Autorität der Päpste, änderten daran wenig. Nur ausnahmsweise fiel Päpsten vor der Mitte des 11. Jahrhunderts eine historisch bedeutende überregionale Rolle zu. Dabei wurden sie aktiv meist nur, wenn sie angerufen wurden, nicht aus eigener Initiative. Ihre Ratschläge oder Entscheidungen hatten nichts Zwingendes und konnten nach Belieben angenommen, ignoriert oder verworfen werden. Zu befehlen hatten die Päpste nicht die Macht, außer allenfalls in ihrer engeren Umgebung, bei den Kirchen der Stadt Rom, in ihrer Kirchenprovinz wie ein Bischof oder Metropolit, im Patrimonium Petri, dem Komplex ihrer irdischen Herrschaft, soweit ihre Macht reichte, ebenso wie sonstige Großgrundherren und Fürsten. Ihre militärischen, gerichtlichen, wirtschaftlichen Zwangsmittel wirkten nicht weiter als die eines Fürsten von mittlerem Rang. Auch deshalb war ihre politische und soziale Bedeutung für die Länder und Völker des Abendlandes nicht groß und zudem recht unstabil. Aber auch ihre Möglichkeit, die partikulären Kirchen über die universale Ideologie hinaus, etwa politisch, rechtlich und institutionell zusammenzubinden, war begrenzt.

Erst seit Heinrich III., Leo IX. und Viktor II. versuchen die Päpste und ihre Helfer zunehmend entschlossen und wirkungsvoll, *die westliche Kirche wirklich zu leiten*. Allein der Wille und der Anspruch, allen Kirchen, über den bisherigen Bereich hinaus, Anordnungen zu erteilen, sind, abgesehen von ihrer Realisierbarkeit, etwas Neues. Die Kirchen, bis dahin nur spirituell geeint, werden nach und nach zusammengefaßt dadurch, daß es nun eine befehlende und entscheidende irdische Instanz gibt. Sie hatten von jeher in Jesus Christus ihre monarchische Spitze. Nun erhalten sie im Papst einen Repräsentanten des himmlischen Herrn, der nicht nur in den Mysterien gegenwärtig ist, sondern im Wechsel der historischen Zeiten weisend und Gehorsam fordernd. Er als Spitze tendiert darauf, über alle Sonderungen hinaus die Kirche auch im Diesseits zu einer wahren Einheit zu machen, also ihre Katholizität zu verwirklichen.

Die neue Vorstellung von der dem Papst zum Gehorsam verpflichteten hierarchisch gegliederten Kirche ist nicht plötzlich vollendet. Sie gewinnt erst allmählich an Geltung, trifft aber ebensosehr auf mehr oder weniger zähes Festhalten des hohen Klerus, besonders der Bischöfe, an altgewohnten Ordnungen, das sich teils in schlichtem Unverständnis, in starrem Traditionalismus äußert, teils in bewußtem Widerstand gegen nicht anerkannte oder gar als Rechtsverletzung aufgefaßte autoritative religiöse oder jurisdiktionelle Eingriffe. Indem ferner die Päpste zunehmend ein Weisungs- und Disziplinierungsrecht auch gegenüber Laien als Gliedern der Kirche beanspruchen, kommt es seit dem Pontifikat Gregors VII. zu schweren Konflikten, von denen die historische Veränderung des westlichen Christentums am meisten vorangetrieben wird. Denn die daraus hervorgehenden Kontroversen wirken als starke Impulse, um die alten religiösen Ideen, auf denen nach Meinung der Päpste ihr Auftrag beruht, auszugestalten und darzustellen. Die sich steigernde pastorale und herrscherliche Aktivität der Päpste steht in Korrespondenz mit der Entfaltung und Begründung der Theorie vom päpstlichen Primat und seiner ekklesiologischen Bedeutung.

Es sind die alten Überzeugungen von der römischen Kirche als Garanten des wahren Glaubens, von Petrus als dem princeps apostolorum, vom Papst als seinem Nachfolger und Stellvertreter, auf die sich die Expansion und die Realisierung des päpstlichen Anspruchs auf obrigkeitliche Leitung der ganzen Kirche begründet[1]. Die Päpste selbst äußern sich in ihren offiziellen Schriftstücken oft einfach und eindeutig über die Art, in der sich der heilige Petrus oder die römische Kirche in ihm darstellt. So kommt es vor, daß ein Papst wie Gregor VII. sich geradezu Vikar des heiligen Petrus nennt, qui nunc in carne vivit[2]. Doch ist es wohl ganz wörtlich zu verstehen, wenn Gregor VII. in seinem Dictatus papae feststellt, daß der römische Pontifex durch die Verdienste des heiligen Petrus heilig wird[3]. Diese Heiligkeit ist der Ausdruck einer mehr wunderhaften Nähe zum Apostelfürsten; auch sie verleiht aber schon dem Wirken des Papstes in der universalen Kirche eine exklusive Bedeutung. So zeigen sich bei Gregor uneinheitliche, doppelsinnige Äußerungen über das Verhältnis des Papstes zu dem seines göttlichen oder apostolischen Herren. Vielfach unterscheidet er wesentlich zwischen dem heiligen Petrus und sich selbst, so etwa in dem ersten Brief an Hermann von Metz: „Ach wenn doch der selige Petrus durch mich antwortete, der oft in mir, gleichsam seinem Diener, geehrt wird oder Unrecht leidet."[4] Oder verzagt betet er zu Gott: „Es bleibt nur übrig, daß du entweder selbst mit deinem Petrus den Pontifikat lenkst oder daß du siehst, wie ich unterliege und der Pontifikat in Wirrnis gerät."[5] Auch in den Gebeten, in die er Exkommunikationen und Absetzungen Heinrichs IV. kleidet, ist der heilige Petrus immer noch sein Gegenüber[6]. Freilich beeinträchtigt diese ehrfurchtvolle Distanz zum Apostelfürsten keineswegs die Absolutheit der Gehorsamsforderung gegenüber seinen Befehlen: „Und deshalb glaube ich durch deine Gnade, nicht durch meine Werke, daß es dir gefallen hat und gefällt, daß das christliche Volk, das dir besonders anvertraut ist, mir gehorchen soll, besonders kraft deiner Vertretung, die mir übergeben ist. Und mir ist durch deine Gnade von Gott die Gewalt gegeben zu binden und zu lösen."[7] Und diese Vollmacht sieht er als so allumfassend an, daß sie ihn zum Richter auch der Höchstgestellten auf Erden macht. Darauf wird noch ausführlicher einzugehen sein.

1 Noch ist es nicht zu vollkommener Festlegung im dogmatischen System gekommen, sondern ein gewisser „religiöser Unbestimmtheitsanspruch" erhalten geblieben (der Ausdruck bei H. Dombois, Hierarchie. Grund u. Grenze einer umstrittenen Struktur, 1971, S. 13). Für Gregor VII. bemerkt S. Kuttner, Urban II. and the Doctrine of Interpretation: a Turning Point? StGrat 15 (1972) S. 55–85 zu Recht: „Gregory VII was by no means an unbending doctrinaire ..." Morrison, Canossa äußert S. 142: „For Gregory there was a close relationship between the comprehensive power of St. Peter and papal authority, the two were not identical." – 2 Reg. IX 3; z. Petrusmystik oder Petrusbezogenheit vgl. Goez, Reformpapsttum S. 211 f.; zur Überzeugung Gregors als Papst mit den Apostelfürsten eine Einheit zu bilden Nitschke, Wirksamkeit Gottes S. 152 ff., über den Glauben an seine Identität mit dem hl. Petrus Ders. Gregor VII., S. 277 f. – 3 Reg. II 55 a Nr. XXIII S. 207; vgl. H. Fuhrmann, Über d. Heiligkeit d. Papstes, Jb. d. Ak. d. Wissensch. Göttingen 1980, S. 78 ff. – 4 Reg. IV 2. – 5 Reg. V 21. – 6 Reg. III 10a, VII 14a. – 7 Reg. III 10a; Ch. Schneider, Sacerdotium läßt außer dem Bewußtsein der Stellvertreterschaft Petri, außer der Binde- und Lösegewalt prophetische Berufenheit für Gregors religiöse Existenz als grundlegend erscheinen. Ob es sich aber bei der häufigen Bezugnahme auf Propheten eher um literarische Ausdrucksmittel oder wirklich um originäres Aufleben alttestamentlichen Prophetentums handelt, bleibt mir fraglich. Dies bes. zu Schneider S. 118 f. – 8 Reg. V 8:

Gregor identifiziert nicht sich selbst unbedingt mit dem heiligen Petrus, aber seine Befehle mit denen des Apostelfürsten oder gar Gottes, sein iudicium mit dem des Heiligen Geistes[8], den für sich geforderten Gehorsam mit dem, der dem heiligen Petrus gebührt. So kann Ungehorsam ihm gegenüber Götzendienst, Idolatrie, genannt werden[9]. Und wenn Ungehorsam gegenüber dem Papst als Abweichung vom Glauben, als Häresie gilt, zeigt sich, daß die päpstliche Autorität trotz der genannten demütigen Unterscheidungen als göttlich aufgefaßt wird[10].Erst recht kommt es in der sich dagegen auflehnenden Mitwelt zu entsprechenden, wenn auch weniger sublimen Deutungen der Auffassung des Papstes. Schon 1076 werfen die deutschen Bischöfe Gregor vor, er habe sich eine gewisse neue und ungebührliche Gewalt angemaßt (novam quandam indebitamque potentiam usurpando arrogas). Er habe, soweit es bei ihm stand, den Bischöfen alle Gewalt genommen, die ihnen von Gott durch die Gnade des Heiligen Geistes gewährt sei[11]. Und schon zur gleichen Zeit wehrte sich Heinrich IV. gegen des Papstes Drohung, ihm die königliche Gewalt zu nehmen: „Als ob wir von dir das regnum erhalten hätten, als ob in deiner und nicht in Gottes Hand regnum und imperium seien."[12] Später war unter den Gegnern Gregors und seiner Nachfolger eine Kritik an nie erhörten Anmaßungen verbreitet, die im liber de unitate ecclesiae lebhaften Ausdruck fand: „Aber während der mit Gott einige Herr Christus selbst die Zeiten wandelt und die Reiche gibt und nimmt, die Herzen der Könige in seiner Rechten haltend, soll Papst Hildebrand gelehrt haben, daß er selbst die Gewalt über die Könige und die Reiche habe und machen könne, wovon der Psalmist doch sagt, es könne nur durch Gott geschehen"[13]. Noch drastischer ist in dieser Schrift das auf Gregor bezogene Zitat aus Hesekiel (28,2) über den König zu Tyrus und seinen Untergang: Darum, daß sich dein Herz erhebt und spricht: Ich bin Gott, ich sitze im Thron Gottes (mitten auf dem Meer; so du doch ein Mensch und nicht Gott bist)[14].

Wenn dem Haupt der Kirche Gehorsam gebührt wie Gott selbst, was wird dann aus der alten *Haltung der Christenheit gegenüber der Welt,* die auf Christi Wort beruht „mein Reich ist nicht von dieser Welt"? Man kann diese Frage stellen, sie aber nicht eindeutig beantworten. Leidender Gehorsam gilt jedenfalls gegenüber Gott selbst wie in den Urzeiten des Christentums. Immer noch ist er gefordert bei göttlichen Schickungen, Tod, Seuchen, Kriegen, Naturkatastrophen, Mißwachs und Hunger. Aber auch bei grausamen Heimsuchungen und Unrecht der Menschen mögen diese als Wirkungen Gottes oder des Teufels angesehen werden. Das alles kann als Strafe für Sünden, als unergründliche Äußerung des

---

„iudicio Sancti Spiritus et auctoritate apostolica", VIII 19: „nostrum potius vero Spiritus Sancti iudicium". Diese Auffassung gilt auch für viele Anhänger Gregors VII., vgl. SPRANDEL, Ivo S. 82: „Die strengen Gregorianer ziehen die engste Verbindungslinie zwischen dem Willen Gottes und den Geboten des Papstes." – 9 Eine der von Gregor am häufigsten zitierten Bibelstellen ist 1 Kg 15,23; vgl. die Zusammenstellung bei CASPAR Reg., etwa S. 602 Anm. 2, auch BLAUL, Studien S. 196. – 10 Gehorsam oder Ungehorsam gegenüber dem Papst ist vor Gregor VII. noch kein sehr aktuelles Thema; vgl. CONGAR, Platz d. Papsttums S. 202; ROBINSON, Authority and Resistance S. 22 f. vergleicht das Verständnis von Gehorsam bei Gregor I. und Gregor VII.; dazu vgl. auch DENS., Pope Gregory VII and Episcopal Authority S. 111: „To Gregory I obedientia signified the voluntary subjection of the human to the divine will. To Gregory VII however, obedientia had come to mean the subjection of the bishops and the clergy to the commands of the pope." Besonders drastisch klingt Reg. IX 20 an Lanfranc v. Canterbury. – 11 MG Const. I S. 107, Nr. 58. – 12 Ebd. S. 111, Nr. 62. – 13 II 1, MG Ll 2 S. 212. – 14 II 7, MG Ll 2 S. 218. –

göttlichen Willens empfunden werden, dem man sich mit Demut zu beugen hat. Ungehorsam gegen die Ordnung und gegen die Gebote der Kirche ist aber nach der Meinung Gregors, seiner Nachfolger und ihrer Anhänger nicht mehr zu dulden, sondern abzuwehren, wenn doch die Kirche so erhabene Vollmachten besitzt wie die päpstlichen. Widerstand kann und muß entgegengetreten werden. Da dies aber oft nicht auf friedliche Weise gelingt, bleibt es dabei, daß gegen die Feinde der Kirche, Ketzer und Heiden, opferbereite Kämpfer und Zeugen ihrer Wahrheit gebraucht werden.

Der Anspruch der römischen Bischöfe, auf Grund der alten Idee vom päpstlichen Primat wirklich in jeder Hinsicht Leiter der Kirche zu sein, hat diese tiefgehend umgestaltet. Es treten allmählich Gewichtsverschiebungen zwischen den lose zusammenhängenden Bischofskirchen und den Landes- oder Reichskirchen einerseits, der römischen Kirche als religiösem, rechtlichem Mittelpunkt andererseits ein. Gegenüber dem bisherigen *Partikularismus* gewinnt der kirchliche *Zentralismus* an größerer Bedeutung, gegenüber autarker Sonderung die Einheit. Die Kirche, bisher im Wesentlichen spirituelle Einheit, soll nun auch reale Einheit werden. Sogar die Bewahrer konservativer Auffassungen und Strukturen müssen auf die neuen ekklesiologischen Thesen eingehen, die sie bekämpfen. Sie werden in ihren Bann gezogen, auch wenn sie ihnen widerstehen. Andererseits darf nicht verkannt werden, daß die tausendjährigen Traditionen der vorgregorianischen Kirche die Idee des machtvollen Zentralismus geistig und politisch immer noch nicht zu alleiniger Geltung kommen ließen. Dies zeigte sich auf verschiedenen Gebieten im ausgehenden 11. Jh. und beginnenden 12. Jh.

b) Papst, Bischöfe, Synoden, Kirchenrecht, Theologie

Im 11. und 12. Jh. scheinen sich nicht nur im kirchlichen Bereich, sondern allgemein die Formen menschlicher Über- und Unterordnungsverhältnisse, von jeher ideell und personell wirksam, zu verdichten und zu intensivieren, objektiver zu werden und mehr als früher über persönliche Bindungen hinauszugehen. Zugleich zeigt sich eine Tendenz auf Arrondierung, wie auch auf Abgrenzung von anderen sozialen und rechtlichen Beziehungen. Dies gilt etwa für Königreiche und Fürstentümer, die transpersonale Züge annehmen, für Adelsherrschaften, für städtische und ländliche Gemeinden, für „Lehnspyramiden", für Pfarreien und Diözesen. An die Stelle von einzelnen brüderlichen mönchischen Gemeinschaften des Gebets, der Liturgie, des asketischen Miteinanderseins treten die straff organisierten Orden, die viele Klöster zusammenfassen. Überall gehen mit festeren Gestaltungen rechtliche Fixierungen einher[15].

Entsprechendes vollzieht sich im gesamten kirchlichen Bereich. Existiert früher die universale Kirche konkret im Sakramentendienst, in der Weihegewalt von Bischöfen und Priestern, daneben in richterlichen und dogmatischen Entscheidungen von Synoden und schließlich in der spirituellen Autorität des Bischofs von Rom, entsteht nun ein starker Zug, die geistliche Hierarchie in Befehl von oben nach unten, in Gehorsam von unten nach oben realer zu gestalten und so ihren

---

15 Bernold, Liber Apologeticus c. 20, MG Ll 2 S. 84: es steht nicht im Ermessen des Papstes, gegen Unrecht einzuschreiten. Er ist dazu verpflichtet; vgl. WEISWEILER, Päpstliche Gewalt S. 133. – 16 Reg. II 55 a. Vgl. HOFMANN, Dictatus papae Gregors VII.; DERS.,

universalen Zusammenhang auch auf Erden zu festigen. Entscheidend war es dabei, die Spitze der Hierarchie, den Bischof von Rom, praktisch mit den herrscherlichen und rechtlichen Vollmachten zu versehen, die als ferne Idealität längst anerkannt waren.

Ein starker und früher Ausdruck dieser epochemachenden Tendenzen ist der *„Dictatus Papae"* (II 55a), der von Gregor VII. wohl auf der Höhe seines Wirkens (um 1075) geschaffen ist. Man ist darin übereingekommen, daß kaum einer der 27 Sätze spontan vom Urheber erfunden ist, aber trotz ihrer lockeren Reihung sind sie mit Recht als Inbegriff des „Gregorianismus" aufgefaßt worden, auch wenn ihre Wirkung in der Überlieferung nicht so stark ist, wie man es erwarten sollte. Denn trotz ihrer Herkunft aus traditioneller Theologie und älteren canones zeigt die Art der Zusammenstellung, daß es sich um den Willen zur Verwirklichung, um programmatische Absichtserklärungen, um Postulate für die Funktion der römischen Kirche und des Papstes in der ecclesia universalis handelt[16]. Gleich die beiden ersten Sätze sind ein Einsatz in fortissimo: Allein die römische Kirche ist von Gott gegründet, und allein der Pontifex Romanus ist rechtmäßig universal zu nennen (1,2). Ihre Prärogative vor allen anderen Kirchen, vor allen anderen Bischöfen, wird wiederholt betont (8–11,23). Selbst päpstliche Legaten niederen Weihegrades haben in der Synode den Vortritt vor Bischöfen (4). Da die römische Kirche nie geirrt hat und nie irren wird, ist ihr Glaube für die ganze Kirche verbindlich, und als katholisch kann nur gelten, wer mit ihr übereinstimmt (22,26). Die Binde- und Lösegewalt wird an dieser Stelle nicht mit dem gerade bei Gregor sonst üblichen Nachdruck behandelt. Doch gründet darauf die Vollmacht, Bischöfe abzusetzen und zu versöhnen (3). Eine Synode darf nur mit des Papstes Billigung eine allgemeine genannt werden (16). Dem Vorrang des Papstes vor den Bischöfen gelten die meisten Sätze. Er kann sie in Abwesenheit (6), auch ohne Synode (25) absetzen. Er kann sie in ein anderes Bistum transferieren, reiche Bistümer teilen und arme zusammenlegen. Er kann in das Leben der Bistümer eingreifen, Kleriker von jeder Kirche beliebig ordinieren (14), er kann Untergebenen gestatten, ihre Vorgesetzten anzuklagen (24), niemand darf einen, der an den apostolischen Stuhl appelliert, verurteilen (20), alle wichtigen Sachen in jeder Kirche sollen dem Papst vorgetragen werden (21).

Der „Dictatus Papae" ist ein epochemachender Ausdruck des vordringenden Gedankens des päpstlichen Universalepiskopats. Seine erste These sagt nichts darüber, wer die anderen Kirchen, die nicht, wie die römische, von Gott gegründet und nicht wie sie universal zu nennen seien, gestiftet habe. Noch Petrus Damiani hatte schlicht, in historischer Feststellung, dafür Kaiser, Könige und andere Leute genannt. Sein Satz wird später zwar vielfach übernommen, so in den Kanonessammlungen des Deusdedit, Anselms von Lucca und Bonizos von Sutri. Sie schreiben aber das Verdienst, die übrigen Kirchen gegründet zu haben, nicht mehr Fürsten, also zu gutem Teil Laien zu, sondern der römischen Kirche[17]. Eine Umwandlung mit ähnlicher Tendenz erfuhr eine berühmte Weisung Leos des Großen an den apostolischen Vikar für die illyrischen Provinzen Anastasius von Thessalonich, der seiner Meinung nach seine Kompetenzen überschritten hatte.

„Dictatus Papae" als Index S. 531 ff.; Fuhrmann, Reformpapsttum S. 185 f. mit Anm. 26; Gilchrist, Reception S. 35–80; Ders., Forts. S. 192–227; Mordek, Kanonistik S. 80 f. mit Anm. 81; Ders., Art. Dictatus Papae, Lexikon d. Ma's III., 1985, Sp. 978 ff. – 17 Tellenbach, Libertas S. 139 Anm. 28; Kempf, Eingliederung S. 70. – 18 Caspar I S. 455; Ri-

Er erklärte ihm, er sei nur zu einem Teil der Amtswaltung, nicht zur Vollgewalt berufen (in partem sollicitudinis, non in plenitudinem potestatis)[18]. In Kanonessammlungen des ausgehenden 11. Jh.s wird diese klassische Formulierung nicht mehr nur auf apostolische Vikare bezogen, sodern auf die Bischöfe insgesamt. Danach haben sie alle nicht die plenitudo potestatis des römischen Bischofs, sondern eine pars sollicitudinis, mit der sie von ihm betraut sind[19]. Am entschiedensten definiert Bernold von St. Blasien das Wesen des päpstlichen Universalepiskopats: Kein Bischof hat über die ihm anvertraute Herde eine so große Gewalt wie der apostolische Obere, der zwar die Sorge der Leitung auf die einzelnen Bischöfe verteilt, aber sich keineswegs selbst seiner allgemeinen Obergewalt beraubt hat, wie kein König seine königliche Gewalt vermindert, obwohl er sie unter verschiedene Herzöge, Grafen und Richter verteilt[20].

Gregor VII. hat zwar noch nicht ausdrücklich in dieser Weise über die *plenitudo potestatis des Papstes* gesprochen[21]. Aber es ist erstaunlich, daß schon der Wormser Absagebrief der Bischöfe vom Januar 1076 geradezu eine Antwort auf die päpstlichen Maßnahmen und Ansprüche zu enthalten scheint, wie sie so prinzipiell, umfassend und leidenschaftlich nur selten wiederkehrt. Trotzdem es unsicher ist, ob der „Dictatus Papae" damals schon existierte, und ganz unwahrscheinlich, daß man ihn in Worms kannte, wurde Gregors Auftreten bereits als Angriff auf die Kirche in ihrer traditionellen Gestalt empfunden. Die Konflikte der vorhergehenden Jahre müssen dem Episkopat die tiefgreifenden Veränderungen im Verhältnis zwischen Papst und Episkopat zu Bewußtsein gebracht haben[22]. Den Frieden der Kirche habe er gestört: „Du hast alle Glieder der Kirche, die gemäß dem Apostel (2 Tim, 2) ‚ein geruhig und stilles Leben' führten, ... über alle Kirchen Germaniens, Galliens und Hispaniens hin in rasendem Wahnsinn auseinandergerissen." Denn er habe den Bischöfen alle Gewalt genommen, die ihnen doch durch die Gnade des Heiligen Geistes gegeben sei. Er habe sich eine neue, ihm nicht gebührende Gewalt angemaßt, um die der ganzen Brüderschaft zukommenden Rechte zu zerstören[23]. Diese heftige und offene Auseinandersetzung zwischen Papalismus und Episkopalismus kam jedoch bald zum Erliegen. Die Unterzeichner des Absagebriefes arrangierten sich bald mit dem Papst und verhielten sich nach Canossa meist zurückhaltend. Nach der erneuten Bannung Heinrichs IV. durch den Papst im März 1080 stellte sich die Majorität allerdings wieder auf die Seite des Königs. Bei der Verurteilung Gregors in Brixen im Juni des gleichen Jahres kommt es nicht wieder zu so grundsätzlichen Erörterungen über die Rechte des Papstes und der Bischöfe. Dann folgt das zwanzigjährige Schisma, währenddessen die Päpste es möglichst vermieden, Konflikte mit Bischöfen auszutragen und sich sogar bemühten, Verbindungen mit ihnen aufzunehmen, selbst wenn sie zur Gegenobödienz gehörten. Aber auch in den Ländern, die Clemens III. ablehnten, kommt es selten zur Anwendung der Thesen des Dictatus Papae gegenüber Bischöfen. Engagierte Anhänger haben die Päpste in dieser Zeit in England nicht, in den anderen Ländern nur ausnahmsweise. Die meisten Bischöfe scheinen darauf bedacht gewesen zu sein, ihre Diözesen in der hergebrachten Weise zu leiten, möglichst ohne viele Neuerungen, den Besitz ihrer Kir-

VIÈRE, In partem Sollicitudinis S. 210–31; BENSON, Plenitudo Potestatis S. 193–214; SZABÓ-BECHSTEIN, Libertas Ecclesiae S. 114. – 19 BENSON, Plenitudo Potestatis S. 206 ff. – 20 Bernold, Apologeticus c. 23, MG Ll 2 S. 87 f. – 21 BENSON, Plenitudo Potestatis S. 205 mit Anm. 40. – 22 Vgl. o. S. 174 ff. – 23 MG Const. I S. 107 Nr. 58. – 24 Tractatus Ebo-

chen zu mehren, in ihrer Kirchenprovinz und der politischen Einheit, der sie angehörten, ihre Aufgaben zu erfüllen und Nutzen daraus zu ziehen. Es kann gar keine Rede davon sein, daß sie in ihrer Mehrheit an den Bestrebungen und Maßnahmen der Päpste und der Kurie aufmerksamen oder gar begeisterten Anteil nahmen. Und dennoch wachsen von Leo IX. bis zu Calixt II. Autorität und Macht der Päpste, ohne freilich schon eine überall eingreifende und die alten regionalen Instanzen ausschaltende Leitungsgewalt ausüben zu können. Um die Theorie vom Verhältnis des Papstes zu den Bischöfen herrschen in dieser Zeit wenig Meinungsverschiedenheiten. Daß sie sich so kraß darstellen wie in gewissen Schriften des sogenannten Anonymus von York, ist eine seltene Ausnahme. Erst recht bleibt dieser Autor einsam mit seiner Bestreitung des päpstlichen Primats überhaupt[24].

Das Forum, von dem aus die Päpste ihre Gebote am wirksamsten verbreiten konnten, waren *die von ihnen persönlich geleiteten Synoden*. Man hat ihre Anzahl in der Zeit von 1041–1122 auf mindestens 100 geschätzt[25]. Bei den Synoden in Rom selbst stammte freilich die Mehrzahl der Teilnehmer wie von altersher aus der Stadt Rom selbst, ihrer näheren Umgebung und der römischen Kirchenprovinz. Aber oft wurden dabei auch einige vornehme Besucher, Gesandte und Boten empfangen, die sich lebhaft beeindrucken ließen. Auch Pilger mögen sich eingefunden haben, denen die Traktanden der Synoden jedoch meist wohl kaum verständlich waren. Die Teilnehmerschaft setzte sich anders zusammen, wenn die Synoden von den Päpsten in anderen Teilen Italiens oder in fernen Ländern abgehalten wurden. Bei den Synoden Leos IX. von 1049 in Reims und Mainz waren aus Italien nur wenige Prälaten anwesend, überwiegend bloß Begleiter des Papstes, bei der französischen erschienen deutsche und burgundische Bischöfe, aus Frankreich fehlten viele, so von den sieben Erzbischöfen sechs, bei der deutschen war ein großer Teil des deutschen Episkopats anwesend[26]. Für die berühmte Synode Nikolaus' II. im April 1059 wird die Teilnahme von 113 Vätern genannt, die aber fast ausschließlich aus Italien waren[27]. Die Teilnehmer an den bedeutenden Synoden Gregors VII. werden nur formelhaft wie bei der Fastensynode von 1076 genannt: Ubi interfuit episcoporum et abbatum multitudo atque diversi ordinis clericorum et laicorum copia (III 10a). Gelegentlich werden auch Zahlen genannt, so etwa für die erwähnte Synode von Bonizo 110 Bischöfe, für die Fastensynode 1078 etwa 100, während bei der Herbstsynode des gleichen Jahres, die unter Gregors Kundgebungen wohl das reichste Echo fand, die Teilnahme erheblich schwächer war. Für die Fastensynode von 1080 nennt Deusdedit, bei ähnlicher Formel, die Zahl von 50 Bischöfen[28]. Die Registernotiz über die Novembersynode 1083 erwähnt die Teilnahme von Erzbischöfen, Bischöfen und Äbten aus Campanien, „den Fürstentümern" und Apulien, dazu pauci quoque gallicani[29]. Damals war Heinrich IV. in der Lage, Reisen von Konziliaristen zu behindern. Zu der vielbeachteten Synode Urbans II. in Piacenza im März 1095 hatte der König

racenses, vor allem III, MG Ll 3, S. 656 ff., auch V S. 680 ff. u. VI S. 686 f. = PELLENS, Texte J 4 S. 35 ff., J 28 S. 214 ff., J 29 S. 226 ff., außerdem bes. BÖHMER, Kirche u. Staat S. 437 ff., 457 ff., 475 ff. = PELLENS J 2 S. 7 ff., J 12 S. 84 ff. J 23 S. 125 ff. – 25 ZEMA, Reform Legislation S. 22. –26 STEINDORFF, Jbb. II S. 87. – 27 BOYE, Synoden Deutschlands S. 166 Anm. 4. – 28 MEYER V. KNONAU, Jbb. I S. 134 f., II S. 632 Anm. 26, wo aber bei dem Zitat aus Bonizo 607 statt 667 zu lesen ist, III S. 104 Anm. 16, S. 163 Anm. 106, S. 247 Anm. 20. – 29 Reg. IX 35 a S. 627. – 30 MEYER V. KNONAU, Jbb. IV S. 457. –

von Frankreich eine Gesandtschaft abgeordnet, aus dem schismatischen Reich waren einige treue Anhänger erschienen, Erzbischof Thiemo von Salzburg, die Bischöfe Udalrich von Passau und Gebhard von Konstanz. Dem Abt Udalrich von der Reichenau spendete der Papst selbst die Weihe. Als er dann in Clermont seine feierlichste Synode hielt, soll der Andrang groß gewesen sein, aber Teilnehmer aus England und wahrscheinlich aus dem Reich fehlten[30]. Nach dem Ende des Schismas und dem Tod Heinrichs IV. konnte Paschalis II. bei der Synode von Guastalla im Oktober 1106 außer vielen italienischen und französischen Bischöfen endlich wieder einige Vertreter des deutschen Episkopats um sich versammeln, die infolge bald eintretender Spannungen bei der Synode von Troyes wiederum fehlten[31]. Unter den weiteren Papstsynoden der Zeit Paschalis II. ist die von 1112 bedeutender, der aber auch außer wenigen französischen Bischöfen nur Italiener beiwohnten[32]. Calixts II. erste große Synode in Reims (1119) hatte dann einen großen Teilnehmerkreis, zu dem außer französischen spanische, italienische, englische und deutsche Mitglieder gehörten. Auch die große Lateransynode von 1123 sammelte Teilnehmer aus vielen Ländern um den Papst[33].

Nach dieser Übersicht kann nicht die größere oder geringere Internationalität der Teilnehmerkreise die primäre Bedeutung dieser vielen Papstsynoden ausgemacht haben. Sicherlich waren sie auch zur Verbreitung der kirchenrechtlichen und kirchenpolitischen Auffassungen der Päpste und ihrer Umgebung wirksam. Aber wichtiger ist ihr zentralistischer Impuls. Man hat richtig das altchristliche Kirchenrecht „episkopales Synodalrecht", Bischofsrecht, nicht Papstrecht, genannt[34]. Die Synoden waren im Grunde liturgische Veranstaltungen, durch die Christus selbst wirken sollte[35]. Über die Legitimität der Beschlüsse größerer oder kleinerer Synoden entschied ihre Rezeption durch die regional gegliederte allgemeine Kirche. Erst sie machte ihre Ökumenizität aus[36]. Natürlich entschieden Diözesan- und Metropolitansynoden auch über lokale und aktuelle Fragen und Maßnahmen. Das letzte der großen als ökumenisch geltenden Konzilien war das Constantinopolitanum IV von 869, das wie die vorhergehenden eigentlich oströmisch-byzantinisches Reichskonzil war. Danach waren im Abendland die Synoden auf Diözesen, Metropolitansprengel und Länder beschränkt. Die umfassendsten waren die Reichssynoden. Während aber seit der Mitte des 11. Jh.s die größeren Synoden in Kirchenprovinzen und Landeskirchen seltener wurden und an Wirksamkeit verloren[37], gewannen die Papstsynoden an Autorität, trotzdem

31 Meyer v. Knonau, Jbb. VI S. 25 f., 50; dazu o. S. 217 ff. — 32 Ebd. S. 232. — 33 Meyer v. Knonau, Jbb. VII S. 124 f., 228. — 34 Andresen, Legitimierung des römischen Primatsanspruchs S. 45: „Das altkirchliche Recht war episkopales Synodalrecht." „Das kanonische Recht der alten Christenheit war Bischofsrecht, kein Papstrecht;" Vicaire, Pastorale S. 90: „Jusqu'en milieu du XIe siècle, les conciles méridionaux étaient purement locaux ou tout au moins provinciaux;" G. Roethe, Zur Gesch. d. römischen Synoden im 3. u. 4. Jh., in: Geistige Grundlagen römischer Kirchenpolitik. E. Caspar z. Gedächtnis, 1937, S. 1: „Außerhalb Italiens und einiger Nachbargebiete gab es keine höhere kirchliche Autorität als die großen Bischofsversammlungen." — 35 Congar, Ecclésiologie S. 177; Fransen, Papes S. 207 spricht von der „fonction prophétique du concil". — 36 A. Hauck, Die Rezeption u. Umbildung d. allgemeinen Synode im MA, HV 10, 1907, S. 466. — 37 Feine KR S. 245; Kempf, Primatiale u. Episkopal-Synodale Struktur S. 28; Sieben, Konzilien S. 134 zeigt, daß bei Bernold dennoch „keine totale Reduktion des Konzilsrechts auf das päpstliche" erfolgt sei. „Bernold sieht noch eine Komponente ..., den universalen Konsens der Kirche." — 38 Caspar, Gregor VII. in seinen Briefen S. 13; Fuhrmann, Re-

sie keineswegs einen universalen Teilnehmerkreis versammelten. Auch das Laterankonzil von 1123 wird nicht deshalb zu den ökumenischen gezählt, weil es den Episkopat aus allen Ländern repräsentiert, sondern weil es vom Papst berufen, geleitet und bestätigt wurde, was auch für die folgenden ökumenischen Konzilien gilt. Von Rom aus beginnt sich in allmählicher Entwicklung die Auffassung durchzusetzen, daß der Papst über der Synode steht. Das zeigte sich im Ansatz schon in Gregors VII. Dictatus Papae. Nur der Papst kann eine Synode als allgemeine anerkennen (16), ohne Synode kann er Bischöfe absetzen und wieder annehmen, niemand, also auch keine Synode, kann seinen Spruch wiederbehandeln, was ihm allein bei allen zusteht (18). Es gibt keine Instanz, die über ihn urteilt (13).

Das *Kirchenrecht* allerdings beruhte noch lange in der Praxis weitgehend auf den alten Traditionen, die von mehr oder weniger regionalen Synoden erneuert wurden. Dabei überwogen die von Jh. zu Jh. weitergegebenen alten Synodalcanones noch lange die päpstlichen Dekrete. Der päpstliche Einfluß auf das Kirchenrecht war zuweilen, wie in der Zeit Nikolaus' I., bedeutend, in langen Zeiträumen war er dagegen geringer. Von einer offiziellen Kontrolle der Rechtsüberlieferung durch Rom oder gar einer bewußten Mitwirkung dabei kann auch in der zweiten Hälfte des 11. Jh.s noch nicht gesprochen werden. Gregor VII. und seine Nachfolger arbeiten gewiß mit den ihnen erreichbaren Quellen, aber Juristen sind sie nicht, und auch in ihrer Umgebung schienen nur wenige gründliche Kenner des kirchlichen und weltlichen Rechts gewesen zu sein[38]. Mit Recht ist hervorgehoben worden, daß Gregor in seinem Denken nicht starr doktrinär und von Widersprüchen frei war, wie die Päpste des Frühmittelalters überhaupt nicht „mit dem Gesetzbuch in der Hand" gelebt hätten[39]. *Bedeutende Sammlungen kirchenrechtlicher Normen* wie die in 74 Titeln, auch die der Kardinäle Deusdedit und Atto, Bonizos von Sutri und Anselms von Lucca sind zwar berührt von Zeittendenzen, von der Entfaltung des päpstlichen Primats, aber keine geht auf einen kurialen Auftrag zurück, und auch die Sammlungen des 12. Jh.s sind noch bis zu Gratian hin Privatarbeiten[40]. Und es ist zu beachten, daß ältere Sammlungen auch weiterhin überliefert werden und in der Praxis wirksam bleiben. So ist das Dekret Burchards von Worms im 11. und 12. Jh. immer wieder abgeschrieben worden und räumlich weit verbreitet[41]. Ob sich schon die Wirkung der aufsteigenden Primatsidee bemerkbar macht oder nicht, die Art des Sammelns und Ordnens bleibt die alte, bei Deusdedit wie bei Burchard von Worms. Die Vorlagen werden abgeschrieben, in eine gewisse Ordnung gebracht und mit Überschriften versehen, was sich bei näherem Zusehen als bewunderungswürdige Leistung erweist. Von einer

formpapsttum S. 187 f.; Mordek, Kanonistik S. 67 u. 80; Morrison, Canossa S. 122. – **39** Fuhrmann, Provincia constat S. 398; Ders., Reformpapsttum S. 185. – **40** Stickler, Historia S. 160 ff. zählt die Sammlungen auf, die er collections reformationis Gregorianae nennt; Fuhrmann, Reformpapsttum S. 200: „So erstaunlich die Zahl der kirchenrechtlichen Sammlungen aus der Umgebung des Papsttums ist: Nirgendwo ist in den Werken selbst eine direkte Veranlassung durch einen Papst überliefert ..."; Mordek, Kanonistik S. 73; Kempf, Kanonistik S. 13. – **41** Stickler, Historia S. 159: Ungeachtet der collationes Gregorianae reformationis habe das decretum Burchardi auch weiterhin großes Ansehen genossen und sei viel angewandt worden; H. Mordek, Handschriftenforschung in Italien, QFIAB 51, 1971, bes. S. 630 ff.; Ders., StGrat 20, 1976, S. 240 Anm. 33 u. Kanonistik S. 73. – **42** Fried, Römische Kurie S. 158 ff. Über den Hildesheimer, ehemals Konstanzer

Auslegung, einem Vergleichen, einer Beobachtung von Widersprüchen oder gar einem Versuch, über sie zu entscheiden, findet sich indessen noch wenig. Das rationale, juristische Denken hat zwar Vorläufer, wie die Korrespondenz zwischen Bernold und Adalbert, erst recht das Werk und die Briefe Ivos von Chartes zeigen[42]. Aber eine Wissenschaft ist die Kanonistik erst seit Gratian geworden. Und die alleinherrschende Stellung des Papstes im Bereich der Kirchenrechtswissenschaft hat sich noch später vollendet.

Doch enthält schon der Satz des Dictatus Papae, nach dem es allein dem Papst erlaubt sei, gemäß dem Erfordernis der Zeit neue Gesetze zu geben (7), die Entscheidung zu seinen Gunsten gegen die Tradition. Wenn dort seine Vollmacht mit der temporis necessitas begründet wird, greift eine Aussage Gregors, wahrscheinlich in einem Brief an den späteren Bischof Guitmund von Aversa, das Problem noch tiefer an[43]. Indem er sich auf Joh 14,6 „Ich bin die Wahrheit und das Leben" beruft, folgert er: „Er sagt nicht, ich bin die Gewohnheit, sondern die Wahrheit." Ivo von Chartres, der das Brieffragment überliefert, zitiert es unter der Überschrift „Usum qui veritati contrarius est, abolendum esse"[44]. Usus ist ein neutraler Begriff, consuetudo kann bei Gregor in negativem Sinn gebraucht werden (antiqua et pessima, execranda, nefanda, nova, pestifera, prava) oder, wie sonst, in positivem, d. h. als alte geheiligte Gewohnheit, wie die canones der Konzilien und die Dekrete der früheren Päpste. Dem Bischof der irrtumsfreien römischen Kirche steht die Entscheidung darüber zu, was die Wahrheit ist, und was usus oder consuetudo. Diese Vollmacht ist ebenso ursprünglich und religiös begründet in den Herrenworten über den Petrusprimat, wie der Anspruch auf den Gehorsam aller Christen. Nichts läßt den übermenschlichen, göttlichen Charakter des Papsttums eindrucksvoller erscheinen[45].

Eine merkwürdige Relativierung des kanonischen Rechts in ganz anderem Sinn findet sich in einer Äußerung Urbans II. Darin unterscheidet er zwei Arten von Gesetzen, das allen gemeine (publica) und das individuelle, das eine einzelne Person betreffende (privata). Die publica lex ist die von den Vätern geschriebene und festgesetzte, wie die lex canonum. Die lex privata, die Eingebung des Heiligen Geistes, ist ins Herz geschrieben. Wer von diesem Geist geführt ist, soll, auch wenn sein Bischof widerspricht, frei hingehen mit unserer Autorisation[46]. Also auch in diesem Fall stellt sich der Papst über das kanonische Recht. Was veritas

Scholaster Bernhard und die Konstanzer Adalbert und Bernold Robinson, Bible S. 63 f.; zu Ivo Sprandel, Ivo S. 31 ff. – 43 Zur Datierungsfrage IT. Pont. VIII S. 282; Ladner, Two Gregorian Letters S. 226. – 44 JL 5277 = Ivo von Chartres, Decr. IV c. 213, MPL 161 c. 311, auch Jaffé B V S. 576 Nr. 50. – 45 Dabei ist es sicherlich richtig, daß Gregor die Tradition als tief verpflichtend empfand. So redet Morrison, Tradition and Authority wiederholt im Hinblick auf die Dialektik von tradition und discretion von einem „Janus complex". Vgl. etwa S. 78, 199, 253, 265, 277, 290, 318, 346. Der Papst hat nicht bloß die Macht, traditionelles Recht zu mildern, sondern auch neues zu setzen. So ist Fuhrmann, Reformpapsttum beizustimmen, wenn er einerseits S. 190 meint: „In Gregor als Papst war die Tradition geborgen", andererseits S. 191: „Päpstliches Privileg bricht gesamtkirchliches Recht." Dieser Widerspruch läßt abermals den „religiösen Unbestimmtheitsanspruch" bemerken, von dem o. S. 238 Anm. 1 die Rede war. Zu dem von Ivo überlieferten Dictum Gregors VII. vgl. die von Fuhrmann S. 190 Anm. 35 zitierte Literatur; ernst zu bedenken sind die Ausführungen von De Lubac, Pouvoir de l'Eglise S. 340: „Necessité ne fait pas droit. La fin ne justifie pas les moyens. S'il y a peut être une raison d'Etat ... il n'y a sûrement pas la raison d'Eglise." – 46 JL 5760, Mansi XX S. 714; dazu Tellenbach, Libertas S. 31 Anm. 43; Mordek, Kanonistik S. 72 f. – 47 Deusdedit, Libel-

oder consuetudo, Eingebung des Heiligen Geistes oder kanonisches Recht ist, hat er zu befinden. Vereinzelt scheinen allerdings Grenzen seiner Entscheidungsgewalt angenommen worden zu sein, so gegenüber dem Papstwahldekret von 1059 und dem „Pravilegium" von 1111[47].

Ebensowenig mit einfachen und eindeutigen Aussagen wie der Einfluß des Papstes im kanonischen Recht läßt sich derjenige auf die *dogmatischen Kontroversen* der Zeit darstellen. Es wurde schon bemerkt, daß theologische Kontroversen im 10. und frühen 11. Jh. nicht häufig waren und das kirchliche Leben nicht tief berührten. Erst die Erneuerung der Streitigkeiten des 9.. Jh.s um das Wesen der Eucharistie durch *Berengar von Tours* (gest. 1088) bewegte weitere Kreise, namentlich in Deutschland und Italien[48]. Sie führte zeitweise zum Eingreifen von Päpsten und päpstlichen Legaten. Schon unter Leo IX. war es auf Synoden in Rom und Vercelli zur Verurteilung der spiritualistischen Lehren des Scholasticus von Tours gekommen, und 1054 wurde dieser auf einer von dem Legaten Hildebrand präsidierten Synode in Tours zum Widerruf gezwungen. Weiter war die epochemachende Ostersynode Nikolaus' II. von 1059 mit der Eucharistiefrage beschäftigt[49]. Während des Pontifikats Gregors VII. kommt der Fall Berengar, wenn auch mit großen Unterbrechungen, wiederholt zur Sprache, bis dieser auf der Fastensynode 1079 zu dem Bekenntnis gezwungen wurde, daß Leib und Blut Christi nach der Wandlung non tantum per signum et virtutem sacramenti, sed in proprietate naturae et veritate substantie sein Leib und Blut seien. Dann verbot ihm der Papst, jemals wieder mit irgendjemandem über Leib und Blut des Herrn zu disputieren und irgendjemanden darüber zu belehren[50].

Trotz dieser eindeutigen Haltung des Papstes denunzierte die Brixener Synode von 1080, die Gregor VII. erneut absetzte, diesen als „alten Schüler des Ketzers Berengar"[51]. Und bis in die neuesten Zeiten wurden verschiedene Meinungen darüber geäußert, ob Hildebrand-Gregor den gelehrten Theologen von Tours eindeutig ablehnend oder, wenigstens zeitweise, entgegenkommend behandelt habe. Die letzte bedeutende Stufe der Auseinandersetzungen stellte eine Kontroverse zwischen Carl Erdmann und Ovidio Capitani dar, bei der es aber vorwiegend um die Frage geht, ob gewisse Dokumente, die für Berengar günstig klingen, von diesem gefälscht oder ob sie echt seien[52]. Dennoch ist man sich einig darüber, daß Hildebrand-Gregors Verhalten gegen Berengar „... – durch 25 Jahre hindurch völlig einheitlich" war. „Hildebrand hat Berengar zwar angehört, ihm aber nie zugestimmt."[53] Doch sah der Archidiakon-Papst seine Aufgabe nicht darin, selbst in den Streit um die dogmatische Frage einzugreifen, sondern eine Klärung durch

---

lus contra invasores et schismaticos c. 11, MG Ll 2 S. 309; Gottfried von Vendôme Libelli I, MG Ll 2 S. 682; dazu Morrison, Tradition and Authority S. 308 ff. Gerade diese Einsprüche sind aber schwerlich als „several checks upon the Gregorians' lofty doctrine of unlimited power" aufzufassen, also nicht als prinzipielle Einwände gegen die Lehre von der päpstlichen Vollgewalt, sondern als pragmatische kirchenpolitische Korrekturen in Einzelfällen. Immerhin zeigt sich auch hier die fortbestehende Ambivalenz zwischen Tradition und Autorität. – 48 Vgl. o. S. 17 u. 119 f. – 49 Steindorff, Jbb. II S. 121 ff., 131 ff.; Meyer v. Knonau, Jbb. I S. 139 f., S. 237 Anm. 13; Erdmann, Gregor VII. S. 60 ff., 67 ff. – 50 Reg. VI 17 a. – 51 MG Const. I S. 119 Nr. 70. – 52 Erdmann, Gregor VII. S. 52 ff.; Capitani, Studi per Berengario S. 67–173; Ders., La lettera di Goffredo II Martello conte d'Angiò a Ildebrando, SG, 1956, S. 19–31; Ders., Rapporti S. 99–145. – 53 Erdmann, Gregor VII. S. 62 u. 74; Capitani, Rapporti S. 122 Anm. 48 nur mit anderer Erklärung d. Motivation. – 54 Ebd. S. 142: „un

Theologen wie Bischof Hugo von Langres, Abt Lanfranc von Bec, den Vätern der römischen Synode und später den Kreis Alberichs von Monte-Cassino herbeizuführen. Zu einem dogmatischen Dialog zwischen Gregor und Berengar ist es nie gekommen[54]. Hildebrand-Gregor sah vor allem seine Aufgabe darin, daß die ungewöhnlich weite Kreise erregende theologische Frage nicht zu kirchlich und politisch unerwünschten Weiterungen und Frontstellungen führte. Im Abendmahlsstreit nahm er nicht für sich in Anspruch, als Papst unabhängig von der Synode die Entscheidung zu fällen, was prinzipiell nach den Thesen des Dictatus Papae denkbar gewesen wäre[55].

Die theologische Kontroverse des elften Jh.s um die Abendmahlslehre knüpft an alte dogmatische Gegensätze an, die in der Zeit der Kirchenväter Ambrosius und Augustinus bestanden haben und sich im 9. Jh. lebhaft regten. Die kirchlichen Wandlungen des 11. Jh.s mit der zunehmenden Realisierung des päpstlichen Primats haben sie also nicht erst entfacht, und sie hängen mit ihnen nicht unmittelbar zusammen. Berengar von Tours lag in seiner hingebungsvollen Frömmigkeit der Gedanke gewiß ganz fern, daß seine Lehre zu einer „Minderung der Stellung des Priesters" führen könnte, dessen Erhöhung doch das Ziel der „gregorianischen Reformen" war[56]. Die „Kirchenreform" wäre wohl genau so gut mit der rational-symbolischen Abendmahlsauffassung Berengars wie mit der primitiv realistischen seiner Gegner möglich gewesen[57].

Mit der Abendmahlslehre hat eine andere theologische Kontroverse, diejenige um die Gültigkeit der durch unwürdige Bischöfe und Priester empfangenen und gespendeten Sakramente, direkt nichts zu tun. Auch sie reicht in die Väterzeit zurück, war zwischen den Formosianern und ihren Gegnern um 900 erbittert geführt worden und erreichte wieder große Heftigkeit im Zusammenhang mit der Bekämpfung der Simonie[58]. Papst Leo IX. war mit der generellen Behauptung der *Ungültigkeit von Simonistenweihen* nicht durchgedrungen. Daß die von unkanonisch erhobenen Bischöfen und Priestern gespendeten Konsekrationen ungültig seien, ist nur theoretisch im allgemeinen anerkannt worden. Dies gilt für Simonisten wie für Schismatiker, die in gleicher Weise als Ketzer angesehen wurden, darüber hinaus für Exkommunizierte überhaupt[59]. Umstritten war die Frage, ob die von Simonisten, Schismatikern und Exkommunizierten gespendeten Sakramente für die Empfänger wirksam seien. Petrus Damiani vertrat einen milderen, Humbert einen strengeren Standpunkt[60]. Die Päpste waren in dieser Hin-

---

incontro – sia pur anche polemico – presuppone sempre un certo terreno comune, la possibilità di un dialogo, l'esistenza di interessi identici. Tutto ciò tra Gregorio e Berengario non esisté mai." – 55 Ebd. S. 124; KEMPF, Hdb. S. 535 f.; „der Streit als solcher ist nicht durch die Reform verursacht worden, und es waren die Theologen, die ihn austrugen, während Rom seinen Verlauf überwachte;" anders MacDONALD, Authority and Reason S. 112. – 56 ERDMANNS, Gregor VII. S. 48, Auffassung von Gegensatz zwischen Berengars Lehren und dem „Geiste der Gregorianischen Kirchenreform" halte ich nicht für richtig, ebensowenig STEINDORFFS Meinung Jbb. II S. 122, die von Berengar angefochtene Lehre von der Transsubstantiation sei „mit dem herrschenden hierarchischen Systeme eng verwachsen" gewesen. – 57 Über zeitgebundene Kontroversen reicht das Urteil von GEISELMANN, Eucharistielehre S. 445 hinaus: „Die vorscholastische Eucharistielehre ist somit im tiefsten Grunde das Ringen um das Verständnis und den Ausgleich von Ambrosianischer und Augustinischer Sakramentsbetrachtung." – 58 TELLENBACH, Gregorianische Reform S. 106. – 59 SCHEBLER, Reordinationen S. 219 ff. – 60 Ebd. S. 223; nach Schebler S. 235 sei Gregors VII. Haltung schwankend gewesen. – 61 Ebd. S. 249. – 62 Vgl. o. S. 143. –

sicht nicht sehr rigoros, sondern zu Zugeständnissen geneigt, besonders wenn die Empfänger der Sakramente vom Defekt des Spenders nichts gewußt zu haben beteuerten. Theologisch wurde das Prinzip der Wirksamkeit solcher Weihen prinzipiell festgehalten, wenn eine Rekonziliation etwa durch Handauflegen, zur Pflicht gemacht wurde. Zu einer Rekonsekration entschloß man sich dagegen nicht, obwohl das Argument, die Weihe eines Ketzers sei so, als habe sie nie stattgefunden, gelegentlich vorgebracht wurde[61].

Die Frage der Wirksamkeit der von unwürdigen Geistlichen gespendeten Sakramente war religiös begründet. Das Nachdenken darüber hat die Gläubigen hie und da tief beunruhigt. Aber der theologische Gehalt wurde in der Praxis vielfach verunklärt. In den Kämpfen der Zeit wurde nämlich jeweils der Gegner robust und ohne viele Skrupel als Simonist, Schismatiker, Ketzer abgestempelt[62]. Die theologische Theorie ließ sich leicht nach Belieben auslegen und parteiisch anwenden. Wie nahe lag etwa für den kleinen Landpfarrer die Angabe, er habe von der simonistischen Weihe des Bischofs nichts gewußt, der ihn ordiniert habe. Wer wollte entscheiden, ob er die Wahrheit sprach oder log? Und wenn er die Weihe eines Bischofs abgelehnt hätte, weil dieser Simonist oder Schismatiker sei, wäre ihm dies wohl sehr schlecht bekommen, beim Bischof, dem zur Präsentation Berechtigten und der Gemeinde.

Es ist hier nicht der Ort, die Geschichte der Theologie im 10. und 11. Jh. eingehend zu bedenken[63], aber nachdem die Art der Einwirkung der ihren geistlichen Primat verkündenden Päpste auf die Synoden, das kanonische Recht und so bewegende dogmatische Probleme wie die Abendmahlslehren und die Gültigkeit der von Unwürdigen gespendeten Weihen berührt worden ist, muß nach ihrer Rolle bei dem Streit zwischen der älteren und den frühen Phasen der scholastischen Theologie wenigstens gefragt werden.

Die *vorwissenschaftliche Theologie* lebte aus der je gegenwärtigen Tradition der biblischen Heilstatsachen[64]. Sie war der Heiligen Schrift zugewandt, die einfach gelesen und rezitiert wurde. Man ergriff die Erklärungen der Kirchenväter. Die eigene Exegese war auf den grammatischen, den allegorischen und den moralischen Sinn gerichtet[65]. Wie die Mönche wollte man „chercher Dieu, non le discuter"[66]. In den Kloster- und Domschulen war eloquentia die höchste Form der Darbietung des Wissens und der Meditation, in den Kirchen die Predigt. Von den Schulen her, in denen die artes liberales gelehrt wurden, drang im 10. und 11. Jh. die Dialektik in die Theologie ein[67]. Man begann wohl mit rhetorisch-intellektuellen Experimenten, erstreckte sie aber sogar auf die Diskussion der religiösen Überlieferungen. Erst allmählich wurde ein diszipliniertes wissenschaftliches Fragen daraus, auf dem die scholastische Theologie beruhte. Die neuen Methoden

---

63 Darüber M. A. SCHMIDT, Scholastik, KG, G bes. S. 81 ff. u. 86 und der künftige Beitrag von Kurt-Viktor SELGE. – 64 CONGAR, Ecclésiologie S. 18: théologie prescientifique; M. GRABMANN, Geschichte d. scholastischen Methode I, N d. Ausgabe v. 1909, 1956, S. 181. – 65 DE GHELLINCK, Dialectique S. 82 f.; E. GILSON, Le Moyen âge comme saeculum modernum, in: Concetto, Storia, Miti e Immagini del Medio Evo, a cura di Vittorio Branca, 1979, S. 3: „je ne crois pas me tromper en disant que tout ce haut moyen âge, jusqu'au XIe siècle, est tourné vers le passé, ou, tout au plus vers un avenir qui continuera le passé;" B. SMALLEY, The Study of the Bible in Middle Age, 1952, S. 43. – 66 J. LECLERCQ, L'amour des lettres et le désir de Dieu, 1957, S. 196; P. RICHÉ, Les écoles et l'enseignement dans l'occident chrétien de la fin du Vme au milieu du XIme siècles, 1979, S. 137 ff. – 67 M. GRABMANN, Geschichte I S. 215; RICHÉ Ecoles S. 261 ff. – 68 M. GRABMANN, Ge-

stießen bald auf vielfachen Widerstand konservativer Theologen[68]. Die Vertreter beider Richtungen, der fortschrittlichen und der konservativen, stehen aber in gleicher Weise den Päpsten und ihrer persönlichen Umgebung fern. Man ist deshalb überrascht, wenn man Petrus Damianis Werk De Divina omnipotentia in reparatione corruptae et factis infectis reddendis liest, wo ganz gegensätzlich mit Intellektualismus wie mit Agnostizismus gespielt wurde[69]. Aber Petrus Damiani war nicht nur hingebungsvoller Anhänger der päpstlichen Kirchenpolitik, sondern unabhängig davon ein hochbegabter und eigenwilliger Denker und Schriftsteller[70].

Entscheidend wurde für die Zukunft wohl, daß sich konservative und fortschrittliche Theologie oft bei den gleichen Autoren findet, Heranziehung antiker Schriftsteller ebenso wie ihre Ablehnung, Geschultheit in den artes liberales wie Abneigung gegen sie, Fähigkeit zu dialektischer Subtilität und Betonung der Autorität des einfachen Bibelwortes[71]. Gerade diese Spannung ist wohl wesentliche Voraussetzung für das Vordringen der scholastischen Theologie gewesen.

Die großen Päpste von Leo IX. bis zu Paschalis II. stehen wohl alle noch der vorwissenschaftlichen Theologie näher. Keiner von ihnen läßt in den überlieferten Schriften, Reden und Maßnahmen einen Einfluß frühscholastischen Denkens erkennen. Unbewußt haben sie und ihr Wirken das Aufkommen der Frühscholastik jedoch insoweit gefördert, als sie viele der großen Kontroversen mitverursacht haben, von denen die Literatur des späten 11. und des 12. Jh.s bewegt war.

2. Organe und Machtmittel des apostolischen Stuhls

Als seit Leo IX. die Päpste daran gingen, in neuer Weise die Leitung der allgemeinen Kirche in Anspruch zu nehmen, begannen bald die „strukturellen Wandlungen" der Verfassung der römischen Kirche einzusetzen, die sich noch lange fortsetzen sollten, bis zur Entfaltung der „gewaltigen bürokratischen Maschinerie", die nach dem Ausdruck von Paul Kehr die römische Kurie seit dem 12. Jh. darstellte[1]. Die kirchlichen Ordnungen, die städtischen und territorialen Verwaltungsformen konnten in ihrer lokalen Begrenztheit für die wachsenden Funktionen und vielfachen Beziehungen der Päpste nicht ausreichen. Es ist bezeichnend, daß seit Leo IX. die Einheimischen in der Umgebung der Päpste durch bedeutende Persönlichkeiten aus fernen Ländern ergänzt wurden[2].

Das *Kardinalkolleg*, wie es in der Zeit Paschals II. als Wahlgremium und vornehmster Beraterkreis der Päpste konsolidiert war, hat sich erst in vielen Wechselfällen ausgebildet[3]. Zuerst trat der Ordo der Kardinalbischöfe hervor. Eine Führungsschicht hatte nach der Wahl Nikolaus' II. nur fünf von sieben Kardinalbischöfen zur Verfügung, indem ein gegnerischer bereits zum Papst gewählt war, ein anderer sich auf dessen Seite gestellt hatte.

---

schichte I S. 231; DE GHELLINCK, Dialectique S. 89 f. – 69 Es handelt sich um das seit Väterzeiten vielbehandelte Problem, ob Gottes Allmacht Geschehenes ungeschehen machen könne, extrem, ob er einer gefallenen Jungfrau ihre Unberührtheit wiedergeben könne. MPL 145 c. 595–622, neu hg. v. P. BREZZI u. B. NARDO, in: Edizione nazionale dei classici del pensiero Italiano V, 1943. – 70 Zu Petrus Damiani als lebhaften Denker und realistischen Beobachter der Welt vgl. o. S. 138. – 71 Vgl. etwa die eindrucksvollen Darlegungen von W. HARTMANN, Manegold v. Lautenbach u. d. Anfänge d. Frühscholastik, DA 26, 1970, S. 47–149.

1 JORDAN, Entstehung S. 153; BARLOW, English Church 1066–1154 S. 269: „der Papst hat keinen Apparat"; KEHR, Katalanischer Prinzipat S. 66. – 2 Vgl. o. S. 124 f. – 3 PÁSZTOR, Pier Damiani S. 324. – 4 Vgl. o. S. 128. – 5 GANZER, Auswärtiges Kardinalat

Man hat dennoch offenbar, diese Verlegenheit ignorierend, eine Bestimmung für die Zukunft erlassen wollen[4]. Dies ist jedoch nicht gelungen. Die folgenden Wahlen geschahen ohne Beachtung des 1059 statuierten Vorwahlrechts der Kardinalbischöfe, und bei der Wahl Paschalis II. ist wohl schon das Gewicht aller drei ordines des Kollegs gleich[5].

Zu den *Bischöfen* traten zunächst als zweiter ordo des Kardinalkollegs *die Priester der alten Titelkirchen* Roms. Auch sie wuchsen über die herkömmliche gottesdienstliche Funktion in den stadtrömischen Regionen zu Mitträgern der päpstlichen Aufgaben heran, doch konnte nur eine geringe Anzahl eine ähnliche Bedeutung in der inneren Verwaltung und der auswärtigen Politik erlangen wie die Kardinalbischöfe[6]. In einer nicht ganz erklärten Weise haben sich gegen 1100 die Pfalz- und *Regionardiakone* dem Kolleg als dritter ordo angefügt[7]. Diese Entwicklung scheint während des Schismas von den konkurrierenden Päpsten gefördert worden zu sein, indem beide den Klerus der Regionen umwarben. Diese Kreise haben wohl schon am Ende des Pontifikats Gregors VII. größeres Gewicht erlangt. Gregor selbst soll den Kardinälen allerdings nicht viel Einfluß zugestanden haben[8]. Das mag eine der Ursachen gewesen sein, weshalb ein großer Teil der Kardinäle 1084, als der Papst sich schwer bedrängt in der Engelsburg hielt, zum Gegenpapst übertrat[9]. Und ihr Verhalten ist wohl nicht bloß mit ihrem Opportunismus angesichts des drohenden Scheiterns Gregors zu erklären, sondern auch mit dem schon längst kühlen Verhältnis zwischen dem Papst und den Kardinälen. Außerdem hatte sich schon 1082 eine Gruppe des stadtrömischen Klerus gegen die Verwendung von Kirchengut in der Not des Kampfes gegen Heinrich IV. gewandt[10]. Dazu gehörten Kardinäle, die trotzdem Gregor bis zum Schluß treu blieben[11]. Es mag also in diesen Kreisen auch echte Sorge um die römische Kirche mitgesprochen haben.

Während des Schismas gab es natürlich zwei Kardinalkollegien[12]. Einige der Anhänger Wiberts hielten sich in Rom noch mehrere Jahre über dessen Tod hinaus[13]. Dann kam es infolge der Zugeständnisse, die Paschal II. 1111 Heinrich V. gemacht hatte, zu neuen Konflikten innerhalb des Kardinalkollegs. Zwar wurde das Investiturprivileg Paschals II. einhellig abgelehnt, aber mit unterschiedlicher Schärfe. Auf der Seite des Gegenpapstes Gregors (VIII.) standen nur wenige Kardinäle. Ihn stützte im wesentlichen die stadtrömische Partei der Frangipani. Mit Recht ist bemerkt worden, daß es sich nicht mehr eigentlich um ein Schisma der Kirche, als um stadtrömische Parteiungen handelte. Und so ist damals auch das Kardinalkollegium nicht ernsthaft gespalten gewesen[14].

Doch schon in der Zeit seiner Ausbildung zeigt sich, daß es nicht bloß den Kreis der Wähler, Berater und Helfer des Papstes bildet, sondern eine verhältnismäßig selbständige Stellung in der Geschichte der römischen Kirche gewinnt. Die ekklesiologische Bedeutung

S.7; Fürst, Cardinalis S.118; Alberigo, Origini S.43: „l'oggettivo non solo assume via un significato più pregnante e sostanziale ma diviene sostantivo." Hüls, Kardinäle S.5. – 6 Klewitz, Entstehung S.64. – 7 Hüls, Kardinäle S.38 ff.; es muß allerdings beachtet werden, daß noch lange „die gesamte Terminologie bezüglich des Begriffs cardinalis schwankend war"; vgl. Fürst, Cardinalis S.101; diese Beobachtung ist wichtig in den Forschungen von Jasper, Papstwahldekret S.74 ff. u. 81. – 8 Mirbt, Publizistik S.562; Gaffrey, Hugo d. Weisse S.60; Klewitz, Entstehung S.68; Fürst, Cardinalis S.106. – 9 Vgl. o. S.199 mit Anm.82; Hauck, Kirchengeschichte Deutschlands III S.833; Meyer v. Knonau, Jbb. III S.523 ff.; Gaffrey, Hugo d. Weisse S.64; Sydow, Untersuchungen S. 23. – 10 Darüber, ältere Arbeiten überholend, Zafarana, Sul „conventus" S.399 ff. auf Grund einer neuendeckten Fassung in Vat. lat.586 (S.XI). Dort wird auch erwähnt, daß die Markgräfin Mathilde den Schatz der Kirche von Canossa einschmelzen ließ, um dem Papst zu helfen; vgl. auch Jasper, Papstwahldekret S.73. – 11 Zafarana, Sul „conventus" S.401; aufschlußreich die wertvollen biographischen Daten bei Hüls, Kardinäle S. 88–254, wo leicht festzustellen ist, wer abfiel, und wer nur der Verwendung von Kirchengut für militärische Zwecke widersprach. Man darf also nicht einfach in dem Abfall persönliche Feindseligkeit gegen Gregor oder puren Opportunismus sehen. – 12 Klewitz, Entstehung S.70. – 13 O. S.202. – 14 Ebd. mit Anm.6 f.; Klewitz, Entstehung S.108 f.; dazu bes. Erdmann, Mauritius Burdinus S.240 u. 246. – 14a Alberigo, Origini S.39 ff.;

des Kardinalskollegs, sein Charakter als göttliche Einrichtung, seine Funktion in der römischen Kirche, sein Verhältnis zum Apostelfürsten, zum Papst, zu den Bischöfen sind wohl zu Beginn des 12. Jh.s theoretisch noch nicht abgeklärt gewesen und riefen noch später Kontroversen hervor. Entsprechend zeigt sich in der modernen Forschung eine gewisse Unsicherheit[14a]. Kirchenpolitisch war das Kolleg in der römischen Kirche und für die Päpste jedenfalls ein gewichtiger Faktor. Oft sollten die Päpste auch weiterhin mit verschiedenen Strömungen innerhalb des Kardinalkollegs zu rechnen haben. Schon das Schisma von 1130 ging im wesentlichen auf Gegensätze unter den Kardinälen zurück, und die weitere mittelalterliche Geschichte des Kardinalkollegs zeigt wiederholt die Problematik der Anfangszeit.

Unmittelbar dem Papst zugeordnet waren die Personengruppen, denen das Schriftwesen, die Finanzverwaltung und die gottesdienstlichen Verrichtungen der päpstlichen Hofhaltung oblagen. In ihrer Gesamtheit bildeten sie das, wofür um 1100 die Bezeichnung *Kurie* üblich wurde[15]. Von Leo IX. bis zu Alexander II. befanden sich in der Umgebung der Päpste einige Persönlichkeiten, von denen die päpstliche Politik entscheidend mitbestimmt wurde. Man denke nur an Humbert und Hildebrand. Daß dieser als Papst dagegen alle wichtigen Angelegenheiten selbst entschied, ist nicht zweifelhaft[16]. Aber auch neben Urban II. oder Paschal II. standen wohl keine lenkenden Figuren im Hintergrund[17]. Allerdings sind aus dem Kreis der Skriptoren und Kapelläne einige Kardinäle hervorgegangen, die als solche größere Selbständigkeit zu gewinnen vermochten.

Der Papst und sein Hof kamen mit weltlichen und geistlichen Würdenträgern aus Nah und Fern in vielfachen Kontakt. Um Privilegien zu erbitten und zu erhalten, um Briefe zu befördern, Botschaften auszurichten oder zu empfangen, die Unterstützung des Papstes zu gewinnen oder sich gegen Vorwürfe zu verteidigen, kamen viele Personen an den päpstlichen Hof, machten persönliche Bekanntschaften, brachten mehr oder weniger zuverlässige Informationen und machten Erfahrungen, die sie in der Heimat mitteilten. Neben den Legaten, die von Rom ausgingen oder als einheimische Bischöfe oder Äbte in fremden Ländern wirkten, waren Briefe und schriftliche Botschaften wichtigste Instrumente der päpstlichen Kirchenregierung. Man darf freilich die Möglichkeiten einer schriftlichen Beeinflussung nicht überschätzen.

Die *päpstliche Korrespondenz* ist nicht gleich rege Jahr für Jahr. Adressaten sind nur eine begrenzte Auswahl unter den geistlichen und weltlichen Würdenträgern. Nicht alle sind gleich ansprechbar. Bei Schreiben, in denen die Grundsätze der päpstlichen Politik dargelegt werden, kommt viel darauf an, ob sie über die Empfänger hinaus bekannt werden. Nur einen vorläufigen Eindruck vermitteln die Nachweise der Empfängerüberlieferungen in Erich Caspars Edition des Gregorregisters. Dort findet man am häufigsten Hugo von Flavigny und Kardinal Deusdedit genannt, daneben Paul von Bernried, den Codex Udalrici, Brunos Buch vom Sachsenkrieg und den Annalista Saxo[18]. Bruno bringt in extenso 6 Briefe aus dem Register, 4 von den epistolae vagantes[19]. Bei Geschichtsschreibern und in der Propagandaliteratur finden sich einzelne Zitate und Anspielungen. Sichere Angaben über die Breitenwirkung der päpstlichen Briefe lassen sich aber bei dem gegenwärtigen Stand der Forschung noch nicht machen. In den Kirchenrechtssammlungen glaubt man nur einen schwachen Widerhall von Gregors Briefen und Dekreten zu finden.

DERS., Cardinalato S. 48. – 15 JORDAN, Päpstliche Verwaltung S. 134, Entstehung S. 150; PÁSZTOR, Curia Romana S. 503; S. HAIDER, Zu d. Anfängen d. p.lichen Kapelle, MIÖG 82 (1979) S. 38–70. – 16 CASPAR, Gregor VII. in seinen Briefen S. 4. – 17 Am ehesten wäre an den Kanzler Johannes von Gaeta zu denken; vgl. H. BRESSLAU, Hdb. d. Urkundenlehre f. Deutschland u. Italien I², 1912, S. 239 f. – 18 Caspar, Reg. S. 651. – 19 Bruno, Sachsenkrieg c. 69, S. 60 ff. = Reg. III 6; c. 105 u. 106, S. 93 ff. = Reg. IV 23 u. 24; c. 113, S. 105 ff. = Reg. VI 1; c. 70, S. 61 f. = Reg. III 10 a; c. 73, S. 66 ff. = Reg. VIII 21; c. 72, S. 62 ff. = EC. 14; c. 118, S. 111 ff. = EC. 25; c. 119, S. 112 = EC. 26; c. 120, S. 113 f. = EC. 27. – 20 GILCHRIST, Reception S. 73; R. Schieffer, Tomus Gregorii, papae, A. f. Di-

Eine Kopie seines Registers scheint allein Deusdedit gehabt zu haben[20]. Von 38 Sammlungen enthalten 30 0–10 Kapitel aus Gregor, nur 8 11–39[21]. Es wurde schon erwähnt, daß diese Sammlungen unabhängig von Papst und Kurie angelegt wurden und einen mehr privaten Charakter hatten[22]. Auch die Briefsammlungen aus nachgregorianischer Zeit haben gelegentlich Papstbriefe aufgenommen, aber weniger in der Absicht, sie zu archivieren oder in der aktuellen politischen Propaganda auszuspielen, als aus literarischem Interesse[23]. Bisher konnte bei keiner dieser Sammlungen eine direkte Beziehung zur Kurie oder etwa einem „Reichsarchiv" festgestellt werden[24]. Dagegen bestehen offenbar Kontakte zwischen verschiedenen Sammlungen untereinander, wie bei anderen Literaturgattungen. Und sicherlich spiegelt sich in ihnen die gespannte Anteilnahme an den aufsehenerregenden Äußerungen der Päpste und an den Reaktionen darauf wider.

In dem damals möglichen Maß spielen auch propagandistische Absichten am päpstlichen Hof mit. In den Gesta Romanae ecclesiae wird Gregor VII. sogar vorgeworfen, er habe Schriften über den Erdkreis hin ausgestreut[25]. Man muß sich allerdings im Klaren darüber sein, wie begrenzt damals das Publikum war, das von einer derartigen Publizistik erreicht wurde. Flugblätter kannte man nicht, auch nicht offene Briefe, die zu hunderten verbreitet worden wären. Immerhin wurde etwa der zweite Brief an Hermann von Metz von vornherein in mehreren Fassungen in Umlauf gesetzt, was sich bis heute in einer relativ breiten Überlieferung äußert[26]. Doch der größte Teil der Papstbriefe ist an einen oder wenige Empfänger gerichtet. Öfters gehen sie an die Bischöfe einer Kirchenprovinz, an Klerus und Volk einer Diözese, an Abt und Mönche eines Klosters, an das Kollegium einer Kirche. Nur verhältnismäßig wenige richten sich an allgemeinere Kreise. Sie enthalten Mitteilungen, Aufträge, Befehle, Drohungen und Strafsentenzen oder Belobigungen, seltener auch Aufrufe. In mancherlei Zusammenhängen wird auf die Erhabenheit des Papstes und seine Rechte hingewiesen. Zuweilen kommt es zu mehr oder minder ausführlichen Polemiken, die propagandistisch wirken sollten und auch gewirkt haben.

Daß dieser Zweck erreicht wurde, ist am deutlichsten aus dem Echo zu erkennen, das für und wider in der sogenannten *Streitschriftenliteratur* hörbar wird. Es ist aber zu beachten, daß diese erst allmählich einsetzte und größeren Umfang annahm[27]. Die Ereignisse von 1076 sind darin noch nicht sofort heftig diskutiert worden. Aber ziemlich rasch wurde begriffen, wie epochal sie waren. Es ist bezeichnend, daß diese Schriften die Form von Briefen oder theologischen Abhandlungen hatten[28]. Ihre Verfasser sind natürlich fast alle Kleriker. Sie sind vielfach für Adressaten und Empfänger von Widmungen bestimmt, nicht etwa von vornherein für große Leserkreise. Dem entspricht es, daß sie meist nur in wenigen Abschriften auf uns gekommen sind. Daß eine der berühmtesten und gehaltvollsten, der liber de unitate ecclesiae, nur erhalten ist, weil Ulrich von Hutten sie hat drucken lassen – auch Huttens Vorlage ist verloren – läßt annehmen, daß diese Literatur reich war, reich besonders im Vergleich mit allem was in dieser Art je vorher geschrieben worden war[29]. Aber manches davon ist wahrscheinlich zugrundegegangen. Gewiß zeigen viele von

plomatik 17, 1971, S. 170 ff. – 21 Gilchrist S. 69 ff.; in der Fortsetzung seiner Untersuchung ZSavRG Kan. 66 (1980) zählt Gilchrist anders, kommt aber im wesentlichen zum gleichen Ergebnis; vgl. Mordek, Kanonistik S. 80 Anm. 81. – 22 O. S. 245 f. – 23 Erdmann, Bamberger Domschule S. 36; Ders., Briefliteratur S. 1 f.; Ders., in: Wattenbach-Holtzmann-Schmale, Deutschlands Geschichtsquellen II, 1978, S. 415 ff. – 24 Erdmann, Bamberger Domschule S. 40 f. – 25 MG Ll II S. 375; aber auch Antigregorianer wollten ihre Schriften verbreiten, wie sich etwa MG Ll II S. 419 zeigt. – 26 Reg. VIII 21; dazu Erdmann, Anfänge d. staatlichen Propaganda S. 504; Arquillière, Saint Grégoire VII S. 216: ce morceau contient toute une théologie du rapports de l'Eglise et de l'Etat. – 27 Sie stammt größtenteils aus Deutschland und Italien, den am meisten betroffenen Ländern, aus Frankreich und Spanien kommt wenig hinzu, aus Cluny und zunächst auch aus Rom nichts; vgl. Mirbt, Publizistik S. 83, 86, 91. – 28 Ebd. S. 12, 83. – 29 MG Ll II S. 173; R. Holtzmann, in: Wattenbach-Holtzmann-Schmale, Deutschlands Geschichtsquellen II, 1978, S. 406 ff. – 30 Jordan, Päpstliche Verwaltung S. 126. – 31 Ebd.

diesen Werkchen beschränkte Horizonte ihrer Verfasser. Andere sind, gleich welcher Partei, erstaunlich klarsichtig und haben zutiefst begriffen, welche Grundsätze von Gregor VII. und seinen Nachfolgern leidenschaftlich vertreten wurden, aber auch, welche Vorstellungen von der Ordnung der christlichen Welt von der Gegenseite festgehalten und sogar vertieft wurden.

Zur Durchführung ihrer umfassenden Kirchenregierung bedurften die Päpste *materieller Mittel*. Wie von alterher mußten sie sich vor feindlichen Kräften in der Stadt Rom und in der Campagna schützen, Entfremdung von Kirchengütern rückgängig zu machen oder zu vermeiden suchen und ihre Interessen in den politischen Spannungen und Machtkämpfen Italiens wahrnehmen. Dadurch wurden sie in solche weltlichen Händel verstrickt, ganz zuwider dem Apostelgebot „nemo militans Deo implicat se negotiis saecularibus" (2 Tim 2,4). Es ist das alte Dilemma der Christenheit auf Erden.

An der zentralen Verwaltung der *päpstlichen Finanzverwaltung* scheint sich vor Urban II. nicht viel geändert zu haben[30]. Der Archidiakon Hildebrand wird gelegentlich auch oeconomus genannt. Aber als Titel des Inhabers eines selbständigen Amtes darf er nicht angesehen werden[31]. Die dem Papst zustehenden Leistungen in Geld und Naturalien wurden im Palatium Lateranense abgeliefert. Eine apostolische Kammer als zentrale Finanzbehörde gab es erst seit Urban II. Dieser hat sie nach dem Vorbild der Finanzverwaltung Clunys eingerichtet. Der erste Kämmerer war der Cluniacensermönch Petrus[32]. Die Verbindung des römischen mit dem cluniacensischen Finanzwesen mag etwa 25 Jahre bestanden haben. Noch Gelasius II. hatte einen französischen Kämmerer[33]. Unter Calixt II. erscheint jedoch der Italiener Alfonsus als Kämmerer[34].

Über *Einnahmen und Ausgaben des apostolischen Stuhls* in dieser Zeit der Veränderung der Finanzverwaltung kann man sich kaum ein genaueres Bild machen. Ob Gregor VII. ein guter oder ein nicht sehr befähigter Finanzmann war, ist umstritten[35]. Er brauchte wohl viel Geld, um die Einwohnerschaft von Rom zu befriedigen, wohl auch zur Anwerbung von Soldtruppen. Von einer Bautätigkeit in Rom in seiner Zeit ist nichts bekannt. Nach 1080 müssen die finanziellen Verlegenheiten zugenommen haben. Denn Gregor brachte einen Teil des Klerus gegen sich auf, als er Kirchengüter für den Kampf gegen Heinrich IV. in Anspruch nahm, wohl nehmen mußte[36]. Auch Urban II. muß während des größten Teils seines Pontifikates in finanzieller Bedrängnis gewesen sein, da sicher viele Einkünfte in die Kassen des Gegenpapstes flossen. Mehrfach wird behauptet, daß er für Geld recht empfänglich gewesen sei, was in seiner Lage nur zu verständlich wäre. Der vertriebene griechische Metropolit Basileios von Reggio behauptete in einem Brief an den Patriarchen Nikolaus von Konstantinopel, Urban habe sein Erzbistum einem Φράγγος (Normannen) übertragen, der dafür ihm und dem Herzog Roger 10 000 Goldstücke gegeben habe[37]. Auch die Kardinäle sollen für Geldspenden empfänglich gewesen sein[38]. Wie begründet solche Angaben sind, läßt sich schwer beurteilen. Doch waren offenbar solche Meinungen verbreitet, wie etwa der berühmte satirische Tractat des Garsias von Toledo „De Albino et Rufino" erkennen läßt, der wohl noch vor Urbans II. Tod entstanden ist[39]. Paschal II. soll von seinem Vorgänger eine bessere Verwaltung und höhere Einkünfte übernommen haben[40]. Nach dem Tod Clemens (III.) wird auch die finanzielle Konkurrenz des Gegenpapsttums im wesentlichen weggefallen sein.

S. 122 f. – 32 J. SYDOW, Cluny u. d. Anfänge d. apostolischen Kammer, StMGBO 63 (1951) S. 55 f.; JORDAN, Päpstliche Verwaltung S. 128 ff. – 33 SYDOW, Untersuchungen S. 56 f. – 34 JORDAN, Päpstliche Finanzgeschichte S. 100. – 35 SYDOW, Untersuchungen S. 24; JORDAN, Päpstliche Finanzgeschichte S. 65 f.; ZEMA, Economic Reorganisation S. 144 Anm. 21; speziell z. Gregor VII. GOEZ, Toscana S. 197. – 36 Vgl. o. S. 251 Anm. 10. – 37 W. HOLTZMANN, Die Unionsverhandlungen zwischen K. Alexios I. u. P. Urban II. im J. 1089, Byz. Z. 28 (1928) S. 54 f. – 38 SYDOW, Untersuchungen S. 59. – 39 MG Ll II 423; dazu P. LEHMANN, Die Parodie im MA, 2. Aufl., 1963, S. 26 ff. – 40 SYDOW, Untersuchungen S. 41. – 41 Vgl. o. S. 79. – 42 HALPHEN, Études, bes. über den Stadtpräfekt und die

Den Päpsten floß Geld von verschiedener Herkunft zu. Da waren die Palliengelder, die von den Erzbischöfen und einigen Bischöfen zu entrichten waren, Geschenke fremder Fürsten, Entgelte für die Ausstellung von Privilegien, die Zahlungen zinspflichtiger Klöster, der Peterspfennig aus England oder Polen, Tribute, zu denen sich besonders die Fürsten bereiterklärt hatten, die ihre Länder dem heiligen Stuhl übertragen und sie als Lehen zurückerhalten hatten[41]. Das alles waren aber unsichere Einnahmen. Die Zahlungen wurden oft versäumt und mußten mit mehr oder weniger Erfolg eingetrieben werden. Manche sind offenbar auf dem Weg vom Zahlenden zur Kurie ganz oder teilweise versickert.

Man darf wohl vermuten, daß der größte Teil der päpstlichen Einkünfte aus den Großgrundherrschaften des Patrimonium Petri stammten, Grundzinse, Erträgnisse aus der Gerichtsbarkeit, Dienstleistungen der Vasallen[42]. Mit Recht ist bemerkt worden, daß man vor dem 13. Jh. kaum schon von einem „Kirchenstaat" reden könne[43]. Es handelt sich eher um ein Bündel von hochprivilegierten Grundherrschaften und isolierten Rechten, nicht um konsolidierte und zusammenhängende Territorialherrschaften. Alle die fälligen Zahlungen und Leistungen einzutreiben und der Zentrale zuzuführen, war schwierig und verlustreich. Darüber hinaus waren die Teile des Patrimonium Petri oft genug von äußeren Feinden oder im Inneren von aufrührerischen Großen oder Parteiungen bedroht. Dies möge an zwei Beispielen deutlich gemacht werden. Ende 1052 war das Herzogtum Benevent durch einen Vertrag mit Heinrich III. an Papst Leo IX. gekommen. Dieser verlor jedoch die Schlacht bei Cività, und der Einfluß der Päpste auf Benevent konnte bis ins 12. Jh. immer nur vorübergehend zur Geltung gebracht werden. Die Kurie hatte es mit unterschiedlichen Partnern zu tun, außer mit den Normannen, mit den zeitweise wiederhergestellten langobardischen Fürsten, städtischen Parteien, dem Beneventer Erzbischof, einer Adelsfamilie, die zeitweise eine Fürstenstellung errang, dann mit Rektoren, die teils von den Päpsten eingesetzt, teils von den Beneventanern gewählt waren[44]. Ganz anders waren die Verhältnisse in der Sabina. Dort machten zunächst Zweige des römischen Adelshauses der Crescentier, dann mehr noch die Reichsabtei Farfa, die erheblich größere Besitzungen im Lande hatte als der heilige Stuhl, die größten Schwierigkeiten. Seit 1084 war Farfa auf Seiten des Gegenpapstes. Nur vorübergehend konnte sich Paschal II. im Lande durchsetzen. Aber bezeichnenderweise gab Heinrich V. den 1111 gefangenen Papst zur Verwahrung nach Tribuco in der Nähe Farfas. Erst das Wormser Konkordat brachte die Sabina in die Hand der Päpste[45].

Man muß eine Anschauung von der Unsicherheit der päpstlichen Einkünfte, der Brüchigkeit der Territorialherrschaften haben, um ihr geistliches und politisches Wirken im Abendland zu begreifen. Allerdings ist zu bedenken, daß andere große Herrscher, Kaiser und Könige, in ähnlicher Lage waren. Die meisten von ihnen machten „große Politik" bei steter Angefochtenheit und verhältnismäßig kleinlichen Auseinandersetzungen in der Nähe, mit beschränkter und oft ungesicherter Grundlage. Allerdings waren die öffentlichen Aufwendungen, wenn man von Bau und Ausstattung der Kirchen und von größeren kriegerischen Unternehmungen absieht, unbeträchtlich.

Das Verhältnis der Päpste zu den normannischen Fürsten ist bestimmt von prinzipiellen Gesichtspunkten, aber ebensosehr von aufreibenden Grenzkämpfen und regionalpolitischen Auseinandersetzungen mit den verschiedenen kirchlichen und weltlichen Kräften jener Länder. So erinnert manches an das mühselige Ringen mit den widerstrebenden lokalen Faktoren innerhalb der päpstlichen Territorien. Doch gehören die Versuche, eine oberhoheitliche Stellung in Süditalien zu gewinnen, auch in die Geschichte des Strebens der Päpste, ihren Einfluß in den abendländischen Staaten überhaupt zu verstärken, moralisch-

Richter S. 16 ff., 39 ff., sowie die Listen am Schluß; JORDAN, Päpstliche Finanzgeschichte S. 62. – 43 TOUBERT, Structures S. 935. – 44 O. VEHSE, Benevent als Territorium d. Kirchenstaates bis z. Beginn d. avignonesischen Epoche, QFIAB 22 (1930/31) S. 87 ff. – 45 O. VEHSE, Die p.lische Herrschaft in d. Sabina bis z. Mitte d. 12. Jh.s, QFIAB 21 (1929/30) S. 157 ff.; HÜLS, Kardinäle S. 259 bemerkt, die Crescenzi-Ottaviani seien die Hauptgegner des Reformpapsttums in der Sabina gewesen. – 46 K. JORDAN, Das Eindrin-

religiös zu begründen und rechtlich zu fixieren, das während des Pontifikats Alexanders II. einsetzte[46].

Die Absicht, Wilhelm den Eroberer 1066 zur Lehnsnahme Englands vom heiligen Stuhl zu bewegen, ist gescheitert. Dagegen tradierte Sancho Ramirez von Aragon 1068 sein Land der römischen Kirche und empfing es als Lehen zurück. Jedoch scheiterte der Versuch, Oberlehnsrechte über Kastilien und León zu begründen. In der Zeit Urbans II. tradierte Berengar Raimund von Barcelona, el fratricida, sein Erbland dem heiligen Stuhl. Gregor VII. stellte König Svend Estridson 1075 ein Reich für einen seiner Söhne, wohl als Lehen der römischen Kirche, in Aussicht[47]. Im Jahr darauf ließ sich Demetrius Zwonimir von Kroatien in Anwesenheit eines päpstlichen Legaten zum König wählen und krönen. Er soll Gregor VII. und dem heiligen Petrus den Lehnseid geleistet haben[48]. Mit Rußland und Serbien versuchte der Papst engere Beziehungen zu schaffen. Für Ungarn nahm er das Obereigentum des heiligen Stuhls in Anspruch und tadelte König Salomon wegen der Lehnsnahme vom deutschen König[49]. Schließlich läßt die Übersendung eines Treueidformulars für den 1087 zu wählenden deutschen Gegenkönig Gregors Absichten erkennen, ebenso wie die Behauptung, Sachsen sei von Karl dem Großen dem heiligen Stuhl tradiert worden[50]. Zwar kann man schwerlich davon sprechen, Gregor habe allgemein die *Lehnsoberhoheit über sämtliche Staaten* durchsetzen zu können gemeint. Vielmehr wird die Stärkung des päpstlichen Einflusses in elastischer Anpassung an die bestehenden Möglichkeiten angestrebt worden sein[51].

In der neueren Forschung gehen die Meinungen über Gregors *Begründung seiner Ansprüche* gegenüber gewissen Königen und Staaten auseinander. Die Überlegungen haben sich konzentriert auf die Frage der päpstlichen Rechte zur Belehnung der Normannenfürsten mit den von ihnen eroberten Ländern. Überwiegend nimmt man an, daß alte Kaiserrechte usurpiert worden seien. Die Frage, ob dabei die *Konstantinische Schenkung* motivierend war oder der päpstliche Vikariat in rein religiösem Sinn, ist verschieden beantwortet worden. Das Protokoll der römischen Fastensynode von 1080 scheint die Vollmacht der geistlichen Gewalt über Reiche und Fürstentümer allein auf die Binde- und Lösegewalt zurückzuführen: Wenn ihr im Himmel binden und lösen könnt, könnt ihr auf Erden imperia, regna, principatus, ducatus, marchias, comitatus et omnium hominum possessiones jedem nach seinen Verdiensten nehmen und geben[52]. Man hat zwar bezweifelt, ob diese Feststellung schon 1059 als Grundsatz gedient hätte, und statt dessen die Möglichkeit einer Anknüpfung an die Konstantinische Schenkung hervorgehoben[53]. Doch die Normannen selbst haben nach Amatus von Monte Cassino ihren Entschluß zur Lehnsnahme ausdrücklich damit begründet, daß der Papst der Vikar der heiligen Petrus und Paulus sei. Dies geschah, als Robert Guiscard Heinrichs IV. Angebot zurückwies, ihm die eroberten Länder zu Lehen zu geben. Gott habe ihm durch seinen Sieg über die Sarazenen Ruhm gewährt, das Land unterworfen und ihn größer gemacht als irgendjemanden in seinem Volk. Und so sei es angemessen, daß er das Land, das der König ihm jetzt geben wolle, nur vom Allerhöchsten habe[54]. Es fällt auf, mit welcher Entschiedenheit die Untertänigkeit unter den Stellvertreter der Apostel mit der unter Gott gleichgesetzt wird. Mit dieser rein religi-

gen d. Lehenswesen in d. Rechtsleben d. römischen Kurie, AUF 12 (1932) S. 71 ff.; ERDMANN, Entstehung S. 204 ff.; ZEMA, Economic Reorganisation S. 149 ff. – 47 Vgl. o. S. 162 u. 176 f. – 48 P. KEHR, Rom u. Venedig bis ins 12. Jh., QFIAB 19 (1927) S. 107 f. – 49 Reg. II 13, 63, 70; TELLENBACH, Libertas S. 232; DERS., Zusammenleben S. 54. – 50 Reg. VIII 23, dazu CASPAR S. 567 Anm. 3. – 51 TELLENBACH, Libertas S. 186 mit Anm. 35; DERS., Zusammenleben S. 34 f. – 52 Reg. VII 14 a. – 53 DÉER, Papsttum S. 51 u. 78 ff. – 54 Amatus, Ystoire di li Normant VII 27 S. 298 ff., auch V. DE BARTHOLOMEIS, Fonti per la storia d'Italia 76, 1935, S. 320 f. u. DÉER, Papsttum S. 28 f.; dazu ERDMANN, Entstehung S. 120; TELLENBACH, Zusammenleben S. 54; DÉER S. 92 u. 100; COWDREY, Age S. 129, dazu H. HOFFMANNS Einwand DA 39, 1983, S. 663, der aber dem Text bei Amatus nichts von seiner Bedeutung nimmt, auch wenn man die Frage der Authentizität von Robert Guiskards Antwort offen lassen will. – 55 TELLENBACH, Zusammenleben S. 34 ff. –

ösen, idealen Begründung lassen sich aber andere Rechtstitel leicht verbinden. Gregor VII. und seine Nachfolger haben auch sonst religiöse, historische und juristische Argumente nicht als Alternativen angesehen.

Die *Abhängigkeit von Reichen und Fürstentümern,* wie immer sie begründet und formal gestaltet sein mochte, hat Jh. hindurch eine gewisse Rolle gespielt[55]. Sie hat selten praktisch-politische Folgen gehabt, weder für die Päpste noch für die abhängigen Länder und Fürsten. Am wichtigsten waren wohl die militärischen Hilfeleistungen der Normannen im 11. Jh. Aber sie waren stets unsicher, und die Normannen und ihre Nachfolger wurden in der Folge recht bedrohliche Nachbarn. Den größten Vorteil, wenn er auch nicht zu überschätzen ist, hatten die Päpste wohl von den Geschenken und Zinszahlungen ihrer Lehnsleute, obwohl diese oft genug damit in Verzug gerieten[56].

Die Päpste forderten von der Christenheit auf Grund ihres erhabenen Auftrages die Erfüllung ihrer Gebote. Doch welche *Machtmittel* standen ihnen zur Verfügung, um ihren Befehlen Nachdruck zu geben oder gar ihre Ausführung zu erzwingen? Ihre Gewalt, den Himmel zu öffnen und zu verschließen, war das stärkste. Durch die *Exkommunikation* vermochten sie den Verlust des ewigen Heils anzudrohen. Und gewiß haben sich viele Christen dadurch zum Gehorsam bewegen lassen. Andererseits zeigte sich oft, zumal in Konflikten mit Königen und Völkern, daß die Exkommunikation ignoriert, das Verbot, mit Exkommunizierten umzugehen, mißachtet wurde und sich sogar immer wieder Geistliche fanden, die Exkommunizierten die Sakramente spendeten. Den Gipfel erreichte diese Verachtung des Kirchenbannes, wo es zu Kirchenspaltungen kam und zwei Päpste sich und ihre Anhänger gegenseitig verdammten[57].

Umstritten war die Frage, ob vom Papst *materielle Gewalt* gegen Widerspenstige angewendet werden dürfe. Als Herren des Patrimonium Petri haben die Päpste natürlich längst irdische Zwangsmittel in dem ihnen möglichen, bescheidenen Maß und in engen Bereichen angewandt. Und sie haben Kriege gegen Heiden, zuweilen auch gegen Christen diplomatisch und finanziell unterstützt und sogar selbst geführt. Im allgemeinen sollte die geistliche Gewalt im Notfall die weltliche zur Ausübung materiellen Zwangs herbeirufen, sowohl bei hartnäckiger Verweigerung rein kirchlicher Gebote durch unbotmäßige Christen, Ketzer und Schismatiker, wie auch in politischen und militärischen Auseinandersetzungen mit weltlichen Widersachern. Nachdem Heinrich III. die erbetene Waffenhilfe gegen die Normannen nicht leistete, hat Leo IX. selbst den Krieg gegen sie geführt. Zur Vernichtung des Gegenpapstes und seiner Anhänger wurden unter Nikolaus II. normannische Truppen herangeführt. Und auch weiterhin wurde gegen Schismatiker militärisch vorgegangen mit Hilfe von Verbündeten oder mit eigenen Lehnsleuten und Söldnern. Gregor VII. fragte 1075 bei dem König von Dänemark an, was er von ihm zu hoffen habe, wenn die römische Kirche seiner Hilfe in militibus et materiali gladio bedürfte (II 51). Und die Normannen befreiten ihn 1084 mit Feuer und Schwert, als er sich gegen Heinrich IV. und seine einheimischen Gegner in der Engelsburg nicht mehr halten konnte.

Schon im 11. Jh. erhob sich *Widerspruch* gegen solche Anwendung weltlicher Zwangsmittel durch Geistliche. So hatte Petrus Damiani Bedenken gegen Leos IX. Normannenkrieg geäußert[58]. Später wurde es die Regel, daß Gegner Gregors VII. und seiner Nachfolger das kirchliche ius gladii kritisierten, während es von ihren Anhängern verteidigt wurde[59]. Eine schon ziemlich ausgereifte Rechtfertigungslehre der päpstlichen Zwangsgewalt findet sich bei Bernold von St. Blasien und Anselm II. von Lucca[60]. Gregor VII. selbst

---

56 Aus dem gleichen Bewußtsein der Überordnung des Papstes über Königreiche und aus der Inanspruchnahme kaiserlicher Rechte und Insignien stammt die Praxis päpstlicher Königserhebungen seit dem 11. Jh.; dazu H. Hirsch, Das Recht d. Königserhebung der K. u. P.e im hohen MA, F. f. E. Heymann, I, 1940, S. 209–249. – 57 Vgl. o. S. 198. – 58 Erdmann, Entstehung S. 131 f.; Stickler, Potere coattivo S. 275. – 59 Erdmann, Entstehung S. 245; Stickler, S. 281. – 60 Ebd. S. 282 mit Anm. 176: „E cosi il principale scritto di Anselmo di Lucca non è solo uno specchio della coazione Gregoriana, ma altresì è soprattutto il suo fulcro e veicolo pur il suo tempo ed i secoli futuri." – 61 Origines des deux

wollte und handelte unmittelbar aus religiösen und machtpolitischen Impulsen. So hat schon Henri Xaver Arquillière mit Recht festgestellt: „Durch Gregor ist die Theorie von den beiden Schwertern nicht formuliert, aber energisch praktiziert worden."[61] Erst nach ihm wurde sie theologisch und juristisch ausgearbeitet und ausgefeilt.

Doch zwischen Anspruch und Theorie einerseits, ihrer Verwirklichung andererseits blieben auch dann noch große Divergenzen. Gregors Plan von 1074, den Christen im Osten militärische Hilfe gegen die andringenden Heiden zu bringen, blieb unausgeführt. Dabei hatte er persönlich an der Heerfahrt teilnehmen wollen[62]. Urban II. hatte in Piacenza und Clermont den ersten *Kreuzzug* in zündender Predigt in Gang gebracht, aber er war ihm bald entglitten[63]. Und auch spätere Kreuzzüge sind nicht eigentlich Unternehmungen der Päpste gewesen und entzogen sich oft genug mit ihren eigenen Tendenzen den Aufgaben, die ihnen von Rom zugedacht waren. Die grundsätzliche und praktische Haltung der Kirche zum Krieg hatte sich indessen schon im 11. Jh. fundamental geändert. Sogar der Einsatz militärischer Machtmittel erschien auf Grund des hohen Privilegs der Nachfolger des Heiligen Petrus erlaubt und unvermeidbar.

3. Ecclesia und Christianitas

a) Papstum und Königtum

Der höhere Rang des Priestertums gegenüber dem Laientum und sogar seinem Gipfel, dem Königtum, ist seit Gelasius I. behauptet und allgemein anerkannt worden. Alle Christen bedurften zu ihrem Heil der Geweihten, von denen allein der Dienst an den Sakramenten verrichtet werden konnte. Und der Priester ist es, der im Jüngsten Gericht Rechenschaft für die Laien geben muß[1]. Aus dieser Verpflichtung ist von Gregor VII. energisch und umfassender als je Gehorsam gegenüber dem Stellvertreter des heiligen Petrus gefordert worden. Gewiß ist er im Grunde für den Bereich des religiösen und moralischen Verhaltens gemeint gewesen. In der Realität des irdischen Lebens haben indessen alle Taten und Gesinnungen letztlich religiöses und moralisches Gewicht, so daß der Gehorsamsanspruch unabsehbar erweitert werden konnte. Infolgedessen wurde es immer schwerer, die Mahnung des Apostels Paulus „nemo militans Deo implicet se negotiis saecularibus", die Papst Gelasius als Grund dafür verstanden hatte, daß Gott die weltliche Gewalt zur Entlastung der geistlichen geschaffen habe, rein zu befolgen[2].

Die römische Kirche war ja längst gezwungen gewesen, sich in ihren lokalen und regionalen Beziehungen politisch und wirtschaftlich zu betätigen. Seit der Mitte des 11. Jh.s erweiterten sich mit den Dimensionen ihres geistlichen Wirkens auch die politischen und wirtschaftlichen Aktivitäten. Sie betrafen vor allem die hohe Geistlichkeit sowie Könige und Fürsten. Es erforderte Energie und diplomatisches Geschick, um sie an die neuen Ansprüche des Stuhls von Rom zu gewöh-

glaives, SG 1, 1947, S. 508. – **62** Reg. I 46, 49, II 31; dazu ERDMANN, Entstehung S. 149 ff. – **63** Vgl. o. S. 205.

1 Vgl. o. S. 107. – **2** Neueren fällt es schwer, die mittelalterliche Unscheidbarkeit von religiöser und machtpolitischer Aktivität hinzunehmen. SZABÓ-BECHSTEIN, Libertas Ecclesiae S. 47 meint: „Gregors Anliegen war nicht, selbst weltliche Macht auszuüben." Sie zitiert Reg. I 62, S. 91, wo jedoch genau das Gegenteil steht: „... portamus ... non solum spiritualium sed et secularium ingens pondus." S. 175 betont Szabó-Bechstein dagegen treffend, daß Gregor kein systematischer Denker gewesen sei, der eine grundsätzliche Trennung von Diesseits und Jenseits wahrzunehmen vermochte. – **3** Vgl. auch zum Fol-

nen. Spannungen mußten ausgehalten, Konflikte durchgefochten werden. Es kam zu grundsätzlichen Erörterungen über das Verhältnis des Papstes, des Nachfolgers des Apostelfürsten, zu Bischöfen, den Nachfolgern der übrigen Apostel, mehr noch zu den Königen, die durch ihre Weihe über alle anderen Laien emporgehoben schienen und von dem Bewußtsein getragen waren, ihre Gewalt durch Gottes Gnade zu besitzen.

Unverkennbar dauerte die gegenseitige Anerkennung der päpstlichen und der königlichen Würde fort, auch nachde n die Päpste sich über mangelnden Gehorsam zu beklagen anfingen, die Könige ungewohnte päpstliche Eingriffe ignorierten oder abwehrten. Bei allen bitteren Kämpfen mit mehreren Päpsten und Gegenpäpsten blieb die Idee des päpstlichen Amtes mit seltenen Ausnahmen unangetastet. Ebenso dauerte die Überzeugung fort, daß der König seinen Auftrag von Gott habe, dem er Rechenschaft schulde. Aber das Königsamt wurde in neuer Weise problematisch, wenn der Gehorsamsanspruch des Papstes als Stellvertreter des heiligen Petrus zu einer Beurteilung und Korrektur des Handelns und der Lebensführung der Könige schon auf Erden führte.

Doch ist es darum in den meisten westlichen Ländern nicht zu ernsten Konflikten zwischen Papsttum und Königtum gekommen[3]. Am ungetrübtesten war das Verhältnis der Päpste zu fernen Königen oder Fürsten wie denen von Dänemark, Norwegen, Rußland, Polen, Kroatien, Ungarn. Sie hörten sich ehrfurchtsvoll die Lehren über den dem heiligen Petrus geschuldeten Gehorsam an, die bei ihren losen, vorübergehenden Beziehungen zu Rom nicht störten. Mit den Königen von England, Spanien, Frankreich ergaben sich manche Spannungen, aber nie kam es zu vollkommenem Bruch wegen „kirchenreformerischer" Forderungen, wie Abstellung der Simonie, Beseitigung der Klerikerehe oder den Verzicht auf die Laieninvestitur. Am heftigsten war Gregors VII. Einschreiten gegen Philipp I. von Frankreich. Er drohte 1074, das Königreich Frankreich seiner Herrschaft zu entreißen, da er nicht König, nein, ein räuberischer Wolf und ungerechter Tyrann sei. Moralische Verfehlungen, sein Eheskandal, haben erst Urban II., übrigens sehr gegen seinen Willen, schließlich zur Exkommunikation bewogen. Die Ermordung eines Bruders und Miterben durch den Grafen Berengar Raimund II. von Barcelona hat Urban nicht daran gehindert, ihn, den Fratricida, als Verbündeten und Lehnsmann zu akzeptieren, als er 1090 sein Land dem heiligen Stuhl übereignete[4]. Robert Guiscard befand sich viele Jahre in päpstlichem Bann, aber nicht einmal sein hartnäckiger Ungehorsam hat die Versöhnung verhindert.

Nur mit dem deutschen und italienischen König Heinrich IV. ist es zu dem unversöhnlichen Zwist gekommen, aus dem sich die säkulare Frage nach dem gottgewollten Verhältnis zwischen Papsttum und Königtum neu ergab. Was den Ausbruch des Konflikts verursachte, ist seit Gregors und Heinrichs Lebzeiten viel diskutiert worden.

Dem Papst mögen Gerüchte über die moralische Lebensführung des jungen Königs, deren damals wohl manche kolportiert wurden, bekannt geworden sein. Doch kommt davon in den ersten Jahren seines Pontifikats nichts vor, obgleich einige sorgenvolle Äußerungen einen inneren Abstand ahnen lassen. Daneben findet man auch positive Bemerkungen. Erst nach dem Bruch von 1076 wird von der unerhörten Verworfenheit (inauditae pravitates) und den mannigfachen Un-

genden o. S. 203 ff. – **4** Kehr, Katalanischer Prinzipat S. 32. – **5** EC. 14, S. 535 ff. – **6** Vgl.

gerechtigkeiten des Königs offen geredet, der seine Ferse gegen den heiligen Petrus richtend, die heilige Kirche zugrundezurichten getrachtet habe. Schon als Diakon sei zu ihm der schändliche, üble Ruf (sinistra et multum inhonesta fama) des jungen Königs gedrungen. Mit dem Alter sei seine Unsittlichkeit (iniquitas) gewachsen. Dann habe er ihn durch drei fromme Männer ermahnen lassen, für seine Verbrechen (sceleribus) Buße zu tun[5]. Nach Canossa hören solche harten Urteile zunächst auf. Nach Brixen ist Heinrich dann wieder der Verächter des christlichen Gesetzes, der Zerstörer der Kirchen und des Reiches, der Förderer und Genosse der Ketzer (VIII 21). Gregor mag also vor 1076 den König moralisch für tadelnswert gehalten haben, aber für den welterfahrenen Papst, der die durchschnittliche Moralität seiner Zeitgenossen kannte, ist dies sicher nicht ein Hauptgrund zum Einschreiten gegen Heinrich gewesen. Gewiß nahm er es schwerer, daß er seinem Verlangen nicht nachgab, von ihm mißbilligte Räte zu entlassen, trotzdem sie exkommuniziert waren. Doch Ignorierung der Exkommunikation war gleichfalls schon damals nicht gar so unverzeihlich. Auch Widerstand gegen Forderungen der Reformpolitik kann schwerlich den Ausbruch des Konfliktes herbeigeführt haben, zumal da Simonie in Deutschland keine so große Rolle spielte wie in anderen Ländern, für die geringen Erfolge im Kampf gegen Klerikerunzucht mehr die Bischöfe und der Klerus selbst als der König verantwortlich waren und die Frage der Laieninvestitur damals noch nirgendwo gelöst war. So wird Gregor zu seiner Strenge und zu seinen Drohungen wohl hauptsächlich durch den Mailänder Fall veranlaßt worden sein, den er mit Recht als Skandal empfand[6]. Daß die Härte seines Auftretens zu einer so heftigen Reaktion am Königshof führen würde, hatte der Papst wohl schwerlich erwartet.

Über die Motive, die 1076 den König und den Episkopat zu ihrer radikalen Haltung bestimmten, kann man nur Vermutungen äußern. Aber sicher hat sie das herrische Verhalten des Papstes schon sofort zu einer grundsätzlichen Äußerung über die religiöse Auffassung der königlichen und der bischöflichen Würde geführt. Als es dann so schnell zu Gregors Gegenschlägen kam, zu Heinrichs Exkommunikation, seiner Absetzung und der Eidlösung seiner Untertanen, wurde in der Verteidigung des Königs gegen die Anmaßung göttlicher Gewalt durch den Papst mit den Argumenten der Gottunmittelbarkeit des Königs der theokratische Amtsgedanke noch ausgestaltet[7]. Gregor hat seinerseits viel darangesetzt, sein Verhalten zu rechtfertigen. Dabei geht es weniger um Verstöße der Gegner gegen einzelne moralische oder kirchenrechtliche Normen, als um ketzerische Nichtachtung der erhabenen Stellvertreterschaft des Papstes.

Gregor VII. muß von der Wirkung seiner Maßnahmen gegen Heinrich IV. enttäuscht gewesen sein. Er hat sich 1076 und noch 1080 vielfach bemüht, sie zu erklären und zu verteidigen. Seine Argumente enthalten Gedanken und Behauptungen, die zuweilen aggressiv polemisch klingen und mit seinen sonstigen Überzeugungen nicht konsequent abgestimmt sind. Viel beachtet wurde, was er über die Herkunft des Königtums äußerte. Befreundeten Königen hätte er immer zugestanden, daß sie ihr Amt von Gott hätten, zumal wenn sie des Papstes übergeordneten Auftrag anerkannten und ihm den Gehorsam nicht verweigerten. Bei einem König, der ihm Widerstand leistete, konnte er in seinem Zorn die königliche Ge-

o. S. 186f. – 7 Brr. Heinrichs IV., ed. Erdmann S. 16 Nr. 12; dazu MACCARONE, Teologia del primato Romano S. 93. – 8 Bernold, Libelli XII, MG Ll 2, S. 147; Deusdedit, Liber

walt überhaupt diskriminieren, indem er sich daran erinnerte, daß sie aus menschlichem Stolz erfunden sei, bevor Christus auf Erden erschien, daß sie ihren Ursprung bei denen hatte, die Gott nicht kannten und mit Hochmut, Raub, Treulosigkeit, Mord und schließlich fast allen Verbrechen vom Fürsten der Welt, dem Teufel, angetrieben über Menschen ihresgleichen in blinder Gier und unerträglicher Vermessenheit zu herrschen gelüsteten (IV 2, VIII 21). Bei Gregorianern konnte dieser Gedanke maßvoller ausgedrückt werden, das Königtum sei aus menschlicher Erfindung entstanden (Bernold), Gott habe es zugelassen, jedoch nicht gewollt (Deusdedit), während ein gebildeter Antigregorianer auf die Wendung kommt, der Königsname sei gleich bei Beginn der Welt erfunden und nachher von Gott gefestigt worden (Wenrich)[8].

Für Gregors Weltzuwendung bezeichnend ist die Argumentation: „Wenn der apostolische Stuhl kraft der ihm von Gott verliehenen Obergewalt Geistliches entscheidet und richtet, warum nicht auch Weltliches?" „Wenn der Heilige Petrus Himmlisches und Geistliches löst und richtet, um wieviel mehr Irdisches und Weltliches?"[9] Im Gebet an die Apostel Petrus und Paulus: „Handelt nun, bitte ich, heiligste Väter und Fürsten, damit die Welt einsehe und erkenne, daß, wenn ihr im Himmel binden und lösen könnt, ihr auch auf Erden Reiche, Fürstentümer, Herzogtümer, Grafschaften und aller Menschen Besitzungen einem jeden nach Verdienst nehmen und gewähren könnt." (VII 14 a) „Wem die Gewalt gegeben ist, den Himmel zu öffnen und zu schließen, soll über die Erde nicht richten dürfen? Ferne sei es." Weil dem heiligen Petrus, und somit seinem Stellvertreter, dem Papst, Gewalt über Himmlisches gegeben ist, so muß er, wird geschlossen, erst recht Gewalt über Irdisches und Weltliches haben. Doch diese Schlußreihe vom Höheren zum Niederen ist nicht selbstverständlich, und man hat die Anwendung des argumentum a fortiori mit Recht „eigentümlich und logisch nicht ganz einwandfrei" genannt[10]. Zumindest ist es nicht zwingend. Hatte doch schon Gelasius I. bei Betonung des höheren Ranges des Priestertums vorgeschrieben, der Klerus sollte sich nicht in weltliche Dinge einmischen und bei ihnen dem König untertan sein. Ihn leitete noch die altchristliche Sorge, daß die spiritualis actio a carnalibus distaret incursibus[11]. Auch Nikolaus I. hatte an diesem Prinzip festgehalten. Und Hinkmar von Reims, wie viele Theologen, hatte immer wieder an die Gehorsamsgebote des heiligen Paulus gegenüber der weltlichen Obrigkeit erinnert[12]. Diese Tradition hat sich trotz der vorherrschenden Auffassung der Gregorianer noch lange behauptet. So zitierte etwa der Kardinal Beno die berühmten Worte Gelasius I. über die beiden Gewalten, die Christus in Voraussicht der menschlichen Gebrechlichkeit so getrennt habe, daß die christlichen Kaiser für das ewige Leben der Bischöfe bedürften und die Bischöfe im Lauf der zeitlichen Dinge der kaiserlichen Verordnungen[13]. Der liber de unitate ecclesiae wirft Hildebrand und seinen Anhängern leidenschaftlich vor, die Ämter beider Gewalten zu usurpieren. „Aber Christ ist nicht, katholisch ist nicht, wer dem Evangelium widerspricht, wer die apostolische Lehre verachtet", worauf die biblischen Texte aufgezählt werden, nach denen sich das Verhältnis der Christen zur Welt richten soll[14]. Es hat sich ein Gegensatz aufgetan, der auf glaubensmäßigen Entscheidungen beruht, die nicht miteinander zu vereinbaren sind.

contra invasores simoniacos c. 12, MG Ll 2, S. 383; Wenrich, ep. c. 4, MG Ll 1, S. 289. – 9 Reg. IV 2, IV 24, auch I 22, S. 38 Anm. 1. – 10 BLAUL, Studien S. 124. – 11 THIEL, Epistolae S. 567. – 12 TELLENBACH, Libertas S. 82 ff. – 13 Beno, Gesta III c. 17, MG Ll 2, S. 403. – 14 De unitate II c. 15, MG Ll 2, S. 230 f. – 15 Vgl. o. S. 146 f. – 16 Der Gedanke

b) Wertende Unterscheidung von Klerus und Laien

Der Gegensatz zwischen der geistlichen und der weltlichen Gewalt war theoretisch und praktisch am schärfsten und grundsätzlichsten, wo Überzeugungen angefochten wurden, von denen viele Jh. lang das Leben der regional gegliederten Kirche beherrscht war, die Zweigewaltenlehre und die Auffassung von der Stellung des von Gott verordneten Königs zwischen Klerus und Laien. Wenn die Kirche unter der Leitung des auf Erden Höchsten der Priester geeinigt werden sollte, ergab sich die Notwendigkeit einer Entscheidung darüber, welche Kompetenzen den Königen noch zuzubilligen seien. Nun wurde die Auffassung, daß der König mehr als ein Laie sei, in Frage gestellt[15]. Noch umfassender erhebt sich die Tendenz, die *Laien*, die in der Kirche tatsächlich schon längst die Geführten waren, weiter zu diskriminieren und die Überlegenheit der *Kleriker* zu steigern und zur Geltung zu bringen[16].

Man kann Gregors VII. Äußerungen über die unheilige Herkunft der weltlichen Gewalten, die Urbans II. über bluttriefende Laienhände, in die Kleriker keine Mannschaftseide schwören dürften, vielleicht als literarische Übertreibungen betrachten[17]. Aber Gregors berühmte Worte über den Exorzisten, einen der niederen Kleriker, dem als geistlichem Kaiser zur Abwehr der Dämonen eine höhere Gewalt gegeben sei, als irgendeinem Laien für weltliche Herrschaft erteilt werden könne, geben seiner hohen Meinung vom Klerus, seiner geringen von den Laien Ausdruck[18]. Ähnlich soll Urban II. in einer Predigt geäußert haben, der minimus clericulus sei in der Kirche größer als irgendein sterblicher König[19]. Paschal II. äußert sich über den Rangunterschied zwischen Klerikern und Laien in gleichem Sinn. Unwürdig sei es, schrieb er beispielsweise an Anselm von Canterbury, daß ein Kleriker, der schon in Gottes Los aufgenommen sei und den Rang der Laien überstiegen habe, um weltlicher Gewinne willen Laien die Mannschaft leiste[20].

Als man begann, an der traditionellen Kirchenverfassung Anstoß zu nehmen, richteten sich die Einwände zunächst lediglich gegen die Mitwirkung von Königen und Fürsten bei der Bestellung und Einsetzung von Bischöfen und Äbten, ebenso gegen die Rechte von Laien an Kirchen. Gegen Kircheneigentum von Klerikern, also Bischöfen, Äbten und sonstigen Geistlichen erhebt sich dagegen vorerst kein Widerspruch[21]. Es geht also nicht so sehr um die Wiederherstellung einer älteren Diözesanordnung als nur um die Beseitigung der herkömmlichen Rechte von Laien an Kirchen. Indem man den Klerikern zubilligt, was man den Laien verweigert, wird ihr Rangunterschied eindrucksvoll deutlich. Denn auch das Eigenkirchenrecht eines Geistlichen soll ja nicht mit spirituellen Funktionen verbunden sein. Dennoch findet man bei Klerikern erträglich, was bei Laien ent-

an eine Kirche, die bes. auf dem Klerus beruht, findet sich z. B. schon bei Johannes VIII, JE 3030, MG Epp. VII S. 332 Nr. 5: „ecclesia nihil aliud est nisi populus fidelis, sed praecipue clerus consetur hoc nomine;" eine entscheidende Etappe in der Geschichte der Klerikalisierung der Kirche ist die Schaffung einer obersten Instanz in den Kardinalbischöfen und die Einschränkung der Beteiligung des Königs und der Römer bei den Papstwahlen; vgl. Kempf, Pier Damiani S. 86 u. 88 f. – 17 Vgl. o. S. 260 u. 210. – 18 Die klerikale Hierarchie erschien ihm nach Arquillière, Saint Grégoire VII S. 235 comme une émanation directe du Christ. – 19 Landulf, Hist. Mediolanensis c. 40, MG SS XX S. 37. – 20 JL 5909, S. Anselmi opera omnia V 1, S. 125 Nr. 223. – 21 Vgl. o. S. 146 u. 148 f.. –

schieden abgelehnt wird. Der nur teilweise gelingende Versuch, das Eigenkirchenrecht der Laien zu beseitigen, ist ein bezeichnender Ausdruck für die insgesamt
stärkere Distanzierung von Klerus und Laien. Die weitere Entwicklung bringt indessen eine gewisse Angleichung laikaler und geistlicher Rechte an Kirchen. Ein
Laie als Kirchenpatron kann doch wieder eine würdige und einflußreiche Stellung
im Kirchenleben gewinnen, und erst recht kann der Einfluß von Gemeinden auf
Pfarrerwahlen, Kirchenvermögensverwaltung und Kirchenbau bedeutend werden.
Nach halben Erfolgen bei der Einschränkung des als übermäßig empfundenen
Gewichts der Laien scheint es allmählich zur Milderung der in den Aufbruchszei-
ten hervorgetretenen Opposition gegen die Beteiligung von Laien an der wirtschaftlichen und personellen Sorge für die einzelnen Kirchen gekommen zu
sein[22].

Die *entschiedenere Trennung des ordo clericorum und des ordo laicorum* scheint
seit der zweiten Hälfte des 11. Jh.s wesentlich fortgeschritten zu sein. Es ist in der
neueren Forschung vielfach die zunehmende „Klerikalisierung" der Kirche seit
der zweiten Hälfte des 11. Jh.s beobachtet und bedacht worden[23]. Während der
ordo laicorum einen abwertenden Sinn erhalte, das biblische Begriffspaar vom
„geistlichen" bzw. „fleischlichen" Menschen die Inferiorität des ordo laicorum zu
erweisen vermöge, sobald man es von der spirituellen auf die juridische Ebene
transponiere, identifiziere sich der Klerus mit der Kirche im eigentlichen Sinn[24].
Die rechtlich-gesellschaftlichen Elemente seien stärker geworden, mit der Klerikalisierung hänge die auffällige Verrechtlichung der Kirche zusammen[25]. Daß die
Auffassung der Kirche als Sache der Hierarchie, als Klerikerkirche, an Bedeutung
gewinnt, leuchtet schon bei allgemeiner Betrachtung der Kirchengeschichte ein.
Aber wie ist die gesteigerte Bedeutung des Klerus in dieser Klerikerkirche zu verstehen? Darüber hat P. A. Häussling hilfreiche Erklärungen gegeben: „Die Heils-
sorge ist der Ausdruck persönlicher Betroffenheit angesichts des (priesterlichen)
Auftrags; sie intensiviert die Bitte um persönliche Entsprechung. ‚Klerikal' wird
dies erst dann, wenn, um es schlagwortartig überspitzt zu sagen, statt des funk-
tionellen ein ontischer Unterschied zwischen Klerus und dem übrigen Gottesvolk
gesehen ..., wenn die Zelebration von Messen für den Klerus nicht mehr Erfüllung der Funktion innerhalb der Liturgie der ganzen Kirche ist, sondern die durch
Standesabsonderung gegebene Weise, (nur) derart Gott nahezukommen." In dieser Weise sei „Klerikalismus" theoretisch für den soziologischen Bereich erst
durch Gregor VII. formuliert[26].

Es fällt auf, daß die neueren Deutungen der Klerikerkirche mit Vorsicht, Einschränkungen und mitunter fast zögernd vorgebracht werden. Man fordert Untersuchungen über den Einfluß der gregorianischen Reform auf das Liturgiever-
ständnis[27]. Die Zweiteilung stehe noch ausdrücklich im Dienste einer Integration
dieses ordo laicorum in die eine und einheitliche „Kirchengesellschaft" des Mittelalters[28]. Theoretisch bleibe durchaus bewußt, daß nur die ganze Kirche Gottes-

---

22 Vgl. o. S. 228. – 23 CONGAR, Laie S. 90; TH. SCHIEFFER, Cluny S. 55: „la clericalisation
de l'Eglise – trait characteristique ce devait être la réforme Grégorienne"; BARLOW, English Church 1066–1154 S. 269; PROSDOCIMI, Chierici e laici spricht S. 112 f. v. discrimina-
zione (Sonderung) tra chierici e laici u. zitiert S. 120 Hugo v. St. Viktor: laici ... pars cor-
poris Christi sinistra sunt. Die entschiedenere Wertung des Abstandes von Klerus und
Laien kann man geradezu für eines der Hauptthemen der „Kirchenreform" halten. –
24 ZERFASS, Laienpredigt S. 187 ff. – 25 CONGAR, Laie S. 60 f. u. 68. – 26 HÄUSSLING,
Mönchskonvent S. 269 f. – 27 Ebd. S. 358 Anm. 19. – 28 ZERFASS, Laienpredigt S. 182. –

dienst halte und die Liturgie alle angehe[29]. Das Papsttum wünsche immer noch die Teilnahme der Laien, stoße sie aber von jeder einflußreichen Rolle zurück[30]. Besonders beherzigenswert erscheint die Erinnerung an den Unterschied zwischen theoretischer Ekklesiologie und gelebter Wirklichkeit des Katholizismus, womit die Fortdauer traditioneller Einheitlichkeit im einfachen Erleben der Gläubigen getroffen ist[31].

c) Eine Krise des abendländischen Mönchtums

Die westliche Christenheit war in ihrem religiösen Denken und Hoffen vor der sich steigernden Aktivität der Päpste am meisten vom Mönchtum und seinem der Urkirche und der Endzeit zugewandten Leben erfüllt gewesen. Entscheidend dabei war die Solidarität der Mönche mit der ganzen Kirche. Asketisches Büßen, liturgischer Dienst, hingebungsvolles Beten galten als hilfreich nicht nur für das eigene Seelenheil, sondern auch für das der Mitchristen. In besonderem Maß sollten sie zugutekommen denen, die den einzelnen Klöstern nahestanden als Gründer, als Wohltäter, als Verwandte der dort Gott dienenden Mönche und Nonnen. Die Dankbarkeit derer, die Anlehnung bei Klöstern suchten und fanden, gab diesen hohes Ansehen und machte sie reich[32].

Den Mönchen in ihrer Weltflucht erschienen Klerus ebenso wie Laien als „Welt", der sie nicht nur geistlich zu dienen, sondern trotz ihrer Fremdheit nach biblischem Gebot zu geben bereit waren, was ihr zukam. Sie waren daher prinzipiell nicht darauf aus, die Welt zu gewinnen, zu bessern, zu verändern. Sie nahmen es hin, daß nicht alle Christen der Welt entsagen können. In der Bekämpfung von moralischem Ungenügen und Verstößen gegen kirchliche Ordnungen waren sie meist nicht Initiatoren und Vorkämpfer. Italienische Gruppen wie Camaldolenser und noch mehr Vallombrosaner, deutsche, wie radikale Hirsauer, bilden bemerkenswerte Ausnahmen. Klosterreform, bei der es um die Vervollkommnung monastischer Lebensformen geht, ist im allgemeinen etwas anderes als die sogenannte Kirchenreform[33].

Das *Verhältnis des Mönchtums zu den Päpsten* war im ganzen bestimmt vom allgemeinen Glauben an die besondere religiöse Stellung der römischen Kirche und ihres Bischofs. Die verstärkte Realisierung des päpstlichen Primats seit Heinrich III. und Leo IX. fand die Billigung und Unterstützung der Mönche, ohne daß sie streitbare Wegbereiter oder Vorkämpfer der päpstlichen Sache geworden wären. In einigen Ländern passen sich die Klöster oder Klostergruppen der Haltung ihrer Könige und Bischöfe an. In Deutschland konnten hochstehende Klöster trotz ihrer Verehrung für die römische Kirche dem König und seinen Anhängern verbunden bleiben. Ein gewisser friedfertiger Zug entsprach der uralten weltflüchtigen Gesinnung.

Über die mönchischen Ursprünge Gregors VII. ist Genaueres nicht bekannt. Von seinen Nachfolgern kommen zwei aus Cluny, zwei aus Monte Cassino. Um so merkwürdiger ist es, daß sie trotz ihrer mönchischen Herkunft keine Spuren von Quietismus zeigen, sondern alle dem großen Gregor und seinen Vorgängern

---

29 HÄUSSLING, Mönchskonvent S. 271. – 30 CONGAR, Ecclésiologie S. 96. – 31 CONGAR, Laie S. 85. – 32 Vgl. o. S. 235 f. – 33 Vgl. o. S. 93 f. – 33a Allerdings bemerkt HOFFMANN

in dem starken Streben folgten, die klerikale Hierarchie und die Könige dem Gebot des Stellvertreters Petri zu unterwerfen und die dadurch hevorgerufenen Konflikte auszutragen[33a]. Ebenso auffallend ist es, wie sich die damals führenden Gestalten des Mönchtums dazu verhielten.

Hugo von Cluny ist wohl Zeit seines Lebens der verehrteste Mann in der westlichen Christenheit gewesen. Als solchen hat ihn auch Gregor betrachtet, indem er Rat und Hilfe bei ihm suchte, wenn er ihm auch gelegentlich Vorwürfe machte. Der große Abt ist den Päpsten in loyaler Treue ergeben gewesen. In mönchischer Haltung hat er nie versucht, sie zurückzuhalten oder gar zu korrigieren. Aber ihrer kämpferischen Politik scheint er eher zurückhaltend gedient zu haben. Als päpstlicher Legat in Frankreich wirkte er offenbar meist versöhnend und mildernd. Er hatte Heinrich III. und der Kaiserin Agnes nahegestanden. Er war Pate Heinrichs IV. So scheint er auch versucht zu haben, wo es möglich schien, zwischen dem Papst und dem König zu vermitteln und zu schlichten. Bekannt ist sein Auftreten in Canossa. Er scheint auch an der Vorbereitung des dortigen Zusammentreffens beteiligt gewesen zu sein und mußte selbst absolviert werden, weil er mit dem exkommunizierten Heinrich persönlich verkehrt hatte[34]. Später scheint der Abt Heinrich IV. gegenüber reserviert gewesen zu sein. Nach der Vita des Rainald wäre er vielleicht noch einmal dem König persönlich begegnet, als er 1083 von dem in der Engelsburg eingeschlossenen Papst kommend in Sutri in dessen größter Not einen Vermittlungsversuch unternahm[35]. An seiner Loyalität gegenüber den Päpsten, von denen Urban II. ihm wohl am nächsten stand, ist nicht zu zweifeln. Der radikale Gregorianer Hugo von Lyon hatte ihm allerdings vorgeworfen, im Karfreitagsgebet für den exkommunizierten Heinrich gebetet zu haben. Der Abt soll versucht haben, sich damit herauszureden, er habe das Gebet pro imperatore quolibet gesprochen[36]. Darf man aber nicht vermuten, daß er wirklich auch für seinen Patensohn im Stillen gebetet hat? Heinrich IV. rief in verzweifelter Lage am Ende seines Lebens den großen Abt mehrfach um Hilfe und Vermittlung an[37]. Er muß also mindestens an seine Neutralität ihm gegenüber geglaubt haben. Aber man weiß nichts davon, daß Hugo früher oder später für ihn Partei genommen hätte[38].

Noch heftiger als gegen den Abt von Cluny hatte sich Hugo von Lyon gegen *Desiderius von Monte Cassino* – Victor III. gewandt. Er klagte sich an, er habe mit den Brüdern der römischen Kirche, mehr den Ruhm bei den Menschen liebend als bei Gott, aus zeitweiliger Schwäche, Viktors Wahl zugestimmt, damit aber sich unerhört gegen Gott vergangen. Wer sollte es je glauben, hätte er es nicht aus seinem eigenen Mund gehört, dieser habe dem sogenannten König Heinrich sein Wort gegeben, ihm bei der Erlangung der Kaiserkrone zu helfen?[39]

bei DORMEIER S. 8 zu Recht, „daß Viktor III. und Gelasius II. keine Päpste nach dem Herzen der gregorianischen Radikalen waren". – 34 Bertholdi Ann. ad a. 1077, MG SS V S. 289; dazu MEYER v. KNONAU, Jbb. II S. 741 mit Anm. 199 u. S. 892. – 35 MEYER v. KNONAU, Jbb. III S. 490 f.; DIENER, Itinerar Nr. 100 u. 101, dazu S. 418 u. 426. – 36 Brief Hugos von Lyon an die Markgräfin Mathilde, MANSI XX S. 634–636; dazu MEYER v. KNONAU, Jbb. IV S. 179 Anm. 31. – 37 Die Briefe Heinrichs IV., ed. C. ERDMANN Nr. 31, 37, 38, S. 39 f. u. 46 ff. – 38 HOFFMANN, Von Cluny S. 202 stimme ich darin zu, daß von einer Neutralität Hugos nicht gesprochen werden kann. Das Vermittelnde an ihm, meint er, sei aber eine Frage des Temperaments. Doch könnte es nicht eher der Ausdruck ursprünglicher, weltindifferenter mönchischer Frömmigkeit sein? – 39 Hugo von Flavigny, Chron. MG SS VIII S. 466; dazu MEYER v. KNONAU, Jbb. IV S. 177 f.; LOUD, Abbot Desiderius S. 306 f. – 40 Vgl. o. S. 199. – 41 MEYER v. KNONAU, Jbb. III S. 548. – 42 LECCISOTTI, L'in-

Doch wirklich im Stich gelassen hat Desiderius den Papst nie, und als er nach langem Widerstreben sein Nachfolger wurde, hat er sich zu ihm bekannt. Daß er Ostern 1092 in Albano vor dem König erschien, mag teils durch die Hoffnung motiviert gewesen sein, zwischen Papst und König doch noch schlichtend wirken zu können, teils durch die Angst vor einem Angriff des Fürsten Jordan von Capua auf sein Kloster[40]. Aber offensichtlich hat der Abt damals bedingte Zugeständnisse gemacht. Er gehörte nicht zu den Kardinälen, die 1084 von Gregor abfielen. Wie sehr Desiderius daran lag, doch noch den unglücklichen Zusammenstoß zwischen Gregor und Heinrich zu vermeiden, zeigt sich daran, daß er 1083 beiden die Nachricht vom Heranmarsch Robert Guiscards auf Rom zukommen ließ, für den einen Verheißung der Rettung, für den anderen Drohung schwerster Gefahr[41]. Und als nach der Heimsuchung Roms durch die Normannen der Papst die Stadt verließ, wandte er sich zunächst gerade nach Monte Cassino. Desiderius soll ihn samt den ihm folgenden Kardinälen und Bischöfen bis zu seinem Tod unterstützt haben[42].

Die beiden großen Abteien von europäischer Geltung haben ihre Haltung zu den Päpsten auch zu Beginn des 12. Jh.s im wesentlichen fortgeführt. In ihrem Inneren kommt es aber zu Spannungen. *Cluny* wurde seit 1109 von dem hochangesehenen Abt Pontius geleitet, den Hugo selbst als Nachfolger ernannt hatte. Dieser hatte zwar nach 1111 Paschals „pravilegium" verurteilt, dann aber den Papst gegen die Radikalen unterstützt und sich 1115 bereitgefunden, zwischen Paschal und Heinrich V. zu vermitteln[43]. Den flüchtigen Gelasius II. empfing er in St. Gilles und geleitete ihn nach Cluny, wo der Papst bald gestorben ist. Er war maßgebend an der Erhebung Calixts II. beteiligt, die gleichfalls in Cluny erfolgte[44], und er suchte wiederholt gemeinsam mit Wilhelm von Chaumpeaux im Auftrag des Papstes eine Einigung mit Heinrich V. zu erreichen[45]. Erst 1122 zeigte sich, daß der Konvent von Cluny wohl schon länger in zwei Parteien gespalten war. Ein Schisma brach aus, das mit dem skandalösen Untergang des Großabtes in einem römischen Kerker endete[46].

Ebenso wurden Zwiespältigkeiten im Konvent von *Monte Cassino* spürbar. Bischof Bruno von Segni, seit 1107 auch Abt der Mutterabtei der Benediktiner, bekämpfte den Papst wegen des „Privilegs" von 1111 heftig. Deshalb befahl Paschal ihm, den er als Führer und Bannerträger des Zwistes ansah, sich in sein Bistum zu verfügen, und forderte den Konvent zu einer Neuwahl auf. Gegen einen Kandidaten, den Bruno gewaltsam als Nachfolger durchzusetzen versuchte, wehrte sich der Konvent und bestand auf seinem freien Wahlrecht[47]. Im Verhalten zu Paschal II. nach 1111 war mächtiger Gegenspieler Brunos ein anderer ehemaliger Mönch aus Monte Cassino, Johannes von Gaeta, seit Urban II. päpstlicher Kanzler und Kardinal, der ähnlich wie Pontius von Cluny eine vermittelnde Haltung einnahm und als Gelasius II. Nachfolger Paschals II. wurde[48]. Es ist der

contro di Desiderio S. 307–319; S. 319 nennt Leccisotti Desiderius amante del equilibrio e della pace; Chron. Mon. Casin. III 53, MG SS XXXIV, S. 435; LOUD, Abbot Desiderius S. 326 meint: „It was inconceivable that the abbot should wish to destroy the fruits of a lifetimes work dedicated to St. Benedict for the sake of a papa whose ideals he dit not share." Ich wage nicht, dieser Vermutung zu folgen. – 43 TELLENBACH, Sturz S. 40. – 44 Zum Verhältnis zwischen Calixt II. und Pontius COWDRY, Two Studies S. 219. – 45 Vgl. o. S. 223 mit Anm. 69. – 46 TELLENBACH, S. 13 ff. – 47 Chron. Mon. Casin. IV 42 S. 511; COWDRY, Age S. 220. – 48 Vgl. o. S. 252 Anm. 17; MEYER V. KNONAU, Jbb. VII S. 52 ff. – 49 TELLENBACH, Sturz S. 37 f.; COWDRY, Age S. 223 ff. – 50 G. DUBY, Le budget

Erinnerung wert, daß von Honorius II. abermals ein Abt von Monte Cassino abgesetzt wurde, Oderisius II., der freilich Kardinal blieb und dann Anhänger des Gegenpapstes Anaklet II. wurde[49].

Es ist deutlich, daß die beiden altehrwürdigen Benediktinerabteien in ihren Konventen innere Spannungen zeigen. Dazu kam, daß Cluny infolge seiner kaum noch tragbaren Verpflichtungen zur Totensorge wirtschaftlich in Not zu geraten schien[50], während Monte Cassino, umgeben von schnell wechselnden politischen Konstellationen, vielen Gefahren ausgesetzt war. Einschneidender war für das benediktinische Mönchtum an vielen Stellen die Unzufriedenheit der Diözesanbischöfe mit der Tendenz vieler Klöster zur Exemtion von ihrer Amtsgewalt und zur Erwerbung von Eigenklöstern und anderen kirchlichen Rechten und Einkünften. Mehr und mehr verloren sie in diesen Auseinandersetzungen die Unterstützung der Päpste, unter denen seit Calixt II. nur noch ausnahmsweise ehemalige Benediktiner zu finden sind. Zu Anfang seines Pontifikats trat Calixt noch für die beiden großen Benediktinerabteien ein. Schon bei der Synode von Reims von 1119 kam es zu empörten Klagen der Bischöfe der Provinz von Lyon, namentlich desjenigen von Macon, zu dessen Diözese Cluny gehörte: Pontius habe ihm und seiner Kirche Schaden und viele Beleidigungen zugefügt, Kirchen, ihre Zehnten und viele schuldige Botmäßigkeiten weggenommen, ihm gebührende Rechte und die Ordination seiner Kleriker verweigert. Viele Bischöfe, Mönche und Kleriker stimmten mit großem Geschrei zu[51]. Die römische Synode vom Januar 1123 führte zur genauen Wiederholung der Vorgänge von Reims[52]. Dieses Mal klagten die Erzbischöfe und Bischöfe gegen Monte Cassino: Ihnen bleibe nichts übrig, als Ring und Stab niederzulegen und den Mönchen zu dienen. Diese behalten nämlich Kirchen, Höfe, Burgen, Zehnte, Oblationen der Lebenden und Toten für sich zurück. Die Mönche begehren, ihr himmlisches Streben vergessend, unersättlich die Rechte der Bischöfe. Pontius von Cluny hatte darauf hingewiesen, daß seine Abtei der römischen Kirche und dem Papst gehöre[53], Oderisius II. verteidigte sein Kloster gleichfalls mit den Privilegien der römischen Kirche[54]. Und Calixt trat anfänglich noch für die Benediktiner ein. Dann aber schränkte er unter dem Druck des Episkopats die Privilegien, die unter Urban II. am weitesten gegangen waren, auffällig ein.

Die *Benediktiner* waren zu Beginn des 12. Jh.s keineswegs ihren alten Idealen untreu geworden. Aber sie waren in ihrem liturgischen Dienst, ihrem Fürbitten für Lebende und Tote, ihrer Fürsorge für Arme und Kranke, ihrer Verwaltung des hochprivilegierten Klostervermögens in viele weltliche Angelegenheiten verstrickt. Dagegen erhob sich, wie früher oft, in den eigenen Reihen die Sehnsucht nach strengerer Verwirklichung klösterlichen und eremitischen Lebens. Zu Ende des 11. und zu Beginn des 12. Jh.s entstanden neue monastische Mittelpunkte, von denen sich die Frömmigkeit der abendländischen Christenheit mehr begei-

de l'abbaye de Cluny entre 1086 et 115, Ann. SCE 7, 1952, S. 155–171; J. WOLLASCH, Gemeinschaftsbewußtsein u. soziale Leistung im MA, FMST 9, 1975, S. 280 ff.; HOFFMANN, Petrus Diaconus S. 80 ff. – 51 TELLENBACH, Sturz S. 31 f.; HOFFMANN, Petrus Diaconus S. 16 f.; COWDRY, Two Studies S. 221 f. – 52 TELLENBACH, Sturz S. 36 ff.; HOFFMANN, Petrus Diaconus S. 98 f. – 53 Ordericus Vitalis, Hist. ecclesiastica l. 12, c. 21, ed. A. LE PREVOST, 1852, S. 385 ed. M. CHIBNALL, The Ecclesiastical History of Orderic Vitalis VI, 1978, S. 268 ff. – 54 Die Parallelen zwischen Pontius und Oderisius, zwischen Cluny und Monte Cassino sind sowohl vom HOFFMANN, Petrus Diaconus wie von COWDRY Two Studies S. 267 eindrucksvoll hervorgehoben und erklärt worden.

stern ließ als von den alten Benediktinern. Am einschneidendsten wurde später die Spaltung des Benediktinertums durch das mächtige Ausgreifen der *Zisterzienser,* deren Anfänge in die Zeit um die Jahrhundertwende zurückreichen, die durch Kritik an den Cluniacensern weitreichendes Aufsehen erregten und durch ihre straffe, einheitliche Organisation als Orden eine neue Ära in der Geschichte des abendländischen Klosterwesens heraufführten.

Schon seit dem 11. Jh. hatte der Aufstieg der *regulierten Seelsorgegeistlichkeit* begonnen, die weithin in Konkurrenz zum alten Benediktinertum trat. Andererseits nahm die Unruhe in religiösen Gemeinschaften zu, die in dem klerikalisierten und institutionalisierten Kirchenleben, selbst in Glaubensfragen und evangelischer Lebensführung keine volle Befriedigung fanden und in Gefahr gerieten, als *Ketzer* angesehen und bekämpft zu werden.

Es kommt also vieles zusammen, was seit der Jahrhundertwende im Verhältnis von Kirche und Mönchtum eine Krise heraufführte. Das Mönchtum hatte in allen seinen Verzweigungen und Neubildungen noch eine große Zukunft. So einzigartig und überragend wie bis zum Ausgang des 11. Jh.s ist seine Bedeutung für das religiöse Denken und Empfinden der westlichen Christenheit freilich nie mehr gewesen.

Nachwort

Gregor VII., seine Vorläufer und Mitkämpfer haben entscheidende Anstöße zu Veränderungen im Leben der Kirche und der Christenheit gegeben. Ihre Ideen ließen sich aber rein nicht verwirklichen, ihre Ziele nicht vollkommen erreichen. Ihr erster Anlauf ist gescheitert[1]. Die Ordnungen des ihnen vorangehenden Zeitalters zeigten eine bemerkenswerte Beharrungskraft, die herrschenden Werte blieben untergründig mitbestimmend auch für das weitere Geschehen. Es widerspräche ja auch aller historischen Erfahrung anzunehmen, daß die Traditionen von Jhh. schnell verblassten. Ja, ist überhaupt annehmbar, daß eine ältere Periode der Kirchengeschichte durch eine jüngere ganz überholt oder gar in ihrem Wert betroffen wird? Die neueren Urteile über das geänderte Verhältnis von Klerus und Laien, von geistlicher und weltlicher Gewalt, sind oft zu einseitig orientiert an den Äußerungen großer Päpste und Theologen, an den Doktrinen der Kanonistik. Daneben wäre stärker die geschichtliche Wirklichkeit zu berücksichtigen, in der Regierungspraxis, in der Bewahrung des monarchischen Selbstbewußtseins, im Glauben an die Gottunmittelbarkeit des Königs von Gottes Gnaden. Dies alles kommt allerdings erst später und weniger reichlich zu literarischem Ausdruck als die vielbehandelte päpstliche und kanonistische Ideologie.

Gregors Nachfolger und ihre Anhänger zeigten zwar Treue zu den Idealen ihrer verehrten Vorkämpfer, aber in sich steigerndem Realismus[2] nahmen sie notgedrungen Rücksicht sowohl auf religiös begründete Ansprüche ihrer Gegenspieler, wie auf historische Kräfte, als sie sich in der Hoffnung auf künftige Möglichkeiten mit dem in ihrer Gegenwart Erreichbaren abfanden.

Der Einfluß des Papstes auf die Häupter der partikulären Kirchen, die Bischöfe, wurde nicht nur theoretisch, sondern auch praktisch wesentlich vermehrt.

1 Vgl. o. S. 201. – 2 KEMPF, Kanonistik S. 20. – 3 KEMPF, Primatiale u. Episkopal-Syn-

Doch kann gar keine Rede davon sein, daß die Bischöfe aus ihren bisherigen landeskirchlichen Bindungen gelöst worden wären[3]. Sicherlich ist es richtig, daß die
alten geistlichen Instanzen zwischen Papst und Bischöfen verhältnismäßig stark
an Bedeutung verloren. Aber für den einzelnen Bischof und seine Amtsführung
blieben vorläufig die örtlichen Verhältnisse, die Nachbarkollegen, der König, sein
Hof, die territoriale Umgebung, wenigstens im normalen alltäglichen Geschehen,
mindestens so wichtig wie der ferne Papst und der immer noch nicht sehr kontinuierlich funktionierende Apparat der Kurie und der Legaten[4]. Man bedenke,
daß auch nach den erreichten Kompromissen die Könige zunächst meist an der
Auswahl der Bischöfe beteiligt blieben, die sich immer noch weitgehend aus Söhnen des Landadels rekrutierten. Man wird sich schwertun, wertend allgemeine
Unterschiede im religiösen, moralischen und bildungsmäßigen Niveau des Episkopats des 11. und dem des 12. Jh.s feststellen zu wollen.

Nach dem gregorianischen Ansatz sollten die Könige wie alle Christen dem
Papst untertan sein und ihm gehorchen. Man sieht nicht, daß den Königen von
Gregor ein unabhängiger Funktionsbereich zugedacht war. Wenn die Welt als
Wirkungsbereich des Christentums empfunden wurde, mußte die höchste Verantwortung dafür dem Papst zufallen. Als Begründung fand man später dafür die
Formel ratione peccati, über deren Geltung niemand anders als der Papst selbst
zu entscheiden hatte. Insofern erfolgte eine entschlossene Weltzuwendung und
keineswegs eine Distanzierung der kirchlichen Heilsanstalt von der Welt[5]. Diese
hatte in der vorhergehenden Periode durchaus nicht unter einer bedrückenden
Gewalt des Königs als Laien, sondern unter dem hilfreichen Schutz des Gott verantwortlichen Königs als theokratischen Amtsträgers existiert. Natürlich ist es
richtig, daß auf ihm bei noch so hohen Idealen „Erdenschwere" lag[6]. Gilt aber
etwa das Gleiche nicht für die klerikalen kirchlichen Amtsträger? Man kann die
Unlösbarkeit des Gegensatzes zwischen Päpsten und Königen nicht begreifen,
wenn man nicht anerkennt, daß beiden Teilen ihre göttliche Legitimation als un-
anfechtbare und unverzichtbare Grundlage ihrer Würde galt[7]. Dem Papst hat sie
niemand bestritten. Die „Entsakralisierung" des christlichen Herrschertums ist in
der geschichtlichen Wirklichkeit mißglückt[8]. So lange es eine christliche Monar-

odale Struktur S. 61; DERS., Eingliederung S. 62. – 4 CONGAR, Platz d. Papsttums S. 25
meint dagegen, die gesamte Kirche sei eine ungeheuere Diözese geworden; R. MANSELLI,
Studi sulle eresie del secolo XII°, 2ª ed. accresciuta, Studi Storici 5 (1975) S. 18 vertritt
den entgegengesetzten Standpunkt: „l'organizazione ecclesiastica occidentale è rimasta an-
cora fondamentalmente episcopalistica, non centralizzata." – 5 LADNER, Aspects S. 416
mit Anm. 45 lehnt meine, Libertas S. 187 (englische Ausgabe S. 157 f.) geäußerte Ansicht
ab und meint, Gregor habe nicht an ein „maximum program of world conversion" gedacht, sondern eher an eine Schutzgarantie für das priesterliche und hierarchische Wesen
der Kirche in der Lehre und Liturgie. Ladners Einwände bestärken mich eher in meiner
Auffassung. Indem Gregor von allen Gliedern der Kirche, Klerus und Laien, den gleichen
Gehorsam für den Papst fordert, der Gott selbst gebührt, sichert er das Recht der Kirche
dadurch, daß er ihr die Welt unterwirft. Für altchristliche und altmönchistische Weltabwendung bleibt da kein Raum mehr. Es zeigt sich hier wieder die irrige Interpretation von
„Libertas ecclesiae". Sie ist nicht die Lösung von der Welt, sondern absolute Überordnung. Das ist im Gregorianischen Sinn das ihr von Gott verliehene „Privileg". Übrigens
hatte die wicked world nie versucht, sich rushly mit der Kirche zu identifizieren. –
6 KEMPF, Problem S. 107. – 7 CONGAR, Laie S. 132. – 8 Wenn trotzdem allenthalben davon gesprochen wird, folgt man einseitig der literarischen hierokratischen Theorie und
ignoriert die Wirklichkeit. Vgl. etwa KÖLMEL, Regimen Christianum. Weg und Ergebnisse
d. Gewaltenverhältnisse u. d. Gewaltenverständnisses (8.–14. Jh.) 1970, S. 117 oder

chie gab, ist an der Gottunmittelbarkeit des Königs gegen alle Versuche, sie zu leugnen, festgehalten worden. Aus der Gleichheit, der Ebenbürtigkeit der gottunmittelbaren Könige sind sogar Idee und Wirklichkeit souveräner Staaten hervorgegangen[9].

Man hat öfters angenommen, daß seit Humbert und Gregor VII. nicht bloß eine Abwertung der Laien in der Kirche erfolgte, sondern daß diese überhaupt klerikalisiert worden sei. Die Distanz von Klerus und Laien, auch ihre unterschiedliche Wertigkeit, geht in sehr frühe Perioden der Kirchengeschichte zurück. Sie hat im Lauf der Jhh. zugenommen, wobei die Weise der Teilhabe der Laien an der Eucharistie einerseits und die zunehmende Akzentuierung der priesterlichen Binde- und Lösegewalt andererseits zu beachten sind[10]. Es bleibt nicht bei einer bloßen Emanzipation des Klerus, in deren Verlauf sein höherer Rang mehr betont werden mußte, während der Status der herrschenden Laien zu mindern war. Es entstand vielmehr die Vorstellung von einer Klerikerkirche, die sich den Laienchristen gegenüberstellen ließ[11]. Während in der ungeschiedenen Kirche die Kleriker früher als hochprivilegierter Stand im Ganzen der Kirche gegolten hatten, wurde ihre Gesamtheit nun geradezu für eine besondere Einheit für sich aufgefaßt. Die Kirche konnte einen neuen Sinn als in sich geschlossene geistlich-hierarchische Gestalt annehmen, so daß daneben der Begriff Christianitas Raum zu erhalten schien. „Die Kirche" konnte infolgedessen Institution, somit Partner von ihr unterscheidbaren soziologischen Größen werden, fähig zu praktischen und politischen Entscheidungen wie nie zuvor. Der Begriff der Kirche als autonomes Glied im gesellschaftlichen Gesamtgefüge ist allerdings heute so gängig, daß er ohne historische Reflexion unzutreffend auf Perioden übertragen zu werden pflegt, in denen nur Menschen, nämlich Inhaber geistlicher Ämter und Würden wollen und handeln können und noch nicht „die Kirche". Recht problematisch ist das Verhältnis der Kirche als Klerus zu der Gemeinschaft der Gläubigen, die man als „Christianitas" von ihr unterscheiden will[12]. Ist diese Differenzierung mehr als eine theoretische Konstruktion? Gehört die „Klerikerkirche" nicht zur Christianitas? Umschließt die ecclesia nicht die Christianitas? Man hat bemerkt, Christianitas, im Irdischen verhaftet, sei gegenüber der übernatürlich hierarchisch gegliederten Gemeinschaft der ecclesia ein schwankendes, undefinierbares Gebilde, eigentlich eher ein lebendiger Bezug zwischen dem päpstlichen Führer und der christlichen Gefolgschaft. Und so zieht man sich wieder auf das berechtigte Bedenken zurück, daß doch eigentlich keine wirkliche Distinktion zwischen Christianitas und Kirche bestehe[13]. Oder von Gregor VII., der ja kein Theoretiker sei,

KEMPF, Kanonistik S. 29: „aus der theokratischen Stellung herausgeworfen, zogen sich nämlich die Herrscher auf das weltlich-politische Wollen zurück." – Seltene Gegenstimmen im Sinn meiner Auffassung Schwineköper, Christus-Reliquien-Verehrung, bes. S. 183 f., S. 281 und CAROZZI, D'Adalberon S. 83: „Mais le caractère extrême de cette position ecclésiastique qui ravale la royauté au rang d'une simple invention humaine explique la quasi impossibilité pour les Grégoriens de triompher complètement." – 9 TELLENBACH, Zusammenleben S. 55 ff. – 10 CONGAR, Ecclésiologie S. 96 u. 148: „les questions de lier et de délier prenait là une importance concrètement plus grande encore que celle de l'Eucharistie et d'unité mystique par l'Eucharistie." – 11 LADNER, Concepts S. 54; GANZER, Kirchenverständnis Gregors VII. S. 107. – 12 Diese Problematik äußert sich bei R. SEEBERG, Lehrbuch d. Dogmengeschichte 4. Aufl., N 1959, S. 293: „Nun schlägt aber der Gedanke, daß die Kirche der Gläubigen das Gottesreich ist, um in den anderen Gedanken, daß die vom Papst regierte Kirche das Gottesreich sei." – 13 KEMPF, Problem S. 119 ff. mit Anm. 44. – 14 VAN LAARHOVEN, „Christianitas" S. 80 u. 96; man kann verstehen,

konnte in gleichem Sinn gesagt werden: „Kirche und Christenheit sind distinkt, obwohl diese Distinktion bei Gregor im Gesamten seiner religiösen Ideen verdeckt bleibt."[14]

Viel diskutiert wurde die Frage, ob in der mittelalterlichen Geschichte die Christenheit in allen ihren Erscheinungen in zwei Ordnungssystemen existiert habe, wie diese sich zueinander verhielten oder ob je eine einheitliche Leitung gefordert oder gar verwirklicht worden sei. Es handelt sich dabei nicht nur um das Verhältnis von Kirche und Welt, sondern auch um die beiden gottverordneten Gewalten von Priestertum und Königtum im Sinne Papst Gelasius I., ob je die eine die andere mediatisiert habe oder ob beide funktionell selbständig gewesen seien. Die Alternative ist oft mit mit den Stichworten Monismus oder Dualismus bezeichnet worden.

Daß im frühen Mittelalter das Königtum, obwohl als Amt von Gott aufgefaßt, sogar in seinen herausragenden Gestalten je die priesterliche Gewalt absorbiert habe, ist trotz seines vielfach faktischen Übergewichtes ein abwegiger Gedanke. Der ehrhabene Dienst an den Sakramenten ist nämlich immer ehrfurchtsvoll respektiert worden. Von ihm hatten sich Könige, obwohl von ihnen sogar gesagt werden konnte, sie seien Teilhaber des Amtes der Bischöfe und Priester, immer zurückgehalten.

Viel unsicherer, umstrittener, im ganzen auch vorsichtiger ist das Urteil, ob das Papsttum die exklusive Leitungsgewalt in Kirche und Christenheit beansprucht und erreicht habe. Verschiedentlich wird angenommen, daß es wirklich zu einer „Hierokratie" der Päpste gekommen sei, zu einer Klerikerkirche, als eine die Christianitas umfassende Monarchie, am entschiedensten wohl von Walter Ullmann[15]. Aber noch ein theologischer Denker wie Friedrich Kempf neigt trotz seiner, wie er selbst meint, eher dualistischen Auffassung dazu, wenigstens eine immanente Tendenz zu spüren, die auf eine einheitliche und ausschließliche Leitung der Christenheit hinführte: „Die Entwiclung drängt auf ein alles integrierendes Papalsystem hin." Gregor VII. schreibt er einen „monistischen Impetus" zu. Doch beobachtet er eine „Brechung der gregorianischen Ideen im Investiturstreit". Seine Nachfolger mußten „seinen radikal religiösen, nur von der Kirche und vom Papsttum her denkenden Idealismus mit der Wirklichkeit in Einklang" bringen[16].

Es ist hier nicht weiter zu verfolgen, wie das kommende Zeitalter das Verhältnis von „geistlicher" und „weltlicher" Gewalt zu gestalten und theoretisch zu bestimmen gesucht hat. Die Dialektik von Monismus und Dualismus hat sich fortgesetzt in den kraftvoll sich entfaltenden Wissenschaften der Kanonistik und der Dogmatik[17]. Doch letztlich bestimmen nicht einseitige und strittige Theorien Ge-

wenn W. ULLMANN, in seiner Besprechung von F. Kempf, Die p.liche Gewalt in d. ma.lichen Welt. Eine Auseinandersetzung mit W. Ullmann, in: Saggi storici intorno al Papato dei Professori della Facoltà di Storia Ecclesiastica, Misc. Hist. Pontif. 21, 1959, HZ 191 (1960) S. 624 v. „der dogmatisch schlüpfrigen Unterscheidung vom ‚christianitas' und ‚ecclesia' spricht. Man kann weniger gereizt, solche Inkonsequenzen in Glaubensfragen auch freundlicher benennen. – 15 ULLMANN, Growth of Papal Government, dt. Die Machtstellung d. Papsttums im MA, Idee u. Geschichte, 1960; dazu kritisch H. BARION, Besprechung d. Saggi Storici (vor. Anm.) ZSavRG Kan. 46 (1960) S. 481–501, wo bes. die Stellungnahme zu Kempf zu beachten ist. – 16 KEMPF, Eingliederung S. 62; DERS., Problem S. 112; Kanonistik S. 31 – 17 Entscheidung für die monistische oder dualistische Einstellung von Lehrmeinungen nennt es KEMPF, Kanonistik S. 28, „ob sie für Konfliktfälle auch ein eigenständiges weltlich-politisches Wollen berücksichtigen oder das geistlich-politische Wollen zur alles beherrschenden Norm erheben". Doch wenn man sich auf eine so künst-

stalt und Geschichte der Kirche, sondern „gelebtes Leben"[18]. Dazu gehört mehr als aller Streit, was in geglaubter Offenbarung, an uralter Tradition, an Vergegenwärtigung der Ursprünge des Christentums, als Bild, Mythos, Legende, Symbol wirksam blieb. Die großen Konflikte indessen von Monismus und Dualismus, um die Nähe des Papstes zu Petrus und Christus, um die Frage, ob der Kaiser seine Gewalt vom Papst habe oder von Gott selbst, lassen sich nach der Meinung eines weisen Bamberger Kanonisten vom Anfang des 13. Jh.s nur durch den Glauben, nicht durch dogmatische Normen entscheiden: diese Streitfrage hat keinen Richter, sondern nur einen Vollstrecker; doch ist es fromm zu glauben, daß der Kaiser das Schwert vom Papst hat (quaestio ista iudicem non habet, sed solum executorem, tamen pium est credere, quod imperator gladium habeat a Papa)[19].

lich-theoretische Unterscheidung von Wollensweisen einlassen will, stellt sich die Frage, ob man dem König nicht nur ein weltlich-politisches Wollen, sondern eine auch religiös legitimierte Mitentscheidung zubilligen muß, wenn man den Monismus, die „Hierokratie", ernstlich begrenzen will. – 18 CONGAR, Laie S. 85. – 19 STICKLER, Sacerdozio e Regno S. 4.